HERZ
SCHULISCHE UND AUSSERSCHULISCHE ERZIEHUNGSHILFE

SCHULISCHE UND AUSSERSCHULISCHE ERZIEHUNGSHILFE
Ein Werkbuch zu Arbeitsfeldern und Lösungsansätzen

herausgegeben von Birgit Herz

VERLAG JULIUS KLINKHARDT
BAD HEILBRUNN 2013

Dieser Titel wurde in das Programm des Verlages mittels eines Peer-Review-Verfahrens aufgenommen.
Für weitere Informationen siehe www.klinkhardt.de.

Bibliografische Information der Deutschen Nationalbibliothek
Die Deutsche Nationalbibliothek verzeichnet diese Publikation
in der Deutschen Nationalbibliografie; detaillierte bibliografische Daten
sind im Internet abrufbar über http://dnb.d-nb.de.

2013.h. © by Julius Klinkhardt.
Das Werk ist einschließlich aller seiner Teile urheberrechtlich geschützt.
Jede Verwertung außerhalb der engen Grenzen des Urheberrechtsgesetzes ist ohne Zustimmung
des Verlages unzulässig und strafbar. Das gilt insbesondere für Vervielfältigungen, Übersetzungen,
Mikroverfilmungen und die Einspeicherung und Verarbeitung in elektronischen Systemen.

Druck und Bindung: AZ Druck und Datentechnik, Kempten.
Printed in Germany 2013.
Gedruckt auf chlorfrei gebleichtem alterungsbeständigem Papier.

ISBN 978-3-7815-1856-8

Inhaltsverzeichnis

Birgit Herz
Einführung in die schulische und außerschulische Erziehungshilfe 9

Birgit Herz
Über den Umgang mit Emotionen in der Erziehungshilfe:
Dramatisierung, Abwehr und pädagogische Haltung 53

Birgit Herz
Aggression – Macht – Angst 55

Elisabeth von Stechow
Evidenzbasierte Förderung und Förderkonzepte von
Schülerinnen und Schülern mit sonderpädagogischen
Förderbedarf in der sozialemotionalen Entwicklung 67

Axel Ramberg
Bindung und Mentalisierung –
Überlegungen zur professionellen Haltung im
Kontext der schulischen Erziehungshilfe 79

Birgit Herz
Inklusion 95

Birgit Herz
„Inclusive Education" – Internationale Forschungsperspektiven 97

Matthias Meyer
Teilhabechancen aus gesellschaftskritischer und
gerechtigkeitstheoretischer Perspektive 104

Christiane Mettlau
Mittendrin und doch daneben „Ausschluss inklusive"
für Kinder und Jugendliche mit Verhaltensstörungen? 116

Mirja Silkenbeumer
„Die Schüler haben ein Recht darauf in der Schule zu lernen":
Fallrekonstruktion zur Figur der Pseudo – Anwaltschaft 128

Marian Laubner
**„Also das ist unsere Förderlehrerin" – Deutungsmuster
von Schülerinnen und Schülern zum Zwei-Lehrer-System
im Gemeinsamen Unterricht** 141

Rüdiger Kreth – Meik Neumann
**Wozu beraten? – Der Beitrag lösungsfokussierter Haltungen
und Methoden zum Gelingen einer inklusiven Beschulung
im Förderschwerpunkt ESE** 157

Birgit Herz
Geschlechterdifferenz 177

Sebastian Möller-Dreischer
**Mehr Männer = bessere Förderung für Jungen
und männliche Jugendliche aus dem Spektrum der Erziehungshilfe?
Forschungsbefunde und -desiderate** 179

Thomas Schier
**„Die Jungen aus dem Blick verloren?" –
Ein Beitrag zur Wahrnehmung von und Kooperation
bei sexualisierter Gewalt in der Kinder- und Jugendhilfe** 189

Wilhelm de Tera
**„Auf Alter kommt man zu sprechen, Geschlecht wird verschwiegend
mitgedacht" – Analyse von Altersverteilung und Geschlechterverhältnissen
bei seelisch behinderten Kindern und Jugendlichen** 201

Birgit Herz
Kooperation zwischen der Kinder- und Jugendhilfe und der Schule 217

Birgit Herz
**Von der Reflexion einer „Maßnahmekarriere"
zu förderlichen Settingvariablen: Der Fallbericht: Jan M.** 220

Marcus Hußmann
**Zwischen Hilfeunterlassung und gemeinsamer Aufgabenbewältigung –
helfendes Handeln aus der Perspektive von Jugendlichen
in „besonderen Problemlagen"** 237

Birgit Herz
Heimerziehung 249

Fitzgerald Crain
Vorwärts zurück zur „totalen Institution"? 251

Birgit Herz
Jugendstrafvollzug 263

Jan Hoyer – Andrea Lohrengel
**Slam-Texte junger Inhaftierter als Datenmaterial –
Das Beispiel „Pasta Knasta"** 265

Ailine Horn
Diagnostisches Fallverstehen im Jugendstrafvollzug 276

Birgit Herz
Forschungszugänge in der schulischen und außerschulischen Erziehungshilfe .. 293

Andrea Dlugosch
**Biographische Forschung – ein Beitrag zur Professionalisierung
in der (schulischen) Erziehungshilfe?** 296

Jan Hoyer
**Idealisierte Denkmodelle in der Organisationsentwicklung
von Beratungs- und Unterstützungssystemen** 306

Ausblick

Helmut Reiser
Inklusion und Verhaltensstörungen – Ideologien, Visionen, Perspektiven 319

Verzeichnis der Autorinnen und Autoren 331

Birgit Herz

Einführung in die schulische und außerschulische Erziehungshilfe

1. Einleitung

Die Bundesrepublik Deutschland hat 2008 die Konvention über die Rechte von Menschen mit Behinderungen ratifiziert. Die öffentlichen und fachwissenschaftlichen Diskussionen über Inklusion betreffen vor allem die schulische Inklusion von Kindern und Jugendlichen mit Sinnesbehinderungen, geistiger Behinderung und Körperbehinderung. Die bildungspolitische Realität im sonderpädagogischen Förderschwerpunkt Beeinträchtigungen der emotionalen und sozialen Entwicklung macht allerdings schnell deutlich, dass platzieren, segregieren und separieren nach wie vor den pädagogischen Alltag dominieren.
Die Anzahl der Schulen für Erziehungshilfe hat sich in den letzten 15 Jahren verdoppelt (295 Schulneugründungen), während die Zunahme bei den übrigen acht sonderpädagogischen Förderschwerpunkte zusammen lediglich bei 26% liegt (vgl. Willmann 2010, 22). Analog zu dieser Entwicklung steigt auch der Bedarf an ambulanten und stationären Hilfen zur Erziehung dramatisch an; des Weiteren verdoppelten sich auch die Plätze in der Kinder- und Jugendpsychiatrie. Trotz dieser deutlichen Zunahme dieser Klientel der schulischen und außerschulischen Erziehungshilfe besteht bei den FachvertreterInnen Konsens darüber, dass schulisch wie außerschulisch eine dramatische Unterversorgung an intensiven pädagogischen und therapeutischen Angeboten vorherrscht (vgl. Opp 2008; Willmann 2010; Herz 2010a).
So fordert Roland Stein im Hinblick auf die große Verbreitung von Verhaltensauffälligkeiten, dass alle Lehrerinnen und Lehrer grundlegende Kompetenz und Sensibilität benötigen, „um psychische Störungen oder deren Entstehung früh zu erkennen und damit grundlegend umgehen zu können" (Stein 2011, 327). Und Sabine Ader stellt für den Bereich der Kinder- und Jugendhilfe fest, dass die besonders ‚schwierigen Kinder' in diesem System unverstanden bleiben und instrumentalisiert werden (vgl. Ader 2004, 437).
In der Praxis dient eine Komplexitätsreduktion von Verhaltensstörungen oft dazu, das Krisen- und Konfliktpotential bei diesen Kindern und Jugendlichen verwaltungstechnisch zu neutralisieren. So dominiert eine starke Tendenz, Verhaltensstörungen dem einzelnen Kind oder Jugendlichen als individuelles Problem zuzuschreiben, was dazu führt, dass sich Interventionen auf spezifische Teilaspekte beschränken und der Blick auf das Kind oder den Jugendlichen auf diesen Teilaspekt reduziert wird. Marc Willmann schreibt: „Der Markt wird dominiert von funktionalen Interventions- und Trainingsprogrammen, die – vorwiegend in lernpsychologischer Tradition – schnelle Hilfen zur Be-

arbeitung definierter Störungsbilder bzw. dem Aufbau spezifischer Kompetenzen versprechen" (Willman 2010, 73).
Des Weiteren ist ein Trend zu verzeichnen, dass der (sonder-) pädagogische Diskurs von einem Disziplinardiskurs verdrängt zu werden scheint (vgl. Dörr / Herz 2010; Herz 2010a). Gleichzeitig steigt die drop-out Rate kontinuierlich an. Kritische WissenschaftlerInnen sprechen von „einer strukturellen Verantwortungslosigkeit" der Professionellen in ihren jeweiligen Unterstützungs- und Hilfesystemen (vgl. von Freyberg / Wolff 2006, 182).
Da unterschiedliche Professionen und institutionelle Systeme teilweise zeitgleich bei Kindern und Jugendlichen mit Verhaltensstörungen Förderung und Unterstützung verantworten, zeichnet sich die schulische und außerschulische Erziehungshilfe durch eine hohe Komplexität und Heterogenität aus. In diesem Werkbuch sollen Einblicke in Teilbereiche vermittelt werden, ohne dabei einen Anspruch auf Vollständigkeit zu erheben oder eine Fachsystematik vorzulegen.
Der folgende erste Abschnitt dieses Werkbuches enthält einen allgemeinen Überblick über Zielgruppen, Aufgabenfelder, Handlungsformen und charakteristischen Phänomene.
Im zweiten Teil werden unterschiedliche Praxisbereiche sowie theoretische Zugänge exemplarisch dargestellt. Ein Ausblick auf Perspektiven zukünftiger Entwicklungen in der Erziehungshilfe setzt sich mit den Konsequenzen der derzeitigen bildungspolitischen Veränderungsprozesse im Hinblick auf Segregation und Inklusion kritisch auseinander.

2. Zielgruppe und pädagogische Herausforderungen in der schulischen und außerschulischen Erziehungshilfe

Die schulische und außerschulische Erziehungshilfe zeichnet sich vor allem durch zwei charakteristische Phänomene aus: National wie international existiert eine ausgesprochen heterogene Terminologie sowie ein hohes Maß an interdisziplinären Bezügen zu anderen Wissenschaftsdisziplinen.

2.1 Erstes charakteristisches Phänomen: heterogene Begrifflichkeit

Was ist „normal", was ist „gestört"? Der springende Punkt in der Fachrichtung Verhaltensgestörtenpädagogik ist der Begriff der Normalität (vgl. Menzel 2009, 13f). Was normal ist und was nicht, bestimmt die Dominanzkultur einer Gesellschaft. Verhaltensstörungen sind ein sozial vermittelter Tatbestand, und alle Aussagen darüber, wer geschädigt, gestört, behindert usw. ist, werden von gesellschaftlichen Konventionen, Normen und Standards bestimmt. Verhalten ist immer abhängig von einem sozialen und kulturellen Kontext, bzw. den soziokulturellen Verhältnissen (vgl. Warzecha 2001, 61). Damit findet die Zuschreibung einer Verhaltensstörung nicht nur auf der bloß beschreibenden Ebene statt, sondern enthält immer auch eine Wertung. Dass „normal" und „anormal" keineswegs friedlich-deskriptive, sondern polemische Begriffe sind, darauf machte bereits 1974 Canguilhem aufmerksam (vgl. Canguilhem 1974).
Im Alltagsverständnis wird der Begriff Verhaltensstörungen dazu benutzt, um Verhaltensweisen zu beschreiben, die als von der Norm abweichend erlebt werden, sei es durch

schulische Anpassungsprobleme, psychosoziale Auffälligkeiten oder seelische Beeinträchtigungen (vgl. Ahrbeck 2005, 4). Ein zentrales charakteristisches Phänomen ist die begriffliche Vielfalt zur Beschreibung der Zielgruppe. Dazu zunächst zwei ausführliche Beispiele der Deskription.

Erste Deskription
„Auffälligkeiten im Benehmen Jugendlicher sind überzeitlicher Natur: … „Saat der Gewalt" – „Jugendliche stören die Ordnung" – „Rückfall in die Wildform" – „Tanz als Ausbruch" – „die Elternschaft braucht Hilfe" – „Bindungslose Jugend" – „Kriminelle Subkulturen" – „Aufstand der Asozialen" – „Dämon Stadt" – „Halbstarke – „ganz schwach" – „Jugend, die sich langweilt" – „Vandalen, Verwahrloste, Rowdies" – „Terror der Halbwüchsigen" – „Zornige junge Männer" – „Flucht in die Bande" – „Jugend- und Motorkoller" – „Krawall im Wohlfahrtsstaat". Im engeren Sinne als „schwererziehbar", „erziehungsschwierig" fällt eine zahlenmäßig schwer zu schätzende und schwankende Minderheit von etwa 10 Prozent auf, mitunter mehr, mitunter weniger. Die Symptomatik reicht von leichter Auffälligkeit im Benehmen bis zum Syndrom der sogenannten „Halbstarken" und bis zur Kriminalität, über echte Begabungsmängel bis zu erworbenen Störungen und Anfällen, bis zu Psychopathien und Verwahrlosung. Von unserer männlichen Jugend gelten nach Kaiser 1-5 Prozent als „aktuelle Halbstarke", 10 Prozent als „potentiell halbstark". „Halbstarke", d.h. „randalierende oder sonst wie normwidrig friedenstörend auffallende Jugendliche" werden in zunehmender Übereinstimmung der Fachexperten als ein „Zivilisationsphänomen", als eine notwendige Erscheinung – … unserer industriellen Gesellschaft betrachtet" (Hochheimer 1960, 436f).

Zweite Deskription
„Vor allem Körperverletzungen, Brandstiftungen, Diebstähle, Autoaufbrüche (verbunden mit Sachbeschädigung und Diebstahl), Beteiligung an sexuellen Nötigungen, Hehlerei, Erpressungen, Sachbeschädigungen und Vandalismus zählen zu den Delikten. Als andere Auffälligkeiten, die in der Regel an der Grenze zur Delinquenz angesiedelt sind, werden u.a. gewalttätige Auseinandersetzungen zwischen Kindern, Bedrohung von Kindern, Anstiftungen zu Regelverletzungen sowie beleidigendes und provozierendes Verhalten gezählt. Manche Kinder verhalten sich autoaggressiv, sprechen Suizidandrohungen aus, sie nässen und koten ein, haben in der Schule und auch sonst Konzentrationsstörungen, sie laufen vom Elternhaus weg und streunen, zeigen stark sexualisierte Verhaltensweisen, sind motorisch unruhig und sehr aggressiv.
Äußerlich sind die Kinder oft sehr ungepflegt, sie tragen stark verschmutzte Kleidung und zeigen Anzeichen von Verwahrlosung. Läuse- und Pilzbefall sind zu beobachten. Mangelnde Hygiene zeigt sich durch Körper- und Mundgeruch und schlechte Zähne, viele Kinder sind mangel- oder fehlernährt. Zudem leiden sie unter Schlafmangel. Ihre Schulausrüstung ist unvollständig oder stark beschädigt, sie kommen oft zu spät zur Schule oder schwänzen diese ganz, ohne dass das Elternhaus eingreift" (Galm / Schäfer 2000, 120f).
Zwischen beiden Deskriptionen liegen 40 Jahre und sie zeigen, dass in dieser Fachdisziplin eine operationalisierbare begriffliche Beschreibung von Verhaltensstörungen fehlt – und damit tendenziell das Problem einer diffusen Fachidentität sowie konzeptionelle

Mängel in der praktischen Erziehungshilfe besteht. Vergleichbares konstatiert auch Harry Daniels für Großbritannien: "There is no clear understanding as to what counts as Emotional and Behavioural Difficulty nor as what should count as good provision for pupils who are said to experience EBD" (Daniels 1999, 1).
In den sechziger Jahren sprach man von „Halbstarken" (vgl. Kaiser 1959) oder von Kindern und Jugendlichen mit „soziokulturell bedingten Einordnungsstörungen" (vgl. Jorswiesch 1960). Es folgten in den siebziger Jahren weitere Ettikettierungsbegriffe wie „verhaltensauffällig", „erziehungshilfebedürftig", „erziehungsschwierig", „verhaltensbehindert".
Sehen wir uns einige Definitionsversuche näher an: Bittner, Ertle und Schmid bezeichneten als Adressaten der Verhaltensgestörtenpädagogik: „alle die Kinder und Jugendlichen, welche sich in belastenden pädagogischen Situationen befinden, die besondere Maßnahmen der Führung und Anpassungshilfe, der Entwicklungsförderung und Ich-Stärkung oder der Lösung aktueller Konflikte erforderlich erscheinen lassen" (Bittner / Ertle / Schmid 1974, 18).
Myschker sieht im Begriff der Verhaltensstörungen einen phänomenologischen Oberbegriff, der unterschiedliche Phänomene mit den verschiedensten Ursachen zusammenfasst, um die fachliche Kommunikation aufrechtzuerhalten. Er definiert Verhaltensstörungen folgendermaßen: „Verhaltensstörung ist ein von den zeit- und kulturspezifischen Erwartungsnormen abweichendes maladaptives Verhalten, das organogen und / oder milieureaktiv bedingt ist, wegen der Mehrdimensionalität, der Häufigkeit und des Schweregrades die Entwicklungs-, Lern- und Arbeitsfähigkeit sowie das Interaktionsgeschehen in der Umwelt beeinträchtigt und ohne besondere pädagogisch-therapeutische Hilfe nicht oder nur unzureichend überwunden werden kann" (Myschker 1993, 41).
Opp schlägt folgende Definition vor: „Der Begriff Gefühls- oder Verhaltensstörungen bezeichnet eine Behinderung, die durch Verhaltens- oder emotionale Reaktionen in der Schule gekennzeichnet ist, die sich von altersangemessenen, kulturellen oder ethischen Normen so weit unterscheidet, dass sie auf die Erziehungserfolge des Kindes oder Jugendlichen einen negativen Einfluss haben. Erziehungserfolge umfassen schulische Leistungen, soziale, berufsqualifizierende und persönliche Fähigkeiten" (Opp 1995, 520).
Seit den aktuellen KMK- Bestimmungen sprechen wir schließlich vom Förderschwerpunkt „Beeinträchtigung der emotionalen und sozialen Entwicklung" (vgl. Drave / Rumpler / Wachtel 2000). Demnach sind, Beeinträchtigungen im emotionalen Erleben und sozialen Handeln Ausdruck einer unbewältigten inneren Problematik und als Folge einer gestörten Person-Umwelt-Beziehung zu verstehen (KMK 2000, in: Drave / Rumpler / Wachtel 2000, 449).
In einer aktuellen Veröffentlichung aus 2011 schließlich bezeichnet Stein Verhaltensstörungen „als Störungen eines Funktionsgleichgewichts des Person-Umwelt-Bezugs" (Stein 2011, 324).
Verhaltensstörungen sind als relationaler Begriff immer abhängig von dem Kontext und der Definitionsmacht, der diese Etikettierung zuzuschreiben erlaubt (vgl. Warzecha 1997, 486). Das Etikett Verhaltensstörungen ist eine provisorische Annäherung an Multiproblemkonstellationen in der psychischen, physischen und kognitiven Entwicklung von heranwachsenden Kindern und Jugendlichen in Abhängigkeit von ihren sozioöko-

nomischen und kulturellen Sozialisationsbedingungen (vgl. Warzecha 1997, 486; Störmer 2002).
Ich bevorzuge es, statt von Verhaltensstörungen von institutionellen und sozialen Desintegrationsprozessen bei schulpflichtigen Heranwachsenden zu sprechen und meine mit Lanwer: „Die Pädagogik als Wissenschaft im Allgemeinen und die Heil- und Sonderpädagogik im Besonderen ist eingebunden in die gesellschaftlich politische Funktion von Erziehung und Bildung, d.h. in die ökonomischen, politischen und kulturellen Transformationsprozesse" (Lanwer 2006, 384). Diese Transformationsprozesse haben, wie noch darzulegen ist, erhebliche Auswirkungen auf die Entwicklung von Kindern und Jugendlichen.
Verhalten kommt immer nur in Interaktion mit anderen Menschen zum Tragen und „Verhaltensbeschreibungen stets historische und situationsabhängige Bewertungen von Beobachtern darstellen" (Reiser 1999, 145). Verhalten wird also nur in der subjektiven Wahrnehmung eines Interaktionspartners als gestört erlebt. Wenn es also in Interaktionen zu Problemen kommt und diese als Störung empfunden werden, kann derjenige, der im Besitz der Definitionsmacht ist (der Erwachsene gegenüber dem Kind, der gehirnorganisch nicht Geschädigte gegenüber dem sogenannten Geistigbehinderten, die Lehrerin gegenüber der Schülerin), dem Interaktionspartner unnormales, abweichendes und / oder gestörtes Verhalten zuschreiben.
Die individuell wertende Wahrnehmung ist zugleich immer von gesellschaftlichen Konventionen, Werten und Standards geprägt und verweist auf soziologische Kategorien wie Macht, Schicht, Status, Habitus, Gruppe, Peers.
Nicht zuletzt haben wir dafür, dass auch scheinbar ganz anonyme Figurationen über die außerordentliche Macht verfügen, Sehen und Glauben zu machen, zahlreiche Beispiele in der Geschichte (männliche Herrschaft, klerikale Inquisition, Hexenverfolgung, Apartheidspolitik in Südafrika und USA, Judenprogrome und Holocaust im NS Deutschland, „Kulturrevolution" in China usw.). Die Gattungsgeschichte ist voll von „Andersartigen", und die sozialen Reaktionsformen derer, die „normal" zu sein beanspruchen, waren oft extrem – bis zum realen, sozialen oder symbolischen Tod.
Der zweite wesentliche Aspekt bei institutionellen und sozialen Desintegrationsprozessen ist der Normbegriff. Normen sind gesellschaftliche Konstrukte der Dominanzkultur. Aber erst mit der Festlegung von Normen kann die Verletzung von Normen als abweichendes Verhalten deklariert werden (vgl. Herz 2012a). Damit befinden wir uns in dem Dilemma, dass alle Definitionen von Verhaltensstörungen offen für nähere Bestimmungen bleiben müssen, da „komplexe Störungen der Interaktion" eben nur interaktiv wahrzunehmen sind und somit immer abhängig von dem Wertesystem des Beurteilers bleiben.
Dieser Zusammenhang lässt sich exemplarisch anhand der traditionellen Testpsychologie verdeutlichen, die beansprucht, empirisch exakt Normalität und Abweichung bestimmen zu können. Psychologische Persönlichkeitstheorien im Gefolge von Schuleingangstests, Entwicklungstests, Schullaufbahnberatungstests, Intelligenztests u.a. bieten scheinbar objektive und neutrale Kriterien für das „Besondern" von Kindern und Jugendlichen.
In diesem Kontext operiert auch bspw. die Kinder- und Jugendpsychiatrie mit dem Klassifikationssystem der ICD-10. Auch hier kann in Anlehnung an Stein kritisch angemerkt

werden, dass solche Kategoriensysteme eine künstliche Systematisierung von Realität darstellen, „die für bestimmte Zwecke hilfreich sind, jedoch zu verschleiern drohen, dass »psychische Krankheit« versus »psychische Gesundheit« im Grunde eher ein Kontinuum darstellen als ein Entweder-Oder" (Stein 2011, 324). Gleichwohl werden allerdings aus Sicht der Kinder- und Jugendpsychiatrie die „Sonderschüler für Erziehungshilfe als eine Hochrisikogruppe für die Entwicklung von kinder- und jugendpsychiatrischen Störungen" eingeschätzt (vgl. Schmid / Fegert / Schmeck / Kölch 2007, 282).

Zusammenfassend bleibt festzuhalten, dass die Terminologie „verhaltensgestört", „erziehungshilfebedürftig", „verhaltensoriginell" kein wissenschaftlich standardisiertes Konstrukt ist. „SEBD (Social, Emotional, Behavioural Difficulties, B.H.) is a generic term encompassing many other descriptors, such as ‚delinquent', ‚disaffected', ‚disturbed', ‚troublesome' and ‚challenging'" (McNab / Visser / Daniels 2008, 1). Wir haben es hier also eher mit Delegationsmünzen zu tun, einer Überweisungswährung für die nicht mehr behandelbaren Fälle aus der normalpädagogischen Situation in die sonder- und sozialpädagogische Situation (vgl. Oevermann 1981, 33, in: Dlugosch 2002, 250).

Trotz der Unschärfe der Terminologien wird in diesem Werkbuch der Begriff „Verhaltensstörungen" beibehalten, da jede Form der sprachlichen Umschreibung auch die Gefahr enthält, die Probleme und Schwierigkeiten dieser Kinder tendenziell zu leugnen. Gleichzeitig wird von schulischer und außerschulischer Erziehungshilfe gesprochen, weil diese Terminologie zum Ausdruck bringt, dass bei dieser Zielgruppe ein erhöhter Erziehungshilfebedarf besteht.

2. 2 Zweites charakteristisches Phänomen: Interdisziplinarität

Die schulische und außerschulische Erziehungshilfe weist inter- und transdisziplinär eine sehr hohe Dichte an wissenschaftlichen Theoriebezügen zu Nachbardisziplinen auf:

Zu nennen sind hier insbesondere in der Erziehungswissenschaft Elementarpädagogik, Regelschulpädagogik, Sonderpädagogik, Sozialpädagogik, Methodik / Didaktik, Interkulturelle Pädagogik, Geschlechterdifferente Pädagogik, Community Education, Sexualpädagogik, Medienpädagogik, Berufs- und Wirtschaftspädagogik, Erlebnis- und Sportpädagogik und Pädagogische Beratungsansätze.

Aus der Psychologie sind vor allem Diagnostik, Testpsychologie, Sozialpsychologie, Lernpsychologie, Entwicklungspsychologie, Gruppenpsychologie, Psychotherapien und Psychologische Beratungsansätze anzuführen.

Auch Teilbereiche der Soziologie, wie etwa soziokultureller und sozioökonomischer Diskurs, Habitusforschung, Etikettierungsansätze, Organisationssoziologie und Sozialphilosophie beeinflussen die Theorieentwicklung in der schulischen und außerschulischen Erziehungshilfe.

Des Weiteren bereichern auch Aspekte aus Kinder- und Jugendpsychiatrie, Medizin, Anthropologie, Philosophie und Recht den fachspezifischen Diskurs.

Dieser Versuch der additiven Benennung der für die Verhaltensgestörtenpädagogik relevanten Bezugswissenschaften, die zur Ausdifferenzierung des Faches maßgeblich beitragen, verdeutlicht die mögliche Pluralität der damit einhergehenden Theoriebildung und Positionierungen im Feld, und verweist bspw. auch auf unterschiedliche Erklärungsansätze über die Genese von Verhaltensstörungen sowie auf Konzepte zur Prävention und Intervention. Die Fachdisziplin ist, wie Bröcher zu Recht feststellt, „eingebettet in

eine Art Netzstruktur wissenschaftlicher Grunddisziplinen und hochspezialisierter Teilgebiete benachbarter Wissenschaften. Während sie ihre fundamentalen Ziele und ihr Selbstverständnis aus der Erziehungswissenschaft bezieht, verwendet sie zugleich Konzepte, Arbeits- und Erkenntnismittel aus der Psychologie, Soziologie oder Philosophie. Zusätzlich bezieht sie Spezialkenntnisse aus der Medizin. In ihren Arbeitsfeldern überschneidet sie sich mit der sozialpädagogischen Kinder- und Jugendhilfe, der Psychotherapie, der Didaktik" (Bröcher 2001, 242).
Zu den zentrale Bezugskategorien zählen Diagnostik, Klientelbeschreibungen, Elternarbeit, Schule, Unterricht, Förderung, Beratung, Therapie, Hilfen zur Erziehung, Jugendberufshilfe sowie Vernetzung und Kooperation verschiedener Unterstützungssysteme.
Für die Pädagogik bei Verhaltensstörungen gilt, was Mollenhauer bereits 1971 für die Erziehungswissenschaft formuliert hat, dass es eine einheitliche Theorie nicht gibt, sondern eine Vielzahl von Theorien als Verdichtung interpersoneller Praxis (vgl. Mollenhauer 1973(3), 7).
So existieren je nach theoretischer Positionierung unterschiedliche Erklärungsansätze und damit Interventionsstrategien:

- eine biologisch-medizinisch pathologisierende Richtung fokussiert „die Störung", die einer medikamentösen Behandlung zuzuführen sein
- eine systemtheoretische Richtung fokussiert den Kontext von Verhaltensstörungen; Interventionen beziehen sich auf soziale Systeme;
- eine psychodynamische Richtung fokussiert die Bedeutung des subjektiven Sinns von Verhaltensstörungen; Interventionen fokussieren das Verstehen und die Übersetzung dieses Verstehens in Handlungsalternativen;
- eine lernpsychologische Richtung fokussiert die Bedeutung defizitärer Verhaltensadaptionen; Interventionen erfolgen über Verhaltensmodifikationen;
- eine soziologisch orientierte Richtung fokussiert die Bedeutung sozioökonomischer Deprivation als Konstituens von Verhaltensstörungen; Interventionen zielen auf eine Verbesserung der Sozialisationsbedingungen.

Bernd Ahrbeck und Marc Willmann kritisieren diese Pluralität: „Die Vielfalt und mitunter auch Beliebigkeit von Erklärungsansätzen sowie pädagogischen und therapeutischen Interventionen ist ein Ausdruck davon, dass es an einer einigenden Leitidee fehlt, mit der sich die Kernthematik des Faches formulieren lässt" (Ahrbeck / Willmann 2010, 9).
Was für das wissenschaftliche Bezugssystem gilt, hat seine Entsprechung in der Praxis. Die Heterogenität der SchülerInnenschaft und die wachsende Komplexität schulpraktischer Anforderungen erfordert die Verknüpfung und Integration vorhandenen Wissens und die Generierung neuer theoretischer Zugänge zur Lösung praktischer Fragestellungen. Das hohe Maß an Individualisierung und Flexibilisierung hinsichtlich der Förderorte, der Methoden und Inhalte begründet einen dynamischen Prozess der Theorie- und Praxisentwicklung, wobei die klientelspezifische Nähe zur Lernbehindertenpädagogik darüber hinaus das mögliche Spektrum erweitert (vgl. Schröder / Wittrock u.a. 2002).
Dieser „Overlap" (vgl. Ricking 2005) führt dazu, dass auch in der Förderschule Kinder und Jugendliche mit Verhaltensstörungen beschult werden. Neuerdings werden die sonder(schul-)pädagogischen Förderschwerpunkte Verhalten, Lernen und Sprache als cross-

kategoriale Sonderpädagogik bezeichnet. Eine übergreifende Systematik dieser crosskategorialen Sonderpädagogik steht allerdings noch am Anfang (vgl. Opp 2004); bisher besteht eher ein additives Verständnis (vgl. Herz / Kuorelahti, 2007). Gleichwohl bieten einige sonderpädagogische Studienstätten ein crosskategoriales Bachelorstudium an und auch in der schulischen Praxis zeichnen sich vermehrt Bestrebungen ab, diese SchülerInnengruppe wie bpsw. im Bundesland Bremen in den allgemeinbildenden Schulen integrativ zu unterrichten.

Zusammenfassend bleibt festzuhalten, dass die Pädagogik bei Verhaltensstörungen durch wissenschaftliche Forschung und theoriegeleitete Praxisreflexion nach Wegen sucht, Gefährdungen abzuwenden, Entwicklungen nachhaltig zu unterstützen, innovative Interventionen im Verhaltensbereich zu entwickeln, um damit den Bildungs- und Erziehungsanspruch von Kindern und Jugendlichen in schwierigen Lebenslagen zu verwirklichen.

3. Verhaltensstörungen: Hintergründe, Ursachen und Konsequenzen

3. 1 Einleitung

Die Schule nimmt einen zentralen Platz in der biographischen Entwicklung von Kindern und Jugendlichen ein. Bildungsbenachteiligung und Schulversagen ist in der Bundesrepublik Deutschland eng gekoppelt an die sozioökonomische Lebenslage von Heranwachsenden. Dabei hat der gesellschaftliche Wandel der letzten Jahre einerseits zu einer Verbesserung der sozialen, medizinischen und bildungsbezogenen Integrationsangebote für Heranwachsende geführt, andererseits jedoch eine wachsende Zahl von Kindern und Jugendlichen in die Position von Modernisierungsverlierern gedrängt. So sind vor allem auch die Berufschancen von Jugendlichen aus überlasteten Sozialmilieus deutlich begrenzt (vgl. Thielen 2011, 427).

Auch wenn heute weder Schulabschluss noch Berufsausbildung die Garantie für einen gesicherten, sozial anerkannten Platz in der Gesellschaft darstellen, so erhöht doch ein Bildungszertifikat die Chancen dafür erheblich.

Aber gerade jene Heranwachsenden mit multiplen Risikofaktoren wie Armut, familialer Gewalt, Vernachlässigungserfahrungen u.ä., entziehen sich oft schulischen und außerschulischen Angeboten und lavieren in Milieuwelten zwischen Dominanz- und Subkultur: Sie leben anders - mit der Gefahr institutioneller und sozialer Desintegration, bis hin zur Kleinkriminalität, zu Drogenmissbrauch und Gelegenheitsprostitution (vgl. Marquardt 2001).

Diese Entwicklung ist seit längerem Gegenstand der sozialpädagogischen Fachdiskussion (vgl. ausf. Hußmann 2011). Im Bereich der Schulpädagogik hat die Auseinandersetzung um Schulabsentismus Hochkonjunktur (vgl. Warzecha 2000a; Herz / Ricking / Puhr 2004; Wittrock / Schulze / Ricking 2009). Die Schulverdrossenheit mancher Heranwachsender verweist deutlich auf Defizite in den interaktiven Prozessen von Erziehung und Bildung.

Das Auffällige an dieser Entwicklung ist, dass die Zahl der als verhaltensgestört etikettierten Schüler und Schülerinnen ebenso ansteigt wie die entsprechenden Institutionen. Diese Statistiken sagen zunächst nur soviel: wir haben es mit einer in sich heterogenen

Schülerschaft zu tun, die aus der Allgemeinen Schule mit ihren normalitätsbezogenen Verhaltensanforderungen segregiert wird. Über Anlässe und Ursachen, Motive und Gründe sagen uns diese Statistiken nichts. Vergleichbares gilt auch für die enormen Zuwachsraten der Inanspruchnahme der „Hilfen zur Erziehung" nach dem Kinder- und Jugendhilfegesetz. Was also wissen wir über die mit dieser Entwicklung verbundenen risikoreichen Lebenslagen?

Die meisten der Kinder und Jugendlichen mit Verhaltensstörungen sind biographisch bereits sehr früh vernachlässigte Kinder, die physisch und / oder psychisch traumatisierenden Sozialisationsbedingungen ausgesetzt waren und es zum größten Teil immer noch sind. In den knappen Worten Gerspachs: „Gestörte Verhältnisse – gestörte Kinder" (Gerspach 1998, 105f). Kinder und Jugendliche, die lebensbedrohende und ängstigende Erfahrungen machen mussten, die mehrfach oder dauerhaft eine Missachtung ihrer vitalen Lebensbedürfnisse erlebten oder durch andere Formen der Unterlassung vernachlässigt wurden, sind in der sozialen und emotionalen Bewältigung ihrer altersangemessenen Entwicklungsaufgaben beeinträchtigt.

Aber auch jede Gewalterfahrung bedeutet eine seelische Verletzung und zwingt derart „erfahrene" Heranwachsenden zu Überlebensmechanismen, die mit unserer Alltagslogik nicht ohne weiteres zu verstehen sind: Ihre Verhaltensweisen irritieren und provozieren uns, sie lösen bei PädagogInnen und LehrerInnen oft Gefühle der Hilflosigkeit, der Ohnmacht und der Überforderung aus. **Birgit Herz** analysiert in ihrem Beitrag „Angst – Macht – Aggressionen" die durch solche Verhaltensweisen ausgelösten heftigen Psychodynamiken in der pädagogischen Beziehung und macht deutlich, welche hohen Professionalitätsanforderungen an die eigene Persönlichkeit und die gesamte Berufspraxis hieraus folgen.

Verhaltensstörungen, die oft auch Lernbeeinträchtigungen mit sich bringen, sind zunächst sinnvolle Reaktionsweisen auf gestörte und verstörende Lebensbedingungen. Hinter dem konkreten Verhalten dieser Heranwachsenden verbergen sich Notlösungen vor dem Hintergrund ihrer biographischen Erfahrungen. Ihre internalisierten oder externalisierten Verhaltensstörungen artikulieren ihre Krisen- und Konflikterfahrung in der einzig ihnen zur Verfügung stehenden Sprache: als „Störung" – mit anderen Worten: sie werden schwierig bzw. bereiten Schwierigkeiten.

„Es ist vor allem der ökologische Cocktail von familiären Belastungen, schulischen Problemen, negativen Peerkulturen, unsicheren Nachbarschaften und ressourcenarmen Quartieren, die toxische Wirkung haben auf die Entwicklung von Kindern und Jugendlichen" (Opp 2008, 69).

Zwar bieten Liberalisierung und Pluralisierung der Lebensstile für die meisten in der heute heranwachsenden Generation Chancen und Vorteile, doch die Risiken der Desorientierung und der Desintegration wachsen auch: Anstieg der Kinderarmut, Arbeitslosigkeit als Normalerfahrung, Wahl-, Entscheidungs- und Selbstverantwortungszwänge, ethnische Konflikte, unzureichende Erziehungshilfeplanung. Und nicht zuletzt verschärft sich die Verdrängungskonkurrenz im Zusammenspiel von Dominanz- und Subkultur (vgl. Warzecha 2001b, 150f; Herz 2010b).

Damit eng verbunden ist jedoch auch eine Veränderung im Bindungs- und Beziehungsverhalten. Was sich insbesondere auch geändert hat, sind die stabilisierenden Faktoren mehrgenerationaler Familien und nachbarschaftlicher Milieus. Der Bedeutungsverlust dieser normativen Unterstützung, bisweilen auch normativen Kontrolle, ist offensichtlich. Übrig bleibt für sozial und desintegrierte Heranwachsende eine Leerstelle, ein Vakuum; da heute Talkshows ritualisiert die ehemals normative Kraft der Kirche zelebrieren, schwinden Verbindlichkeit, Verlässlichkeit, und moralische Standards. Sie werden alleingelassen bei der Sinnsuche und sind konfrontiert mit einer Leerstelle. Kinder und Jugendliche in schwierigen Lebenslagen befinden sich meist in einer extremen Überforderungssituation.

3. 2 Prävalenzraten

In der Öffentlichkeit, die sich vor allem auf Medienmeldungen über steigende Kinder- und Jugendkriminalitätsquoten stützt, ist man gegenwärtig der Meinung, dass die „Anzahl 'Verhaltensgestörter' und vor allem die Schwere der Auffälligkeiten (Brutalität) in der Schule ständig anwachse" (Reiser 1998, 145; vgl. Cremer-Schäfer 2000; vgl. Ahrbeck 2010).

Nach der Erhebung des Kinder- und Jugendgesundheitssurveys (KiGGS) zeigen die 7-10 Jährigen ca. 22,5%, die 11-13 Jährigen ca. 25% und die 11-16 Jährigen ca. 20% kinder- und jugendpsychiatrisch relevante Symptome wie Ängste, Störungen des Sozialverhaltens, Depressionen u.ä. (Ravens-Sieberer 2007). In einer Untersuchung in Kindertageseinrichtungen in Nordrhein-Westfalen aus dem Jahr 2010 schätzten die Erzieherinnen 21,4% der Kinder als im Verhalten auffällig ein und gaben an, dass 19,7% über keine altersangemessene soziale Kompetenz verfügen (vgl. Agi / Hennemann / Hillenbrand 2010, 44f). Diese Untersuchung belegt die deutliche Unterversorgung bei der frühzeitigen Förderung der emotionalen und sozialen Entwicklung. Des Weiteren zeigen die Autoren den hohen Qualifizierungsbedarf im Kontext von kindlicher Armutslage und Interkulturalität auf.

Ulf Preuss-Lausitz und Anette Textor kritisierten bereits 2006 das erhebliche Defizit an angemessener Unterstützung und Förderung: „Der quantitative Bedarf für den Förderbereich emotionale und soziale Entwicklung wird von den Schulbehörden unterschätzt. Die gesundheitlichen und sozioökonomischen Belastungen der Familien und ihren verhaltensauffälligen Kinder werden im Vorschulalter zu wenig beachtet und durch Familienunterstützung und Frühförderung in zu geringem Maße zu kompensieren versucht" (Preuss-Lausitz / Textor 2006, 7).

Ein weiterer zentraler Aspekt im Kontext von Aussagen zur Prävalenz ist die offensichtliche Geschlechterdifferenz. Männliche Heranwachsende sind in der schulischen und außerschulischen Erziehungshilfe deutlich überrepräsentiert (vgl. Warzecha 2001; Preuss-Lausitz 2008; Voigt-Kehlenbeck 2008), wohingegen bei den Professionellen die Frauen als Lehrerinnen, Pädagoginnen und Therapeutinnen zahlenmäßig dominieren. Diese Konstellation greift **Sebastian Möller-Dreischer** auf in seinem Beitrag „Mehr Männer = bessere Förderung für Jungen und männliche Jugendliche aus dem Spektrum der Erziehungshilfe? Forschungsbefunde und -desiderate".

3. 3 Faktoren institutioneller und sozialer Desintegrationsprozesse

Besonders in urbanen Zentren besteht eine deutliche Verschärfung entwicklungsbeeinträchtigender Sozialisationsbedingungen. Die vergleichende empirische Untersuchung in Frankreich, Amerika und England von Body-Gendrot belegt, dass wir in den sog. Sozialen Brennpunkten der Metropolen mit institutionellen und sozialen Desintegrationsprozessen konfrontiert sind (vgl. Body-Gendrot 2000). Mögliche Gründe hierfür sind:

- unzureichende Versorgung mit Arbeits- und Ausbildungsplätzen,
- beengte und unzureichende Wohnverhältnisse
- inadäquate oder unspezifische Bildungseinrichtungen
- fehlende Freizeitangebote und unzureichende soziale Infrastruktur
- gesellschaftliche Marginalisierung des Wohnquartiers
- Massierung psychosozialer Belastungen
- behördliches Desinteresse bzw. „Mängelverwaltung"
- Verwahrlosung von Gebäuden, Straßen und öffentlichen Einrichtungen
- fehlende Lobby politischer Repräsentationsarbeit
- unzureichende medizinische Versorgung
- Mangel an Beratungs- und Betreuungsangeboten
- erhöhte Gewalt- und Kriminalitätsbelastungen
- innerethnische Spannungen
- Alkohol- und Drogenmissbrauch.

Hierbei sind die teils spezifischen und bestimmten, teils diffusen und verborgenen Folgeerscheinungen wie Deprivation, Depression, Krankheits- und Todesrate aufgrund depravierender Lebensbedingungen noch nicht berücksichtigt. Das sichtbare Produkt sozialer Ausgrenzung ist in den Großstädten konzentriert. Randständigkeit im kommunalen Raum artikuliert sich in Wohnvierteln und Straßenzügen, in denen sich soziale Probleme bündeln – Quartiere mit hohen Quoten an Arbeitslosen, Alleinerziehenden, Migranten und bestimmten Berufsstatusgruppen, die von staatlichen Transferleistungen abhängig sind (vgl. Jauch / Weiß 2011).
Dem Statusverlust der Familie in solchen Sozialräumen steht der Statusgewinn der peergroup und des Medienmarktes gegenüber. Das Großstadtmilieu der Straße ermöglicht Heranwachsenden neue Beziehungsnetzwerke, öffentliche Jugendszenen, auch in unterschiedlichen ethnischen Zusammensetzungen, die unverbindlich und je nach persönlicher Situation genutzt werden können. Solche Szenen bieten scheinbar Orientierung und Halt in einer immer komplexer werdenden Gesellschaft. Vergleichbares gilt für die Medien: sie bieten Eindeutigkeit bei den Such- und Orientierungsprozessen von Kindern und Jugendlichen. Die Welt eines Rambo oder Terminator ist überschaubar strukturiert in gut und böse, stark und schwach, hässlich und schön etc..
Normabweichendes Verhalten ist immer an den sozialen, kulturellen und interaktiven Kontext der Verhältnisse gekoppelt. Ich möchte dies zunächst exemplarisch illustrieren anhand des Zusammenhanges zwischen Armut und Verhaltensstörungen sowie den Konsequenzen aus physischen und psychischen Grenzverletzungen in Kindheit und Jugend.

3. 3. 1 Aufwachsen in Armut
Armut in Deutschland ist zunehmend Kinderarmut. Dabei ist das Armutsrisiko verknüpft mit der Familienform: wir wissen, dass das Armutsrisiko besonders hoch bei nichtehelichen Lebensgemeinschaften anzutreffen ist. Konsequenzen der Lebenslage Armut für Erziehungs- und Bildungsprozesse in schulischen und außerschulischen Einrichtun-

gen können institutionelle, familiäre und soziale Desintegrationsprozesse sein. Kamerman und Kahn kommen in ihrer internationalen Vergleichsstudie zu dem Schluss: „They are more likely to experience educational underachievement, poor health, teenage pregnancy, substance abuse, criminal and antisocial behavior, low pay, unemployment, and long term welfare dependence and to transfer this poverty of opportunity to their own children" (Kamerman / Kahn 2008, 347).

Armut bei Kindern ist eng verknüpft mit sozialen und emotionalen Mangelerfahrungen, besonders unter der Perspektive von Langzeitarbeitslosigkeit der primären Bezugsperson. Zu den aktiven Bewältigungsstrategien der materiellen Not bei diesen Heranwachsenden zählt jegliche Form des Gelderwerbes – auch gewaltförmige und kriminelle – aber auch Erziehungsschwierigkeiten und Verhaltensauffälligkeiten. „Die Kinder / Schüler kompensieren Frustrationen und Trauer über erfahrene Demütigungen und Ausgrenzung häufig durch unangepasstes, rebellisches Verhalten. Sie werden aggressiv und gelegentlich auch gewalttätig – häufig aus Angst, „abgebügelt" zu werden, aber auch als Reaktion auf erfahrene Ablehnung" (Becher 2008, 45). Vor allem in Haupt- und Förderschulen mit den Förderschwerpunkten Verhalten und Lernen finden sich sozial benachteiligte Schülerinnen und Schüler (vgl. Werning 2010, 286).

Materielle Deprivationsprozesse führen zu seelischen Verletzungen: ein großer Teil der Eltern und primären Bezugspersonen, die auf der Basis staatlicher Transferleistungen leben, sind oft nicht mehr in der Lage, ihre Kinder angemessen und kindgemäß zu fördern. Diese Kinder haben bereits bei der Einschulung schlechte Startchancen. Ein solches Sozialisationsmilieu ist des Weiteren ein hoher Prädiktor für Vernachlässigung oder physische und psychische Gewalt (vgl. Herz 2010a).

Hier schließt sich der Kreis zu meiner obigen Aussage, dass Verhalten immer von einem sozialen Kontext abhängig ist, bzw. von den sozialen Verhältnissen des Aufwachsens.

Dies trifft auch auf die außerschulische Erziehungshilfe zu. So stellt von Wolfersdorff fest, dass der Kernbereich der Hilfen zur Erziehung in der überwiegenden Mehrheit der Fälle mit Kindern und Jugendlichen zu tun hat, die aus Armutsverhältnissen stammen (vgl. von Wolfersdorff 2010, 240).

Bezogen auf die schulische und außerschulische Erziehungshilfe bedeutet dies, dass die Problematik dieser so charakterisierter Kinder und Jugendlichen auch Ausdruck einer Krise des Sozialstaates ist. „Bildung vollzieht sich eben nicht in einem herrschafts- und interesselosen Feld, sondern pädagogisches Handeln vollzieht sich unter sozioökonomischen Bedingungen, die den Hintergrund für Integration – und Ausgrenzungsprozesse bilden und dadurch die Spielräume für die pädagogischen Handlungsfelder aufzeigen" (Lanwer 2006, 384). **Matthias Meyer** veranschaulicht diese komplexen Zusammenhänge in seinem Beitrag über „Teilhabechancen unter gesellschaftskritischer und gerechtigkeitstheoretischer Perspektive".

Habe ich bis hierher die gesellschaftlichen Rahmenbedingungen skizziert, so will ich hier anschließend auf weitere, die Entwicklung von Kindern und Jugendlichen beeinträchtigende biographische Erfahrungen aufmerksam machen.

3. 3. 2 Traumatisierung im Kindes- und Jugendalter[1]

Extreme Angsterlebnisse in der primären Sozialisation sind Auslöser für vielfältige Beeinträchtigungen in der kognitiven, emotionalen und sozialen Entwicklung. Kinder und Jugendliche, die unter den Bedingungen von seelischer und körperlicher Vernachlässigung, Misshandlung, sexueller Gewalt oder in Suchtfamilien aufwachsen, sind lebensbedrohenden, extrem ängstigenden Erfahrungen ausgesetzt, sie erleben die Missachtung ihrer vitalen Bedürfnisse und bleiben meist isoliert in ihrer psychophysischen Notsituation.

Solche traumatogenen Einwirkungen auf die Sozialisation haben massive Konsequenzen für die physische und psychische Entwicklung. Entscheidend sind aus der Perspektive des Kindes oder Jugendlichen die Angst und die Ohnmachtsgefühle durch das Ausgeliefertsein an eine Situation, die durch den Machtmissbrauch eines anderen, meist erwachsenen Menschen verantwortet wird.

„Ein Trauma ist ein plötzliches, intensives, gewalttätiges und schmerzhaftes Ereignis, das die psychischen Verarbeitungsmöglichkeiten eines Menschen überfordert, weil es die Psyche gleichsam überschwemmt. Schwere Unfälle, Misshandlungen und sexueller Missbrauch sind Prototypen dieses Geschehens, die ein Übermaß an Stimulierung beinhalten. Aber auch das Gegenteil, ein Mangel an Stimulierung, der das erträgliche Maß übersteigt, wie er z.B. bei Deprivation vorliegt, wirkt traumatisierend und hemmt ebenfalls die normale Entwicklung" (Diepold 2002, 131).

Hierdurch findet eine Erschütterung der psychischen Organisation statt, die die emotionale Entwicklung massiv beeinträchtigt. Kindern und Jugendlichen, die Gewalt erdulden mussten, fehlt, je jünger sie sind, die Sprache, um das Ausmaß ihrer Angst, aber auch das Erlebte selbst, in Worte zu fassen. Sie bringen mit ihrem Verhalten jedoch gleichwohl zum Ausdruck, wie zerstörerisch die Unterordnung unter die Gewalt ausübende Person sein kann.

1875, fünf Jahre nach Gründung der ersten Tierschutzgesellschaft wurde in New York die „Society for the Prevention of Crualty to Children" gegründet. Noch bis Mitte der 60er Jahre des letzten Jahrhunderts wurde Gewalt gegen Kinder als ein Problem individueller Pathologie betrachtet. Erst die Fortschritte in der radiologischen Diagnostik ermöglichten es, ungeklärte Verletzungen mit physischer Gewalt zu erklären.

Traumatisierungen von Heranwachsenden haben viele Erscheinungsformen, darunter zentrale Problemfelder wie: die emotionale und körperliche Vernachlässigung, Kindesmisshandlung in Form von physischer Gewaltausübung, sexueller Missbrauch sowie Tötung. Gewalt gegen Kinder und Jugendliche bleibt oft verdeckt oder unerkannt, zumal wenn sie im Nahraum Familie ausgeübt wird ebenso wie das Aufwachsen in Suchtfamilien.

Da körperliche Gewaltausübung gegen Kinder überwiegend in der familiären Privatheit stattfindet, dringen lediglich die aufgedeckten, spektakulären Fälle an die Öffentlichkeit und werden strafrechtlich verfolgt.

Die Erscheinungsformen von Misshandlungen lassen sich nicht immer eindeutig bestimmen. Körperliche und auch seelische Misshandlung wird oft sehr subtil und gut getarnt praktiziert, so dass es selbst „Professionellen", wie ErzieherInnen, LehrerInnen,

---

[1] vgl. Warzecha 2001a; Herz 2012b

PädagogInnen, PsychologInnen schwer fällt, mit vordergründig nicht verständlichen Verhaltensweisen von Kindern und Jugendlichen Misshandlungserlebnisse zu assoziieren.

Seelische Misshandlung liegt vor, wenn das Kind oder der Jugendliche Situationen ausgesetzt sind, die extrem ängstigend und durch ihre Brutalität vergleichbar mit Folter sind.

Darüber hinaus müssen neben der Verweigerung von Zeit, Zuwendung und Zärtlichkeit, auch der Mangel an Grenzziehung, das Fehlen einer transparenten Ordnung, sowie das Überbehüten und die Sprunghaftigkeit zwischen verschiedenen Erziehungsstilen als seelische Verletzungen spezifischer Art bezeichnet werden. Sie kommen zum Beispiel auch im Zulassen von uneingeschränktem Medienkonsum und in Luxusverwahrlosung zum Ausdruck (vgl. Prengel 2002).

Die körperliche und emotionale Vernachlässigung erscheint bei oberflächlicher Betrachtung zunächst als eine geringere Belastung von Kindern – sie ist weniger spektakulär, weniger offensichtlich, kaum nachweisbar und in medialen Schlagzeilen selten präsent. Das Unterlassen der notwendigen Versorgung der körperlichen Bedürfnisse nach Nahrung und Hygiene oder die Ignoranz gegenüber Geborgenheits- und Sicherheitsbedarf führen zu massiven Entwicklungs- und Beziehungsstörungen. „Vernachlässigung und emotionale Kindesmisshandlungen können sich in Form von Entwicklungsrückständen (motorisch, kognitiv, emotional und sozial) sowie psychosomatischen Symptomen (Enuresis, Enkopresis, chronische Kopf- und Bauchschmerzen) manifestieren" (Deegener / Körner 2009, 129).

Das Aufwachsen von Kindern und Jugendlichen in Suchtfamilien bedeutet ebenfalls einen traumatogenen Belastungsfaktor. Das familiäre Klima ist dysfunktional aufgrund der massiven Beeinträchtigungen durch den suchtmittelabhängigen Elternteil.

Mit diesen Aufzählungen erschöpft sich das Leid und die Viktimisierung von Kindern keineswegs, zumal die Übergänge zwischen „harmlosem" Missachten vitaler Lebensbedürfnisse wie z.B. Kommunikation, Zuwendung und Wertschätzung, und folterartigen Straftechniken, wie z.B. das Einsperren in einen Schrank, bisweilen fließend sind (vgl. Warzecha 2001; Herz 2012b).

Es gibt sicher noch weitere traumatogene Belastungsfaktoren in der Entwicklung von Kindern und Jugendlichen, wie etwa der Tod eines Elternteiles oder die Kriegserfahrungen von minderjährigen unbegleiteten Flüchtlingskindern. In allen Fällen gilt: im Selbstbild dieser Heranwachsenden überwiegt eine innere Vorstellung von sich selbst als wenig liebenswert, als wertlos, als zweifelnd an der Berechtigung der eigenen sozialen Existenz. **Thomas Schier** vertieft diese Thematik in seinem Beitrag „'Die Jungen aus dem Blick verloren?' Ein Beitrag zur Wahrnehmung von und Kooperation bei sexualisierter Gewalt in der Kinder- und Jugendhilfe".

Exkurs: Das staatliche Wächteramt

In der deutschen Verfassung ist das Wohl des Kindes verfassungsrechtlich geschützt, da eine psychisch und psychisch geschützte und gesicherte Sozialisation nicht für alle Kinder gewährleistet ist. In Artikel 6, Absatz 2 BGB ist das elterliche Erziehungsrecht und die Erziehungspflicht geregelt und auch das staatliche Wächteramt geklärt:

In Artikel 6 (Ehe und Familie, nichteheliche Kinder) Absatz 2 heißt es: „Pflege und Erziehung der Kinder sind das natürliche Recht der Eltern und ihnen obliegende Pflicht. Über ihre Betätigung wacht die staatliche Gemeinschaft". Und in Artikel 6 Absatz 3 steht: „Gegen den Willen der Erziehungsberechtigten dürfen Kinder nur auf Grund eines Gesetzes von der Familie getrennt werden, wenn die Erziehungsberechtigten versagen oder wenn die Kinder aus anderen Gründen zu verwahrlosen drohen".

Der Gesetzgeber hat die Aufgabenverteilung und die Rangfolge zwischen Eltern und Staat eindeutig geregelt. Das Erziehungsrecht korrespondiert mit der Pflicht der Eltern, ihren Kindern zu einer förderlichen Entwicklung zu verhelfen und dem Recht der Kinder auf Pflege und Erziehung durch ihre Eltern. Das staatliche Wächteramt steht hierzu nicht in Konkurrenz. Es soll das Kind davor schützen, in seiner Entwicklung Schaden zu nehmen. Die Schutzpflicht für das Kind zielt darauf, die Eltern in Form von Hilfestellungen und Unterstützung bei der Gefahrenabwehr zu stärken. Dieses Wächteramt bezieht sich sowohl auf die Prävention von und Intervention bei Gefährdung des Kindeswohls. Der Begriff „Kindeswohl" ist ein sog. unbestimmter Rechtsbegriff, er ist abhängig von kulturellen, historischen und ethisch geprägten Menschenbildern.

Kindeswohlgefährdung liegt dann vor, wenn eine gegenwärtige oder unmittelbar bevorstehende Gefahr für die Kindesentwicklung abzusehen ist, die bei ihrer Fortdauer eine erhebliche Schädigung des körperlichen, geistigen oder seelischen Wohls des Kindes mit ziemlicher Sicherheit voraussagen lässt. Rechtsanwender für den Gefährdungsbegriff sind Institutionen und Personen, denen die Ausübung des staatlichen Wächteramtes obliegt: FamilienrichterInnen, Kinder- und Jugendhilfefachkräfte.

Die erste (und zumeist zufällige) Normkonkretisierung, d.h. die Bewertung von Auffälligkeiten findet in erster Linie in Kindergärten, Schulen und Einrichtungen der Gesundheitsfürsorge statt.

Aufgrund dramatischer Todesfälle von Kindern in der Bundesrepublik kam es zu einer Gesetzesänderungen des zivilrechtlichen Kinderschutzes: seit dem 12. Juli 2008 gilt das Gesetz zur „Erleichterung familiengerichtlicher Maßnahmen" zur Verbesserung des Kindesschutzes. Neu aufgenommen wurde ein „Erörterungsgespräch" mit den Eltern als Warnung, ein Beschleunigungs- und Vorranggebot für die FamilienrichterInnen sowie zeitlichen Verkürzung der Verfahren.

Die Kinder- und Jugendhilfe steht in einen Spannungsverhältnis zwischen Elternverantwortung (Autonomie) und staatlicher Schutzpflicht (Kontrolle). Der Risikoabschätzung kommt im Kinderschutz ein hoher Stellenwert zu und sie ist eine große fachliche Herausforderung an die Professionellen. Vor allem Kompetenz in psychosozialer Diagnostik ist unabdingbar. In der öffentlichen und rechtlichen Diskussion steht die Minimierung des strafrechtlichen Handlungsrisikos der Fachkräfte im Mittelpunkt des Interesses. Mit der Entwicklung neuer Diagnoseinstrumente, wie bspw. dem Stuttgarter Kinderschutzbogen oder der Sozialpädagogischen Diagnosen des Landesjugendamtes München fand zusätzlich eine Sensibilisierung und Qualifizierung der kommunalen Sozialen Dienste statt. Viele Kommunen verfügen mittlerweile über differenzierte Handreichungen und Verfahrensregelungen für die verantwortlichen Fachkräfte.

Die Schule ist aufgrund der allgemeinen Schulpflicht in Deutschland die einzige Institution, die verbindlichen Zugang zu allen Kindern ab Schuleintritt hat. Im Rahmen der Kinderschutzdebatte wird deutlich, dass den Schulen bisher keine Schutzpflichten oblag.

Eine Ausnahme bildet bspw. das Bundesland Brandenburg. Im Schulgesetz vom 8. Januar 2008 steht im § 4: „Die Sorge für das Wohl der Schülerinnen und Schüler erfordert es auch, jedem Anhaltspunkt für Vernachlässigung oder Misshandlung nachzugehen. Die Schule entscheidet rechtzeitig über die Einbeziehung des Jugendamtes oder anderer Stellen". Mittlerweile hat auch das Land Nordrhein-Westphalen den Kinderschutz in der Landesschulgesetzgebung verankert.

Am 1. Januar 2012 ist das neue Bundeskinderschutzgesetz (BKiSchG) in Kraft getreten. Dieses neue Gesetz betont die Notwendigkeit, „gesellschaftlich auf die zunehmenden Belastungen von Familien und die damit einhergehenden Gefährdungen für Kinder einzugehen. Hier begründet das Gesetz Grundzüge eines kooperativen Kinderschutzes, der alle beteiligten Institutionen (also vor allem Jugendhilfe, Schule und das Gesundheitssystem) zur Zusammenarbeit verpflichtet" (Schimke 2011, 2).

3. 4 Diagnostik

Pädagogische Diagnostik ist in Anlehnung an Höpfner / Jobgen ein Verfahren, das unterschiedliche Methoden und Techniken aus der empirischen Sozialforschung zusammenführt, um lebensgeschichtliche Selbstbeschreibungen, wie sie im Rahmen der Datenerhebung zustande kommen, auf der in ihnen wirksamen handlungsleitenden Muster zu analysieren (vgl. Höpfner / Jobgen 2001, 38).

Das Spektrum an Diagnoseinstrumente in der schulischen und außerschulischen Erziehungshilfe entspricht der Heterogenität der Klientel und der Förderorte. Während in der Kinder- und Jugendpsychiatrie kategoriale Verfahren wie die ICD-10 oder DSM-IV in Verbindung mit Tests zum Einsatz kommen, basiert in der Kinder- und Jugendhilfe das Fallverstehen mittels qualitativer und standardisierter Erhebungsbögen oder Milieuerkundungen im Mittelpunkt der Diagnostik. In der schulischen Erziehungshilfe dominieren Verhaltensbeobachtungen, der Einsatz psycho- und soziometrischer Verfahren, Leistungs-, Intelligenz- und Verhaltenstests, spielbasierter Befragungstechniken u.v.m..

In der rekonstruktiven Sozialpädagogik ist das Ziel jeglicher Diagnostik ein sinnverstehender, interpretativer Zugang zu fremden Lebenswelten auf der Grundlage einer kontrollierten Rekonstruktion sozialer Interaktion. Dies erfordert eine forschende, reflexive Grundhaltung für methodisch fundierte Entscheidungen, um überhaupt einen „Fall" – verstehen zu können. Die sozialpädagogische Kasuistik zielt auf ein hermeneutisch fundiertes Verstehen fremder Lebenswelten, bspw. subkultureller Milieus.

Sonder- und sozialpädagogische Diagnostik findet in Systemen statt und in Abhängigkeit der jeweiligen theoretischen Orientierung. Die diagnostische Einschätzung und Abklärung von problematischen Lebenslagen zielt auf eine individuums- und systembezogenes Beratungs- und Entscheidungsverfahren, bei dem objektive Datensammlung und subjektive Interpretationen Kernelemente der Entscheidungsprozesse sind. Es bedarf hier einer professionellen Diagnostik, d.h. der Nutzung von Daten als Voraussetzung für eine Verstehensleistung ebenso wie der Fähigkeit, sich vorstellen zu können, wie es einem anderen Menschen in Not geht; das ist der Kern aller Verstehensanstrengungen.

„Handlungen wie stehlen, weglaufen, aggressiv reagieren, sich entziehen oder lügen sind zuerst so zu verstehen, dass deutlich wird, welche subjektive Funktion sie in der Überlebensidee und im Handlungsrepertoire eines (jungen) Menschen hatten und haben. Den Eigen-Sinn, die Widersprüche, Spannungen und Brüche in der Lebens- und Lernge-

schichte eines Menscheln zu entschlüsseln", ist der entscheidende Zugang zu einer pädagogischen Diagnostik (Schrapper 2004, 92).
Förderdiagnostik ist prozessbegleitend, interventionsorientiert, entwicklungsbezogen und umfeldorientiert. Die Verfaren der Verhaltens- und Psychodiagnostik sind abhängig vom Menschenbild, wobei hier fünf zentrale Modelle unterschieden werden können:

- das medizinische Modell
- das interaktionistische Modell
- das lerntheoretische Modell
- das psychodynamische Modell
- das ökologische Modell.

In der schulischen und außerschulischen Erziehungshilfe kommt ferner eine Vielzahl nicht-standardisierter, erfahrungswissenschaftlich begründeter Verfahren zum Einsatz. **Ailine Horn** stellt einen diagnostischen Zugang exemplarisch vor. Sie untersucht „Diagnostisches Fallverstehen im Jugendstrafvollzug."

4. Anforderungen an Erziehung und Bildung in der schulischen und außerschulischen Erziehungshilfe

4.1 Einleitung
Viele Kinder und Jugendliche, die physisch oder psychisch verletzt wurden oder unter deprivierten Bedingungen aufwachsen, verfügen oftmals über klassische „Maßnahmekarrieren" im schulischen und außerschulischen Lebensumfeld. Heranwachsende mit Misserfolgskarrieren erleben hierdurch tiefe Selbstverletzungen; bereits bestehende Verletzungen, Missachtung und Kränkungen werden wiederholt und tragen somit unbeabsichtigt zur Verfestigung von ungünstigen Problemkonstellationen bei. „Maßnahmenkarriere" im schulischen Bereich – von der Klassenwiederholung, dem Unterrichtsausschluss oder Schulverweis – stehen außerschulische gegenüber: Heimeinweisung, Unterbringung bei Pflegepersonen, Sozialpädagogische Familienhilfe, Erziehungsbeistandschaft, Einzelbetreuung, erlebnispädagogische Maßnahmen, Kinder- und Jugendpsychiatrie u.ä.
Mit einer Fallanalyse: „Von der Reflexion einer „Maßnahmekarriere" zu förderlichen Settingvariablen: Der Fallbericht: Jan M." zeigt **Birgit Herz** die Wirkmechanismen solcher Prozesse und der daran beteiligten Institutionen auf.
Auch bei der Eingliederung in den Arbeitsmarkt, beim Übergang von der Schule in selbstständige Erwerbsarbeit, entstehen Maßnahmekarrieren, die letztendlich zu einer dauerhaften Alimentierung dieser jungen Erwachsenen durch den Staat führen.
Maßnahmekarrieren bedeuten einen häufigen Wechsel der BetreuerInnen, der sozialen Werte, der zeitlichen und räumlichen Struktur. Das Problem der Maßnahmenkarrieren wird dadurch verschärft, dass die Kooperation zwischen Schule und Kinder- und Jugendhilfe im pädagogischen Alltag immer noch Defizite aufweist.
Krisen- und konfliktbelastete Heranwachsende zählen insbesondere zur Klientel der Verhaltensgestörtenpädagogik, aber auch der Kinder- und Jugendpsychiatrie sowie der

Kinder- und Jugendhilfe. In der heilpädagogischen Frühförderung, in der schulischen Integration und beruflichen Integration / Rehabilitation treffen wir immer wieder auf Heranwachsende, die Sozialisationserfahrungen machen mussten, die ihre physische und psychische Integrität massiv beeinträchtigten.
Hieraus lassen sich zwei zentrale Folgerungen für Bildung und Erziehung dieser Klientel ableiten, nämlich die Sensibilisierung für die emotionalen Belastungen und die Schaffung problemadäquater pädagogischer Angebote.

4. 2 Folgerungen für die schulische und außerschulische Erziehungshilfe
Im Folgenden werden konkrete Folgerungen für die schulische und außerschulische Erziehungshilfe formuliert und im Hinblick auf professionsspezifische Anforderungen in diesen Berufsfeldern konkretisiert.

4. 2. 1 Schulische Erziehungshilfe
Der zentrale Stellenwert in der schulischen Erziehungshilfe liegt in der Schaffung von Normalität unter erschwerten Bedingungen, da Unterricht hier bspw. neben spezifischen Lernangeboten eine Brückenfunktion zwischen der therapeutischen Arbeit und der Elternarbeit leistet. Dabei muss der Unterricht die erheblich differierenden kognitiven und emotionalen Ausgangslagen im Lern- und Leistungsbereich berücksichtigen sowie die individuelle Lernfähigkeit. Dies bedeutet u.a.:

- personenorientierte Ausrichtung / individuelle Zuwendung auf Zeit
- Individualisierung des Unterrichts
- zielgerichteter, aufgabendifferenzierter Unterricht
- vielfältige und flexible Lernformen
- stützende, haltende Elemente zur Förderung des Lernklimas
- variable Lernebenen (altersangemessen, progressiv, regressiv)
- differenzierte Sozialformen
- Förderung des Lernvermögens gemäß individueller Fähigkeiten
- Niedrigschwelligkeit der Angebote
- förderliche Schulkultur.

„Es ist eine wesentliche Aufgabe der schulischen Erziehungshilfe, ihren Schülern und Schülerinnen dadurch Respekt zu zeigen, dass sie Raum finden für die Bearbeitung biographischen Schmerzes und unterstützt werden bei der Rekonstruktion biographischer Textur, der Schaffung oder Wiedergewinnung eines Kohärenzgefühles in ihrem Leben" (Opp 2008, 78).
Lehrerinnen und Lehrer bei dieser Klientel sind mit vielfältigen Belastungsmomenten konfrontiert, erleben die Selbst- und Fremdstigmatisierung ihrer Schülerinnen und Schüler, müssen über ein Höchstmaß an Flexibilität und Empathie hinsichtlich didaktisch-methodischer Entscheidungen verfügen, erleben Grenzsituationen oder erfahren Ressourcen- oder Entscheidungsprobleme bei Teamdifferenzen bspw. im kooperativen Unterricht.

Insbesondere die spezifischen und sehr heterogenen Belastungsmomente und Grenzsituationen stellen an LehrerInnen äußerst hohe Anforderungen an einen professionellen Arbeitsstil und an die persönliche Haltung vor allem in vier Bereichen:

1. Versiertheit in Unterrichtsgestaltung,
2. Offenheit im Umgang mit den besonderen psychodynamischen Prozessen im Lebensraum Schule,
3. Kooperations- und Teamkompetenz in der Zusammenarbeit mit schulischen und außerschulischen KollegInnen,
4. Bereitschaft zur Selbstreflexion.

Unterrichtsgestaltung
Im Förderschwerpunkt emotionale und soziale Entwicklung erhalten didaktische Überlegungen einen wichtigen Stellenwert. Die schulische Erziehungshilfe hat bisher keine eigenständige Didaktik entwickelt (vgl. Ahrbeck 2005, 8; Stein 2011). Da jedem didaktischen Modell ein Inhalts- und Beziehungsaspekt zu Grunde liegt, gilt gerade letzterem ein besonderes Augenmerk bei allen Lernangeboten. Unterricht findet nicht nur auf der didaktisch-methodischen Ebene statt, sondern darüber hinaus auf der psychodynamisch wirksamen Ebene der individuellen Biographien von SchülerInnen und LehrerInnen (vgl. Warzecha 2003) – was Wolfgang Neidhardt bereits 1977 belegen konnte (vgl. Neidhardt 1977, 61). Damit wird jedes didaktische Profil durch eine personenorientierte, psychodynamische Dimension erweitert.
Unterricht erlaubt die Mentalisierung und Symbolisierung innerer Zustände über Unterrichtsinhalte, erlaubt eine sprachliche Transformation. Lernprozesse sind realitäts- und entwicklungsbezogen und können zugleich eine emotionale „Tiefenwirkung" entfalten.
„Da menschlichem Lernen immer ein Beziehungsaspekt zugrunde liegt, erschöpft sich die Professionalität von Lehrenden eben gerade nicht im Fach, im Unterrichtgegenstand und seiner Didaktik. Die Professionalität von Lehrenden umfasst notwendigerweise auch den Beziehungsaspekt mit seinen persönlichen, gesellschaftlichen und beruflichen Dimensionen" (Hofmann 1992, 116). Diese Beziehungsdimension als „verlässliche, bedeutsame und emotional befriedigende Beziehungserfahrung" (Stein 2011, 328) ist hochkomplex und voraussetzungsvoll (vgl. Zimmermann 2012).
Der Beziehungsaspekt betrifft jedoch nicht nur die konkrete und je individuelle LehrerInnen- SchülerInnenbeziehung, sondern auch den Lerngegenstand. Unterrichtsstoffe können Emotionen berühren, unbewusste frühere Konflikte und Affekte aktualisieren (vgl. Warzecha 2003). Ein bewusster und reflektierter Umgang durch den Lehrer hilft bei der Verarbeitung solcher biographisch bedingter Irritationen.
Marian Laubner untersucht in seinem Beitrag, „Also das ist unsere Förderschullehrerin", Deutungsmuster von Schülerinnen und Schülern zum Zwei-Lehrer-System. Er analysiert den gemeinsamen Unterricht aus der Perspektive der SchülerInnen und macht deutlich, dass die AddressatInnenperspektive ein wichtiger forschungsmethodischer Zugang zur Verbesserung der Unterrichtsgestaltung ist.

4. 2. 2 Außerschulische Erziehungshilfe: Die Kinder- und Jugendhilfe

Im Bereich der sozialpädagogischen Erziehungshilfe markiert das Jahr 1991 einen Wendepunkt in der staatlichen Unterstützung von Kindern, Jugendlichen und Eltern. Das Prinzip der polizei- und ordnungsrechtlichen Wohlfahrtspflege wich dem Prinzip eines „Leistungsgesetzes" (vgl. Plewig 2006, 358). Kinder, Jugendliche, Personensorgeberechtigte haben einen Rechtsanspruch auf Hilfen zur Erziehung, „wenn eine dem Wohl des Kindes oder des Jugendlichen entsprechende Erziehung nicht gewährleistet oder die Hilfe für seine Entwicklung geeignet und notwendig ist" (Plewig 2006, 359).

Die Hilfen zur Erziehung sind der zweitgrößte Aufgabenbereich in der Kinder- und Jugendhilfe und zugleich der zweitkostenintensivste (vgl. Rauschenbach, 2007). Zunehmende Belastungen und Krisen in Familien und Alleinerziehenden, etwa durch Arbeitslosigkeit, Armut, Trennungen, Sucht oder Überschuldung begründen den zunehmenden Bedarf an ambulanten, teilstationären oder stationären Hilfen zur Erziehung. So stammen etwa bspw. ca. 60% der Kinder und Jugendlichen, die nach §34 des Kinder- und Jugendhilfegesetzes in Heimen oder anderen stationären Einrichtungen betreut werden, aus Elternhäusern, die staatliche Transferleistungen beziehen (vgl. DJI 2009 / 10).

Das kommunale Jugendamt übernimmt als behördliches Organ eine sozialstaatliche Gewährleistungsverpflichtung und garantiert das Recht des jungen Menschen auf Erziehung durch ein flächendeckendes Angebot an Erziehungsleistungen. Zugleich kontrolliert es die funktionale Ausübung der elterlichen Erziehungsgewalt und garantiert eine Infrastruktur, die die sozialisatorischen Bedürfnisse von jungen Menschen berücksichtigt.

Zu den Stärken der Sozialpädagogik zählen vor allem eine hoch differenzierte Angebotspalette im Kontext der Hilfen zur Erziehung und eine durchgängige Orientierung an der Lebenswelt der Klientel. Im Mittelpunkt jeder Hilfeleistung steht der „Fall": ein (mal mehr, mal weniger) hochformalisierter Verweisungszusammenhang zwischen Kindern bzw. Jugendlichen, Eltern und involvierten Institutionen. Dabei handelt es sich immer um einen komplexen und komplizierten Verstehens- und Aushandlungsprozess, „in dem die subjektiven Einschätzungen aller Beteiligter darüber, was „der Fall" ist, was benötigt, was gewünscht und befürchtet wird, was vorhanden, machbar und durchsetzbar ist, von zentraler Bedeutung sind" (Ader 2006, 15). Das KJHG schreibt in § 36 rechts- und fachspezifische Kriterien für das Hilfeplan(ungs)verfahren fest.

Die außerschulische Erziehungshilfe und hier vor allem die Kinder- und Jugendhilfe, steht ebenfalls vor großen Herausforderungen in der pädagogischen Praxis mit Kindern und Jugendlichen, die massive Beeinträchtigungen im Verhalten zeigen. Zu den Risiken zählt hier vor allem unprofessionelles Mitagieren in den Konfliktgeschichten der Klientel. Ader stellt hierzu fest: „Die Jugendhilfe erkennt drohende Eskalationen familiärer Krisen zum Teil sehr spät, eigene unreflektierte Verstrickungen in die Falldynamik behindern Fallverstehen, beteiligte Organisationen mit ihren Arbeitsweisen und Dynamiken tragen zur Verschärfung von Problemlagen bei" (Ader 2006, 18). **Marcus Hußmann** erweitert diese Kritik in seinem Beitrag „Zwischen Hilfeunterlassung und gemeinsamer Aufgabenbewältigung – helfendes Handeln an der Perspektive von Jugendlichen in 'besonderen Problemlagen'" und erläutert die Schwierigkeiten einer zielgruppenadäquaten Hilfeplanung bei drop-out und Drogenmissbrauch.

Für beide Berufsgruppen, d.h. für LehrerInnen und SozialpädagogInnen braucht es zusätzlich zur feld- und institutionsspezifischen Fachlichkeit auch eine persönlichkeitsbezogene Professionalisierung.

4. 3 Elemente persönlichkeitsrelevanter Professionalisierung

„Das Feld der Erziehungshilfe kann hier exemplarisch dafür gesehen werden, pädagogisch mit Verstörungen der Regelabläufe umzugehen. ... Ohnmacht, Scham, Verlust, Kränkung, Angst, Wut, Aggression sind Gefühle und Empfindungen, die in Bezug auf eigene persönliche Erfahrungen der PädagogInnen im Regelablauf der Institutionen eher ein Schattendasein führen" (Dlugosch 1999, 410f). In der schulischen und außerschulischen Erziehungshilfe können solche emotionalen Erfahrungen nicht ignoriert werden, sie sind Bestandteil jeglicher pädagogischen Praxis.

Um mit dieser Klientel entwicklungsförderlich pädagogisch und unterrichtlich arbeiten zu können, benötigen Fachkräfte ein hohes Maß an persönlichkeitsbezogener Professionalisierung, um bei extremen psychodynamischen Konflikten über eine stabile, verlässliche und konstante Handlungskompetenz zu verfügen. So setzt bspw. der Umgang mit Nähe und Distanz bei heftigen Affektausbrüchen, gewalthaften Konflikten, autoaggressivem Verhalten u.v.m. einen besonderen Qualifizierungsprozess voraus, um diesen spezifischen Praxisanforderungen gerecht zu werden.

Ein selbstreflexiver Zugang ist eine wichtige Voraussetzung, um bei solchen Konfliktdynamiken nicht unbewusst mitzuagieren, sondern um mit professioneller Distanz dem jeweiligen Kind oder Jugendlichen und seinem primären Bezugsystem zu begegnen. Hierzu zählt auch die Schulung der Empathiefähigkeit, z.B. zur Deeskalation von Eskalationsspiralen. In „Bindung und Mentalisierung – Überlegungen zur professionellen Haltung im Kontext der schulischen Erziehungshilfe" entfaltet **Axel Ramberg** wichtige Rahmenbedingungen für diese Kompetenz.

Ferner müssen Professionelle über ein Wissen zur Selbstsorge verfügen, d.h. auch ausreichende psychohygienische Entlastungsmomente in ihrer Berufsausübung einsetzen zu können. Hier geht es u.a. um Selbstachtungskompetenz, um die von der Klientel häufig praktizierten Entwertungsspiralen zwar einerseits zu verstehen, aber um andererseits nicht mit Gegenentwertung oder Selbstentwertung zu reagieren.

Da eine Pädagogik bei Verhaltensstörungen immer im Kontext einer auf Akzeptanz, Kontinuität, Verlässlichkeit hin organisierten Beziehungspädagogik basiert (vgl. Herz 2011c), muss insbesondere die Holding- und Containingbereitschaft und -umsetzung geschult sein. Das bedeutet, die Gefühle des Kindes oder Jugendlichen aufzunehmen, auszuhalten und angemessene Verarbeitungsformen anzubieten.

Teamarbeit und Kooperationskompetenz in einem interdisziplinären Setting und die Bereitschaft zur konstruktiven Auseinandersetzung mit der Heterogenität der Problemlagen bedürfen einer kontinuierlichen berufsbegleitenden Unterstützung und verlässliche, auf gegenseitiger Wertschätzung und Achtung beruhenden Teamarbeit in Kooperationsnetzwerken.

Puhr schreibt: „Die Professionellen brauchen Enthusiasmus, Optimismus, die Überzeugung in die Wichtigkeit ihrer Arbeit und den Glauben an die Entwicklungspotentiale der Kinder und Jugendlichen, mit denen sie zusammen sind. Sie brauchen gleichzeitig aber auch Ausdauer und eine hohe Frustrationstoleranz, um die Widerstände gegen die Welt,

welche die Kinder und Jugendlichen an ihnen erproben, immer wieder aus Neue auszuhalten. Und sie brauchen umfangreiches theoretisches Wissen im Umgang mit schwierigen Erziehungssituationen, sowie vielfältige Unterstützung, um diese herausfordernde Arbeit leisten zu können, ohne auszubrennen" (Puhr 2003, 81).
Es wird Aufgabe der universitären Erstausbildung von (Sonderschul-)LehrerInnen und SozialpädagogInnen sein, die hierzu notwendigen Vorraussetzungen zu schaffen, etwa durch Fallseminare, reflektierte Projektpraxis, Intervision und Supervision.
Im Folgenden werden im historischen Rückblick Organisationsformen, Institutionen und Handlungsfelder der schulischen und außerschulischen Erziehungshilfe vorgestellt.

5. Organisationsformen, Aufgaben, Institutionen Handlungsfelder der schulischen Erziehungshilfe

5.1 Geschichte der Beschulung von Kindern und Jugendlichen mit Verhaltensstörungen und deren heutige Organisationsformen

Obwohl die schulische Erziehungshilfe zusammen mit dem Förderschwerpunkt Geistige Entwicklung zu den jüngsten Fachrichtungen der Sonderpädagogik zählt, hat es Kinder und Jugendliche, die mit dem heutigen Begriff als verhaltensgestört bezeichnet werden, immer und überall gegeben.
Die Wurzeln der Beschulung verhaltensgestörter Kinder und Jugendlicher lassen sich durch mehrere Jahrhunderte zurückverfolgen. Norbert Myschker (1993) nennt fünf historiographische Linien, durch die sich die Entwicklung der Pädagogik bei Verhaltensstörungen verfolgen lässt:

- die sozialpädagogische Linie: Waisenhäuser, Rettungshäuser, Erziehungsheime, Heimschulen,
- die kriminalpädagogische Linie: Zuchthäuser, Jugendstrafvollzug, Gefängnisschule,
- die schulpädagogische Linie: Beobachtungsklassen, Erziehungsklassen, Kleinklassen, Sonderschulen, Integrierte Fördereinrichtungen,
- die pädagogisch-psychiatrische Linie: Einrichtungen der Psychopathenfürsorge, Kliniken für Kinder- und Jugendpsychiatrie, Klinikschulen,
- die berufspädagogische Linie: Arbeitserziehung, Industrieschulen, Fortbildungsschulen, Berufsschulen, Berufsbildungswerke (vgl. Myschker 1993)

Das heutige Schulwesen für verhaltensgestörte Kinder und Jugendliche in der Bundesrepublik Deutschland weist eine große Vielfalt an Förderangeboten auf mit verschiedensten institutionellen Formen wie Heimschulen, eigenständige Sonderschulen für Verhaltensgestörte, sonderpädagogische Förderzentren, Kleinklassen, oder inklusive Beschulung, und ist je nach Bundesland äußerst heterogen.

5.1.1 Von den Zuchthausschulen im 16. Jahrhundert zu den E-Klassen in der Weimarer Republik

Die sogenannten Zucht- und Arbeitshäuser fanden im 16. und 17. Jahrhundert von den Niederlanden ausgehend eine große Verbreitung in Europa. Hier wurden in erster Linie

„ehrbare Arme", die selbst um Unterbringung baten, „ungeratene Personen", die von ihren Verwandten eingeliefert wurden, und „geringfügig Kriminelle" sowie „Bettler und Müßiggänger" aufgenommen (Schmidt 1996, 37). Eine innere Differenzierung für diese unterschiedlichen Gruppen gab es bis ins 18. Jahrhundert nicht. Die Insassen mussten Arbeiten verrichten, die sie einerseits dazu befähigen sollten, ihren Lebensunterhalt zu verdienen, und die andererseits einen Teil der Unterhaltskosten der Institution deckten. Das Ziel dieser Einrichtungen war die Brauchbarmachung der Insassen für die Gesellschaft. Fast jedes Zucht- und Arbeitshaus hatte eine eigene Schule, in der Unterricht in Lesen, Schreiben und Religion erteilt wurde.

Am Ende des 17. Jahrhunderts breitete sich der Pietismus in Deutschland aus und beeinflusste die Anstalts- und Sozialerziehung. Die beiden pietistischen Theologen Philipp Jakob Spencer (1675-1705) und August Hermann Francke (1663-1727) gründeten Erziehungseinrichtungen und Waisenhäuser mit Modellcharakter. Sie erkannten „die Bedeutung der liebevollen Zuwendung und des engen pädagogischen Bezugs" für die Erziehung von schwierigen Kindern und Jugendlichen. In der Armenschule, die von Francke gegründet wurde, wurden Jungen und Mädchen getrennt in den Fächern Religion, Lesen, Schreiben, Rechnen und Musik unterrichtet. Es gab erste Ansätze von erzieherischen Elementen im Umgang mit schwierigen Kindern. Lehrer sollten das Verhalten der Schüler aufzeichnen und reflektieren und es fanden Fallbesprechungen statt (vgl. Schmidt 1996, 70).

Mit den zunehmenden Industrieproduktionen gegen Ende des 18. Jahrhunderts kam es zu Gründungen der sogenannten Industrie- und Arbeitsschulen. Es wurden dort arme, verwahrloste sowie schwer erziehbare Kinder aus gut situierten Familien aufgenommen, die dort neben dem schulischen Schreib- und Leseunterricht auch die notwendigen Fähigkeiten für die industrielle Produktion erlernen sollten. „Die Erziehung zur Industriosität wird als Allheilmittel auch und gerade gegenüber Erziehungsschwierigkeiten angesehen" (Schmidt 1996, 71).

Von zentraler Bedeutung für das pädagogische Bemühen gegenüber verwahrlosten und in ihrer Erziehung und Beschulung schwierigen Kindern war Johann Heinrich Pestalozzi (1746-1827). Sein pädagogisches Engagement wandte sich dem „individuellen hilfsbedürftigen Kind" zu und er betonte die Wichtigkeit der pädagogischen Liebe als Grundhaltung jeden Lehrers und Erziehers.

Mit Beginn des 19. Jahrhunderts wurde die Erziehung und Beschulung verwahrloster und erziehungsschwieriger Kinder zum Gegenstand kirchlichen und öffentlichen Interesses. Die Rettungshausbewegung, getragen u.a. von Christian Heinrich Zeller (1779-1860) und Johann Hinrich Wichern (1808-1881), dem Begründer des „Rauhen Hauses", breitete sich bald in ganz Deutschland aus. Die Rettungshausschule nahm sich insbesondere der Kinder und Jugendlichen an, denen das allgemeine Schulwesen nicht helfen konnte. „Die Entlastung der Volksschulen von schwierigen Schülern wird von Beginn an als Motiv der Einrichtung besonderer Schulen benannt" (Schmidt 1996, 189). Was Wayne Schmidt sehr moderat formuliert, sollte um eine kritische Einschätzung ergänzt werden: Der Anlass für die Gründung von Rettungshäusern war die soziale Situation der unterbezahlten, schlecht wohnenden und schlecht verpflegten Arbeiter und der Bedarf der bürgerlichen Gesellschaft, die sich ihren Normen entziehenden Proletarier zu disziplinieren (vgl. Warzecha 1995).

Die Medizinierung der Behindertenpädagogik im 19. Jahrhundert stellte das Abweichende, das Abnorme, die Kinderfehler, die organischen Defekte und Schäden in den Mittelpunkt ihrer Forschung (vgl. von Stechow 2004, 177). Die Konstituierung der Sonderpädagogik verlief parallel zum Interesse der Medizin an Menschen mit Behinderungen.
Um die Jahrhundertwende kam das Psychopathie-Konzept als eine neue Auffassung vom schwierigen Kind auf. Es ist gekoppelt an ein medizinisches, defektorientiertes Denken. Erziehungsschwierige Kinder werden als psychopathisch minderwertig aufgefasst. Der Psychopathiebegriff hatte eine eindeutige gesellschaftliche Ordnungsfunktion. Vor allem Kraepelin hat als Psychiater zur Akzeptanz einer psychopathischen Typenlehre beigetragen. Es entwickelte sich die Psychopathenfürsorge, die neben der Verwahrlostenpädagogik die zweite Säule der Verhaltensgestörtenpädagogik im historischen Kontext repräsentiert. Doch beobachten wir auch hier zunächst die historischen und sozioökonomischen Bedingungen.
Ich zitiere Ruth van der Leyen, Mitbegründerin des Deutschen Vereins der Fürsorge für jugendliche Psychopathen: „Manchmal ist aber nur die Verpflanzung in eine Umgebung, in der das Kind sich satt essen kann, notwendig, um es wieder zu einem vernünftigen Menschen zu machen. Gerade die Jungen und Mädchen, bei denen die Mütter als Beweggrund zu der Inanspruchnahme der poliklinischen Sprechstunde angeben, 'das Kind isst uns alles weg, es verkauft meine Brotkarten, es nascht mir alle Vorräte fort, es erbricht die Speisekammer', gerade diese Kinder werden wieder gesund, wenn man ihnen die Möglichkeit des Sattessens gibt, das Hungergefühl ist bei ihnen oft die alleinige Triebfeder zu asozialen Handlungen" (van der Leyen, in: Warzecha 1995).
Diejenigen Kinder und Jugendlichen, die unter desolaten Lebensbedingungen aufwuchsen, erhielten das Etikett des Psychopathen; sie waren damit behandlungsbedürftig und wurden durch eine spezielle, institutionalisierte „Förderung" für die Gesellschaft entlastend „versorgt" (vgl. Herz 2012a). Die Einrichtung der Psychopathenfürsorge war die probate politische Strategie gegen die Armuts- und Verwahrlosungsproblematik, die auch nach dem zweiten Weltkrieg als Korrektionshäuser für sozial Schwache ihre Funktion zunächst beibehielten (vgl. Kremer 2002).
Mitte der zwanziger Jahre wurden in der Schweiz und in Deutschland eigenständige schulische Einrichtungen für die Beschulung erziehungsschwieriger Kinder und Jugendlicher gegründet. Bedeutende Neugründungen waren 1912 das erste Jugendgefängnis in Wittlich an der Mosel, 1921 eine Schule im Jugendstrafvollzug in Hamburg-Hahnöfersand, eine Erziehungsschwierigenschule 1926 in Zürich. Arno Fuchs richtete 1928 in Berlin die sogenannten Erziehungsklassen ein, die an eine Normalschule gekoppelt waren und als Bindeglied zwischen dieser und den Fürsorgeerziehungsanstalten gedacht waren. Die Klassen sollten der Umerziehung schwieriger Kinder dienen, die intellektuell normal begabt waren, aber „im Unterricht solch hochgradige Schwierigkeiten bereiten, dass ihr Verbleib im Klassen- und Schulverbund unzweckmäßig und sogar gefährdend erscheint" (Schmidt 1996, 192). Dieser Schulversuch wurde 1933 von den Nationalsozialisten beendet.

5. 1. 2 Kinder und Jugendliche mit Verhaltensstörungen in der Zeit des Nationalsozialismus (1933-1945)

„Mit der Machtübernahme durch die Nationalsozialisten wurden Ideen von Erziehung und Bildung realisiert, die für Kinder und Jugendliche mit abweichenden, unerwünschten Verhaltensweisen kein Verständnis zuließen, sondern zur Etablierung eines totalen Systems brutaler Anpassung und radikaler Ausmerzung führten" (Myschker 1993, 32).
Als Stützen dieses Systems sind die Hitlerjugend (HJ), der Sicherheitsdienst (SD), die Hilfsschulen, die Fürsorgeeinrichtungen, die Arbeits- und Bewahrungshäuser, die Jugendschutzlager und die Kinderfachabteilungen in Nervenkliniken anzusehen.
Die HJ war die erste Interventionsinstanz bei schwierigem Verhalten. Ihre Disziplinierungsmaßnahmen reichten bis zur Verhängung eines Jugenddienstarrestes von 3-8 Tagen. Wenn diese Maßnahmen nicht wirkten, griffen die Gerichte mit der Anordnung von Schutzaufsicht, Fürsorgeerziehung, Jugendarrest oder Arbeitserziehung in einem Arbeitslager ein.
Besondere schulische Einrichtungen für Kinder und Jugendliche mit Verhaltensschwierigkeiten passten nicht in das ideologische und bildungspolitische System der Nationalsozialisten. So wurde im Rahmen der faschistischen Rassegesetze die Hilfsschule zu einem Sammelbecken für alle Kinder, die aus irgendwelchen Gründen in der normalen Volksschule versagten oder sich nicht anpassten. Gleichzeitig wurden die Hilfsschulen auch als Erbgesundheitsfilter benutzt. So wurden bei der Durchführung des „Gesetzes zur Verhütung erbkranken Nachwuchses" auch verhaltensschwierige Schülerinnen den Erbgesundheitsgerichten zur Zwangssterilisation zugeführt.
Auch die Fürsorgeerziehungsheime wurden zum Sammelbecken und „erbbiologischen Sieb" für lern- und verhaltensgestörte Kinder. Es wurden dort nur Kinder und Jugendliche betreut, die als „erbbiologisch akzeptabel" und als umerziehbar angesehen wurden. Kinder und Jugendliche, die durchs Raster fielen, wurden in Arbeits- und Bewahrungshäusern untergebracht.
Die letzte Instanz für „schwierige Elemente" waren die polizeilichen Jugendschutzlager, präziser: die „Jugend-Konzentrationslager", die für „anlagemäßig kriminelle Minderjährige" eingerichtet wurden.
Die Fürsorgeeinrichtungen arbeiteten außerdem eng mit den eigens installierten 21 Kinderfachabteilungen in Nervenkliniken zusammen. Die Nervenkliniken dienten zur „Beobachtung sogenannter 'psychopathischer und erbkranker' Kinder, die hier nach ihrer 'wissenschaftlichen' Begutachtung ermordet wurden" (Romey 1984, 170, zit. in: Myschker 1993, 36).

5. 1. 3 Die Beschulung verhaltensgestörter Schüler und Schülerinnen nach 1945

Nach dem Zweiten Weltkrieg werden zwei Linien zur Beschulung verhaltensgestörter Schüler / Schülerinnen (wieder-) aufgenommen: die Anstalts- und Heimschulen und die Kleinklassen. Kinder und Jugendliche, die in Heimen lebten, waren über Jahrzehnte automatisch Heim-Sonderschüler und -schülerinnen. „Bereits 1954, also zwei Jahre nach Gründung der ersten „Sonderschule für entwicklungsgestörte Kinder" waren an den 467 Erziehungsheimen in der Bundesrepublik 170 Heimschulen angegliedert" (Willmann 2010, 27).

Die 1933 aufgelösten Erziehungsklassen wurden in Berlin als Beobachtungsklassen neu gegründet und in ähnlicher Form als Kleinklassen in anderen Bundesländern eingerichtet. Sie sollen nach dem „Gutachten zur Ordnung des Sonderschulwesens" der Ständigen Konferenz der Kultusminister 1960 Schüler / Schülerinnen aufnehmen, „die durch ihr Verhalten die Klassengemeinschaft nachhaltig stören, bei denen aber zu erwarten ist, dass durch stärkere Einzelbetreuung die Fehlhaltung gemildert oder beseitigt und damit eine Rückführung in die allgemeine Klasse ermöglicht oder vorbeugend eine weitere Gefährdung vermieden werden kann" (Ständige Konferenz der Kultusminister 1960, 35). An dieser Entwicklung war der „Verband deutscher Hilfsschulen" (heute: vds) mit der „Denkschrift zu dem Ausbau des heilpädagogischen Sonderschulwesens" (1954) maßgeblich beteiligt (vgl. Lohmann 2011).

Kritisch bleibt anzumerken, dass sich auch nach dem Zweiten Weltkrieg faschistisches Gedankengut in der Sonderpädagogik weiterhin reproduzieren konnte, ich zitiere den ehemaligen Hochschullehrer Otto Turmlitz aus dem Jahr 1952: „Auf das Vorhandensein schlechter Erbmassen weist auch das Verhalten der Geschwister verwahrloster Jugendlicher hin" (Turmlitz 1952, 33f) und: „Das 20. Jahrhundert wurde in der Aufnahme (fremder Kulturen, B. W.) immer wahlloser und beschämend wurde die Überflutung durch Elemente primitiver Völker" (Turmlitz 1952, 57).

Eine rassistische der Psychopathenlehre entstammende Anthropologie blieb nahezu unzensiert bis in die 70er Jahre etabliert. Selbst Bittner von der Universität Würzburg, ein Nestor der Verhaltensgestörtenpädagogik, hat noch 1994 Homosexualität bei Heranwachsenden als Psychopathologie des Jugendalters bezeichnet (vgl. Bittner 1994).

Die öffentlichen „Sonderschulen für Verhaltensgestörte" entwickelten sich aus den Sonderklassen für kriegsgeschädigte Kinder, die nach dem Zweiten Weltkrieg eingerichtet wurden. Diese Klassen verloren immer mehr ihren provisorischen Charakter und entwickelten sich zu Sonderschulen für Verhaltensgestörte. Die Entstehung und Ausbreitung dieser Sonderschulen verlief in den einzelnen Bundesländern sehr unterschiedlich, auch die Bezeichnungen für diesen Schultyp variieren.

Weiterhin entstanden gegen Ende der 1970er Jahre und dann vor allem ab den 1980er Jahren erste Projekte zur integrativen Förderung verhaltensgestörter Kindern in Frankfurt am Main und Hamburg. In den Empfehlungen des Deutschen Bundesrates „Zur pädagogischen Förderung behinderter und von Behinderung bedrohter Kinder und Jugendlicher" wurde bereits 1973 das Potential einer integrativen Beschulung erkannt.

Ebenfalls in die 1970er Jahre fiel die sogenannte „Heimkampagne", in deren Zuge eine Reduzierung von Heimplätzen stattfand und ein Aufbau offener Hilfen als Alternativen zur Heimerziehung entwickelt wurde. In Hamburg wurden alle Heime aufgelöst und durch Außenwohngruppen und Bereitschaftspflegestellen ersetzt. Aus den Heimschulen entstand die „Schulische Erziehungshilfe", die individuelle Förderung für schwierige Kinder und Jugendliche, die in öffentlicher Erziehung lebten, bieten sollte. Gleichwohl bestehen heute in den Bundesländern Baden-Württemberg, Bayern, Niedersachsen und Rheinland-Pfalz nach wie vor geschlossene Einrichtungen für als „verhaltensgstört", „verwahrlost", „nicht gemeinschaftsfähig" etikettierte Kinder und Jugendliche.

Ende der 1970er und während den 1980er Jahren löste sich die schulische Erziehungshilfe allmählich von einer medizinisch-defektorientierten Sichtweise entsprechend der allgemeinen Entwicklung in der Sonderpädagogik. Es finden verstärkt Modellversuche zur Prävention und Integration in der Regelschule statt. „Die 80er Jahre können als das Jahrzehnt der Schulversuche in die Geschichte der Integrationsbewegung eingehen" (Schnell 2006, 6). Die Pädagogik bei Verhaltensstörungen in den 1990er Jahren ist geprägt von einer eher reformorientierten Schulgesetzgebung in vielen Bundesländern und der neuen „Empfehlung zur sonderpädagogischen Förderung in den Schulen der Bundesrepublik Deutschland" (1994).

5. 1. 4 Die Empfehlungen zur sonderpädagogischen Förderung in den Schulen in der Bundesrepublik Deutschland (KMK 1994)

Die „Empfehlungen zur sonderpädagogischen Förderung in den Schulen in der Bundesrepublik Deutschland" von 1994 ersetzen die „Empfehlung zur Ordnung des Sonderschulwesens" von 1972. Sie sollen „zum einen die pädagogischen Folgen der gesellschaftlichen Umbrüche und die in den vergangenen Jahren veränderten Lebensbedingungen und Lernvoraussetzungen der Kinder und Jugendlichen (berücksichtigen und) ... zum anderen einem gewandelten pädagogischen Selbstverständnis Rechnung (tragen)" (KMK 1994, 65).

Ich möchte einige Aspekte der Empfehlungen vorstellen, die für eine Pädagogik bei Verhaltensstörungen von Bedeutung sind.

In den neuen Empfehlungen ist nicht mehr von „Sonderschulwesen" (KMK 1972) die Rede, sondern von „sonderpädagogischer Förderung" (KMK 1994). Damit wird der Begriff der Sonderschulbedürftigkeit ersetzt durch den Begriff des sonderpädagogischen Förderbedarfs.

Die Klientel der Sonderpädagogik wird dementsprechend nicht mehr mit einer Behinderungsart bezeichnet, sondern über die Art der Förderung beschrieben. Auf verhaltensgestörte SchülerInnen beziehen sich die „Förderschwerpunkte im Bereich der emotionalen und sozialen Entwicklung, des Erlebens und der Selbststeuerung, des Umgehen-Könnens mit Störungen des Erlebens und Verhaltens" (KMK 1994, 69). Diese neue Begrifflichkeit sollte eine inhaltliche Neuorientierung der Sonderpädagogik zum Ausdruck bringen.

Die Empfehlungen vollziehen eine Abkehr von einer institutionenbezogenen hin zu einer personenbezogenen Sicht der sonderpädagogischen Arbeit und damit eine Hinwendung zur individuellen sonderpädagogischen Förderung der einzelnen SchülerIn. Die sonderpädagogische Förderung wird als Aufgabe aller Schulformen angesehen. Allerdings wird die Entscheidung über den Förderort von der Schulaufsicht getroffen, in Abhängigkeit von den „gegebenen bzw. bereitstellbaren Rahmenbedingungen" (KMK 1994, 68).

Die Kooperation von verschiedenen Disziplinen wird grundsätzlich als Basis für eine erfolgreiche sonderpädagogische Förderung betrachtet. Die KMK (1994) merkt zwar an, dass hinsichtlich der konstruktiven Zusammenarbeit zwischen den verschiedenen Institutionen noch ein „deutlicher Handlungsbedarf" besteht (KMK 1994, 72), sie macht aber keine Vorschläge dazu, wie die inhaltlichen und organisatorischen Schwierigkeiten überwunden werden könnten.

5. 2 Aktuelle Beschulungs- und Förderorte

Betrachtet man die Organisationsformen sonderpädagogischer Förderung in den 1990er Jahren, so findet man eine Ausdifferenzierung von schulischen Angeboten, die auf Prävention, Intervention und Rehabilitation von Verhaltensstörungen zielen. Die Auswei-

tung sonderpädagogischer Förderung umfasst vielfältige organisatorische Modelle (vgl. die ausführliche Systematik bei Reiser / Willmann / Urban 2007). In der fachwissenschaftlichen Diskussion über integrative oder inklusive versus segregierende Beschulung existieren derzeit stark polarisierende Positionierungen (vgl. Ahrbeck 2010), die wenig differenzieren zwischen Inklusionsmentalität und Inklusionsrealität (vgl. Herz 2012c).
Mirja Silkenbeumer erlaubt in ihrem Beitrag, „Die Schüler haben ein Recht darauf in der Schule zu lernen: Fallkonstruktionen zur Figur der Pseudo-Anwaltschaft", Einblicke in die schulische Realität der Inklusionrhetorik.
In den hier folgenden Ausführungen zu schulischen Förderorten für Kinder und Jugendliche mit Verhaltensstörungen zeigt sich große Heterogenität des Faches auch auf der Organisationsebene der beteiligten Unterstützungssysteme.

5. 2. 1 Förderung im Bereich der Regelschule
Es gibt eine Reihe von sonderpädagogischen Interventionen, die Kinder und Jugendliche mit Verhaltensstörungen in der Regelschule fördern und so eine Aussonderung zu vermeiden. Gerade in den letzten Jahren, im Zuge der stärker werdenden Integrationsbewegung, haben diese Organisationsformen große Verbreitung gefunden (bei gleichzeitigem Ausbau der Sonderschulen). Hierzu zählen vor allem:

Ambulante / mobile Erziehungshilfe / Dienste
Diese Erziehungshilfen können inner- oder außerhalb des schulischen Bezugsrahmens organisiert sein. Es handelt sich aber immer um autonom arbeitende, externe Dienste, die keiner bestimmten Schule angeschlossen sind. Innerschulisch betrifft dies insbesondere schulpsychologische und sonderpädagogische Dienste. Die Hauptaufgabe dieser Dienste liegt in der Beratung der Personen, die das Erkennen, Vorbeugen und Überwinden von Problemen einzelner Kinder zum Ziel haben. Eltern, Klassenlehrer, Fachlehrer, Sonderschullehrer, Beratungslehrer, Schulpsychologen, Schulärzte, Sozialpädagogen finden so eine Möglichkeit, sich wechselseitig auszutauschen und interdisziplinär zusammenzuarbeiten. Berater kommen von extern an eine Schule, wenn „Bedarf besteht", d.h. wenn es Schüler gibt, die allein mit den Ressourcen der Regelschule nicht ausreichend gefördert werden können. Die Etikettierung „verhaltensgestört" besteht weiterhin, denn die Mittel für Fördermaßnahmen werden nur im „Bedarfsfall" gewährt, also dann, wenn ein Schüler von Verhaltensstörungen bedroht oder betroffen ist – und als solcher förderdiagnostisch etikettiert wird.
Die ambulante schulische Erziehungshilfe hat je nach Bundesland verschiedene Profile und Bezeichnungen. Im Bundesland Bayern etwa existiert sie in Form der „Mobilen Sonderpädagogischen Dienste", in Niedersachsen als „Mobile Dienste", in Hamburg werden sie REBUS genannt (Regionale Beratungs- und Unterstützungsstelle). **Christiane Mettlau** beschreibt in ihrem Beitrag „Mittendrin und doch daneben „Ausschluss inklusive" für Kinder und Jugendliche mit Verhaltensstörungen?" die Realität solcher ambulanter Unterstützungssysteme am Beispiel der REBUS in Hamburg.

Schulinterne Erziehungshilfen
Hierbei handelt es sich um Erziehungshilfen durch pädagogisch-therapeutisches Fachpersonal, das an einer einzelnen Schule organisatorisch eingebunden ist. Diese Präventi-

ons-, Beratungs- oder Sonderschullehrer unterstützen die einzelnen Klassenlehrer und nehmen sich der schulischen Förderung verhaltensgestörter Schüler an. Die sonderpädagogischen Maßnahmen reichen von unterrichtsintegrierter Förderung über Förderunterricht in speziellen Kleingruppen bis hin zur pädagogisch-therapeutischen Einzelfallhilfe und gezielter Elternarbeit (vgl. Affeln-Altert 2009). „Durch die Einbindung des sonderpädagogischen Unterstützungsangebots in die alltägliche Schulpraxis vor Ort soll einer Segregation verhaltensschwieriger Kinder vorgebeugt und eine Aufrechterhaltung der Regelbeschulung gewährleistet werden" (Willmann 2007, 139). Innerhalb der Regelschulen werden zudem die Kompetenzen der LehrerInnen im Umgang mit „schwierigen" und „störenden" SchülerInnen gestärkt. Eine spezifische Etikettierung einzelner Kinder oder Jugendlicher auf der Grundlage eines förderdiagnostischen Gutachtens entfällt, um Stigmatisierungsprozesse möglichst weitgehend zu minimieren.

Integrationsklassen / Integrative Regelklassen
Diese Klassen haben sich das gemeinsame Lernen von behinderten und nichtbehinderten Kindern und Jugendlichen zum Ziel gesetzt. Die behinderten Kinder stammen aus dem erweiterten Einzugsgebiet der jeweiligen Schule. Der Unterricht findet in Doppelbesetzung statt. Unterschieden werden muss hauptsächlich zwischen Klassen, die nur eine bestimmte Anzahl von Kindern mit den unterschiedlichsten Behinderungen aufnehmen, und Klassen, die nur Kinder mit Sprach-, Lern- und Verhaltensstörungen beschulen („crosskategorial").
Die Zahl der speziell zu fördernden Kinder ist nicht festgelegt, da in diesen Klassen keine Vorabklassifizierung und behinderungsspezifische Kategorisierung stattfindet. Das Ziel ist die Vermeidung von Aussonderung. So kann es in manchen Stadtteilen zu einer Häufung von „Problemschülern" in den Klassen kommen. Die meisten Integrationsklassen findet man im Primarbereich. Es gibt einige Versuche, Integrationsklassen auch in der Sekundarstufe I weiterzuführen. In „Inclusive Education – internationale Forschungsperspektiven" beschreibt **Birgit Herz** den internationalen Diskurs zur Inklusionspädagogik.
In diesen hier genannten Fördermöglichkeiten ist ein hohes Maß an Beratungs- und damit auch Kommunikationskompetenz notwendig. Externe oder interne Beratung setzt Nähe und Distanz des Beraters zu Alltagspraxis der Institution voraus. Der „Expertenstatus" des Sonderpädagogen ist durchaus auch mit Ambivalenzen verbunden: Es kann zu Rollen- und Funktionskonflikten kommen, zu Schwierigkeiten bei der Abklärung von Zuständigkeiten zwischen Regelschullehrkraft und SonderpädagogIn. In aller Regel verfügen die Sonderschullehrkräfte über Zusatzqualifikationen, die nach der ersten und zweiten Phase der Ausbildung erworben werden, um ihrer anspruchsvollen Position professionell gerecht zu werden.

5. 2. 2 Segregierende Maßnahmen
Bei den segregierenden Maßnahmen sind die Sonderschulen für Verhaltensgestörte / Schulen zur Erziehungshilfe, die Heimschulen und die Kleinklassen für Erziehungshilfe in der Regelschule zu nennen.

Sonderschulen für Verhaltensgestörte / Schule für Erziehungshilfe

In allen Bundesländern bis auf Hamburg existieren Sonderschulen für Verhaltensgestörte / Schulen zur Erziehungshilfe. Schüler und Schülerinnen, die als verhaltensgestört diagnostiziert wurden, besuchen diese Schulform. Stein charakterisiert diesen Schultyp als „Intensivangebot" (Stein 2011, 327). Diese Schulform zeichnet sich vor allem aus durch kleine Klassengrößen, individualisiertem Lernen im Bezugslehrersystem, besondere räumliche Möglichkeiten und Ressourcen. Gleichzeitig findet sich hier eine Problemakkumulation, die ein spezifischer Belastungsfaktor für ihre LehrerInnen bedeutet (vgl. Stein 2011, 327f). Obwohl die Sonderschule für Verhaltensgestörte schon seit den Empfehlungen zur Ordnung des Sonderschulwesens und den Empfehlungen für den Unterricht in der Schule für Verhaltensgestörte offiziell als Durchgangsschule deklariert wird, gestaltet sich die Reintegration der Schüler in die Regelschule als problematisch. Der Auftrag der Rückschulung wird überwiegend nicht eingelöst. Ihr extensiver Ausbau in den letzten Jahren und die hohe Nachfrage nach für diese Schulform qualifizierten LehrerInnen machen auf die dramatische Überforderung der allgemeinbildenden Schulen aufmerksam.

Heimschulen

Die Heimschulen gehören zu den traditionell älteren Einrichtungen für verhaltensgestörte Schüler. Sie sind entstanden aus Sekundärerfordernissen von Kinder- und Erziehungsheimen. So wurden Heimschüler automatisch zu Sonderschülern. Im Zuge der Heimkampagne und der damit verbundenen Kritik auch an den Heimschulen bemühten sich diese um mehr Offenheit, d. h. Außenschüler werden aufgenommen und Heimkinder besuchen auch öffentliche Schulen. Das Heim als stationäres Regelangebot der außerschulischen Erziehungshilfe ist Gegenstand des Beitrages von **Fitzgerald Crain**. Er reflektiert in „Vorwärts zurück zur „totalen Institution"?" aktuelle Anforderungen an eine professionelle Heimerziehung am Beispiel einer Einrichtung in der Schweiz.

Kleinklassen für SchülerInnen mit Verhaltensstörungen

Diese Kleinklassen sind in Anlehnung an die Beobachtungsklassen in Berlin entstanden. In diesen Klassen, die in Regelschulen geführt werden, sollen verhaltensgestörte Schüler in möglichst kurzer Zeit so nachhaltig pädagogisch-therapeutisch gefördert werden, dass sie wieder in die Regelklasse eingegliedert werden können.

5. 2. 3 Weitere Beschulungsangebote

Schüler und Schülerinnen mit Verhaltensstörungen und Beeinträchtigungen in der emotionalen und sozialen Entwicklung werden auch in weiteren Institutionen beschult, bzw. gefördert.

Förderschulen mit dem Schwerpunkt Lernen

Die Förderschulen bilden den größten Anteil an Sonderschulen in der Bundesrepublik Deutschland. Diese Schulen sollen Kinder und Jugendliche, deren Hauptproblem im schulischen Lernen liegt, in ihrer Entwicklung unterstützen. Beeinträchtigungen im Verhalten und im Lernen sind oftmals gekoppelt, so dass sich in den Förderschulen auch ein erheblicher Anteil von Schülern mit Verhaltensstörungen befindet. Neben dem Problem der Stigmatisierung und der Aussonderung, das die Beschulung in einer Förderschule genauso mit sich bringt wie die Beschulung in der Sonderschule für Verhaltensgestörte, ergeben sich in der Förderschule noch größere Probleme hinsichtlich der Rückschulung in die Regelschule oder beim Übergang vom Schulabschluss in die selbstständige Erwerbsarbeit.

Schulen im Strafvollzug
Auch die Schulen des Strafvollzugs und der Kinder- und Jugendpsychiatrie unterrichten Kinder und Jugendliche, die als verhaltensgestört etikettiert sind. Die Schulen des Jugendstrafvollzugs unterstehen nicht der Schul-, sondern der Justizbehörde. Die pädagogische Aufgabenstellung in diesen Schulen bezieht sich im Wesentlichen auf die Förderung der schulischen Leistungen und auf die Sozialerziehung, um eine Resozialisierung zu unterstützen. Die Unterrichtsbedingungen in den Jugendstrafanstalten sind in aller Regel erschwert. Pädagogisch-therapeutische Ansätze fehlen in den Schulen des Jugendstrafvollzugs. **Jan Hoyer** und **Andrea Lohrengel** berichtet in „SlamTexte junger Inhaftierter als Datenmaterial – Das Beispiel ‚Pasta-Knasta'" über ein innovatives Projekt in der Jugendstrafanstalt Hameln.

Schulen in der Kinder- und Jugendpsychiatrie
Unterricht in der Kinder- und Jugendpsychiatrie ist oft von ärztlichen Maßnahmen abhängig und daher oft unregelmäßig. Da die Aufenthaltsdauer der Schüler stark variiert, gibt es große Fluktuationen innerhalb der Lerngruppe. Auch die Zusammensetzung der SchülerInnen ist sehr heterogen. (vgl. Schmitt 1999, 59f; vgl. Harther-Meyer u.a. 2000). Nach Günther Hilff ist die Schule in der Klinik neben der Familie der wichtigste Lebensbereich. „Schule bleibt ein Prinzip der Hoffnung, denn solange Schule stattfindet, geht das Leben weiter, sind Ziele erreichbar" (Hilff 1997, 164). In der Kinder- und Jugendpsychiatrie werden oft auch Kinder und Jugendliche mit der Diagnose „Seelische Behinderung" nach § 35a des Kinder- und Jugendhilfegesetztes gezielt psychotherapeutisch unterstützt und in Klinikschulen unterrichtet. Auch hier zeigt sich eine deutliche Überrepräsentation von Jungen, deren Implikationen **Wilhelm de Tera** in seinem Beitrag über „Auf Alter kommt man zu sprechen, Geschlecht wird verschweigend mitgedacht – Analyse von Altersverteilung und Geschlechterverhältnisse bei seelisch behinderten Kindern und Jugendlichen" untersucht.

5. 2. 4 Alternative Beschulungs- und Förderorte
Vor allem die massive Zunahme an Schulverweigerung hat zur Entwicklung unterschiedlicher alternativer Beschulungsprojekte geführt. Schulverweigerung ist der Endpunkt einer demoralisierenden Schullaufbahn mit Leistungsmisserfolgen, Klassenwiederholung, Unterrichtsausschuss, Versagensängsten, demoralisierender Stigmatisierung. Gleichzeitig verschärft sich die Gesamtsituation für diese Gruppe, weil die Verweigerungshaltung oftmals nicht nur die Schule betrifft, sondern auch im differenzierten Angebot der Kinder- und Jugendhilfe die Quote der Aussteiger hoch ist. Auch die berufliche Eingliederung der schulisch wenig erfolgreichen Jugendlichen verläuft in einem sehr komplexen Spannungsverhältnis von Bezugswunsch, verfügbaren Ausbildungsangeboten, flankierenden Maßnahmen, Arbeitslosigkeit, Abbrüchen und Neuanfängen. Da vor

allem sozial- und bildungsbenachteiligte Heranwachsende im deutschen Schulsystem schlechte Startchancen haben, verschärft diese Ausgangslage schulische Segregationsprozesse. „Auffällig ist der starke Zusammenhang, der zwischen Schulverweigerung und den Faktoren der soziökonomischen Lebenslagen (also Armut), der Migration und dem damit oft verbundenen unzureichenden Sprachvermögen sowie sonstiger psychosozialer Probleme besteht". (Rauschenbach 2004, 3)
Gleichwohl bleibt der Schulabschluss Bestandteil der Lebensentwürfe junger Menschen, auch wenn ein Schulbesuch teilweise über mehrere Jahre nicht mehr stattfindet (vgl. Herz 2006).
Schulverweigerung hat insbesondere bei den Trägern der Freien Kinder- und Jugendhilfe zu einer enormen Expansion von zumeist sozial-pädagogisch orientierten Projekten geführt. Solange die Allgemeinbildenden Schulen unfähig sind, Schulverweigerung – und oft damit einhergehendes Schulversagen – im schulpflichtigen Alter zu verhindern bzw. eigene Alternativen anzubieten, steigt die Nachfrage an Hilfe- und Unterstützungssystemen, die außerhalb der primären Bildungssituation liegen. Alternative Beschulungs- und Betreuungsangebote stellen allerdings eine neue Form von Ersatzschulen dar (vgl. Herz 2004). Mit dieser Form der Erfüllung der Schulpflicht praktiziert die Jugendhilfe eine ausgrenzende Form der „Beschulung" (Ehmann / Rademacher 2003, 32).
Die alternativen Beschulungsprojekte lassen sich aus der Perspektive der freien Träger der Kinder- und Jugendhilfe u.a. auch verstehen als Begründungszusammenhang zur Stabilisierung, Sicherung und Legitimierung von Budgetansprüchen.

6. Auswirkungen ökonomischer Transformationsprozesse auf die schulische und außerschulische Erziehungshilfe

Die zuvor genannten Organisationsformen der schulischen Erziehungshilfe geben wenig Auskunft über die Güte der jeweiligen Beschulungsorte. Sowohl in der schulischen als auch außerschulischen Erziehungshilfe schwindet Fachlichkeit unter dem Diktat der Wirtschaftlichkeit. Das bleibt nicht ohne Konsequenzen für die Qualität der pädagogischen Praxis. Ein Blick auf die derzeitigen neoliberalen Umstrukturierungsprozesse im gesamten Erziehungs- und Bildungsbereich zeigt unmissverständlich, dass Selektions- und Segregationsprozessen zunehmen – und die inklusiven Kräfte der allgemeinbildenden Schulen und der kommunalen Sozialdienste geschwächt werden. Vor allem: „Financial cuts and educational reforms with new aims, for example increased freedom of choice, competitiveness and effectiveness, have counteracted policies of inclusion" (Arnesen / Lundahl 2006, 293).
In der bildungs- und kinder- und jugendhilfepolitischen Diskussion in der BRD fehlt eine kritische Aufarbeitung des dialektischen Zusammenhangs zwischen Inklusion und Exklusion durch die rasanten marktwirtschaftlichen Veränderungen. Ein globaler neoliberaler Umbau, der auf der Wettbewerbs- und Leistungsorientierung einer „exklusiv" auf Kapitalakkumulation ausgerichteten Dominanzkultur basiert, schließt weite Teile der Bevölkerung von der Teilhabe am symbolischen, kulturellen, sozialen und materiellen Reichtum der Sozialwelt aus. Im kontinuierlichen Abbau sozialstaatlicher Leistungen

und wohlfahrtsstaatlicher Unterstützung (Stichwort „schlanker Staat") vollzieht sich derzeit eine rasante Neubestimmung der Aufgaben des Staates.
Das individuelle Risiko, unter diesen sozioökonomischen Rahmenbedingungen zu scheitern, wird privatisiert, und dies bei gleichzeitiger Reduzierung der sozialen Sicherungssysteme.
Schülerinnen und Schüler der Sonderschule für Verhaltensgestörte, der Förderschule, aber auch HauptshülerInnen ohne Abschluss haben kaum Chancen auf eine erfolgreiche „Normalerwerbsbiographie" nach Beendigung des Schulbesuchs. Es sind vor allem diese Jugendlichen, „die pejorativ als »Lerngeschädigte«, »Verhaltensauffällige« oder »Betriebsunfähige« bezeichnet werden – sachlich angemessener dürfe der Begriff Sozialbenachteiligte sein" (Schroeder 2004, 13).
Trotz einer großen Vielfalt an Angeboten der Jugendberufshilfe werden viele dieser Heranwachsenden von staatlichen Fördermöglichkeiten nicht erreicht oder sie durchlaufen additiv mehrere Qualifizierungsmaßnahmen, ohne tatsächlich eine realistische Aussicht auf längerfristig stabile selbstständige Erwerbsarbeit zu haben. Storz und Griesinger sprechen hier vom „Paradox der ‚integrierten Ausgrenzung'" (vgl. Storz / Griesinger 2004, 132f), da hier trotz Berufsberatung, Berufsvorbereitungsjahr(en) und Förderlehrgänge als Übergangssysteme zwischen Schule und Berufstätigkeit hohe Barrieren eine berufliche Integration verhindern. „Das Durchlaufen dieser Übergangssysteme stellt für viele dieser Jugendlichen vielmehr eine Verlängerung der institutionell organisierten Aussonderung dar" (ebd., 136).
In diesen Übergangssystemen der Jugendberufshilfe sind mehr als 400 000 Jugendliche „mit milliardenschweren öffentlichen Finanzaufwendungen in einer Vielzahl von Maßnahmen ... untergebracht ..., die zumeist keinen systematischen Anschluss an eine Berufsausbildung in anerkannten Ausbildungsberufen besitzen" (Euler 2010, 18). Durch die marktförmig organisierte Vergabe bspw. der überbetrieblichen Ausbildung herrscht ein hoher Konkurrenzdruck und Preisdumping zwischen den Trägern – was sich nachteilig auf die Qualität der Angebote auswirkt.
In diesem speziellen Segment der außerschulischen berufsvorbereitenden Maßnahmen konzentriert sich ein sehr heterogenes Sub-Prekariat. Vor allem Jugendliche mit Verhaltensstörungen erleben hier vielfältige Stigmatisierungen, weil ihnen die erforderliche Leistungs- und Sozialfähigkeit abgesprochen wird. „Ihnen werden vielmehr Besonderheiten des Sozialverhaltens als Eigenschaften angelastet, an denen sie selbst schuld seien" (Fasching / Niehaus 2008, 730). Dabei haben die verstärkten Bemühungen um ein regionales Übergangsmanagement (vgl. Kuhnke / Reißig 2010) bisher wenig dazu beigetragen, die Ausbildungs- und Berufschancen dieser Zielgruppe zu verbessern.
In der lebenspraktischen Bewältigung dieser sozial prekären Lage, die u.a. durch geringfügige oder sporadische finanzielle Unterstützung gekennzeichnet ist, greifen diese jungen Menschen auf Gelegenheitsstrukturen wie Schwarzarbeit oder illegale Geschäfte im sozialen Nahraum zurück (vgl. Kraheck 2004). Kriminelle Aktivitäten erschweren allerdings wiederum den Weg in die legale Erwerbstätigkeit.
Soziale Ungleichheit und Bildungsbenachteiligung spitzen sich beim Übergang von der Schule in selbstständige Arbeit oder Berufsausbildung dramatisch zu und können im Zusammenspiel mit materieller Not, sozialräumlichen Ghettos und viel zu hochschwelliger Qualifizierungsangebote institutionelle und soziale Desintegrationsprozesse ver-

schärfen (vgl. Bindl / Schroeder / Thielen 2011). In der Jugendberufshilfe und der Berufsvorbereitung trägt das Phantasma von der „Normalerwerbsbiographie" zur weiteren Marginalisierung dieser Zielgruppe bei.
Zur Propagierung dieser Ökonomisierung von Bildung und Erziehung dienen u.a. Euphemismen wie Autonomie, Eigenverantwortung, Wissensgesellschaft – und Umdefinitionen: von Bildung in Humankapital, von Kenntnissen und Fertigkeiten in Kompetenzen; und Bildung als Bereitschaft zur Investition in die eigene Zukunft usw. wird glorifiziert (vgl. Lohmann 2010, 235f).
Im Zuge der totalen Marktorientierung setzen sich betriebswirtschaftliche Steuerungsprinzipien im öffentlichen Sektor durch, die die Erziehungs-, Bildungs- und Wissenschaftsinstitutionen umgestalten, „so dass sie nach dem Vorbild kapitalistischer Wirtschaftsunternehmen agieren, d.h. zueinander in Konkurrenz treten, möglichst billig produzieren, letzten Endes Profit erwirtschaften und Monopolstellungen anstreben müssen" (Lohmann 2006, 3). Dieser betriebswirtschaftliche Transformationsprozess betrifft auch und gerade das Kerngeschäft von Lehrerinnen und Lehrern, von Schulsozialarbeit und der außerschulischer Kinder- und Jugendhilfe, wo Eltern zu „Kunden" werden und SozialpädagogInnen zu „case manager" mutieren. Statt pädagogisch zu gestalten, dominiert bürokratisches Verwalten unter massiven Sparauflagen.
Auch die permanenten Leistungsvergleiche, Schulrankings, und die Intensivierung einer testdiagnostischen „Förder(!)"-Kultur führen gerade nicht zu einer inklusiven Allgemeinbildenden Regelschulkultur, sondern schreiben die Segregation und den Ausschluss von SchülerInnen mit einer (sozialen) Behinderung fest, oft legitimiert durch das Gütesiegel „sonderpädagogischer Förderbedarf".
Die Auswirkungen dieser dramatischen ökonomischen Transformationsprozesse auf die Pädagogik bei Verhaltensstörungen analysiert **Helmut Reiser** in seinem Beitrag „Inklusion und Verhaltensstörungen – Ideologien, Visionen, Perspektiven".
Denn es sind insbesondere die Schülerinnen und Schüler mit Verhaltensstörungen und / oder Lernbeeinträchtigungen, oft in Verbindung mit Migrationshintergrund, die an der geforderten Wettbewerbsfähigkeit der Schulen scheitern. Beeinträchtigungen in der kognitiven, emotionalen und sozialen Entwicklung werden zudem zunehmend biologisiert und zu „mental health problems" umdeklariert (vgl. Graham / Jahnukainen 2011, 263f) – um Kosten zu senken.
In der Kinder- und Jugendhilfe schwächt die Sozialraumbutgetierung die Qualitätsstandards bei der Bewilligung von Hilfen zur Erziehung, verantwortet eine hohe Trägerkonkurrenz und führt zur Überlastung durch hohe Fallzahlen.
So stellt Stefanie Albus fest, dass seit den 1999er Jahren die Erzieherischen Hilfen als Experimentierfeld neoliberaler Steuerungsmodelle genutzt wurden: „Angefangen bei (Teil-)Privatisierungen öffentlicher Erziehungshilfeangebote ... über die Implentierung betriebswirtschaftlicher Kunden- und Organisationsmodelle, bis zur (wirkungsorientierten) Steuerung durch Kennzahlen und Berichtspflichten, wurden in den letzten zwei Jahrzehnten vielfältige Reorganisationsversuche der Erzieherischen Hilfen unternommen" (Albus 2011, 480). Der gestiegene Kostenbedarf im Kinder- und Jugendhilfebereich wird im Kontext der neueren Steuerungsmodelle nicht mehr in Verbindung mit den neoliberalen Umbrüchen und Veränderungen ehemals gesellschaftlicher und sozialer Sicherungen gesehen. Entstehungszusammenhänge der Kostenzuwächse werden entpoli-

tisiert und zum Problem vermeintlich ineffizienter Leistungserbringung umdefiniert" (Bürger 1999, 57)
Die politische Inklusionsrhetorik wird vor dem Hintergrund der dramatischen Veränderungen der Lebenslagen vieler Kinder und Jugendlicher (und deren Eltern) zu einer Provokation. Eine Provokation deswegen, weil die Euphemismen von Bildungsgerechtigkeit und Schulautonomie, von Partizipation und Teilhabe, die skandalöse Lebenslage Armut und der permanente Normalisierungszwang die wirtschaftlichen Interesses wider besseren Wissen verleugnet.

7. Perspektiven und Kontroversen

Die schulische Erziehungshilfe ist mit Problemfeldern konfrontiert, die sie allein, ohne das fachliche Potential von KooperationspartnerInnen der außerschulischen Erziehungshilfe nicht lösen kann. Der Erziehungshilfebedarf von Kindern und Jugendlichen verlangt auf institutioneller Ebene systemübergreifende Anstrengungen. Nur eine enge stadtteilbezogene, regionale und lokale Kooperation mit Akteuren der kommunalen Kinder- und Jugendhilfe und weiteren Organisationen im außerschulischen Lebensumfeld, wie bspw. Vereinen oder kulturellen Einrichtungen, schaffen ein verlässliches Netzwerk an kontinuierlicher und verlässlicher Unterstützung. Bildungs- und Erziehungspartnerschaften – auch mit Mitwirkung der Kinder- und Jugendpsychiatrie – sind Organisationsstrukturen für eine erfolgreiche Prävention und Intervention bei Verhaltensstörungen.
Solche auf schulische und außerschulische Vernetzung zielende Angebotsformen können Agens für eine inklusive Förderung im Sozialraum sein. **Meik Neumann und Rüdiger Kreht** beschreiben eine solche inklusive Praxis am Beispiel der Lotte-Lemke Schule, in „Wozu beraten? Der Beitrag lösungsorientierter Haltungen und Methoden zum Gelingen einer inklusiven Beschulung im Förderschwerpunkt emotionale und soziale Entwicklung".
Innerhalb der hier dargelegten Heterogenität des Faches Pädagogik bei Verhaltensstörungen dominieren im Wesentlichen vier Positionen:

1. Eine psychodynamische Position plädiert für einen tiefenhermeneutischen Zugang zu Verhaltensstörungen (vgl. ex. Ahrbeck 2010; Zimmermann 2012);
2. Eine kognitionspsychologische Position propagiert die Implementierung evidenzbasierter Programme auf verhaltenstherapeutischer Grundlage (vgl. ex. Hillenbrand / Pütz 2008; Linderkamp 2008);
3. Eine systemische Sichtweise fokussiert vor allem den Kontext, innerhalb dessen Verhaltensstörungen auftreten (vgl. ex. Palmowski 2007; Spiess 1998).
4. Eine gesellschaftskritische Position versteht Verhaltensstörungen als Relation zwischen den realen sozioökonomischen und kulturellen Lebenslagen des Aufwachsens und den dominanzkulturellen Restriktionen (vgl. ex. Jantzen 2012; Rohrmann 2007; Herz 2012).

Diese vier Positionen stehen aber keineswegs friedlich-unverbunden nebeneinander; vielmehr tragen sie auf dem Feld der Verhaltensgestörtenpädagogik die nämlichen Gefechte aus, die schon ihre jeweiligen Bezugstheorien mit, bzw. gegeneinander führten und führen. Die Konkurrenz um Deutungsmacht tritt am deutlichsten zu Tage bei der Fragestellung um Ursache, Ätiologie und Intervention bei ADHS zu Tage, zumal sich hier eine fünfte Position, das biomedizinische Modell etablieren konnte. Denn geht man von einer neuropathologischen Grundlage dieses Verhaltenstypus aus, wird die Medikalisierung und der Einsatz verhaltensmodifikatorischer Trainingsprogramme favorisiert (vgl. ex. Lauth 207, 218f); geht man allerdings von Beeinträchtigungen in der frühesten Bindungsentwicklung aus, stehen Elternarbeit, förderliche Beziehungsangebote und anregende Lernumwelten im Mittelpunkt der pädagogischen Arbeit (vgl. Ahrbeck 2011). Eine weitere kontrovers geführte Debatte betrifft den offensichtlichen Siegeszug evidenzbasierter Trainingsprogramme auf verhaltensmodifikatorischer Grundlage. **Elisabeth von Stechow** analysiert in ihrem Beitrag „Evidenzbasierte Förderung und Förderkonzepte von Schülerinnen und Schüler mit sonderpädagogischem Förderbedarf in der sozialemotionalen Entwicklung". Die Attraktivität solcher Programme beruht auf ihren Machbarkeitsversprechen, schnelle und effektive (!) Lösungen für komplexe Problemlagen und Herausforderungen bereit zu stellen.

Bezogen auf Forschungsmethoden in der schulischen und außerschulischen Erziehungshilfe besteht eine Vielfalt an Erhebungsinstrumenten in der Tradition der qualitativen und quantitativen Sozialforschung. In diesem Werkbuch werden zwei Verfahren exemplarisch vorgestellt. **Andrea Dlugosch** referiert in ihrem Beitrag über „Biographieforschung – ein Beitrag zur Professionalisierung in der (schulischen) Erziehungshilfe" und **Jan Hoyer** führt in die qualitative Methode der Metaphernanalyse in „Idealisierte Denkmodelle in der Organisationsentwicklung von Beratungs- und Unterstützungssystemen" ein.

Mit diesen Beiträgen zur Methode schließt der Bogen, der in den anschließenden Kapiteln gespannt wird, zum Kreis. Auch wenn nicht alle Themengebiete und Praxisfelder hier vertreten sind, so erlaubt dieses Werkbuch doch einen vertiefenden Einblick in die Komplexität und Heterogenität der Handlungsfelder und der Zielgruppen in der schulischen und außerschulischen Erziehungshilfe. Wenn es darüber hinaus zum Austausch, zum Diskutieren von Positionen, zum Transferdenken für die Praxis und für weitere Forschung anregt, so hat es seinen Zweck erfüllt.

Literatur

Ader, Sabine: Was macht die Jugendhilfe mit den schwierigen Kinder und Jugendlichen? In: Bundesministerium für Familien, Senioren, Frauen und Jugend (Hg.): Mehr Chancen für Kinder und Jugendliche. Stand und Perspektiven der Jugendhilfe in Deutschland, Münster, Band 1, 2000, 353-365

Ader, Sabine: „Besonders schwierige" Kinder: unverstanden und instrumentalisiert, in: Fegert, Jörg M. / Schrapper, Christian (Hg.): Handbuch Jugendhilfe – Jugendpsychiatrie, Weinheim, München: Juventa, 2004, 437-447

Ader, Sabine: Was leitet den Blick? Wahrnehmung, Deutung und Intervention in der Jugendhilfe, Weinheim: Juventa, 2006

Affeln–Altert, Vera: Sonderpädagogische Einzelfallarbeit im System Schule, Bad Heilbrunn: Klinkhardt, 2009

Agi, Isabelle / Hennemann, Thomas / Hillenbrand, Clemens: Kindliche Verhaltensauffälligkeiten aus der Sicht von Erzieherinnen: Ergebnisse einer Befragung an Kindertageseinrichtungen in Nordrhein – Westfalen, in: Zeitschrift für Heilpädagogik, Jg. 61, Heft 2, 2010, 44-50

Ahrbeck, Bernd: Entwicklungslinien und Zukunftsperspektiven im Fach Verhaltenspädagogik, in: Sonderpädagogische Förderung, Jg. 50, Heft 1, 2005, 4-2

Ahrbeck, Bernd / Willmann, Marc: Einleitung, in: Ahrbeck, Bernd / Willmann, Marc: Pädagogik bei Verhaltensstörungen. Ein Handbuch, Stuttgart: Kohlhammer, 2010, 9-10

Ahrbeck, Bernd: Der Umgang mit Behinderung, Stuttgart: Kohlhammer, 2011

Albus, Stefanie: Die Erzieherischen Hilfen, in: Thole, Werner: Grundriss soziale Arbeit, Wiesbaden: VS Werk, 2010, 477-482

Arnesen, Anne–Liese / Lundahl, Lisbeth: Still Social and Democratic? Inclusive Education Policies in the Nordic Welfare States, in: Scandinavian Journal of Educational Research, Vol. 50, No. 3, July 2006, 285-300

Becker, David: Spezielle Probleme der Setting-Konstruktion in der Behandlung mit extrem traumatisierten Menschen, in: Becker, Stephan (Hg.): Setting, Rahmen, therapeutisches Milieu in der psychoanalytischen Sozialarbeit, Gießen: Psychosozial-Verlag, 1996, 131-143

Becker, Ursula: Bildung – Ressourcen zur Bekämpfung von Armut, in: Herz, Birgit u.a. (Hg.): Kinderarmut und Bildung. Armutslagen in Hamburg, Wiesbaden: VS, 2008, 41-58

Bindl, Anne-Kristin / Schroeder, Joachim / Thielen, Marc: Arbeitsrealitäten und Lernbedarfe wenig qualifizierter Menschen, Bad Heilbrunn: Klinkhardt, 2011

Bittner, Günther / Ertle, Christoph / Schmid, Volker: Verhaltensgestörte Kinder, Frankfurt am Main: Raubdruck, 1974

Bittner, Günther: Problemkinder, Göttingen: Vandenhoeck & Ruprecht Verlag, 1994

Body-Gendrot, Sophie: The Social Control of Cities? Oxford: Blackwell Publishers, 2000

Bröcher, Joachim: Unterrichten aus Leidenschaft? Eine Anleitung zum Umgang mit Lernblockaden, widerständigem Verhalten und institutionellen Strukturen, Heidelberg: Universitätsverlag Winter, 2001

Buddrus, Volker (Hg): Die verborgenen Gefühle in der Pädagogik, Hohengehren: Schneider Verlag, 1992

Budnik, Ines / Unger, Nicole / Fingerle, Michael: Arbeitsfelder in der schulischen Erziehungshilfe, in: Opp, Günther (Hg.): Arbeitsbuch schulischer Erziehungshilfe, Bad-Heilbrunn: Klinkhardt 2003, 145-199

Canguilhem, Georges: Das Normale und das Pathologische, München: Hanser, 1974

Deegener, Günther / Körner, Wilhelm: Verhaltensbesonderheiten von Kindern und Jugendlichen aufgrund von körperlicher und emotionaler Misshandlung und Vernachlässigung, Bad Heilbrunn: Klinkhardt, 2009, 127–142

Diepold, Barbara: Schwere Traumatisierungen in den ersten Lebensjahren - Folgen für die Persönlichkeitsentwicklung und Möglichkeiten psychoanalytischer Behandlung, in: Endres, Manfred / Biermann, Gerd (Hg.): Traumatisierung in Kindheit und Jugend, München, Basel: Ernst Reinhardt, 2002 (2), 121-141

DJI Thema: Hilflos und überfordert? Wenn Erziehung scheitert und Kinder ins Heim kommen. DJI Online, DJI Thema 10/2009, im Internet unter: (http://www.dji.de/cgi-bin/projekte/ou tput.php?projekt=960&Jump1=LINKS&Jump2=15), 2009

Dlugosch, Andrea: Der biographische Blick – eine Perspektive zur Entwicklung pädagogischer Professionalität im Rahmen der Erziehungshilfe, in: Schmetz, Dieter / Wachtel, Peter (Hg.): Sonderpädagogischer Kongress 1998: Entwicklungen - Standorte - Perspektiven, Würzburg: Verband Sonderpädagogik, 1999, 406-414

Dlugosch, Andrea: Sonderpädagogik als professionelles Handeln zweiter Ordnung? In: Bundschuh, Konrad (Hg.): Sonder- und Heilpädagogik in der modernen Leistungsgesellschaft, Bad Heilbrunn: Klinkhardt, 2002

Dörr, Margret / Herz, Birgit (Hg.): Unkulturen in Bildung und Erziehung, Wiesbaden: VS, 2010

Drave, Walter / Rumpler, Frank / Wachtel, Péter (Hg.): Empfehlungen zur sonderpädagogischen Förderung. Allgemeine Grundlagen und Förderschwerpunkte (KMK) mit Kommentaren, Würzburg: Edition Bentheim, 2000

Euler, Dieter: Integration durch berufliche Bildung? In: Berufliche Bildung Hamburg, Nr. 1, 2010, 18

Fasching, Helga / Niehaus, Mathilde: Berufsvorbereitung und berufliche Integration, in: Gasteiger, Klicpera, Barbara / Julius, Henri / Klicpera, Christian (Hrsg.): Sonderpädagogik der sozialen und emotionalen Entwicklung, Göttingen u.a.: Hogrefe, 2008, S. 730

Feyerer, Ewald: Behindern Behinderte? In: Behinderte in Familie, Schule und Gesellschaft, Jg. 20, Heft 4, 1997, 3-48

Gasteiger–Klicpera, Barbara / Julius, Henri / Klicpera, Christian (Hg.): Sonderpädagogik der sozialen und emotionalen Entwicklung, Göttingen: Vandenhoeck & Ruprecht, 2008

Harter–Meyer, Renate (Hg.): "Wer hier nur Wissen vermitteln will geht baden". Unterricht an Schulen für Kranke in der Kinder- und Jugendpsychiatrie, Münster: Lit, 2007

Herz, Birgit u.a. (Hg.): Kinderarmut und Bildung. Armutslagen in Hamburg, Wiesbaden: VS Verlag, 2008

Herz, Birgit: Soziale Benachteiligung und Desintegrationsprozesse, in: Ahrbeck, Bernd / Willmann, Marc (Hg.): Pädagogik bei Verhaltensstörungen. Ein Handbuch, Stuttgart: Kohlhammer, 2010a, 333–342

Herz, Birgit: Neoliberaler Zeitgeist in der Pädagogik: Zur aktuellen Disziplinarkultur, in: Dörr, Margret / Herz, Birgit (Hg.): Unkulturen in Bildung und Erziehung, Stuttgart: VS Verlag, 2010b, 171–190

Herz, Birgit: „Inclusive Education" Desiderata in der deutschen Fachdiskussion, in: Sturm, Tanja / Schwohl, Joachim (Hg): Inklusion als Herausforderung schulischer Entwicklung, Hamburg: Transkript, 2010c, 20-45

Herz, Birgit: Traumatization and long – term stress cascades: case report: Jan M., in: International Journal of Emotional and Behavioral Difficulties, Vol. 16, No. 4, December 2011, 401-418

Herz, Birgit: Normalität und Abweichung, in: Feuser, Georg / Herz, Birgit / Jantzen, Wolfgang (Hg.): Emotionen und Persönlichkeit, Stuttgart: Kohlhammer, 2012a, (im Druck)

Herz, Birgit: Traumatisierung, in: Feuser, Georg / Herz, Birgit / Jantzen, Wolfgang (Hg.): Emotionen und Persönlichkeit, Stuttgart: Kohlhammer, 2012b, (im Druck)

Hilff, Günther: Zwischen Distanz und Nähe – aus der Arbeit mit Schülern der Sekundarstufe in einer Kinder– und judendpsychiatrischen Klinik, in: Ertle, Christoph (Hg.): Schule bei kranken Kindern und Jugendlichen, Bad–Heilbrunn: Klinkhardt, 1997, 161–180

Hinte, Wolfgang / Treeß, Helga: Sozialraumorientierung in der Jugendhilfe, Theoretische Grundlagen, Handlungsprinzipien und Praxisbeispiele einer kooperativ-integrativen Pädagogik, Weinheim: Juventa, 2007

Hochheimer, Wolfgang: Über Schwererziehbarkeit in unserer Zeit, in: Zeitschrift für Heilpädagogik, Jg. 11, Heft 9, 1960, 485-493

Hußmann, Marcus: Besondere Problemfälle Sozialer Arbeit in der Reflexion von Hilfeadressaten aus jugendlichen Straßenszenen in Hamburg, Münster: Monsenstein und Vannerdat, 2011

Iben, Gerd: Kinder am Rande der Gesellschaft, München: Juventa, 1968

Itkonen, Tiina / Jahnukainen, Markku: An Analysis of Accountability Policies in Finland and the United States, in: International Journal of Disability, Development and Education, Vol. 54, No. 1, March 2007, 5-23

Jauch, Peter / Weiß, Hans: Randständigkeit im kommunalen Raum: Migration und Armut, in: Beck, Iris / Greving, Heinrich (Hg.): Gemeindeorientierte pädagogische Dienstleistungen, Stuttgart: Kohlhammer, 2011, 142-245

Jorswiesch, Eduard: Zur Psychologie und Pädagogik von Kindern und Jugendlichen mit soziokulturell bedingten Einordnungsstörungen, in: Zeitschrift für Heilpädagogik, Jg. 11, Heft 9, 1960

Kaiser, Günther: Randalierende Jugend, Heidelberg: Quelle & Meyer, 1959

Kamerman, Sheila B. / Kahn, Alfred J.: Beyond Child Welfare: International Perspectives on Child and Family Policy, in: Duncan, Lindsay / Shlonsky, Aron (Eds.): Child Welfare Research, Oxford: University Press, 2008, 343-374

Kraheck, Nicole: „Karrieren jenseits normaler Erwerbsarbeit – Lebenslagen, Lebensentwürfe und Bewältigungsstrategien von Jugendlichen und jungen Erwachsenen in Stadtteilen mit besonderem Erneuerungsbedarf, Halle: DJI, 2004

Kremer, Gabriele: „Sittlich sie wieder zu heben…" Das Psychopathinnenheim Hadamar zwischen Psychiatrie und Heilpädagogik, Marburg: Jonas Verlag, 2002

Kuhnke, Ralf / Reißig, Birgit (Hrsg.): Regionale Übergangsmanegement Schule-Berufsausbildung, München: DJI, 2010

Lawner, Willehad: Teilhabe und sozialer Ausschluss – Aspekte des inneren Zusammenhang von Integration und Segregation, in: BHP, Jg. 45, Heft 4, 2006, 381-408

Leber, Aloys: Kinder mit neurotischen Störungen, in: Iben, Gerd (Hg): Heil- und Sonderpädagogik, Kronberg im Taunus: Scriptor Verlag, 1972, 21-30

Lohmann, Markus: Defizit– und Defektorientierung als wesentliche Legitimationsgrundlagen des gegliederten Sonderschulsystems, in: BHP, Jg. 50, Heft 4, 2011, 370-392

Marquardt, Arwed: Zwischenwelten. Jugendliche zwischen Schule und Strafe, Münster: Lit, 2001

Mcnab, Natascha / Visser, John / Harry Daniels: Provision in further education colleges for 14 – to 16– year olds with social, emotional and behavioral difficulties, in: British Journal of Special Education, Vol. 35, Issue 4, published online 18.11.2008, 241-246

Menzel, Dirk / Wiater, Werner (Hg.): Verhaltensauffällige Schüler. Symptome, Ursachen und Handlungsmöglichkeiten, in: Vorkommen und Ursachen von Unterrichts- und Verhaltensstörungen, Bad Heilbrunn: Klinkhardt, 2009, 11-37

Myschker, Norbert: Verhaltensstörungen bei Kindern und Jugendlichen. Erscheinungsformen – Ursachen – Hilfreiche Maßnahmen, Stuttgart, Berlin, Köln: Kohlhammer, 1993

Mollenhauer, Klaus: Theorien zum Erziehungsprozess, München: Juventa, 1973

Neidhardt, Wolfgang: Kinder, Lehrer und Konflikte, München: Juventa, 1977

Opp, Günther: Reflexive Professionalität, in: Zeitschrift für Heilpädagogik, Jg. 49, Heft 4, 1998, 148-158

Opp, Günther / Helbig, Paul / Speck-Hamdan, Angelika u.a. (Hg): Problemkinder in der Grundschule, Bad Heilbrunn: Kirchheim Verlag, 1999

Opp, Günther: Lernbehinderung, Verhaltensstörungen, Sprachbehinderungen, in: Opp, Günther / Kulig, Wolfram / Puhr, Kirsten: Einführung in die Sonderpädagogik, Wiesbaden: VS Verlag, 2004, 65 – 77

Opp, Günther: Schulen zur Erziehungshilfe – Chancen und Grenzen, in: Reiser, Helmut / Dlugosch, Andrea / Willmann, Marc (Hg.): Professionelle Kooperation bei Gefühls- und Verhaltensstörungen, Hamburg: Verlag Dr. Kovac, 2008, 67-88

Preuss – Lausitz, Ulf (Hg): Verhaltensauffällige Kinder integrieren. Zur Förderung der emotionalen und sozialen Entwicklung, Weinheim: Juventa, 2005

Preuss – Lausitz, Ulf / Textor, Annette: Verhaltensauffällige Kinder sinnvoll integrieren – eine Alternative zur Schule für Erziehungshilfe, in: Zeitschrift für Heilpädagogik, Jg. 57, Heft 1, 2006, 2-8

Prengel, Annedore: Strafe und gewaltfreie Erziehung - Ein neues Gesetz im Dialog der Generationen? in: Warzecha, Birgit (Hg): Zur Relevanz des Dialoges in Erziehungswissenschaft, Behindertenpädagogik, Beratung und Therapie, Hamburg: Lit, 2002, 233-246

Puhr, Kirsten: Schule zur Erziehungshilfe als lernende Organisation, in: Opp, Günther (Hg.): Arbeitsbuch schulische Erziehungshilfe, Bad-Heilbrunn: Klinkhardt, 2003, 65-108

Raffo, Carlo / Dyson, Alan / Gunter, Helen / Hall, Dave / Jones, Lisa / Kalambouka, Afroditi: Education and poverty: mapping the terrain and making the links to educational policy, in: International Journal of Inclusive Education, Vol. 13, No. 4, 2009, 341-358

Rauschenbach, Thomas: Warum Jugendliche an Schule scheitern. Plädoyer für ein anderes Bildungsverständnis, gekürzte Fassung des Eröffnungsvortrages bei der Fachtagung „Förderung schulmüder und schulverweigernder Jugendlicher" am 24.09.2004 in Halle, (http://www.good-practice.de/Vortrag_ Rauschenbach.pdf), 2004, 1-10

Ravens-Sieberer, Ulrike u.a.: Psychische Gesundheit von Kindern und Jugendlichen in Deutschland. Ergebnisse aus der BELLA-Studie im Kindes- und Jugendgesundheitssurvey (KiGGS), in: Bundesgesundheitsblatt – Gesundheitsforschung – Gesundheitsschutz, Jg. 50, Heft 5-6, 871–879

Reiser, Helmut: Identität und religiöse Einstellung, Hamburg: Furche Verlag, 1972

Reiser, Helmut: Sonderpädagogik als Service-Leistung? In: Zeitschrift für Heilpädagogik, Jg. 49, Heft 2, 1998, 46-54

Reiser, Helmut: Förderschwerpunkt Verhalten, in: Zeitschrift für Heilpädagogik, Jg. 50, Heft 4, 1999, 144-148

Reiser, Helmut / Willmann, Marc / Urban, Michael: Sonderpädagogische Unterstützungssysteme bei Verhaltensproblemen in der Schule, Bad Heilbrunn: Klinkhardt, 2007

Reiser, Helmut: Integrierte schulische Erziehungshilfe, in: Reiser, Helmut / Willmann, Marc / Urban, Michael: Sonderpädagogische Unterstützungssysteme bei Verhaltensproblemen in der Schule, Bad Heilbrunn: Klinkhardt, 2007, 71 – 90

Ricking, Heinrich: Der "Overlap" von Lern – und Verhaltensstörungen, in: Sonderpädagogik, Jg. 35, Heft 4, 2005, 235-248

Ricking, Heinrich / Schulze, Gisela / Wittrock, Manfred (Hg.): Schulabsentismus und Dropout. Erscheinungsformen – Erklärungsansätze – Intervention, Paderborn: utb, 2009

Schimke, Hans-Jürgen: Das neue Bundeskinderschutzgesetz, in: ISA Newsletter, Heft 4, 2011, 2

Schmid, Marc / Fegert, Jörg M. / Schmeck, Klaus / Kölch, Michael: Psychische Belastungen von Kindern und Jugendlichen, in: Zeitschrift für Heilpädagogik, Jg. 58, Heft 8, 2007, 282-290

Schmidt, Wayne: Historische Wurzeln der Schule für Erziehungshilfe und deren Entwicklung zur Sonderschule, Frankfurt am Main, u.a.: Lang, 1996

Schmitt, Frieder: Berufsbild Lehrerin/Lehrer in der Kinder- und Jugendpsychiatrie: Entwurf eines Paradigmas der Normalität, in: Harter-Meyer, Renate (Hg): Hilfen für psychisch kranke Kinder und Jugendliche, Hamburg: Lit, 1999, 59-72

Schnell, Irmtraud: Wir haben damals übermorgen angefangen – sind wir schon im Heute gelandet? Zur Geschichte der Auseinandersetzungen um schulische Integration in der BRD - Betrachtungen auf dem Hintergrund des aktuellen Standes gemeinsamen Lebens und Lernens von Schülerinnen und Schülern mit und ohne Behinderung, in: Inklusion-online.net 2, 2006, 1-20

Schroeder, Joachim: Bildung im geteilten Raum. Schulbildung unter den Bedingungen von Einwanderung und Verarmung, Münster, New York, München, Berlin: Waxmann, 2002

Schröder, Ulrich / Wittrock, Manfred (Hg): Lernbeeinträchtigungen und Verhaltensstörungen, Stuttgart: Kohlhammer, 2000

Stein, Roland: Pädagogik bei Verhaltensstörungen – zwischen Inklusion und Intensivangeboten, in: Zeitschrift für Heilpädagogik, Jg. 62, Heft 9, 2011, 324-336

Störmer, Norbert: Probleme und Grenzen der Grundlegung einer ‚Verhaltensgestörtenpädagogik', in: Bundschuh, Konrad: (Hg): Sonder- und Heilpädagogik in der modernen Leistungsgesellschaft, Bad Heilbrunn: Klinkhardt, 2002, 345-456

Storz, Michael / Griesinger, Tilmann: „Sonst verdampft dein Recht auf Arbeit". Nicht nur eine Polemik über Maßnahmen zur Vorbereitung von FörderschülerInnen auf den Arbeitsmarkt, in: Baur, Werner / Mack, Wolfgang, Schroeder, Joachim (Hrsg.): Bildung von unten denken, Bad Heilbrunn: Klinkhardt, 2004, 129-144

Sturzbecher, Dietmar: Spielbasierte Verfahren für Befragung, Beratung und Forschung, Göttingen, Bern, Toronto, Seattle: Hogrefe, 2011

Thielen, Marc: Berufsorientierung unter erschwerten Bedingungen. Übergangsgestaltung bei Jugendlichen im Förderschwerpunkt Lernen, in: BHP, Jg. 50, Heft 4, 2011, 422-434

Turmlitz, Otto: Die Jugendverwahrlosung, Graz, Wien: Leykam, 1952

Urban, Michael: Externe Unterstützungssysteme der schulischen Erziehungshilfe – ein Überblick, in: Reiser, Helmut / Willmann, Marc / Urban, Michael: Sonderpädagogische Unterstützungssysteme bei Verhaltensproblemen in der Schule, Bad Heilbrunn: Klinkhardt, 2007, 91-112

Von Stechow, Elisabeth: Erziehung zur Normalität. Eine Geschichte der Ordnung und Normalisierung der Kindheit, Wiesbaden: VS Verlag, 2004

Von Freyberg, Thomas / Wolff, Angelika: Trauma, Angst und Destruktivität in konfliktgeschichten nicht beschulbarer Jugendlicher, in: Leuzinger-Bohleber, Marianne / Haubl, Rolf / Brumlik, Micha (Hg.): Bindung, Trauma und soziale Gewalt, Göttingen: Vanderhoeck & Ruprecht, 2006, 164-187

Von Wolffersdorff, Christian: Soziale Arbeit und gesellschaftliche Polarisierung – eine sozialräumliche Betrachtung, in: Dörr, Margret / Herz, Birgit (Hg.): Unkulturen in Bildung und Erziehung, Wiesbaden: VS Verlag, 2009, 239-259

Warzecha, Birgit: Ausländische verhaltensgestörte Mädchen im Grundschulalter. Prozessstudie über heilpädagogische Unterrichtsarbeit, Frankfurt am Main: Helmer Verlag, 1990

Warzecha, Birgit: Zur Geschichte der Verhaltensgestörtenpädagogik – feministisch reflektiert, Bielefeld: Kleine Verlag, 1995

Warzecha, Birgit: Schulische und außerschulische Ausgrenzungsprozesse, in: Zeitschrift für Heilpädagogik, Jg. 48, Heft 12, 1997, 486-492

Warzecha, Birgit: Schulverweigerung und Schulschwänzen, Hamburg: Lit, 2000a

Warzecha, Birgit (Hg): Lehren und Lernen an der Grenze, Hamburg: Lit, 2000b

Warzecha, Birgit (Hg.): Institutionelle und soziale Desintegrationsprozesse bei schulpflichtigen Heranwachsenden, Hamburg: Lit, 2000c

Warzecha, Birgit: Normalität und Geschlecht in der Verhaltensgestörtenpädagogik, in: Schildmann, Ulrike (Hg.): Normalität, Behinderung und Geschlecht, Opladen: Leske & Budrich, 2001, 61-74

Warzecha, Birgit: Misshandlung, sexueller Missbrauch und Vernachlässigung – Annäherung an eine heilpädagogische Praxis mit traumatisierten Kindern und Jugendlichen, Hagen: Studienbrief Fernuniversität, 2001a

Warzecha, Birgit (Hg): Kids, die kommen und gehen, Hamburg: Lit, 2001b

Warzecha, Birgit: Lehr- Lernbeziehung zwischen Kind und Sache in der Grundschule im Kontext sozialer und kultureller Heterogenität, in: Warzecha, Birgit (Hg.): Heterogenität macht Schule, Münster u.a: Waxmann, 2003, 145-172

Welling, Alfons: Workshop - Klinik und Förderschwerpunkt Unterricht kranker Schülerinnen und Schüler (Tischvorlage am 20. Dezember 2001; unveröff.), Hamburg, 2001

Welling, Alfons: Between the Burdon of Tradition and one Step Forward. The Tightrope Walking in the Development of a Supporting Concept for Speech and Language Impairments, in: Herz, Birgit / Kuorelahti, Matti (Hg.): Cross-Categorical Special Education Needs in Finland and Germany, Münster: Waxmann, 2007, 23-38

Werning, Rolf / Reiser, Helmut: Sonderpädagogische Förderung, in: Cortina, Kai S. u.a. (Hg.): Das Bildungswesen in der Bundesrepublik Deutschland. Strukturen und Entwicklung im Überblick, Reinbek bei Hamburg: Rowohlt, 2008, 505-540

Werning, Rolf: Inklusion zwischen Innovation und Überforderung, in: Zeitschrift für Heilpädagogik, Jg. 61, Heft 8, 2010, 184-291

Wetzels, Peter: Die Bedeutung innerfamiliärer Gewalt für das Sozialverhalten junger Menschen, in: Diakonisches Werk EKD (Hg): gefährdete und gefährliche Kinder und Jugendliche, Leinfelden-Echterdingen: Diakonisches Werk, 1999, 8–28

Willmann, Marc: Die Schule für Erziehungshilfe, Förderschule im Bereich Emotionale und soziale Entwicklung: Organisationsformen, Prinzipien und grundlegende Konzeptionen, in: Gasteiger-Klicpera, Barbara / Julius, Henry / Klicpera, Christian (Hg.): Sonderpädagogik der sozialen und emotionalen Entwicklung, Handbuch Sonderpädagogik, Göttingen: Hogrefe, Band 3, 2008, 686-700

Willmann, Marc: The forgotten schools. Current status of special schools for pupils with social, emotional and behavioural difficulties in Germany: A complete national survey, in: Emotional and Behavioural Difficulties, Vol. 12, No. 4, 2010, 299-318

Zimmermann, David: Migration und Trauma, Gießen: Psychosozial, 2012

Über den Umgang mit Emotionen in der Erziehungshilfe: Dramatisierung, Abwehr und pädagogische Haltung

Birgit Herz

Über den Umgang mit Emotionen in der Erziehungshilfe: Dramatisierung, Abwehr und pädagogische Haltung

Die medial vermittelten Dramatisierungen eines „Erziehungsnotstandes" in Berichten über „Monsterkids" oder brutalen Jugendgangs[1] lösen Abwehr, Unverständnis, Ärger oder Angst in weiten Teilen der Bevölkerung aus. In pädagogischen Institutionen sind es vor allem die externalisierten Verhaltensstörungen, die PädagogInnen und LehrerInnen sehr schnell die Grenzen der eigenen Handlungsfähigkeit und die der Institution spüren lassen. Etikettierungen wie „Systemsprenger" oder „Grenzgänger" bringen dies überdeutlich zum Ausdruck. Schwierigkeiten, Krisen und Konflikte werden primär den Aktionen dieser Zielgruppe sonder- und sozialpädagogischer Förderung und Unterstützung zugeschrieben. Die Dramatisierung bspw. bei Gewalteskalationen mobilisiert Unverständnis und Distanz und schützt vermeintlich vor der Konfrontation der Erwachsenen mit der eigenen Involviertheit in solche psychodynamischen Auseinandersetzungen.

In der schulischen und außerschulischen Erziehungshilfe ist der professionelle Umgang mit Emotionen der zentrale Kern des pädagogischen Handelns.
Emotionen bestimmen die Interaktion und Kommunikation zwischen Kindern und Jugendlichen, Eltern und PädagogInnen im inter- und intragenerationalen Lebensraum. Die zeitgenössische amerikanische Philosophin Martha C. Nussbaum schreibt in ihrem Buch „Upheavels of thought: the intelligence of emotions": Die Gefühle von Erwachsenen können nicht verstanden werden, ohne ihre Geschichte in der Kindheit zu verstehen.[2]
Dies setzt ein hohes Maß an Empathie voraus, die emotionale Welt mit den Augen von physisch und/oder psychisch verletzter Kinder und Jugendlichen zu sehen.

Da Kinder und Jugendliche mit Verhaltensstörungen mit ihrem Verhalten provozieren, Aufmerksamkeit suchen, Regeln übertreten und Grenzen austesten, brauchen sie ein Erziehungs- und Beziehungsmilieu, „in dem Achtung, Mitgefühl und „Fürsorge" im Mittelpunkt stehen. Sie müssen sich im pädagogischen Dialog als Person mit Stimmungen, Gefühlen, einer eigenen Geschichte und Spielräumen individueller Lebensgestaltung anerkannt fühlen".[3] Statt Dramatisierung und Abwehr verstörender Emotionen braucht es in der schulischen und außerschulischen Erziehungshilfe ein reflexives Wissen über emotional stabilisierende Prozesse für die je individuelle Entwicklungsförderung dieser Heranwachsenden. Eine solche pädagogische Haltung, die über wertschätzende Begegnungs- und Beziehungssituationen eine Balance zwischen Autonomiestreben einerseits und emotionalem Bedürfnis nach Fürsorge, Achtung und Zuwendung

---

[1] vgl. Cremer-Schäfer, 2000
[2] vgl. Nussbaum, 2001, 178; eigene Übersetzung
[3] Opp, Günther / Puhr, Kirstin: Schule als fürsorgliche Gemeinschaft, in: Opp, Günther (Hg.): Arbeitsbuch schulische Erziehungshilfe, Bad Heilbrunn: Klinkhardt, 2003, 110

andererseits zu schaffen vermag, braucht Zeit. „Eine Erziehungshilfe, die auf der Basis der Achtung aufbaut, ist ein langfristiges Unternehmen".[4]
Störungen im Verhalten werden im Kontext der biographischen Verletzungen von Kindern gesehen, zu deren Bewältigung beziehungspädagogische, system- und kontextbezogene Interventionen notwendig sind. Die Entwicklung einer tragfähigen Beziehung und eines förderlichen Dialoges erfordern die Bereitschaft aller am Erziehungs- und Bildungsprozess Beteiligten, sich nicht nur mit ihrer eigenen Involviertheit in psychodynamischen Konflikten auseinanderzusetzen, sondern dem Kind als Subjekt zu begegnen. Solche Prozesse sind hoch komplex und lassen sich nicht mechanistisch reduzieren, wie es derzeit ein neuer Trend der sog. evidenzbasierten Trainingsprogramme verspricht. Erziehung ist, um mit Speck zu sprechen, „kein mechanistisches Unternehmen, bei dem man nur Programme einzuschalten braucht".[5]
Eine Besinnung auf die zeitliche Dimension erzieherischer und bildungsbezogener Entwicklung ist notwendig, und die seelische Not wendend, weil bewusst reflektierte Beziehungsprozesse auf ein verlässliches und stabiles Kontinuum angewiesen sind. Eine solche Haltung bedeutet auch, dass LehrerInnen und PädagogInnen mit der Tatsache umgehen lernen müssen, „dass es nicht immer schnelle Konfliktlösungen gibt und dass das Aushalten von Nicht-Verstehen das Bemühen um ein Verstehen nicht verhindern sollte".[6] Dieses Ringen um einen verstehenden Zugang zu den Verhaltensstörungen ist eine grundlegende Kompetenz in der schulischen und außerschulischen Erziehungshilfe.

Weiterführende Literatur

Dörr, Margret / Herz, Birgit (Hg.): „Unkulturen" in Bildung und Erziehung, Wiesbaden: VS, 2011
Datler, Margit: Die Macht der Emotionen im Unterricht, Gießen: psychosozial, 2012

---

[4] Speck, Otto: Das Prinzip Achtung in der Erziehungshilfe, in: Rolus-Borgwald, Sandra / Tänzer, Uwe (Hg.): Erziehungshilfe bei Verhaltensstörungen, Oldenburg: Didaktisches Zenrum, 1999, 29
[5] Speck, Otto: Das Prinzip Achtung in der Erziehungshilfe, in: Rolus-Borgwald, Sandra / Tänzer, Uwe (Hg.): Erziehungshilfe bei Verhaltensstörungen, Oldenburg: Didaktisches Zenrum, 1999, 29
[6] Datler, Margit: Die Macht der Emotionen im Unterricht, Gießen: psychosozial, 2012, 212

Birgit Herz

Aggression – Macht – Angst

1. Einleitung

Das Thema „Gewalt und Aggressionen von Kindern und Jugendlichen" dominiert seit Jahrzehnten den erziehungswissenschaftlichen Diskurs – nicht nur im deutschsprachigen Raum. Ich nenne exemplarisch drei wissenschaftliche Veröffentlichungen: Renate Valtins und Rosemarie Portmanns Buch über „Gewalt und Aggression: Herausforderungen für die Grundschule" aus dem Jahre 1995, John Vissers Vortrag von 2007 über „Keeping Violence in Perspective" am „Centre de L'observatoire de la violence scolaire" an der Universität Bordeaux und Cécil Carras Veröffentlichung „Violences à l'école élémentaire" aus dem Jahre 2009. In der Pädagogik bei Verhaltensstörungen zählt vor allem die Veröffentlichung von Fritz Redl und David Winemann „Die Steuerung des aggressiven Verhaltens beim Kind" in der deutschsprachigen Übersetzung von 1976 zu den Klassikern der Fachlektüre.

Aber auch in den Medien ist das Thema permanent präsent, wobei Dämonisierung, Stigmatisierung und Defizitzuschreibungen in der medialen Berichterstattung dominieren. So schreibt Helga Cremer-Schäfer: „Meldungen über „Kinderkriminalität" dienen inzwischen nicht mehr dazu, Kinder als „schwierig" oder „schwer erziehbar" zu charakterisieren. Sie werden als „grausam" oder „brutalisiert" beschrieben, als „Schreckenskinder" und „Störenfriede". ... es geht um Kinder als ein Gefahrenpotential" (Cremer-Schäfer 2000, 92).

In der schulischen und außerschulischen Erziehungshilfe werden gewalttätiges und aggressives Verhalten von Kindern und Jugendlichen als „Störungen des Sozialverhalten" subsummiert (vgl. Fröhlich-Gildhoff 2010). Als externalisierte Verhaltensstörungen sind sie ein prominentes Fachthema, wobei Erklärungsansätze und Interventionsstrategien differieren und konkurrieren (vgl. Heinemann / Rauchfleisch / Grüttner 1992; Gasteiger-Klicpera / Klicpera 2008).

In der öffentlichen Dramatisierung findet eine Personalisierung und Familialisierung gesellschaftlicher Konflikte statt, die einfache Lösungen für komplexe Problemlagen fordern, wie sie derzeit vor allem durch sog. evidenzbasierte Trainingsprogramme angeboten werden. Solche Trainingsprogramme erfreuen sich einer großen Attraktivität, weil sie fest umrissene Handlungsstrategien beinhalten, die sich dadurch legitimieren, dass sie sichtbare und messbare Veränderungen in Aussicht stellen (vgl. Ahrbeck 2007, 39). Aber auch die Psychopathologisierung normabweichenden Verhaltens mit ihrem biomedizinischen Selbstverständnis ist in vogue. So schreiben bspw. Barbara Gasteiger-Klicpera und Christian Klicpera 2008: „Die Ursachen dissozialen Verhaltens liegen wahrscheinlich teilweise in biologisch vorgegebenen Merkmalen der Kinder. Es gibt

deutliche Hinweise ... für eine genetische Prädisposition zu erhöhter Aggressionsneigung und delinquentem Verhalten" (Gasteiger-Klicpera / Klicpera 2008, 189).
Vergleichbar zur Personalisierung und Familialisierung gesellschaftlich bedingter Konfliktlagen scheint in der Pädagogik bei Verhaltensstörungen zunehmend die defizitorientierte Individualisierung zu dominieren. Der Trend geht darüber hinaus in Richtung effizienter, und das heißt wenig zeitintensiver oder personalaufwändiger Interventionen. Dabei scheint das pädagogische Interesse an der kindlichen Innenwelt zurück gedrängt zu werden, weil dieses Interesse die Zeit der Erwachsenen beansprucht.
In diesen wissenschaftlichen Diskursen über die Deutungsmacht und die Reichweite theoretischer Modelle (vgl. Visser / Jehan 2009) geraten Kinder und Jugendliche als Subjekte ihrer Biographie und ihres lebensgeschichtlich Gewordenenseins bisweilen aus dem Blick und werden auf den Status von Untersuchungsobjekten einer dimensionalen Statusdiagnostik reduziert.
Ich will in diesem Beitrag jene sozialisatorischen Besonderheiten in der emotionalen und moralischen Entwicklung skizzieren, die Aggressivität und gewalthafte Handlungen bewirken können. Dabei geht es vor allem um die Emotion Angst als zentralen Faktor für Gewalt und Aggressivität auf der Verhaltensebene.

2. Kernelemente der emotionalen und moralischen Entwicklung

Michael Winkler hat in einem Buchbeitrag über „Sozialer Wandel und veränderte Kindheit" aus dem Jahr 2010 die enormen Transformationsprozesse aktueller gesellschaftlicher Entwicklungen analysiert und deren Herausforderungen für die je individuellen Bewältigungsanstrengungen der Individuen deutlich gemacht (vgl. Winkler 2010, 312f). Die Pluralität normativer Maßstäbe führt dazu, dass der ehemals allgemeine Konsens über Erziehungsziele, wie Mündigkeit, Emanzipation, Achtung der Menschenwürde, Eigenrecht der Natur, Sozialpflichtigkeit und Toleranz sowie deren Vermittlung auseinanderdriftet. Otto Speck schreibt: „Der Wertekonsens, auf den jede Erziehung angewiesen ist, ist kleiner geworden und für viele unzureichend und nur bedingt verbindlich" (Speck 1994, 164). Ehemals konsensuale Tugenden wie Ehrlichkeit, Treue und Verlässlichkeit haftet doch mittlerweile etwas Spießiges an.
Vor allem die Massenmedien transportieren und generieren neue kulturelle Leitvorgaben, in der ‚der coole Habitus zur Schlüsselqualifikation der Gesellschaftsmitglieder avanciert' (vgl. Dörr 2010, 198). „Konformismus, Flexibilität, Mobilität, Bindungslosigkeit, Entemotionalisierung und Selbstvermarktung gelten als die Garanten einer erfolgreichen Subjektbildung ..." (Dörr 2010, 198). So erweist sich mittlerweile als rückständig, „wer ortsgebunden bleibt und auf Dauer vertraut" (Winkler 2010, 314f).
Gefordert – und gesellschaftliche anerkannt – ist der kreative Oberflächengestalter, beheimatet in der Fitnesskultur und jederzeit verfügbarer Konsumtempel mit permanenter Erregungssensationen, Reizüberflutungen und rasanten Beschleunigungen. „Damit korrespondiert ein gesellschaftlich dominierender Verhaltenstypus, der sich durch eine extreme Geschäftigkeit und Getriebenheit auszeichnet, eine permanente Bezogenheit auf die Außenwelt und eine ständige Reizsuche, die keine Ruhe zulässt und jeden Stillstand verbietet" (Ahrbeck 2007, 26).

Die moderne Familienkonstellation enthält analog eine Disposition zur Ungeduld, zur Rücksichtslosigkeit, Überimpulsivität, verbunden mit unrealistischen Perfektionswünschen (vgl. Bergmann 2003, 147). Das gesellschaftlich anerkannte Selbstmanagement der Individuen als Familienmitglieder hängt entscheidend davon ab, welche Ressourcen – in den Worten Bourdieus: welches soziale und kulturelle Kapital – genutzt werden können und zur Verfügung stehen. Je nach Kontextualisierung der äußeren Rahmenbedingungen – Schulbildung, Berufstätigkeit, Wohnquartier, soziale Mitgliedschaften, Freizeitmöglichkeiten, Konsumteilhabe u.ä. – besteht die Gefahr, dass Sozialisation, Individuation und Enkulturation störanfällig sein können. Im Hinblick auf die Entstehung aggressives und gewalttätiges Verhalten bei Kindern und Jugendlichen zeitigen diese Rahmenbedingungen Konsequenzen für die emotionale und moralische Entwicklung.

Idealtypisch lernen Kinder im ersten und zweiten Lebensjahr in ihrem sozialen Umfeld den nonverbalen Emotionsausdruck durch emotionale Erfahrungen zu differenzieren. Die Entfaltung des Emotionsausdrucks und des Emotionswissens ist eng verknüpft mit der sprachlichen und kognitiven Entwicklung. Die emotionalen Erfahrungen in den ersten beiden Lebensjahren sind entscheidend für die weitere Entwicklung von Emotionen und insbesondere der Emotionsregulation. Im Vorschulalter entwickelt sich der Emotionswortschatz, prosoziales Verhalten und Empathie sowie die Maskierung von Gefühlsausdrücken, um sich selbst oder andere, zum Beispiel bei Bloßstellungen, zu schützen (vgl. Wertfein 2006, 38f). In dieser Phase verfeinern Kinder Fähigkeiten, die ihnen ermöglicht, Ursachen, Konsequenzen und zweideutige Situationen zu erschließen und die Perspektive anderer einzunehmen. Ein Verständnis für ambivalente Emotionen entwickelt sich etwa mit zehn Jahren (vgl. Wertfein 2006, 59).

Emotionen müssen erst in sozialen Kontexten, in der Interaktion mit anderen Menschen reguliert, aber auch im Hinblick auf die eigene emotionale Gestimmtheit differenziert werden. Eine sozial und kulturell legitimierte und angemessene Emotionsregulation umfasst daher selbstbezogene Fertigkeiten sowie auf andere bezogene Fertigkeiten; Monika Wertfein spricht hier von „sozio-emotionaler Kompetenz (vgl. Wertfein 2006, 32f).

Die Entwicklung und Festigung solcher sozio-emotionalen Kompetenzen und das Ausdrucksverhalten der Kinder in Richtung sozial angemessenen, und kulturspezifisch legitimen Formen ist entscheidend von den Interaktionserfahrungen mit den Eltern bzw. den primären Bezugspersonen abhängig.

Emotionen sind Botschaften über Beziehungen, die ein Subjekt zu sich und zu anderen Menschen und / oder Dingen unterhält, d.h. die emotionale Wahrnehmung ist zugleich Wahrnehmung einer Beziehungsqualität (vgl. Schäfer 2003, 77). Diese Beziehungsqualität ist abhängig von den frühen Bindungserfahrungen mit den primären Bezugspersonen. Die verschiedenen Bindungsverhaltenssysteme stehen mit spezifischen Mustern der Emotionsregulation in Zusammenhang (vgl. Grossmann 2003, 135).

„Dysfunktionale Unterstützung bei der Emotionsregulation kann zu fehlenden, bzw. unzureichenden emotionalen und selbstregulatorischen Kompetenzen und mangelnde Empathiefähigkeit bei Kindern führen" (Fröhlich-Gildhoff 2010, 13), wovon insbesondere die im Bindungsverhalten unsicher-desorganisierten Heranwachsenden betroffen sind.

In Verbindung mit Gewalterfahrungen oder Vernachlässigung wird die entwicklungsgemäße Emotionsregulation massiv beeinträchtigt, bzw. werden Emotionen chaotisiert. Diese negative Emotionalität ist ein Risikofaktor für die Entwicklung internalisierter oder externalisierter Verhaltensstörungen und ist eng verbunden mit der Unfähigkeit der Eltern, die Gefühle ihres Kindes zu erkennen, bzw. einen emotional befriedigenden Dialog mit dem Säugling und Kleinkind zu führen.

Da bspw. in Deutschland zehn bis fünfzehn Prozent der Mädchen und knapp sechs Prozent der Jungen sexuell missbraucht werden und zudem knapp fünf Prozent der Kinder schwere körperliche Misshandlung erleiden (vgl. Bauer 2006, 191), stellt sich die Frage nach der emotionalen Erziehung und der Entwicklung sozio-emotionaler Kompetenz mit einer ausgesprochenen Dringlichkeit.

Die moralische Entwicklung ist untrennbar gekoppelt an die emotionale Entwickelung. Moralische Gefühle leiten uns in unserem Verhalten und sind handlungsleitende Wertungen, was als gut oder böse, richtig oder falsch einzuschätzen ist (vgl. Schmidt Noerr 2003, 40). Für den Aufbau einer moralischen Sensibilität sind – analog zur Fundierung der sozio-emotionalen Kompetenz emotional befriedigende soziale Beziehungen – und hier vor allem eine durch Sicherheit, Verlässlichkeit und Fürsorge getragenen Eltern-Kind Bindung. Denn nur in einer tragenden emotionalen Bindung an die erwachsenen VertreterInnen von Normen und Werte erfolgt eine Identifikation und Verinnerlichung ihrer normativen Orientierungsvorgaben. Auch hier ist die Qualität der Bindungsbeziehung entscheidend für die moralischen Aneignungsprozesse.

Für die Gewissensentwicklung stellen die ersten beiden Lebensjahre eine hochsensible Phase dar. Im Alter zwischen 7-9 Monaten ist die soziale Rückversicherung (social referencing) von besonderer Bedeutung. „Wenn das Baby mit einer unsicheren Situation konfrontiert wird, sucht es den emotionalen Ausdruck und die Rückversicherung der Bindungsfigur, um die Situation einschätzen zu können und sein Verhalten entsprechend zu steuern" (Hauser 2007, 55). Lächelt die Bindungsfigur bspw. so bedeutet dies Ermutigung. Ein ängstlicher oder verärgerter Impuls löst einen Rückzug aus.

Zwischen dem ersten und zweiten Lebensjahr wird ein prozedurales Wissen über verschiedene Regeln des Handelns erworben. Das Kind „lernt soziale Regeln in wechselseitigem Austausch, dem sog. Turn-Taking mit seiner primären Bezugsperson ... Im sozialen Miteinander formt sich das frühe Selbst des Kindes, indem es die „Do's and Don'ts" (Emde) der Eltern aufnimmt und internalisiert" (Hauser 2007, 55).

Zwischen dem 18. und 24. Monat erwirbt das Kleinkind frühe „moralische Gefühle" wie Scham, Schuld und Unbehagen bei Normverletzungen; Schuld entwickelt sich zeitlich mit der Reaktionsbereitschaft auf die Not anderer; sie wird bei moralischen Übertretungen ausgelöst und geht mit einer inneren Verurteilung einher (vgl. Hauser 2007, 56f).

Zentrale Voraussetzung für den Aufbau einer moralischen Instanz, die Entwicklung einer moralischen Eigenständigkeit und die sukzessive Entwicklung eines sozialen Regelsystems ist eine Gefühlsbindung an Erwachsene als Liebesobjekte. Die Fähigkeit, sich vorzustellen, dass andere Menschen Dinge anders wahrnehmen als man selbst (reflective function) steht in direktem Zusammenhang mit der Entwicklung einer sicheren Bindung (vgl. Ziegenhain / Schnoor / Schüßler / Fegert 2007, 122).

Fehlt eine kompetente Elternschaft, bzw. werden Kinder in einer „dysfunktionalen Grammatik des Familienlebens" (Wettstein 2011, 53) sozialisiert, so hat dies erhebliche

Konsequenzen für die moralische Entwicklung. Erleiden Kinder physische oder psychische Gewalt, Vernachlässigung oder sexuellen Missbrauch, leben sie in suchtbelasteten Familien u.ä.m. entgleist die emotionale und moralische Entwicklung. Hier kommt es in zweierlei Hinsicht zu massiven Beeinträchtigungen:

- zum Einen fehlt in solchen Familienkonstellationen ein haltender und Grenzen setzender Rahmen; das Kind erlebt Grenzverletzungen gegenüber seiner psychischen und physischen Integrität und
- zum Anderen fehlt eine emotionale Stabilität, die wiederum zentrale Vorraussetzung für moralische Sinnstrukturen ist.

3. Emotionale Katastrophenerfahrungen

Unter den Bedingungen einer solchen Sozialisation kommt der Emotion Angst eine überragende Bedeutung zu. Der Angstbegriff bezeichnet das bei jeder psychischen Stresssituation ausgelöste Gefühl, das sich durch die individuelle Erfahrung der Nichtbewältigung einer bestimmten Belastung ergibt. Bei der Angst werden ganz plötzlich vielfältige Aktivitäten bei uns in Gang gesetzt: der ganze Körper wird mit angstbesetzten Symptomen überflutet, wie Herzrasen, erhöhter Pulsschlag, Angstschweiß, feuchte Hände u.v.m..
Wenn es hier dem Individuum gelingt, Verhaltensstrategien in der angstauslösenden Situation zu aktivieren, um diese zu überwinden, dann spricht die Neurobiologie von kontrollierbaren Stressreaktionen (vgl. Hüther 2009, 33f). „Wenn eine Belastung auftritt, für die eine Person keine Möglichkeit einer Lösung durch ihr eigenes Handeln sieht, an der sie mit all ihren bisher erworbenen Reaktionen und Strategien scheitert, so kommt es zu einer sogenannten »unkontrollierbaren Stressreaktion«" (Hüther 2009, 37f) – mit weitreichenden neuronalen Veränderungen. Insbesondere physische und psychische Gewalterfahrungen bei Kindern und Jugendlichen lösen solche unkontrollierbaren Stressreaktionen aus und führen zum Zusammenbruch der bisher erworbenen Emotionsregulation: „When facing a threat, cortisol and other hormones became activated, with the amygdala triggering the fight and flight response. ... If the child continue to experience ongoing real and perceived danger, the physiological change begin to break the body down, affecting developing brain cell and physical growth, and suppressing the inner system" (O'Neill / Guenette / Kitchenham 2010, 192).
Traumatisierungen im familiären Umfeld finden in einer Beziehung statt, sind Ausdruck und Teil der Beziehung selber. „Neben der unmittelbaren Gewalt sind es vor allem anhaltende Ohnmachts- und Missachtungserfahrungen, die einen verheerenden Einfluss auf die weitere Entwicklung haben" (Bohleber 2006, 129). Gefühle extremer Angst und Ohnmacht müssen als Überlebensstrategie abgespalten werden. „Traumatisierungen und vor allem sequentielle, also solche, die sich über einen längeren Zeitraum erstrecken – haben zur Folge, dass alle neurochemischen Parameter eines Organismus auf Dauer zu hoch oder zu tief eingestellt bleiben" (Uttendörfer 2008, 52).
Damit werden aber alle emotionalen und kognitiven Prozesse auf basale Weise beeinflusst, weil das schmerzhaft Erfahrene keine adäquate Verarbeitung mehr erfährt. „Es verbleibt dann unterhalb der Ebene einer symbolischen Repräsentation, was zugleich

bedeutet, dass das innere Erleben keine Sprache findet und unzugänglich bleibt" (Ahrbeck 2007, 19). Die Mentalisierung und damit auch die Entwicklung von Reflexionsfähigkeit werden massiv beeinträchtigt (vgl. Leuzinger-Bohleber 2009, 115). Eine Art traumaadaptives Alarmzentrum sorgt bei Gefahr dafür, dass das Sprachzentrum und jene Teile des Hippocampus, in dem Erinnerungen gespeichert sind – abgeschaltet werden. Im Falle retraumatisierender Erinnerungen kann das bedeuten, dass sprachliche und kognitive Fähigkeiten eingeschränkt sind (vgl. Uttendörfer 2008, 53).
Traumatische Erfahrungen durch physische und psychische Gewalt, Vernachlässigung, oder suchtbelastete Bindungspersonen führen zu einer Überflutung und Übererregung durch Reize, die der seelische Apparat kognitiv und affektiv nicht bewältigen kann (vgl. Bohleber 2005, 65). Solche physischen und psychischen Extremsituationen lösen panische Angst aus und damit das Erleben „katastrophaler Einsamkeit" (vgl. Bohleber 2006, 136). Diese „Fehleinstellung" – man müsste eher von Überlebensmechanismen sprechen – kann selbst bei minimen Traumaerinnerungen wachgerufen und aktiviert werden. Die Chronifizierung dieser Bedrohungen führt dazu, dass selbst bei minimen Traumaerinnerungen alle Mechanismen der „unkontrollierbaren Stressreaktion" aktiviert werden.
Peter Fonagy, der Leiter des Anna Freud Zentrums in London schreibt: „Brutalisierung im Kontext von Bindungsbeziehungen erzeugt intensive Scham. Wenn diese sich mit einer Geschichte von Vernachlässigung in der Kindheit und einer daraus folgenden Schwäche in der Fähigkeit zur Mentalisierung verbindet, dann kann dies ein mächtiger Auslöser für Gewalt werden, weil die Intensität der Demütigung während der traumatischen Erfahrungen nicht durch Mentalisierung abgeschwächt werden kann" (Fonagy 2005, 167f.). Diese Scham ist wie eine Wunde am eigenen Selbst, ein schmerzlichbrennendes Erleben, das uns die eigene Person als wertlos oder verächtlich, als klein oder schmutzig, lächerlich, hässlich oder erbärmlich erfahren lässt (vgl. Dörr 2010, 194). Im Bewältigen dieser Scham ist Aggressivität oder Gewalt ein probates Mittel. Der aggressive Angriff gegen sich und andere, die Destruktivität und Brutalität dienen einem verzweifelten – und unbewussten – emotionalen Überlebenskampf als „Selbstrettung" aus der Beschämung.
Rolf Göppel hat in seinem 2002 veröffentlichtem Buch „Wenn ich hasse, habe ich keine Angst mehr" festgestellt, dass die besonders gewaltbereiten und aggressiven Kinder und Jugendlichen überwiegend aus einem Herkunftsmilieu kommen, dass sich durch multiple Problembelastungen und Risikofaktoren auszeichnet sowie einen Mangel an Zuwendung, Wärme und Fürsorge (vgl. Göppel 2002, 79). Gerade bei diesen Heranwachsenden lassen sich die Jahre der Kindheit als Verlaufskurven des Gewalterleidens beschreiben, deren charakteristisches Merkmal das der Ohnmacht ist (vgl. Sutterlüty 2004, 269).
Wenn es keine Möglichkeit gibt, eine drohende Gefahr abzuwenden, dann schlägt die Angst um in Wut und Verzweiflung, in anhaltende Ohnmacht (vgl. Hüther 2009, 40). Moralische Gefühle als Orientierungsgefühle – die ja eng verbunden sind mit sicheren Bindungserfahrungen mit den primären Bezugspersonen – können sich hier nur schlecht oder gar nicht entwickeln. So muss es wahrlich nicht überraschen, wenn aggressive und gewalttätige Kinder und Jugendliche ihre Taten rechtfertigen, bzw. die Übertretung von Normen und Regeln leidenschaftlich bagatellisieren oder verleugnen.
Je früher Kinder und Jugendliche solche biographischen Verletzungen erleben mussten, desto massiver sind die Konsequenzen für die moralische Entwicklung. Wenn der emo-

tionale Dialog entgleist, ist dies verbunden mit dem physischen und psychischen Ausgeliefertsein und der Wehrlosigkeit, verbunden mit tiefem Hass. Das gesamte Lebensgefühl ist feindlich-aggressiv gegenüber einer unberechenbaren Welt. Die Angst vor der Hilflosigkeit und Passivität verkehrt sich ins Gegenteil: Aggressive Aktionen inszenieren den inneren Konflikt. Das macht es u.a. in aller Regel so schwierig, die zu Gunde liegenden Emotionen in solchen komplexen Situationen zu verstehen und das Nicht-Einordenbare dieser Gefühle auszuhalten.
Der Soziologe Ferdinand Sutterlühty spricht von einer epiphanischen Erfahrung durch die Gewalthandlung (vgl. Sutterlüty 2004, 272). Dabei folgen aggressive und gewalttätige Heranwachsende ihren eigenen „Interpretationsregimes". Er schreibt: „Interpretationsregimes im hier gemeinten Sinn sind gewaltaffin, weil sie bestimmte Situationen durch die Brille von Deutungsmustern wahrnehmen, die eine gewaltsame Antwort als die naheliegendste erscheinen lassen. Sie wollen nicht länger Opfer der Gewalt und der Erniedrigung sein und sie glauben – da sie die feindselige Welt ihrer Familie auf andere Handlungskontexte übertragen – sich ständig verteidigen und den Angriffen anderer zuvor zu kommen" (Sutterlüty 2004, 275). Schon bei den geringsten Erinnerungen an derartige Erniedrigungen mit ihrem hohen Angstpotential kann die unkontrollierbare Stressreaktion wieder aufflammen und es explodiert gleichsam der Hass gegenüber anderen Menschen in blinder Zerstörungswut (vgl. Hüther 2009, 41f).
Diese verzerrte Wahrnehmung der Realität kann unmittelbar zu Gewalteskalationsspiralen führen, deren Logik sich nur durch die „Psycho" - Logik der eigenen Angst- und Ohnmachtserfahrungen erschließt.

4. Pädagogische Implikationen

Denise Curchod-Ruedi und Pierre André Doudin schreiben: „Gewalttätiges Verhalten der Lernenden weckt Emotionen in der Lehrperson und das Bewahren einer empathischen Haltung gegenüber dem Lernenden erweist sich als schwierig" (Curchod-Ruedi / Doudin 2010, 35). Ein zentraler Zugang zu diesen Emotionen der Erwachsenen ist die Auseinandersetzung mit den zwangsläufig entstehenden Gegenübertragungsgefühlen, wie Angst, Wut, Verzweiflung, Verwirrung u.ä., die durch die Verhaltensweisen dieser Schüler zwangsläufig ausgelöst werden. „Die Lehrperson muss in die Gefühlswelt des Gegenübers eintreten, ohne sich davor zu fürchten, sich in ihr zu verlieren" (Curchod-Ruedi / Doudin 2010, 37).
Eine solch pädagogische Haltung braucht als stabiles Fundamentum eine eigene emotionale Stabilität der Erwachsenen. Ohne eine solche personale Stabilität besteht jederzeit die Gefahr, dass sich Macht-Ohnmacht Spiralen verfestigen und sich damit die basalen Lebenserfahrungen dieser Zielgruppe wiederholen. Hier ist ein besonders hohes Maß an Selbstreflexion gefordert, um Stabilität, Eindeutigkeit der Normen und moralische Integrität zu gewährleisten. Ebenso bedarf es der Reflexion der eigenen institutioneller Normen, Werte und Regeln sowie affektiver Kommunikationsstrukturen in LehrerInnenkollegien oder Teams, so dass sich eine Schulkultur der kollegialen Achtung entwickeln kann.

Nur über solche selbstreflexiven Prozesse über die unbewussten Psychodynamiken entsteht die Fähigkeit äußere Strukturen da zu schaffen, wo die inneren emotionalen Strukturen versagen, weil weder eine altersangemessene sozio-emotionale Kompetenz noch eine konflikterprobte Emotionsregulation vorhanden ist. Zu solchen äußeren Strukturen zählen auch Grenzsetzungen in der pädagogischen Beziehung, damit die massiven Ängste dieser Kinder und Jugendlichen vor physischer und psychischer Überwältigung, vor Entwertung, Isolation und Ohnmacht aufgefangen, getragen und emotional integriert werden können. Diese Grenzsetzungen sind hoch komplex, weil sie einerseits die Realität repräsentieren und andererseits ein empathisches Beziehungsangebot beinhalten.
Es handelt sich vor allem um eine vielschichtig Koordinationsleistung der Pädagoginnen und Pädagogen: sie koordinieren die in Szene gesetzten Emotionen dieser Kinder und Jugendlichen mit ihren eigenen Emotionen, was dann erlaubt, mit der Unbestimmbarkeit und Unvorhersehbarkeit von aggressiven Ausbrüchen und gewalttätigem Handeln professionell umgehen zu können.
Wer in der schulischen und außerschulischen Praxis über Erfahrungen mit dieser Zielgruppe verfügt, der weiß um die Schwierigkeiten, hier als Pädagoge und Person in solchen Gewalteskalationsspiralen professionell zu handeln. Es ist zutiefst irritierend, wenn diese Kinder und Jugendlichen nach eigenen grenzverletzenden Aktionen ihr Verhalten rechtfertigen, keinerlei Schuldgefühle zeigen oder damit prahlen und angeben. „Sie scheinen autonom, unabhängig von der Zustimmung oder Kritik der Erwachsenen, unabhängig, aber auch von Angeboten der Hilfe oder der Förderung" (von Freyberg / Wolff 2006, 168). Ihr „cooler Habitus", diese scheinbare emotionale Kälte, ist oft der Auslöser, diese Zielgruppe als für pädagogische Einrichtungen als „nicht mehr tragbar" zu erklären; Unterrichtsausschluss oder Schulverweise, Auflösung einer stationären Betreuung in der Kinder- und Jugendhilfe u.ä. folgen oft als Konsequenzen. Damit machen diese Kinder und Jugendliche die Erfahrung, „so schlimm zu sein, dass niemand sie aushält".
Angst macht aggressiv. Und Aggressionen machen Angst. Pädagoginnen und Pädagogen treffen in ihrer Praxis auf Kinder und Jugendliche, die ihre schwierigen lebensgeschichtlich erworbenen Erfahrungen in die Institution hineintragen und dort reinszenieren (vgl. Zimmermann 2012, 191). Sie werden alles versuchen, die Verletzungen ihrer Persönlichkeit durch ihre Verhaltensweisen zum Ausdruck zu bringen – was zwangsläufig zu einer emotionalen Involviertheit der Erwachsenen führt. Dabei ist es schwierig, ihr grenzüberschreitendes Verhalten als Überlebensstrategie zu verstehen und als das Ergebnis ihrer bisherigen Lebensumwelt.
In konflikthaften Beziehungskonstellationen und insbesondere bei aggressiven Gewalteskalationen entsteht eine komplexe Psychodynamik von Übertragung, Gegenübertragung und Abwehr eigener Gefühle, wie etwa Hilflosigkeit beim Pädagogen. „Lehrpersonen verleugnen ihre Hilflosigkeit und gehen damit das Risiko ein, auch die Hilflosigkeit des in ihrer Obhut stehenden Kindes oder Jugendlichen zu verleugnen" (Curchod-Ruedi / Doudin 2010, 38). Diese Abwehr der Gegenübertragungsgefühle, etwa auch Wut oder Leere, verhindert Empathie und Einfühlung, so dass im Zusammenspiel mit den vom Kind unbewusst inszenierten Übertragungsmuster die angebotene konflikthafte Szene u.U. komplettiert wird und damit genauso rigide reagiert wird, wie sie es von den eigenen Grenzverletzungen bereits kennen (vgl. Gerspach 2007, 6).

Hier ist ein hohes Maß an Selbstreflexion gefordert, um die massiven Ängste vor psychischer und physischer Überwältigung, vor Isolation, Entwertung und Ohnmacht aufzufangen, zu tragen und emotional auszuhalten. Die Psychoanalytikerin und stellvertretende Leiterin des Siegmund Freud Instituts in Frankfurt am Main, Marianne Leutzinger-Bohleber, schreibt: „So muss z.B. die Konfrontation mit der Realität und ihren Regeln und Gesetzen in einer haltenden Beziehung stattfinden. Professionelle Personen müssen – ohne Vergeltungsanspruch oder Rachsucht wegen der gewalttätigen Aktionen – im Bewusstsein der eigenen Stärke als Erwachsene klare Grenzen setzen und Konflikte mit den Jugendlichen aushalten" (Leutzinger-Bohleber 2009, 89).
Um die professionelle Balance zwischen Halten und Zumuten, Wertschätzung und Konfrontation zu gewährleisten und diese anspruchsvolle Anforderung an die eigene emotionale Stabilität in der Praxis zu erfüllen, ist kollegiale Fallbesprechung, Intervision und Supervision unverzichtbar. Nur solche Prozesse der Selbstreflexion über die unbewussten Psychodynamiken fördert die Fähigkeit, äußere Strukturen da zu schaffen, wo die emotionale Basis fragil ist. „Die haltende Funktion ist dabei die Unterstützung, die Liebe, das Vertrauen, dass die Pädagogen in ihren Reaktionen vermitteln können. Zumuten ist das vorsichtige Abschätzen, was andere an Problemlösung verwenden können" (Heinemann 1992, 43).
Letztendlich geht es um ein Zukunftsversprechen durch eine ordnungsstiftende Präsenz in der pädagogischen Beziehung. Diese ordnungsstiftende Präsenz ist zugleich eine personale Kontrastfolie zu den bisherigen Lebenserfahrungen gewalttätiger und aggressiver Kinder und Jugendlicher, bei denen sozialisationsbedingt der emotionale Dialog entgleist ist. Eine solche pädagogische Haltung ist anspruchsvoll, nicht voraussetzungslos und in einfachen Trainingskursen zu erlernen, weil wir hier als Person in die Lebensgeschichten dieser schwer ver- und gestörten Kinder und Jugendlichen involviert werden.
Eine solche pädagogische Haltung braucht als strapazierfähige Grundlage die emotionale Stabilität der Erwachsenen. Dieser tiefenhermeneutische Zugang geht über die adminstrativ vorgegebenen Rollen hinaus, indem die angstbesetzte innere und äußere Realität wahrgenommen und nicht abgewehrt wird. Wie dies in der Praxis aussehen kann, hat der Sonderschullehrer Wolfgang Mack anschaulich beschrieben:
„Hilft es, der unsagbaren Belastung Worte zu verleihen? Hilft es zu erkennen, andere kennen auch solche Situationen? Ist dies ein Trost? Ich kann den Kindern ihre angstmachende Situation nicht abnehmen. ... Es geht nicht darum, dem armen Kind die Wange zu tätscheln, seine Gefühle aus der Welt zu schaffen mit einem angeblich tröstenden: „Das wird schon wieder! Oder mit einem verlogenen: „Da musst Du halt durch!" die Kinder beruhigen zu wollen. Ich nenne solche Tröstungsversuche den „Gefühlsklau", der schlimmer ist als die Angst- und Schuldgefühle auslösende Situation, weil dem Kind ein Gefühl buchstäblich geklaut wird. Es wird zum Zweifel an seinen eigenen Gefühlen gebracht. In meinem Unterricht haben Angst, Wut, Zorn, Hass, Neid, Scham, Schande ihren Platz. Wo sonst können Kinder diese Gefühle unterbringen? Wo sonst können sie angesprochen werden?" (Mack 2002, 69).
Zukunftsversprechen heißt hier vor allem, gerade durch die Involviertheit in die Gefühle dieser Kinder und Jugendlichen diese in der pädagogischen Beziehung der bewussten Reflexion zugänglich zu machen, statt durch die eigene unbewusste Abwehr diesen

„Gefühlsklau" zu betreiben. Indem ich die Gefühle der Kinder Ernst nehme, entstehen Möglichkeitsräume für ihre zukünftige Entwicklung.

Die pädagogische Aufgabe besteht nicht in der „Behandlung" der normabweichenden Symptome, „sondern eben darin, den Kreislauf der Vernachlässigung, der Misshandlung, der Missachtung und des Verlusts und seine Folgen zu erkennen, zu rekonstruieren und letztendlich den Kindern und Jugendlichen selbst zugänglich zu machen" (Opp 2008, 75). Ein solcher Ansatz in der schulischen und außerschulischen Erziehungshilfe unterscheidet sich ebenso von behavioristisch ausgerichteten Trainingsprogrammen, die lediglich an den Oberflächenphänomenen ansetzen wie von psychopathologisch begründeter Medikamentenvergabe. Damit werden die Schrecken dieser Kinder und Jugendlichen geleugnet und abgewehrt – eine erneute Verweigerung ihres Subjektstatus. Kein verhaltenstherapeutisches Training, kein Medikament und keine Testbatterie kann eine vertrauensvolle pädagogische Beziehung ersetzen; sie ist eine genuin pädagogische Aufgabe und sie ist eine Chance, bei bindungs- und beziehungsverstörten Heranwachsenden noch „heilende" Prozesse zu fördern und zu begleiten.

Diese Pädagogik entzieht sich dem Zeitgeist der „geht nicht gibt's nicht"-Mentalität, die einfache Lösungen für komplexe Probleme marktgängig anpreist – worunter auch das neue „Lob der Disziplin" subsumiert werden kann. Pädagogik bedeutet, Stabilität und Sicherheit zu vermitteln, um den Druck zu nehmen, der Krisen auslöst, um Rahmungen zu sichern und um durch „Selbst"-Veränderungen, durch sein eigenes Lernen, die Subjektivität weiter zu entwickeln.

5. Ausblick

Meine Annäherung an das Thema „Aggression – Macht – Angst" aus einer psychoanalytisch orientierten Perspektive ist ein Plädoyer, sich mit verletzlichen Bildungs- und Erziehungsprozessen mit ihren unbewussten Beziehungsdynamiken auseinanderzusetzen. Damit eng verbunden ist eine Kritik an der zunehmend stärker werdenden Funktionalisierung und Instrumentalisierung der Pädagogik im Dienste rein ökonomischer Interessen, wo eine oberflächliche Wahrnehmung von Kindern und Jugendlichen aufwändige Beziehungsarbeit zu verdrängen scheint.

Dies ist ein zeitintensives Vorgehen – fernab des derzeitigen pädagogischen Mainstreams (vgl. Crain 2005, 267). Aus der Perspektive der Psychoanalytischen Pädagogik ist die Entwicklung von Aggressivität und Gewalt im Kindes- und Jugendalter ein komplexer Prozess, bei dem Angst die entscheidende Rolle spielt. Und um dieser Komplexität gerecht zu werden, bedarf es eines psychodynamischen Verstehens der Genese destruktiver Verhaltensweisen, um alternative Entwicklungsperspektiven anzubieten. Und dafür bedarf es Zeit, ausreichende personelle und sächliche Ressourcen und eine hohe Professionalität im pädagogischen oder therapeutischen Setting, um den entgleisten emotionalen Dialog wieder aufzunehmen.

Literatur

Ahrbeck, Bernd: Hyperaktivität, innere Welt und kultureller Wandel, in: Ahrbeck, Bernd (Hg.): Hyperaktivität, Stuttgart: Kohlhammer, 2008, 13–48

Bauer, Joachim: Das Gedächtnis des Körpers, München, Zürich: Piper Taschenbuch, 2006 (7)
Becker, Sven / Brandt, Andrea / Kaiser, Simone / Neumann, Conny / Scheuermann, Christoph: Kinder der Finsternis, in: Der Spiegel, Nr. 18, 2011, 32−44
Bergmann, Wolfgang: Das Drama des modernen Kindes. Hyperaktivität, Magersucht, Selbstverletzung, Düsseldorf, Zürich: Beltz, 2003
Bohleber, Werner: Trauma und Persönlichkeitsstörung, in: Rohde-Dachser, Christa / Wellendorf, Franz (Hg.): Inszenierungen des Unmöglichen: Theorie und Therapie schwerer Persönlichkeitsstörungen, Stuttgart: Klett-Cotta, 2005, 60−75
Bohleber, Werner: Selbstentwicklung, Integration und Desintegration in der Adoleszenz, in: Leuzinger-Bohleber, Marianne / Haubl, Rolf / Brumlik, Micha, a.a.O, 121−141
Carra, Cécil: Violences à l'école élémentaire, Paris: PUF, 2009
Crain, Fitzgerald: Fürsorglichkeit und Konfrontation. Psychoanalytisches Lehrbuch zur Arbeit mit sozial auffälligen Kindern und Jugendlichen, Gießen: Psychosozial-Verlag, 2005
Cremer-Schäfer, Helga: Sie klauen, schlagen, rauben. Wie in Massenmedien „Kinderkriminalität" zu einer Bedrohung gemacht wird und wer weshalb und mit welchen Folgen daran mitarbeitet, in: Barz, Heiner (Hg.): Pädagogische Dramatisierungsgewinne, Frankfurt am Main: Fachbereich Erziehungswissenschaft der Johann Wolfgang Goethe Universität, 2000a, 81−108
Curchod-Ruedi, Denise / Doudin, Pierre-André: Empathie gegenüber gewalttätigem Verhalten: emotionale und kognitive Aspekte, in: Schweizerische Zeitschrift für Heilpädagogik, Jg. 16, Heft 10, 2010, 35−40
Dörr, Margret: Über die Verhüllung der Scham in der spätmodernen Gesellschaft und ihre Auswirkungen auf die pädagogische Praxis, in: Dörr, Margret / Herz, Birgit (Hg.): Unkulturen der Bildung, Wiesbaden: VS, 2010, 191−207
Fonagy, Peter: Das Versagen der Mentalisierung und die Arbeit des Negativen in: Rohde-Dachser, Christa / Wellendorf, Franz (Hg.): Inszenierungen des Unmöglichen: Theorie und Therapie schwerer Persönlichkeitsstörungen, Stuttgart: Klett-Cotta, 2005, 163−186
Freyberg, Thomas von / Wolff, Angelika: Trauma, Angst und Destruktivität in Konfliktgeschichten nicht beschulbarer Jugendlichen, in: Leuzinger-Bohleber, Marianne / Haubl, Rolf / Brumlik, Mischa (Hg.): Bindung, Trauma und soziale Gewalt, Göttingen: Vandenhoeck & Ruprecht, 2006, 164−185
Fröhlich-Gildhoff, Klaus: Externalisierende Störungen, in: Ahrbeck, Bernd / Willmann, Marc (Hg.): Pädagogik bei Verhaltensstörungen, Stuttgart: Kohlhammer, 2010, 129-137
Gasteiger-Klicpera, Barbara / Klicpera, Christian: Störungen des Sozialverhaltens (dissoziale Störungen), in: Gasteiger,Klicpera, Barbara / Julius, Henri / Klicpera, Christian (Hg.): Sonderpädagogik der sozialen und emotionalen Entwicklung, Göttingen u.a.: Hogrefe, 2008, 181−206
Gerspach, Manfred: Wohin mit den Störern? Stuttgart, Berlin, Köln: Kohlhammer, 1998
Gerspach, Manfred: Über den heimlichen Zusammenhang von Bildung und Aufmerksamkeitsstörungen, in: Dörr, Margret / Herz, Birgit (Hg.): Unkulturen der Bildung, Wiesbaden: VS, 2010, 223-238
Göppel, Rolf: „Wenn ich hasse, habe ich keine Angst mehr …". Psychoanalytisch-pädagogische Beiträge zum Verständnis problematischer Entwicklungsverläufe und schwieriger Erziehungssituationen, Donauwört: Auer, 2002
Göppel, Rolf: Die Kultur der Affekte als das eigentlich schwerste Bildungsziel − Möglichkeiten, Probleme und Grenzen einer „Bildung der Gefühle", in: Dörr, Margret / Göppel, Rolf (Hg.): Bildung der Gefühle, Gießen: Psychosozial-Verlag, 2003, 15−39
Grossmann, Klaus E.: Die Bedeutung der ersten Lebensjahre für die Organisation der Gefühle, in: Dörr, Margret / Göppel, Rolf (Hg.): Bildung der Gefühle, Gießen: Psychosozial−Verlag, 123-145
Hauser, Susanne: Gewissensentwicklung in neueren psychoanalytischen Beiträgen, in: Hopf, Christel / Nunner-Winkler, Gertrud (Hg): Frühe Bindung und moralische Entwicklung, Weinheim, München: Beltz Juventa, 2007, 43−68
Heinemann, Evelyn: Psychoanalyse und Pädagogik im Unterricht der Sonderschulen, in: Heinemann, Evelyn / Rauchfleisch, Udo / Grüttner, Tilo (Hg.): Gewalttätige Kinder, Frankfurt am Main: Fischer, 1992, 39−89
Heinemann, Evelyn / Rauchfleisch, Udo / Grüttner, Tilo (Hg.): Gewalttätige Kinder, Frankfurt am Main: Fischer, 1992
Herz, Birgit: Soziale Benachteiligung und Desintegrationsprozesse, in: Ahrbeck, Bernd / Willmann, Marc (Hg.): Pädagogik bei Verhaltensstörungen, Stuttgart: Kohlhammer 2010, 333-342

Hopf, Christel / Nunner-Winkler, Gertrud: Frühe emotionale Beziehungen, Bindung und moralische Entwicklung. Einleitende Überlegungen zum Forschungsstand und zu aktuellen Kontroversen, in: Christel Hopf / Gertrud Nunner-Winkler (Hg.): Frühe Bindungen und moralische Entwicklung, Weinheim, München: Beltz Juventa, 2007, 9-42

Hüther, Gerald: Biologie der Angst, Göttingen: Vandenhoeck & Ruprecht, 2009, (9)

Leutzinger-Bohleber, Marianne / Haubl, Rolf / Brumlik, Mischa (Hg.): Bindung, Trauma und soziale Gewalt, Göttingen: Vandenhoeck & Ruprecht, 2006

Leuzinger-Bohleber, Marianne: Frühe Kindheit als Schicksal?, Stuttgart: Kohlhammer, 2009

Mack, Roland: Wegschauen, abwehren oder die Konfrontation aufgreifen - Praxis der Unterrichtsgestaltung mit Problemkindern, in: Ertle, Christian / Hoanzl, Martina (Hg.): Entdeckende Schulpraxis mit Problemkindern, Bad Heilbrunn: Klinkhardt, 2002, 63-88

Opp, Günther: Schulen zur Erziehungshilfe – Chancen und Grenzen, in: Reiser, Helmut / Dlugosch, Andrea / Willmann, Marc (Hg.): Professionelle Kooperation bei Gefühls- und Verhaltensstörungen, Hamburg: Verlag Dr. Kovac, 2008, 67-88

O'Neill, Linda, Guenette, Francis / Kitchenham, Andrew: Trauma and Attachment Disruption 'Am I safe here and do you like me?' Understanding complex trauma and attachment disruption in the classroom, in: British Journal of Special Education, Vol. 37, No. 4, 2010, 190-197

Redl, Fritz / Winemann, David: Die Steuerung des aggressiven Verhaltens beim Kind, München: Piper-Verlag, 1976

Saarni, Carolyn: Emotion Regulation and Personality Development in Childhood, in: Mroczek, Daniel K. / Little, Todd D. (Eds.): Handbook of Personality Development, Mahwah, New Jersey, London: Lawrence Erlbaum, 2006, 245-283

Salisch, Maria v.: Emotionale Kompetenzen entwickeln. Grundlagen in Kindheit und Jugend, Stuttgart: Kohlhammer, 2002

Schäfer, Gerd E.: Die Bedeutung emotionaler und kognitiver Dimensionen bei frühkindlichen Bildungsprozessen, in: Dörr, Margret / Göppel, Rolf (Hg.): Bildung der Gefühle, Gießen: Psychosozial Verlag, 2003, 77-90

Schleiffer, Roland: Bindung und Lernen, in: Ellinger, Stephan / Wittrock, Manfred (Hg.): Sonderpädagogik in der Regelschule, Stuttgart: Kohlhammer, 2005, 159-178

Schmid Noerr, Gundelin: Moralische und unmoralische Gefühle, in: Dörr, Margret / Göppel, Rolf (Hg.): Bildung der Gefühle, Gießen: Psychosozial Verlag, 2003, 40-76

Speck, Otto: Das Autonomie-Modell für eine moralische Erziehung in der Schule, in: Die Sonderschule, Jg. 39, Heft 3, 1994, 161-177

Sutterlüty, Ferdinand: Was ist eine Gewaltkarriere? In: Zeitschrift für Soziologie, Jg. 33, Heft 4, 2004, 266-284

Uttendörfer, Jochen: Traumazentrierte Pädagogik. Von der Entwicklung der Kultur eines „sicheren Ortes", in: Unsere Jugend, Jg. 60, Heft 2, 2008, 50-65

Valtin, Renate / Portmann, Rosemarie (Hg.): Gewalt und Aggression: Herausforderungen für die Grundschule, Frankfurt am Main: Dr. Dietlinde Heckl & Verlag, 1995

Visser, John / Jehan, Zenib: ADHD: a scientific fact or a factual opinion? A critique of the veracity of Attention Deficit Hyperactivity Disorder, in: Emotional and behavioural Difficulties, Vol. 14, No. 2, 2009, 127-140

Winkler, Michael: Sozialer Wandel und veränderte Lebenswelten, in: Ahrbeck, Bernd / Willmann, Marc (Hg.): Pädagogik bei Verhaltensstörungen, Stuttgart: Kohlhammer, 2010, 312-325

Wertfein, Monika: Emotionale Entwicklung im Vor- und Grundschulalte im Spiegel der Eltern-Kind Interaktion, München: Fakultät für Psychologie und Pädagogik, 2006

Wettstein, Alexander: Aggression in der frühen Adoleszenz. Die Entwicklung dysfunktionaler Interaktionsmuster mit Erwachsenen und Peers in Familie, Schule, Freizeit und Heimerziehung, in: BHP, Jg. 50, Heft 1, 2011, 49-62

Ziegenhain, Ute / Schnoor, Kathleen / Schüßler, Thomas / Fegert, Jörg, M.: „Moralferne Kinder und Jugendliche" – Fallanalyse eines jugendlichen Straftäters, in: Hopf, Christel / Nunner-Winkler, Gertrud (Hg.): Frühe Bindung und moralische Entwicklung, Weinheim, München: Beltz Juventa, 2007, 105-124

Zimmermann, David: Migration und Trauma, Gießen: Psychosozial Verlag, 2012

Elisabeth von Stechow

Evidenzbasierte Förderung und Förderkonzepte von Schülerinnen und Schülern mit sonderpädagogischen Förderbedarf in der sozialemotionalen Entwicklung

1. Fragestellung und Herangehensweise

Der Aufsatz beschäftigt sich mit den Möglichkeiten und Grenzen einer evidenzbasierten Förderung von Schülerinnen und Schülern mit Förderbedarf im Bereich der emotionalen und sozialen Entwicklung. Zunächst wird der Begriff der Evidenzbasierung kurz erläutert und die aktuellen Diskurse in der Medizin und der Sozialen Arbeit vorgestellt. Anschließend wird das Konzept einer evidenzbasierten Praxis für die Erziehungshilfe untersucht. Dazu wird – gemäß den Vorgaben der Evidenzbasierten Praxis –, die Klientel beschrieben und die Vorgehensweise in der Diagnostik darlegt. Danach werden zwei alternative Interventionsmöglichkeiten verglichen: Zunächst wird die tatsächliche Umsetzung des Förderbedarfs an hessischen Schulen für Erziehungshilfe vorgestellt. Dies wird mit einigen Beispielen aus einer Studie belegt, die im Jahr 2009 durchgeführt wurde. Als alternative Intervention wird anschließend eine evidenzbasierte Förderung erörtert: Dazu wird der Einsatz von Sozialtrainings in der Erziehungshilfe beleuchtet und ihre Wirkung diskutiert. Abschließend werden die beiden Interventionen verglichen und diskutiert, welche Chancen eine evidenzbasierte Förderung der Disziplin eröffnen kann.

2. Evidenzbasierte Förderung

Die Begriffe Evidenzbasierten Förderung oder auch Evidenzbasierte Praxis tauchen vermehrt in erziehungswissenschaftlichen Fachdebatten auf und werden hoch kontrovers erörtert. In der schulischen Erziehungshilfe ist diese Debatte neu, deshalb werden zunächst einige Diskurse aus den Nachbardisziplinen referiert, nämlich der Medizin, der Sozialen Arbeit und der Bildungsforschung. Die Frage nach einer evidenzbasierten Praxis ist eng mit dem Thema der empirischen Forschung und politischen Interessen verbunden. Zwar liegt hier nicht der Schwerpunkt der Erörterung, dennoch sollen die Bezüge der unterschiedlichen Felder kurz dargelegt werden und die Begrifflichkeiten definiert werden.

In der Medizin taucht der Evidenzbegriff Anfang der 90er Jahre auf und besagt, dass die Planung einer Therapie auf der Grundlage der aktuellsten Forschungsergebnisse über die bestmögliche Intervention getroffen wird, wobei die persönliche Präferenz des Patienten, bzw. der Patentinnen in die Hilfeplanung mit einbezogen wird. Zunächst beschreibt der Begriff „Evidenzbasierte Medizin" also etwas Selbstverständliches, nämlich die Berücksichtigung wissenschaftlicher Grundsätze in Diagnostik und Therapie (vgl. Wichert 2005). Zur Ermittlung der höchsten Wirkungswahrscheinlichkeit einer Intervention werden aktuelle klinische Studien analysiert und optimaler Weise Metaanalysen gesichtet. Den sogenannten Goldstandard in der Wirkungsforschung stellen randomisierte kontrollierte Experimentalstudien, kurz RCTs dar. Das Studiendesign der RCTs gewährleistet, dass der Einfluss von Störvariablen durch das Verfahren der Zufallsverteilung statistisch eliminiert werden kann und somit belastbare Aussagen über die Wirkung von Maßnahmen formuliert werden können. Die Aussagekraft und Zuverlässigkeit dieser methodisch anspruchsvollen Experimentalforschung wird von kaum einem Wissenschaftler angezweifelt. Ob die Ergebnisse der RCTs jedoch immer hinreichend sind, um medizinisches Handeln zu begründen, wird im Gesundheitswesen durchaus kritisch diskutiert. So warnte beispielsweise der „Sachverständigenrat für die Konzertierte Aktion im Gesundheitswesen" in seinem Gutachten aus dem Jahr 2003 davor RTCs überzubewerten, die unter artifiziellen Studienbedingungen die Effektivität einer Maßnahme beschreiben (vgl. Sachverständigenrat für die Konzertierte Aktion im Gesundheitswesen Gutachten 2003). Von Kritikern wird auch darauf hingewiesen, dass die Wirkaussagen von RTCs nicht auf jeden individuellen Patienten zutreffen müssen. Da die statistische Eliminierung der Störeinflüsse für die Aggregationsebene der Gruppe gilt und die Wirkungsaussagen von RCTs sich insofern auf Gruppenmittelwerte beziehen, heißt das nicht, dass sie auch auf der Individualebene zutreffen müssen (vgl. Otto / Polutta / Ziegler 2010, 13).

Die Kritik an der Evidenzbasierten Medizin aus der eigenen Disziplin richtet sich im Wesentlichen darauf, dass der Einzelfall nicht immer mit Hilfe der medizinischen Studien verstanden werden kann und auch die Handlungsempfehlungen nicht ein Individuum sondern eine große Population fokussieren.

Im vergangenen Jahrzehnt taucht der Evidenzbegriff im Feld der Sozialen Arbeit auf, zunächst in den angelsächsischen Ländern und ab 2006 auch in Deutschland. Hier wird eine kontroverse, politische und fachliche Debatte über eine evidenzbasierte Praxis geführt, die eng an die Diskussion um die Wirkungsorientierung der sozialen Arbeit gekoppelt ist. Dass die Praxis der professionellen sozialen Arbeit auf wissenschaftliches Wissen gestützt sein soll ist freilich keine neue Hypothese, vielmehr gehen eigentlich alle professionstheoretischen Ansätze davon aus, dass wissenschaftliches Wissen, die Grundlage des professionellen Handelns bilden muss.

Nicht nur seit der „Evidence-practice-Bewegung" sondern bereits lange zuvor, wurde es als wünschenswert angesehen, dass Professionelle routinemäßig nach der besten Evidenz handeln (vgl. Gredig / Sommerfeld 2010, 87). Die eigentliche Frage richtet sich also auf den Aspekt des Wissenstransfers, wenn man die Annahme teilt, dass Wissenschaft und Praxis zwei getrennte Felder darstellen und wissenschaftliches Wissen und Praxiswissen nicht identisch sind. Die Kritik an der evidenzbasierten Wissenschaft entzündet sich ganz wesentlich an den Versprechung, die der Politik bezüglich der Verbesserung der Praxis durch wissenschaftliche Forschung gemacht werden. Denn der politische Diskurs ist von dem Motto „What counts is what works?" (Perkins / Smith / Hunter / Bambra / Joyce 2010, 101-117) dominiert und ist mit Forderungen nach einer standardisierten Steuerung pädagogischer Prozesse und einer zunehmenden Kosten-Nutzung-Orientierung verbunden. Otto zufolge ist eine „What-works-Praxis" auf den Einsatz standardisierter „Indikations-, Diagnose- und Bewertungsverfahren" reduziert, die eine

„Anwendung von passgenauen, wirksamen Maßnahmen nach harten messbaren Kriterien in scheinbar objektiven Verfahren" gewährleistet (Otto / Schneider 2009, 20). Die Kritik an der Evidenzbasierung richtet sich auf die Abkehr vom Subjekt, also dem Fall, zugunsten von standardisierten Programmen für pseudohomogene Gruppen. Die Kritik richtet sich also nicht gegen die Forderung nach Wirksamkeit sondern auf die Reduzierung der Komplexität des Sozialen, zugunsten von Messbarkeit und ökonomischer Effizienz.

Die Verwobenheit der Evidenzbasierung in Forschung und Praxis mit bildungspolitischen Forderungen nach wirksamen Maßnahmen wurden in der FAZ von dem Berliner Erziehungswissenschaftler Tenorth und den Bildungsforschern Schrader, Trautwein und Hesse diskutiert.

Unter Evidenzbasierung verstehen die Tübinger Forscher eine „Bildungsforschung, die die Wirksamkeit pädagogischer Maßnahmen nachweisen kann" (Schrader / Trautwein / Hesse 2011, 8).

Die Präsentation evidenter Befunde biete die Chance, dass die Wissenschaft der Politik „nützliches Wissen" anbieten könne und das „Bildungspraxis und Bildungspolitik bei evidenzbasierten Interventionen und Entscheidungen" unterstützt werden könnten (Schrader / Trautwein / Hesse 2011, 8). Tenorth sprach sich vehement dagegen aus, die Bildungsforschung in den Dienst politischer Wünsche nach Nutzen und Effizienz zu stellen. Er warnte davor, dass künftig nur noch die Forschung gefördert würde, die eindeutige Kausalitäten beglaubigen würde. Dies könne zur Folge haben, dass komplexe und häufig nicht kausale Wirkungen in pädagogischen Prozessen für die empirische Forschung reduziert werden müssten, damit eindeutige Wirksamkeiten nachweisbar würden (Tenorth 2011, 8).

Für den Bereich der Erziehung muss zudem aus ethischen Gründen festgestellt werden, dass nicht jede Maßnahme die wirksam ist, auch eine gewünschte Maßnahme darstellt (vgl. Otto / Polutta / Ziegler 2010, 9). Und dies gilt im besonderen Maß für die Erziehungshilfe, die in ihrer historischen Tradition nicht nur auf Ideen der sittlichen Verbesserung in Rettungshäusern und Erziehungsanstalten verweisen kann, sondern auch als „Endlösung der Sozialen Frage" die „Vernichtung der Unerziehbaren" in den Jugend-KZs der Nationalsozialisten zu verantworten hat. Dennoch ist es unstritig, dass Maßnahmen die keinen Nutzen bei den Heranwachsenden zeigen, die also ihre emotionalen und sozialen Probleme und die Schwierigkeiten in ihrem Lebensumfeld nicht positiv verbessern können, nicht zu rechtfertigen sind.

Im Folgenden werden die schulische Erziehungshilfe und ihre traditionellen Förderkonzepte mit einer evidenzbasierten Vorgehensweise verglichen und die Wirksamkeit der unterschiedlichen Interventionen diskutieren.

Gemäß den Vorgaben der evidenzbasierten Praxis wird nach dem sogenannten PICO-Modell (Strauss / Richardson / Glasziou / Haynes 2005) vorgegangen und die Fragen nach der Population (Klientenbeschreibung), der Intervention (Diagnostik und Förderung), Vergleich / Comparison (Vergleich mit anderen möglichen Interventionen) und Resultate / Outcomes vorgestellt. Dabei wird der Empfehlung von Petticrew und Roberts (2006) gefolgt und zudem der Kontext untersucht, in dem die Intervention stattfinden soll. Zuerst wird also die Klientel der schulischen Erziehungshilfe darstellt.

P: (Population): Klientenbeschreibung
Die Population der Schülerinnen und Schüler mit sonderpädagogischen Förderbedarf im Bereich der emotionalen und sozialen Entwicklung bildet keine homogene Fördergruppe, die eine spezifische Symptomatik aufweist. Schülerinnen und Schüler mit sogenannten „Verhaltensstörungen" zeigen vielfältige Varianten eines abweichenden Verhaltens, dass in der Schule als störend empfunden wird, so dass ein mehrstufiges Verfahren zur Feststellung des sonderpädagogischen Förderbedarfs eingeleitet wird. Je nach Bundesland entscheidet das Schulamt oder die Schulaufsichtsbehörde abschließend darüber, ob die Schülerin oder der Schüler eine sonderpädagogische Förderung braucht und in welchem Schultyp die Förderung stattfinden soll. Was aber sind Verhaltensstörungen aus schulischer Sicht? Goetze und Julius stellen fest, dass es die schulische Erziehungshilfe mit einer Schülerklientel zu tun hat, die eine hochgradig heterogene klinische Symptomatik aufweist (vgl. Goetze 2001, 15-22). Willmann hingegen betont, dass die Gruppe der Schüler und Schülerinnen mit Verhaltensstörungen durch eine besondere Erziehungs- und Bildungsbedürftigkeit gekennzeichnet ist (vgl. Willmann 2010). Klassische Kategorisierungsversuche, unterscheiden zwischen externalisierende Verhaltensweisen, wie beispielsweise Aggressivität, Hyperaktivität oder einfachem Ungehorsam, internalisierenden Störungen, wie Angststörungen, Essstörungen oder Formen des Selbstverletzenden Verhaltens, aber auch Lernstörungen und delinquentem Verhalten. Die Ursachen sind ebenso vielfältig, wie komplex: besonders schwerwiegend sind die Risikofaktoren, die in anhaltenden belastenden Lebensbedingungen begründet sind, dazu gehören Armut und Bildungsbenachteiligungen, familiäre Belastungssituationen und ungünstige Erziehungsverhältnisse, Folgen von Vernachlässigung, Misshandlungen oder Missbrauch. Auch traumatisierende problematische Lebensereignisse können zu Verhaltensstörungen führen: der Verlust eines Elternteils durch Scheidung oder Tod, schwere Gewalt- oder Missbrauchserfahrungen oder das Erlebnis des Verlustes der Heimat und der Familie durch Flucht. Der Umgang mit Kindern mit Verhaltensstörungen erfordert eine genaue Kenntnis der Ursachen, da beispielsweise Traumatisierungen oder Kindeswohlgefährdungen umgehend erkannt werden müssen, um sofortige Interventionen einleiten zu können, noch bevor eine Förderplanung beginnt. Der problematische Begriff „Verhaltensstörung" sagt also zunächst wenig über die Eigenschaften oder die Lebenssituation eines Kindes aus und auch nichts darüber, welche Hilfen es benötigt. Der zentrale Gegenstand der Disziplin „Verhaltensstörung" ist unbegrenzt und unscharf. Die Problematik des Kindes ist häufig ebenso vielschichtig, wie die Risikofaktoren, denen es ausgesetzt ist.

I: Intervention: Diagnostik
Für die Diagnostik und die Förderung besteht das Problem, die Komplexität der Ursachen und Erscheinungsformen des schwierigen Verhaltens angemessen zu erfassen, ohne die Problematik des Kindes zu banalisieren. Für jede gute Förderung – das gilt nicht nur für eine evidenzbasierte Förderung – ist es grundlegend, dass eine theoretisch begründete Diagnostik durchgeführt wird, die sowohl die individuelle Problematik des Kindes, wie auch die „problematische Situation, an der das Kind beteiligt ist" (Hofmann 2007) erfasst. Die KMK-Empfehlung 2000 schlägt eine solche Diagnostik vor, die Verhaltensbeobachtungen, psychiatrische Gutachten, Lernstanderhebungen, kinderärztliche Untersu-

chungen, Analysen der familiären, schulischen und außerschulischen Situation umfasst, die von einem Expertenteam unter der Leitung eines Sonderpädagogen zusammengetragen werden soll. Die Diagnostik im Bereich der Erziehungshilfe verfügt über ausreichende Verfahren, die in standardisierter Weise differenzierte Aussagen über die individuelle Problematik des Kindes und seine schwierige Umweltsituation treffen können. Hierzu zählt beispielsweise der Fragebogen zur ‚Erfassung emotionaler und sozialer Schulerfahrungen von Grundschulkindern von Rauer / Schuck (2004), der ‚Bildertest zum sozialen Selbstkonzept' von Langfeldt / Prücher (2004), der Klassen-Kompass von Hrabal (2009) oder BASYS von Wettstein (2008). Auf dieser Grundlage ist eine umfassende schulische Förderplanung und Beratung möglich. In Förderplänen werden die nächsten Verhaltens-, Unterrichts und Entwicklungsziele festgelegt, die im Rahmen der Schule durchführbar sind. Da die Ursachen des störenden Sozialverhaltens oder der emotionalen Probleme in der Regel im sozialen Umfeld, in den familiären Verhältnissen und den Lebensbedingungen begründet sind, müssen weiterführende Fördermaßnahmen, wie therapeutische Interventionen oder Maßnahmen der Jugendhilfe, eingeleitet werden. Auf der Grundlage der schulischen Diagnostik können lediglich Empfehlung an externe Hilfesysteme, gegeben werden, mit denen die schulische Erziehungshilfe vernetzt ist. Die eigentliche Förderung in der Schule richtet sich auf schulrelevante Verhaltensweisen, wie beispielsweise die Förderung des Arbeitsverhaltens, die Ausbildung prosozialer Verhaltensweisen in der Klassengemeinschaft, die Erhöhung der Selbstkontrolle oder die Stärkung einer sozialen Ich-Identität.

Intervention
Als erste Intervention wird nun die tatsächliche Umsetzung des sonderpädagogischen Förderbedarfs an hessischen Schulen für Erziehungshilfe dargestellt. Als alternative Intervention wird anschließend evidenzbasierte Förderungen, nämlich schulische Sozialtrainings vorgestellt. Bei beiden Interventionen wird, soweit möglich, die Wirksamkeit diskutiert. Abschließend werden die beiden Interventionen verglichen.

Förderung von Schülerinnen und Schülern mit Förderbedarf in der emotionalen und sozialen Entwicklung im Unterricht an hessischen Schulen für Erziehungshilfe
Wie zuvor dargelegt, findet die Umsetzung des sonderpädagogischen Förderbedarfs für Schülerinnen und Schüler mit Verhaltensstörungen im Unterricht statt, zum Teil in Förderschulen, wie beispielsweise Schulen für Erziehungshilfe, Lernhilfe oder Schulen für Kranke. In Hessen wird mittlerweile die Hälfte der betroffenen Kinder und Jugendliche integrativ beschult. Insbesondere in der Förderschule war bei Praktikumsbesuchen aufgefallen, dass in vielen Klassen kein richtiger Unterricht stattfand. Dies führte zu der Erhebung des IST-Standes der Förderung an hessischen Schulen für Erziehungshilfe, die im Jahr 2008 mit einer Vorstudie begann, die im Rahmen eines Forschenden Studierens durchgeführt wurde. Die eigentliche Hauptuntersuchung im Jahr 2009 wurde mit der Unterstützung des hessischen Kultusministeriums durchgeführt. Die Studie beschäftigte sich mit der Frage „Wie ist die Unterrichtsqualität, nach Helmke, an hessischen Schulen für Erziehungshilfe?"

Stichprobe
In Hessen gibt es 14 Schulen für Erziehungshilfe. Die Stichprobe bestand aus 8 Schulen, wobei 14 Klassen untersucht wurden.

Methode
Der Forschungsfrage wurde sich sowohl quantitativ, wie auch qualitativ genähert. Als quantitatives Verfahren wurde der „Ratingbogen zur Unterrichtsqualität aus der Münchner Hauptschulstudie" von Helmke (2009) eingesetzt. Die Schwerpunkte der Messung der Unterrichtsqualität lag in der Beurteilung der Klassenführung und der Unterrichtsorganisation, in deren Zentrum der Lehrer und die Qualität seines professionellen Handelns steht. Als qualitatives Verfahren wurde eine Beobachtung des Klassengeschehens in Form eines „event samplings" nach Fisseni (1990) durchgeführt.

Ergebnisse des Ratingbogens und der Unterrichtsbeobachtungen
An dieser Stelle sollen einige Ergebnisse aus den Bereichen der Klassenführung und der Unterrichtsführung vorgestellt werden. Die Auswertung der Items zum Komplex des Lehrerverhaltens bei der Klassenführung zeigten überwiegend positive Bewertungen. Fast alle Lehrer der untersuchten Klassen zeigten ein hohes Engagement, hiermit ist vor allem eine lebendige und überzeugende Kommunikation mit den Schülern gemeint. Dieses Item verweist auf den empirisch abgesicherten Zusammenhang zwischen dem Unterrichtserfolg und den Enthusiasmus der Lehrenden (vgl. Gage / Berliner 1996). Ebenso wurde überprüft, ob die Lehrer und Lehrerinnen Humor zeigten. Dies gilt als Indikator für eine entspannte Lernatmosphäre, die in der angloamerikanischen Lernforschung als lernförderliches Klima gilt. Klassen in denen gelacht wird und in denen der Lehrer als humorvoll wahrgenommen wird, entwickeln eine größere Lernfreude und höhere Leistungsmotivation. Auch hier zeigten die Lehrer und Lehrerinnen an hessischen Schulen für Erziehungshilfe insgesamt positive Durchschnittswerte. Der Helmke Ratingbogen erfasste ebenfalls, ob Lehrer und Lehrerinnen „Wärme und Herzlichkeit" zeigten. Dabei wurde ein Klima des Vertrauens zwischen Lehrperson und Schülern gemessen. Schüler und Schülerinnen die ihren Lehrern vertrauen, zeigen geringe Leistungsangst, die als dysfunktionale Leistungsbeeinträchtigung gilt. Gerade Schülerinnen und Schüler mit Verhaltensstörungen haben negative Schul- und Leistungserfahrungen und schlechte Selbstbilder. Die Lehrer der untersuchten Klassen beachteten diese Probleme offensichtlich sehr angemessen.
Eine gute Klassenführung bedeutet bei Helmke nicht primär der Umgang mit Disziplinproblemen, sondern lehnt sich an den internationalen Diskussionsstand zum Classroom Management an. Es geht bei der effizienten Klassenführung um die Schaffung von Rahmenbedingungen, die die Prävention von Störungen gewährleisten und somit ausreichend Zeit für die eigentlichen Lehr- und Lernaktivitäten bereitstellen. Aufgrund der Verhaltensprobleme der Schülerinnen und Schüler war zu erwarten, dass die doppelte Aufgabe des Classroom Managements besondere Schwierigkeiten bereitet. Es wurde deutlich, dass die meisten Lehrer ein hohes Bewusstsein für disziplinarische Probleme haben und sensibel mit Fragen von Gerechtigkeit und Gefühlen des Angenommenseins der Schüler umgingen. Die effektive Verwendung von Regeln lag hingegen nur im mittleren Bereich. Die Auswertung des Ratingbogens zeigte, dass die eigentliche Problema-

tik in der didaktischen Ausrichtung des Unterrichts liegt. Bei den Items zur Unterrichtsorganisation, der Lehrstofforientierung oder der Beschäftigung der Schüler nach einer Aufgabenstellung waren die Ausprägungen sehr unterschiedlich. Es gab etliche Klassen, in denen die aktive Lernzeit kaum oder gar nicht mehr feststellbar war, während in anderen Klassen ruhig und konzentriert am Lernstoff gearbeitet wurde.

Die Frage danach, warum die Organisation des Unterrichts in manchen Klassen gut gelingt und warum in anderen Klassen kaum Unterricht stattfindet, beschäftigte die Untersucher am dringendsten. Die Sichtung der Unterrichtsprotokolle zeigte, dass ein hohes Engagement und Verständnis für die besonderen Bedürfnisse der Schüler nicht ausreichend für eine qualitativ hochwertige Unterrichtung sind. Klassen in denen die aktive Lernzeit besonderes gering war, zeichneten sich häufig eine unbestimmte oder unstrukturierte Form der Unterrichtsorganisation aus, die nicht mit offenem Unterricht verwechselt werden darf. Unbestimmte Zeiten wurden von den Schülern als Freiraum für disziplinarische Unregelmäßigkeiten genutzt, die dann kaum noch zu regulieren waren. Unangemessene Methoden, wie schlecht platzierte Gruppenarbeiten, Unterrichtsmaterialien, die nicht bereitstanden, langweilige Darbietungen der Unterrichtsinhalte führten zu chaotischen Zuständen. Der Einsatz von disziplinierenden Regelsystemen erwies sich in solchen Situationen als nutzlos. Insbesondere Tokensysteme scheinen problematisch zu sein: wenn es zum Entzug von Verstärkern kam, reagierten viele Schüler frustriert und verweigerten sich jeder weiteren Kooperation. Die Unterrichtsprotokolle zeigten, dass es zu regelrechten disziplinarischen Eskalation kam, wenn der Lehrer die Kontrolle über die Klassenführung verlor. Die Zusammenballung von Schülern mit hoch problematischen Verhaltensweisen in Schulen für Erziehungshilfe wird deswegen von vielen Forschern für die soziale und emotionale Entwicklungsförderung grundsätzlich als ungeeignet angesehen.

Positive Formen der Unterrichtsorganisation in den untersuchten Klassen der Schule für Erziehungshilfe waren sehr klar strukturiert und ritualisiert. Die Schüler wussten genau, was sie zu tun haben und was sie als nächstes erwartete. Es gab einen angemessenen Wechsel von Methoden und sehr klare Arbeitsaufträge an die Schüler. Es gab Regeln, die die Klasse als Gruppe betreffen und individuelle Regeln, die die besondere Problematik des Schülers berücksichtigen.

Wirksamkeit von hoher Unterrichtsqualität auf die Förderung des Sozialverhaltens
Die Auswertung der Ratingbögen und der Unterrichtsbeobachtungen zeigten, dass offensichtlich ein starker Zusammenhang zwischen einem angemessenen schulischen Sozialverhalten und einem guten Classroom-Mangement besteht. Aufgrund der bisherigen Ergebnisse kann die Hypothese aufgestellt werden, dass eine hohe Unterrichtsqualität eine wirksame Fördermaßnahme für in der Schülerinnen und Schüler mit Bereich des sozialen Verhaltens in der Gruppe sein kann. Weitere Forschungen wären notwendig, um differenzierte Aussagen über die individuellen Förderfortschritte insbesondere im Bereich der emotionalen Entwicklung machen zu können. Diese konnte mit dem Ratingbogen nicht überprüft werden und die Unterrichtsbeobachtung gaben keine Hinweise auf spezielle Förderkonzepte in Schulen für Erziehungshilfe.

C: Comparison: Alternative Interventionen am Beispiel einer evidenzbasierten Förderung mit sozialen Trainings

Vielen Lehrerinnen und Lehrern erscheint eine ausschließliche schulische Förderung – angesichts der komplexen psychischen Belastung der Kinder – als unzureichend. Göppel weist daraufhin, dass kein anderer Teilbereich der Pädagogik derart offen für therapeutische Deutungs- und Handlungsansätze ist, wie die Erziehungshilfe (vgl. Göppel 2002; 2010) und auch Hillenbrandt weist auf die Dominanz psychologischer Theorien hin (vgl. Hillenbrandt 2008, 227). Gegenwärtig ist eine große Nachfrage nach standardisierten psychologischen Trainingsverfahren zu beobachten, die für den Einsatz im Unterricht konzipiert wurden. Solche Programme haben das Ziel, durch eine gezielte Förderung die gut belegten Risikofaktoren für aggressives Verhalten zu mildern. Soziale Trainingsprogramme für Kinder- und Jugendliche gelten als empirisch bewährte Ansätze zur Förderung eines kompetenten Sozialverhaltens. Da diese somit den Anforderungen einer evidenzbasierte Förderung entsprechen, ist es sinnvoll sie genauer zu betrachten.

Deutsche Soziale Trainingsprogramme im Gruppenformat sind z.B. das „Training mit aggressiven Kindern" (Petermann / Petermann 2008), „Faustlos" (Schick / Cierpka 2005, 462-468), das „EFFEKT-Kindertraining" (Lösel / Jarusch / Beelmann 2008, 215-234), BASYS (Wettstein 2008) oder „Lubo aus dem All" (Hillenbrandt / Hennemann / Hecker-Schell 2009).

Typische Förderelemente sind: Übungen zur Identifikation von Emotionen bei sich und anderen, das Erlernen von nicht aggressiven Lösungen für soziale Alltagsprobleme, Selbstinstruktionen zur Kontrolle und Unterbrechung von Ärger- und Wutsituationen und Übungen zum Sozialverhalten (Streitverhalten, Kontaktaufnahme). Typische Fördermethoden sind: Gruppendiskussionen, die Bearbeitung hypothetischer Konfliktszenarien in Form von Geschichten oder Rollenspielen und Hausaufgaben, um die Generalisierung der erlernten Fähigkeiten im Alltag zu gewährleisten (vgl. Beelmann / Raabe 2007, 219f).

O: Resultate/Outcomes: Evaluationen und Metaanalyse der Wirksamkeit von Sozialtrainings

Wie hoch die Wirksamkeit Sozialtrainings wirklich ist, soll anhand einiger Ergebnisse und Evaluationen typischer sozialer Trainingsprogramme dargestellt werden.

Einen guten Überblick über die Wirksamkeit sozialer Trainings bietet die Metaanalyse von Lösel und Beelmann (2009). Sie untersuchten 135 soziale Kompetenztrainings, deren Ziel die Prävention dissozialen Verhaltens war. Auswahlkriterium für die Aufnahme in die Analyse war das Vorhandensein eines Kontrollgruppen-Versuchsplan mit Zufallszuordnung (Randomisierung).

Insgesamt konnten positive Effekte sozialer Kompetenztrainings zur Verringerung dissozialen Verhaltens bei Kindern und Jugendlichen festgestellt werden, wobei vor allem strukturierte kognitiv-behaviorale Programme konsistente Effekte zeigten. Lösel und Beelmann geben die durchschnittliche Effektstärke mit $d=0,39$ an, also ein statistisch signifikanter Wert, den sie als klein bis moderat bezeichnen. Bei der differenzierten Analyse wurde deutlich, dass die Wirkung auf das tatsächliche Problemverhalten (Aggression, Gewalt und Kriminalität) eher gering ausfiel. Eine höhere Wirkung zeigten die Trainings im Bereich der Problemlösekompetenzen in den hypothetischen Konfliktsze-

narien. Zusammenfassend kann man feststellen, dass etwa 14% der Kinder aus den trainierten Gruppen positivere Verhaltensveränderungen als die Kinder aus den Kontrollgruppen zeigten, wobei sich besonders starke Effekte bei der Lösung der trainierten Aufgaben zeigten (vgl. Beelmann / Lösel 2007, 235-258).
Eine weitere Untersuchung ist die von Boxberg und Boshold (2009). Sie untersuchten die Effekte Sozialer Trainings im Jugendstrafvollzug auf die Sozial- und Legalbewährung mittels einer Längsschnittstudie (Boxberg / Boshold 2009, 237-243). Sozialen Trainings wird im Jugendstrafvollzug eine hohe Bedeutung beigemessen, ihr Einsatz ist weit verbreitet, da ihnen eine Verminderung der Rückfälligkeit beigemessen wurde. Diese Annahmen basieren auf der Grundlage von Metaanalysen sozialer Trainings durch Antonowicz und Ross (1994), die eine gute Passung der Merkmale sozialer Trainings und den Merkmalen einer erfolgreichen Behandlung bei Straffälligen feststellten (hier handelt es sich also um eine evidenzbasierte Vorgehensweise!).
Die tatsächlichen Ergebnisse der Evaluation waren hingegen ernüchternd. Die Trainingsteilnehmer wiesen im Vergleich zur Kontrollgruppe bei der gesellschaftlichen Reintegration im Bereich der sozialen Beziehungen, der Legalbewährung, der Arbeitssuche oder des Drogenkonsums keine besseren Werte auf. Lediglich im Bereich des Alkoholkonsums zeigten die Trainingsteilnehmer deutlich bessere Werte.
Die Forschergruppe stellt abschließend fest, dass der Einsatz spezieller Trainings für spezifische Probleme, wie Alkoholmissbrauch angezeigt sein können, dass es jedoch an der Zeit sei, sich vom Ideal des Sozialen Trainings als „Breitbandmaßnahme" zu verabschieden (vgl. Boxberg / Boshold 2009, 242).

3. Vergleich der Wirksamkeit der beiden Interventionen unter Berücksichtigung des Kontextes der Förderung

Der Einsatz sozialer Trainings könnte, aufgrund der empirisch belegten Wirksamkeit, grundsätzlich als sinnvoll bezeichnet werden (vgl. Beelmann 2008, 135f). Da es nur wenige Nachfolgeuntersuchungen gibt, kann aber über die Dauerhaftigkeit der Effekte sozialen Trainings keine abgesicherte Aussage getroffen werden. Bei chronischen Risikokonstellationen ist jedoch, angesichts der schwachen bis mittleren Effektstärken nicht zu erwarten, dass ein Trainingsprogramm diese alleine kompensieren kann (vgl. Beelmann 2008, 135f). Wie zuvor erörtert, liegen bei Schülern mit Verhaltensstörungen in der Regel hohe Risikokonstellationen vor, weshalb traditionell umfangreiche Förderkonzepte angestrebt werden. Der Einsatz von Trainingsprogrammen kann dann nicht mehr, als eine Maßnahme unter vielen sein. Der Einsatz von Breitband-Trainingsprogrammen in Klassen der Schule für Erziehungshilfe ist nicht angezeigt, da die Förderziele der Programme nicht mit der Symptomatik der Klientel übereinstimmen. Die Klassen sind zwar altershomogen aber nicht „problemhomogen" zusammengesetzt sind. Schülerinnen oder Schüler mit einer Angststörung brauchen in der Regel kein Anti-Aggressivitätstraining, gewaltbereite Schüler können mit einem Training für sozial unsichere Kindern nicht angemessen gefördert werden.
Die Frage, ob die Schule ein geeigneter Kontext ist, um Soziale Trainings durchzuführen, kann zunächst bejaht werden. Hervorgehoben werden können die gute Erreichbar-

keit der Adressaten und die günstigen logistischen Voraussetzungen, wie beispielsweise die Förderung durch ausgebildete Pädagogen oder das Vorhandensein von Lehrmaterial. Hier besteht jedoch das Problem einer möglichen Unvereinbarkeit der psychologischen Ziele des Förderprogramms mit dem Bildungsauftrag der Schule. Fokussiert man diesen doppelten Förderauftrag, der also in der Unterrichtung und Förderung der sozialen und emotionalen Entwicklung besteht, erweist sich eine Gruppenförderung im sozialen Bereich durch ein gutes Classroom-Management als überlegen. Die individuelle emotionale Förderung des Kindes wird bei diesem Föderansatz jedoch nicht ausdrücklich berücksichtigt, insbesondere dann wenn das Kind auf therapeutische Hilfe angewiesen ist. Ob die Schule der geeignete Ort für therapeutische Interventionen ist, wird von einigen Autoren in der Erziehungshilfe grundlegend bezweifelt, so weisen beispielsweise Göppel, Ahrbeck und Hofmann auf die grundsätzliche Unvereinbarkeit von Psychotherapie und Pädagogik hin (vgl. Ahrbeck / Willmann 2010, 215). Zum einen seien Psychotherapien häufig auf die Befreiung der Innenwelt der Klientel gerichtet und müssten deswegen normative Ansprüche vernachlässigen. Für die Erziehung sei jedoch eine Ausrichtung an Wertmaßstäben und Normen einer Gesellschaft ein grundlegendes Anlegen. Ahrbeck thematisiert die Rolle des Lehrers als Therapeut: durch die Doppelfunktion käme es zu widersprüchlichen Beziehungskonstellationen, würde der Klassenraum zum therapeutischen Setting würde auch das Tätigkeitsfeld diffus (vgl. Ahrbeck / Willmann 2010, 57f). Zwar ist es unstrittig, dass viele Kinder- und Jugendliche mit Verhaltensstörungen auf eine psychotherapeutische Behandlung angewiesen sind: doch ist die Schule hierfür kein geeigneter Kontext.

4. Fazit

Die Fragestellung richtet sich auf Möglichkeiten und Grenzen einer evidenzbasierten Förderung von Schülerinnen und Schülern mit Förderbedarf im Bereich der emotionalen und sozialen Entwicklung.
Als Beispiel für eine evidenzbasierte Intervention wurden hier Soziale Trainingsprogramme ausgewählt, die auf der Grundlage evidenzbasierter Forschung entwickelt wurden. Trotz der Evidenzbasierung erwies sich eine standardisierte Förderung als ungenügend für die beschriebene Zielgruppe. Damit wurden aber zugleich auch die Möglichkeiten einer evidenzbasierten Forschung aufgezeigt, nämlich die Überprüfung der tatsächlichen Wirksamkeit pädagogischer Interventionen unter Zuhilfenahme von Metaanalysen. Im Vergleich zu den Sozialtrainings zeigte eine hohe Unterrichtsqualität und ein gutes Classroom-Management eine höhere Wirksamkeit bei der Förderung des Sozialverhaltens. Eine spezifische Förderung der komplexen, individuellen Problematik der Schülerinnen und Schüler konnte an der Schule für Erziehungshilfe jedoch nicht festgestellt werden. Die Schule übernimmt bei der Förderung der sozialen und emotionalen Problematiken nur Teilbereiche, die mit den Möglichkeiten und dem Auftrag der Institution vereinbar sind. Therapeutische und außerschulische pädagogische Förderungen können wohl bei der Förderplanung auf der Grundlage der umfassenden Diagnostik angeregt, aber nicht bereitgestellt werden.
Classroom-Management und guter Unterricht als schulische Fördermaßnahme ist jedoch nicht auf ein Förderschulwesen angewiesen, sondern sollte eine Selbstverständlichkeit

für das Regelschulwesen sein oder zu mindestens werden. Die empirische Schulforschung kann helfen den Zusammenhang zwischen ungünstigen Unterrichtsformen, schlechter Klassenführung und disziplinarischen Schwierigkeiten zu klären. Die Herstellung eindimensionaler Kausalitäten wird hierbei nicht hilfreich sein, um die Komplexität der sozialen Wirklichkeit in Klassenzimmern zu erfassen. Die Anerkennung der Komplexität des Sozialen kann verhindern, dass weiterhin in die Entwicklung standardisierter Förderprogramme investiert wird, die die individuelle Problematik hochbelasteter Schüler banalisieren und die in der Folge, eine unzureichende Wirksamkeit zeigen. Eine hohe Wirksamkeit der Maßnahmen ist eine Forderung, die eine evidenzbasierte Praxis und die schulische Erziehungshilfe verbindet.

Literatur

Ahrbeck, Bernd / Willmann, Marc (Hg.): Pädagogik bei Verhaltensstörungen. Ein Handbuch, Stuttgart: Kohlhammer Verlag, 2010

Antonowicz, Daniel H. / Ross, Robert: Essentaial components of successful rehabilitation programs for offendars, Int Offender Ther Comp Criminol, Vol. 38, No. 2, 1994, 97-104

Beelmann, Andreas: Jugenddelinquenz – Aktuelle Präventions- und Interventionskonzepte, in: Forensische Psychiatrische Psychologie, Kriminologie, Jg. 2, Heft 3, 2008, 190–198

Beelmann, Andreas / Raabe, Tobias: Dissoziales Verhalten von Kindern und Jugendlichen. Erscheinungsformen, Entwicklung, Prävention und Behandlung, Göttingen: Hogrefe, 2007

Beelmann, Andreas / Lösel, Friedrich: Entwicklungsbezogene Prävention dissozialer Verhaltensprobleme: Eine Meta-Analyse zur Effektivität sozialer Kompetenztrainings, in: Waldemar von Suchodoletz (Hg.): Prävention von Entwicklungsstörungen, Göttingen: Hogrefe, 2007, 235-258

Boxberg, Verena / Boshold, Christiane: Soziales Training im Jugendstrafvollzug: Effekte auf die Sozial-und Legalbewährung, Forensische Psychiatrische Psychologie, Kriminologie 3, 2009, 237-243

Fisseni, Hermann-Josef: Lehrbuch der psychologischen Diagnostik, Göttingen: Hogrefe, 1997, 157

Gage und Berliner: Pädagogische Psychologie, Weinheim: Beltz 1996 (5)

Goetze, Herbert: Grundriss der Verhaltensgestörtenpädagogik, Berlin: Wissenschaftsverlag V. Spiess, 2001a

Goetze, Herbert / Julius, Henri: Psychische Auffälligkeiten von Kindern in den neuen Bundesländern am Beispiel der Uckermark, in: Heilpädagogische Forschung, Jg. 27, Heft 1, 2001b, 15-22

Göppel, Rolf: „Wenn ich hasse, habe ich keine Angst mehr…". Psychoanalytisch-pädagogische Beiträge zum Verständnis problematischer Entwicklungsverläufe und schwieriger Erziehungssituationen, Donauwörth: Auer Verlag, 2002

Gredig, Daniel / Sommerfeld, Peter: Neue Entwürfe zur Erzeugung und Nutzung lösungsorientierten Wissens, in: Hans-Uwe Otto / Andreas Polutta / Holger Ziegler (Hg.): What Works - Welches Wissen braucht die Soziale Arbeit? - Zum Konzept evidenzbasierter Praxis, Opladen: Barbara Budrich Verlag, 2010, 83-98

Helmke, Andreas: Unterrichtsqualität und Lehrerprofessionalität. Diagnose, Evaluation und Verbesserung des Unterrichts, Seelze: Klett-Kallmeyer, 2009

Hillenbrand, Clemens / Hennemann, Thomas / Hens, Sonja: Lubo aus dem All! Programm zur Förderung emotional-sozialer Kompetenzen in der Schuleingangsphase, München: Ernst Reinhardt, 2010

Hillenbrandt, Clemens: Didaktik bei Unterrichts- und Verhaltensstörungen, Würzburg: Reinhardt Verlag, 2008

Hofmann, Christiane: Förderungsdiagnostik zwischen Konzeption und Rezeption, in: Ricken, Gabi / Fritz, Annemarie / Hofmann, Christiane: Diagnose: Sonderpädagogischer Förderbedarf, Lengerich: Pabst Science Publishers, 2003, 106-115

Hrabal, Vladimir: KK-1 Klassen-Kompass Soziometrische Rating-Methode für die Diagnostik des Klassenklimas, Wahl der Klassenvertreter und Optimierung der Arbeit mit Schulklassen an Sekundarschulen – Version für Klassenlehrer, Göttingen: Hogrefe Verlag, 2009

Langfeldt, Hans – Peter / Prücher, Franz: Bildertest zum sozialen Selbstkonzept (BSSK). Handanweisung, Göttingen: Beltz Test GmbH, 2004

Lösel, Friedrich / Jaursch, Stefanie/ Beelmann, Andreas / Stemmler, Marc: Prävention von Störungen des Sozialverhaltens - Entwicklungsförderung in Familien: das Eltern- und Kindertraining EFFEKT®, in: Waldemar von Suchodoletz (Hg.): Prävention von Entwicklungsstörungen, Göttingen: Hogrefe, 2007, 215-234

Lösel, Friedrich / Stemmler, Mark / Jaursch, Stefanie / Beelmann, Andreas: Universal prevention of antisocial development: Short- and long-term effects of a child- and parent-oriented program. Monatsschrift für Kriminologie und Strafrechtsreform 92, 2009, 289-307

Myschker, Norbert: Verhaltensstörungen bei Kindern und Jugendlichen. Erscheinungsformen - Ursachen - Hilfreiche Maßnahmen, Stuttgart: Kohlhammer Verlag, 2006

Otto, Hans - Uwe / Polutta, Andreas / Ziegler, Holger: Zum Diskurs um evidenzbasierte Soziale Arbeit, in: Hans-Uwe Otto / Andreas Polutta / Holger Ziegler (Hg.): - What Works - Welches Wissen braucht die Soziale Arbeit? - Zum Konzept evidenzbasierter Praxis, Opladen: Barbara Budrich Verlag, 2010, 7-28

Otto, Hans Uwe / Schneider, Klaus: Zur Wirksamkeit sozialer Arbeit, im Internet unter: (http://www.forum.lu/pdf/artikel/6611_288_Otto_Schneider.pdf, 7/2009), 2009, 20

Perkins, Neil / Smith, Katherine / Hunter, David J. / Bambra, Clare / Joyce, Kerry E.:"What counts is what works? New Labour and partnerships in public health", Policy and politics, Vol. 38, No. 1, 2010, 101-117

Petermann, Franz / Petermann, Ulrike: Training mit aggressiven Kindern, Weinheim, Basel: Beltz Verlag, 2005

Petticrew, Marc / Roberts, Helen: Systematic reviews in the social sience, Oxford: Blackwell, 2006

Rauer, Wulf / Schuck, Karl Dieter: Fragebogen zur Erfassung emotionaler und sozialer Schulerfahrungen von Grundschulkindern erster und zweiter Klassen (FEESS 1-2). Handanweisung, Göttingen: Beltz Test GmbH, 2004

Ricken, Gabi / Fritz, Annemarie / Hofmann, Christiane: Diagnose: Sonderpädagogischer Förderbedarf, Lengerich: Pabst Science Publishers, 2003

Sachverständigenrat für die Konzertierte Aktion im Gesundheitswesen Gutachten 2003 - Finanzierung, Nutzerorientierung und Qualität, Band I: Finanzierung und Nutzerorientierung, Baden Baden: Nomos Verlag, 2003

Schick, Andreas / Cierpka, Manfred: Faustlos - Förderung sozialer und emotionaler Kompetenzen in Grundschule und Kindergarten, PPmP, Jg. 55, Heft. 11, 2005, 462-468

Schrader, Josef / Trautwein, Ulrich / Hesse, Friedrich: Von der Konfession zur Profession. Frankfurter Allgemeine Zeitung, Nr. 250, 27.10.2011, 8

Strauss, Sharon E./ Richardson, Scott W / Glasziou, Paul / Haynes, Brian R.: Evidence-based medicine: How to practice and teach EBM. Edinburgh, New York: Elsevier/Churchill Livingstone, 2005

Tenorth, Heinz - Elmar: Nicht ohne Reputationsverluste, Frankfurter Allgemeine Zeitung, 27.10.2011, Nr. 250, 8

Wettstein, Alexander: Beobachtungssystem zur Analyse aggressiven Verhaltens in schulischen Settings (BASYS), Bern: Huber, 2008

Wichert, Peter von: Evidenzbasierte Medizin (EbM): Begriff entideologisieren, Deutsches Ärzteblatt, Jg. 102, Heft 22, 2005, A-1569

Willmann, Marc: Emotional-soziale Schwierigkeiten und Verhaltensstörungen, Beltz: Weinheim, 2010

Axel Ramberg

**Bindung und Mentalisierung –
Überlegungen zur professionellen Haltung im Kontext der
schulischen Erziehungshilfe**

1. Einleitende Gedanken

Die Bildungslandschaft ist im Wandel begriffen. Ausgehend von der UN-Konvention über die Rechte von Menschen mit Behinderungen stehen pädagogische Institutionen vor der Aufgabe, dem inklusiven Gedanken Rechnung zu tragen und zu ermöglichen, dass „Menschen mit Behinderungen nicht aufgrund von Behinderung vom allgemeinen Bildungssystem ausgeschlossen werden und dass Kinder mit Behinderungen nicht aufgrund von Behinderung vom unentgeltlichen und obligatorischen Grundschulunterricht oder vom Besuch weiterführender Schulen ausgeschlossen werden" (Deutscher Bundestag 2008, 1436).
Inklusion wird von Hinz (2006) definiert als „allgemeinpädagogischer Ansatz, der auf der Basis von Bürgerrechten argumentiert, sich gegen jede gesellschaftliche Marginalisierung wendet und somit allen Menschen das gleiche volle Recht auf individuelle Entwicklung und soziale Teilhabe ungeachtet ihrer persönlichen Unterstützungsbedürfnisse zugesichert sehen will" (ebd., 98). Dies scheint, wirft man einen Blick auf den derzeitigen personellen und materiellen Status quo vieler pädagogischer Institutionen, ein hoher und hehrer Anspruch zu sein.
Neben finanziellen Überlegungen stellt sich jedoch noch eine weitere Frage, die für die Umsetzung von Inklusion im schulischen Bereich von Bedeutung ist, nämlich die des angemessenen Umgangs mit Schülern[1], die Beeinträchtigungen im Bereich der emotionalen und sozialen Entwicklung aufweisen. In der gegenwärtigen Debatte um Inklusionsbemühungen wird die entsprechende Klientel dieses sonderpädagogischen Förderbereiches häufig noch ausgeklammert (vgl. Speck 2010, 100).
Aber um welche Klientel handelt es sich überhaupt? Der Förderschwerpunkt der emotionalen und sozialen Entwicklung ist einer der letzten ausdifferenzierten Förderschwerpunkte im sonderpädagogischen Bereich. Zwar gab es „Kinder und Jugendliche, die ihrer Umwelt Schwierigkeiten machen und mit sich selbst Schwierigkeiten haben" (Myschker 2009, 44) schon immer. Im Laufe der letzten Jahrhunderte hat sich jedoch vor allem die Bezeichnung der Kinder und Jugendlichen gewandelt. Wurden sie früher als verwildert, schwererziehbar, psychopathisch oder gemeinschaftsschädigend beschrieben, werden heute eher Begriffe wie verhaltensgestört, hyperaktiv oder psychoso-

---

[1] Wenn im Folgenden die männliche Form gebraucht wird, umfasst dies stets auch die weibliche Form.

zial deformiert angewandt, um diese Kinder und ihr Verhalten zu beschreiben (vgl. Göppel 2010, 14).
Der Terminus der „Verhaltensstörung" wurde letztlich auf dem 1. Weltkongress für Psychiatrie in Paris 1950 als Oberbegriff für eine Vielzahl von Auffälligkeiten festgelegt (vgl. Lindmeier 2010, 21). Diese Bündelung unter einem Oberbegriff führt allerdings zu einem Problem, das auch für die Frage nach der inklusiven Beschulung der entsprechenden Schüler relevant ist. Der Förderschwerpunkt emotionale und soziale Entwicklung umfasst zum einen Kinder und Jugendliche mit einer großen Anzahl entwicklungslogisch variierender Verhaltensauffälligkeiten, zum anderen Störungsbilder, die zugleich einem medizinischen Paradigma zugeordnet sind. So führt Myschker (2009) beispielsweise Störungsbilder wie Angst, Hyperaktivität, Anorexie, Depression, Autismus oder Schizophrenie (vgl. ebd., 435f) auf, wodurch sich der Katalog der Störungen wie eine Darstellung des ICD-10 (Internationale Klassifikation der Krankheiten 2011) liest (F 41, F 90, F 50, F31, F 84, F 20). Hier entsteht eine Schnittmenge aus Pädagogik und Medizin (respektive Psychiatrie und Psychotherapie), was die Frage aufwirft, welcher Blickwinkel in Bezug auf die hilfreiche Förderung denn nun der den Kindern und Jugendlichen und ihrer Förderung angemessenere sei[2].
Analog zur Vielzahl von Störungsbildern entwickelte sich im Laufe der Zeit auch eine Vielzahl an Erklärungsansätzen. Es sollen an dieser Stelle nur die gängigsten theoretischen Positionen genannt werden, die in fast allen Lehrbüchern zum Förderschwerpunkt eine Rolle spielen. Dazu gehören tiefenpsychologische bzw. psychoanalytische, humanistische, medizinische, lerntheoretische sowie soziologische und systemische Ansätze (vgl. Myschker 2009; vgl. Hillenbrand 2008; vgl. Vernooij / Wittrock 2004). Innerhalb der jeweiligen Ansätze wird aus einem übergeordneten Theorierahmen heraus versucht, Verhalten zu erklären, um Störungen des Gleichen besser zu verstehen. Dies erscheint in der Praxis oftmals nicht einfach. Insbesondere wenn schwere dissoziale Verhaltensweisen mit scheinbar unerklärlicher Gewalt einhergehen, wird ein Verstehen des Verhaltens eines Kindes oder Jugendlichen oftmals fast unmöglich. Das Problem des Nicht-Verstehens und die daraus resultierende Hilflosigkeit im Umgang mit diesen Kindern und Jugendlichen, schlägt sich auch in der Schwierigkeit nieder, Schüler mit entsprechenden Verhaltensstörungen in dem oben skizzierten inklusiven Kontext zu denken. Speck (2011) formuliert dies wie folgt:

„Sie [Schüler mit Verhaltensauffälligkeiten, Anm. d. Verf.] können einen didaktisch auch noch so gut vorbereiteten Unterricht aushebeln. Es genügen nur einzelne extrem schwierige Kinder und Jugendliche pro Klasse, um einen geregelten, z.B. integrativen Unterricht unmöglich zu machen." (Speck 2011, 74)

---

[2] Damit ist nicht gemeint, dass sich beide Bereiche ausschließen. Es gibt fließende Übergänge, die es oft schwer machen, ein klar umrissenes Bild des Förderschwerpunktes zu zeichnen. Zur weiteren Auseinandersetzung mit der Schnittstelle Kinder- und Jugendpsychiatrie und Erziehungshilfe siehe auch Fegert 2011, 15f

2. Erklärungsversuche

Worin könnten die dargestellten Schwierigkeiten im Umgang mit Kindern und Jugendlichen mit Verhaltensauffälligkeiten begründet sein? Cloerkes (2001) verweist bei seiner Darstellung zur Einstellung gegenüber Menschen mit Behinderungen darauf, dass Beeinträchtigungen im psychischen Bereich grundsätzlich negativer bewertet werden als beispielsweise körperliche Beeinträchtigungen (vgl. ebd., 76).

Bei vielen Schülern des oben beschriebenen sonderpädagogischen Förderbereiches treten Probleme häufig im Zusammenhang mit affektiv und emotional aufgeladenen Stressoren auf. Dies legt die Annahme nahe, dass grundlegende affektregulatorische Kompetenzen, die in der frühesten Kindheit erworben werden und für die angemessene Auseinandersetzung mit eigenen und fremden affektiven Prozessen verantwortlich sind, nicht ausreichend entwickelt wurden (vgl. Gerspach 2007, 290). In konflikthaften Situationen oder bei subjektiv erlebten Frustrationen scheint die Kontrolle des eigenen Erlebens nicht angemessen zu greifen, was dazu führt, dass diese Kinder von ihren eigenen affektiven und emotionalen Zuständen überwältigt werden. So lassen sich häufig eine niedrige Frustrationstoleranz, wiederkehrende Impulsdurchbrüche oder dissoziales Verhalten beobachten (vgl. ebd.). Diese Verhaltensweisen zeigen entsprechende Schüler sowohl im Regelschulbereich, als auch an Förderschulen mit entsprechendem Schwerpunkt, dort trotz der kleineren Klassengruppen und engerer Betreuung (vgl. Stein 2011, 325).

Es stellt sich die Frage, ob allein durch räumlich-sachliche, materielle oder personelle sowie konzeptionelle Veränderungen eine Veränderung auf der Verhaltensebene der Schüler zu gewährleisten sein kann oder ob es nicht einer anderweitigen Reflexion bedarf, um sich dem Problembereich zu nähern.

Da die oben beschriebenen Auffälligkeiten im Verhalten der Kinder auch in unterschiedlichen Kontexten die gleichen bleiben, kann davon ausgegangen werden, dass sie letztlich als eine Störung der Fähigkeit zur angemessenen Gestaltung von Interaktionssituationen zu verstehen sind. Für die jeweilige pädagogische Betreuungssituation folgt hieraus die Notwendigkeit, der Dimension der Beziehung und daraus folgend deren Gestaltung im schulischen Alltag eine besondere Bedeutung beizumessen, da gerade dieser Bereich bei Kindern mit dem Förderbedarf emotionale und soziale Entwicklung gestört zu sein scheint (vgl. Crain 2005, 17; vgl. Warzecha 1997, 75f; vgl. Reiser 1992, 181f; vgl. Stein 2011, 324f; Datler 2004, 114f). Es bedarf demnach einer intensiven Auseinandersetzung mit dem Erleben und der Entwicklung von Beziehungen und Beziehungsstrukturen, um dem oben beschriebenen Nicht-Verstehen der Schüler entgegenwirken zu können Einen geeigneten theoretischen Rahmen für die Betrachtung von zwischenmenschlichen Beziehungen stellt dabei die Bindungstheorie dar, die „im Grunde eine Theorie der Beziehungen" (Marvin 2009, 193) ist.

3. Bindung

Die denkbaren Ursachen für Beziehungsstörungen erscheinen zwar vielfältig, lassen sich jedoch bei genauer Betrachtung der jeweiligen biographischen Entwicklung der Schüler oftmals in schwierigen und enttäuschenden bis hin zu frustrierenden und traumatisieren-

den Beziehungsmustern der frühen Kindheit finden (vgl. Julius 2009, 293), in denen es Bezugspersonen nicht möglich war, sich einfühlend auf das Kind einzustellen und ihm so bei der Etablierung einer angemessenen Affektregulation zu helfen. Wiederholen sich solche Beziehungsmuster, können sie internalisiert werden und dem Kind im weiteren Entwicklungsverlauf als „Landkarte" in der Beziehungsgestaltung dienen. Bowlby (2006) spricht in diesem Zusammenhang von „inneren Arbeitsmodellen", die es dem Menschen ermöglichen, sich durch Antizipation von Verhaltensweisen des Gegenüber in Interaktionssituationen orientieren zu können und dadurch für Sicherheit in der Interaktion sorgen (vgl. ebd., 87). Die grundlegenden Ideen hinter diesem Konzept entstammen dem psychoanalytischen Denken der Objektbeziehungstheorie (vgl. Daudert 2001, 5). Auch im Bereich der Säuglingsforschung gibt es bspw. von Stern (2007) ähnliche Formulierungen zur Speicherung kurzer Interaktionssequenzen in Form von „RIGs" (Representations of Interactions that have been Generalized) im Gedächtnis des Säuglings (vgl. ebd., 138f).
Für den pädagogischen Bereich ist die Erkenntnis von Bedeutung, dass biographisch etablierte Arbeitsmodelle auch Verhaltensweisen von Kindern beeinflussen können:

„Ein sicher gebundenes Kind wird das interne Arbeitsmodell einer feinfühligen, liebevollen und zuverlässigen Bindungsperson abspeichern, und eines Ichs, das der Aufmerksamkeit und Liebe würdig ist. Diese Annahmen werden sich dann auf alle anderen Beziehungen auswirken. Umgekehrt könnte ein unsicher gebundenes Kind die Welt als einen gefährlichen Ort ansehen, an dem andere Menschen mit großer Vorsicht behandelt werden müssen, und sich selbst als unwirksam und nicht liebenswürdig betrachten." (Holmes 2006, 100)

Diese unbewusste Erfahrungsdimension bringen Kinder in alle neuen und damit unbekannten Gruppenkontexte ein (vgl. Brandes 2008, 98).
Das Konzept der inneren Arbeitsmodelle ist im Rahmen der Bindungstheorie von Mary Ainsworth weiter ausdifferenziert worden. Sie entwickelte den „Fremde-Situations-Test", welcher durch eine strukturierte Abfolge von Trennungs- und Wiedervereinigungssequenzen zwischen einer Mutter, ihrem Kleinkind sowie einer fremden Person charakterisiert ist. Das im Test und den jeweiligen Abschnitten gezeigte Verhalten des Kindes gibt dabei nicht nur Auskunft über den Bindungstyp des Kindes, sondern auch über das Fürsorgeverhalten der Bezugsperson. So ließen sich vorrangig drei Verhaltenskategorien erkennen, die A, B und C genannt wurden (vgl. Ainsworth 1985, 321):
Sicher gebundene Kinder, die mit dem Typ B bezeichnet werden, zeigen in Anwesenheit der Bezugsperson Interesse an der Exploration und sind gegenüber der fremden Person offen im Kontakt. Sie zeigen Protest in Trennungssituationen, lassen sich allerdings durch die Bezugsperson gut trösten (vgl. Bischof-Köhler 2011, 215). Kinder, die mit dem Typ A bezeichnet werden, zeigen ein unsicher-vermeidendes Bindungsverhalten. Sie bleiben in Trennungssituationen unbeeindruckt und suchen auch bei der Wiedervereinigung nur wenig Kontakt zur Mutter. Auch zeigen sie keine Beeinträchtigung ihres Explorationsverhaltens in Anwesenheit der fremden Person (vgl. ebd.). Dabei zeigt sich bei den Kindern dieser Gruppe eine deutliche Erhöhung des Speichelcortisols in Folge der Stressbelastung (vgl. Brisch 2009, 53). Unsicher-ambivalent gebundene Kinder werden unter dem Typ C zusammengefasst. Diese Kinder zeigen während der Trennung

sowie der Wiedervereinigung eine undifferenzierte Mischung aus Angst und Aggression. Auch das Explorationsverhalten ist eingeschränkt (vgl. Bischof-Köhler 2011, 215). Letztlich wurden im „Fremde Situation Test" Kinder beobachtet, die keinem der drei Bindungstypen entsprachen. Diese Kinder wurden erst später unter dem Typ D (desorganisiert gebundene Kinder) zusammengefasst (vgl. Hesse / Main 2010, 219f). Diese Kinder zeigten verschiedene, nicht vorhersehbare Verhaltensweisen (Erstarren mitten in der Bewegung, stereotypes Verhalten), wobei diese auch in Kombination mit den Verhaltensweisen der anderen Bindungstypen vorkommen können (vgl. Brisch 1999, 52).
Entscheidend für die Ausbildung der jeweiligen Bindungstypen sowie die Qualität der Bindung ist neben den Temperamentsfaktoren des Kindes die Frage nach dem mütterlichen Betreuungsstil; letztlich also nach der Beziehung zwischen beiden. Das Kind bringt von Beginn an affektive und physiologische Bedürfnisse in die Beziehung ein und die Mutter steht vor der Aufgabe, diese angemessen zu ordnen oder zu regulieren (vgl. Daudert 2001, 9). „Die elterliche Unterstützung bei der Zustandsregulierung ist entscheidend dafür, ob das Kind lernen kann, wie aus beunruhigenden Affektzuständen wieder ein positiver Affektzustand hergestellt wird" (Rass 2010, 114). Die Abstimmung der affektiven Zustände in der Interaktion ist deshalb vorrangig zu beachten, da diese „das fruchtbarste Merkmal der intersubjektiven Bezogenheit" (Stern 2007, 198) darstellt. Dieser Annahme wird im Rahmen der Bindungstheorie Rechnung getragen. Die annehmende und einfühlende Interaktion seitens der Mutter wird mit dem Begriff der „Feinfühligkeit" zusammengefasst. Feinfühligkeit bedeutet in diesem Zusammenhang, dass „alle Verhaltensweisen, Zustände und Äußerungen des Säuglings Informationsträger für die Bindungsperson sind, durch die sie das Kind kennen lernt und Rückmeldung erhält, wie ihr Verhalten vom Kind bewertet wird" (Grossmann / Grossmann 2008, 224). Entscheidend für diesen Vorgang ist, dass sich die Mutter auf ihr Kind mit allen individuellen Besonderheiten einlässt. Diese offene Haltung führt im Idealfall zu einer Passung im Rahmen der frühkindlichen Beziehung. Ainsworth (1974) hat vier sich aufeinander beziehende Faktoren benannt, die als Feinfühligkeitsmerkmale zu verstehen sind. Dazu gehört neben der Wahrnehmung und korrekten Interpretation der Bedürfnisse des Säuglings auch die Angemessenheit einer möglichst zeitnahen Antwort auf ebendiese (vgl. ebd., 414). Neben diesen Faktoren der Feinfühligkeit werden Konsistenz des Betreuungsverhaltens, Freiraum zur Exploration sowie ein „Entzücken" in der Interaktion mit dem Kind als wesentliche Aspekte des mütterlichen Betreuungsstils angeführt (vgl. Bischof-Köhler 2011, 217). Die Fähigkeit zur feinfühligen Interaktion wird in diesem Zusammenhang häufig auf die etablierten Bindungsrepräsentationen der Eltern selbst zurückgeführt. Diesbezüglich liegen mehrere Untersuchungsergebnisse vor, die einen Zusammenhang zwischen elterlicher Bindungsrepräsentation, Feinfühligkeit im Betreuungsstil sowie kindlichem Bindungsmuster postulieren (vgl. Grossmann / Grossmann 2008, 235). Dementsprechend kann sich eine sichere Bindung auf Seiten der Kinder vor allem dort etablieren, wo es sichere Bindungen auf Seiten der Eltern gibt. Dies ist, wie sich zeigen wird, auch für den pädagogischen Bereich und die Arbeit mit Kindern mit unsicheren Bindungsmustern von Bedeutung.
Kritik am Begriff der Feinfühligkeit wird vor allem aufgrund der relativen Allgemeinheit seiner Kernaussage geäußert. Für Fonagy u.a. (2008) ist der Begriff, vor allem in der Beschreibung der Fähigkeiten zu offen gehalten. Sie sehen als Grundvoraussetzung für

den gelingenden Aufbau einer sicheren Bindung die Fähigkeit der Bezugsperson, die momentane Affektlage angemessen wider zu spiegeln (vgl. ebd., 50f). Dies ist besonders dort von Bedeutung, wo dieser Prozess aufgrund von traumatischen Erlebnissen mit Gewalt oder Verlust massiv gestört wird und es dadurch zur Ausbildung unsicherer Bindungsmuster und zur Entwicklung negativ gefärbter Arbeitsmodelle kommt, wie es bei Kindern im Förderbereich der emotionalen und sozialen Entwicklung häufig der Fall ist (vgl. Julius 2009, 293). Negativ getönte Arbeitsmodelle sowie die mangelnde Fähigkeit zur Affektregulation müssen demnach im institutionalisierten, professionellen Kontext berücksichtigt werden, möchte man die Beziehungsgestaltung als wichtigen pädagogischen Faktor bewerten. Dementsprechend lässt sich dem schwierigen Verhalten der Kinder und Jugendlichen im Förderbereich emotionale und soziale Entwicklung nur durch professionell gestaltete Beziehungsangebote begegnen, bei denen es den Kindern möglich ist, Alternativen zu ihren bisherigen Beziehungen zu erleben und auf der Grundlage neuer Beziehungserfahrungen zu einem veränderten Verhalten in Momenten der Interaktion zu gelangen.

4. Mentalisierung

Um erste Ideen dazu zu entwickeln, wie sich die oben geschilderte Forderung in der pädagogischen Praxis umsetzen lässt, scheint sich das Konzept der Mentalisierung von Fonagy u.a. (2008) anzubieten, da es zum einen Aspekte der frühen Beziehungsgestaltung berücksichtigt und zum anderen klare Ableitungen für die spätere Entwicklung und Förderung der Mentalisierungsfähigkeit erlaubt. Das Konzept „stellt eine Fortführung psychoanalytischer Debatten über Symbolisierung dar" (Dornes 2006, 167) und verbindet so bindungstheoretische und psychoanalytische sowie kognitionspsychologische Annahmen (vgl. ebd., 166).
Mentalisierung beschreibt die Fähigkeit zur aufmerksamen „Beachtung und Reflexion des eigenen psychischen Zustands und der psychischen Verfassung anderer Menschen" (Allen u.a. 2011, 21). Damit ist in erster Linie ein aktiver Prozess des „Sich-Vergegenwärtigens" angesprochen, weshalb häufig auch vom Mentalisieren gesprochen wird (Schultz-Venrath / Döring 2011, 10). Ein Kind verfügt zu Beginn seines Lebens noch nicht über diese reflexive Fähigkeit zur Fremd- und Selbstwahrnehmung, weshalb es die Grundlagen dafür im Verlauf seiner frühen Kindheit entwickeln muss, wobei die Voraussetzung für eine gelingende Entwicklung die sichere Bindung im Beziehungsprozess zwischen Säugling und primärer Bezugsperson darstellt (vgl. ebd.). Ein Säugling ist zu Beginn seines Lebens noch nicht in der Lage, verschiedene emotionale Eindrücke sowie emotionales Erleben bewusst zu differenzieren und zu kategorisieren (z.B. in Freude, Wut, Trauer, Angst) (vgl. Fonagy u.a. 2008, 223). Erst im intersubjektiven Zusammenspiel mit seiner Bezugsperson wird das Kind nach und nach dazu befähigt. Dabei sind insbesondere die Wahrnehmung sowie die Reaktion der Bezugsperson auf emotional-affektive Ausdrücke des Säuglings von Bedeutung für diesen Entwicklungsschritt (vgl. Dornes 2006, 172). Den entsprechenden Prozess in der Beziehungssituation bezeichnet Fonagy u.a. (2008) als markiertes Spiegeln (vgl. ebd., 182f). Hiermit ist gemeint, dass Bezugspersonen angemessen auf emotionale Ausdrücke von Säuglingen

reagieren. So wird eine Mutter bspw. ihrem lächelnden Kind auch mit einem Lächeln begegnen, oder wenn es weint seine Traurigkeit anerkennen. Entscheidend für diesen Prozess ist die Bedeutung der Markierung. „Die Markierung wird dadurch erreicht, dass die Mutter eine übertriebene Version ihres realistischen Gefühlsausdrucks produziert" (ebd., 184). Mit Übertreibung sind allgemeine Aspekte der Ammensprache oder des „Baby-Talks" angesprochen, wie sie kulturübergreifend im Säuglingsalter auftreten (vgl. Dornes 2006, 173). Dazu gehören beispielsweise die besondere Intonation oder die Rhythmisierung beim Sprechen mit dem Kind. Durch die Markierung gelingt es dem Säugling, die Antwort der Mutter als spielerische Darstellung seines eigenen Zustandes und nicht als realistischen Emotionsausdruck der Mutter selbst zu erkennen. Eine reale Traurigkeit der Mutter wäre dementsprechend nicht durch die Markierung angereichert. Durch diese Unterscheidung kann der Säugling die Zuschreibung der Emotion von der Mutter lösen. Fonagy u.a. (2008) bezeichnet diesen Prozess als „referentielle Entkoppelung" (ebd., 185). In Folge dieser Entkoppelung steht der Säugling nun vor der Aufgabe, diese spielerische Darstellung des emotionalen Ausdrucks wieder auf sich zu beziehen. Er muss „ihn als Ausdruck und Widerspiegelung seines eigenen Affektzustandes" (Dornes 2006, 174) verstehen. Diesen Prozess nennen Fonagy u.a. (2008) „referentielle Verankerung" (ebd., 186). Entscheidend an diesem Prozess ist nun, dass der Säugling durch die Aufnahme der markiert gespiegelten Affekte in sein Selbst sogenannte „sekundäre Repräsentationen" (ebd., 297) erwirbt, die ihm dabei helfen, „Affekte in ihrer Intensität zu regulieren" (Klöpper 2006, 68). Das Kind ist somit immer besser dazu in der Lage, eigene affektive Zustände zu differenzieren und dadurch zu einem angemessenen Umgang, einer angemessenen Regulation mit gleichen zu gelangen. Die Grundlage für das Gelingen dieses Prozesses ist dabei die Wahrnehmung einer sicher-gebundenen Kontingenzbeziehung (vgl. Fonagy 2008, 186.). Sollte es in der Bindung zwischen Mutter und Säugling aufgrund unterschiedlichster Ursachen Schwierigkeiten beim Aufbau einer sicheren Bindung geben, kann dies entsprechende Folgen für die Fähigkeit des Kindes zur Selbstregulation haben. Fonagy u.a. (2008) unterscheidet zwischen zwei Formen nicht gelingender Spiegelung, welche sich ebenfalls auf die Markierung beziehen (vgl. ebd., 200). Zunächst besteht die Gefahr der fehlenden Markierung. Hiermit ist gemeint, dass ein affektiver Zustand des Säuglings in gleicher Art und Weise unmarkiert und somit realistisch widergespiegelt wird. Dornes (2006) beschreibt dies wie folgt:

„Der unmarkierte Schmerz der Mutter als Reaktion auf den Schmerz des Kindes bei einer Impfung »spiegelt« nicht den des Kindes, sondern drückt ihren eigenen aus und das Kind verinnerlicht ihren Schmerz als Reaktion auf sich selbst. Nicht nur wird sein Affekt schlecht reguliert und repräsentiert, sondern das Kind erlebt sich als jemand, der Schmerzen in anderen hervorruft, denn das war die Reaktion der Mutter auf seinen Schmerz." (Dornes 2006, 176f)

Die zweite deviante Variante des Spiegelns ist die fehlende Kongruenz im gespiegelten Affekt. Bei dieser Form der Spiegelung markiert die Mutter zwar, allerdings inkongruent zum Ausdruck des kindlichen Affektes. Fonagy u.a. (2008) spricht in diesem Zusammenhang auch von kategorial verzerrter mütterlicher Spiegelung (vgl. ebd., 201). Ein weiteres Beispiel von Dornes (2006) verdeutlicht diesen Prozess:

„Lenkt sie [die Mutter, Anm. d. Verf.] zum Beispiel von Angst oder Trostbedürfnissen des Kindes ab, indem sie diese in durchaus spielerischer Weise in Müdigkeit oder ein Bedürfnis des Kindes nach Unterhaltung uminterpretiert, so wird sich der Säugling in diesen Stellungnahmen nicht wiedererkennen." (Dornes 2006, 177)
Sowohl durch die fehlende als auch durch die nicht treffende Markierung „entstehen verzerrte sekundäre Repräsentanzen der primären Selbstzustände" (ebd.), die das Kind an der Etablierung einer stabilen Affektregulation behindern. Die Folge können dann Beeinträchtigungen im Bereich der Mentalisierung sein. Bei Kindern und Jugendlichen mit Verhaltensstörungen zeigen sich diese Defizite vorrangig in der mangelnden Fähigkeit, eigene oder fremde psychische Zustände treffend zu identifizieren: „… sie unterstellen anderen grundsätzlich schlechte Absichten oder benutzen sogar ihre Informationen über das, was andere denken und fühlen, um sie sozial zu manipulieren oder zu missbrauchen." (Sharp 2009, 163)
Dieses Phänomen des verzerrten Mentalisierens zeigt sich auch besonders deutlich bei aggressiven Kindern, die „angesichts eines Gleichaltrigen mit undurchschaubaren Absichten selektiv Hinweise auf Feindseligkeit registrieren, beruhigende Hinweise jedoch bei ihrer Informationsverarbeitung ignorieren" (ebd.). Die Folgen dieser Fehlinterpretation können als Verhaltensstörungen auftreten und Ausdruck der mangelhaften Regulation eigener Affekte sein. Vor dem Hintergrund, dass es bei vielen Kindern mit Beeinträchtigungen der emotionalen und sozialen Entwicklung keine sicheren familiären Hintergründe gibt, auf deren Basis sich die Mentalisierungsfähigkeit angemessen entwickeln konnte, bleibt „als Beziehungs- und Erziehungseinrichtung eigentlich nur noch die Schule" (Rass 2010, 116). Die Konsequenz für die pädagogische Beziehungsarbeit im schulischen Kontext könnte dementsprechend wie bei Rass (2010) aufgefasst werden:

„Das heißt, dass im pädagogischen Handlungsfeld die reife Persönlichkeitsstruktur des Erziehers [oder des Lehrers, Anm. d. Verf.] maßgeblich die Handlungskompetenz des unreifen Zöglings beeinflusst. Während beim Erwachsenen erwartet werden kann, dass er Affekte, Emotionen und Gefühle dank einer reifen Eigenregulation adäquat verarbeitet, steht diese einem Heranwachsenden nur bedingt und altersentsprechend zur Verfügung. Er kann daher erhoffen, dass der Pädagoge ihm bei der Bewältigung dieser Entwicklungsaufgabe zur Verfügung steht." (Rass 2010, 115)
Diese Anforderungen scheinen insbesondere im Kontext der Schule schwer zu realisieren, ist doch der vordergründige Bildungsauftrag der Institution eher an Aspekte wie Wissen, Können und Leistung geknüpft. Dennoch muss es, gerade unter Beachtung der wachsenden Probleme im Interaktionsfeld Schule, erlaubt sein, die Frage nach einer angemessenen Beziehungsgestaltung und deren Chancen im schulischen Alltag zu stellen, wobei der Fokus der Fragestellung in erster Linie auf dem professionellen Rollenverständnis der Lehrkraft liegen muss, da diese dem Schüler als neue Bezugsperson zur Verfügung steht.

5. Professionelle Haltung

„Mentalisation erzeugt Mentalisation" (Walter 2011, 247)
Fonagy u.a. (2008) gehen ebenso wie Walter (2001) von der Annahme aus, dass nur das Mentalisieren selbst auch zur Entwicklung der Mentalisierungsfähigkeit beiträgt (vgl. Fonagy u.a. 2008, 65). Für den Bereich der schulischen Erziehungshilfe bedeutet das, dass Lehrkräfte sich mentalisierend auf die Kinder und Jugendlichen einstellen müssen, damit diese zu einem angemessenen Umgang mit eigenen Gefühlen und Bedürfnissen finden können. Die Förderung des Mentalisierens sollte im Zentrum sonderpädagogischer Bemühungen im entsprechenden Förderschwerpunkt stehen (vgl. Willerscheidt 2008, 58).
Allen u.a. (2011) haben eine Reihe von grundlegenden Interventionsideen entwickelt, welche die Aufmerksamkeit für mentale Prozesse schärfen, die Bewusstheit verschiedener Perspektiven kultivieren sowie die Mentalisierungsfähigkeit in emotional aufgeladenen Momenten verbessern sollen[3] (vgl. ebd., 46).
Im Folgenden werden nur solche Interventionen dargestellt, die im allgemeinpädagogischen Kontext denkbar sind und in erster Linie unter den Begriff der professionellen Haltung, im Sinne „eines professionellen Selbstbildes, das in der beruflichen Auseinandersetzung mit den beruflichen Anforderungen und der eigenen Lebensgeschichte konstruiert wird" (Reiser 2006, 52), subsumiert werden können.
Vorrangig bedeutsam erscheint, sich im Umgang mit Kindern und Jugendlichen eine forschende Haltung zu bewahren. Hierzu gehört es, neugierig auf fremdes und eigenes Erleben zu bleiben (vgl. ebd., 219). Allerdings ist damit auch gemeint, dass es nie möglich ist, wirklich zu wissen, was im anderen gerade vorgeht, oder warum eine Interaktion in die eine oder andere Richtung verläuft. Dieses Nicht-Wissen muss immer wieder reflektiert werden, denn oftmals ist es im pädagogischen Alltag sehr schwierig, nicht gleich in Kategorien oder festen Zuschreibungen zu denken.
Weiter ist im Sinne des Mentalisierungskonzeptes die Initiierung markierter Spiegelprozesse bedeutsam (vgl. ebd.). Emotionale Zustände des Gegenüber müssen mitgedacht (mentalisiert) und gespiegelt werden, damit es den Kindern und Jugendlichen gelingen kann, eigene emotionale und mentale Zustände zunehmend besser selbstständig zu erkennen. Dabei sollte stets darauf geachtet werden, dass Mitteilungen oder andere Interventionen klar und präzise sind, damit sie das Gegenüber nicht überfordern und so die Möglichkeit zur Reflexion verbauen (vgl. ebd.).
Ein wichtiger Aspekt ist das Mitteilen eigener emotionaler Zustände. Diese Form der „gerechtfertigten Selbstenthüllungen" (ebd.) gibt dem Gegenüber nicht nur die Möglichkeit, den Erwachsenen als Modell für das Nachdenken über Emotionen zu erkennen, sondern eröffnet auch ein Feld, auf welchem unterschiedliche Ansichten ausgetauscht

---

[3] Julius (2009) entwickelt ebenfalls verschiedene Interventionen für den Umgang mit Schülern mit Verhaltensauffälligkeiten. Dabei orientiert er sich stärker an den jeweiligen Bindungstypen (vgl. ebd., 296f). Für die Praxis könnte dies u.U. aufgrund der fehlenden Diagnose sowie den z.T. fließenden Übergängen einzelner Bindungstypen problematisch sein, weshalb es sinnvoller erscheint, Ideen für die Etablierung einer allgemeinen mentalisierenden Haltung in pädagogischen Institutionen zu entwickeln (vgl. Gerspach 2007, 302).

werden können. Dieser Punkt der Perspektivenerweiterung erscheint immer dann bedeutsam zu sein, wenn es schon zu eingeschliffenen und starren Routinen in der Beziehung gekommen ist (vgl. ebd.).
Der letzte zu nennende Aspekt ist die Selbstreflexion. Sollte es zu Konflikten in der Interaktion kommen oder sollten Situationen eskalieren, ist es unabdingbar, auch die Frage nach eigenen Anteilen zu stellen, die einerseits zur entsprechenden Reaktion des Gegenüber geführt haben, andererseits zum eigenen Erleben dieser Situation (vgl. ebd.). Natürlich ist dies eng verbunden mit der oben beschriebenen Akzeptanz eigenen Nicht-Wissens. Die Bedeutung solcher Selbstreflexion im Umgang mit schwierigem Verhalten Anderer wird auch bei Ilien (2009) betont, der diesen Prozess als „Aufarbeitung von Problemfällen" (ebd., 106) versteht. Rass (2010) betont in diesem Zusammenhang die aus der Selbstreflexion erwachsende Fähigkeit, mit negativen Affekten, die in der Interaktion mit dem Schüler auftreten, angemessener umgehen zu können, da sie durch die Integration und selbstreflexive Aufarbeitung „weniger ängstigend und zerstörend sind" (ebd., 122). Hirblinger (2009) ergänzt die beschriebenen Ideen, indem er für den schulischen Rahmen zum einen die Möglichkeit des spielerischen Umgangs mit Emotionen und zum anderen die Bedeutung der Anregung zur Symbolisierung durch die Lehrkraft hervorhebt (vgl. ebd., 145).
Diese zunächst allgemein erscheinenden Überlegungen erhalten im schulischen Kontext eine besondere Bedeutung, denn sie bilden die Grundlage für ein gelingendes Lernen in Beziehung, welches wiederum eine Grundlage kulturellen Wissens darstellt (vgl. Allen u.a. 2011, 126):

„Die Entwicklung des Mentalisierens ist das Hauptmerkmal einer humanspezifischen pädagogischen Veranlagung, die als Instrument der Vermittlung und des Erwerbs kultureller Information – einschließlich des Wissens um mentale Zustände – dient." (Allen u.a. 2011, 111)
Lernen in Beziehung ist dem Lernen durch Beobachtung oder durch Versuch und Irrtum insofern überlegen, als dass es „unverzichtbar für den Erwerb arbiträren kulturellen Wissens" (ebd., 127) ist.
Allen u.a. (2011) bezeichnen die Fähigkeit eines Kindes, Aufmerksamkeit zu fokussieren und die Bereitschaft zur Aufnahme von Informationen zu signalisieren als „pädagogische Haltung" (ebd., 127). Diese entwickelt sich im Zusammenspiel mit der Fähigkeit zur Mentalisierung und im Rahmen der frühen Mutter-Kind-Interaktion. Um diese pädagogische Haltung beim Kind anzusprechen, muss die Lehrkraft einerseits selbst mentalisieren können, z.B. um die emotionalen und mentalen Zustände des Kindes einzuschätzen, andererseits die Fähigkeit zur Metakognition besitzen, um eigenes Wissen in einer dem Kind angemessenen Form aufzubereiten (vgl. ebd.). Das Wichtigste aber erscheint neben diesen beiden Aspekten, die Zuneigung zum Kind:

„Unabdingbar für die pädagogische Haltung ist außerdem die wohlwollende Absicht seitens der Lehrerin, also ihr Wunsch, dem Kind zutreffende und hilfreiche Informationen zu vermitteln." (Allen u.a. 2011, 127)

6. Schlussfolgerungen

Eine mentalisierende Haltung von Lehrkräften ist grundlegend wichtig für den Aufbau einer tragfähigen Lehrer-Schüler-Beziehung im Allgemeinen und damit unerlässlich im Kontext der Förderschule mit dem Schwerpunkt emotionale und soziale Entwicklung. Schüler müssen den schulischen Alltag mit all seinen Herausforderungen als einen sicheren Raum erleben, in welchem ihnen mit regulativer Unterstützung durch die Lehrkraft begegnet wird. Nur so ist es möglich, dass es zu einer „(Nach-)Entwicklung ihrer inneren Regulationssysteme" (Naumann 2010, 150) kommt. Dieser Anspruch stellt „allerdings eine enorme Herausforderung an die pädagogische Professionalität der Lehrer dar, die unter gegenwärtigen schulorganisatorischen Bedingungen nur schwer zu erfüllen sein dürfte – zumal sie dem beruflichen Selbstverständnis vieler Lehrerinnen und Lehrer ohnehin nicht entsprechen dürfte" (Katzenbach 2004, 101). Mentalisieren ist insbesondere dort von Nöten, wo Interaktionen affektiv aufgeladen sind und mit erhöhtem Arousal einhergehen, was gleichzeitig die größten Schwierigkeiten im Mentalisierungsprozess mit sich bringt (vgl. Haslam-Hopwood u.a. 2009, 353f). Das bedeutet letztlich, dass es zur Etablierung einer mentalisierenden Haltung, insbesondere im Umgang mit Kindern mit Verhaltensauffälligkeiten unabdingbar ist, einerseits Überlegungen zur Lehrerbildung anzustellen (vgl. Hirblinger 2009, 153f), wo beispielsweise die Selbstreflexion stärker in den Fokus gerückt werden könnte, und andererseits schulorganisatorisch einen Rahmen zu schaffen, der den Lehrkräften so viel Halt gibt, den sie zum Aufbau der entsprechenden Haltung benötigen.

Zu den insoweit denkbaren Rahmenbedingungen zählen bspw. die Begrenzung von Gruppengrößen, die Möglichkeit zur flexiblen Handhabung von Unterrichtsabläufen, die dauerhafte Einbindung von therapeutischen und sozialpädagogischen Angeboten, die kontinuierliche Möglichkeit zur eigenen Fortbildung, zur Beratung sowie Supervision, die Bereitstellung optimal ausgestatteter Räumlichkeiten sowie optimalen Materials (vgl. Willerscheidt 2008, 63).

Zusammengefasst ist es unabdingbar, dass Kindern mit schwierigem Verhalten eine Lernumgebung zur Verfügung gestellt wird, „die durch zuverlässige, kontinuierliche und vor allem durch belastbare Beziehungen zu ihren Lehrern geprägt ist" (Katzenbach 2004, 101).

Da die schulische und gesellschaftliche Realität derzeit weitgehend anders aussieht, scheint die Proklamation zur inklusiven Beschulung von Kindern mit Verhaltensauffälligkeiten im Sinne von Hinz (2006) noch weit (vgl. Opp 2008, 85): Eine „Idealisierung oder gar Idolisierung mehr oder weniger ferner Verhältnisse ist (…) ein denkbar schlechter Ratgeber, wenn es darum geht, mit Bedacht über notwendige Reformen oder unsinnige Reformvorschläge nachzudenken" (Ahrbeck 2011, 45).

Literatur

Ahrbeck, Bernd: Der Umgang mit Behinderung, Stuttgart: Kohlhammer, 2011
Ainsworth, Mary D. S.: Feinfühligkeit versus Unfeinfühligkeit gegenüber den Mitteilungen des Babys, in: Grossmann Klaus E. / Grossmann, Karin (Hg.) (2009): Bindung und die menschliche Entwicklung. John

Bowlby, Mary Ainsworth und die Grundlagen der Bindungstheorie, Stuttgart: Klett-Cotta, 1974, 414-421, (2)
Ainsworth, Mary D. S.: Mutter-Kind-Bindungsmuster: Vorausgegangene Ereignisse und ihre Auswirkungen auf die Entwicklung, in: Grossmann Karin / Grossmann, Klaus E. (Hg.) (2009): Bindung und die menschliche Entwicklung. John Bowlby, Mary Ainsworth und die Grundlagen der Bindungstheorie, Stuttgart: Klett-Cotta, 1985, (2)
Allen, Jon G. / Fonagy, Peter / Bateman, Anthony W.: Mentalisieren in der psychotherapeutischen Praxis, Stuttgart: Klett-Cotta, 2011
Bischof-Köhler, Doris: Soziale Entwicklung in Kindheit und Jugend. Bindung, Empathie, Theory of Mind, Stuttgart: Kohlhammer, 2011
Bowlby, John: Bindung und Verlust: Bindung, München: Ernst Reinhardt Verlag, Band 1,2006
Brandes, Holger: Selbstbildung in Kindergruppen. Die Konstruktion sozialer Beziehungen, München: Ernst Reinhardt Verlag, 2008
Brisch, Karl H.: Bindungsstörungen. Von der Bindungstheorie zur Therapie, Stuttgart: Klett-Cotta, 2009, (9)
Cloerkes, Günther: Soziologie der Behinderten. Eine Einführung, Heidelberg: Universitätsverlag C. Winter (Edition S), 2001, (2)
Datler, Wilfried: Pädagogische Professionalität und die Bedeutung des Erlebens, in: Hackl, Bernd / Neuweg, Georg H. (Hg): Zur Professionalisierung pädagogischen Handelns, Münster: Lit Verlag, 2004
Daudert, Elke: Selbstreflexivität, Bindung und Psychopathologie: Zusammenhänge bei stationären Gruppenpsychotherapiepatienten, Hamburg: Verlag Dr. Kovač, 2001
Deutscher Bundestag: Gesetz zu dem Übereinkommen der Vereinten Nationen vom 13. Dezember 2006 über die Rechte von Menschen mit Behinderungen sowie zu dem Fakultativprotokoll vom 13. Dezember 2006 zum Übereinkommen der Vereinten Nationen über die Rechte von Menschen mit Behinderungen, in: Bundesgesetzblatt online. Jahrgang 2008 Teil II Nr. 35, im Internet unter: (http://www.bgbl.de /Xaver/start.xav?startbk=Bundesanzeiger_BGBl, letzter Zugriff: 03.01.2012), 2008, 1419-1457
Fegert, Jörg M.: Zum Stand der Dinge: Kinder- und Jugendpsychiatrie als interdisziplinäres Schnittstellenfach. Grundlagen: „Was heißt psychisch krank, (parallele) Hilfesysteme, gestiegene Fallzahlen, gestiegene Kosten, aber weniger Geld?" In: Aktuelle Beiträge zur Kinder- und Jugendhilfe Nr. 79 - Psychisch gestört oder „nur" verhaltensauffällig? Kooperation von Jugendhilfe und Kinder- und Jugendpsychiatrie in einem schwierigen Dunkelfeld, 2011, 15-49
Fonagy, Peter / Gergely, György / Jurist, Elliot L. / Target, Mary: Affektregulierung, Mentalisierung und die Entwicklung des Selbst, Stuttgart: Klett-Cotta, 2008, (3)
Gerspach, Manfred: Vom szenischen Verstehen zum Mentalisieren. Notwendige Ergänzungen für pädagogisches Handeln, in: Eggert-Schmid Noerr, Annelinde / Finger-Trescher, Urte / Pforr, Ursula (Hg.): Frühe Beziehungserfahrungen. Die Bedeutung primärer Bezugspersonen für die kindliche Entwicklung, Gießen: Psychosozial Verlag, 2007, 261-307
Göppel, Rolf: Von der „sittlichen Verwilderung" zu „Verhaltensstörungen" – Zur Begriffs- und Ideengeschichte der pädagogischen Reflexion über „schwierige Kinder", in: Ahrbeck, Bernd / Willmann, Marc (Hg.): Pädagogik bei Verhaltensstörungen. Ein Handbuch, Stuttgart: Kohlhammer, 2010, 11-20
Grossmann, Karin / Grossmann, Klaus E.: Elternbindung und Entwicklung des Kindes in Beziehungen, in: Herpetz-Dahlmann, Beate / Resch, Franz / Schulte-Markwort, Michael / Warnke, Andreas (Hg.): Entwicklungspsychiatrie. Biopsychologische Grundlagen und die Entwicklung psychischer Störungen, Stuttgart: Schattauer, 2008, 221-241, (2)
Haslam-Hopwood, G. Tobias G. / Allen, Jon G. / Stein, April / Bleiberg, Efrain: Verbesserung des Mentalisierens durch Psychoedukation, in: Allen, Jon G / Fonagy, Peter (Hg.): Mentalisierungsgestützte Therapie. Das MBT-Hanbuch – Konzepte und Praxis, Stuttgart: Klett Cotta, 2009, 347-372
Hesse, Erik / Main, Mary: Desorganisiertes Bindungsverhalten bei Kleinkindern, Kindern und Erwachsenen. Zusammenbruch von Strategien des Verhaltens und der Aufmerksamkeit, in: Brisch, Karl H. / Grossmann, Klaus E. / Grossmann, Karin / Köhler, Lotte (Hg.): Bindung und seelische Entwicklungswege. Grundlagen, Prävention und klinische Praxis, Stuttgart: Klett-Cotta, 2010, 219-248, (3)
Hillenbrand, Clemens: Einführung in die Pädagogik bei Verhaltensstörungen, München: Ernst Reinhardt Verlag UTB, 2008, (4)
Hinz, Andreas: Inklusion, in: Antor, Georg / Bleidick, Ulrich (Hg.): Handlexikon der Behindertenpädagogik. Schlüsselbegriffe aus Theorie und Praxis, Stuttgart: Kohlhammer, 2006, 97-99, (2)

Hirblinger, Heiner: Überich-Fixierung und Störung der Mentalisierungsfähigkeit in pädagogischen Praxisfeldern. Aspekte einer Entwicklung des Selbst im Unterricht und in der Lehrerbildung – Fallbeispiele und Analysen, in: Dörr, Margret / Aigner, Christian J. (Hg.): Das neue Unbehagen in der Kultur und seine Folgen für die psychoanalytische Pädagogik, Göttingen: Vanderhoeck & Ruprecht, 2009, 141-158

Holmes, Jeremy: John Bowlby und die Bindungstheorie, München: Ernst Reinhardt Verlag, 2006, (2)

Ilien, Albert: Grundwissen Lehrerberuf. Eine kulturkritische Einführung, Wiesbaden: VS Verlag, 2009

Julius, Henri: Bindungsgeleitete Interventionen in der schulischen Erziehungshilfe, in: Julius, Henri / Gasteiger-Klicpera, Barbara / Kißgen, Rüdiger (Hg.): Bindung im Kindesalter. Diagnostik und Interventionen, Göttingen: Hogrefe Verlag, 2009, 293-315

Katzenbach, Dieter: Wenn das Lernen zu riskant wird. Anmerkungen zu den emotionalen Grundlagen des Lernens, in: Dammasch, Frank / Katzenbach, Dieter (Hg.): Lernen und Lernstörungen bei Kindern und Jugendlichen. Zum besseren Verstehen von Schülern, Lehrern, Eltern und Schule, Frankfurt am Main: Brandes & Apsel Verlag, 2004, 83-104

Lindmeier, Bettina: Zur Geschichte der Verhaltensgestörtenpädagogik als universitäre Disziplin, in: Ahrbeck, Bernd / Willmann, Marc (Hg.): Pädagogik bei Verhaltensstörungen. Ein Handbuch, Stuttgart: Kohlhammer, 2010, 213-220

Marvin, Bob: Das Verständnis von oppositionellem und zerstörerischem Verhalten von Kindern aus der Perspektive des „Sicherheitskreises" („Circle of Security"), in: Brisch, Karl H. / Heilbrügge, Theodor (Hg.): Wege zu sicheren Bindungen in Familie und Gesellschaft. Prävention, Begleitung, Beratung und Psychotherapie, Stuttgart: Klett-Cotta, 2009, 187-212

Myschker, Norbert: Verhaltensstörungen bei Kindern und Jugendlichen. Erscheinungsformen – Ursachen – Hilfreiche Maßnahmen, Stuttgart: Kohlhammer, 2009, (6)

Naumann, Thilo M.: Beziehung und Bildung in der kindlichen Entwicklung. Psychoanalytische Pädagogik als kritische Elementarpädagogik, Gießen: Psychosozial Verlag, 2010

Opp, Günther: Schulen zur Erziehungshilfe – Chancen und Grenzen, in: Reiser, Helmut / Dlugosch, Andrea / Willmann, Marc: Professionelle Kooperation bei Gefühls- und Verhaltensstörungen. Pädagogische Hilfen an den Grenzen der Erziehung, Hamburg: Verlag Dr. Kovač, 2008, 67-88

Rass, Eva: Bindungssicherheit und Affektregulation im pädagogischen Handlungsfeld. Der Lehrer als Beziehungs- und Kulturarbeiter, in: Göppel, Rolf / Hirblinger, Annedore / Hirblinger, Heiner / Würker, Achim (Hg.): Schule als Bildungsort und „emotionaler Raum". Der Beitrag der Psychoanalytischen Pädagogik zu Unterrichtsgestaltung und Schulkultur, Opladen: Verlag Barbara Budrich, 2010, 53-60

Reiser, Helmut: Beziehung und Technik in der psychoanalytisch orientierten themenzentrierten Gruppenarbeit, in: Reiser, Helmut / Trescher, Helmut G. (Hg.): Wer braucht Erziehung? Impulse der psychoanalytischen Pädagogik, Mainz: Matthias-Grünewald-Verlag, 1987, 181-196

Reiser, Helmut: Psychoanalytisch-systemische Pädagogik. Erziehung auf der Grundlage der Themenzentrierten Interaktion, Stuttgart: Kohlhammer, 2006

Schulz-Venrath, Ulrich / Döring, Peter: Wie psychoanalytisch ist das Mentalisierungsmodell? – Playing With or Without Reality of Science, in: Journal für Psychoanalyse, Nr. 52, 2011, 7-27

Speck, Otto: Schulische Inklusion aus heilpädagogischer Sicht. Rhetorik und Realität, München: Ernst Reinhardt Verlag, 2011, (2)

Stein, Roland: Pädagogik bei Verhaltensstörungen – zwischen Inklusion und Intensivangeboten, in: Zeitschrift für Heilpädagogik, Jg. 62, Heft 9, 2011, 324-336

Stern, Daniel: Die Lebenserfahrung des Säuglings, Stuttgart: Klett-Cotta, 2007, (9)

Walter, Ursula: Anmerkungen zu: Mentalisation und die sich ändernden Ziele der Psychoanalyse des Kindes, in: Kinderanalyse, Jg. 9, Heft 2, 2001, 245-250

Vernooij, Monika A. / Wittrock, Manfred: Verhaltensgestört!? – Zur Mehrperspektivität eines Phänomens, in: Vernooij, Monika A. / Wittrock, Manfred: Verhaltensgestört. Perspektiven, Diagnosen, Lösungen im pädagogischen Alltag, Paderborn: Schöningh Verlag UTB, 2004, 11-14

Warzecha, Birgit: Grundlagen der Verhaltensgestörtenpädagogik (I): Eine psychoanalytisch orientierte Einführung, Hamburg: Lit Verlag, 1997

Willerscheidt, Jochen: Ist die Integration von SchülerInnen mit Verhaltensstörungen möglich? In: Heilpädagogik online. Ausgabe 02/08, 53-65, im Internet unter: (http://www.Sonderpaedagoge.de/hpo/ 2008/ heilpaedagogik_online_0208.pdf, letzter Zugriff: 03.01.2012), 2008

Inklusion

Birgit Herz

Inklusion

Mit der Ratifizierung der UN-Konvention über die Rechte von Menschen mit Behinderungen ist Inklusion zu einer zentralen Leitkategorie im bildungspolitischen, öffentlichen und fachwissenschaftlichen Diskurs avanciert. Kommunen, Schulen, Ausbildungsstätten und vor allem die sonder- und sozialpädagogische Theorieentwicklung setzen sich mit Inklusion auseinander. In den akademischen Diskussionen dominiert allerdings eine bemerkenswerte Polarisierung.
So vertritt eine Gruppe von WissenschaftlerInnen die radikale Absage an jegliche Form der kategorialen Sonderpädagogik und propagiert deren Auflösung und die Stärkung der allgemeinbildenden Regelschulen.[1] Mit Ahrbeck „überrascht und bestürzt ... die Schärfe, mit der einige Inklusionsbefürworter ihren Wunsch nach Dekategorisierung vorbringen und begründen" (Ahrbeck, 2011, 70), „verbunden mit scharfer Verurteilung derer, die eine andere Position einnehmen" (Ahrbeck, 2011, 47).[2] Die Kritik an einem derartigen Inklusionsverständnis lässt sich mit den Worten Hillers pointieren. Hiller wendet sich gegen eine Inklusionsmentalität, die wider besseres Wissen die Hoffnung nährt, „ein ungelöstes Problem der Gesellschaft sei insgesamt durch den Umbau der Schulstruktur und durch schulpädagogische Programme zu bewältigen".[3]
Im deutschen Schulsystem herrscht keine Bildungsgerechtigkeit[4], da sich die sozialen Ungleichheitsstrukturen in seiner Viergliedrigkeit abbilden und nichts darauf hindeutet, dass sich die Verfestigung bestehender sozialer Ungleichheitsstrukturen innerhalb des Systems auflösen lassen. Schon aus diesem Grund kann die derzeitige kontroverse Auseinandersetzung über eine inklusive Bildung und Erziehung die gesamtgesellschaftlichen Veränderungen – Stichwort Neoliberalismus – nicht ignorieren. Graham und Itkonen sprechen in ihrer aktuellen internationalen Vergleichsstudie deutlich aus, dass „neoliberal marked-based policies are counter-intuitive to the develoment of inclusive schools".[5]
Eine gesellschaftskritische Position im Feld der Inklusion bedeutet allerdings nicht zwangsläufig an sonderpädagogischen Kategorien festzuhalten. Inklusion wird derzeit von Ministerien und Behörden genutzt, um einerseits von der chronischen Unterfinanzierung des deutschen Bildungssystems abzulenken und um andererseits Nischen für Spar-

---

[1] vgl. Hinz, Andreas: Inklusive Pädagogik in der Schule – veränderter Orientierungsrahmen für die schulische Sonderpädagogik!? Oder doch deren Ende? In: Zeitschrift für Heilpädagogik, Jg. 60, Heft 5, 2009, 171-179
[2] Ahrbeck, Bernd: Der Umgang mit Behinderung, Stuttgart: Kohlhammer, 2011
[3] Hiller, Gotthilf: Förder- und Sonderschulen in Deutschland – ein Überblick über Bedingungen und Herausforderungen, in: Sonderpädagogische Förderung heute, Jg. 55, Heft 4, 2010, 398-417
[4] vgl. Lindmeier, Christian: Bildungsgerechtigkeit und Inklusion, in: Zeitschrift für Heilpädagogik, Jg. 62, Heft 4, 2011, 124-135
[5] Graham, Linda / Jahnukainen, Markku: Wherefore art thou, inclusion? Analysing the development of inclusive education in New South Wales, Alberta and Finland, in: Journal of Education Policy, Volume 26, number 2, 2011, 263-288

maßnahmen zu schaffen, indem bspw. für bestimmte Förderbereiche, wie Sprache, Lernen und Verhalten, auf eine Statusdiagnostik – und damit einen rechtsverbindlichen Anspruch auf Förderressourcen – verzichtet wird. Eine derartige „Reformpolitik" im trendigen Gewand der Inklusion benachteiligt vor allem Kinder und Jugendliche mit Verhaltensstörungen. Deren Förderbedarf wird aus Kostengründen geleugnet, so „dass nur ein Bruchteil dieser Kinder und Jugendlichen und ihre Familien die notwendigen Hilfen erhalten".[6]

Aus den Bundesländern, die bspw. die Sonderschulen für Verhaltensgestörte abgeschafft haben, ist ein reger Schultourismus in andere Bundesländer zu verzeichnen. Allerdings ist hier dann die Kinder- und Jugendhilfe der willkommene Kostenträger: So wird nämlich bspw. aufgrund des Vorhandenseins eines spezifischen Erziehungshilfebedarfs in Verbindung mit Verhaltensstörungen auf stationäre sozialpädagogische Einrichtung mit angegliederter Heimsonderschulen zurückgegriffen. Gleichzeitig bestehen differenzierte institutionalisierte Formen der inklusiven Förderung von SchülerInnen, etwa als mobile Dienste oder schulintegrierte schulische Erziehungshilfe.

In der Bundesrepublik Deutschland wird Inklusion überwiegend schulformbezogen diskutiert, obwohl sie sich auf alle Lebensbereiche eines Kindes, Jugendlichen oder Erwachsenen bezieht, was bspw. den Arbeitsmarkt, Partizipation und Teilhabe am kulturellen Leben oder selbstbestimmte Wohnformen betrifft.

Weiterführende Literatur

Ahrbeck, Bernd: Der Umgang mit Behinderungen, Stuttgart: Kohlhammer, 2011

Artiles, Alfredo / Kozleski, Elizabeth B. / Waitoller, Frederico R. (Eds.): Inclusive Education. Examining Equity in Five Continents, Cambrigde, Massachusetts: Harvard Education Press, 2011

---

[6] Opp, Günter: Schulen zur Erziehungshilfe – Chancen und Grenzen, in: Reiser, Helmut / Dlugosch, Andrea / Willmann, Marc (Hg.): Professionelle Kooperation bei Gefühls- und Verhaltensstörungen, Hamburg: Dr. Kovac, 2008, 67-88; vgl. Opp, Günther / Puhr, Kirstin / Sutherland, Kevin: Verweigert sich die Schule den Bildungsansprüchen verhaltensschwieriger Schülerinnen und Schüler? In: Zeitschrift für Heilpädagogik, Jg. 57, Heft 2, 2006, 59-67

Birgit Herz

„Inclusive Education" – Internationale Forschungsperspektiven

1. Einleitung

Im Januar 2012 reichte ein Konsortium aus akademischen, privaten und öffentlichen Mitgliedern einen Forschungsprojektantrag (IRTIE: International Research Training in Inclusive Education) zum Aufbau eines Marie Curie Initial Trainings im Rahmen des 7. Europäischen Frameworks „People – Marie Curie Actions" ein. Aufgrund teilweise schon bestehender Kooperationen entschieden sich ForscherInnen der Universitäten Jyväskylä und Südostfinnland (Finnland), Ljubljana (Slowenien), Canterbury und Manchester (Großbritannien) sowie der Leibniz Universität Hannover (Deutschland) als volle Mitglieder und die Tunaimi Universität (Tansania) als assoziiertes Mitglied ein internationales Graduiertenprogramm mit dem Forschungsthema Inklusion („Inclusive Education") zu entwickeln.

Der Antrag enthielt einen Überblick über den aktuellen Wissensstand, die daraus abgeleiteten thematischen Forschungsschwerpunkte, die Art der Beteiligung aller Partner und die Einbindung in ihrer jeweiligen Institution. Zur Auftaktveranstaltung fand ein zweitägiges Treffen an der Leibniz Universität Hannover statt, um die grundlegende Struktur zu erörtern und das strategische Vorgehen festzulegen. Zur inhaltlichen Ausgestaltung und Konkretisierung wurde anschließend auf Emailkommunikation und Skype-Konferenzen zurückgegriffen. Ferner konnte das Vorhaben durch eine vom DAAD geförderte Gastprofessur eines der beteiligten finnischen Kollegen an der Leibniz Universität Hannover während der Antragszeit im intensiven Dialog präzisiert werden.

Die Leibniz Universität Hannover wiederum unterstützte das Projektvorhaben mit einer Anschubfinanzierung, mit der u.a. eine studentische Hilfskraft eingestellt und die Teilnahme der Projektkoordinatorin an der nationalen Informationsveranstaltung in Bonn ermöglicht wurde.

2. Überblick über das Forschungsfeld

Inklusion ist ein globales Thema, alle Kinder, Jugendliche und Erwachsene soll barrierefreier Zugang zum sozialen und kulturellen Leben in der Gemeinschaft gesichert und Teilhabechancen und Partizipation gewährleistet werden, um Benachteiligung und Diskriminierung, bspw. auf dem Arbeitsmarkt, zu beseitigen.

Seit der Erklärung von Salamanca 1994 sind alle Staaten aufgefordert, vor allem bildungsbezogene Barrieren abzubauen (vgl. UNESCO 1994; Pijl / Meijer / Hegarty 1996;

United Nations 2006). Trotz zahlreicher und vielfältiger Forschungsaktivitäten über Inklusion in den einzelnen Ländern der Europäischen Union handelt es sich um ein relativ neues und heterogenes Forschungsfeld mit einer je nach länderspezifischer Gesetzvorgaben ebenso heterogenen Praxisgestaltung (vgl. Dyson / Howes 2009). Dabei ist festzustellen, dass das Schulsystem Exklusionsprozesse verantwortet, die vor allem Bildungsbenachteiligungen verfestigen (vgl. Dean / Dyson / Gallannaugh / Howes / Raffo 2007).
Mit Blick auf die soziologischen, philosophischen, erziehungswissentschaftlichen, technischen und ökonomischen Implikationen von Inklusion über die gesamte Lebensspanne handelt es sich um ein multidisziplinäres Forschungsfeld, das einen mehrdimensionalen Forschungszugang erforderlich macht (vgl. Booth / Dyssegaard 2008).
In der Zusammenschau des internationalen Wissensstandes und der Bestimmung von Forschungsdesideraten rückt das Augenmerk vor allem auf drei thematische Schwerpunkte: Grundlagenforschung, Entwicklung inklusiver Schulen bzw. Klassenräume und soziale Partizipation.

2.1 Grundlagenforschung

Der internationale Diskurs befasst sich mit der Dialektik zwischen realer Politik und Menschenrechten und den hieraus resultierenden konkreten Konsequenzen für schulische Bildungsangebote in Bezug auf Chancengleichheit und Bildungsgerechtigkeit (vgl. Ainscow 2008).
Zwar fordert die UNESCO die Inklusion aller SchülerInnen im allgemeinbildenden Schulwesen (UNESCO 2009), doch diese Forderung wird durch Widerstände und Hemmnisse unterschiedlichster Art und auf verschiedenen Ebenen in der konkreten Umsetzung behindert (vgl. Dyson / Raffo 2007). So konterkariert bspw. der Trend zur Privatisierung von Bildungsgütern den Gleichheitsanspruch, da nach wie vor ungleiches soziales, kulturelles und ökonomisches Kapital vornehmlich über Inklusion entscheidet (vgl. Pijl / Dyson 1998).
Dieses globale Dilemma wird in zwei ForscherInnengruppen differenziert untersucht.

- Unter der Leitung von Prof. Jahnukainen (Universität Jyväskylä) und der Beteiligung von Prof. Engelbrecht (Canterbury Church Universität) und Dr. Harris (Enabling Education Network, Universität Manchester) ist eine „International vergleichende Untersuchung über sonderpädagogische und inklusive Förderung" geplant.
- Über die „soziale Reproduktion von Chancengleichheit und Gerechtigkeit in der Schule" leiten Prof. Gaber, Prof. Urmek und Prof. Razpotnik (Universität Ljubljana) in Zusammenarbeit mit Prof. Werning und Prof. Herz (Leibniz Universität Hannover) die zweite ForscherInnengruppe.

2.2 Entwicklung Inklusiver Schulen und Klassenräume

Eine langjährige Forschungstradition belegt, dass die Qualität des inklusiven Unterrichts und die je individuelle Professionalität des Lehrerhandelns zentrale Faktoren für das Gelingen inklusiver Bildung und Erziehung sind (vgl. Ainscow / Booth / Dyson 2006; Artiles / Dyson 2005).

Über die jeweiligen spezifischen Mechanismen im Kontext von Schulgemeinschaft, Lehrerhandeln und Unterrichtsgeschehen fehlen mikroanalytische Studien einerseits sowie Forschungsmethoden zur Erfassung von Entwicklungsfortschritten in inklusiv arbeitenden Schulen andererseits (vgl. Savolainen / Engelbrecht / Nel / Malinen 2012; Pijl 2010).

Zu diesem thematischen Schwerpunktthema werden fünf ForscherInnengruppen arbeiten.

- Prof. Werning (Leibniz Universität Hannover) ist verantwortlich für eine Studie über „die Entwicklung von Untersuchungsmethoden in inklusiven Schulen" in Kooperation mit Dr. Howes (Universität Manchester) und Dr. Miles (Enabling Education Network, Universität Manchester).
- Die Entwicklung inklusiver Schulsysteme in sozio-ökonomisch benachteiligten Sozialräumen ist Gegenstand einer Forschergruppe unter der Federführung von Dr. Howes (Universität Manchester) in Zusammenarbeit mit Prof. Werning (Leibniz Universität Hannover) und Dr. Miles (Enabling Education Network, Universität Manchester).
- Prof. Savolainen (Universität Südostfinnland) wird eine Studie über „vergleichende Analysen über die Rolle des Lehrers in inklusiven Schulen" durchführen. In dieser Studiengruppe arbeitet ferner Prof. Engelbrecht (Canterbury Church Universität) mit.
- Prof. Savolainen (Universität Südostfinnland) ist auch verantwortlich für eine Untersuchung über „positive Verhaltensunterstützung für Inklusion" in Zusammenarbeit mit Dr. Kronenberg (Schweizer Zentralstelle für Heilpädagogik, Zürich).
- Über „Beratung und Konsultation in der Inklusion" forschen Prof. Herz (Leibniz Universität Hannover) in Kooperation mit Frau Dr. Bernatowicz (Ruth Cohn Institute International, Basel).

2.3 Soziale Partizipation

Trotz der Vielzahl an internationalen Erklärungen, Beschlüssen und Programmen ist nach wie vor ungeklärt, wie vor allem der sozioökonomischen Benachteiligung von Kindern, Jugendlichen und Erwachsenen mit einer Behinderung entgegengewirkt werden kann (vgl. Department of Education 2011).

Forschungsergebnisse aus der präventiven Früherziehung legen nahe, hier einen besonderen Schwerpunkt auf die sprachliche Förderung zu legen (vgl. Lüdtke 2011). Soziale Partizipation erfordert handlungspraktisch auch die Entwicklung innovativer technologischer Unterstützung (vgl. Kärnä / Nuutinen / Pihlainen-Bednarik / Vellonen 2010), aber auch ein erfolgreiches klientenangemessenes Übergangsmanagment in berufliche Arbeit gilt es verstärkt zu entwickeln (vgl. Preese 2001).

Hier besteht ein großes Forschungsdefizit im Hinblick auf Interventionen und Investitionen in Inklusion (vgl. Durbak 1997; Inclusion Europe 2009). Da der Themenkomplex „soziale Partizipation" unterschiedliche Lebensbereiche umfasst, haben sich hierzu sieben ForscherInnengruppen zusammengeschlossen.

- Prof. Lindmeier (Leibniz Universität Hannover) untersucht die „Soziale Partizipation in der Kindheit" in Kooperation mit Angelika Veddeler (United Evangelican Mission, Wuppertal).
- Prof. Lindmeier (Leibniz Universität Hannover) leitet zusammen mit Paul Andres (Prentke Romich Deutschland, Hannover) eine Forschungsgruppe über „die Entwicklung eines internet-basierten Unterstützungssystems für Lehrerpersonen von SchülerInnen, die unterstütze alternative Kommunikation in ländlichen Gebieten nutzen".
- Zur „Bedeutung von Sprache, Kommunikation und Interaktion im inklusiven Schulwesen" wird Prof. Lüdtke (Leibniz Universität Hannover) in Zusammenarbeit mit Dr. Munga (Tunaimi Universität) eine interkulturell vergleichende Studie durchführen.
- Über „Kinder mit Autismus als kreative Handelnde in einem technologieunterstützten Lernumfeld" forscht Prof. Kärnä von der Universität Südostfinnland.
- „Die Qualität akademischer Bildung für Studierende mit Behinderung" ist Gegenstand einer Untersuchung von Dr. Lehtomäki (Universität Jyväskylä).
- Prof. Razpotnik (Universität Ljubljana) widmet sich in seinem Forschungsprojekt „der Übergangsphase von der Schule in den Arbeitsmarkt" in Zusammenarbeit mit Prof. Deneke (Leibniz Universität Hannover).
- Eine „Längsschnittstudie über Lernprozesse vom Jugendalter bis zum jungen Erwachsenenalter" ist Gegenstand des Forschungsprojektes von Prof. Holopainen und Prof. Savolainen (Universität Südostfinnland).

Jedes dieser drei Forschungsfelder wird geleitet von einem Wissenschaftler / einer Wissenschaftlerin aus den beteiligten Projekten. Aufgrund der Komplexität des Forschungsfeldes und seiner Bedeutung für die Praxis, arbeiten die universitären Partner mit privaten und öffentlichen Einrichtungen eng zusammen.

3. Kooperationsnetzwerke zwischen Universitäten und privaten und öffentlichen Institutionen

Um die Breite der Forschung und die Nachhaltigkeit der Implementierung der Forschungserkenntnisse in die politische, institutionelle, wirtschaftliche und gemeindebezogene Praxis sowie der scientific community sicherzustellen, sind sieben außeruniversitäre Partner sowie die Tunaimi Universität in Tansania beteiligt.

- Die Tunaimi Universität bietet vielfältige Möglichkeiten, den interkulturellen Dialog im Rahmen international vergleichender Forschung zu verstärken.
- Die United Evangelical Mission erlaubt einen weiteren vertiefenden interkulturellen Austausch und eröffnet über ihre Mitgliedschaften im „Economical Disability Advocates Network" und der „Word Alliance of Reformed Churches" bspw. international wichtige Diskussionsforen.
- Prentke Romich Deutschland ist eine der führenden deutschen Unternehmen für technische Hilfsmittel bei unterschiedlichen Behinderungen.

„Inclusive Education" – International Forschungsperspektiven 101

- Das Ruth Cohn Institute International ist eine der bedeutendsten internationalen Aus- und Fortbildungsinstitutionen für Führungskräfte in Beratung, Coaching, und Supervisionen.
- Die Schweizer Zentralstelle für Heilpädagogik ist eine international anerkannte Institution im Schnittstellenbereich zwischen Forschung, Admnitration und Politik.
- Das Enabling Education Network zählt zu den international führenden Einrichtungen; es hat sich insbesondere auf Wissenszugänge für ressourcenarme Länder im Kontext inklusiver Bildung und Erziehung spezialisiert.
- Der Verlag Julius Klinkhardt repräsentiert einen der größten wissenschaftlichen Verlage mit ausgezeichneter Reputation und bietet vielfältige technische Möglichkeiten zur Verbreitung der Forschungsergebnisse, bspw. durch den Aufbau eines internetbasierten Wissenszentrums.

Diese PartnerInnen sind sowohl in die einzelnen Forschungsprojekte involviert als auch verantwortlich für drei weitere Schwerpunkte, die zur multiprofessionellen Qualifizierung der NachwuchswissenschaftlerInnen beitragen. Zu nennen sind hier die Programmpunkte: „dissemination", „training" und „management".
Diese Angebote erweitern das akademische Profil der Promovierenden um international relevante arbeitsmarktbezogene Kompetenzen. Durch Praktika vergleichbaren Trainings bei diesen außerakademischen Partnern, die über drei Förderjahre hinweg systematisch die Forschungsarbeit begleiten werden, findet zudem eine enge Verzahnung zwischen Theorie und Praxis statt.
Drei bereits promovierte WissenschaftlerInnen arbeiten ebenfalls in diesem Projekt und übernehmen Leitungsaufgaben für die Qualifizierung des wissenschaftlichen Nachwuchses.

4. Organisation und Struktur

IRTIE bietet einen strukturierten Qualifizierungsrahmen für 14 DoktorantInnen und drei bereits promovierte NachwuchswissenschaftlerInnen der beteiligten Universitäten. Alle PartnerInnen bilden ein gleichberechtigtes Konsortium, das für die Programmgestaltung und das Erreichen der Ziele verantwortlich ist.
Ein „Advisory Board", das mit drei internationalen Experten besetzt ist, berät und begleitet die einzelnen Entwicklungsprozesse und berichtet hierüber direkt dem Programmkoordinator. Projektmanagement und -koordination obliegt der Leibniz Universität Hannover (Prof. Herz). Ein Rekrutierungsmanager – aus dem Konsortium gewählt – sorgt für die fachliche Auswahl der besten BewerberInnen für diese internationale DoktorantInnenförderung. Einzelne ExpertInnen aus dem Feld der Inklusion nehmen als Gast-WissenschaftlerInnen an den verschiedenen Aktivitäten beratend teil. Ein unabhängiger Ethikrat – ebenfalls aus dem Konsortium gewählt – überwacht die Einhaltung der wissenschaftsethischen Standards.
Das strukturierte europäische Graduiertenkolleg enthält vielfältige gemeinsame Arbeitsphasen im interdisziplinären und interkulturellen Forschungsprozess, etwa durch Summer Schools, Seminare, Tagungen, internationale Vorträge und Veröffentlichungen.

Ein weiteres Kernelement ist die Öffentlichkeitsarbeit über außerakademische Präsentationen, etwa auf Buchmessen, in Tageszeitungen oder für Selbsthilfegruppen.

Die internationale Mobilität wird durch entsprechende finanzielle Zuwendungen gefördert und ist kennzeichnend für die organisatorische Grundstruktur für alle am Forschungs-, Trainings-, Management- und Vermittlungsprozess Beteiligte in diesem Forschungsprojekt.

5. Ausblick

Im deutschen Hochschulsystem wird zunehmend internationale Forschung eingefordert. Vielfach bieten die Erasmusprogramme eine erste Möglichkeit, innerhalb Europas Forschungskooperationen zu entwickeln. Der Aufbau solcher übergreifender Formen der internationalen Zusammenarbeit ist allerdings sehr aufwendig und zeitintensiv und hängt im Wesentlichen von drei zentralen Faktoren ab:

- Der Entwicklung eines gemeinsamen Forschungsthemas mit Kolleginnen und Kollegen,
- dem Finden passgenauer akademischer und außeruniversitärer PartnerInnen,
- der Unterstützung durch die Universität des Antragstellers.

Da Inklusion zukünftig in allen Lebensbereichen und Politikfeldern an enormer Bedeutung gewinnen wird, scheint eine europäische Forschungsförderung hier naheliegend. Es lohnt es sich, ein so prominentes Thema wie Inklusion im Rahmen eines Marie Curie Initial Trainings auf die Antragsagenda zu setzen.

Literatur

Ainscow, Mel / Booth, Tony / Dyson, Alan: Improving Schools, Developing Inclusion, London, New York: Routledge, 2006

Ainscow, Mel: Equity in Education. Responding to Context. The third report on the state of Equity in the English Education System from the Centre for Equity in Education, Manchester: University of Manchester, 2008

Artiles, Alfredo / Dyson, Alan: Inclusive education in the globalization age. The promise of comparative cultual-historical analysis, in: Mitchell, David (Ed.): Contextualizing Inclusive Education, Oxfordshire: Routledge, 2005, 37-62

Booth, Tony / Dyssegaard, Birgit: Quality is not enough, the contribution of inclusive values to the development of Education for All, Copenhagen: Ministry of Foreign Affairs of Denmark, 2008

Dean Charlotte / Dyson, Alan / Gallannaugh, Francis / Howes, Andy / Raffo, Carlo: Schools, Govenors and Disadvantage, York: Joseph Rowntree Foundation, 2007

Delucia, Marcella / Stilling Cara: Targeting Resources to Students with Special Education Needs: national differences in policy and practice, in: European Educational Research Journal, Vol. 7, No. 3, 2010, 371-385

Department of Education (Ed.): What works re-engaging young people who are not in education, employment or training (NEET)? Summary of evidence from the activity agreement pilots and the entry to learning pilots. Research Report DFE-RR065, University of Bath, November 2011

Durlak, Joseph A: Successful prevention programs for children and adolescents, New York: Plenum Press, 1997

Dyson, Alan / Raffo, Carlo: Education and Disadvantage: the Role of community-oriented Schools, in: Oxford Review of Education, Vol. 33, No. 3, July 2007, 297-314

Dyson, Alan / Howes, Andy: Towards an interdisciplinary research agenda for inclusive education, in: Psychology for inclusive education: New directions in Theory and Practice, London: Routledge, 2009, 153-164

Inclusion Europe: Include. Inclusive Education Status Report for Europe, www.inclusion-europe.org, 2009

Kärnä, Eija / Nuutinen, Jussi / Pihlainen-Bednarik Kaisa / Vellonen Virpi: The Children in the Centre (CiC) Framework, in: IDC 2010 Proceedings of the 9th international conference on Interaction Design and Children, 2010, 218-221

Lüdtke, Ulrike: Relational Emotions in semiotic and linguistic development: Towards an intersubjective Theory of Language Learning and Language Therapy, in: Zlatev, Jordan et. al. (Eds.): Moving Ourselves, Moving Others: Motion and Emotion in Consciousness, Intersubjectivity and Language, Amsterdam: Benjamins, 2011, 305-345

Pijl, Sip J. / Meijer, Cor / Hegarty, Seamus: Inclusive Education: A global Agenda, London: Routledge, 1997

Pijl, Sip J. / Dyson, Alan: Funding special education: a three-country study of demand-oriented models, in: Comparative Education, Vol. 34, No. 3, November 1998, 261-279

Pijl, Sip J.: Preparing teachers for inclusive education: some reflections from the Netherland, in: Jorsen, Vol. 10, No. 1, August 2010, 197-201

Preece, Julia: Challenging the discourse of Inclusion and Exclusion with off limits Curricula, in: Studies in the Education of Adults, Vol. 33, No. 1, 2001, 201-221

Savolainen, Hannu / Engelbrecht, Petra / Nel, Mirna / Malinen Olli – Pekka: Understanding teachers' attitudes and self-efficacy in inclusive education: implications for pre-service and in-service teacher education: European Journal of Special Needs Education, Vol. 27, No. 1, 2012, 51-68

UNESCO: Policy Guidelines on Inclusion in Education, Paris: UNESCO, 2009

UNESCO: The Salamanca Statement and Framework for Action on Special Needs Education. World Conference on Special Needs Education: Access and Quality, Paris: UNESCO, 1994

United Nations: Convention on the rights of people with disabilities. http://www.un.org/disabilities/convention/convetionfull.shtml, last checked 04.12.2011, 2006

Matthias Meyer

Teilhabechancen aus gesellschaftskritischer und gerechtigkeitstheoretischer Perspektive

1. Einleitung

Mit der „Convention on the Rights of Persons with Disabilities" (United Nations 2006) vom 13. Dezember 2006 – dem wohl wichtigsten Dokument in Bezug auf Inclusive Education seit der Salamanka Erklärung (United Nations 1994) – und der Ratifizierung dieser im Jahr 2009 in der Bundesrepublik Deutschland ist die rechtliche Grundlage für eine gleichberechtigte Teilhabe an der Gesellschaft für Menschen mit Behinderungen gelegt. Im Artikel 1 ist von einem „vollen und gleichberechtigten Genuss aller Menschenrechte und Grundfreiheiten" (Bundestag 2008) sowie von einer „wirksamen und gleichberechtigten Teilhabe an der Gesellschaft" (ebd.) die Rede. Ein Ziel inklusiver Beschulung ist in Artikel 24 festgeschrieben: „Menschen mit Behinderungen zur wirklichen Teilhabe an einer freien Gesellschaft zu befähigen" (Bundestag 2008). In der deutschen Fassung der Konvention wird von einem integrativen Bildungssystem (vgl. Bundestag 2008) gesprochen, nicht von einem „inclusive education system" (United Nations 2006) – also einem inklusiven. Fakt ist, dass die englische Version die ratifizierte ist (vgl. Heimlich 2011, 45). Fakt ist auch, dass bezüglich des Begriffs Inklusion eine ziemlich heterogene Diskussion in der deutschsprachigen Wissenschaftslandschaft vorherrscht (vgl. Herz 2010a, 30). Aber auch auf internationaler Ebene wird Inklusion als ein „schwer greifbares Konzept" (Dyson 2010, 116) aufgefasst.
In diesem Beitrag geht es um die gesellschaftliche Teilhabe beziehungsweise die Ermöglichung respektive die Verhinderung dieser – und zwar aus Perspektive der Pädagogik bei Verhaltensstörungen oder auch in Bezug auf Beeinträchtigungen der emotionalen und sozialen Entwicklung. Es stellt sich die Frage, wie es AdressatInnen der Sonder- und Sozialpädagogik[1] möglich ist, an der Gesellschaft teilzuhaben. Hierzu wird zunächst die Frage nach aktuellen gesellschaftlichen Entwicklungen gestellt werden müssen. Daran schließt sich die Frage an, inwiefern diese Entwicklungen einer gesellschaftlichen Teilhabe von AdressatInnen der Sonder- und Sozialpädagogik im Weg stehen und eine gesellschaftskritische Auseinandersetzung erfordert. Unter der Annahme, dass eine solche Auseinandersetzung erforderlich ist, müsste ferner die Frage folgen, inwiefern eine alleinige gesellschaftskritische Auseinandersetzung ausreichend ist und ob es nicht zusätzlich

---

[1] Der AdressatInnenkreis der Sonderpädagogik – respektive der Pädagogik bei Verhaltensstörungen – und der Sozialpädagogik – respektive der Kinder- und Jugendhilfe – weist eine große Übereinstimmung auf (vgl. Herz 2010b, 27, 30), so dass im Folgenden von AdressatInnen der Sonder- und Sozialpädagogik gesprochen wird.

einer gerechtigkeitstheoretischen Perspektive bedarf. Mit diesen Fragen wird sich im folgenden Beitrag auseinandergesetzt, der zunächst mit einer Darstellung aktueller gesellschaftlicher Entwicklungen beginnt.

2. Teilhabe und gesellschaftliche Entwicklungen

Begriffe mit umgekehrten Vorzeichen – also vom Gegenteil her – zu beschreiben, hat etwas Affirmatives. Diese Variante hier zu wählen, soll den Einstieg in das hier zu diskutierende Thema akzentuieren. Es stellt sich zunächst also nicht die Frage nach gesellschaftlicher Teilhabe, als vielmehr nach dem Ausschluss aus der Gesellschaft. Heinz Bude umschreibt das Problem des sozialen Ausschlusses folgendermaßen:
„Soziale Exklusion [...] ist weder auf gesellschaftliche Benachteiligung zu reduzieren noch durch relative Armut zu erfassen. Sie betrifft vielmehr die Frage nach dem verweigerten oder zugestandenen Platz im Gesamtgefüge der Gesellschaft. Sie entscheidet darüber, ob Menschen das Gefühl haben, daß ihnen Chancen offenstehen und daß ihnen ihre Leistung eine hörbare Stimme verleiht, oder ob sie glauben müssen, nirgendwo hinzugehören, und daß ihnen ihre Anstrengung und Mühe niemand abnimmt. Für die Exkludierten gilt der meritokratische Grundsatz ‚Leistung gegen Teilhabe' nicht mehr. Was sie können, braucht keiner, was sie denken, schätzt keiner, und was sie fühlen, kümmert keinen" (Bude 2008, 14f).
Hiermit ist nicht nur angesprochen, dass sozialer Ausschluss nicht allein auf soziale Benachteiligungen und Armut zurückzuführen ist. Dass diese beiden Aspekte eine nicht zu vernachlässigende Perspektive darstellen, wird an der häufigen Gleichzeitigkeit einer Attestierung des sonderpädagogischen Förderbedarfs und der niedrigeren sozialen Stellung der Familie des Kindes deutlich (vgl. Sauter 2008, 297; Herz 2010c, 75). Interessant an dem obigen Zitat ist, dass es scheinbar Menschen gibt, die einfach nicht mehr zählen, sie sind nicht von Bedeutung, sie sind überflüssig geworden. Dies erinnert an die Überflüssigen, die Bauman mit Begriffen wie ‚menschlicher Abfall' oder ‚nutzlose Menschen' als Nebenerscheinung der Modernisierung umschreibt (vgl. Bauman 2005, 12). Es stellen sich daraus schlussfolgernd folgende Fragen bezogen auf den AdressatInnenkreis: Welchen Platz wird AdressatInnen der Sonder- und Sozialpädagogik in der Gesellschaft zugestanden? Welche Chancen stehen ihnen offen und wer nimmt ihre Stimme, ihre Gedanken und Gefühle wahr? Laut Bude kann der soziale Ausschluss jeden treffen, sowohl Jung als auch Alt, Mann und Frau, Arm und Reich. „Gemeinsam ist ihnen, daß sie für sich keine Perspektive mehr sehen, daß sie den Mut verloren haben und zu der Überzeugung gelangt sind, daß es auf sie nicht mehr ankommt" (Bude 2008, 20).
Ein weiteres Phänomen aktueller gesellschaftlicher Entwicklungen ist, dass dem Individuum zunehmend selbst die Verantwortung für sich und sein Scheitern zugeschrieben wird. Zygmunt Bauman sieht neben der Episodenhaftigkeit des Lebens, die sich auch in der von Sennett (2000) beschriebenen, von der Arbeitswelt verlangten Flexibilität, widerspiegelt, vor allem die geforderte Eigenverantwortung des Individuums als einen gesellschaftlichen Umbruch:

„Die Risiken, die jede Entscheidung mit sich bringt, mögen von Kräften verursacht werden, die jenseits des Begreifens und der Handlungsfähigkeit des Einzelnen liegen, und doch ist es das Schicksal und die Pflicht, des Einzelnen, den Preis der Risiken zu zahlen" (Bauman 2008, S. 10).

Das Phänomen der individuellen Verantwortlichkeit lässt sich am Beispiel Schule verdeutlichen. Meist haben Kinder aus sozial benachteiligten Familien schlechtere Startbedingungen und dies bereits ab der Einschulung; scheitern sie, wird ihnen häufig selbst die Schuld hierfür zugeschrieben (vgl. Herz 2010c, 75f). Böhnisch / Schröer / Thiersch pointieren diese Schuldzuschreibung auf die Differenz zwischen Kindes- und Jugendalter: das Kind, welches eine Chance auf Bildung bekommt und der Jugendliche, „der sich eine zweite Chance erst wieder verdienen soll, da er die erste Chance bereits vertan hat" (Böhnisch / Schröer / Thiersch 2005, 141). Gesellschaftliche Bedingungen scheinen hierbei keine große Rolle zu spielen. Inwiefern sind aber nicht auch gerade gesellschaftliche Bedingungen für das Scheitern von Individuen verantwortlich?

Diese Entwicklungen lassen sich wiederum mit dem Begriff eines zurückgezogenen Staates umschreiben. Laut Wacquant ist das aber nur die eine Seite der Medaille, die andere bezieht sich auf die Disziplinierung des Individuums. Und damit wären wir bei einem weiteren Phänomen aktueller gesellschaftlicher Entwicklungen: „Soziale Deregulierung, die Zunahme sozial unabgesicherter Arbeitsverhältnisse [...] und die Wiederkehr eines strafenden Staates alter Prägung gehen Hand in Hand" (Wacquant 2006, 14). An anderer Stelle bei Wacquant wird die Entwicklung von einem Wohlfahrtsstaat beschrieben, der Ungleichheiten zu verringern versucht, hin zu einem Staat, der die Verantwortung beim Individuum sucht und vor allem – und dies ist neu im Vergleich zu dem oben beschriebenen Phänomen – sich zunehmend als Rechts- und Ordnungshüter versteht:

„Der keynesianische Staat als historisches Medium der Solidarität, dessen Aufgabe es war, den negativen Folgen und Konjunkturschwankungen des Marktes entgegenzuwirken, die kollektive Wohlfahrt zu sichern und Ungleichheiten zu verringern, wird von einem darwinistischen Staat abgelöst, der Konkurrenz vergötzt, individuelle Verantwortung feiert (deren Pendant kollektive Verantwortungslosigkeit ist) und sich auf seine königliche Aufgaben von ‚Recht und Ordnung' beschränkt, die er ihrerseits übermäßig aufbläht" (Wacquant 2006, 149).

Das heißt, wenn von einem zurückgezogenen Staat die Rede ist, ist damit keinesfalls anzunehmen, dass der Staat keine Rolle mehr im Leben des Einzelnen spielt. Zurückgezogen ist in dem Sinne zu verstehen, dass gesellschaftliche Verantwortung eine nachrangige Rolle spielt, die Verantwortung vielmehr beim Individuum gesehen wird und der Staat zunehmend disziplinierende Aufgaben übernimmt. Das Adjektiv ‚zurückgezogen' trifft also viel mehr auf den Wohlfahrtsstaat zu. Diese neue strafende Ausrichtung des Staates betrifft nicht die gesamte Gesellschaft. So beschreibt Wacquant die Gegenpole liberal und paternalistisch-strafend: liberal an der oberen Hälfte der Gesellschaft, paternalistisch-strafend an der unteren Hälfte (vgl. Wacquant 2006, 146). Dies verdeutlicht sich auch an folgender Aussage: „Die Bevölkerungsgruppen, die vom Umbau des Arbeitsmartes [sic!] und der Reform staatlicher Unterstützung am stärksten betroffen sind, erweisen sich auch als diejenigen, die am häufigsten der Strafverfolgung ausgesetzt sind" (Wacquant 2011, 97f). Albrecht formuliert den Wandel des sozialen Sicherungssystems hin zu einem strafenden System in Anlehnung an Wacquant sehr eindrücklich. Die Armen – oder auch marginalisierten Gruppen, wie er an anderer Stelle anmerkt, „die als Risiko für Ordnung und Sicherheit vor allem in den Städten bezeichnet werden" (Albrecht 2011a, 115) – werden mit Androhung von Strafe und Gefängnis zur Vernunft gebracht und „nicht mehr durch soziale Sicherungssysteme ruhig gehalten" (Albrecht 2011a, 112).

Der oben angedeutete Zusammenhang von sozioökonomischer Benachteiligung und dem Zuweisen eines Förderbedarfs und schlechteren Startbedingungen in der Schule, ist auch auf die Kriminalpolitik übertragbar. Sozioökonomisch benachteiligte Menschen sind einem erhöhten Risiko ausgesetzt, verdächtigt und angeklagt zu werden. Ihnen wird aufgrund ihrer sozialen Lage, wie beispielsweise Armut, eher ein Grund für kriminelles Verhalten zugeschrieben, sie werden schneller unter Verdacht gestellt (vgl. Stehr 2008, 321). Hiermit ist die von Albrecht benannte „Wiederaufwertung der Strafe und der Stigmatisierung verschiedener marginalisierter Gruppen" (Albrecht 2011a, 115) vergleichbar. Die von Bude beschriebene wahrgenommene Perspektivlosigkeit, der verloren gegangene Mut und das Gefühl, nicht mehr dazu zu gehören, spitzt sich noch einmal zu – eine Gruppe von Menschen wird als Kriminelle, Abweichler und Gewalttäter abgestempelt und damit gleichzeitig „nicht mehr als soziale Interessen- oder Konfliktparteien anerkannt" (Stehr 2008, 323). Dies hat zur Folge, dass ohne Beteiligung dieser Gruppe bestimmte soziale Konflikte nicht mehr kompromissbildend angegangen werden müssen (vgl. Stehr 2008, 321f). Bestimmte Personen tauchen somit nicht mehr als gleichberechtigt teilhabend an der Gesellschaft auf. Und dass sie nicht mehr gebraucht werden, lässt sich ebenfalls an der Kriminalpolitik verdeutlichen:

„Betrachtet man die Entwicklung der Kriminalpolitik der letzten 17 Jahre, dann wird eine deutliche Verschiebung von einer Politik der Integration und ‚Resozialisierung' hin zu einer Politik der sozialen Ausschließung erkennbar. [...] Was die neoliberale Politik im globalisierten Konkurrenzkapitalismus faktisch an sozialen Ausschließungen bewirkt, wird in der Kriminalpolitik noch einmal bestätigend vorgeführt: Mit dem weitgehenden Verzicht auf Resozialisierung und der Abkehr von der wohlfahrtsstaatlichen Philosophie wird auch am Beispiel straffällig gewordener Menschen mitgeteilt, dass sich eine Investition in gesellschaftliche Arbeitsreserven nicht mehr lohnt" (Stehr 2008, 319).

Inwiefern diese Annahme des Verzichts auf Resozialisierung zutreffend ist – unzweifelhaft für die Inhaftierung in den USA – zeigt ein Zahlenbeispiel von Albrecht. Dieser berichtet von einem Stichtag am Ende des letzten Jahrzehnts in den USA, an dem „mehr als 6000 unter 18-Jährige eine lebenslange Freiheitsstrafe" (Albrecht 2011a, 121) absaßen. Vergegenwärtigt man sich, dass „in knapp 2000 Fällen [...] die Möglichkeit einer Strafrestaussetzung zur Bewährung" (Albrecht 2011a, 121) von vornherein ausgeschlossen wurde, macht das deutlich, dass die Freiheitsstrafe in den USA anders gehandhabt wird als in Europa (vgl. Albrecht 2011a, 121). Inwiefern sind us-amerikanische Verhältnisse mit europäischen Gegebenheiten vergleichbar? Fritz Sack hat hierzu eine eindeutige Position. Nachdem er (Sack 2004, 25f) die Situation in den USA und daran anschließend auch in Großbritannien kurz analysiert – Stichpunkte sind hier „law and order" Politik und „New Labour" – leitet er seine Darstellung für Deutschland folgendermaßen ein: „Mit einer gewissen, wohl notorischen Verspätung ist der skizzierte, kriminalpolitische Geleitzug der beiden angelsächsischen Länder auf seiner West-Ost-Tour auch in

Deutschland angekommen" (Sack 2004, 27). Und auch Albrecht resümiert, dass zwar deutliche Unterschiede bestehen, beispielsweise bezüglich der Grenze zur Strafmündigkeit oder des Umgangs mit dem Freiheitsentzug, aber: „Insgesamt stehen [...] die Weichen für die Jugendkriminalpolitik und das Jugendstrafrecht in eine Richtung, die durch ‚common sense', Sicherheit und Risikokontrolle vorgegeben wird" (Albrecht 2011b, 56). Kessl weist darauf hin, dass eine Steigerung der Strafbereitschaft „nicht ausschließlich anhand einer Steigerungstendenz von Anzeige- und Inhaftierungsraten" (Kessl 2011, 132) festgemacht werden sollte – dies bezieht er insbesondere auf die Soziale Arbeit, wo eher indirekte Anzeige- und Inhaftierungsmöglichkeiten bestehen. Kessl stellt fest, dass „sehr wohl eine veränderte Strafbereitschaft in der Sozialen Arbeit zu beobachten" (Kessl 2011, 132) ist. Er nennt hier die stationäre Erziehungshilfe, innerhalb derer sich Strafe als eine pädagogische Maßnahme wieder legitimiert (vgl. Kessl 2011, 132).
Es lässt sich resümieren, dass aktuelle gesellschaftliche Entwicklungen davon geprägt sind, dass
- einige Individuen einfach nicht mehr zur Gesellschaft dazugehören, sie ausgeschlossen und nicht mehr wahrgenommen werden,
- ihnen die Schuld für ihr Scheitern zugeschrieben wird und sie sich eine zweite Chance hart erkämpfen müssen,
- schließlich der Staat sich als ein zurückgezogener Staat – wohlgemerkt ein zurückgezogener Wohlfahrtsstaat – entpuppt und sich diese Zurückgezogenheit durch eine neu aufkommende strafende Ausrichtung auf der anderen Seite kompensiert.

Diese Entwicklungen, die den sozialen Ausschluss, die Eigenverantwortung und Disziplinierung des Individuums betreffen, lassen die Frage nach einer Berücksichtigung gesellschaftskritischer Überlegungen nur als eine rhetorische erscheinen. Eine kritische Auseinandersetzung mit eben diesen Phänomenen aktueller gesellschaftlicher Entwicklungen ist zwingend erforderlich.

Gesellschaftskritische Überlegungen
Birgit Herz spricht von einer „Inklusionsmentalität" (Herz 2010a, 29), auch von einer „Inklusionsrhetorik" (Herz 2010a, 30) und kritisiert die fehlende Betrachtung von „derzeitigen gesellschaftlichen Entwicklungen" (Herz 2010a, 30) in der Debatte über Inklusion. Sie plädiert für eine Einbeziehung der gesellschaftlichen Dimension, wenn es um die Frage nach Inklusion geht:
„'Inclusive Education' in der schulischen und außerschulischen Erziehungshilfe ist nur dann überzeugend und glaubhaft zu verwirklichen, wenn auch zugleich die gesellschaftlichen Rahmenbedingungen für eine förderliche Sozialisation geschaffen werden" (Herz 2010a, 39).
Will man also – um beispielhaft auf das bereits dargestellte Phänomen einzugehen – eine Argumentationsgrundlage gegen eine solche Einstellung, die AdressatInnen von Sonder- und Sozialpädagogik allein für ihr Scheitern verantwortlich macht, entwickeln, bedarf es einer Berücksichtigung von gesellschaftlichen Bedingungen – mit Birgit Herz (2010a, 39) Worten: von „gesellschaftlichen Rahmenbedingungen für eine förderliche Sozialisation". Es gibt „keine auf Erziehung und Bildung gerichteten Handlungen und Prozesse, die nicht von gesellschaftlichen Bedingungen [...] beeinflusst wären" (Liesner / Lohmann 2010, 9). Und – so Roland Stein (2011, 325) – Gründe für Verhaltensstörungen

sind „nicht notwendig und ausschließlich in der Person der Kinder und Jugendlichen verankert".

Es bedarf also zunächst einer Wahrnehmung solcher Ausschließungs- und Disziplinierungsmaßnahmen. Ferner ist eine gesellschaftskritische Auseinandersetzung erforderlich, die genau solche Fehlentwicklungen der alleinigen Eigenverantwortlichkeit, des sozialen Ausschlusses und des Nicht-mehr-dazu-gehörens kritisch in den Blick nimmt; nicht zuletzt bedarf es eines kritischen Blicks auf derzeit stattfindende Entwicklungen hin zu vermehrt disziplinierenden Maßnahmen. Dies allein ist aber noch nicht ausreichend dafür, wirklich förderliche Rahmenbedingungen zu schaffen. Es ist auch ein Wissen darüber erforderlich, wie man sich diesen Entwicklungen widersetzen kann und was förderliche Rahmenbedingungen sein sollten. Eine fachlich fundierte Argumentation, die nicht rein fiskalpolitisch orientiert ist, ist unerlässlich. Zusätzlich zur Wahrnehmung von Fehlentwicklungen ist eine in Haeberlins (2005) Worten: „Wertgeleitete Heilpädagogik" notwendig. Es bedarf einer Orientierung an aktuellen Diskussionen über soziale Gerechtigkeit, so Roger Slee (2001). Slee führt hierbei die Gerechtigkeitstheorie von John Rawls an (vgl. Slee 2011). Die Gerechtigkeitstheorie Rawlscher Prägung erfährt inzwischen durch den Capabilities Approach von Amartya Sen und Martha C. Nussbaum eine Erweiterung – wobei sich Nussbaum an Rawls orientiert und dessen Ansatz erweitern will (vgl. Nussbaum 2010, 17). Gründe für diese Annahme der Aktualität des Capabilities Approach liefern nicht nur Auseinandersetzungen in der Sonder- und Sozialpädagogik (vgl. Lindmeier 2011a; 2011b; Vehmas 2010; Terzi 2007), auch die Allgemeine Erziehungswissenschaft und Soziale Arbeit berücksichtigt diesen Ansatz immer mehr (vgl. Ziegler 2011; Otto / Ziegler 2008; Schrödter 2007). Er „ist ein international zunehmend diskutierter Ansatz zur Analyse individuellen Wohlergehens und sozialer Wohlfahrt" (Leßmann 2011, 53), wobei das Wohlergehen eines Menschen in Bezug auf den Capabilities Approach „sowohl von der erreichten Lebensweise als auch von der Freiheit, sich für eine Lebensweise entscheiden zu können" (Leßmann 2011, 55), abhängt. Eine gerechtigkeitstheoretische Auseinandersetzung mittels des Capabilites Approach scheint auch für die Frage nach einer Teilhabe für AdressatInnen der Sonder- und Sozialpädagogik fruchtbar zu sein.

3. Gerechtigkeitstheoretische Überlegungen

Lorella Terzi spricht von „equality in education" (Terzi 2007, 757) und meint, dass es eine Spaltung in zwei Lager gibt. Es geht einerseits um „equal input" (ebd.), andererseits um „equal outcome" (ebd.). Hiermit ist die Frage angesprochen, ob ein gleicher Input auch zu einem gleichen Ergebnis führt. Der Capabilities Approach plädiert für eine Ergebnisorientierung, erst in einem zweiten Schritt ist der Prozess von Bedeutung. Der Prozess wird wiederum daran gemessen, inwiefern er das Ergebnis befördert (vgl. Nussbaum 2010, 120f). Dies ist ein für die Sonder- und Sozialpädagogik sinnvolles Vorgehen, sich erst der Zielperspektive zu vergewissern, um daran anschließend zu formulieren, wie dieses Ziel erreicht werden kann und was dem eventuell im Weg steht. Eine Zielperspektive kann mittels des Capabilities Approach aus gerechtigkeitstheoretischer

Sicht untermauert werden. Hierzu werden im Folgenden einige Kernelemente des Ansatzes angeführt.

Da der individuelle Bedarf an Gütern und Ressourcen für jeden Menschen verschieden ist, muss die jeweilige Wirkung einzelner Ressourcen berücksichtigt werden. Eine Gleichverteilung von Gütern ermöglicht nicht soziale Gerechtigkeit (vgl. Nussbaum 1999, 36). Nussbaum plädiert dafür, darauf zu schauen, welche Auswirkungen die Verteilung von Ressourcen auf das Leben eines jeden Einzelnen hat (vgl. Nussbaum 1999, 38f). Beim Capabilties Approach geht es also nicht um eine Gleichverteilung von Ressourcen, sondern darum, was bei einer Verteilung von Ressourcen als Ergebnis herauskommt. Die zentrale Frage lautet daher: „What is each person able to do and to be?" (Nussbaum 2011, 18). Weiter heißt es bei Nussbaum: „In other words, the approach takes each person as an end, asking not just about the total or average well-being but about the opportunities available to each person" (Nussbaum 2011, 18). Von Interesse ist also, was Individuen tatsächlich in der Lage zu tun und zu sein sind, nicht was das Wohlergehen im Mittelwert darstellt. Zentral sind also nicht die Ressourcen:

„Denn Menschen haben unterschiedliche Möglichkeiten, die ihnen zur Verfügung stehenden Mittel zur Verwirklichung ihrer Bedürfnisse zu nutzen. Diese Verwirklichungsmöglichkeiten werden zum einen durch große Unterschiede in der körperlichen und geistigen Konstitution bestimmt [...] und zum anderen können die jeweiligen natürlichen und sozialen Umweltbedingungen die Verwirklichungsmöglichkeiten beeinflussen" (Schrödter 2007, 13).

Zentral sind die Befähigungen jedes einzelnen Menschen. Ein überzeugender Gewinn des Capabilities Approaches liegt dabei in der kombinierten Sicht sowohl auf individuelle als auch auf gesellschaftliche Aspekte (vgl. u.a. Morris 2001). Nussbaum spricht daher auch von kombinierten Befähigungen[2], die sich aus internen Fähigkeiten und externen Bedingungen zusammensetzen (vgl. Nussbaum 2011, 21f; 2002, 29; 1999, 63). Die Bedeutsamkeit einer gleichzeitigen Betrachtung sowohl interner Fähigkeiten als auch externer Bedingungen verdeutlicht folgendes Beispiel: Eine Person hat die Fähigkeit erworben, zu sprechen – dies stellt die interne Fähigkeit dar – um jetzt aber auch in der Öffentlichkeit frei sprechen zu können, also die Redefreiheit ausüben zu können, bedarf es einer staatlichen Zusicherung der freien Meinungsäußerung – als externe Bedingung (vgl. Nussbaum 2011, 21f). Hierin – in der gleichzeitigen Betrachtung sowohl gesellschaftlicher als auch individueller Aspekte – besteht ein großes Potenzial des Ansatzes, um Kritik an neoliberalen Entwicklungen zu üben, insbesondere auch bezogen auf eine verkürzte Sicht auf eine alleinige Eigenverantwortlichkeit des Individuums. Individuelle als auch gesellschaftliche Aspekte spielen gleichermaßen eine Rolle. Es sind stets solch kombinierte Befähigungen, von denen Nussbaum spricht. Es reicht nicht aus, lediglich interne Fähigkeiten eines Menschen herauszubilden, es bedarf auch immer einer ange-

---

[2] Als Übersetzungshinweis ist in einer Fußnote bei Nussbaum (2010, 19) zu lesen, dass der Begriff ‚Capability' mit ‚Fähigkeit' übersetzt wird. Auf die Begrifflichkeit der ‚Befähigung' verweist hingegen Jan-Hendrik Heinrich: Durch den Begriff ‚Fähigkeit' seien „nur die aktiven, individuellen Bemühungen erfasst" (Heinrich 2006, 172), wohingegen der Begriff ‚Befähigung' „impliziert, dass Menschen immer schon über Anlagen zu Fähigkeiten verfügen, aber erst durch zusätzliche Umstände dazu befähigt werden, diese zu entwickeln und auszubilden" (ebd.). Der Begriff ‚Befähigung' verweist also auf das Potenzial des Capabilities Approach, demnach sowohl die individuelle als auch die soziale Perspektive bedeutsam ist.

messenen Umgebung, um die Fähigkeiten ausüben zu können (vgl. Nussbaum 2002, 29). Nussbaum nimmt in ihrem Ansatz Bezug auf Aristoteles, unter anderem indem sie die Aufgabe des Staates nach Aristoteles herausstellt. Gerade hier wird ersichtlich, dass es Nussbaum nicht ausschließlich um die Herausbildung der internen Fähigkeiten geht. Es bedarf einer unterstützenden Umgebung sowie entsprechender materieller und institutioneller Bedingungen:
„Diese Aufgabe besteht seiner [Aristoteles (Anm. d. Verf.)] Ansicht nach darin, jedem Bürger die materiellen, institutionellen und pädagogischen Bedingungen zur Verfügung zu stellen, die ihm einen Zugang zum guten menschlichen Leben eröffnen und ihn in die Lage versetzen, sich für ein gutes Leben und Handeln zu entscheiden" (Nussbaum 1999, 42).
Mit dem Ansatz von Martha Nussbaum ist nicht gesagt, was ein Mensch zu tun oder zu lassen hat, sondern wozu er in der Lage sein soll, wozu er befähigt werden soll. Ziel ist nicht die Tätigkeit, sondern die Befähigung zur Ausübung der Tätigkeit. Ein Mensch soll nicht dazu gebracht werden, bestimmte Dinge zu tun, ihm soll es ermöglicht werden, sich eigenständig für Handlungen entscheiden zu können. Dies wird auch durch eine Aussage von Lorella Terzi verdeutlicht, nach der die Capabilities – also Befähigungen – Freiheiten darstellen, die es Menschen ermöglichen sich zwischen verschiedenster Tätigkeiten zu entscheiden. Die Unterscheidung liegt hierbei zwischen Capabilities und Functionings – Fertigkeiten, also die Ausübung von Befähigungen (vgl. Terzi 2007, 762). Ingrid Robeyns benennt erstere als wesentliche Freiheiten – Freiheiten, sich für bestimmte Dinge entscheiden zu können und letztere als Resultate – letztlich als die Tätigkeiten, die das Individuum aufgrund seiner erworbenen Befähigung ausüben kann (vgl. Robeyns 2005, 93). Worauf nach Nussbaum der Fokus liegt, ist „die Funktionsfähigkeit und nicht das tatsächliche Funktionieren" (Nussbaum 1998, 214). Allerdings weist Jan-Hendrik Heinrichs darauf hin, dass es Funktionen gibt, die nur durch den Vollzug dieser Funktion erlernt werden können. „Eine Person kann die Befähigung Gedichte zu schreiben nicht erlangen, wenn sie nie eines schreibt" (Heinrichs 2008, 56). Nussbaum weist selbst auf die Schwierigkeit hin, Fähigkeiten und Tätigkeiten zu trennen. In einigen Punkten ist es bezüglich der Unterscheidung zwischen Befähigung und Tätigkeit für sie eindeutig, andere Punkte – Nussbaum bezieht sich beispielsweise auf den Aspekt der Gesundheit – bedürfen einer genaueren Klärung. Würde es bezogen auf das Beispiel der Gesundheit Nussbaum um die Tätigkeit und nicht um die Befähigung gehen, müsste man risikoreiche Aktivitäten „wie etwa Boxen, ungeschützten Sex, Fußballspielen oder Rauchen verbieten" (Nussbaum 2010, 239) – dies lehnt Nussbaum ab und bringt weitere Aspekte in die Diskussion mit ein.
„Im Fall der politischen Partizipation, der Ausübung einer Religion oder des Spielens scheint es offensichtlich, daß die Fähigkeit oder Gelegenheit zu solchen Aktivitäten das angemessene gesellschaftliche Ziel darstellt. Es wäre diktatorisch und alles andere als liberal, alle Bürgerinnen und Bürger zu diesen Tätigkeiten zu zwingen. In anderen Bereichen liegen die Dinge aber nicht so einfach" (Nussbaum 2010, 239).
Nussbaums Intention ist es eben nicht, Menschen vorzuschreiben, wie sie ihre Leben zu leben haben, sondern es geht ihr „um das Schaffen der Voraussetzungen, damit Individuen die autonome Wahl eines Lebensplanes überhaupt offensteht" (Pauer / Studer 1999, 20). In diesem Sinne ist auch die Liste zu zentralen menschlichen Fähigkeiten und Be-

dürfnissen von Nussbaum zu verstehen. Hiermit sind Fähigkeiten gemeint wie „sich Gedanken über die Zukunft zu machen, oder die Fähigkeit, auf die Ansprüche anderer zu antworten, oder die Fähigkeit, zu entscheiden und zu handeln" (Nussbaum 1998, 203). Die aktuelle Liste[3] umfasst folgende Aspekte: Leben; körperliche Gesundheit; körperliche Integrität; Sinne, Vorstellungskraft und Denken; Gefühle; Praktische Vernunft; Zugehörigkeit; Andere Spezies; Spiel; Kontrolle über die eigene Umwelt (vgl. Nussbaum 2010, 112f). Nussbaums Liste von zentralen menschlichen Fähigkeiten stellt eine „starke vage Konzeption" (Nussbaum 1999, 28) dar. Die Liste umfasst eine inhaltsreiche Bestimmung des guten Lebens – und hierin besteht auch der zentrale Unterschied zu Amartya Sen, der „eine Aufzählung von functionings und capabilities für ungeeignet [hält, um (Anm. d. Verf.)] eine vollständige Beschreibung des guten menschlichen Lebens zu liefern" (Sturma 2000, 283). Ulrich Steckmann merkt an, dass die Liste aufgrund der Wahlmöglichkeiten des Menschen zu einem guten menschlichen Leben „trotz der inhaltlichen Bestimmung [...] als formal zu betrachten" (Steckmann 2008, 112) sei. Im Sinne der oben thematisierten Zielvorgabe kann die Liste – bei ihrer Offenheit (siehe hierzu u.a. Nussbaum 2010, 232; 1999, 56) – eine gute Diskussionsgrundlage bieten, um sich darüber zu verständigen, was Menschen eigentlich in der Lage sein sollten zu tun und zu sein. Und genau hier liegt die Stärke des Capabilities Approaches, er kann zusätzlich zur gesellschaftskritischen Sicht fruchtbar für eine Bestimmung dessen sein, wie gesellschaftlichen Rahmenbedingungen für eine förderliche Sozialisation aussehen sollten.
„Kurz gesagt handelt es sich bei der Aufgabe, Menschen mit Beeinträchtigungen zu integrieren, um eine öffentliche Aufgabe, die öffentliche Planung und den Einsatz öffentlicher Ressourcen verlangt. Die entscheidende Frage lautet hier nicht, wieviel Geld Menschen mit Beeinträchtigungen haben sollten, sondern, was sie tatsächlich zu tun und zu sein in der Lage sein sollten. Und wenn wir hier zu einer Antwort gekommen sind, stellt sich die weitere Frage, welche Hindernisse der Realisierung ihrer Fähigkeiten in Tätigkeiten zumindest bis zu einem angemessenen Schwellenwert im Wege stehen" (Nussbaum 2010, 234).
Zunächst ist es also erforderlich, die Zielperspektive – also die Frage nach den zentralen menschlichen Ansprüchen, die Frage nach den Befähigungen – zu thematisieren. In einem zweiten Schritt gilt es dann zu klären, was der Ermöglichung dieser zentralen menschlichen Ansprüche respektive Befähigungen im Weg steht und wie diese Hindernisse überwunden werden können.

4. Fazit

In diesem Beitrag wurden unter der Frage nach gesellschaftlichen Entwicklungen die Phänomene des sozialen Ausschlusses, die dem Individuum zugeschriebene alleinige Verantwortung für sein Scheitern und die zunehmende Punitivität und Disziplinierung des Individuums beschrieben. Es wurde insbesondere an der Kriminalpolitik verdeutlicht, dass ein zunehmender Verzicht auf Resozialisierung den sozialen Ausschluss und ein Überflüssigwerden von Menschen noch einmal drastisch zementiert. Auch die Zu-

---

[3] Eine aktuelle Liste mit einer genaueren Spezifizierung, was die einzelnen Aspekte bedeuten, findet sich in Nussbaum 2010, S. 112 ff. sowie in Nussbaum 2011, S. 33 f.

schreibung von kriminellem Verhalten für eher sozial benachteiligte Bevölkerungsgruppen ist hier ein nicht zu vernachlässigender Aspekt. Und nicht zuletzt die Vergleichbarkeit us-amerikanischer Verhältnisse mit europäischen Verhältnissen, die in dem Sinne gegeben ist, dass eine allmähliche Annäherung von West nach Ost stattfindet, geben Anlass für gesellschaftskritische Überlegungen.

Darüber hinaus bedarf es neben einer solch kritischen Auseinandersetzung durch die Sonder- und Sozialpädagogik vor allem auch einer Vorstellung davon, wie das Ziel – ein gutes Leben – aussehen sollte respektive welche Voraussetzungen dafür notwendig sind. Für eine konstruktive Kritik braucht es schließlich Alternativvorschläge und mittels des aktuell diskutierten Capabilities Approach scheint eine solch konstruktive Kritik möglich. Dieser Ansatz liefert die Beschreibung einer möglichen Zielvorgabe. Nicht eine Gleichverteilung von Ressourcen ist hier von Bedeutung, sondern Befähigungen – es wird danach gefragt, was jedem einzelnen möglich ist zu tun und zu sein. Ein großes Potential des Ansatzes wurde mit der kombinierten Sicht auf die Befähigungen herausgestellt. Es bedarf sowohl pädagogischer Bedingungen – individuelle Sicht – als auch materieller und institutioneller Voraussetzungen – gesellschaftliche Sicht.

Festzuhalten ist, dass sowohl eine gesellschaftskritische als auch eine gerechtigkeitstheoretische Auseinandersetzung zwingend erforderlich sind, um der Diskussion um gesellschaftliche Teilhabe auch und insbesondere für AdressatInnen der Sonder- und Sozialpädagogik Rechnung zu tragen. Zu der hier favorisierten gerechtigkeitstheoretischen Perspektive als eine Erweiterung der gesellschaftskritischen Betrachtung innerhalb der Sonder- und Sozialpädagogik wäre darüber hinaus ein Blick auf die Theorie der Anerkennung (Honneth 1994) weiterführend. Eine Diskussion zu anerkenungs- und gerechtigkeitstheoretischen Überlegungen liegt bereits aus politisch-philosophischer Perspektive vor (vgl. hierzu Fraser / Honneth 2003); auch die Heil- und Sonderpädagogik setzt sich mit den Aspekten von Anerkennung und Gerechtigkeit auseinander (vgl. Dederich / Schnell 2011).

Eine weitere Auseinandersetzung mit den Aspekten von Gerechtigkeit und Anerkennung – schließlich eine Konkretisierung dieser Aspekte für den AdressatInnenkreis von Sonder- und Sozialpädagogik – wären fruchtbar und zwingend zugleich für die Entwicklung eines theoretischen Fundaments. Eines Fundaments, welches auf der einen Seite überzeugende Argumente gegen rein ökonomische, insbesondere neoliberale, Tendenzen liefern könnte; andererseits eine pädagogische Haltung beflügeln könnte, die sich nicht unkritisch ausschließenden Mechanismen hingibt und als ein theoretischer Reflexionsrahmen eine Handlungssicherheit für die praktische Arbeit befördern könnte.

Literatur

Albrecht, Hans-Jörg: Bestrafung der Armen? Zu Zusammenhängen zwischen Armut, Kriminalität und Strafrechtsstaat, in: Dollinger, Bernd / Schmidt-Semisch, Henning (Hg.): Gerechte Ausgrenzung? Wohlfahrtsproduktion und die neue Lust am Strafen, Wiesbaden: VS Verlag, 2011a, 111-129

Albrecht, Hans-Jörg: Internationale Tendenzen in der Entwicklung des Jugendstrafrechts, in: Dollinger, Bernd / Schmidt-Semisch, Henning (Hg.): Handbuch Jugendkriminalität. Kriminologie und Sozialpädagogik im Dialog, Wiesbaden: VS Verlag, 2011b, 43-59, (2)

Bauman, Zygmunt: Verworfenes Leben. Die Ausgegrenzten der Moderne, Hamburg: Hamburger Edition, 2005

Bauman, Zygmunt: Flüchtige Zeiten. Leben in der Ungewissheit, Hamburg: Hamburger Edition, 2008

Böhnisch, Lothar / Schröer, Wolfgang / Thiersch, Hans: Sozialpädagogisches Denken. Wege zu einer Neubestimmung, Weinheim, München: Juventa, 2005

Bude, Heinz: Die Ausgeschlossenen. Das Ende vom Traum einer gerechten Gesellschaft (Lizenzausgabe), Bonn: Bundeszentrale für Politische Bildung, 2008

Bundestag: Gesetz zu dem Übereinkommen der Vereinten Nationen vom 13. Dezember 2006 über die Rechte von Menschen mit Behinderungen sowie zu dem Fakultativprotokoll vom 13. Dezember 2006 zum Übereinkommen der Vereinten Nationen über die Rechte von Menschen mit Behinderungen, im Internet unter: (http://www.un.org/Depts/german/uebereinkommen/ar61106-dbgbl.pdf, letzter Zugriff: 14.02.2012), 2008

Dederich, Markus / Schnell, Martin W. (Hg.): Anerkennung und Gerechtigkeit in Heilpädagogik, Pflegewissenschaft und Medizin. Auf dem Weg zu einer nichtexklusiven Ethik, Bielefeld: Transcript, 2011

Dyson, Alan: Die Entwicklung inklusiver Schulen: drei Perspektiven aus England, in: Die Deutsche Schule 102, Jg. 2, Heft 2, 2010, 115-129

Fraser, Nancy / Honneth, Axel (Hg.): Umverteilung oder Anerkennung? Eine politisch-philosophische Kontroverse, Frankfurt am Main: Suhrkamp, 2003

Haeberlin, Urs: Grundlagen der Heilpädagogik. Einführung in eine wertgeleitete erziehungswissenschaftliche Disziplin, Bern: Haupt, 2005

Heimlich, Ulrich: Inklusion und Sonderpädagogik. Die Bedeutung der Behindertenrechtskonvention (BRK) für die Modernisierung sonderpädagogischer Förderung, in: Zeitschrift für Heilpädagogik, Jg. 62, Heft 2, 2011, 44-54

Heinrichs, Jan-Hendrik: Grundbefähigungen. Zum Verhältnis von Ethik und Ökonomie, Paderborn: Mentis, 2006

Heinrichs, Jan-Hendrik: Capabilities: Egalitaristische Vorgaben einer Maßeinheit, in: Otto, Hans-Uwe / Ziegler, Holger (Hg.): Capabilities – Handlungsbefähigung und Verwirklichungschancen in der Erziehungswissenschaft, Wiesbaden: VS Verlag, 2008, 54-68

Herz, Birgit: »Inclusive Education«. Desiderata in der deutschen Fachdiskussion, in: Schwohl, Joachim / Sturm, Tanja (Hg.): Inklusion als Herausforderung schulischer Entwicklung. Widersprüche und Perspektiven eines erziehungswissenschaftlichen Diskurses, Bielefeld: Transcript, 2010a, 29-44

Herz, Birgit: Kinder- und Jugendhilfe/Sozialpädagogik, in: Ahrbeck, Bernd / Willmann, Marc (Hg.): Pädagogik bei Verhaltensstörungen. Ein Handbuch, Stuttgart: Kohlhammer, 2010b, 27-35

Herz, Birgit: Armut und Bildungsbenachteiligung, in: Liesner, Andrea / Lohmann, Ingrid (Hg.): Gesellschaftliche Bedingungen von Bildung und Erziehung. Eine Einführung, Stuttgart: Kohlhammer, 2010c, 75-85

Honneth, Axel: Kampf um Anerkennung. Zur moralischen Grammatik sozialer Konflikte, Frankfurt am Main: Suhrkamp, 1994

Kessl, Fabian: Punitivität in der Sozialen Arbeit – von der Normalisierungs- zur Kontrollgesellschaft, in: Dollinger, Bernd / Schmidt-Semisch, Henning (Hg.): Gerechte Ausgrenzung? Wohlfahrtsproduktion und die neue Lust am Strafen, Wiesbaden: VS Verlag, 2011, 131-143

Leßmann, Ortrud: Verwirklichungschancen und Entscheidungskompetenz, in: Sedmak, Clemens / Babic, Bernhard / Bauer, Reinhold / Posch, Christian (Hg.): Der Capability-Approach in sozialwissenschaftlichen Kontexten. Überlegungen zur Anschlussfähigkeit eines entwicklungspolitischen Konzepts, Wiesbaden: VS Verlag, 2011, 53-73

Liesner, Andrea / Lohmann, Ingrid: Einleitung, in: Liesner, Andrea / Lohmann, Ingrid (Hg.): Gesellschaftliche Bedingungen von Bildung und Erziehung. Eine Einführung, Stuttgart: Kohlhammer, 2010, 9-15

Lindmeier, Christian: Bildungsgerechtigkeit und Inklusion, in: Zeitschrift für Heilpädagogik, Jg. 62, Heft 4, 2011a, 124-135

Lindmeier, Christian: Bildungsgerechtigkeit im schulbezogenen sonder-, integrations- und inklusionspädagogischen Diskurs, in: Dederich, Markus / Schnell, Martin W. (Hg.): Anerkennung und Gerechtigkeit in Heilpädagogik, Pflegewissenschaft und Medizin. Auf dem Weg zu einer nichtexklusiven Ethik, Bielefeld: Transcript, 2011b, 159-186

Morris, Patricia M.: The Capabilities Perspektive: A Framework for Social Justice, in: Families in Society, Vol. 83, No. 4, 2001, 365-373

Nussbaum, Martha C.: Menschliches Tun und soziale Gerechtigkeit. Zur Verteidigung des aristotelischen Essentialismus, in: Steinfath, Holmer (Hg.): Was ist ein gutes Leben? Philosophische Reflexionen, Frankfurt am Main: Suhrkamp, 1998, 196-234

Nussbaum, Martha C.: Gerechtigkeit oder Das gute Leben, Frankfurt am Main: Suhrkamp, 1999

Nussbaum, Martha C.: Aristotelische Sozialdemokratie. Die Verteidigung universaler Werte in einer pluralistischen Welt, in: Nida-Rümelin, Julian / Thierse, Wolfgang (Hg.): Für eine aristotelische Sozialdemokratie, Essen: Klartext, 2002, 17-40

Nussbaum, Martha C.: Die Grenzen der Gerechtigkeit. Behinderung, Nationalität und Spezieszugehörigkeit, Berlin: Suhrkamp, 2010

Nussbaum, Martha C.: Creating Capabilities. The Human Development Approach, Cambridge: Harvard University Press, 2011

Otto, Hans-Uwe / Ziegler, Holger (Hg.): Capabilities – Handlungsbefähigung und Verwirklichungschancen in der Erziehungswissenschaft, Wiesbaden: VS Verlag, 2008

Pauer-Studer, Herlinde: Einleitung. Gerechtigkeit oder Das gute Leben, Frankfurt am Main: Suhrkamp, 1999, 7-23

Robeyns, Ingrid: The Capability Approach: a theoretical survey, in: Journal of Human Development, Vol. 6, No 1, 2005, 93-114

Sack, Fritz: Kritische Kriminologie und Soziale Arbeit, in: Liedke, Ulf / Robert, Günther (Hg.): Neue Lust am Strafen? Umbrüche gesellschaftlicher und pädagogischer Konzepte im Umgang mit abweichendem Verhalten, Aachen: Shaker, 2004, 17-50

Sauter, Sven: Vielfalt, Heterogenität und Differenz – Das Bildungs- und Erziehungssystem als kultureller Raum, in: Biewer, Gottfried / Luciak, Mikael / Schwinge, Mirella (Hg.): Begegnung und Differenz: Menschen – Länder – Kulturen. Beiträge zur Heil- und Sonderpädagogik, Bad Heilbrunn: Klinkhardt, 2008, 296-313

Schrödter, Mark: Soziale Arbeit als Gerechtigkeitsprofession. Zur Gewährleistung von Verwirklichungschancen, in: neue praxis, Jg. 37, Heft 1, 2007, 3-28

Sennett, Richard: Der flexible Mensch. Die Kultur des neuen Kapitalismus, Berlin: Siedler, 2000, (8)

Slee, Roger: Social justice and the changing directions in educational research: the case of inclusive education, in: International Journal of Inclusive Education, Vol. 5, No. 2/3, 2001, 167-177

Steckmann, Ulrich: Autonomie, Adaptivität und das Parternalismusproblem – Perspektiven des Capability Approach, in: Otto, Hans-Uwe / Ziegler, Holger (Hg.): Capabilities – Handlungsbefähigung und Verwirklichungschancen in der Erziehungswissenschaft, Wiesbaden: VS Verlag, 2008, 90-115

Stehr, Johannes: Soziale Ausschließung durch Kriminalisierung: Anforderungen an eine kritische Soziale Arbeit, in: Anhorn, Roland / Bettinger, Frank / Stehr, Johannes (Hg.): Sozialer Ausschluss und Soziale Arbeit. Positionsbestimmungen einer kritischen Theorie und Praxis Sozialer Arbeit, Wiesbaden: VS Verlag, 2008, 319-332, (2)

Stein, Roland: Pädagogik bei Verhaltensstörungen – zwischen Inklusion und Intensivangeboten, in: Zeitschrift für Heilpädagogik, Jg. 62, Heft 9, 2011, 324-336

Sturma, Dieter: Universalismus und Neoaristotelismus. Amartya Sen und Martha C. Nussbaum über Ethik und soziale Gerechtigkeit, in: Kersting, Wolfgang (Hg.): Politische Philosophie des Sozialstaats, Weilerwist: Velbrück Wissenschaft, 2000, 257-292

Terzi, Lorella: Capability and Educational Equality: The Just Distribution of Resources to Students with Disabilities and Special Educational Needs, in: Journal of Philosophy of Education, Vol. 41, No.4, 2007, 757-773

United Nations: The Salamanca Statement and Framwork for Action on Special Needs Education, im Internet unter: (http://www.unesco.org/education/pdf/SALAMA_E.PDF, letzter Zugriff: 14.02.2012), 1994

United Nations: Convention on the Rights of Persons with Disabilities, im Internet unter: (http://www.un.org/disabilities/convention/conventionfull.shtml, letzter Zugriff: 14.02.2012), 2006

Vehmas, Simo: Special needs: a philosophical analysis, in: International Journal of Inclusive Education, Vol. 14, No. 1, 2010, 87-96

Wacquant, Loic: Das Janusgesicht des Ghettos und andere Essays, Basel: Birkhäuser, 2006

Wacquant, Loic: Die neoliberale Staatskunst: Workfare, Prisonfare und soziale Unsicherheit, in: Dollinger, Bernd / Schmidt-Semisch, Henning (Hg.): Gerechte Ausgrenzung? Wohlfahrtsproduktion und die neue Lust am Strafen, Wiesbaden: VS Verlag, 2011, 77-109

Ziegler, Holger: Soziale Arbeit und das gute Leben – Capabilities als sozialpädagogische Kategorie, in: Sedmak, Clemens / Babic, Bernhard / Bauer, Reinhold / Posch, Christian (Hg.): Der Capability-Approach in sozialwissenschaftlichen Kontexten. Überlegungen zur Anschlussfähigkeit eines entwicklungspolitischen Konzepts, Wiesbaden: VS Verlag, 2011, 117-137

Christiane Mettlau

Mittendrin und doch daneben „Ausschluss inklusive" für Kinder und Jugendliche mit Verhaltensstörungen?

1. Einleitung

Bezugspunkt vieler Veröffentlichungen seit dem März 2009 ist die UN-Behindertenrechtskonvention. Sie betont das Recht von Menschen mit Behinderungen auf das erreichbare Höchstmaß an Bildung ohne Diskriminierung aufgrund von Behinderung. Sie bestimmt seitdem die nationale Gesetzgebung der föderalen deutschen Bildungspolitik.
Als Konsequenz sind alle Maßnahmen an einer Inklusionsperspektive auszurichten, die keine Aussonderung akzeptiert.
Das Recht auf Bildung für Behinderte und andere marginalisierte Gruppen war historisch betrachtet immer gefährdet und musste erkämpft werden, besonders in wirtschaftlichen Krisenzeiten. So ist es auch jetzt. Die Zielvorstellung von einer „inklusiven" Gesellschaft, die keine Benachteiligungen mehr verstärkt, sondern Chancengerechtigkeit herstellt, ist die einzig mögliche Entwicklungsperspektive, die mit dem deutschen Grundgesetz, dem Sozialstaatsprinzip und der UN-Konvention vereinbar ist. Sie trifft derzeit auf eine neoliberale von Verteilungskämpfen dominierte Realität. In diesem Spannungsfeld „inklusiver" Schulentwicklung gehen wir kleine erste Schritte zwischen dem hohen moralischen Anspruch und den Machbarkeitserwägungen von Kommunalpolitikern, die vor leeren Kassen stehen.
Was nun geschieht, sind „Als -ob -Handlungen". Alte Strukturen werden aufgelöst und umgebaut. Kinder mit hohen Unterstützungsbedarfen werden in allgemeinen Schulen plaziert und je nach Haushaltslage zusätzlich Personal und Sachmittel dorthin umgeleitet. Diese ersten Schritte werden benannt als „Inklusionsklassen" oder „Inklusionsschulen". Kinder und Jugendliche mit Verhaltensstörungen gelten als sozial und emotional behinderte Mitmenschen und haben einen Anspruch auf Unterstützung. Erhalten sie diese? Kann überall dort, wo inzwischen „Inklusions"-Etiketten vergeben wurden (Spitzenreiter sind Bremen, Berlin, Schleswig-Holstein und Hamburg) eine höhere Schulqualität für alle Kinder entstehen? Kommt in der gegenwärtigen Jahrhuntreform ein Mehrwert an Teilhabe, Egalität und Wertschätzung für alle Schülerinnen und Schüler heraus? Gelingt der moralische Aufbruch im wirtschaftlichen Abschwung? Der Weg zur „Inklusion" erweist sich als Stolperpfad.

2. Stolpersteine der Inklusion

Erster Stolperstein
Der Aufbruch hin zur Demokratisierung des Bildungswesens ist längst überfällig und wird seit den 70er Jahren eingefordert. Nach dem Pisaschock fanden sich in der Fachpresse viele Artikel, die der Frage nachgingen, „Was leistet das deutsche Bildungswesen?" Als Kernproblem aller Schulformen wurden signifikant zunehmende Erziehungsbedürfnisse gesehen, „Angesichts der außerordentlichen Dilemmata im Erziehungsbereich muss man zur Kenntnis nehmen, dass man mit traditionellen schulischen Organisationsformen den massiven Verhaltensproblemen von Kindern und Jugendlichen weder in den Allgemeinen Schulen noch in den Förderschulen in Wahrheit angemessen und wirkungsvoll begegnen kann." (Schor 2003, 53).
Eine „Schule für Alle" – mindestens bis zur 10. Klasse – ist erforderlich, um den auch in der letzten Pisa-Studie kritisierten Exklusions- und Segregationsprozessen entgegen zu wirken und benachteiligten Kindern gleichberechtigte Entwicklungschancen zu bieten. Seit 1920 aber ist das Gymnasium gesichert, steht also auch in der Inklusionsdebatte außen vor. Die Grundschulen, die Sekundarstufen in Haupt- und Realschulen, in Gemeinschafts- und Stadtteilschulen und die Sonderschulen bleiben vorerst mit ihren Inklusionsbemühungen allein. Erhält sich die Exklusivität von Gymnasien, sind „Vielfalt" und „Heterogenität" als rhethorische Verbalakrobatik der Schulreformbestrebungen entlarvt.
Deutsche Schulen hatten schon vor der Ratifizierung der UN-Behindertenrechtskonvention hohe Defizite bei der unterrichtlichen Eingliederung leistungsschwacher und sozial benachteiligter Schülerinnen und Schüler. Kinderarmut und Bildungschancen in Deutschland sind stark miteinander verknüpft. „Dadurch werden die bestehenden gesellschaftlichen Unterschiede zementiert, gesellschaftliche Ungleichheit wird weiterhin in Bildungsungleichheit umgesetzt." (aus: Pressemitteilung des Bundeselternrates 16.9.2007) Folgerichtig stehen die Schulen bei der Entwicklung einer visionären Perspektive für „Inklusion" vor besonderen Herausforderungen.

Zweiter Stolperstein: Finanzierung
„Und so kommt zum guten Ende alles unter einen Hut. Ist das nötige Geld vorhanden, ist das Ende meistens gut" (Brecht 1969, 331). Die Abschaffung von exklusiven und stigmatisierenden Einrichtungen für Problemschüler wird richtigerweise eingefordert und schrittweise umgesetzt. Die frei werdenden Ressourcen fließen in die allgemeine Schule. Aber für das große Reformvorhaben einer Ausweitung der integrativen Beschulung werden nicht genügend zusätzliche Euro eingeplant, wie dpa am 26.3.2012 mit Bezug auf ein neues Gutachten von Prof. Klaus Klemm meldet. Zusätzliche 660 Mio Euro jährlich (für die nächsten 10 Jahre) und 10.000 Lehrerstellen mehr für die Inklusion sind weder vorgesehen noch finanziert.
Stattdessen werden als Ertrag aus der Auflösung bestehender Einrichtungen je nach wirtschaftlicher Lage im jeweiligen Bundesland zwischen 0,5 und 3,5 Wochenstunden additiv für Kinder mit sonderpädagogischem Förderbedarf in die „inklusiven" Schulen gegeben. Die Hoffnung, daraus entstehe eine neue „inklusive" Praxis, erfüllt sich bisher nicht. In den Schulen gärt es. Gerade solche Schulen, die schon jahrzehntelange Erfah-

rungen mit Integrationsklassen haben, erleben Standardabsenkungen. Mit einer Stellungnahme ihrer Lehrerkonferenz meldet sich die Erich Kästner Gesamtschule in Hamburg am 15.12.2010 frühzeitig warnend zu Wort: „Wenn die Integration wegen fehlender Finanzierung scheitert, wird die Stadtteilschule in den Augen der an Bildung interessierten Eltern als ungeeignet für ihr Kind angesehen werden. Der Ansturm auf das Gymnasium wird sich weiter verstärken und viele Stadtteilschulen werden zu Restschulen für Bildungsverlierer. Die Bildungschancen der benachteiligten Kinder und Jugendlichen würden weiter verschlechtert mit allen sich daraus ergebenden sozialen Folgen. Damit würde das Gegenteil dessen eintreten, was mit der Schulreform erreicht werden sollte." Die Aufgabe, eine „inklusive" Schulentwicklung voranzutreiben, steht unter erheblichem fiskalischen Druck, Deckelungen und Budgetierungen von Ressourcen werden in einigen Bundesländern als Kostenbremse genutzt. „Nationale wie internationale Studien konnten immer wieder aufzeigen, dass sich bei Lehrkräften sehr häufig positive Haltungen zum Konzept der Inklusion beobachten lassen, die allgemeinen Rahmenbedingungen für die Bewältigung dieser Aufgabe aber ungünstig eingeschätzt werden" (Amrhein 2011, 12).

Dritter Stolperstein: Kinderarmut
Die Anzahl der Familien, die ihre Kinder in Armut heranwachsen sehen, steigt. In Hamburg wachsen inzwischen 25% der Kinder in Familien auf, die auf Hartz 4 angewiesen sind. Eine Steigerung auf bis zu 30% wird erwartet. Die Folgen dieses gesellschaftlichen Erosionsprozesses sind absehbar. Wir wissen, dass Deprivation und anregungsarme, isolierende Lebensbedingungen im frühen Kindesalter reduzierte Entwicklungsmöglichkeiten, Benachteiligungen und Behinderungen produzieren können. Armut, Randständigkeit und soziale Verelendung kann die Fähigkeit, Kindern Schutz und unterstützende Lebensbedingungen zu bieten, beeinträchtigen. Die Wahrscheinlichkeit für Vernachlässigung, Verwahrlosung und Gewaltanwendung in den familiären Beziehungen steigt. In prekären Lebenslagen, die gekennzeichnet sind von Wohnproblemen, sozialer Isolation, Partnerschaftsproblemen und funktioneller Überforderung der Erziehenden, gestalten sich Schulkarrieren riskant. (vgl. Mettlau 2011, 25f)
Diese Kombination von Lebenskrisen und Schulstress ruft bei betroffenen Kindern Alarm- und Abwehrreaktionen hervor, die häufig als gestörtes Verhalten gedeutet werden und im schulischen Alltag erhebliche Probleme schaffen und hilflos machen. Aktuelle, belastende Lebenssituationen, für die den Kindern und Familien Bewältigungsstrategien fehlen, schaffen Gefühle von Bedrohung. Erleben Kinder in Krisen zusätzlich einen Mangel an mitmenschlicher Präsenz und ein Fehlen verständnisvoller Zuwendung kann diese Bindungsarmut oder Bindungslücke entwicklungsgefährdend sein.
Unter dem Titel „Kinderarmut und Bildung in Hamburg" fand vom 11. bis 12. Januar 2008 eine Tagung statt. Die Universität Hamburg und die Patriotische Gesellschaft von 1765 waren die Veranstalter des zweitägigen Symposiums, das die ansteigende Kinderarmut in Hamburg thematisierte. „Armut stigmatisiert, grenzt aus, demütigt, macht elend und dumm – Bildung ist Armutsbekämpfung" heißt es im Untertitel der Veranstaltung. Als Ergebnis des Symposiums bleibt der deutliche Hinweis der Experten an die Politik: Nur eine Wende in der Steuerpolitik kann notwendige Gelder zur Armutsbekämpfung und Bildungswende in die Staatskassen bringen, sonst kann der Trend zur weiteren ma-

teriellen und kulturellen Verarmung mit all ihren Gefahren für ein demokratisches Gemeinwesen wohl kaum aufgehalten werden (vgl. Herz u.a. 2008).
Durch das in der deutschen Verfassung festgeschriebene Sozialstaatsprinzip (Artikel 20, Abs. 1) wird das Ziel der Chancengleichheit verfolgt. Daraus ergibt sich der Auftrag an den Gesetzgeber, für einen Ausgleich der sozialen Gegensätze und damit für eine gerechte Sozialordnung zu sorgen. Den bisher sichtbaren Reformbestrebungen in Richtung „Inklusion" muss aber vielerorts selbst ein „Armutszeugnis" ausgestellt werden. Gerade die Gruppe der sozial benachteiligten Risikoschüler mit allgemeinen pädagogischen und sonderpädagogischen Unterstützungsbedarfen in den Entwicklungsbereichen „Sprache", „Lernen" und „Verhalten" wird mit einer „Inklusion light" unterversorgt. Vorhandene Strukturen wie Integrative Regelklassen und Regionale Unterstützungsstellen in Hamburg werden zu Lasten dieser Schülergruppe geschwächt und umgebaut. Dies ist kein isoliertes Hamburger Phänomen, ganz im Gegenteil ist die Ressourcenausstattung der „Inklusionsklassen" in Hamburg im Bundesländervergleich noch die Beste.
Nach der Ratifizierung der UN-Behindertenrechtskonvention im Jahre 2009 wird immer deutlicher, dass insbesondere für verhaltensgestörte Schülerinnen und Schüler die Verwirklichung ihres Rechts auf Bildung und Teilhabe trotzdem gefährdet ist.

Vierter Stolperstein: Deformation der Integration
Schon vor 20 Jahren herrschten in den emotional aufgeladenen Diskussionen um die Integration in den USA große Begeisterung bis hin zu unqualifiziertem Enthusiasmus und persönlichen Glaubensüberzeugungen vor. Diese „Inklusions"-Debatte produzierte schon damals Zufallspraktiken, die als unverantwortlich bezeichnet wurden (vgl. Vaughn / Schumm 1995). Die „inklusive" Alltagspraxis ist wesentlich schwieriger als der rhetorische Diskurs. Dabeisein ist nicht alles. „Inklusion" ist kein Nebenprodukt von Heterogenität, wenn diese durch eine schulische Zweiklassengesellschaft in der Sekundarstufe schon gar nicht mehr besteht. Kinder sind keine Therapeuten. So macht eine Platzierung von verhaltensgestörten Kindern in Regelklassen aus ihnen noch keine erwünschten Partizipanten mit Teilhabegarantie. Notwendige Voraussetzungen „inklusiver" Schulpraxis sind u.a. integrationsförderliche Einstellungen, Haltungen und Kompetenzen beim pädagogischem Personal, konsequente Doppelbesetzungen bei gleichzeitiger Verringerung der Klassenfrequenzen und einer Begrenzung des Anteils von behinderten Kindern, wie er in Integrationsklassen beispielsweise jahrelang vorgesehen war. Empirische Analysen der „Inklusion in der Sekundarstufe" in Nordrhein-Westfalen (http://www.inkoe.de/) stellen einen erschreckenden Mangel an Unterstützungsleistungen fest. Diese führten zu einer Deformation integrativen Lernens und produzierten eine Paradoxie von Auslese und Integration. Das Fehlen von hinreichendem Wissen über angemessene didaktische und methodische „Inklusions"-Konzepte reduziert ihre Formen auf äußere Differenzierung. Amrhein weist nach, „dass die Lehrkräfte momentan in ausweglose Schulentwicklungsprozesse geschickt werden, die viel Kraft kosten, Ressourcen binden, aber für keinen tiefgreifenden Wandel und somit nicht zu einer Optimierung der Lernsituation aller Schüler sorgen können (Amrhein 2011, 245)."

Fünfter Stolperstein: Exzellenzerwartungen bei gleichzeitiger Ressourcenkürzung
Problemschüler, die Leistungs- und Verhaltensanforderungen nicht erfüllen, werden unter diesen Bedingungen in den Schulen als doppelte Belastung empfunden. Als Störfaktoren im Unterrichtsalltag ebenso wie als Lernversager, die den Leistungsdurchschnitt eines Jahrgangs senken können. „Eingespannt zwischen Exzellenzanforderungen und immer gravierenderen Lern- und Verhaltensproblemen der Schülerinnen und Schüler sind Schulen davon bedroht, ihre pädagogische Identität zu verlieren." (Opp / Puhr / Sutherland 2006, 65) Die Schulen und ihre Lehrer vor Ort fragen sich, wie sie Bildung und Erziehung für alle Schülerinnen und Schüler „inklusiv" gewährleisten sollen. Unterrichtsstörungen nehmen zu. Die Lehrer weisen eine hohe Erschöpfungsrate auf. Gleichzeitig steigen die politischen Ansprüche an die Leistungsfähigkeit des Bildungswesens durch den hohen Qualitätsanspruch der „Inklusion".

Sechster Stolperstein: Strukturelle Überforderung von Personal und Aufgabenverdichtung
Überforderungen des pädagogischen Personals in Schulen ergeben sich dabei durch Hilflosigkeit, die in resignative Haltungen und Erschöpfungszustände bis hin zu Erkrankungen führen kann. Als Belastungsursache wird herausforderndes Schülerverhalten genannt. Lehrer leiden nach eigener Aussage unter der Lernunlust, dem provokanten Verhalten, Beleidigungen, Feindseligkeiten und Aggressivität in ihren Lerngruppen besonders stark.
(Weitere Ergebnisse aus der Studie von Prof. Joachim Bauer, Uni Freiburg i.B. unter: http://www.gew.de/Studie_zur_Lehrergesundheit_Belastung_durch_Schueleraggression. html) Für Schüler mit Verhaltensauffälligkeiten wird sowohl von Eltern als auch von Lehrern ein Ausschluss hingenommen. Bei nachhaltig gestörten Lehrer-Schüler-Beziehungen sind dann kaum erzieherische Wirkungen mehr möglich.
„Ich rauche in der Pause. Ich werde erwischt. Ich fliege raus. Ich rede in der Stunde. Ich beschimpfe meine Lehrer. Ich fliege raus. Ich komme zu spät. Ich mache jemand an. Ich fliege raus. Ich werde ausgelacht. Ich schlage zu. Ich fliege raus. - Langsam hebe ich ab zum Freiflug ins Nirgendwo!" (Felix, 14 J.) (zu den Textbeispielen vgl. Mettlau 2004)
Beste pädagogische Absichten sind ohne den pädagogischen Bezug zwischen Erziehenden und Kindern nicht fruchtbar (Martin Buber / Herman Nohl). Jutta Vierheilig schreibt zur Selbstentdeckung des Lehrers „Am Du des Schülers lernt der Lehrer seine eigenen Grenzen und Unzulänglichkeiten kennen." (Vierheilig 1996, 38)
Dies thematisieren Lehrer/Innen in der Beratungsarbeit. Typische Sätze aus kollegialen Fallberatungen lauten:

- Wenn Till nicht da wäre, würde die Klasse ruhig arbeiten.
- Wenn Tom nicht da wäre, würden alle viel lernen.
- Wenn Tina nicht da wäre, könnte ich guten Unterricht machen.
- Wenn Tarkan nicht da wäre, hätte ich keine Angst.

(zu den Textbeispielen vgl. Mettlau 2004)

Wir müssen uns natürlich fragen, wenn sie alle nicht da wären – wo wären sie dann? In den „inklusiven" public-schools in Chicago, die ich vor 7 Jahren besuchen durfte, befanden sich die Kleinklassen im Keller.

„Die Lern- und Entwicklungsbedürfnisse dieser Schülerpopulation einzulösen, ist eine der größten Herausforderungen, mit denen Lehrkräfte und Schulverwaltende konfrontiert sind (OECD 2004, 117). Ein Weiterreichen und Deligieren schwieriger Kinder an die Jugendhilfe oder die Psychiatrie beginnt immer dann, wenn das Handlungsrepertoire der Schulen erschöpft ist. Solche Exklusionstendenzen gegenüber Verhaltensgestörten können verändert werden. Es braucht dazu Strategien und Konzepte, deren Umsetzung materiell und personell auskömmlich abgesichert sind.

In den letzten Jahren haben die Schulen bundesweit zusätzliche politisch bedeutsame Aufgaben erhalten, die maßgeblich zur strukturellen Überforderung beitragen. Sie sollen durch geeignete Maßnahmen beispielsweise:

die Armut durch Bildung bekämpfen; die Integration und den Bildungserfolg für Menschen mit Migrationshintergrund verwirklichen; die Erziehungspartnerschaft zwischen Elternhaus und Schule pflegen; Vernetzungsarbeit mit außerschulischen Einrichtungen im Sozialraum leisten; sozialpädagogische Arbeitsansätze integrieren; und selbst zu Experten und Problemlöseagenturen für Gewalt, Absentismus und Kindeswohl werden.

Bei erfolgreicher Aufgabenbewältigung wird dann die Inklusionsperspektive wie von selbst voran getrieben werden.

Gleichzeitig unterliegen beispielsweise Jugendämter bei der Einsetzung von Hilfen zur Erziehung Sparvorgaben und Regeleinrichtungen erleben Einsparungen. So kommen Schulen in eine Sandwich-Position zwischen überhöhten gesellschaftlichen Erwartungen an ihre Leistungsfähigkeit und Integrationskraft einerseits und andererseits einem rasanten Sozialabbau, der Probleme verschärft und außerschulische Unterstützung aus Elternhäusern oder Institutionen reduziert.

Eine Qualitätsoffensive bei der Aus- und Weiterbildung des eingesetzten Personals wäre weiterhin nötig. Demgegenüber muss beispielsweise der vermehrte Einsatz von Honorarkräften in der Ganztagsbetreuung oder von Erziehern im Unterricht und in der sonderpädagogischen Förderung kritisch gesehen werden. Diese Entprofessionalisierung destabilisiert und unterminiert die Entwicklungsperspektive der „Inklusion". Die Reduktion des pädagogischen Angebotes auf das zur Verfügung stellen von Unterrichts- und Betreuungszeit durch teilweise semiprofessionelle Kräfte ohne festen Arbeitsvertrag ist ein Sparmodell, das nicht nur zu Lasten der Schulqualität, sondern der betroffenen Personen selbst geht. Es fördert nicht die dringend notwendige Ausbildung von verlässlichen Team- und Kooperationsstrukturen in denen sich erst der Nutzen von Multiprofessionalität und Arbeitsteilung entwickeln lässt.

Funktionsfähige schulinterne Arbeitsstrukturen benötigen bei der Bewältigung pädagogischer Grenzsituationen und Krisenlagen zusätzlich zuverlässige außerschulische Ansprech- und Arbeitspartner. Es gibt viele regionale, vernetzte Ansätze der schulischen Erziehungshilfe, die Beratung und Unterstützung, integrative Begleitung und Krisenintervationen anbieten. Die Regionalen Beratungs- und Unterstützungsstellen in Hamburg oder die Schulen für Erziehungshilfe im Lahn-Dill-Kreis, Hessen sind solche Beispiele und haben veränderte „inklusive" schulische Praxis in ersten Ansätzen entwickeln können. Auch noch bestehende Sonderschulen ESE haben in den letzten Jahren wirksame Handlungsansätze der Beratung und unterrichtsbegleitenden Unterstützung für die integrative Pädagogik bei Verhaltensstörungen entwickelt, auf die es aufzubauen gilt. Die Ressourcenausstattung solcher Einrichtungen steht aber gerade jetzt in Frage bzw. wird schon stark reduziert.

3. Aktuelle Entwicklungsaufgaben und Herausforderungen

Prof K. D. Schuck legte in seiner Stellungnahme zur Situation in Hamburg 2012 zwei wichtige Fragestellungen an. „Welche Möglichkeitsräume für eine grundlegende Reform des Bildungssystems werden durch das Konzept der inklusiven Schule eröffnet?" und „Welche Unterstützungsstrukturen zur Nutzung dieser Möglichkeitsräume sind konzeptionell notwendige Bestandteile?" (Schuck 2012, 1) Zusätzlich ist aus meiner Sicht zu fragen: Was kann getan werden, damit ebenso für Kinder mit hohen allgemeinen pädagogischen Förderbedarfen, wie auch für jene mit sonderpädagogischen Förderbedarfen in der emotionalen und sozialen Entwicklung (ESE), die schulisch aus dem Rahmen fallen, die Teilhabemöglichkeiten verbessert werden?
Laut dem 13. Kinder und Jugend Bericht entstehen Handlungsbedarfe nicht nur bei Kindern und Jugendlichen mit Behinderungen, sondern auch bei Kindern und Jugendlichen mit Migrationshintergrund, aus Armutslagen und zunehmend bei Kindern von psychisch, sucht- und chronisch erkrankten Eltern.

3.1 Strukturqualität

Qualitätsmerkmale „inklusiver" Schulentwicklung sind (1) Vertrauen in den persönlichen Beziehungen, (2) Erleben von Partizipation und Zugehörigkeit, (3) Gewährleistung von einzelfallorientierter Beratung und von (4) leistungsorientierter individueller Förderung für alle Kinder. Spezifische Aspekte der Lehrerpersönlichkeit und besondere Schulstrukturen sind grundlegend für die Integrationskraft einer Schule. Zusätzliche multiprofessionelle Beratung und Unterstützung durch außerschulische Partner sind notwendig, um in schwierigen Problemlagen für Schülerinnen und Schüler mit herausforderndem Verhalten passende Problemlösungsstrategien zu entwickeln. Eine Verbesserung der kollegialen Kooperation und eine stärkere Vernetzung der Schulen im Gemeinwesen sind erforderlich. Elternarbeit, die Empowerment-Strategien umsetzt, muss Teil des Handlungsrepertoires „inklusiver" Schulen werden. Kleine Lerngruppen mit einem Zwei-Pädagogen-Prinzip sind notwendig. Es müssen Rückzugsräume vorhanden sein, in denen Krisenbewältigung und konfrontative Konfliktaustragung möglich sind.
Kinder mit sehr hohen Entwicklungsrisiken und umfassenden Entwicklungsverzögerungen fordern heraus, besonders wenn massive Selbst- und Fremdgefährdungen die Verantwortlichen zum Handeln zwingen und dabei Kooperationbedingungen unter Druck schwierig werden. Wenn eine verlässliche systemische Grundversorgung und präventive integrative Konzepte vorhanden sind, reduziert sich die Häufigkeit extremer Eskalationen erheblich. Bestehen institutionalisierte regionale Netzwerke, ermöglichen diese koordinierte Hilfen in einem gestuften System mit interdisziplinärem Ansatz. Die Deutsche Bildungskommission forderte schon 1974 ein gestuftes System von Beratungs- und Unterstützungsformen für die allgemeinen Schulen ein.

Ähnlich formuliert aktuell auch das Bundesreferat des vds für den Förderschwerpunkt ESE (emotionale und soziale Entwicklung) folgende Qualitätsmerkmale für inklusive Erziehung und Bildung:

- Alle Kinder haben ein Recht auf Wertschätzung und Akzeptanz
- Für die Prävention existieren Konzepte zur Förderung der emotionalen und sozialen Kompetenzen an jeder Schule
- Als ambulante Hilfe steht ein Unterstützungsangebot für die fundierte Bearbeitung von schwerwiegenden Entwicklungsrisiken zur Verfügung
- Orts- und Zeitnah steht ein gestuftes Beratungs- und Interventionssystem zur Verfügung
- Es besteht eine verbindliche interdisziplinäre Vernetzung, damit kein Kind in den strukturellen Lücken zwischen den Systemen von Schule, Jugendhilfe und anderen Diensten verloren geht.
- Eine transparente regionale Steuerung garantiert die Versorgung
- Separierende Formen sonderpädagogischer Förderung werden nur in Situationen extrem gefährdeter Entwicklung und nur eng zeitlich befristet genutzt.
- Notwendige Fortbildungsmaßnahmen stehen zur Verfügung (Zeitler 2011, 47)

3.2 Beziehungsqualität

In einem Workshop der Tagung „Kinder in Not – Lehrer in Not" 2011 in Dortmund diskutierten Fachleute und Praktiker mit Refrenten des vds zusätzlich über die Bedeutung der Lehrerpersönlichkeit. Diese war und ist für die Arbeit mit verhaltensgestörten Kindern die entscheidende Basis. Der pädagogische Bezug und die Verbindlichkeit der Bezugsperson sind wichtiger als sozialtechnische Methoden und Gruppentrainings. Häufige und unerträgliche Verletzungen durch Trennungen und Beziehungsabbrüche, durch erlittene Beschämung und Abwertung, durch Misshandlung und Missbrauch, durch Bindungsunsicherheit finden sich in den Lebensgeschichten von Kindern wieder, die Verhaltensstörungen zeigen. Sie weisen mit diesem Verhalten häufig auf Probleme hin, die sie in ihrem Lebensumfeld haben. Entwicklungs- und Beziehungsstörungen, tragische Ereignisse, traumatische Erlebnisse, familiäre Konflikte wirken sich als psychosoziale Belastungen aus. „Wer seine eigenen Verletzungen nicht mehr fühlen kann, verletzt am ehesten andere" sagt der Entwicklungspsychologe Prof. Dr. Gordon Neufeld in einem Vortrag (http://www.youtube.com/user/DagmarNeubronner?feature=guide)

Eine „inklusive" Schule braucht deshalb vor allem gestärkte und geschulte Pädagogen, die Bindung, Vertrauen und Fürsorglichkeit bieten können. Es braucht eine pädagogische Atmosphäre, in der menschlich tragfähige und belastbare Beziehungen unter erschwerten Bedingungen entstehen können. Denn Kinder mit Verhaltensstörungen prüfen Bindungsangebote mit den Schulalltag und die Bezugspersonen stark belastenden Auffälligkeiten. Professionelle Distanz und konsequente Handlungsstrategien helfen Kindern und Pädagogen gleichermaßen bei den Problemen in der Nähe-Distanz-Regulation. Das Aufrechterhalten der Beziehung anstelle von Abbruch und Ausschluss, das ist „Inklusion". Mit der disziplinarischen Bewältigung einer schwierigen schulischen Alltagssituation ist die Problemlösung oder Konfliktklärung noch nicht verbunden.

Im Buch „Unsre Kinder brauchen uns" wird die Disziplinierung von Kindern über Ausschluss und Strafe aus entwicklungspsychologischer Sicht problematisiert (vgl. Neufeld 2007, Kap. 16). Hier liegt eine der größten Herausforderungen. Erziehung ist Beziehung. Im Erleben von Partizipation und Zugehörigkeit ergibt sich erst die Basis, von der aus heilpädagogische Arbeit an Verhaltensproblemen erfolgversprechend ansetzen kann.

3.3 Beratungs- und Unterstützungsqualität

Das Referat „Soziale und emotionale Entwicklung" im vds formulierte auf dem Treffen der Landesreferent / Innen der Erziehungshilfe in Eisenach am 9.5.2009 erste Positionen für die Inklusionsdebatte. Diese wurden als Standards im Dezember 2010 veröffentlicht. (vgl.http://www.verband-sonderpaedagogik.de/upload/pdf/Standards/Standards-ES-Bundneu.pdf) Dort heißt es: „Auftrag und Ziel der schulischen Erziehungshilfe ist es traditionell, Hilfen bei der Bewältigung grundlegender sozialer und emotionaler Schwierigkeiten im Interesse von Kindern und Jugendlichen in biographisch bedrohlichen Notlagen und Lebensbezügen zu organisieren und anzubieten. Krisen und kritische Unterrichtssituationen treten in allen Schulformen und Altersstufen auf. Deshalb trägt die allgemeine Schule die Verantwortung für deren Bewältigung. Sie benötigt allerdings und hat Anspruch auf professionelle Unterstützung. Hier sieht die schulische Erziehungshilfe ihre Perspektive. Maßstab allen Handels ist die Sicherstellung von dauerhafter Teilhabe aller Schülerinnen und Schüler am Unterricht der inklusiven Schule durch frühzeitige und interdisziplinäre Beratung und Unterstützung. Fachkräfte der schulischen Erziehungshilfe können diese in schulinternen und außerschulischen Beratungs- und Unterstützungssystemen leisten." Die Interventionsstufen eines solchen Beratungs- und Unterstützungsystems müssen sowohl Möglichkeiten von Kurzberatungen als auch kontinuierliche, prozessbegleitende Einzelfallberatungen bieten. Die Installierung fester Beraterrunden an Schulen, die aus schulinternen und externen Fachkräften zusammengesetzt sind, haben sich bewährt. Die Koordination der Unterstützungsleistungen, die häufig aus verschiedenen Bausteinen zusammengesetzt sind (Team-Teaching, Schulbegleitung nach §35a SGB IIX, Hilfen zur Erziehung, Sozialtrainings, Elternarbeit) ist dringend notwendig. Die Erfahrungen aus den Bundesländern zeigen, dass im Förderschwerpunkt „Emotionale und Soziale Entwicklung" (ESE) inzwischen viele Erfahrungen mit integrativer Arbeit vorliegen, die in Eisenach 2009 ausgetauscht und aufgelistet wurden. Diese Elemente aus dem Förderschwerpunkt ESE, sollten Bestandteile einer „inklusiven" Schulentwicklung werden:

- Der Aufbau und die Pflege von regionalen Netzwerken und interdisziplinärer Kooperation.
- Die Unterstützung und Beratung beim Aufbau einer empathischen, kindorientierten Schulkultur, die die emotionale und soziale Entwicklung aller Kinder fördert.
- Die Unterstützung und Beratung im Hinblick auf eine Unterrichtskultur, die den Zusammenhang zwischen individuellem schulischem Erfolg und herausforderndem Verhalten berücksichtigt.
- Unterstützung bei der Analyse schwieriger Unterrichtssituationen, Beratung und Begleitung bei Veränderungsprozessen und bei der Vermittlung ergänzender Hilfen.
- Die Bereitstellung spezieller Kenntnisse über die Entwicklung sozialer Kompetenz

und emotionaler Stabilität und die Übernahme analysierender und diagnostischer Aufgaben.
- Beratung, Moderation und Mediation in komplexen Situationen innerhalb der Schule und in der Kooperation mit Eltern und anderen Beteiligten.
- Unterstützung bei der Entwicklung schulbezogener Präventionskonzepte und bei der Durchführung zielgerichteter Programme.
- Krisenintervention und die Bereitstellung kurzfristig entlastender Alternativmaßnahmen und die Vermittlung externer Hilfen (vgl. Wember 2009, 54f)

3.4 Aus- und Fortbildungsqualität

Dem Titel der Dortmunder Tagung 2011 hätte man hinzufügen müssen „Förderschwerpunkt ESE in Not". Studienstätten, die das Studienfach Verhaltensgestörtenpädagogik anbieten, werden weniger. Die Fortbildungsbedarfe steigen an, insbesondere prozessbegleitende Beratung für ganze Kollegien wird von Schulen gewünscht und wäre eine vielversprechende Maßnahme. Mit Schulbegleitern, Erziehern, Honorarkräften aus der Jugendhilfe entsteht in Schulen Multiprofessionalität, aber auch ein Bedarf an kollegialer Abstimmung und Rollenklärung. Die Stärkung des Personals ist die unabdingbare Voraussetzung für einen gelingenden Entwicklungsprozess. Funktionszeiten für kollegiale Fallberatungen und Intervisionsgruppen, für Team- und Organisationsentwicklung sind dringend erforderlich. Kleine Coaching-Gruppen für Lehrer haben sich bewährt. Sie stärken nicht nur deren Professionalität in der Beziehungsgestaltung, sondern sind Gesundheitsvorsorge und Burn-Out-Prophylaxe. Die fachliche Ausbildung zum Lehrerberuf schult kaum dringend notwendige interpersonelle Kompetenzen, die Lehrende nicht nur im Verhältnis zu ihren Schülern benötigen, sondern ebenso für die hochanfordernden Kommunikations- und Kooperationsnotwendigkeiten in der „inklusiven" Schule (vgl. Unterbrink / Bauer 2010). Das Lehrkräfte-Coaching nach dem Freiburger Modell folgt einem Manual und umfasst zehn Sitzungen. Entwickelt haben es die Freiburger Mediziner im Rahmen des von der Bundesanstalt für Arbeitsschutz und Arbeitsmedizin (BAuA) geförderten, inzwischen abgeschlossenen Projektes „Lange Lehren".

4. Resümee

Mit meinem Veranstaltungstitel für eine Fortbildungsreihe in diesem Frühjahr lag ich zwar im Zeitgeist der Nachfrage richtig, fachlich aber falsch. Er lautete: „Dabei, daneben oder außen vor – wohin mit den Schwierigen?" und ich erhielt daraufhin eine mail von meinem Kollegen Hanno Middeke, Schulleiter einer Förderschule Emotionale und Soziale Entwicklung aus Osnabrück: „Ich frage mich, ob es richtig und berechtigt ist, das Phänomen „zunehmend schwieriger Kinder" nur in adjektivischer Beschreibung von Eigenschaften der Kinder und Jugendlichen zu formulieren. Welche Rolle spielen die mangelnden personellen Ressourcen und die fehlende Passung zwischen den rechtlichen und organisatorischen Rahmenbedingungen schulischer Förderung und den jeweiligen Förderbedürfnissen der betreffenden Kinder?" fragte er mit Recht.

Die Studie „Belastung und Bewältigung in integrativen Klassen" (Hedderich / Hecker 2009) bestätigt: integrative Arbeit ist für Lehrer hoch anfordernd und mit einem hohen Belastungspotential verbunden. Und diese sind auf unzulängliche Rahmenbedingungen zurückzuführen und nicht den Schülerinnen und Schülern mit Verhaltensstörungen anzulasten. Die emotionale Aufnahme, Annahme und Wertschätzung des Menschen in einer Gemeinschaft ist sein wichtigstes Gut. Bedingungen für gelingende Zugehörigkeit zu einer Gemeinschaft hat der Sozialwissenschaftler Michael Walzer beforscht (1995). Damals ging es um die Integration von Afroamerikanern in den USA. Nicht externe Instanzen könnten Mitgliedschaft in einer Gemeinschaft vergeben oder garantieren, sondern eine empathische Willkommenskultur wäre nötig. Die Entwicklung einer solchen „inklusiven" Kultur ist auf Menschen angewiesen, die diese leben wollen und sie für ihr eigenes Leben als eine Bereicherung empfinden.

Diese wertschätzende Grundhaltung wird in der „Inklusions"-Debatte apellativ eingefordert. Das reicht nicht. Es braucht unterstützende Rahmenbedingungen. Der „richtige" Umgang mit den wachsenden emotionalen und sozialen Problemen von Kindern und Jugendlichen bei gleichzeitigem kostenneutralem Umbau des sonderpädagogischen Unterstützungssystems löst eher Krisen- als Aufbruchstimmung aus. „Was mir fehlt, ist die politische Dimension in der Inklusionsdiskussion. Rhetorik überdeckt die Alltagshindernisse und die mangelnde Wertschätzung für die geleistete Arbeit in unserem Arbeitsfeld" brachte es der Hamburger Gewerkschaftskollege Stefan Romey bei einer Podiumsdiskussion auf den Punkt.

Die Krise ist der Motor jeder Entwicklung. So sehen wir im sonderpädagogischen Förderschwerpunkt „Emotionale und Soziale Entwicklung" (ESE) noch bewegten Zeiten entgegen. Nur geht es hier nicht um einen fachlichen Diskurs, sondern um Menschen. Für die betroffenen Kinder und das pädagogische Personal ist die aktuelle Situation riskant und existentiell bedrohlich. Gewerkschaften und Berufsverbände sind gefordert, sich deutlich politisch zu Wort zu melden und auf den sich anbahnenden verschärften Bildungsnotstand benachteiligter Schülergruppen deutlich hin zu weisen, anstatt in ein unkritisches „Inklusions"-Mantra einzustimmen, das in der Umsetzung vorerst an der Ressourcendeckelung zu scheitern droht. Wir brauchen eine Qualitätsoffensive beim Aufbau unterstützender Rahmenbedingungen für die „inklusive" Schule und die Menschen, die darin lernen und lehren. Das notwendige Geld dafür steht nur zur Verfügung, wenn der grundlegenden Reform unseres Bildungswesens politisch höchste Priorität eingeräumt wird. Unsere Kinder und Jugendlichen sollten es uns wert sein.

Literatur

Amrhein, Bettina: Inklusion in der Sekundarstufe – eine empirische Analyse, Bad Heilbrunn: Klinkhardt, 2011
Brecht, Bertolt: Drei Groschen Roman, Reinbek: Rowohlt, 1969
Bundesministerium für Familie, Frauen, Senioren und Jugend: 13. Kinder und Jugendbericht, im Internet unter: (http://www.bmfsfj.de/RedaktionBMFSFJ/Broschuerenstelle/Pdf-Anlagen/13-kinder-jugendbericht,property=pdf,bereich=bmfsfj,sprache=de,rwb=true.pdf), Berlin, 2009
Centre for Educational Research and Innovation: OECD-Jahresbericht „Bildung auf einen Blick", im Internet unter: (http://www.oecd-ilibrary.org/education/bildung-auf-einen-blick-2004_eag-2004-de), 2004
Hedderich, Ingeborg / Hecker, Andre: Belastung und Bewältigung in Integrativen Schulen. Eine empirisch-qualitative Pilotstudie bei LehrerInnen für Förderpädagogik, Bad Heilbrunn: Klinkhardt, 2009
Herz, Birgit / Becher, Ursel / Kurz, Ingrid / Mettlau, Christiane / Treeß, Helga / Werdermann, Magret: Kinderarmut und Bildung – Armutslagen in Hamburg, Wiesbaden: VS Verlag, 2008
Mettlau, Christiane: „Armutszeugnis", in: Landesverband Hamburg, Verband Sonderpädagogik e.V.: Mitteilungen, Jg. 38, Heft 74, Februar 2011, 25-35

Mettlau, Christiane: „Lesen macht Sinn" – die Entstehung eines Lesebuches für junge Erwachsene, in: Herz, Birgit (Hg.): „Um das Lernen nicht zu verlernen – Niedrigschwellige Lernangebote für Jugendliche in der Straßenszene", Münster: Lit, 2004, 79-94

Neufeld, Gordon: Unsere Kinder brauchen uns, Bremen: Genius Verlag, 2007

Opp, Günther / Puhr, Kirstin / Sutherland, Donald: Verweigert sich die Schule den Bildungsansprüchen verhaltensschwieriger Schülerinnen und Schüler? In: Zeitschrift für Heilpädagogik, Jg. 52, Heft 2, 2008, 59 - 67

Schor, Bruno J.: Was leistet das deutsche Bildungswesen für junge Menschen mit hohem Erziehungsbedarf? Plädoyer für ein wirksames Bildungs- und Erziehungsangebot für Kinder und Jugendliche mit dem Förderschwerpunkt Emotionale und Soziale Entwicklung im bayrischen Schulwesen, in: Zeitschrift für Heilpädagogik, Jg. 49, Heft 2, 2003, 48-58

Schuck, Karl Dieter: Erste Einschätzungen des Entwurfs der Drucksache zur Inklusiven Bildung an Hamburgs Schulen, Hamburg: unveröffentlichter Entwurf, 2012, 1-7

Unterbrink, Thomas / Bauer, Joachim: Improvement in School Teachers' Mental Health by a Manual-Based Psychological Group Program, in: Journal „Psychotherapy and Psychosomatics", Vol. 79, No. 4, 2010, 262-264

Vaughn, Sharon / Schumm, Jeanne Shay: Responsible Inclusion for students with Learning Disabilities, in: Journal of Learning Disabilities, Vol. 28, No. 5, 1995, 264-270

Vierheilig, Jutta / Lanwer-Koppelin, Willehard: „Martin Buber - Anachronismus oder neue Chance für die Pädagogik ?" Frankfurt: Suhrkamp, 1996, 15-38

Walzer, Michael (Hg.): The Concept of Civil Society, in: Toward a Global Civil Society, Providence, Providence, Oxford: Berghahn Books, 1995, 7-28

Wember, Franz / Prändl, Stephan (Hg.): Standards der sonderpädagogischen Förderung, München, Basel: Reinhardt, 2009

Zeitler, Gerhard: „Von neuen Feuerwachen und flächendeckendem Brandschutz" - Bericht vom Treffen der Landesreferenten des Förderschwerpunkts Emotionale und Soziale Entwicklung 2011 in Berlin, in: Spuren – Sonderpädagogik in Bayern, Jg. 54, Heft 3, 2011, 46-47

Mirja Silkenbeumer

„Die Schüler haben ein Recht darauf in der Schule zu lernen": Fallrekonstruktion zur Figur der Pseudo – Anwaltschaft

1. Einleitung

Lehrerinnen und Lehrer aller Schulformen sind mit dem normativen Leitbild und Anspruch einer „inklusiven Schule" als Schule der Zukunft und damit verbundenen beruflichen Herausforderungen konfrontiert. Dies macht es notwendig, dass sie sich mit jeweils veränderten Anforderungsprofilen und damit verbundenen Erwartungen an ihr Wissen und Können als Ausdruck berufsbiografischer Kompetenzen auseinandersetzen. Vor allem auch durch die Anforderung an Kooperation und Beratung mit verschiedenen Professionen ergeben sich zusätzliche Aufgaben für Regelschullehrkräfte. Unstrittig ist, dass im Zuge der Bemühungen um eine „inklusive Schule" Veränderungen des Gesamtsystems institutionalisierter Erziehung und Bildung und damit auch der universitären Lehrerbildung deutlich weiter voranzutreiben sind. Bislang wird das Fachwissen der sonderpädagogischen Fachrichtungen wenig in den anderen Lehramtsstudiengängen aufgegriffen bzw. nur ansatzweise integriert. Der Terminus Inklusion gehört zu den Begriffen, die mit hohen normativen, moralischen und politischen Ansprüchen und oft auch höchsten pädagogischen Versprechungen einhergehen (Ahrbeck 2011b). Hervorgehoben wird z.B. nicht nur ein pädagogischer Ethos, sondern nun ein „inklusionspädagogischer Ethos" zur Sicherung egalitärer Ansprüche. Zum „Anforderungsprofil Inklusion" wird aus kompetenztheoretischer Sicht der Bereich der Selbstkompetenz bzw. personaler Kompetenzen gerechnet, wobei u.a. drei „basale 'beliefs' - Verschiedenheit, Gleichwürdigkeit und Gemeinsamkeit" benannt werden (Wocken 2011, 208). Rolf Werning und Jessica Löser heben hervor, dass es sich bei Inklusion zuvörderst um eine gesellschafts- und bildungspolitische Aufgabe sowie normative Entscheidung handelt; es sei eine Frage des „politischen Wollens und nicht der pädagogischen Machbarkeit" (Werning / Löser 2010, 109). Sie konzedieren weiter, es brauche „Visionen, Strukturen und Kompetenzen" (ebd.). Es kann nun davon ausgegangen werden, dass sich Lehrkräfte aller Schulen mit diesen und anderen weit über die 'Gesinnung' hinausgehenden Ansprüchen und Anforderungsprofilen konfrontiert sehen und sich dazu verhalten müssen.[1]

---

[1] Wenn durch das Tragen von Buttons und Aufklebern das Statement „I love Inklusion" verkündet wird und sich diese Gegenstände von der Gestaltung (I love wird durch ein rotes Herz ersetzt) nicht von „I love New York" oder ähnlichem unterscheidet, so wäre zu überlegen, ob damit nicht auch unerwünschte Nebenfolgen einhergehen. Denn wenn „Inklusion" in die Nähe eines Geschmacksurteils und Bekenntnisses gerückt wird, wäre zumindest zu bedenken, ob damit nicht gerade die Wertentscheidung und angestrebte bildungs- und schulpolitische Veränderungen in ihrer Bedeutung konterkariert werden. Überdies ist inzwischen deutlich,

"Die Schüler haben ein Recht darauf in der Schule zu lernen" 129

Mit Andrea Dlugosch (2010) gehe ich davon aus, dass das Übergehen des Potentials zum Widerstand die Annäherung an die Realisierung von schulischer Inklusion ebenso hemmen kann wie eine auf drohende Zumutungen und die Verlustseiten gerichtete Perspektive. So wichtig es ist, die konkreten Anforderungssituationen und Gelingensbedingungen für inklusive Settings auf den verschiedenen Ebenen Institution, Interaktion und Subjekt empirisch nachzugehen, so notwendig ist es, die Sinnstrukturen möglicher Widerstände der Beteiligten weiter aufzuschließen. Ich möchte in diesem Beitrag nun den Blick auf eine bestimmte Figur des berufsbezogenen Habitus' lenken, auf die wir in Interviewprotokollen wiederholt gestoßen sind und die man als „Pseudo-Anwaltschaft" bezeichnen könnte.[2] Gemeint sind damit zunächst Tendenzen, sich an moralisierenden Forderungen und einem spannungsreichen pädagogischem Ethos des „es sich nicht leicht machen Dürfens" abzuarbeiten und unterstellte Interessen und Bedürfnisse bestimmter Zielgruppen von Schülerinnen und Schülern auf der rhetorischen Ebene anwaltschaftlich zu vertreten. Es handelt sich insofern um eine Pseudo-Konstruktion, als damit die Tendenz verbunden ist, Widerspruchsfreiheit zu erzeugen und den Aussagen – nicht bewusst – einen Anschein zu verleihen, der mit den tatsächlichen Gegebenheiten und Überzeugungen nicht vereinbar ist.
Abschließend schlage ich vor, das herausgearbeitete Phänomen auf der Folie strukturtheoretischer Professionalisierungsdiskurse mit Blick auf das Feld der schulischen Erziehungshilfe zu interpretieren. Schließlich soll ausblickhaft das Potential praxisnaher Fallarbeit für die Lehrerausbildung benannt werden.

2. „Problemfall für die normalen Klassen": Ringen um die richtige Haltung – Engagiertes Wollen, Parteilichkeit und verdeckter Widerstand

Die Fallrekonstruktion, die ich im Folgenden vorstelle, basiert auf Datenmaterial, welches im Rahmen eines von mir über drei Semester an der Leibniz Universität durchgeführten Lehr-Lern-Projekts zum Themenfeld 'Rückschulung an die Regelschule im Zuge inklusiver Bestrebungen' erhoben wurde. Ein Ziel des Projekts war es, praxisnahe Fallarbeit als didaktisches Ausbildungsinstrument zur Anbahnung einer reflexiven Haltung eigener Berufstätigkeit durchzuführen. In diesem Projekt sind u.a. mehrere Interviews mit Lehrkräften allgemeiner Schulen (Haupt- und Gesamtschule) sowie Sonderpädagoginnen und Sonderpädagogen von Förderschulen mit den Schwerpunkten emotionale und soziale Entwicklung sowie Lernen durchgeführt worden. Methodisch stützte sich die Interpretationsarbeit in der begleitenden Forschungswerkstatt auf das Analyseverfahren

---

dass es nicht die inklusive Position gibt, sondern dass das „inklusive Anliegen" im schulischen Kontext vielfältig interpretiert wird (vgl. Ahrbeck 2011, 344).
[2] An dieser Stelle gebührt neben Marian Lauber vor allem Wiebke Werner und Gesa Witte mein besonderer Dank, die über mehrere Jahre den gemeinsamen Lehr-Lern-Prozess und vor allem die Forschungswerkstattseminare durch engagierte Arbeit bereichert haben und ihre Masterarbeiten aus einem Teil der noch weiter auszuwertenden Projektdaten anfertigten.

der Sequenzanalyse wie sie im Rahmen der Objektiven Hermeneutik vorgenommen wird. Dabei werden konkrete Fälle nicht unter äußerliche Gesetzmäßigkeiten subsumiert und es geht nicht um die Suche nach kausaladäquaten Modellen, sondern die Fälle werden durch ihre Fallstrukturgesetzlichkeit aufgeschlossen (Wernet 2006).
Die folgenden Sequenzen sind einem Interviewprotokoll mit einer Lehrerin, die Lehramt mit dem Schwerpunkt Grund-, Haupt- und Realschule studiert hat, entnommen. Frau Bauer ist dreißig Jahre alt und unterrichtet seit fünf Jahren an einer Kooperativen Gesamtschule. Sie antwortet auf die Frage nach möglichen Gründen für geringe Rückschulungsquoten und ihre kaum vorhandenen Erfahrungen mit diesem schulischen Übergang im Gegensatz zu Überweisungen an die Förderschule:
„Ähm es kommt eben darauf an welche wegen welchem Grund sie auf einer Förderschule sind also ähm verhaltensauffällige Kinder sind sind wirklich n Problemfall für die normalen Klassen für die Klassenstärke ähm für den Unterricht also hm die permanenten Unterrichtsstörungen sag ich jetzt mal die sie verursachen ähm stören natürlich massiv den Lernfluss den Lernablauf und ähm die generelle Tätigkeit so des Lehrers und eben auch der Schüler die Schüler haben ein Recht darauf in der Schule zu lernen und wenn quasi immer Kinder aus der Reihe tanzen und sich eben nicht unterordnen und immer wieder extra Ermahnung brauchen und extra Zuwendung dann ist das quasi nicht leistbar"
Ohne hier die Rekonstruktion im Detail nachvollziehen zu können, soll der Beginn der Sequenz kleinschrittig nachvollzogen werden, während die weitere Interpretation dann ergebnisorientierter und flächiger erfolgt. Frau Bauer knüpft ihre Antwort an mehrere Bedingungen „es kommt eben darauf an" und verleiht ihrer Aussage durch das „eben" ein besonderes Gewicht. Dann erfolgt ein Bruch in der Erzählstruktur „welche wegen welchem Grund". Während sie auf der manifesten Ebene des Textes die Betrachtung der individuellen Situation der Kinder / Schüler (sie) fordert, deutet die Wortwahl „wegen welchem Grund" auf eine subjektive Theorie hin. In dieser Theorie erfordern bestimmte Gründe im Sinne einer Kausalkonstruktion unweigerlich einen Förderschulbesuch. Dieser Sprechakt impliziert, es gab eine Reihe von Gründen, die Entscheidung für den Förderschulbesuch zu begründen, zu klären ist nur noch, welcher ausschlaggebend war. Wichtig ist ihr, sich mit den Gründen für die gesonderte Beschulung auseinanderzusetzen, da diese offenbar die Differenz zu den anderen Regelschülern begründen. Es gibt also für sie triftige Gründe für einen Förderschulbesuch.
Frau Bauer bleibt eine Antwort schuldig. Sie versucht, sich von ihrer eigenen Antwort zu distanzieren und will sich offenbar nicht festlegen, welche Gründe dies sein könnten, sondern wechselt auf die Metaebene. Es folgt erneut ein Bruch in der Erzählstruktur und ein neuer Gedanke wird aufgegriffen. Nun wird generalisierend von „verhaltensauffälligen Kindern" gesprochen. Zum einen wird hier eine nicht rollenförmige Adressierung gewählt (Kinder statt Schüler) zum anderen ist die ganze Person verhaltensauffällig, die noch unspezifische Auffälligkeit rückt thematisch ins Zentrum. Die Unsicherheit bei der Formulierung drückt sich in dem „sind sind wirklich n Problemfall" aus, „wirklich ein Problem", so dass wir fragen können: Wer oder was wird hier für wen zum (Problem-)Fall? Wird generell die Existenz „verhaltensauffälliger Kinder" zum Problemfall erklärt und werden Einzelfälle negiert, weil die ganze Gruppe der so bezeichneten Kinder generalisierend zum Problemfall erklärt wird? Das Adverb „wirklich" unterstreicht die Aus-

sage, Frau Bauer spricht so gegen mögliche Einsprüche von außen an. Doch sie lässt erkennen, dass es gegen eine solche Meinung auch Einspruch geben kann. Ihre eigene subjektive Wahrnehmung verbirgt sie im Rückgriff auf scheinbar objektive Tatsachen.
In ihrer weiteren Argumentation greift sie nun auf die Differenz in „verhaltensauffällige Kinder" hier und „normale Klassen" da zurück. Auf der manifesten Ebene sagt sie, nicht für sie, sondern für die „normalen Klassen" sind „verhaltensauffällige Kinder" ein Problemfall. Kontextbezogen müssen wir jedoch festhalten: Es ist Frau Bauer als Lehrkraft, die die „normalen Klassen" unterrichtet, die eine klare Grenzen zwischen „normal" und „verhaltensauffällig" zieht und für die – so können wir hier als Hypothese formulieren – selbst etwas zum „Problemfall", zur Belastung zu werden droht, so dass letztlich sie selbst der Problemfall werden kann. Zudem spricht sie mit „Klassen" auch die institutionelle Ebene an.
Hinter pseudoobjektiven Tatsachen verbirgt sie die Befürchtung, eine zusätzliche Belastung zu erleben, auf die sie keinen Einfluss hat. In ihrer weiteren Argumentation sagt sie, „für die Klassenstärke" werden „verhaltensauffällige Kinder" zum Problemfall, doch dies macht inhaltlich keinen Sinn. Die Größe der Klasse kann ein Problem sein für einen Schüler oder die Lehrerin; nicht jedoch umgekehrt. Die Struktur reproduziert sich: „Verhaltensauffällige Kinder" werden als „permanent" störend für den „Unterrichtsstoff" wahrgenommen, dieser Ausdruck ist ähnlich irritierend wie die zuvor gegebene Begründung („Klassenstärke"). Wenn wir den Kontext berücksichtigen wird deutlich, dass es die Lehrerin ist, die sich gestört fühlt und hinter pseudo-objektiven Tatsachen ihre Abwehr verbirgt. Ohne Ausnahme, dauerhaft, ohne Unterbrechung und unabwendbar erscheinen die Störungen. Sie spricht von „permanenten Unterrichtsstörungen", wenn sie auch mit „sag ich jetzt mal" einleitet, was die Aussage eher noch verstärkt im Sinne von 'davon bin ich felsenfest überzeugt', allerdings gibt es ein Problem diese Einstellung an die eigene Berufsidentität anzuknüpfen. In dem Textsegment reproduziert sich eine binäre Distinktionslogik: Verhaltensauffällige Störer hier – Regelschüler da, sie sind nicht einfach nur unterschiedlich verschieden, sondern die Differenzordnung ist hierarchisch. Die „Kinder" selbst sind es, die als Ursache für Störungen gesehen werden, nicht ihre Verhaltensweisen und dahinterliegende innere und äußere Konflikte oder Interaktionen zwischen Lehrkraft und Schülerinnen und Schülern. Frau Bauer ergreift nun Partei für die Schüler der „normalen Klassen", diese werden in ihrem „Lernfluss und Lernablauf" gestört und zwar massiv, doch tatsächlich wird vor allem sie selbst in ihrem unterrichtlichen Handeln („generelle Tätigkeit des Lehrers") gestört. Dabei spricht sie nicht von sich selbst als Lehrerin, sondern verallgemeinernd von der Tätigkeit des Lehrers. Dies ist ein erneuter Beleg für die fehlende Integration (sonder-)pädagogischer Orientierungen in das Selbstverständnis als Lehrerin, insgesamt zeichnet sich zudem eine geringe Ich-Identität als Lehrerin ab. Es wird bereits deutlich, wie Frau Bauer die „generelle Tätigkeit" im Lehrberuf inhaltlich füllt. Hervorgehoben wird der Vorgang der Vermittlung des Unterrichtsstoffs durch die Lehrkraft, sowohl die Vermittlung als auch die Aneignung werden idealiter als störungsfreie Vorgänge gedacht. Lernfluss und Lernablauf sind Begriffe, die auf eine Stetigkeit hinweisen, bei damit verbundenen Handlungen geht es voran. Gerade die Bezeichnung „Lernablauf" impliziert die Vorstellung von einem geregelten Ablauf des Lernvorgangs mit einem Anfang und einem Ende, wobei die Steuerbarkeit dieses Prozesses durch die Lehrkraft betont wird. Im Vordergrund stehen die

universalistische rollenförmige Interaktion und die instrumentellen Elemente, die Welt des Wissens, der Leistung und der Tüchtigkeit. Die partikularistische Ebene, das Eingehen auf Schülerinnen und Schüler und verbleibende Unterschiede und Differenzen, die die Fähigkeit zur erfolgreichen Bewältigung des Unterrichts und Leistungsentwicklung beeinträchtigen, werden hingegen nicht thematisch. Die diffusen Momente in der Lehrer-Schüler-Beziehung, die Ebene von Emotionalität, die affektive Dimension und expressive Momente haben in dieser Konstruktion keinen Platz. Sie haben nur einen Platz bei der Konstruktion von den Ablauf störenden Kindern, denn die Verhaltensauffälligkeiten werden der 'ganzen Person' zugeschrieben, wie oben bereits ausgeführt. Adressaten der Lehrerin sind die Schüler, nicht die Kinder mit Verhaltensauffälligkeiten. Und mit den Schülern, nicht mit den Kindern hat sie sich auseinanderzusetzen.
Geradezu pseudoempathisch wechselt Frau Bauer dann erneut die Perspektive zu den Schülern und äußert: „die haben ein Recht ein Recht darauf in der Schule zu lernen". Hier nun baut sie die Rolle der 'Anwältin der Schüler' auf, so dass wir fragen können, verteidigt sie nun deren Rechte und warum müssen diese explizit betont werden? Denn hier wird unmissverständlich Partei für die Regelschüler ergriffen. Der Beginn ihres Plädoyers misslingt und ist holprig, mündet dann jedoch in eine akklamationsfähige Aussage. Denn wer wollte ernsthaft das Recht von Schülerinnen und Schülern in der Schule zu lernen bestreiten. Sie ist nicht nur in die Rolle der Pseudo-Anwältin geschlüpft, sondern auch in jene der Selektionsagentin. Die dann aufgeführte Mängelliste der 'Störer' ist lang:
„wenn quasi immer Kinder aus der Reihe tanzen und sich eben nicht unterordnen und immer wieder extra Ermahnung brauchen und extra Zuwendung dann ist das quasi nicht leistbar"
Durchgehend werden die Schülerinnen und Schüler der „normalen Klassen" allgemeiner Schulen rollenförmig adressiert, hingegen werden jene mit Beeinträchtigungen in ihrer emotionalen und sozialen Entwicklung als „Kinder" bezeichnet, womit ihnen auf der Ebene der textlichen Konstruktion der Status als Schüler vorenthalten wird. Um den Schülerstatus zugewiesen zu bekommen, müssten vor allem schulische Anpassungsleistungen, Disziplin und die Anerkennung der Lehrerautorität („unterordnen") gewährleistet sein. Nun ist von absichtlichen Störungen und einer übermäßigen emotionalen Bedürftigkeit die Rede, dabei wird nicht erkennbar, dass hier eine Entwicklungsperspektive eingenommen und Zutrauen in zu erreichende Anpassungsleistungen von Schülerinnen und Schülern, etwa durch entsprechende Unterstützung und Strukturierung des Unterrichts, besteht. Betrachten wir nun noch genauer die Äußerung „extra Zuwendung". Diese Wendung verweist manifest auf den Rahmen einer diffusen, durch bedingungsloses Vertrauen gekennzeichneten Beziehung. Frau Bauer spricht nun von „extra Zuwendung", die zusätzlich zu der ohnehin notwendigen Zuwendung gegeben werden müsse und vollzieht damit die Besonderung, die zusätzliche Probleme macht. Doch sie erkennt damit auch realitätstüchtig an, dass es nicht nur unterschiedliche Differenzen zwischen Schülerinnen und Schülern gibt, die die Lehrkraft in jeweils verschiedener Weise fordern, sondern individualpädagogische Unterstützung notwendig werden kann. In dem vorgegebenen Setting der „normalen Klasse" ist dies für eine Lehrkraft nicht zu leisten. Die Spannung zwischen Nähe und Distanz, die ohnehin konstitutiv für pädagogisches Handeln ist, spitzt sich mit Blick auf die von Frau Bauer ins Spiel gebrachte Zielgruppe

zu. Ihre Abwehrhaltung verschafft sich latent Ausdruck, sie argumentiert sachlich „dann ist das quasi nicht leistbar", was nahelegt, dass dies unter gewissen Umständen durchaus möglich ist, aber eher als unwahrscheinlich betrachtet wird. „Extra Zuwendung" ist nicht gleichzusetzen mit besonderer Aufmerksamkeit und Unterstützung, der Bedeutungsgehalt des Wortes Zuwendung verweist deutlich auf die affektive Dimension des Beziehungsgeschehens; sie erfordert grundlegend die Bereitschaft und Fähigkeit, diese auch zu geben. Es ist die Lehrperson, die ihren Aufmerksamkeitsfokus erweitern müsste und herausgefordert wird. Ihre Zuständigkeit sieht sie klar bei den Schülern der „normalen Klassen", eine zusätzliche Erweiterung ihrer Aufgaben und Zuständigkeit für alle Schülerinnen und Schüler lehnt sie – pseudoempathisch – zum Wohle der Regelschüler ab. Handlungspraktisch kann sie diese Ansprüche nicht umsetzen, dies dokumentieren ihre skizzierten Erfahrungsräume.

Hier zeigen sich mehrere Strukturprobleme der gemeinsamen Beschulung von unterschiedlich Verschiedenen im Unterricht: Erstens wird hier Ungleiches gleich gemacht, die Regelschüler werden als homogene Masse gesehen, denn nur so können Auffällige ausgegrenzt werden. Zweitens wird die Abwägung der Achtung der Rechte unterschiedlicher Schülerinnen und Schüler deutlich.

Festhalten lässt sich: Unter einem Deckthema prätendierter Sorge, das sich durch eine pathetische, akklamationsfähige Ausdrucksweise auszeichnet verschafft sich latent die Ablehnung der als unbequem und störend konstruierten 'Förderschüler' Ausdruck. Auf der latenten Ebene des Textes zeigt sich, dass nicht 'die verhaltensauffälligen Kinder' an sich das Problem sind, sondern die Lehrkraft selbst durch gesteigerte Handlungsaufgaben zum Problemfall zu werden droht. Sie ist es, die ihren eigenen überhöhten Ansprüchen womöglich nicht mehr genügen kann. Um das krisenhafte jeglichen pädagogischen Handelns abzuwehren und Handlungsfähigkeit aufrechtzuerhalten, lehnt Frau Bauer eine erweiterte Zuständigkeit, wie sie im Rahmen der Umsetzung von Inklusion gefordert wird, ab.

Das Risiko, als Lehrkraft zu scheitern, wird minimiert, indem die imaginäre pädagogische Anspruchskultur reduziert und die Bewährungsdynamik gegenüber schulprogrammatischen, bildungspolitischen und eigenen Ansprüchen zu scheitern, entlastet wird. Die Tendenz zur Selbstillusionierung, handlungsentlastet ohne Krisen pädagogisch handeln zu können, setzt sich fort.

Betrachten wir nun noch eine weitere Sequenz in der Frau Bauer auf die Frage antwortet, warum die Regelschullehrer zu den an die Förderschule überwiesenen Schülerinnen und Schüler nach deren Schulwechsel keinen Kontakt mehr haben:

„Das ist natürlich einfach die Kinder abzuschieben das Unbequeme ähm aus den Klassen zu nehmen zu sagen ähm die sind nicht tragbar die sind nicht tragbar für die Klassengemeinschaft und damit ähm ja (..) drückt man natürlich den Kindern leicht nen Stempel auf und ähm ja man bekommt die Klassen kleiner und die Widerstände innerhalb der Klasse das Lernverhalten wird einfacher und der Unterrichtsalltag und ja es kommt auf den Schüler an manchmal ist es gut an den Schulen und manchmal aber nicht und ähm da muss man eben genau abwägen wie ist die Situation."

Hier nun nimmt Frau Bauer eine eigentümliche Art der Selbstanzeige vor und äußert Kritik an Regelschullehrkräften. Die Aussage könnte eher von Sonderpädagoginnen und -pädagogen oder einem Elternteil stammen. Dies deutet auf eine extreme Distanzierung von ihrer Rolle hin, den unliebsamen Aspekt spaltet sie geradezu ab. Zugleich wird erkennbar, dass ihr pädagogisches Gelingensmodell an außeralltägliche Hingabe geknüpft ist. Auf der manifesten Ebene des Textes wird deutlich, dass nur ein Lehrer, der sich über ein normales Maß engagiert, in ihren Augen ein guter Lehrer sein kann. Frau Bauer fühlt sich offenbar einem pädagogischen Ethos des „Es-sich-nicht-leicht-Machens" verpflichtet und stellt diesen Anspruch auch an ihre Kolleginnen und Kollegen. Die Selbstanklage wird deutlicher in dem Sprechakt „das Unbequeme aus den Klassen zu nehmen", sie kann ihre eigenen Ansprüche nicht erfüllen. „Das Unbequeme" unterstreicht einmal mehr ihre Perspektive, denn damit sind „verhaltensauffällige Kinder" gemeint. Doch nur sie selbst kann etwas als unbequem empfinden, was die verborgene Selbstanklage deutlicher werden lässt. Diese Selbstanklage klingt supervisorisch, es schwingt etwas Selbstgefälliges und Melancholisches mit.

Akklamationsfähig und pathetisch ist die Äußerung „drückt man natürlich den Kindern dann leicht nen Stempel auf". Manifest werden aber auch eine Reihe von positiven Folgen des Abschiebens benannt: Reduzierung der Klassengröße, weniger Widerstand und „das Lernverhalten wird einfacher und der Unterrichtsalltag". Bei den hier aufgezählten Folgen wird deutlich, dass es sich um für die Lehrperson positive Effekte handelt, wobei die Reduzierung der Klassengröße inhaltlich kaum ein treffendes Argument darstellt. Doch zentralthematisch werden erneut die Lehrperson und die oben bereits erwähnten „generellen Tätigkeiten". Die Störungen gefährden das eigene Kompetenzerleben und der Erfolg der Arbeit stellt sich dann ein, wenn die Schüler Erfolg haben. Der hier deutlich werdende berufliche Orientierungsrahmen ist an Erfolg und Leistung geknüpft. Ihre Äußerung „es kommt auf den Schüler an manchmal ist es gut an den Schulen und manchmal aber nicht" bringt latent die Unsicherheit hinsichtlich der Platzierungsentscheidung zum Ausdruck. Die Entscheidung über einen adäquaten Lernort ist im Einzelfall zu treffen, ohne dass prognostische Gewissheit über die Folgen der Entscheidung herstellbar ist. Verkannt wird, dass die Entscheidung letztlich nicht vom Schüler abhängt, sondern durch die Lehrperson getroffen wird.

Die Definition der (Nicht-)Zuständigkeit erfolgt über die jeweilige „Klientel" und dies hängt von der Frage ab, ob diese die Normvorstellungen erfüllen oder nicht. Zudem werden die verschiedenen Heterogenitätsdimensionen hinsichtlich des damit verbundenen Aufwands – das Störpotenzial – für die Lehrkraft hierarchisiert. Zentralthematisch sind die zwei Achsen des Leistungsvermögens und der Fähigkeit zur sozialen Anpassung. Die Orientierung an individuellen Lernausgangslagen liegt quer zum bekannten Deutungsmuster einer homogenen Lerngruppe in einer „normalen Klasse". Die Figur der Pseudo-Anwaltschaft verweist darauf, dass sich unter einem Deckthema eine Abwehrhaltung Platz verschafft und Widerspruchsfreiheit herzustellen versucht wird. Dies ermöglicht es, personale Anteile weitgehend - nicht absichtlich - zu verbergen und auch handlungsstrukturelle Herausforderungen pädagogischen Handelns in bestimmten inklusiven Settings letztlich zu de-thematisieren und antizipierbares „Störpotenzial" in die Person bestimmter Schülerinnen und Schüler zu verlagern.

Um ihre Handlungsfähigkeit aufrechtzuerhalten, wird eine erweiterte Zuständigkeit abgewehrt und die – auch jetzt schon vorhandene – Komplexität weiter reduziert. Dabei dominiert die Orientierung an einem imaginären Durchschnittsschüler und einem bestimmten, fest bestimmbaren routinisierten Unterrichts- und Lernablauf. Die Fiktion besteht offenbar darin, die immanenten Widersprüche letztlich doch technokratisch lösen zu können. Sei es dadurch, dass man einer Zwei-Gruppen-Theorie folgt, dass man kontrafaktisch an homogene Lerngruppen („normale Klassen") als erfolgversprechendes Konzept auf dem Weg störungsfreien und erfolgreichen Unterrichts festhält. An von außen und selbst gesetzten Anforderungen scheitern zu können, birgt Bedrohungspotenzial und wenn dies als individuelles Versagen und Unvermögen gedeutet wird, mobilisiert dies umso eher Widerstand gegen Veränderung. Die jargonlastige Diktion, die wir teilweise auch in dem hier interpretierten Protokoll finden, begrenzt das Risiko, hinter oberflächlich akklamationsfähigen Aussagen als Person angegriffen zu werden. Das Krisenhafte pädagogischen Handelns und die Sorge, gesteigerten eigenen und äußeren Ansprüchen nicht genügen zu können, wird auf der manifesten Ebene des Textes kaum thematisch. Um Widerstände, Zweifel, Gegenpositionen und Kritik offenzulegen reicht es nicht, die Einstellungen abzufragen und deskriptiv zu paraphrasieren, vielmehr sind gerade auch die damit verbundenen subjektiven und immer auch sozialen Sinnstrukturen offenzulegen.

3. Pädagogischer Berufshabitus und (Selbst-)Widerprüchlichkeit pädagogischen Handelns

Es ist vielfach diskutiert worden, dass mehr als eine Veränderung der Haltungen von Lehrkräften und die Vermittlung von Wissensbeständen und Kompetenzorientierung erforderlich ist (Dlugosch 2010). Dies gilt gerade auch dann, wenn man die rekonstruierbaren Deutungsmuster als Antworten auf die Strukturlogik pädagogischer Handlungsprobleme liest, wie sie im strukturtheoretischen Professionsparadigma ausbuchstabiert sind (im Überblick: Helsper 2011). Gesellschaftlich dominierende Wahrnehmungen und Bewertungsmaßstäbe, vor allem die Gegebenheiten einer funktional differenzierten Gesellschaft sind daher nicht auszublenden, wenn es um 'schulische Inklusion' geht. Auch durch Reflexivität (und immer auch Biografizität) sind diese strukturimmanenten und zum Teil selbsterzeugten pädagogischen Handlungsprobleme und Widersprüche nur bearbeitbar, nicht jedoch einseitig in eine Richtung auflösbar.
Im Hinblick auf die in der obigen Fallrekonstruktion im Vordergrund stehende Zielgruppe ist festzuhalten, dass die Frage 'Wohin und was tun mit den Schwierig(st)en?' regelmäßig dann aufgeworfen wird, wenn es um Schülerinnen und Schüler geht, die zu der Gruppe der „Systemsprenger" (Menno Baumann) mächtiger Institutionen gerechnet werden. Prozesse erschwerter und krisenhafter Erziehungs- und Bildungsprozesse sind ein zentrales Thema der allgemeinen Pädagogik und in diesem Zuständigkeitsbereich zunächst zu bearbeiten. Wir wissen jedoch, dass die sog. Regelpädagogik aufgrund unzureichender Qualifizierung und institutioneller Voraussetzungen hier regelmäßig an ihre Grenzen stößt, gerade im Umgang mit 'auffälligem Verhalten'. Einerseits wird die höchste Integrationsquote aller Förderschwerpunkte im Bereich emotionale und soziale Entwicklung erreicht, wenn diese auch erheblich zwischen den Bundesländern variiert, andererseits sind spezielle Einrichtungen in den letzten Jahren insgesamt gesehen weiter ausgebaut worden (Dietze 2011). Zudem wird darauf aufmerksam gemacht, dass mitunter notwendige – an spezielle Settings gebundene – Hilfen unterbleiben und sich Exklu-

sionsrisiken dadurch weiter verschärfen (Ahrbeck 2011a, 346f; Herz 2011 33f). Auch der Verzicht auf eine Feststellungsdiagnostik ist – so kann hier mit Birgit Herz festgehalten werden – wünschenswert, geht aber damit einher, dass „Kinder und Jugendliche mit Verhaltensstörungen keinen Rechtsanspruch auf integrative pädagogische Förderung haben" (ebd., 38). In diesem Zusammenhang ist auf das Dilemma von 'Pädagogisierung und pädagogischem Defizit' zu verweisen, denn pädagogisches Handeln kann in mehrfacher Hinsicht von den Adressaten gewaltsam erfahren werden: „Entweder in Form von Enteignung und Autonomieverweigerung durch Pädagogisierung, in Form von struktureller Vernachlässigung und problemgenerierender Überforderung durch entlastende entpädagogisierende Autonomiezuschreibung oder Deutungsabstraktionen, sowie durch strukturelle und materiale Inkonsistenzen in den Prozessen stellvertretenden Deutens" (Helsper 1993, 87). Knüpfen wir nun weiter an den Diskurs über die Grenzen der Erziehung, die Siegfried Bernfeld 1925 aufgezeigt hat, an und beziehen diese auf Befunde zum Feld schulischer Erziehungshilfe und damit verbundenen Konfliktlagen. Dann wird einmal mehr deutlich, dass neben den inneren Subjektgrenzen, einmal in Richtung der Pädagogen und einmal in Richtung der Adressaten, gerade auch die äußeren, gesellschaftsstrukturellen Grenzen öffentlicher Bildung und Erziehung, das Eingebundensein in Macht- und Herrschaftsverhältnisse und gesellschaftliche Funktionszuweisungen an die Institution Schule in den Blick zu rücken sind. Auch die wohl als Standardwerk zu bezeichnende Studie „Störer und Gestörte" von Thomas von Freyberg und Angelika Wolff (2009, 314) ist in diesem Zusammenhang zu nennen, in der das Ineinandergreifen und Zusammenspiel institutioneller und individueller Konfliktdynamiken und -muster eindrucksvoll durch psychoanalytische und soziologische Fallanalysen herausgearbeitet wurde. Die Folgen der in dieser Studie entzifferten „strukturellen Verantwortungslosigkeit" der Institutionen Schule und Jugendhilfe, die sich in sozialer Spaltung und Diskriminierung niederschlagen, verweisen auf die Verfasstheit des Regelschulsystems. Denn nach wie vor ist das Regelschulsystem durch seine Funktionsbestimmungen geprägt, was u.a. zur Dominanz des schon von Parsons beschriebenen unpersönlichen Leistungsuniversalismus führt und in Spannung zu pädagogischen Erwartungen und einer pädagogischen Orientierung am Subjekt gerät.

Wernet (2008) macht in der Auseinandersetzung mit den Professionalisierungsmodellen von Oevermann und Helsper, die den strukturlogischen Kern pädagogischen Handelns insbesondere in der Vermittlung von widersprüchlichen Handlungsanforderungen sehen, u.a. darauf aufmerksam, dass die durch die Lehrpersonen erst erzeugten Anpassungsprobleme und die Verstrickung in Widersprüche stärker zu berücksichtigen seien. Der Lehrerberuf ist also nicht nur mit einem sozialisatorisch erzwungenen Handlungsproblem konfrontiert, welches darauf aufruht, dass der Schüler im schulischen Handlungsraum als 'ganze Person' in Erscheinung tritt. Vielmehr weist er darauf hin, dass der Beruf mit einer Entgrenzungsproblematik belastet und vor die Anforderung der gesellschaftlichen Delegation und deren Verleugnung, wie von Adorno in den Tabus über den Lehrerberuf skizziert, gestellt ist. Daraus leitet er ein Rollen- und Identifikationsproblem der Lehrpersonen mit der Schule und ihren Prinzipien ab. Das zentrale Moment der „Pseudologie pädagogischen Handelns" wird von ihm darin gesehen, „der unterrichtlichen Praxis kontrafaktisch den Anschein einer schülerseits autonomen, folgenlosen bzw. ausschließlich positiven Folgen zeitigenden Praxis zu verleihen. Diese symbolische

„Die Schüler haben ein Recht darauf in der Schule zu lernen" 137

Dementierung des schulischen Handlungsrahmens führt nicht zu seiner Moderierung oder Relativierung, sondern verleiht ihm umso rigidere Geltung. (...) Nur scheinbar nimmt das institutionelle Gefüge seine universalistisch-unpersönlichen Ansprüche zurück zu Gunsten der Schüler-Subjekte und ihrer je individuellen Ansprüche." (ebd., 250f.) Allerdings bezieht Wernet diese Überlegungen nicht auf Fragen sonderpädagogischer Professionalität und gerade mit Blick auf Modelle 'schulischer Inklusion' wären diese Überlegungen weiter zu prüfen und auszubuchstabieren (siehe dazu u.a. Dlugosch 2005). Bezogen auf die oben vorgenommene Rekonstruktion sehen wir, wie sich die Entgrenzungslogik in Form einer (unnötigen) Herabwürdigung der Kinder mit Verhaltensauffälligkeiten zeigt. Denn diese Herabwürdigung zeigt sich ja gerade dadurch, dass die 'ganze Person' thematisch relevant gemacht wird. Als 'ganze Person' aber werden die Kinder als Schüler disqualifiziert und nicht ernst genommen. Denn der eigentliche Adressat des Lehrerhandelns, darauf ruhen sich die Lehrer mit der Pseudo-Anwaltschaft in gewissem Sinne scheinbar aus, sind die Schüler.

4. Ausblick

Mit Heinz-Elmar Tenorth (2011, 15) soll abschließend darauf hingewiesen werden, dass selten der empirisch nüchterne Blick „auf die wirkliche Praxis, die zugleich inkludiert und segregiert" erfolgt. Er erinnert daran, dass sich aktuell die „Selbstparadoxierungen" wiederholen, die bereits aus der Reformpädagogik und den Bemühungen um Integration bekannt sind. Mit Blick auf uneindeutige Schulstrukturkonsequenzen hebt er die von Gleichheitsforderungen erzeugten paradoxen Effekte und Begründungen hervor und verdeutlicht dies besonders am Beispiel des Problems von Leistungsbewertungen und Abschlüssen: „Die Schulstrukturfrage als Frage der systemdefinierenden Prinzipien ist also, das ist der erste Befund, durchaus offen – denn die Praxis der Inklusion kann bei gegebener oder fehlender Geltung von Zertifizierung und universalen Leistungsstandards nicht identisch sein – aber das Problem bestimmt die Umsetzung in Schulen nicht in der notwendigen Klarheit und Schärfe" (ebd., 16). Insgesamt mangelt es der erziehungswissenschaftlichen Disziplin an empirischer Aufmerksamkeit für Erziehung und pädagogisches Handeln in ihren praktischen Ausgestaltungen, wenngleich in jüngster Zeit der Frage nach der Empirie des Pädagogischen, als pädagogische Wirkungsforschung (erziehungswissenschaftliche Ethnografie, rekonstruktive Schul-, Unterrichts- und Bildungsforschung u.a.) verstärkt nachgegangen wird. Das vorhandene Beobachtungs- und Orientierungswissen zur Realität der Interaktionslogik alltäglicher Erziehungspraktiken und pädagogischer Handlungspraxen in verschiedenen Settings ist im Rahmen einer reflexiven Erziehungswissenschaft und Sonderpädagogik deutlich auszuweiten.

Ein empirisch nüchterner Blick auf die pädagogischen Wirklichkeiten, die sich hinter der Dauerartikulation eines engagierten Wollens in wohlgeformten Sprechakten verbergen, ist für die disziplinäre Selbstaufklärung notwendig. Fragt man nun weiter nach der Genese von berufsbezogenen Selbstverständnissen der Lehrpersonen, dann wäre auch die Schulkultur in den Blick zu nehmen, in denen sich diese Orientierungen verfestigen können. Aufschlussreich wäre es beispielsweise gewesen, dass Passungsverhältnis des oben skizzierten Habitus einer Lehrerin mit dem idealen Anspruch der Schulkultur zu kontrastieren. Denn bezogen auf die Fallrekonstruktion scheinen konkrete institutionalisierte, routinisierte und kollegiale Praxen an der Schule nicht in Richtung Förder-, Integrations- und Konfliktbewältigungsmaßnahmen ausdifferenziert zu sein. Wie die Untersuchungen von Vera Moser (2011) und ihrem Forschungsteam zeigen, lassen sich hinsichtlich des Inklusionsgedankens und die zu bearbeitenden Aufgaben keine einheitlichen und eindeutigen professionellen Orientierungen der Grund- und Förderschullehrkräfte herausarbeiten. Dies bedeutet jedoch nicht, dass man subjektiven Theorien, Orientierungen und Begründungs- und Entscheidungsmustern für bestimmte pädagogische Settings und Förderorte empirisch nicht weiter nachgehen sollte. Vielmehr ist den Passungsverhältnissen von professionsbezogenen Leitbildern für Regelschullehrkräfte und Sonderpädagogen/-innen und ihren subjektiven berufsbezogenen Orientierungen und individuellen Handlungsstrategien weiter nachzugehen.

Wie einleitend bereits erwähnt, ist praxisnahe Fallarbeit in der Lehrerbildung als didaktisches Ausbildungsinstrument stärker als bislang erfolgt zu etablieren (z.B. Reh u.a. 2010; Ohlhaver 2012). Und zwar über die vielerorts begleitenden Praxisphasen hinaus, in denen eine Haltung forschenden Lernens eingeübt werden soll (Amrhein 2011). Im Kern zielt diese handlungsentlastete Arbeit an Fällen und „Unfällen" der Praxis durch die Konfrontation mit vorliegendem oder selbst erhobenem Fallmaterial (Interviews, Interaktionsprotokolle z.B. Gemeinsamen Unterrichts, von Beratungsgesprächen, Akten etc.) auf den Erwerb einer rekonstruktionslogischen Grundhaltung. Dabei geht es in der theoretisch sensibilisierten Auseinandersetzung mit dem Datenmaterial auch um das Befremden des eigenen Deutungs- und Normalitätshorizonts bzw. internalisierter Deutungsroutinen. Mit Blick auf die oben vorgenommene Rekonstruktion kann die Bedeutung dieses Vorgangs pädagogischer Reflexion einmal mehr unterstrichen werden. Die Grenzen der Methodisierbarkeit pädagogischer Praxen und Praktiken in verschiedenen Handlungsfeldern treten dann deutlich in den Vordergrund. (Selbst-)Widersprüchliches wird nicht eingeebnet, sondern reflexiv zugänglich gemacht. Gleichzeitig ist der Rückgriff auf theoretisch wie empirisch begründete Konzepte notwendig, um die Analyse zu schärfen und z.B. Rahmenbedingungen von Interventionen zu reflektieren. Gedankenexperimentell werden weitere Handlungsmöglichkeiten entworfen und mit dem vorliegenden Material verglichen, dies zielt aber nicht darauf, rezeptartiges Wissen oder „Musterlösungen" hervorzubringen.

Amrhein (2011, 8) hebt das Potential lehramtsübergreifender Begleitveranstaltungen zu den Praxisphasen und die Bedeutung von frühen Erfahrungen mit gemeinsamem Unterricht im Studium hervor. Allerdings sei darauf zu achten, dass Studierende auf Akteure/ -innen in der Schule treffen, die „diese Aufgabe auch überzeugt und überzeugend ausführen" (ebd.). Hier ist nun kritisch anzumerken, dass das Urteil und die Entscheidungen darüber, wer nun „überzeugt und überzeugend" z.B. gemeinsamen Unterricht durchführt, kaum vorab entschieden werden kann und sich wohl auch im angenommenen, aber nicht ausgeführten Idealmodell Widerspruchskonstellationen und der Umgang mit Handlungsdilemmata zeigen werden. Die Sorge, Studierende könnten sich „in ihren subjektiven Theorien zu den Möglichkeiten der Durchsetzung inklusiver Konzepte in der Schule bestätigt fühlen, und nach einem solchen Praktikum eher wieder Abstand von der Innovation nehmen" kann hier nicht geteilt werden (ebd.). Vielmehr ist die Praxis mit ihrem eigenen normativen Anspruch zu konfrontieren, etwa dahingehend in welcher Hinsicht

Teilhabe und Partizipation ermöglicht werden, wie die Spannung zwischen Gleichheit und die Berücksichtigung des Besonderen im konkreten Handeln bewältigt wird oder inwieweit die individuelle Situation, die inneren Lern- und Entwicklungsbedingungen von Kindern, etwa im Fall von schulischen Anpassungsschwierigkeiten und manifesten Verhaltensstörungen, überhaupt Berücksichtigung findet.

Die seminaristische Rekonstruktion von Deutungsmustern von Professionellen ist, dies soll abschließend noch einmal hervorgehoben werden, deshalb so bedeutsam, weil sie einer wissenschaftlichen Fundierung, d.h. genauer einer Auseinandersetzung mit professionalisierungstheoretischen Implikationen, bedarf. Über das bloße Befremden der eigenen Deutungsroutinen und Selbstverständnisse hinaus erfolgt dann eine Auseinandersetzung mit den Deutungsmustern, die gerade auch als Antworten auf die Strukturproblematik pädagogischer Handlungsprobleme lesbar gemacht werden können.

Literatur

Ahrbeck, Bernd: Wozu ist die Verhaltensgestörtenpädagogik da? In: Sonderpädagogische Förderung heute, Jg. 56, Heft 4, 2011a, 343-360

Ahrbeck, Bernd: Der Umgang mit Behinderung, Stuttgart: Kohlhammer, 2011b

Amrhein, Bettina: Inklusive LehrerInnenbildung - Chancen universitärer Praxisphasen nutzen, in: Zeitschrift für Inklusion, Heft 3, im Internet unter: (http://www.inklusion-online.net/index.php/inklusion/article /view Article/123 /121, letzter Zugriff: 13.3.2012), 2011

Bernfeld, Siegfried: Sisyphos oder die Grenzen der Erziehung, Frankfurt am Main: Suhrkamp, 1967

Dietze, Thomas: Sonderpädagogische Förderung in Zahlen - Ergebnisse der Schulstatistik 2009/10 mit einem Schwerpunkt auf der Analyse regionaler Disparitäten, in: Inklusion-online.net, im Internet unter: (http://www.pedocs.de/volltexte/2011/4330/pdf/Dietze_Sonderpaedagogische_Foerderung_in_Zahlen_Inkl usion_Online_2_2011_D_A.pdf, letzter Zugriff: 24.2.2012), 2011

Dlugosch, Andrea: Professionelle Entwicklung in sonderpädagogischen Kontexten, in: Horster, Detlef / Hoyningen-Huene, Ursula / Liesen, Christian (Hg.): Sonderpädagogische Professionalität. Beiträge zur Entwicklung der Sonderpädagogik als Disziplin und Profession, Wiesbaden: VS Verlag, 2005, 27-52

Dlugosch, Andrea: Haltung ist nicht alles, aber ohne Haltung ist alles nichts? Annäherungen an das Konzept einer 'inklusiven Haltung' im Kontext Schule, in: Gemeinsam leben - Gemeinsam lernen, Jg. 18, Heft 4, 2010, 195-202

Freyberg, Thomas v. / Wolff, Angelika: Störer und Gestörte. Konfliktgeschichten nicht beschulbarer Jugendlicher, Frankfurt am Main: Brandes & Apsel, 2009

Helsper, Werner: Pädagogik und Gewalt. Pädagogik im Dilemma von „Pädagogisierung" und „pädagogischem Defizit", in: Zeitschrift für Wissenschaft und Praxis in pädagogischen Berufen, Heft 1, Jg. 1, 1993, 83-93

Helsper, Werner: Lehrerprofessionalität - der strukturtheoretische Professionsansatz zum Lehrerberuf, in: Terhart, Ewald / Bennewitz, Hedda / Rothland, Martin (Hg.): Handbuch der Forschung zum Lehrerberuf, Münster: Waxmann, 2011, 149-170

Herz, Birgit: „Inclusive Education" Desiderata in der deutschen Fachdiskussion, in: Schwohl, Joachim / Sturm, Tanja (Hg.): Inklusion als Herausforderung schulischer Entwicklung. Widersprüche und Perspektiven eines erziehungswissenschaftlichen Diskurses, Bielefeld: transcript, 2010, 29-44

Moser, Vera / Schäfer, Lea / Redlich, Hubertus: Kompetenzen und Beliefs von Förderschullehrkräften in inklusiven settings, in: Lütje-Klose, Birgit (Hg.): Inklusion in Bildungsinstitutionen. Eine Herausforderung an die Heil- und Sonderpädagogik, Bad Heilbrunn: Klinkhardt, 2011, 235-244

Ohlhaver, Frank: Fallanalyse, Professionalisierung und pädagogische Kasuistik in der Lehrerbildung, in: sozialer Sinn, Jg. 12, Heft 2, 2011, 279-304

Reh, Sabine / Geiling, Ute / Heinzel, Friederike: Fallarbeit in der Lehrerbildung, in: Friebertshäuser, Barbara (Hg.): Handbuch qualitative Methoden in der Erziehungswissenschaft, Weinheim, München: Juventa, 2010, 911-924

Tenorth, Heinz-Elmar: Inklusion im Spannungsfeld von Universalisierung und Individualisierung - Bemerkungen zu einem pädagogischen Dilemma. Vortragsmanuskript, im Internet unter: (http://www.schulentwicklung.bayern.deUnterfranken/userfiles/SETag2011/Tenorth-InklusionWuerzburg-2011.pdf, letzter Zugriff: 3.3.2012), 2011

Wernet, Andreas: Einführung in die Interpretationstechnik der Objektiven Hermeneutik. Qualitative Sozialforschung Band 11, Wiesbaden: VS Verlag, 2006, (2)

Wernet, Andreas: Das Pseudologie-Syndrom: Zum Phänomen pädagogisch erzeugter Widersprüche, in. Rihm, Thomas (Hg.): Teilhaben an Schule. Zu den Chancen wirksamer Einflussnahme auf Schulentwicklung, Wiesbaden: VS Verlag, 2008, 237-252

Werning, Rolf / Löser, Jessica: Inklusion: aktuelle Diskussionslinien, Widersprüche und Perspektiven, in: Die Deutsche Schule, Jg. 102, Heft 2, 2010, 103-114

Wocken, Hans: Das Haus der inklusiven Schule. Baustellen - Baupläne – Bausteine, Hamburg: Feldhaus, 2011

Marian Laubner

„Also das ist unsere Förderlehrerin" – Deutungsmuster von Schülerinnen und Schülern zum Zwei-Lehrer-System im Gemeinsamen Unterricht

1. Einleitung

In der Integrations- und Inklusionspädagogik stellt das Zwei-Lehrer-System[1] ein weit verbreitetes Modell dar, sonderpädagogische Ressourcen in der Regelschule zu nutzen. Die Rollen- und Aufgabenklärung der Sonderpädagogen wird bereits seit vielen Jahren diskutiert und stellt eine Herausforderung für professionalisierungstheoretische Konzeptualisierungen dar (vgl. Wocken 1996; Reiser 1998). Wie aber wird diese Form der Kooperation von Regelschullehrkräften mit Sonderpädagogen im Unterricht von den Schülerinnen und Schülern erlebt und interpretiert? Die Frage der differenten Zuständigkeit wird auf Seiten der Schüler umgewandelt in eine Frage der Zugehörigkeit und der Unterscheidung zwischen mir und den anderen: Wer ist für mich in welchen Situationen und warum zuständig? Bei dieser Frage handelt es sich um eine spannungsreiche Figur, die – wie sich zeigen wird – aufgrund der Besonderheit, die das Zwei-Lehrer-System mit sich bringt, nur schwer aufgelöst werden kann.

Im vorliegenden Beitrag wird versucht, dieser Fragestellung im Rückgriff auf eine fallrekonstruktive Untersuchung nachzugehen, in der Grundschüler aus Integrationsklassen zu ihren Erfahrungen im Gemeinsamen Unterricht befragt wurden[2]. Im Vorfeld wird der Gemeinsame Unterricht einer kontextfreien Analyse unterzogen, worauf eine theoretische Auseinandersetzung folgt. Im nächsten Punkt wird zum einen der normative Anspruch an eine Berücksichtigung Betroffener herausgearbeitet und zum anderen der bisherige Forschungsstand kurz vorgestellt und hinsichtlich der Anschlussfähigkeit an die Fragestellung diskutiert. Anschließend erfolgt die empirische Rekonstruktion von Deutungsmustern (vgl. Oevermann 2001) dreier Schüler mit dem Förderschwerpunkt Lernen zum Zwei-Lehrer-System.

---

[1] Der Begriff „Zwei-Lehrer-System" (Preuß-Lausitz 1997; Kreie 2002) wird in diesem Beitrag verwendet, da dieser bzgl. der Gestaltung der Doppelbesetzung im Gegensatz zu „Team-Teaching" keine genauere Aussage zulässt.

[2] Der folgende Beitrag stützt sich auf Teil-Ergebnisse meiner an der Leibniz Universität Hannover erstellten unveröffentlichten Masterarbeit im Fach Sonderpädagogik (Laubner 2011; Betreuung: Prof. Dr. B. Lindmeier / Dr. M. Silkenbeumer). Der Schwerpunkt lag auf der Rekonstruktion von Deutungsmustern zur methodisch-didaktischen Gestaltung des Unterrichts und auf der sozialen Integration der Schüler mit sonderpädagogischem Förderbedarf. Das Zwei-Lehrer-System stellt eine Verknüpfung der beiden Schwerpunkte dar, da Lehrer sowohl methodisch-didaktische Entscheidungen treffen als auch Einfluss auf die soziale Integration nehmen (vgl. Huber 2010). Es wurden neun Interviews mit Schülern mit und ohne sonderpädagogischem Förderbedarf geführt, die Integrationsklassen an verschiedenen Grundschulen besuchen.

2. Gemeinsamer Unterricht

In der folgenden Analyse steht die Frage im Mittelpunkt, was die Anwesenheit einer zweiten (Lehr-)Person für die Schule, die Klasse, den einzelnen Schüler und den Unterricht bedeutet. Mit Bezug zur Objektiven Hermeneutik wird dem Zwei-Lehrer-System durch den Wechsel zwischen kontextfreier und kontextbezogener Interpretation zuerst mit einer „künstlichen Naivität" (Wernet 2006) begegnet.

Eine Grundschulklasse wird meist von einem Klassenlehrer geleitet, der mit einer hohen Stundenanzahl in der Klasse unterrichtet. Nur in vereinzelten Unterrichtsfächern übernimmt ein Fachlehrer den Unterricht. Dass weitere erwachsene Personen am Unterricht teilnehmen, stellt eher eine Ausnahme dar. Diese Ausnahme kann verschiedene Gründe haben: In einigen Förderschulen – zunehmend auch im Gemeinsamen Unterricht – wird der Lehrer durch einen pädagogischen Mitarbeiter (z.B. Heilerziehungspfleger, Schulbegleiter etc., z.T. Praktikanten) unterstützt. Hierbei ist allerdings eine Hierarchie im Vorfeld vorgegeben, die von den jeweils zusammen arbeitenden Berufsgruppen unterschiedlich gestaltet werden kann. Für den Fall der Integration von Schülern mit sonderpädagogischem Förderbedarf in Regelschulen findet eine Unterstützung durch Sonderpädagogen statt, die quantitativ – in Abhängigkeit vom Förderschwerpunkt – und qualitativ sehr unterschiedlich ausgestaltet sein kann. Unabhängig von der Quantität und Qualität des jeweiligen Modells stellt die Anwesenheit eines Sonderpädagogen eine Verbesonderung dar. Die Ausgestaltung der sonderpädagogischen Unterstützung und somit die praktische Gestaltung des Zwei-Lehrer-Systems kann sehr unterschiedlich umgesetzt werden (vgl. Modelle der Kooperation: Willmann 2008). Nachvollziehbar ist außerdem die Vermutung, dass durch das Zwei-Lehrer-System im Unterricht verstärkt binnendifferenziert gearbeitet werden kann. Es handelt sich somit bei der gleichzeitigen Anwesenheit einer zweiten Lehrkraft um einen interpretationsbedürftigen Umstand für die Schüler. Die Schüler der Integrationsklassen wurden von Beginn an von zwei Lehrerinnen unterrichtet.

Die Klärung der Bezeichnung „Gemeinsamer Unterricht" auf theoretischer Ebene gestaltet sich als schwierig, da in den meisten Publikationen keine genauere Definition erfolgt. Vermutlich wird von einem allgemein bekannten Begriffsverständnis ausgegangen, dennoch bleiben Fragen offen, z.B. welche Heterogenitätsdimensionen Berücksichtigung finden. Es wird in Teilen der (sonderpädagogischen) Literatur wie selbstverständlich von Schülern mit sonderpädagogischem Förderbedarf gesprochen, ohne dies vorher zu explizieren (vgl. Schwager 2011). Einführende und einschlägige Lexika kommen ohne einen Beitrag zu dieser Thematik aus (vgl. Antor / Bleidick 2001). Krawitz bringt den Gemeinsamen Unterricht mit „Co-Teaching oder Team-Teaching" (Krawitz 2002, 103) zusammen. Schwager grenzt Team-Teaching von einer Doppelbesetzung im Gemeinsamen Unterricht ab. Im Team-Teaching geht es seiner Meinung nach um „verschiedene Perspektiven, die von Lehrkräften in den Unterricht eingebracht werden" (Schwager 2011, 93), was er vor allem auf fachliche Inhalte zu beziehen scheint. Eine Doppelbesetzung sieht er mit Bezug auf Wocken als „notwendige Voraussetzung" für Gemeinsamen Unterricht in einer heterogenen Klasse. Krawitz betont für den Gemeinsamen Unterricht, dass der Sonderpädagoge nicht allein für die Schüler mit sonderpädagogischem Förderbedarf zuständig ist (Krawitz 2002, 103). Dieser normativ formulierte und für Inklusion zentrale Anspruch stellt für die folgende Rekonstruktion eine interessante Forderung dar. Es wird zu klären sein, welche subjektiven Deutungsmuster der Schüler hierzu rekonstruiert werden können.

3. Die Perspektive der Schülerinnen und Schüler auf Gemeinsamen Unterricht – Zusammenfassung normativer Argumentationen und des Forschungsstandes

In der Integrations- und Inklusionsforschung wurden bisher Fragestellungen zu Perspektiven[3] der Schüler mit und ohne sonderpädagogischem Förderbedarf auf Gemeinsamen Unterricht nur selten aufgegriffen. In der Sonder- und Inklusionspädagogik wurde nur in der Studie von Jünger (2010) „die Schule aus der Sicht von Kindern" (Jünger 2010, 159) methodisch reflektiert zum Gegenstand rekonstruktiver Forschung gemacht, wobei ergänzt werden muss, dass in dieser Studie nicht Schüler mit sonderpädagogischem Förderbedarf, zumindest aber „Kinder mit privilegierter und nicht-privilegierter Herkunft" (Jünger 2010, 159) im Fokus standen.

Vor allem unter dem Vorzeichen der menschenrechtlich bzw. ethisch geführten Diskussion für Inklusion ist dieses Desiderat als problematisch einzuschätzen, da in der UN-Konvention für die Rechte von Menschen mit Behinderung darauf hingewiesen wird, dass bei der Erarbeitung und Umsetzung von Gesetzen und Konzepten, die zur Realisierung der Konvention beitragen, Menschen mit Behinderungen sowohl durch Vertreter der entsprechenden Institutionen als auch selbst einbezogen werden sollen[4].

Das Thema Integration und Inklusion und damit verbundene Erfahrungen werden in Zukunft für verschiedene Ebenen bedeutend sein, da mit bildungspolitischen Veränderungen zu rechnen ist. Für den Inklusionsdiskurs kann hierbei auf ein Zitat Petillons zurückgegriffen werden: „Erst wenn wir konsequent versuchen, Schule so zu rekonstruieren, wie sie sich den Kindern und Jugendlichen darstellt, können wir darüber sprechen, eine „schülergerechte" Schule zu gestalten, die darauf verzichtet, Schüler „schulgeeignet" zu machen" (Petillon 1987, 1). Diese von Petillon normativ eingebrachte Argumentation soll im Folgenden durch eine kurze Zusammenfassung des bisherigen Forschungsstandes[5] ergänzt werden:

Cornelia Kammann untersuchte in ihrer Dissertation das „Erleben und Empfinden ihrer (der Kinder mit und ohne sonderpädagogischen Förderbedarf, Anm. M.L.) Schulsituation und ihrer Nachmittagsgestaltung" (Kammann 2001, 8). Die Ergebnisse der Studie ermöglichen eine kritische Reflexion bestehender Integrationsstrukturen. Es wurden 134

---

[3] Es wird der Begriff „Perspektive" gewählt, da in den bisherigen Forschungen nicht von Deutungsmustern gesprochen wird.

[4] Lindmeier verweist darauf, dass Menschen mit Behinderung an der Entwicklung der UN-Konvention für die Rechte von Menschen mit Behinderung beteiligt waren (Lindmeier 2009, 395 f).

[5] Studien zur Perspektive von Schülern auf Gemeinsamen Unterricht und Unterricht an Förderschulen: Hinz / Boban 1988; Marx 1992; Haeberlin / Kronig / Eckhart 2000; Hinz 2003; Arnold / Levin / Richert 2005; Jünger 2010.

„konsekutive Interviews" mit Schülern mit und ohne sonderpädagogischem Förderbedarf (Lernen oder Geistige Entwicklung), die zur Zeit der Erhebung gemeinsam in Integrations- oder Kooperationsklassen oder an Förderschulen unterrichtet wurden, geführt. In der Studie wird deutlich, dass Leistungen der Schüler mit sonderpädagogischem Förderbedarf auf ihre Behinderung zurück geführt werden. Schüler ohne sonderpädagogischem Förderbedarf sind außerdem der Meinung, „dass sie [die Schüler mit sonderpädagogischem Förderbedarf, Anm. M.L.] es leicht haben und ein bisschen mehr üben könnten" (Kammann 2001, 124). Die Schüler ohne Förderbedarf geben hier aber auch den Lehrern die Schuld, denn diese geben ihnen ihrer Meinung nach einfachere Aufgaben (vgl. Kammann 2001, 124f). Integrationsklassen als eine Form der Integrationsrealisierung werden von den Schülern ohne sonderpädagogischen Förderbedarf in den meisten Fällen als positiv bewertet. Als Argumente werden exemplarisch die Doppel- bzw. Dreifachbesetzung der Lehrkräfte angegeben (vgl. Kammann 2001, 136; vgl. Hinz 2003, 52f). Schüler ohne sonderpädagogischen Förderbedarf betonen, dass sich die Lehrkräfte um die Schüler mit sonderpädagogischem Förderbedarf kümmern und z.B. mehr Geduld im Umgang mit ihnen haben. Die Schüler mit sonderpädagogischem Förderbedarf thematisieren die besondere Unterstützung, beziehen sich dabei aber scheinbar sowohl auf die Regelschullehrkraft als auch auf den Sonderpädagogen (vgl. Kammann 2001, 129f).

Ulf Preuß-Lausitz hat die „Erfahrungen und Meinungen von Kindern innerhalb und außerhalb von Integrationsklassen" (Preuß-Lausitz 1997, 171) zusammengefasst. Das Durchschnittsalter betrug, wie in der Studie von Kammann, neun bis zehn Jahre. Insgesamt wurden 584 Schüler aus Integrationsklassen, davon 43 mit sonderpädagogischem Förderbedarf, und 100 Schüler aus anderen Klassen befragt. Der Fragebogen bestand größtenteils aus geschlossenen Fragen mit vorgegeben Antwortmöglichkeiten, ergänzt durch einige offene Fragen, die zu einer Begründung für die gegebene Frage aufforderte. Es wurde deutlich, dass Lehrer in Integrationsklassen häufiger nach den Meinungen der Schüler fragen (Integrationsklassen: 78,7 Prozent; Klassen ohne Schüler mit sonderpädagogische Förderbedarf: 74,4 Prozent) und ebenso versuchen, auf die Eigenarten dieser einzugehen (Integrationsklassen: 64,7 Prozent, Klassen ohne Schüler mit sonderpädagogischem Förderbedarf: 57,4 Prozent) (vgl. Preuß-Lausitz 1997, 180f).

Andere Ergebnisse brachte die Frage nach dem Zwei-Lehrer-System, denn dieses wird zwar von 58 Prozent der Schüler mit sonderpädagogischem Förderbedarf als gut bewertet, allerdings nur von 42 Prozent der Schüler ohne sonderpädagogischen Förderbedarf in Integrationsklassen (vgl. Preuß-Lausitz 1997, 165). An der Studie muss jedoch kritisiert werden, dass in dem Fragebogen lediglich eine dreistufige Skala zum Einsatz kann. Zudem kann durch eine Zustimmung von 58 Prozent noch nichts darüber gesagt werden, wie die Anwesenheit oder Zuständigkeit einer zweiten Lehrerperson durch die Schüler interpretiert werden.

Kammanns Studie ermöglicht durch den qualitativen Zugang ein differenziertes Bild, letztlich ist die Ergebnisdarstellung jedoch durch eine implizite Kausalität verschiedener Sachverhalte geprägt. Neben vielen Paraphrasierungen der Schüleräußerungen erfolgt bei einem Großteil der Themen stets eine Quantifizierung, um die Relevanz des Themas einzuschätzen zu können.

In diesem Beitrag soll jedoch nicht einer deskriptiven Nachvollzugshermeneutik gefolgt, sondern Anschluss an die interpretativ-rekonstruktive Schul- und Unterrichtsforschung (vgl. Combe / Helsper 1996) gesucht werden, d. h. es kommt eine objektiv-hermeneutische Rekonstruktionsmethode zum Einsatz, „die Abläufe nicht äußerlich beobachtet und verrechnet, sondern deren Sinn von innen aufschließt" (Combe / Helsper 1994, 7).

4. Methodisches Vorgehen

Für die Auswertung der Interviews dient das themenzentriert-komparative Verfahren nach Lenz (1986) als Orientierung. Bamler / Werner / Wustmann (2010) schätzen das Verfahren vor allem für explorative Untersuchungen, bei denen der Gegenstand und das Feld bisher nicht ausführlich beforscht wurden, als ergiebig ein (vgl. Wustmann / Bamler / Werner 2010, 138). Ziel ist die „Rekonstruktion tiefer liegender Sinn- und Bedeutungsgehalte aus Interviewinformationen" (Wustmann / Bamler / Werner 2010, 139).
In der Auswertung der Kinderinterviews wurde sich formal an dem Auswertungsvorgehen orientiert, d. h. es wurden jeweils themenbezogen Sequenzen ausgewählt, die anschließend interpretiert wurden. Allerdings wurde zur Interpretation die Objektive Hermeneutik herangezogen, so dass der Kontexteinbezug – im Gegensatz zu Lenz' Vorgehen – während der Interpretation nicht erfolgt. „Prädestiniert ist die Objektive Hermeneutik für Kontexte, die bislang nicht hinreichend erforscht sind, oder bei denen standardisierte Analysepraktiken und -raster keine verwertbaren Ergebnisse bringen" (Kleemann / Krähnke / Matuschek 2009, 112f). Mit Bezug zum aktuellen Forschungsstand kann bei der Thematik davon ausgegangen werden, dass es sich bei diesem Thema um einen Kontext handelt, der „bislang nicht hinreichend erforscht" (Kleemann / Krähnke / Matuschek 2009, 112) wurde.
Für ein näheres Verständnis der Objektiven Hermeneutik ist es essentiell zu betonen, dass „objektiv" entgegen eines alltagstheoretischem Verständnisses als „unabhängig von den subjektiven Wünschen und Absichten der Individuen" (Kleemann / Krähnke / Matuschek 2009, 117) zu verstehen ist. Zentral ist dafür die Unterscheidung manifester und latenter Sinnstrukturen. Methodologisch ist außerdem von Bedeutung, dass in der Objektiven Hermeneutik von einer „Krise als Normalfall" (Oevermann 1996, 77) ausgegangen wird.
Die Interpretation erfolgt auf Grundlage der fünf Prinzipien der Objektiven Hermeneutik: Kontextfreiheit, Wörtlichkeit, Sequenzialität, Extensivität, Sparsamkeit (vgl. Wernet 2006). Der Einsatz der Objektiven Hermeneutik bei der Interpretation von Kinderinterviews wird nicht unkritisch gesehen, da von einem „Noch-nicht-Status" (Heinzel 2010, 174) ausgegangen wird. Dem Vorwurf eines ‚Noch-Nicht-Status' kann mit Böhme wie folgt entgegnet werden: „Das Subjekt muss sich, um überhaupt handeln zu können, die konkret ausgeformten Artikulations- und Handlungsspielräume verschiedener Lebenspraxen zumindest intuitiv, mental repräsentierbar machen können" (Böhme 2003, 164). Böhme sieht einen Vorteil in der Anwendung der Objektiven Hermeneutik darin, dass „Ver- und Bearbeitungsstrategien dieser Bewährungsdynamiken und damit verbundene Lösungsentwürfe der Kinder" (Böhme 2003, 165) erschlossen werden können.

5. Deutungsmuster von Schülern zum Zwei-Lehrer-System

Um herauszuarbeiten, welche Deutungsmuster von Schülern zum Zwei-Lehrer-System empirisch rekonstruierbar sind, sollen im Folgenden Sequenzen dreier Schülerinterviews objektiv-hermeneutisch analysiert werden. Die Darstellung der Analyse erfolgt dabei ergebnisorientiert.
Als Einstieg zu diesem Themenkomplex wurde den Schülern zuerst berichtet, dass dem Interviewer bekannt ist, dass eine weitere Klassenlehrerin in der Klasse tätig ist. Bei der zweiten Klassenlehrerin handelt es sich jeweils um eine Sonderpädagogin, die mit zehn Stunden pro Woche in der Klasse tätig ist. Der Interviewer fragt nun zum Einstieg die Schüler, welche Aufgaben diese zweite Klassenlehrerin übernimmt.

Jessica – eine Frage der Zugehörigkeit
Jessica antwortet auf die Einstiegsfrage wie folgt:
J: „Das sind von von den fünf Kindern und von mir also die fünf Kindern das bin ich ja auch noch eins von den fünf Kindern und ähm die hilft also das ist unsere Förderlehrerin so".
Jessica unterscheidet zuerst zwischen den fünf Kindern und sich selbst, da sie sich ergänzend hinzufügt durch „und von mir", was sie anschließend näher erläutert mit „also die fünf Kinder das bin ich ja auch". Es herrscht dabei eine Distanz vor zwischen den fünf Kindern und ihr, ein Gefühl der Unsicherheit ihrer Zugehörigkeit wird ersichtlich. Ihre eigene Position zu dieser identitätsrelevanten Zugehörigkeitsproblematik wird ergänzt durch „noch eins von den fünf Kindern". „Noch eins" steht für eine zusätzliche Belastung, die durch sie entsteht und die – zumindest aus subjektiver Sicht Jessicas – für die Lehrerinnen erschwerend hinzukommt. Es wäre ebenso möglich das Wort „noch" zu „auch noch" hinzuzuziehen, was bedeuten würde, dass Jessica sagt: „das bin ich ja auch noch". Hier wird die zusätzlich wahrgenommene Belastung von ihr erneut deutlich. Auf ihr lastet demnach etwas, und die Tatsache, dass sie zu den fünf Kindern gehört, ist eine weitere Belastung.
Was aber macht die zweite Klassenlehrerin in dieser Klasse? „Die hilft" beschreibt Jessica. Es bleibt unklar, an wen sich die Hilfe bzw. das Hilfeangebot richtet und wobei (in welchen Situationen) sie hilft, zudem ist die eine eher unpersönliche Beschreibung. Das Wort hilft ist (z.B. im Vergleich zu „unterstützt") als kindliche Wortwahl einzuschätzen. In einem interaktionellen Kontext ist die Angewiesenheit auf Hilfe als Abhängigkeit bzw. sogar als Einschränkung der Autonomie zu sehen. Unabhängig von dieser Aussage wird allerdings deutlich, dass sich Jessica über die Hilfe der Lehrerin bewusst ist. Es sind zwei Situationen denkbar: Die Hilfe wird aktiv eingefordert oder – und dieser Fall trifft vermutlich eher zu – die Hilfe wird ihr ohne eigene Zustimmung in bestimmten Situationen oder fortlaufend zuteil. Zudem wäre Hilfe nicht notwendig, wenn nicht Hilfebedarf bestehen würde. Dieser Punkt wird durch die nun folgende Erklärung verstärkt.
Es folgt eine nähere Erläuterung, eingeleitet durch „also", das eine erleichternde Wirkung hat im Sinne von „also jetzt sag ichs einfach": „das ist unsere Förderlehrerin so". Das abschließende „so" kann ebenfalls als Erleichterung interpretiert werden („so, jetzt ist es endlich raus"). Die Zuteilung wird hier offenbart und Jessica schließt sich an und

auch ein. Eine Förderlehrerin kann zuerst als neutral beschrieben werden, denn Förderung[6] ist ein zentraler Bestandteil der Schule, sei es im Regel- oder im Förderunterricht an unterschiedlichen Schulformen. Förderunterricht setzt dabei nicht zwingend kategorisierte Förderbedürftigkeit (i. S. v. sonderpädagogischem Förderbedarf) voraus, sondern lediglich die Feststellung einer notwendigen Förderung (in der Regeln orientiert an vorherrschenden Normalitätsvorstellungen). Der Sprechakt unsere Förderlehrerin zeigt jedoch, dass die Zuständigkeit der Lehrerin für die Gruppe der fünf Kinder festgelegt ist. Weiterhin wird durch „unser" auch die Zugehörigkeit für sie geklärt, wobei unklar ist, inwiefern sie der Zuteilung zustimmt. Im Anschluss an den Begriff der Förderung sei hier darauf verwiesen, dass die Förderbedürftigkeit fast ausschließlich von Seiten der Lehrer festgelegt wird und die Schüler keine Wahl haben bzw. nicht danach gefragt werden, ob sie sich als förderbedürftig einschätzen würden.

J: „aber die ist auch nicht jede Stunde da und (...)"

Die Förderung erhält eine Einschränkung, da die Förderlehrerin „auch nicht jede Stunde da" ist. Die Förderung durch die Förderlehrerin findet somit nicht immer statt, sondern wird mit eben dieser Person verbunden, verstanden als Äußerung: „Ich muss nicht immer gefördert werden".

Anschließend wird Jessica gefragt, wie sie es findet, dass in der Klasse eine Förderlehrerin tätig ist.

J: „eigentlich relativ gut weil ähm die kann uns dann auch helfen wenn wir Hilfe brauchen und ja"

„eigentlich" stellt eine Einschränkung dar, die durch „relativ" noch einmal Verstärkung erfährt. Letztlich wird die Anwesenheit der Förderlehrerin als gut bewertet, was eine eher mittelmäßige Einschätzung darstellt, die erhebliches Steigerungspotential besitzt. Eine Ablehnung wäre objektiv denkbar, würde sich jedoch vermutlich nicht auf eine Ablehnung der Förderung beziehen, sondern die Förderlehrerin als Person betreffen. Da Schüler der Primarstufe ihren Lehrern in der Regel viel Sympathie entgegen bringen, ist eine Ablehnung vermutlich nur selten der Fall. Die Aufgabenbeschreibung durch Jessica erfolgt, indem sie die erhaltene Hilfe in Form einer Wenn-Dann-Konstruktion als Konsequenz für die Hilfebedürftigkeit („dann") sieht.

Die Hilfe soll situationsangemessen erfolgen, d.h. wenn sie wirklich notwendig ist. Jessica hebt hervor, dass die Förderlehrerin helfen kann, was unterschiedlich interpretiert werden kann: Die Förderlehrerin besitzt die Kompetenz („kann" i.S.v. „können"), zu helfen. Alternativ könnte durch „kann" eine zeitliche Einschränkung gemeint sein: „wenn sie da ist" oder auch „nicht immer".

Letztlich zeigt sich, dass Jessica der ihr entgegen gebrachten Unterstützung positiv gegenüber steht, sofern diese angewandt wird, wenn es wirklich notwendig ist. Die doppelte Einschränkung lässt vermuten, dass dies nicht immer der Fall ist,

---

[6] Es muss allerdings ergänzt werden, dass der Begriff der Förderung kritisch gesehen werden kann, da hier eine Asymmetrie zwischen der fördernden Lehrkraft und dem zu förderndem Schüler vorherrscht. Zudem wird sich an einem linearen Verständnis von Lernen orientiert – fraglich ist, wie damit umgegangen werden kann, wenn Förderung (langfristig) nicht den von der fördernden Lehrkraft intendierten Erfolg erreicht (vgl. Boban / Hinz 2000, 131 f). Es wäre zudem zu fragen, inwiefern Förderung überhaupt ohne eine vorherige (zumindest gedankliche) Differenzsetzung denkbar wäre.

Zusammenfassend wird durch die Rekonstruktion deutlich, dass für Jessica die Frage der Zugehörigkeit zentral ist. Ihre Zugehörigkeit legt sie offen, empfindet sie zugleich aber als Belastung – für andere (in diesem Fall für die Förderlehrerin) und sich selbst. Es wird zugleich deutlich, dass Jessica das Vorhandensein zweier Gruppen innerhalb der Klasse, die durch die Verantwortlichkeit der zweiten Lehrkraft erkennbar wird, im Sinne einer kollektiven Identität (WIR und Nicht-WIR) verinnerlicht hat. Die Offenbarung erscheint als Lüften eines Geheimnisses. Die eigens wahrgenommene Förderbedürftigkeit wird durch die Häufigkeit der Anwesenheit eingeschränkt. Der Charakter des Helfens, die damit einhergehende Einschränkung der Autonomie und die Abhängigkeit von der Hilfe-Bereitschaft (bzw. -Umsetzung) wurde ebenfalls deutlich.

Nazan – Anwältin für die eigene Gruppe
Nazan wird zu Beginn ebenfalls nach der zweiten Klassenlehrerin und ihren Aufgaben in der Klasse gefragt.
N: „Sie unterrichtet halt die Kinder die keine Noten bekommen"
Nazan beginnt mit „Sie" und benennt die Lehrerin somit nicht persönlich durch ihren Namen. Die Tätigkeit wird durch „sie unterrichtet" beschrieben. Schule ist unmittelbar mit Unterricht verbunden. In der Schule findet Unterricht statt, demnach unterrichtet auch die zweite Klassenlehrerin. Unterrichten setzt dabei eine asymmetrische Beziehung voraus: Es gibt eine Lehrkraft, die unterrichtet, wobei davon ausgegangen werden kann, dass diese in irgendeiner Form dazu befähigt ist und über entsprechende Kompetenzen verfügt. Weiterhin gibt es mindestens einen Schüler, der unterrichtet wird. Dieser verfügt in der Regel im Vergleich zur Lehrkraft z.B. über geringeres Wissen, das dieser nun mittels Unterricht erwerben soll[7].
Da das Präsens gewählt wurde, ist von einer anhaltenden Situation auszugehen. Das Wort „halt" zeigt, dass das Gesagte als bekannt oder logisch vorausgesetzt wird: „ist doch klar". Ihr wird nun die Aufgabe zugesprochen die Kinder zu unterrichten, „die keine Noten bekommen". Nazan selbst reduziert die Gruppe der Kinder hier auf ein zentrales Merkmal („keine Noten bekommen") – eine Ausdifferenzierung bleibt aus.
Nazan bezieht sich in ihrer Erläuterung auf das Leistungsprinzip der Schule, das sich u.a. in der Regel ab der dritten Klasse durch die Vergabe von Noten manifestiert. Kinder, die keine Noten bekommen, sind somit von diesem öffentlich-erkennbaren Leistungsprinzip ausgeschlossen. Ein Vergleich über Noten ist somit nicht möglich.
Die Unterscheidung könnte kontextfrei so erklärt werden, dass ein Altersunterschied vorhanden sein muss, denn bekanntlich bekommen Schüler der ersten und zweiten Klasse keine Noten, ältere Schüler hingegen schon. Alternativ können Schüler aufgrund eines Nachteilsausgleichs keine Noten bekommen. Für Nazan stellt die (Nicht-)Erteilung der Noten den Unterschied zwischen zwei Schülergruppen dar. Für den schulischen Kontext bedeutet die Tatsache, keine Noten zu bekommen, jedoch eine Herabsetzung (die die Schüler mit sonderpädagogischem Förderbedarf eigentlich vor Misserfolgen schützen soll).

---

[7] Diese bestehende Asymmetrie kann vermutlich auch durch einen Perspektivenwechsel auf Unterricht („Der Lehrer als Lernbegleiter") nicht gänzlich aufgelöst werden.

Nazan wird anschließend gefragt, wie viele Kinder in der Klasse keine Noten erhalten. Nazan beantwortet die Frage unmittelbar mit „fünf". Nazan ist somit bekannt und bewusst, welche fünf Kinder keine Noten bekommen. Hier wird eine Zahl genannt, auf Namen wird verzichtet.
Der Interviewer fragt im Anschluss, welchen Tätigkeiten die zweite Klassenlehrerin nachkommt (ob sie bspw. mit Schülern auch in einen anderen Raum geht).
N: „Nee die bleiben schon in der Klasse (I: mmhh) und die machen dann halt verschiedene Sachen also nicht unsere Sachen die machen halt leichtere Sachen weil die können sich halt nicht so gut konzentrieren und so was"
Nazan verneint und erklärt weiter: „die bleiben schon in der Klasse". Dabei impliziert das Wort „schon" eine Einschränkung bzw. ein nun folgendes Aber. Die Kinder, „die keine Noten bekommen", „machen dann halt verschiedene Sachen". „Sachen" ist dabei eine allgemeine und unspezifische Bezeichnung, die sich z.B. nicht auf ein Unterrichtsfach bezieht und somit viel Spielraum für Interpretationen lässt. Es sind „verschiedene Sachen". Erwartbar wäre hier statt „verschiedene" eher „andere", da dies oben bereits so gewählt wurde. Die Distinktion erfährt hier somit keine Verstärkung, sondern eher eine Einschränkung. Nazan setzt mit einer Erklärung fort: „also nicht unsere Sachen", was nun wiederum die durch Nazan eingeführte Distinktion ins Spiel bringt. Es gibt demnach „unsere" und deren bzw. andere Sachen. Eine Erklärung erfolgt im Anschluss, bei „nicht unsere Sachen" handelt es sich laut Nazan um „leichtere Sachen". „Leichtere" impliziert hier einen bereits erfolgten Vergleich mit der anderen Gruppe. Die Notwendigkeit (für „leichtere Sachen") wird im Folgenden erklärt: „weil die können sich halt nicht so gut konzentrieren und sowas". Dieses Erklärungsmuster hat dabei etwas Nicht-Kindliches, denn die Formulierung wäre als Aussage eines Erwachsenen, z.B. von Eltern, eher wohlgeformt: „Meine Kinder haben zurzeit Schwierigkeiten in der Schule weil die können sich halt nicht so gut konzentrieren". Wie in der Sequenz zuvor wird die Unterscheidung wiederum auf ein Merkmal reduziert (sich nicht so gut konzentrieren zu können). Sich nicht konzentrieren zu können, dient als eine Erklärung dafür, dass einige Schüler leichtere Aufgaben im Unterricht erhalten. Wenn einer Person oder Gruppe mangelnde Konzentrationsfähigkeit unterstellt oder zugeschrieben wird, dann ist diese (nach Ansicht der urteilenden Person) im Inneren verhaftet und wird zumeist nicht mit äußeren Umständen begründet.
N: „und die übt das dann halt mit den und wie man gut schreiben kann also schreiben könn die schon"
„die übt das dann halt mit den und wie man gut schreiben kann" zeigt – auf inhaltlicher Ebene – dass hier eine Mechanisierung (wie) des Schreibvorgangs gesehen wird. Gedankenexperimentell könnte man vermuten, dass mit Kindern das Schwimmen oder das Fahrradfahren geübt werden könnte, allerdings trifft die Formulierung auf das Erlernen des Schreibens weniger zu. Es geht darum, gut zu schreiben. Dies bezieht sich eher auf einen äußerlichen, graphomotorischen Aspekt des Schriftbildes und weniger auf die orthographische Ebene (hier wäre „richtig" passender). Üben ist ein zentraler Bestandteil schulischen Lernens. Gleichzeitig muss etwas geübt werden, wenn man eine bestimmte Kompetenz noch nicht erreicht hat bzw. um diese zu festigen. „Die" fungiert hier als Person, die das Üben initiiert bzw. die Aufgaben hierfür zur Verfügung stellt.

Anschließend erfolgt eine Berichtigung durch „also schreiben könn die schon", im Sinne von: „Also nicht, dass Sie denken, die könnten nicht schreiben". Hier soll falschen Schlussfolgerungen oder Hypothesen vorgebeugt werden.
N: „aber die schreiben sehr langsamer aber richtig und ordentlich und das sollte sich bei den ändern und so was"
Diesem vermeintlichen Widerspruch soll durch eine Erklärung entgegnet werden: „aber die schreiben sehr langsamer". „Die" können also schreiben, aber eben „sehr langsamer". Die Unterscheidung wird hier durch die doppelte Steigerung nochmal hervorgehoben durch das Wort „sehr". Es besteht aus der Sicht von Nazan demnach ein großer Unterschied: „Und die schreiben zwar sehr langsamer aber dafür richtig und ordentlich". Nazan agiert hier als Anwältin für die anderen, da der Sprechakt eine Form der Verteidigung darstellt. Alternativ ist es als eine Rechtfertigung für langsameres Schreiben. Hier geht es außerdem darum, richtig zu schreiben, der orthographische Aspekt des Schreibens wird somit ergänzt.
Bei „und das sollte sich bei den ändern und sowas" ist unklar, ob sich dies auf das langsame Schreiben oder auf das richtige und ordentliche Schreiben bezieht. Dieser Sprechakt folgt letztlich nach „richtig und ordentlich". Führt man diesen Gedanken zu Ende, könnte hier von einer Tendenz zur Änderung des Guten ausgegangen werden, um die Gruppen-Identität beizubehalten, denn warum sollte sich etwas ändern, wenn sie „richtig und ordentlich" schreiben?
Zusammenfassend beschreibt Nazan die Aufgaben der zweiten Klassenlehrerin damit, dass sie Kinder unterrichtet, „die keine Noten bekommen". Dies wird somit als Hauptaufgabe der zweiten Klassenlehrerin gesehen. Darauf aufbauend wird an dieser Stelle eine Unterscheidung eingeführt. Die Unterscheidung ist überraschend, da sie eigentlich nur aufgrund eines Altersunterschiedes vorliegen kann, da normalerweise ab Klasse 3 ein Ziffernzeugnis eingeführt wird. Unter Kontexteinbezug kann dieser Umstand als Herabsetzen des Status' gesehen werden. Die Schüler, „die keine Noten bekommen", sind in keinem Fall jünger als die Schüler, die Noten bekommen.
Erkennbar wird, dass Nazan über das Wissen verfügt, welche Kinder keine Noten bekommen, allerdings gibt sie dieses Wissen nur als Zahl preis und gibt der Anzahl keine Namen. Die Zahl bleibt somit unpersönlich und die dahinter stehenden Schüler werden nicht enttarnt. Eine räumliche Institutionalisierung (thematisch durch den Interviewer initiiert) findet nicht statt. Eine Trennung erfolgt dennoch, denn sie machen „dann halt verschiedene Sachen". Es folgt eine Zweiteilung in „unsere" und „verschiedene". Wie ist dies zu erklären? Es schließt eine Erklärung durch Nazan an, die etwas Nicht-Kindliches hat. Auf inhaltlicher Ebene sieht sie die Aufgaben der zweiten Klassenlehrerin im Üben, wobei eine Tendenz zur Mechanisierung erkennbar ist. Zugleich beugt Nazan vor, dass falsche Hypothesen über die Kinder entwickelt werden, „die keine Noten bekommen". Nicht nur in diesem Sprechakt agiert Nazan als Anwältin für diese Gruppe und verteidigt sie mithilfe einer Beschreibung, was sie gut können.
Unter Berücksichtigung des Kontextes, dass es sich bei Nazan um eine Schülerin mit dem ihr zugewiesenen Förderschwerpunkt Lernen handelt, erweist sich die Rekonstruktion der Anwaltsfunktion für die Identität Nazans als höchst problematisch. Bezüglich der Frage der Zugehörigkeit könnte bei Nazan von einer diffusen Identität hinsichtlich ihres Schülerinnenselbst gesprochen werden: Sie argumentiert – oberflächlich betrachtet

sehr überzeugend – aus der Perspektive der Schüler ohne sonderpädagogischen Förderbedarf. Da sie jedoch genau benennen kann, wie viele Schüler in der Klasse keine Noten bekommen, kann davon ausgegangen werden, dass ihr bewusst ist, dass sie dieser Gruppe zugehörig ist.

Deniz – Anstrengung für die Anderen
Deniz wird zu Beginn ebenfalls die beschriebene Einstiegsfrage gestellt – er antwortet darauf wie folgt:
D: „also sie stellt immer Aufgaben die stellt anderen Aufgaben die nicht so gut sind (I: mmhh) dann geht sie zu denen und hilft die auch"
Deniz beginnt die Erläuterung mit „also", was für eine längere Ausführung oder das Ansetzen einer Erklärung spricht. Die Beschreibung besitzt durch „immer" eine gewisse Allgemeingültigkeit bzw. einen dauerhaften Zustand, zumindest durch den Sprecher unterstellt. Nach „sie stellt immer Aufgaben" folgt eine Konkretisierung: „die stellt anderen Aufgaben". Die Anrede ist im zweiten Ansatz unpersönlicher und distanzierter. Zugleich geht es um Aufgaben für die „anderen", was als mögliche Distanzierung verstanden werden kann. Die „anderen" werden durch „die nicht so gut sind" näher charakterisiert. „Die" ist ebenso distanziert und bezieht sich womöglich auf die „anderen". „Nicht so gut" stellt einen Vergleich dar, z.B. „nicht so gut wie die anderen Schüler". Eine exemplarische Benennung der Bereiche oder Unterrichtsfächer, in denen die anderen nicht so gut sind, bleibt aus, es handelt sich somit um eine Universalisierung, die sich auf die ganze Person bezieht. „Dann" ist wiederum vor allem kausal oder temporal zu verstehen: „Wenn man nicht so gut ist, dann …". Hier wählt Deniz jedoch wieder eine persönlichere Bezeichnung durch „sie" und die Zeitform Präsens, der für die Aktualität spricht.
D: „dann sagt sie immer ähm vielleicht ähm kommt das dahin oder das kommt dahin und"
Es wird erkennbar, dass Deniz der zweiten Lehrerin hier die Rolle zuschreibt, die Tipps gibt, die sehr konkret zu sein scheinen (die Unterstellung eines Vorsagens kann an dieser Stelle nicht ausbleiben). Auffällig ist, dass Deniz hier nicht den Aspekt des Helfens einbringt.
D. „sie sagt immer ihr müsst langsam arbeiten und ganz ruhig dann verstehen das auch die anderen und können dann gut arbeiten"
Der zweite Teil enthält wiederum allgemeinere Beschreibungen. Die zweite Klassenlehrerin scheint sich oftmals zu wiederholen, da sie – hier nimmt Deniz die Perspektive der Lehrerin ein – immer sagt „ihr müsst langsam arbeiten und ganz ruhig". Es wird erwartet, dass sie „langsam arbeiten". Wenn jemand langsam arbeitet, kann jedoch davon ausgegangen werden, dass in der Konsequenz quantitativ auch weniger erreicht wird. „Ganz ruhig" kann sich auf die Lautstärke oder die Intensität des Arbeitens beziehen: Sie sollen demnach nicht hektisch arbeiten und die anderen Schüler nicht stören.
Für den Fall einer Einhaltung des Ratschlages ist aus Sicht von Deniz die Folge zu erwarten, dass das dann die „anderen" auch verstehen. Deniz bleibt durch „das" ungenau, es handelt sich womöglich um verschiedene schulische Inhalte. An dieser Stelle findet die Kausalität wieder Anwendung: „Wenn die Aufgabe in einer bestimmten Form bearbeitet wird, dann wird man auch verstanden". Zugespitzt wird dies weiterhin dadurch,

dass langsame und ruhige Arbeiten zusätzlich notwendig ist für ein gutes Arbeiten der „anderen". Es gibt somit Regeln für die eigene Arbeitsweise, die sich für die „anderen" positiv auswirken. Ein Vorteil für den eigenen Lernfortschritt ist nur indirekt erkennbar. Die Abgrenzung zu den „anderen" erfolgt hier abermals. „Gut" kann als erfolgreich eingeschätzt werden. Schulisches Lernen wird verbunden mit „arbeiten", was Anstrengung mit sich bringt: Zum einen Anstrengung für das eigene Lernen, zum anderen aber auch Anstrengung, um zu erreichen, dass die Mitschüler gut arbeiten können.

Zusammenfassend zeigt sich bei Deniz, dass die Unterscheidung zugleich als Versuch einer Distanzierung von einer Gruppe gesehen werden kann. Ebenso ist ein Vergleich mit einer anderen Gruppe impliziert. Auffällig ist hier, dass keine inhaltliche Konkretisierung stattfindet, sondern eher eine universelle Ansicht (ohne Bezug auf die Unterrichtsfächer) zum Vorschein kommt. Neben der universellen Einschätzung der Unterschiedlichkeit wird eine Kausalität des Unterstützens („Wenn man nicht so gut ist, dann …") und deren Konsequenzen („dann verstehen das auch die anderen") formuliert, die dann wiederum auch in einer eher persönlich konnotierten Beziehung zum Ausdruck kommt.

Die bereits besprochenen Konsequenzen sind dabei nicht nur individuell, sondern auch kollektiv, denn die Arbeitsweise, unterstützt durch die zweite Klassenlehrerin, hat Auswirkungen darauf, dass die „anderen" auch wirklich „gut arbeiten" können, was als kollektive Verantwortlichkeit beschrieben werden kann. Für das schulische Lernen ist bedeutsam, dass es als „arbeiten" beschrieben wird.

Die kollektive Verantwortlichkeit stellt eine positive Perspektive dar, die jedoch auch als notwendige Anstrengung dafür gesehen werden kann, dass seine Mitschüler ihn (bzw. seine Gruppe) verstehen und im Unterricht „gut arbeiten" können.

Auch für Deniz sei abschließend erwähnt, dass es sich um einen Schüler mit dem ihm zugewiesenen Förderschwerpunkt Lernen handelt. Wie Nazan argumentiert auch er jedoch aus der Perspektive der Schüler ohne Beeinträchtigung. Er umgeht die Enttarnung, indem er wörtlich wiedergibt, was der Lehrer zu den Schülern sagt.

6. Zusammenfassung

Im Folgenden sollen auf Grundlage der drei rekonstruierten Deutungsmuster die wesentlichsten Ergebnisse herausgestellt und weiterführend mit theoretischen Konzepten in Verbindung gebracht werden.

Es wurde insgesamt deutlich, dass in allen drei Fällen eine Abgrenzung oder zumindest eine Unterscheidung zwischen der eigenen und der anderen Gruppe erfolgte. Die Unterschiedlichkeit wird universell beschrieben und nicht auf bestimmte Fächer bezogen. Dieses Othering, vor allem durch Praktiken in diskursiver Form durch das (Nicht-) Benennen, wie es u.a. Nohl (2006) für sein Konzept einer Pädagogik kollektiver Zugehörigkeiten[8] beschreibt, zeigt sich durchgängig, wobei die Position, aus der jeweils argumentiert wird, unterschiedlich ist. Mit der eigenen Zugehörigkeit gehen Jessica, Nazan

---

[8] Theorien der Migrationspädagogik, wie z.B. das postkoloniale Konzept des "othering" (vgl. Nohl 2006) erweisen sich als interessant für verschiedene Fragestellungen zur Inklusion von Menschen mit Behinderung.

und Deniz unterschiedlich um. Während Jessica das „Geheimnis" lüftet und es zugleich als Belastung für sich wahrnimmt und für andere vermutet, offenbaren Nazan und Deniz ihre Zugehörigkeit im Interview nicht. Nazan fungiert als verteidigende Anwältin für die eigene Gruppe. An dieser Stelle kann wiederum Bezug zu Nohl genommen werden, um auf die Bedeutung der beibehaltenen Tarnung aufmerksam zu machen: „Je prägnanter das Andere öffentlich identifiziert werden kann, (…), desto eindeutiger wird – durch Abgrenzung von diesen – auch die eigene kollektive Zugehörigkeit repräsentiert" (Nohl 2006, 139). Die Repräsentation der eigenen Zugehörigkeit geschieht durch die Unterscheidung der Kompetenzen in der Aufgabenbearbeitung („langsamer aber richtig und ordentlich"). Insgesamt ist in den Sequenzen eine Reduktion auf Fähigkeiten erkennbar bzw. kann danach unterschieden werden, wer den Leistungsanforderungen entspricht und wer nicht. Diese Zweiteilung wird durch die Tatsache der Nicht-Benotung einer Gruppe noch einmal verstärkt. Das Vorhandensein zweier Gruppen wurde von allen drei Schülern bereits verinnerlicht.

Mit der zweiten Lehrerin werden verschiedene Tätigkeiten in Verbindung gebracht: So wird sie von Jessica als „Förderlehrerin" bezeichnet, was von Nazan und Deniz dahingehend konkretisiert wird, dass sie Hilfe anbietet, mit einer Gruppe von Schülern übt und Aufgaben für eine Gruppe von Schülern, „die nicht so gut sind", bereit hält. In dieser Angewiesenheit zeigen sich Antinomien pädagogischen Handelns (vgl. Helsper 2002): Zum einen betrifft die bestehende Kategorie die Subsumtionsantinomie. Die Vereinheitlichung der Gruppe der Schüler mit dem Förderschwerpunkt Lernen birgt die Gefahr der „unzulässigen Typisierung" (Helsper 2002, 79). Das Lehrer-Schüler-Verhältnis ist zudem mindestens durch eine generationale Differenz und Asymmetrie gekennzeichnet. Wie in der Kritik am Begriff der Förderung schon angedeutet wurde, ist die Beziehung asymmetrisch, erfordert aber für ein gelingendes Lernen eine möglichst symmetrische Beziehung, die somit immer wieder herzustellen ist. Die Asymmetrie wird jedoch verstärkt durch die – auch subjektiv – erkennbare Angewiesenheit auf die Förderlehrerin. Nicht zuletzt setzt die bereits beschriebene Angewiesenheit eine breite Vertrauensbasis voraus, vor allem unter dem Vorzeichen der vorhanden zweiten Gruppe, die – wie herausgearbeitet werden konnte – der Gefahr einer Ungleichbehandlung ausgesetzt ist. Die Differenzierungsantinomie („Einheit vs. Differenz") wird durch das Zwei-Lehrer-System versucht aufzulösen, bleibt aber letztlich innerhalb dieser beiden Gruppe und der gesamtem Schulklasse bestehen.

Abschließend soll noch einmal zum Identitätskonstrukt Bezug genommen werden. Für Nazan wurde bereits herausgearbeitet, dass durch die vorherrschende Unklarheit bezüglich der Gruppenzugehörigkeit von einer diffusen Identität gesprochen werden kann. Im Zuge der schulischen Sozialisation ist für sie noch nicht eingängig, wo sie sich zugehörig fühlt, so dass es sich für sie als schwierig erweist, personale und soziale Identität in Einklang zu bringen. Krappmann und Oswald sprechen ebenfalls von einer „Gefährdung des Selbst" (2005, 233), wenn „Gleichheit unter den Kindern" (ebd.) infrage gestellt wird: „Sowohl etwas nicht zu können oder zu wissen, was doch angeblich „jeder" kann oder weiß, als auch sich mit seinem Können oder Wissen über andere zu erheben, gefährdet das Selbst in den Augen anderer" (ebd.).

7. Ausblick

Unter Punkt zwei wurde hervorgehoben, dass der Sonderpädagoge im Gemeinsamen Unterricht nicht allein für die Schüler mit sonderpädagogischem Förderbedarf zuständig ist (vgl. z. B. Krawitz 2002). Es steht wahrscheinlich außer Frage, dass die Deutungsmuster der Schüler zum Zwei-Lehrer-System in hohem Maße davon abhängig sind, wie die Kooperation zwischen der Regelschullehrkraft und dem Sonderpädagogen gestaltet und umgesetzt wird. Durch den theoretischen Rückbezug auf die Antinomien pädagogischen Handelns wurde deutlich, dass diese auch im Zwei-Lehrer-System bestehen. In der Klasse stellt die zweite Lehrerin bereits durch die Tatsache der bloßen Anwesenheit und der scheinbar zugeteilten Aufgaben und Tätigkeiten eine Verbesonderung dar, die durch die bekannten Modelle der Integration und Inklusion kaum aufgelöst werden können. Möglicherweise kann sich einer Auflösung nur in Form eines Teamings[9] (vgl. Willmann 2008) angenähert werden. Aus theoretischer Perspektive lassen sich hier Umsetzungsprobleme in der pädagogischen Praxis erkennen. Die Kooperation zwischen der Sonderpädagogin und der Grundschullehrkraft findet zwar statt, letztlich basiert die Zusammenarbeit jedoch auf der klassischen Zuordnung – möglicherweise auf Grundlage der Sozialisation im Studium und im Beruf. Nun könnte letztlich konstatiert werden, dass die Kooperation in den Integrationsklassen, in denen die interviewten Schüler mit sonderpädagogischem Förderbedarf unterrichtet werden, nicht so gelungen ist, dass beide Lehrkräfte für alle Schüler zuständig sind. Diese Sichtweise ist jedoch zu eindimensional, da eine Vielzahl von Faktoren Einfluss auf die Ausgestaltung der Kooperation nehmen.
Exemplarisch wäre hier das Etikettierungs-Ressourcen-Dilemma zu nennen. Die Zuschreibung der Kategorie „Förderschwerpunkt Lernen" war die Voraussetzung, um überhaupt mit einer höheren Stundenanzahl im Zwei-Lehrer-System arbeiten und kooperieren zu können. Eine Differenzsetzung ist somit bereits im Vorfeld erfolgt. Weiterhin wäre zu fragen, inwiefern ein Denken in einer Zwei-Gruppen-Theorie aufgelöst werden kann, wie es vielfach gefordert wird. Hinsichtlich der methodisch-didaktischen Gestaltung des Unterrichts wäre zu untersuchen, inwiefern eine Binnendifferenzierung erfolgt. Wenn binnendifferenziert gearbeitet wird, wäre zu klären, inwiefern dies Einfluss auf ein Denken in Kategorien nimmt, da das Konzept der Binnendifferenzierung verschiedene Niveaustufen (auf inhaltlicher und sozialer Ebene) impliziert. Möglicherweise wird durch die Anwesenheit eines zweiten Lehrers die besondere Situation erst hergestellt.
In der sonderpädagogischen Grundversorgung werden, wie bereits angedeutet, einer Schulklasse pauschal sonderpädagogische Ressourcen zugeteilt. Letztlich tritt jedoch der Sonderpädagoge auch hier als Sonderpädagoge auf und wird in vielen Fällen für die „anderen" Schüler zuständig sein.
Es bleibt offen, inwiefern eine Auflösung der Zuständigkeiten umsetzbar wäre, denn obwohl in dieser Klasse das Modell der doppelten Klassenleitung praktiziert wird, zeigen sich im Unterrichtsalltag nach wie vor die unterschiedlichen Verantwortlichkeiten. Es kann nur vermutet werden, ob durch einen Verzicht auf (dauerhafte) Kategorien Veränderungen möglich sind. Einerseits bestünde durch eine Dekategorisierung die Chance,

---

[9] Beim Teaming (auch Team-Teaching) „heben sich die Differenzen auf" zwischen den beiden Kooperationspartnern auf (vgl. Willmann 2008, 192).

dass die einfache Aufgabenzuschreibung erschwert wird und sich somit beide Lehrerinnen für alle Schüler verantwortlich fühlen könnten. Anderseits kann davon ausgegangen werden, dass durch einen Verzicht auf klassische Kategorien neue (alltagstheoretische) Kategorien entworfen werden und folglich dennoch die Zuständigkeiten nach einer Zwei-Gruppen-Theorie erfolgt. Alternativ zu einer Dekategorisierung ist die Frage zentral, wie es gelingen kann, nicht in einem Zwei-Gruppen-Denken zu verharren, sondern differenziertere Perspektiven einzunehmen.

In diesem Zusammenhang gewinnt die Frage nach einer inklusiven Haltung zunehmend an Bedeutung (vgl. Dlugosch 2010).

Literatur

Antor, Georg / Bleidick, Ulrich (Hg.): Handlexikon der Behindertenpädagogik. Schlüsselbegriffe aus Theorie und Praxis, Stuttgart: Kohlhammer, 2001

Arnold, Karl-Heinz / Levin, Anne / Richert, Peggy: Die Sicht der verhaltensauffälligen Kinder: Selbsteinschätzung der Schul-, Familien- und Freizeitsituation sowie ihrer Verhaltensprobleme, in: Preuß-Lausitz, Ulf (Hg.): Verhaltensauffällige Kinder integrieren. Zur Förderung der emotionalen und sozialen Entwicklung, Weinheim, Basel: Beltz-Verlag, 2005, 123-133

Bamler, Vera / Werner, Jillian / Wustmann, Cornelia: Lehrbuch Kindheitsforschung. Grundlagen, Zugänge und Methoden, Weinheim, München: Juventa, 2010

Boban, Ines / Hinz, Andreas: Förderpläne – für integrative Erziehung überflüssig!? Aber was dann?? In: Mutzeck, Wolfgang (Hg.): Förderplanung. Grundlagen – Methoden – Alternativen, Weinheim: Deutscher Studien Verlag, 2000, 131-144

Böhme, Jeanette: Erlöserkinder: Rekonstruktion eines Newsgroup-Märchens. Reflexion zur Objektiven Hermeneutik als Methode der Kindheitsforschung, in: Prengel, Annedore (Hg.): Im Interesse von Kindern? Forschungs- und Handlungsperspektiven in Pädagogik und Kinderpolitik, Weinheim: Juventa, 2003, 161-174

Combe, Arno / Helsper, Werner: Was geschieht im Klassenzimmer? Perspektiven einer hermeneutischen Schul- und Unterrichtsforschung. Zur Konzeptualisierung der Pädagogik als Handlungstheorie, Weinheim: Deutscher Studien Verlag, 1996

Dlugosch, Andrea: Haltung ist nicht alles, aber ohne Haltung ist alles nicht? Annäherungen an das Konzept einer `Inklusiven Haltung` im Kontext Schule, in: Gemeinsam Leben, Jg. 16, Heft 4, 2010, 195-202

Haeberlin, Urs / Kronig, Winfried / Eckhart, Michael: Immigrantenkinder und schulische Selektion: pädagogische Visionen, theoretische Erklärungen und empirische Untersuchungen zur Wirkung integrierender und separierender Schulformen in den Grundschuljahren, Bern u.a.: Haupt-Verlag, 2000

Heinzel, Friederike: Zugänge zur kindlichen Perspektive – Methoden der Kindheitsforschung, in: Friebertshäuser, Barbara / Langer, Antje / Prengel, Annedore (Hg.): Handbuch Qualitative Forschungsmethoden in der Erziehungswissenschaft, Weinheim: Juventa, 2010, 707-721, (3)

Helsper, Werner: Lehrerprofessionalität als antinomische Handlungsstruktur, in: Kraul, Margret / Marotzki, Winfried / Schweppe, Cornelia (Hg.): Biographie und Profession, Bad Heilbrunn: Klinkhardt, 2002, 64-102

Hinz, Andreas / Boban, Ines: Behinderte Kinder nach vier Jahre Integrationsklasse, in: Wocken, Hans / Antor, Georg / Hinz, Andreas (Hg.): Integrationsklassen in Hamburger Grundschulen. Bilanz eines Modellversuchs, Hamburg: Curio Verlag Erziehung und Wissenschaft, 1988, 127-181

Hinz, Andreas: Kinder in der Schule – Was integrationserfahrene Kinder zum Gemeinsamen Unterricht sagen, in: Prengel, Annedore (Hg.): Im Interesse von Kindern? Forschungs- und Handlungsperspektiven in Pädagogik und Kinderpolitik, Weinheim: Juventa, 2003, 49-63

Huber, Christian: Lehrerfeedback und soziale Integration. Wie soziale Referenzierungsprozesse die soziale Integration in der Schule beeinflussen könnten, in: Empirische Sonderpädagogik, Jg. 22, Heft 1, 2011, 20-36

Jünger, Rahel: Schule aus der Sicht von Kindern. Zur Bedeutung der schulischen Logiken von Kindern mit privilegierter und nicht-privilegierter Herkunft, in: Brake, Anna / Bremer, Helmut (Hg.): Alltagswelt Schule. Die soziale Herstellung schulischer Wirklichkeiten, Weinheim: Juventa, 2010, 159-183

Kammann, Cornelia: Integrations-, Kooperations- und Sonderschulklassen aus der Sicht ihrer SchülerInnen mit und ohne Behinderung: eine vergleichende Evaluationsstudie auf der Grundlage konsekutiver Interviews, Berlin: Logos-Verlag, 2001

Kleemann, Frank / Krähnke, Uwe / Matuschek, Ingo: Interpretative Sozialforschung. Eine praxisorientierte Einführung, Wiesbaden: VS Verlag für Sozialwissenschaften, 2009

Krappmann, Lothar / Oswald, Hans: Kinderforschung als Grundlagenforschung mit Praxisrelevanz, in: Breidenstein, Georg / Prengel, Annedore (Hg.): Schulforschung und Kindheitsforschung – ein Gegensatz?, Wiesbaden: VS Verlag für Sozialwissenschaften, 2005, 221-238

Krawitz, Rudi: Gemeinsamer Unterricht, in: Bundschuh, Konrad / Heimlich, Ulrich / Krawitz, Rudi (Hg.): Wörterbuch Heilpädagogik, Bad Heilbrunn: Klinkhardt, 2002, 102-106, (2)

Kreie, Gisela: Integrative Kooperation – Ein Modell der Zusammenarbeit, in: Eberwein, Hans / Knauer, Sabine (Hg.): Handbuch Integrationspädagogik. Kinder mit und ohne Behinderung lernen gemeinsam, Weinheim, Basel: Beltz-Handbuch, 2002, 404-411, (6)

Laubner, Marian: Die Perspektive von Kindern mit und ohne Förderbedarf auf Gemeinsamen Unterricht. Auswertung und Analyse leitfadengestützter Interviews, Leibniz Universität Hannover: Unveröffentlichte Masterarbeit, 2011

Lindmeier, Bettina: Auswirkungen der »UN-Konvention über die Rechte von Menschen mit Behinderungen« auf Einrichtungen der Behindertenhilfe, in: Sonderpädagogische Förderung heute, Jg. 54, Heft 4, 2009, 395-409

Lenz, Karl: Alltagswelten von Jugendlichen. Eine empirische Studie über jugendliche Handlungstypen, Frankfurt am Main, New York: Campus Verlag, 1986

Marx, Rita: Integrieren oder Aussondern. Die Sonderschule in der Sicht von Schülern und Eltern, Weinheim, Basel: Beltz Verlag, 1992

Nohl, Arndt-Michael: Konzepte interkultureller Pädagogik: eine systemarische Einführung, Bad Heilbrunn: Klinkhardt, 2006

Oevermann, Ulrich: Theoretische Skizze einer revidierten Theorie professionalisierten Handelns, in: Helsper, Werner / Combe, Arno (Hg.): Pädagogische Professionalität. Untersuchungen zum Typus pädagogischen Handelns, Frankfurt am Main: Suhrkamp, 1996, 70-182

Oevermann, Ulrich: Die Struktur sozialer Deutungsmuster – Versuch einer Aktualisierung, in: Sozialer Sinn, Jg. 2, Heft 1, 2001, 35-81

Petillon, Hanns: Der Schüler: Rekonstruktion der Schule aus der Perspektive von Kindern und Jugendlichen, Darmstadt: Wiss. Buchgesellschaft, 1987

Preuß-Lausitz, Ulf: Integration und Toleranz – Erfahrungen und Meinungen von Kindern innerhalb und außerhalb von Integrationsklassen, in: Heyer, Peter / Preuß-Lausitz, Ulf / Schöler, Jutta (Hg.): „Behinderte sind doch Kinder wie wir!" Gemeinsame Erziehung in einem neuen Bundesland, Berlin: Wissenschaft und Technik Verlag, 1997, 171-204

Reiser, Helmut: Sonderpädagogik als Service-Leistung? Perspektiven der sonderpädagogischen Berufsrolle. Zur Professionalisierung der Hilfs- bzw. Sonderschullehrerinnen, in: Zeitschrift für Heilpädagogik, Jg. 49, Heft 2, 1998, 46-54

Schwager, Michael: Gemeinsames Unterrichten im Gemeinsamen Unterricht, in: Zeitschrift für Heilpädagogik, Jg. 62, Heft 3, 2011, 92-98

Übereinkommen der Vereinten Nationen über die Rechte von Menschen mit Behinderungen (UN-BRK), im Internet unter: (http://www.behindertenbeauftragter.de/SharedDocs/Publikationen /DE/Broschuere_UNKonvention_KK.pdf?_blob=publicationFile, letzter Zugriff 07.07.2011), 2011

Wernet, Andreas: Einführung in die Interpretationstechnik der Objektiven Hermeneutik, Wiesbaden: VS Verlag für Sozialwissenschaften, 2006, (2)

Willmann, Marc: Sonderpädagogische Beratung und Kooperation als Konsultation. Theoretische Modelle und professionelle Konzepte der indirekten Unterstützung zur schulischen Integration von Schülern mit Verhaltensproblemen in Deutschland und den USA, Hamburg: Verlag Dr. Kovac, 2008

Wocken, Hans: Zur Aufgabe von Sonderpädagogen in integrativen Klassen. Eine theoretische Skizze, in: Behindertenpädagogik, Jg. 35, Heft 4, 1996, 372-376

Rüdiger Kreth – Meik Neumann

Wozu beraten? – Der Beitrag lösungsfokussierter Haltungen und Methoden zum Gelingen einer inklusiven Beschulung im Förderschwerpunkt ESE

> „Die Zukunft ist nicht ein Ort, den wir aufsuchen, sondern ein Ort, den wir neu kreieren."
> Therese Steiner

1. Einleitung

Die Debatte um die Zugehörigkeit des Förderschwerpunktes Emotionale und Soziale Entwicklung (ESE) als Teil einer inklusiven (allgemeinen) Schule wird in Niedersachsen deutlich bestimmt durch die Betonung der Notwendigkeit der separierenden Hilfen und Spezialdienste, die die Förderschulen ESE zur individuellen Förderung von „immer mehr und immer schwerer gestörten Schülern" anbieten. Diese Dienste nehmen die allgemeinen Schulen zur Entlastung ihrer von vielen Seiten unter Druck stehenden Lehrerschaften im Rahmen ihrer Schulprogramme (gerne) an. Auch bei überregional stattfindenden Treffen von Beratungs- und Unterstützungssystemen ist es zu beobachten, dass zunächst der Grundkonsens „ESE geht (eigentlich) nicht" deutlich wird, ehe darüber nachgedacht wird, wer oder was eventuell doch ginge, wenn man nur Mittel hätte etc.. Häufig wirkt die Diskussion der inklusiven Teilhabe von schwierigen Schülern wie eine Diskussion mit angezogener Handbremse. Aus verschiedensten Motivationen heraus wird hierbei die Unabdingbarkeit von Förderbeschulung postuliert.
Innerhalb dieser Atmosphäre die Möglichkeiten und Machbarkeiten der inklusiven Teilhabe von Kindern mit Verhaltensstörungen zu betonen, führt fast reflexartig zur Unterstellung, den Realitätssinn oder die „Inklusionsverlierer" dabei aus den Augen verloren zu haben. Eine angeregte und bejahende Diskussion eines neugierigen „wie?", wie es für andere Förderschwerpunkte offenkundig tauglicher erscheint, wird von einem skeptisches „ob?" vieler Orten der Wind aus den Segeln genommen. Dies ist eine pädagogisch und fachlich schwierige und enttäuschende Situation nach 40 Jahren Forschung zum Thema Integration.
Wir vertreten die Auffassung, dass systemisch-lösungsfokussierte Haltungen und Methoden in der Beratungsarbeit nützlich und geeignet sind, inklusive Beschulungsbedingungen für den Förderbereich ESE vorstellbar und umsetzbar zu machen. Seit 16 Jahren engagieren wir uns am Förderzentrum Lotte Lemke in Braunschweig in der Beratungsarbeit dafür, die Gelingensbedingungen inklusiver Beschulung zu erhellen und bzw. mit den zuständigen Schulen in der Praxis umzusetzen.
Im Folgenden ist es unser Anliegen, auf die inhaltliche und methodische Seite lösungsfokussierter Beratungsarbeit im (schul-)pädagogischen Feld aufmerksam zu machen. Als externer „Mobiler Dienst ESE / Beratung" beginnt unsere Arbeit i.d.R. dann, wenn die

bisherigen Versuche einer Schule nicht dazu geführt haben, dass sich eine als schwierig erlebte Situation verbessern konnte. Ordnungs- und Erziehungsmittel zeigen keine erwünschte Wirkung und Kontakte zwischen den Beteiligten werden nicht mehr als nützlich angesehen. Wie muss in einer solchen Situation beraten werden, damit sich (wieder) Kooperationsfähigkeit bei allen Beteiligten (Lehrer, Schüler, Eltern) zeigen kann, mit dem Ziel, eine konfliktfreiere Gestaltung des Schulalltages zu erreichen? Der systemische Blick fokussiert hierbei in einem „Blick von Oben" auf die bisher ungenutzten Potentiale auf der Beziehungsebene, um Handlungs- und Gestaltungsmöglichkeiten zu (er)schaffen, die das Bildungsangebot der Schule wieder nutzbar machen.

In diesem Artikel stellen wir dazu zunächst das Förderzentrum Lotte Lemke vor, dass als staatlich anerkannte Ersatzschule in freier Trägerschaft in enger Kooperation mit der Niedersächsischen Landesschulbehörde den Bereich der Beratung an öffentlichen Schulen bearbeitet (siehe Kapitel 2).

Im Folgenden erläutern wir unsere grundlegenden systemisch-lösungsfokussierten Haltungen. Kapitel 2 beinhaltet in Grundzügen die Merkmale dessen, was unter „Systemischen Arbeiten" verstanden werden kann. Kapitel 3 vertieft hierzu die Haltung des „Nicht-Wissens" als Grundposition des systemischen Beraters, von der aus Wege in erwünschte Veränderungsrichtungen erkundet werden. Innerhalb dieser Erkundungen orientieren wir uns an den von De Shazer u.a. entwickelten Beratungsansatzes der „Lösungsorientierten Kurztherapie" (Kapitel 4). Das Verhältnis der Betrachtung von „Problem" und „Lösung" ist hierbei ein entscheidendes. In Kapitel 5 beschreiben wir daher ausführlicher die Möglichkeiten der praktischen Umsetzung im schulpädagogischen Feld. Zum Abschluss stellen wir den Entwurf eines umfassenden Förderkonzeptes für den Bereich ESE vor, wie es sich aus bewährten systemisch- lösungsfokussierten Vorgehensweisen unserer Arbeit ableiten lässt und aktuell in der Stadt Wolfsburg umgesetzt werden soll, um den Förderschwerpunkt ESE inklusiv zu denken und weiterzuentwickeln. Der kommunalen Vernetzung und Zusammenarbeit von flexiblen schulischen und außerschulischen Hilfen kommt hierbei besondere Bedeutung zu.

2. Das Förderzentrum Lotte Lemke

Das Förderzentrum Lotte Lemke ist eine staatlich anerkannte Ersatzschule in freier Trägerschaft mit dem Schwerpunkt Emotionale und Soziale Entwicklung (ESE). Das Förderzentrum Lotte Lemke arbeitet in den drei Bereichen Förderschule, Beratung an öffentlichen Schule und Weiterbildung (s. Abbildung 1). Trägerin ist die Arbeiterwohlfahrt (AWO), Bezirksverband Braunschweig. Organisatorisch ist das Förderzentrum den Jugend- und Erziehungshilfen des Geschäftsfeldes Familie und Soziale Dienste zugeordnet, zu dem auch ambulante, teilstationäre und stationäre Angebote der Jugendhilfe gehören.

Seit 1984 werden an der Lotte-Lemke-Schule Schülerinnen und Schüler betreut, für die ein sonderpädagogischer Förderbedarf ESE vorliegt. Seit 1996 entwickelt das Förderzentrum in enger Kooperation mit der Niedersächsischen Landesschulbehörde, Standort Braunschweig (NLSchB) und den beteiligten Kommunen ein Beratungsangebot, das sich mittlerweile auf alle öffentlichen Grund- und Förderschulen in den Städten Braun-

schweig und Wolfsburg sowie dem Landkreis Helmstedt ausgedehnt hat. Für Braunschweig werden zudem der SEK-I-Bereich sowie der Bereich der psychiatrischen Auffälligkeit bearbeitet. In den Jahren 2001-2004 wurde die Beratungsarbeit als Schulversuch extern evaluiert (vgl. Urban 2007).
Die Ziele der Beratungsarbeit sind beschrieben als Moderation und Begleitung eines Beratungsprozesses, in dessen Verlauf sich die als problematisch erlebten Situationen im Schulalltag über die Kooperation von Schülern, Eltern und Lehrern insofern verändern, das dies zu einer Veränderung des Erlebens und zu einer Erweiterung der Verhaltensmöglichkeiten der Beteiligten führt. Der Schüler verbleibt in seiner Stammschule oder es wird in gemeinsamer Absprache ein geeigneter Beschulungsort gefunden. (vgl. AWO-Bezirksverband Braunschweig 2011)
Im Schuljahr 2010 / 2011 wurden von der NLSchB sieben Förderschullehrer-Stellen für diese Beratungsarbeit eingesetzt und an das Förderzentrum abgeordnet. Zusätzlich wird durch ein festgelegtes Stundenkontingent eine Koordinierungsstelle für psychiatrische Auffälligkeiten versorgt. Insgesamt wird in der Region dadurch für ca. 30.000 Schüler (Primarbereiche und Förderschulen Braunschweig, Wolfsburg und Helmstedt, sowie SEK I in Braunschweig) ein Beratungsangebot vorgehalten, das in nahezu allen Schulen anerkannt ist und in Anspruch genommen wird. Insgesamt wurden 2010 / 2011 über 550 Beratungsfälle bearbeitet.

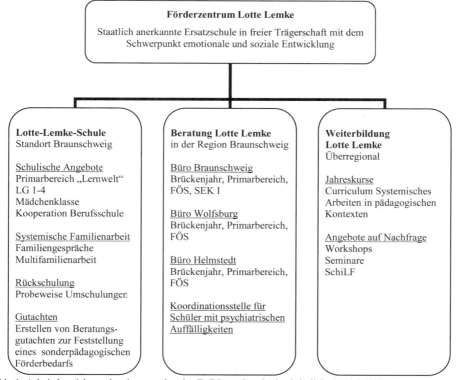

Abb. 1: Arbeitsbereiche und -schwerpunkte des FöZ Lotte Lemke im Schuljahr 2010 / 2011

2.1 Grundzüge des „Systemischen Arbeitens"

Die Anfänge dessen was wir heutzutage unter dem Begriff „Systemisches Arbeiten" kennen entwickelten sich seit etwa 1950 insbesondere im nordamerikanischen Raum. Verschiedene Therapeuten sammelten in der Behandlung psychiatrischer Auffälligkeiten durch eine damals innovative therapeutische Perspektive neue und erstaunliche Erfahrungen. Nicht mehr die direkte Veränderung von Menschen stand im Mittelpunkt, sondern die Veränderung von Kommunikationsmustern, in denen sich symptomatisches Verhalten zeigte, wurde zum Gegenstand gemacht. In diesen frühen Formen der Familientherapie konnte Veränderung im Handeln relativ schnell beobachtet werden. In den 80er und 90er Jahren entwickelte sich daraus, auch im europäischen Raum, unter dem Oberbegriff „Systemisches Arbeiten" eine zunehmend konsistente Theorie von Veränderungsprozessen im zwischenmenschlichen Handeln (vgl. Ludewig 2002, 35f).

Die systemische Sichtweise ist ganzheitlich: Verhaltensweisen müssen immer im Rahmen von Kommunikationsstrukturen betrachtet werden. Es stellt aus dieser Sicht ein verkürztes Verständnis von menschlichem Handeln dar, Verhalten nur in den Grenzen eines Individuums zu betrachten. Die Wechselseitigkeit von Kommunikationsprozessen ist grundlegend. Für und in Kommunikation entwickeln und zeigen Menschen ihre Kompetenzen. Stabile Verhaltensweisen sind gelungene Anpassungen an kommunikativ hergestellte Systeme. Sie sind sinnvoll und als Ressource zu betrachten. Obwohl sie sich stabil zeigen, unterliegen sie Prozessen, die sich wechselseitig beeinflussen. Die an dem Kommunikationssystem beteiligten Mitglieder nehmen nicht nur einfach Teil, sie gestalten sie und führen sie in der einen oder anderen Art fort. Sie stellen die Bedingungen für die Ermöglichung neuer Sichtweisen und damit neuer Kommunikation dar (vgl. ebd., 19f).

Systemisches Denken folgt der Prämisse, dass es keinen direkten bzw. objektiven Zugang zum Verständnis der Kommunikation gibt. Der Zugang ist der eines Beobachters, der andere Beobachter beim Beobachten beobachtet. Jedes Verständnis von Kommunikation ist damit notwendig subjektiv. Bewertungen, Erklärungen, Beschreibungen sind abhängig vom Kontext, in den das Beobachtete gestellt wird. Diese Beobachtung ist durch selbstorganisierende Prozesse determiniert. In diesen Prozessen lassen sich Veränderungen nur durch eigene Operationen an eigenen Strukturen hervorbringen. Äußere Kommunikation kann die dafür notwendigen Anregungen ermöglichen. Prinzipiell sind Menschen nicht von außen instruierbar (vgl. Maturana / Varela 1987, in: Anken 2010, 90f).

Menschen mit Schwierigkeiten „haben" in diesem Sinne keine Probleme oder sind ausschließlich „Opfer" von lang anhaltenden Problemen, sondern sind „Teilnehmer" an Problemsystemen, die sich durch stabilisierende Beiträge um jeweiliges Problemerleben organisieren. Die kunstfertige Seite der Beratung hat das Ziel, in diese Systeme Beobachtung über mögliche Erfolge für eigene Veränderungsprozesse neu mit einzubeziehen, so dass vermehrt Beiträge auftauchen können, die der Hoffnung auf Veränderung einen guten Platz geben. Verwirklichen lässt sich das durch systemische Interventionen (vgl. Ludewig 2002, 37f).

Die dazugehörige Praxis der Beratung versucht diesen theoretischen Vorgaben durch entsprechende Settings gerecht zu werden und den zu erwartenden Veränderungsgeschehen einen günstigen Rahmen zu geben.

3. Die grundlegende Haltung des „Nicht-Wissens"

In den Beratungsgesprächen erleben wir täglich, dass Verhaltensauffälligkeiten von Kindern und Jugendlichen zu den größten pädagogischen Herausforderungen gehören und die Lehrkräfte, Schulleitungen, Eltern und auch die beteiligten Schülerinnen und Schüler im Umfeld an die Grenzen ihrer Belastbarkeit bringen.
„Grade wegen der Komplexität der Problemgenese und der Ungewissheit aufgrund der weitgehenden Unbeobachtbarkeit der Genese unter den Bedingungen der Interaktionssystems Unterricht erscheinen, die sich im Verhalten artikulierenden Störungen für die mit den Problem konfrontierte Lehrkraft, oft als unlösbar" (Urban 2008, 215).
In dieser „Unlösbarkeit" drängen sich den Lehrkräften zwei Impulse auf:

1. „Ich verändere nichts, weil ich nicht weiß, was ich anderes tun sollte bzw. überzeugt davon bleibe, nichts verändern zu müssen. Ich erwarte von anderer Seite eine Veränderung, die zu meinen bisherigen Lösungen passt."
Die Folge ist eine Diskussion bzw. Delegation der (Nicht-) Zuständigkeit. ... oder

2. „Ich erkenne an was ist und handle, trotzdem ich nicht weiß, was ich was mein Handeln bewirken wird." (vgl. Ludewig 2000, 456f).
Diesem Impuls folgend kann es gelingen, einen verantwortlichen Umgang mit komplexen Problemlagen zu entwickeln. Gefasst ist diese Art des Umgangs in eine systemisch orientierte Haltung des förderlichen „Nicht-Wissens". Dieser Haltung zu folgen bedeutet Veränderungspotentialen eines Systems bezüglich seiner Interaktionen und Ressourcen nachzuspüren, damit neue Chancen auf deren Entfaltung durch passende Kooperation genutzt werden können. Innerhalb von Arbeitsbündnissen, die passgenau zu den jeweiligen Institutions- und Familienkulturen entwickelt werden, kann der Kontakt zu eigenständigem Gestaltungserleben wieder hergestellt und belebt werden. Wir müssen nicht „wissen", wie ein Problem entstanden ist, wenn wir beispielsweise feststellen können, welche Beiträge zur bestehenden Problemorganisation einen Unterschied machen. Die Professionalität des Pädagogen / Beraters besteht nicht darin, Rezepte oder Antworten zu verschreiben, sondern Findungsprozesse aus dem Problemsystem heraus in Richtung zieldienlicher Kooperation zur Verbesserung des Schulalltages zu ermöglichen.
Um Missverständnissen vorzubeugen, möchten wir betonen, dass die Haltung des „Nicht-Wissens" keine Haltung beschreibt, die einem „gesicherten Wissen" (z.B. Gesetzmäßigkeiten, Diagnosen, Regeln) entgegengesetzt ist und es zu negieren sucht. Insofern ist es keine Haltung, die eine Art selbstverschuldeter Hilflosigkeit fördern soll, indem man sichere Regeln oder Erfahrungswerte schlicht weglässt. Wenn es so in schulischen (und psychiatrischen) Kontexten verstanden wird, wird es folgerichtig, der eigenen Problemlösungskultur folgend, abgelehnt. Es werden dann unter der Prämisse des „gesicherten Wissens" eine „umfassende Diagnostik" und entsprechende Behandlungsmethoden und Zuständigkeiten ins Feld geführt, ohne die Veränderbarkeit nicht möglich zu sein scheint. Die Haltung des „Nicht-Wissens" beinhaltet zum einen die Wertschätzung bisheriger Erfahrungen, verbunden mit einem respektvollen Beiseitetreten von

einer begrenzenden Beobachterposition zum anderen. Dieses Beiseitetreten wirkt einem „zu schnellen Wissen" entgegen, da ansonsten die Gefahr besteht, durch „Wissen" ein wirksames Handeln im Rahmen von Inklusion zu begrenzen. Überspitzt beschrieben ist der Berater „dumm" für Inhalte, aber „klug" für Fragen.

Dem o.g. zweiten Impuls zu folgen heißt, sich als Pädagoge – sprich als Klassenlehrer, Berater oder Schulleiter – zu entscheiden, die Verantwortung dafür zu übernehmen, dass durch andere Kooperationen neue Perspektiven und Handlungsmöglichkeiten entstehen dürfen (vgl. Ludewig 2002, 124).

Einen solchen Prozess des Neu-Sortierens in seiner Ungewissheit, Dynamik und Komplexität professionell zu (er)tragen, bringt uns in eine Position, aus der heraus sich Veränderungen erzeugen lassen, wie im Folgenden aufgezeigt werden soll. Die Erkenntnisse und Methoden des lösungsfokussierten Arbeitens bieten hierzu effektive Handlungsstrategien, um in schwierigen pädagogischen Prozessen Veränderungen anzustoßen (vgl. Berg / Shilts 2005).

4. Der lösungsfokussierte Beratungsansatz nach De Shazer

Der Lösungsfokussierte Ansatz basiert auf den Arbeiten zur „Lösungsorientierten Kurztherapie" von Steve de Shazer und Insoo Kim Berg, die von u.a. von Gunther Schmidt, Insa Sparrer, Matthias Varga v. Kibed, Jürgen Hargens und für den Bereich der Arbeit mit Kindern und Jugendlichen von Manfred Voigt und Therese Steiner im deutschsprachigen Raum verbreitet und bekannt gemacht wurde (vgl. Bamberger 2001).

Der Ansatz hat in den letzten 30 Jahren Einzug in viele therapeutische und beratende Kontexte erhalten. So wird er genauso erfolgreich in der Familienarbeit mit „Multiproblemfamilien" (Berg 2002), in der Suchttherapie (Döring-Mejer 1999), in der Organisationsentwicklung sowie im Coaching (Sparrer 2002; Radatz 2000) eingesetzt. Dies ist u.a. dem Umstand geschuldet, dass mit diesem Ansatz ein Konzept assoziiert wird, das sich gerade in sehr unübersichtlichen Problemlagen effektiv nutzen lässt. Es zeichnet sich durch klare strukturierte Schritte aus, die eine hohe Transparenz und damit Sicherheit mit sich bringen. Das Konzept ist ebenso stark bezogen auf den Auftrag, d.h. den „Lösungswunsch" als den vom Klienten benannten Unterschied zur problematisch erlebten Situation.

De Shazer sieht den Ausgangspunkt eines günstigen lösungsfokussierten Vorgehens im Versuch gemeinsam festzustellen, wann ein Problem gelöst ist. „Haben Therapeuten und Klienten Kriterien für den Erfolg entwickelt, spielt die anfängliche Beschwerde keine Rolle mehr." (De Shazer 1990)

Die im lösungsfokussierten Vorgehen gesammelten Erkenntnisse definieren Probleme als Kontextphänomene. So verstanden gibt es keine „Probleme an sich". In der Beratungssituation wird zentral in den Blick genommen, was jemand tut, wenn er ein „guter Problemlöser" ist. Es werden diese Ressourcen (re)aktiviert und der Frage nachgegangen: „Was muss hier passieren bzw. worüber muss gesprochen werden, um ein günstigeres Ergebnis zu erreichen?"

Zu den Erkenntnissen gehört ebenso, dass Teile von Lösungen häufig schon vorhanden, allerdings im Problemsystem anders geordnet sind. Die Frage: „Was ist stattdessen da?"

erlaubt diese Teile neu zu fokussieren und unterstützende Aspekte neu zu würdigen. In dieser Situation entscheiden wir uns für das „Noch-nicht-Entschiedene" im Sinne Heinz von Foersters (vgl. von Foerster 1994). Der Fokus lässt sich so erweitern auf das Ausprobieren vielfältiger Sichtweisen statt an einschränkenden „Wahrheiten" festzuhalten.
Die grundlegenden Annahmen des Ansatzes lassen sich nach Therese Steiner wie folgt zusammenfassen (vgl. Steiner 2010):

- Probleme sind Herausforderungen, die jeder Mensch auf seine ganz persönliche Art zu bewältigen sucht.
- Alle Menschen haben Ressourcen, um ihr Leben zu gestalten. In eigener Sache ist der Einzelne kundig und kompetent. Der Klient ist der Experte für das eigene Leben.
- Menschen können nicht nicht kooperieren. Jede Reaktion ist eine Form von Kooperation (auch das, was wir als Widerstand wahrnehmen).
- Nichts ist immer gleich. Ausnahmen deuten auf Lösungen hin.
- Menschen beeinflussen sich gegenseitig. Sie kooperieren und ändern sich eher und leichter in einem Umfeld, das ihre Stärken und Fähigkeiten unterstützt.
- Es ist nützlich dem Klienten/in genau zuzuhören und ernst zu nehmen was er / sie sagt, statt zu versuchen, zwischen den Zeilen zu lesen.
- Es ist hilfreich, sich am Gelingen in der Gegenwart zu orientieren und davon kleine Schritte für die Zukunft abzuleiten.
- Mit etwas aufzuhören, etwas zu stoppen ist die schwierigste Form der Veränderung. Etwas Neues zu beginnen ist leichter und macht mehr Spaß.
- Man muss das Problem nicht kennen und analysieren, um eine Lösung zu finden.
- Was wir bekämpfen, verstärken wir.
- Hinter jedem Vorwurf und jeder Klage steckt ein Wunsch, den es sich lohnt aufzuspüren.

Der Beratungsprozess folgt diesen Prämissen und umfasst in seiner Grundstruktur folgende Schritte: Nach einer konkreten Auftragsklärung werden die verschiedenen Sichtweisen des Problems von / für alle Beteiligten erörtert. Der Entwicklung von Lösungsvisionen folgt das Entwickeln von Hypothesen über Veränderungsoptionen im Rahmen der Einflussmöglichkeiten. Weiterhin werden Suchprozessen initiiert, die nach weiteren Aspekten, Herausforderungen und Ausnahmen bezogen auf die derzeitige Problemsituation zu fokussieren sind. Vermutungen und Absprachen bezüglich wünschenswerter und realistischer Verbesserungen werden bis zum nächsten Treffen durch Interventionen in Form von Beobachtungsaufgaben und Handlungsaufgaben evaluiert.
Die Beibehaltung der Einfachheit des Ansatzes in dieser Struktur ist dabei nicht zu verwechseln mit einer naiven Sicht auf Veränderungsprozesse und dem Verkennen der Komplexität, in denen Menschen handeln (müssen). Im Gegenteil: gerade im Beibehalten der einfachen Struktur liegt die hohe Leistung der Komplexitätsreduktion, in der zudem einer Expertensicht auf den Klienten im hohen Maße Rechnung getragen werden kann (vgl. Bamberger 2001, 21).

5. Zur Übersetzung des lösungsfokussierten Ansatzes in den Kontext Schule

Grundsätzlich eignet sich das lösungsfokussierte Vorgehen für schulische Erziehungs- und Beratungsprozesse in besonderem Maße, da es...

- der Komplexität von pädagogischen Handlungsräumen in ihren vielschichtigen Rahmensetzungen und Aufgabenbeschreibungen gerecht wird.
- Respekt und Wertschätzung gegenüber der geleisteten Arbeit aller Beteiligten in den Schulen beinhaltet.
- nicht als übergeordnete Experteninstanz fungiert und einen Zugang zur Beratung „auf Augenhöhe" ermöglicht.
- Veränderungen aus dem bestehenden Verhaltensrepertoire heraus in Kooperation mit den betreffenden Lehrkräften, Familien und professionellen Helfern entwickelt.
- Veränderungen in kleinen Schritten und überschaubaren Zeiträumen in den Fokus nimmt und insofern planvolles Vorgehen stärkt.
- Lehrerinnen und Lehrern wieder Optionen des Agierens eröffnet, wo sie sich vorher nur reaktiv erlebt habe.
- dem (natürlichen) Denken der Kinder in Lösungen statt in Problemen entspricht

Der Einstieg in den Beratungsprozess erfolgt häufig durch die Frage: „Angenommen das Problem wäre gelöst: was wäre dann stattdessen da?" Damit wird der notwendige Perspektivwechsel aller Beteiligten eingeleitet.
Die Antwort auf diese Frage enthält häufig wichtige Informationen darüber, wofür etwas getan werden sollte. Ist der Versuch einer Antwort auf diese Frage verbunden mit dem Impuls, dann auch schon wissen zu müssen, wie das „Stattdessen" herzustellen ist, bleiben alle Beteiligte eher im Problemerleben. Dies ist nicht beabsichtigt. Die Frage soll einen Wechsel in der Ebene der Beschreibung anregen und zwar von eher abgeschlossenen Zuschreibungen „Wie jemand ist" hin zu konkret beobachtbaren Verhaltensweisen. Anders formuliert geht es um einen Wechsel von einem „So ist es schlecht – So ist es gut!" hin zu einer Beschreibung eines Handlungskontinuums, in dem günstige und weniger günstige Verhaltensweisen in Abhängigkeit von Kommunikation wieder als Teil eines Kontextes beschrieben werden können. Günstige Antworten machen die Suche nach passender Kooperation wieder interessanter und lassen die vergeblichen Versuche, eine bestehende Situation zu stoppen oder gänzlich zu vermeiden, in den Hintergrund treten.
Es geht in der Beratungsarbeit nicht um die Suche nach „der einen Lösung". Es geht eher um die Entwicklung einer gemeinsamen Sichtweise in der alle an der Suche Beteiligten „gut" aussehen können. Ziel ist es, Sichtweisen zu entwickeln, die den Unterschied von „So ist es jetzt" zu „So ist es ein wenig besser" erkennen lassen.
Inwieweit auch „kleine" Unterschiede bei aufmerksamer Betrachtung „große" Veränderungen ermöglichen, soll das folgende Beispiel illustrieren:

„Konstantin wird in einer 6. Klasse einer Hauptschule beschult. In einem ersten Gespräch stellt die Mutter ihren Gang durch einen langen Ärztemarathon dar. Sie selbst habe eine Diagnose „Depression" und mittlerweile eine zusätzliche persönliche Betreuung erhalten. Sie könne die Belastung durch die Anrufe der Schule und den Druck, die sie durch die Erziehungsaufgaben erlebe, nicht mehr aushalten. Die Schule beschwerte sich über respektloses und zunehmend als unbeschulbar erlebtes Verhalten des Jungen. Er hielte sich nicht an Regeln und lenke ständig andere Kinder ab. Ermahnungen und andere pädagogische Maßnahmen würden keine Wirkung zeigen, so dass man auf das Mitwirken der Mutter angewiesen sei. In der Hoffnung auf Entlastung wünschte sich die Mutter mittlerweile – wie die Schule – eine Beschulung an einer Förderschule. Da auch diese „Wunschlösung" noch bedeutete, dass der Junge bis zum möglichen Wechsel an die Förderschule mehrere Wochen in der Klassen verbringen würde, gelang es im Beratungsprozess, weitere Nahziele zu fokussieren, die sich entlastend auswirken würden. Dabei wurde nach der Würdigung der verschiedenen diagnostischen Ideen für das schwierige Verhalten des Jungen die Aufmerksamkeit auf konkretes Verhalten gelenkt, was nach einer Veränderung beobachtbar wäre. Es zeigte sich, dass diese Verhaltensweisen sehr konkret beschrieben werden konnten. Es handelte sich um einfache Abläufe im Unterricht. Mappen herausholen, sich zurückziehen bei Belastung statt zu reden etc.. Auf die Frage, was ihn bisher gehindert hätte, ein solches Verhalten zu zeigen, antwortete er, dass er dafür „seinen inneren Schatten überspringen müsse". Am Ende der ersten Sitzung wurde dieses „Ereignis" als Beobachtungsaufgabe an alle Beteiligten weitergegeben: „Beobachten sie bitte, wann Konstantin es schafft „über seinen Schatten zu springen." Und an Konstantin: „Frage am Ende eines Tages, wann die anderen festgestellt haben, dass du über deinen Schatten gesprungen bist." In dem zweiten Gespräch zeigte sich, dass die Beobachtungsaufgabe neue Informationen erzeugt hatte. Es wurden Sequenzen beschrieben, in der Konstantin „seinen Schatten übersprungen" habe. Es gab weniger Anrufe nach Hause und Konstantin erlebe das Zusammenleben in der Schule mit weniger Ärger als zuvor als deutlich attraktiver. Er habe auch mehr Kontakt zu Mitschülern. In diesem Gespräch war der neue Lebenspartner und die Betreuerin der Mutter mit anwesend. Alle beschrieben eine deutliche Verbesserung. Ermuntert durch seine kleinen Erfolge und deren erfolgreiche Kommunikation im System konnten diese Lösungszeiten beständig erweitert werden. Der Antrag auf Beschulung an einer Förderschule ESE wurde zurückgezogen."

De Shazer sieht im Aufbau der Erwartung machbarer Veränderung die zentrale Aufgabe lösungsfokussierten Arbeitens: „Die Aussicht, dass die Situation sich verändern wird – der Umstand also, daß das Bild einer anderen Zukunft sich sozusagen in der Gegenwart des Klienten breitmacht (...) – scheint so etwas wie ein Dietrich zu sein, der die Tür der Lösung öffnet" (De Shazer 1990, 74). Lösungsfokussiertes Arbeiten macht sich so zunutze, das ein Problem verschwinden kann, wenn der Rahmen in dem es am Leben gehalten wird, einerseits gewürdigt wird und anderseits als weiter entwickelbar angesehen wird. Dieser Problemrahmen ist immer nur das Produkt einer durch aktuelle Sichtweisen am Laufen gehaltenen Interaktion.

In der Praxis entstehen günstige Einwirkungsmöglichkeiten, wenn das mögliche Lösungsszenario konkret bildhaft in beobachtbaren Handlungssequenzen beschrieben wird und dann nach schon vorhandenen Verhaltensweisen oder Haltungen gesucht wird, die zu dem Szenario passen. Diese Arbeit bietet vielfältige Möglichkeiten, um an ressourcenorientierten Sichtweisen Anschluss zu finden.

Ebenso sind Vergleiche von Problem- und Lösungsmuster hilfreich, um die entstehenden Unterschiede in der inneren Modellbildung als Folge der Wahrnehmung veränderter beziehungsgestaltender Auswirkungen zu erfassen:
„Mal angenommen es kommt zu einer Veränderung, ohne zu wissen wie wir das bewerkstelligen können: Was denkst du? Wo wird eine mögliche Veränderung am ehesten auftreten? Mit wem? Was gehört noch dazu?"
Als Skalierungsfrage gestellt:
„In dem beschriebenen Konflikt, wie viel Hoffnung hast du, dass eine günstigere Veränderung erreichbar ist? Im Vergleich zu Konflikten, in denen es weniger dramatisch zugeht, wie groß ist deine Hoffnung da? Und was macht den Unterschied aus?"
Gibt es Antworten auf diese oder ähnlich Fragen wurden implizit Unterschiede wahrgenommen, die als mehr oder weniger wirksame oder stärkende Ressourcen, bezogen auf Zielhandlungen, interpretiert werden können.
Sind derartige Ressourcen gefunden, gilt es Situationen gemeinsam zu konstruieren, in denen die Aufmerksamkeit auf diese als konstruktiv eingestuften Verhaltensweisen geht und diese zunehmend zu „Marktführern" in der Sicht aufeinander gemacht werden.
Zusammenfassend lassen sich die Phasen des Beratungsangebotes bezogen auf eine aktive oder zu aktivierende Mitarbeit der ratsuchenden Lehrerinnen und / oder Eltern folgendermaßen charakterisieren (s. auch Abbildung 2):

- Nutzung eines niedrigschwelliges Angebot für ein Erstgespräch: Den ratsuchenden Lehrerinnen und / oder Eltern wird das Beratungsangebot bekannt gemacht unter der Vorgabe, dass es sich explizit um ein zeitlich begrenzten Arbeitsbündnisses handelt. Es soll ein Rahmen erzeugt werden, in dem zielorientiert und auftragsbezogen gearbeitet wird, der bei zieldienlichen Entwicklungen kurzfristig und ohne Formalitäten wieder aufgelöst werden kann. Der Beginn der Arbeit hat keinerlei Zugangsvoraussetzung, etwa eine Diagnosestellung o.ä.. Ausschlaggebend ist vielmehr die Sorge von Lehrerinnen und / oder Eltern, dass ein Kind aufgrund der sich zeigenden Verhaltensweisen am erfolgreichen Besuch einer Regelschule scheitert oder scheitern könnte. Zur Aufnahme der Arbeit bedarf es keiner weiteren Vorgaben.
- Erweiterung des Blickfeldes: Die ersten Beschreibungen, die in dem Erstkontakt gemacht werden, sind häufig verständlicherweise sehr auf Problemzustände und Nichtveränderung fokussiert. Damit einher geht in der Regel, dass eigene Gestaltungsmöglichkeiten in Beziehung zu diesem Problem weniger genutzt werden oder nicht mehr als nützlich und ausreichend erlebt werden. Aus systemischer Sicht müssen diese Beschreibungen immer in Beziehung zum Kontext gesehen werden, in dem sie gemacht werden. In pädagogischen Zusammenhängen impliziert das im Fall einer Beschwerde in der Regel relativ stabile Aussagen darüber, dass Schüler sich für kooperative Veränderungsversuche von Seiten der Lehrkräfte und anderem pädagogischen Personal nicht mehr zugänglich zeigen. In dieser Art von Beziehungen etablieren sich zunehmend scheinbar „objektiv-wirkliche" Eigenschaften als Bezugspunkte der Wahrnehmung der beteiligten Personen. Eine solche Wahrnehmung lässt die Annahmen über Kompetenzen aus gutem Grund immer weniger zu. Der sich entfaltenden Dynamik von Konflikten folgend, übergehen die Beschreibungen in ihren Differenzierungsmöglichkeiten über ungenutzte Aspekte zur Ko-

operationsgestaltung und vernachlässigen günstige Erwartungen erfolgreicher Kooperation. Durch die in dieser Phase der Beratung intendierte Erweiterung der Sichtweisen können solche ungenutzten Anlässe wieder in den Blick kommen und zum Ausgangspunkt neuer Kooperationserfolge werden.
- Der kürzeste Weg um zu alternativen Sichtweisen zu kommen, gelingt in der Regel über das Erfragen von Ausnahmen. Ausnahmen stellen für die Problembeschreibung noch ungenutzte Situationen oder Erlebnisräume dar, die durch zirkuläres Fragen ausgeweitet werden können und so zum Ausgangspunkt für weitere Interventionen werden. Nicht die Probleme, sondern die Ausnahmen zum Ausgangspunkt von weiteren Überlegungen und Interventionen zu machen, stellt den größten Unterschied dieses Verfahrens zu anderen „problemlösenden" Verfahren her. Der hier gemeinte Prozess ist daher besser als „Lösungsbildender Prozess" zu beschreiben. Das umfassende Verständnis dieses Prozesses setzt voraus, dem Aufbau von Aufmerksamkeitsfokussierung für das jeweilige Problem- bzw. Lösungserleben aller Beteiligten große Bedeutung zuzuschreiben. Ausgehend davon wird deutlich wie vielfältig in Beratung gemachte Beiträge den Beratungsprozess in Richtung Problem- oder Lösungserleben unterstützen können. Unseren Erfahrungen nach erzeugt die Fokussierung auf Ausnahmen eher das gewünschte Lösungserleben und macht damit einhergehend die eigenen Möglichkeiten der Gestaltung neuer Beiträgen in Richtung Veränderung durch gemeinsame Kooperation, wieder zugänglich. Dies gilt in alle Richtungen für Lehrer, Eltern und Schüler. Für den Verlauf des Prozesses ist die Entscheidung grundlegend bei welchen Personen der Zugang zu Ausnahmen am ehesten möglich erscheint.
- Öffnung zur Kooperation: Die auf dieser Basis gemachten Beobachtungen, erzeugten Impulse, Ideen für kleine Ziele und Handlungsveränderungen im Alltag werden im nächsten Schritt, im Rahmen gemeinsamer Absprachen, hinsichtlich ihrer zieldienlichen Wirkung überprüft und erprobt. Ergebnisse werden in weiteren Gesprächen als Beobachtung in den Beratungsprozess rückgeführt und dort gemeinsam ausgewertet. Entsprechend der Vorannahmen zur Selbstorganisation von Systemen in gegenseitiger Beobachtung ist dieser Prozess wichtig zur Stabilisierung von neuen Verhaltensweisen, wenn ihnen auf wertschätzender Art und Weise begegnet wird.
- Beendigung: Im Falle genügend zieldienlicher Veränderung und deren Kontinuität wird der Beratungsprozess mit dem Einverständnis der Beteiligten Personen abgeschlossen.

Die an vielfältige Problembeschreibungssituationen anpassbaren Techniken des lösungsfokussierten Vorgehens entwickeln ihre Wirkung in einer eher nach innen gerichteten Sicht. Über geeignete Fragen können die eigenen Wahrnehmungen und Erfahrungen nach Handlungen und Assoziationen neu abgesucht werden, die die Selbstwirksamkeit stärken. In dem, wie beschrieben, der Denkrahmen, in dem das Problem entdeckt wurde, zunehmend bei Seite tritt, gelingt es, das bestehende Wissen neu zu sortieren und mit der Zunahme günstiger Verhaltensweisen die Kontexte der Wählbarkeit (vgl. Hesse 1999) und der aktiven Einflussnahme im Sinne einer gelingenden Lösung hervortreten zu lassen.[1]

Unsere guten Erfahrungen in der Beratungspraxis sind, dass Schüler, die als hyperaktiv, autistisch oder verhaltensgestört gelten, in Beratungssituationen ausdauernd und motiviert am „Bild einer anderen Zukunft" mitdenken und Beobachtungen beisteuern, die regelmäßig ihre Lehrer, Eltern oder Betreuer in ihrer Detailliertheit, Ernsthaftigkeit und Klugheit verwundern lassen. Die Schüler sind dabei sehr wohl in der Lage, die schulischen Erwartungen und Regelrahmen zu erfassen und ihre Lösungsvisionen realistisch an den Gegebenheiten zu orientieren. Außerdem belassen sie es im Anschluss nicht bei ihren Äußerungen, sondern sind bereit – wenn die neue Erwartung im System eine gewisse selbstverstärkende Tragfähigkeit erreicht hat – für diese andere Zukunft aktiv Verantwortung zu übernehmen.

Abb. 2: Kernprozess Beratung

---

[1] Besonders Luc Isebaert hat darauf aufmerksam gemacht, dass mit Problemerleben insbesondere die fehlende Wählbarkeit von Verhaltensmöglichkeiten einhergeht (vgl. Isebeart 2005).

6. Die Entwicklung inklusiver Strukturen im Bereich ESE in Wolfsburg

Seit dem Schuljahr 2004 / 2005 ist die Beratungsarbeit des Förderzentrums Lotte Lemke in der Stadt Wolfsburg für den Primarbereich an allen Grundschulen eingeführt. Darüber hinaus sieht das Konzept die Beratung in den Förderschulen sowie den Hauptschuljahrgängen 5 und 6 vor, sofern noch Kapazitäten vorhanden sind. Innerhalb des Kooperationsvertrages wurde ebenfalls ein Kontingent von 18 Schulplätzen für Wolfsburger Förderschüler mit dem Förderschwerpunkt ESE am Förderzentrum Lotte Lemke vereinbart. Weitere Förderschulen ESE gibt es in Wolfsburg nicht.

Wir betrachten die bisherige Arbeit in Wolfsburg als besonders erfolgreich an, da es hier gelingt, durch die deutliche integrativ / inklusive Orientierung der Geschäftsbereiche Schule und Jugend und der NLSchB einerseits sowie die (gute) Zusammenarbeit mit den Schulen und den Beratungs- und Unterstützungsangeboten der Stadt andererseits, die Zahl von Förderschülern ESE gering zu halten.

Bei einer Gesamtschülerzahl der Stadt von 4100 Grundschülern wären im Primarbereich nach Fachliteratur etwa 1-3% Schüler mit einer Intensivförderung ESE zu erwarten.

Die Zahl der Förderschüler ESE für den Primarbereich liegt seit Jahren bei ca. vier Schülern, in der SEK I ist die Anzahl in den letzten vier Jahren von 6 auf 12 Schüler gestiegen (s. Abbildung 3). Gerade die anhaltend niedrige Zahl der Grundschüler verdeutlicht die Wirksamkeit des Zusammenwirkens von schulpolitischem Willen zur Intergration / Inklusion, dem Willen der Grundschulen, Verantwortung auf der Handlungsebene zu übernehmen und dem Nutzen der zur Verfügung stehenden Beratungs- und Unterstützungsangebote. Eine „Abwanderung" der Schüler an die FöS LE oder in die Psychiatrie ist im Übrigen nicht zu beobachten gewesen. Die Schülerzahlen im Primarbereich der FöS LE sind mit dem Auflösen des Primarbereiches sowieso rückläufig.

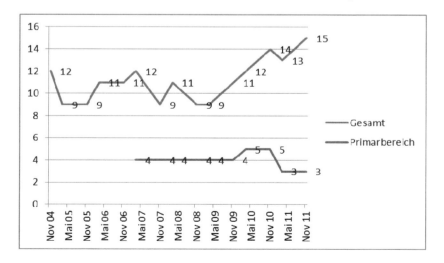

Abb. 3: Entwicklung der Förderschüler ESE in Wolfsburg seit 2004 (eigene Erhebung)

Für das Schuljahr 2012 / 2013 wurde nun – angeregt durch eine Initiative der Hauptschulen und zweier freier Träger der Jugendhilfe – im Auftrage der Stadt für den Bereich der schulischen Förderung von Schülern mit störendem Verhalten ein umfassendes Förderkonzept entworfen, dass inklusive Strukturen für diesen Förderschwerpunkt auf den SEK-I-Bereich überträgt und weiterentwickelt. An der Planung beteiligt waren die Geschäftsbereiche Schule, Jugend sowie Gesundheit und Soziales, die Landesschulbehörde, das Förderzentrum LE sowie die o.g. Hauptschulen und freien Träger.

Das Förderkonzept greift bereits bestehende Fördermöglichkeiten aller Geschäftsbereiche auf und setzt dazu erweiterte und neue Fördermöglichkeiten sinnvoll in Beziehung. Ziel ist die aufeinander aufbauende, koordinierte und ressourcenschonende Handhabe von Maßnahmen zur Verbesserung der Teilhabe aller Schülerinnen und Schülern, die Unterstützungsbedarf im Bereich der Emotionalen und Sozialen Entwicklung zeigen. Die Maßnahmen lassen sich in vier Bereichen kategorisieren:

Bereich A: Prävention
Maßnahmen im Bereich Prävention umfassen alle schulinternen und externen Möglichkeiten der präventiven Arbeit im Förderschwerpunkt. Entsprechend der an den Schulen erarbeiteten Schulkonzepte werden vorhandene Ressourcen berücksichtigt und durch weitere Angebote z.B. im Bereich der Weiterbildung und Qualifizierung für Lehrkräfte ergänzt, die auch die Anforderung und Kompetenzen für die Mitwirkung der Kollegien innerhalb des Gesamtkonzeptes (Bereiche A, B, C und D) beinhalten.

Bereich B: Schulinterne Interventionen
Maßnahmen im Bereich der schulinternen Interventionen umfassen neben den bisherigen „Bordmitteln" der Schulen (Schulsozialarbeit, Trainingsraumkonzepte, Erziehungs- und Ordnungsmaßnahmen u.a.) auch den Einbezug eines externen Beratungsteams, das entsprechend der verschieden Schritte eines Beratungsablaufes neue Sichtweisen einbezieht, persönliche und soziale Ressourcen wieder zugänglich macht und soweit notwendig entsprechende Netzwerkarbeit betreibt. Die Zuständigkeit für die Schülerin bzw. den Schüler liegt bei der jeweiligen Schule.

Bereich C: Schulübergreifendes Clearing
Maßnahmen des schulübergreifenden Clearings sollen den inklusiven Charakter des Förderkonzeptes deutlich stärken. Sie umfassen Interventionen in Situationen, in denen Beratungsarbeit keine für allen Beteiligten befriedigenden Ergebnisse erzielt hat oder an der Schule eine Situation eingetreten ist, die eine weitere Beschulung nicht tragfähig erscheinen lässt. Dieses führt in der Regel zu einer Ordnungsmaßnahme, die eine zeitlich befristete Suspendierung vom Unterricht zur Konsequenz hat. Diese bisher wenig genutzte Zeit soll intensiv durch ein Clearingteam genutzt werden, das einen Prozess begleitet, in dem neue Perspektiven entwickelt werden. Der Ort dieser Maßnahmen ist in der Regel für den Zeitraum der Suspendierung nicht mehr die Schule. Dieses Clearingteam arbeitet als multiprofessionelles Team, in dem personelle Ressourcen der Landesschulbehörde, des Geschäftsbereich Jugend und des Geschäftsbereichs Soziales und Gesundheit koordiniert werden. Entsprechend dieser Vorgaben wird die konkrete Arbeit

von diesen Institutionen gemeinsam erarbeitet. Die Zuständigkeit für die Schülerin bzw. den Schüler verbleibt bei der jeweiligen Schule, der Weg dorthin zurück ist eine der Optionen der weiteren Beschulung.

Bereich D: Förderschule
Maßnahmen des Bereichs D umfassen die Überweisung an die zuständige Förderschule ESE mit den Zielen der Rückschulung, der Teilhabe an schulischer Bildung bzw. der Vorbereitung auf die berufsschulischen Bildungsangebote. Die Zuständigkeit für die Schülerin bzw. den Schüler wechselt per Verfügung an die Förderschule ESE. Die Förderschule wird sich konzeptionell bezüglich dieser „neuen" Schülerschaft weiter differenzieren und erweitert vernetzen müssen.
Wir erwarten, dass sich in diesem Modell die positiven Veränderungspotentiale einer präventiven, beratenden und (teil-) stationären Arbeit wirksam und effektiv entfalten können.

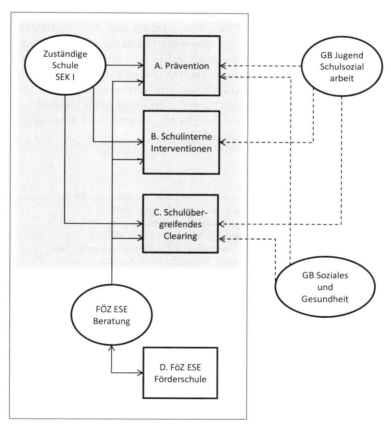

Abb. 4: Entwurf der Erweiterung des Wolfsburgerberatungs- und Unterstützungssystem im Förderschwerpunkt ESE - Förderbereiche und Beteiligung professioneller Systeme

7. Ausblick

Michael Urban beschreibt einer der möglichen sinnvollen für die Förderung vielversprechenden Aufgaben von Beratungs- und Unterstützungssystemen als eine Öffnung der verschiedenen beteiligten Systeme für die jeweils andere Seite (vgl. Urban 2007, 97f). Hat dieser Prozesse Erfolg, so können am Ende neu gewonnene konstruktive Wahrnehmungen, bezogen auf den jeweiligen Förderanspruch des Kindes, in weiterführende Kommunikation über Bildungs- und Verhaltensziele eingefädelt werden. Hierbei entstehen zunehmend förderliche Interaktionsmuster, in denen sich Verhalten normalisierend zeigen kann und die Begleitung durch ein externes Beratungs- und Unterstützungssystem überflüssig wird.[2]

Im Kontext unserer Beratungsarbeit hat sich die lösungsfokussierte Beratung als Möglichkeit bewährt, in einem kooperativen Prozess günstigere Voraussetzungen für die Fortsetzung eines fördernden Umgangs mit auffälligen Kindern zu schaffen. Im Kontext und unter Anerkennung der besonderen Rahmenbedingungen und Wirkmechanismen von Schule(n) ist es gelungen, ein Profil von Inhalten und Arbeitsabläufen zu entwickeln, das der Komplexität und Vielzahl möglicher Erscheinungsformen von Problemsituationen gerecht wird. Der Fokus wechselt dabei von der Betrachtung der Schwere einer Störung zur Frage der Bedingungen, ein tragfähiges und passgenaues Arbeitsbündnis zu entwickeln. Dabei ist es wesentlich, auch in vermeintlich schwersten Fällen, in Verantwortlichkeit gegenüber allen Schülern, der grundlegenden konstruktiven Haltung gegenüber Veränderungsprozessen und der (Re)Organisation von Ressourcen Raum zu geben.

Literatur

AWO-Bezirksverband Braunschweig: Verfahrensanweisung zur Durchführung der Beratungsarbeit des Förderzentrums Lotte Lemke, Braunschweig: Internes QM-Dokument, 2011
Anken, Lars: Konstruktivismus und Inklusion, Heidelberg: Carl-Auer Verlag, 2010
Bamberger, Gunther G.: Lösungsorientierte Beratung, Weinheim:Beltz, 2001
Berg, Insoo Kim: Familien-Zusammenhalt(en), Dortmund: Verlag Modernes Lernen, 2002
Berg, Insoo Kim / Shilts, Lee: Der WOWW-Ansatz, Winterthur: Carl Auer Verlag, 2005
De Shazer, Steve: Wege der erfolgreichen Kurztherapie, Stuttgart: Klett-Cotta, 1990
De Jong, Peter / Berg, Insoo, Kim: Lösungen (er-)finden, Dortmund: Verlag Modernes Lernen, 1998
Döring-Meijer, Heribert (Hg.): Ressourcenorientierung Lösungsorientierung, Göttingen: Vandenhoeck & Ruprecht, 1999
von Foerster, Heinz: Wissen und Gewissen, Frankfurt am Main: Suhrkamp, 1994
Hargens, Jürgen: Bitte nicht helfen – es ist auch so schon schwer genug, Heidelberg: Carl Auer Verlag, 2006
Herwig- Lempp, Johannes: Ressourcenorientierte Teamarbeit, Göttingen: Vandenhoeck & Ruprecht, 2004
Hesse, Joachim: Systemisch – lösungsorientierte Kurzzeittherapie, Göttingen: Vandenhoeck & Ruprecht, 1997
Hesse, Joachim: Die lösungs- und ressourcenorientierte Kurztherapie in Deutschland und USA, in: Döring-Meijer, Heribert (Hg.): Ressourcenorientierung Lösungsorientierung, Göttingen: Vandenhoeck & Ruprecht, 1999, 47-69
Isebeart, Luc: Kurzzeittherapie – Ein praktisches Handbuch, Stuttgart: Thieme, 2005
Ludewig, Kurt: Leitmotive Systemischer Therapie, Stuttgart: Klett-Cotta, 2002
Ludewig, Kurt: Systemische Therapie mit Familien, in: Familiendynamik, Jg. 25, Heft 4, 2000, 450- 484

---

[2] Eine ausführlichere Beschreibung einer Fallarbeit findet sich in Reiser / Dlugosch / Willmann (2008)

Maturana, Humberto / Varela, Francisco J.: Der Baum der Erkenntnis – Die biologischen Wurzeln menschlichen Erkennens, München: Scherz, 1987

Neumann, Meik / Kreth, Rüdiger 2006: „Im Zweifel immer das richtige tun…" – Systemische Ansichten zu schwierigem Verhalten, in: Lernchancen, Jg. 49, Heft 9, 2006, 46-49

Neumann, Meik / Kreth, Rüdiger: Altbekanntem neu begegnen – In schwierigen Erziehungssituationen anders reagieren, in: Die Grundschulzeitschrift, Jg. 22, Heft 214, 2008, 40-46

Radatz, Sonja: Beratung ohne Ratschlag, Wien: Verlag systemisches Management, 2000

Rotthaus, Wilhelm: Wozu erziehen – Entwurf einer systemischen Erziehung, Heidelberg: Carl Auer Verlag, 2006

Schmidt, Gunther: Liebesaffären zwischen Problem und Lösung, Heidelberg: Carl Auer Verlag, 2004

Sparrer, Insa: Wunder, Lösungen und System, Heidelberg: Carl Auer Verlag, 2002

Steiner, Therese / Berg, Insoo Kim: Handbuch Lösungsorientiertes Arbeiten mit Kindern, Heidelberg: Carl Auer Verlag, 2005

Steiner, Therese: Materialien zum Vortrag und Workshop in Braunschweig, 09./10.02.2010, 2010

Steiner, Therese: Jetzt mal angenommen - Anregungen für die lösungsfokussierte Arbeit mit Kindern, Heidelberg: Carl Auer Verlag, 2011

Tschira, Antje: Wie Kinder lernen- und warum sie es manchmal nicht tun, Heidelberg: Carl Auer Verlag, 2005

Vogt, Manfred / Dreesen, Heinrich (Hg.): Rituale Externalisieren und Lösungen, Dortmund: Verlag Modernes Lernen, 2008

Wachtel, Peter: Situation und Perspektiven des Förderschwerpunktes Emotionale und Soziale Entwicklung, in: Ricking, Heinrich / Schulze, Gisela (Hg.): Förderbedarf in der emotionalen und sozialen Entwicklung, Bad Heilbrunn: Klinkhardt, 2010

Willmann, Marc / Dlugosch, Andrea / Reiser, Helmut: Kommentierung zum Fallbeispiel »Sascha«, in: Helmut Reiser / Andrea Dlugosch / Marc Willmann (Hg.), Professionelle Kooperation bei Gefühls- und Verhaltensstörungen. Pädagogische Hilfen an den Grenzen der Erziehung, Hamburg: Verlag Dr. Kovac, 2008, 125-130

Urban, Michael: Beratungs- und Unterstützungssysteme für den Förderschwerpunkt emotionale und soziale Entwicklung – Ergebnisse eines Schulversuches, in: Reiser, Helmut / Willmann, Marc / Urban, Michael (Hg.): Sonderpädagogische Unterstützungsprobleme bei Verhaltensproblemen in der Schule, Bad Heilbrunn: Klinkhardt, 2007, 343-358

Urban, Michael: Funktionen und Arbeitsformen mobiler Unterstützungssysteme am Beispiel eines systemisch arbeitenden Beratungsdienstes, in: Reiser, Helmut / Dlugosch, Andrea / Willmann, Marc (Hg.): Professionelle Kooperation bei Gefühls- und Verhaltensstörungen. Pädagogische Hilfen an den Grenzen der Erziehung, Hamburg: Verlag Dr. Kovac, 2008, 215-235

Geschlechterdifferenz

Birgit Herz

Geschlechterdifferenz

Sowohl in der schulischen als auch der außerschulischen Erziehungshilfe sind männliche Kinder und Jugendliche überrepräsentiert, dies trifft auch zu auf Erziehungsberatungsstellen oder das Etikett „seelische Behinderung" nach § 35a des Kinder- und Jugendhilfegesetzes. Die schul- und sozialpädagogische Forschung untersuchte in den letzten Jahren verstärkt die spezifischen Risikofaktoren in der Sozialisation von Jungen.[1] In der Sonderpädagogik hat vor allem das Forschungsprojekt von Ulrike Schildmann über „Normalismus, Behinderung und Geschlecht" zu wichtigen Erkenntnissen für eine geschlechtersensible Pädagogik beigetragen.[2] Speziell im Feld der Erziehungshilfe besteht allerdings immer noch ein erheblicher Forschungsbedarf.
So veröffentlichte Heinemann 1992 einen Beitrag über „Geschlechterspezifische Aspekte von Aggression und Dissozialität"[3] und Beermann problematisierte 1994 „Behindertes Geschlecht? Über die frühen geschlechterspezifischen Erfahrungen von Jungen"[4].
Ich selbst habe 1997 die die Frage erörtert „Braucht die Verhaltensgestörtenpädagogik jungenspezifische Angebote?"[5], nachdem ich 1996 am Beispiel der Spielfiguren He-Man und Barbie die geschlechtsspezifische Sozialisation von Jungen und Mädchen unter psychoanalytischer Perspektive analysiert hatte[6].
Ilka Hoffman publizierte 2006 ihre Dissertation mit dem Titel: „Gute Jungen kommen an die Macht, böse in die Sonderschule. Bedingungen der Entstehung und Verstärkung von

---

[1] vgl. Preuss-Lausitz, Ulf: Aggressive Jungen, depressive Mädchen. Der Beitrag der schulischen Erziehungshilfe bei der Suche nach zukunftsfähigen Geschlechterrollen in demokratischen Gesellschaften, in: Reiser, Helmut / Dlugosch, Andrea / Willmann, Marc (Hg.): Professionelle Kooperation bei Gefühls- und Verhaltensstörungen, Hamburg: Dr. Kovac, 2008, 89-104; Voigt-Kehlenberg, Corina: Flankieren und Begleiten: geschlechterreflexive Perspektiven in einer diversitätsbewussten Sozialarbeit, Wiesbaden: VS; Kuhn, Hans-Peter: Geschlechterverhältnisse in der Schule: Sind die Jungen jetzt benachteiligt? Eine Sichtung empirischer Studien, in: Rendtorff, Barbara / Prengel, Annedore (Hg.): Jahrbuch Frauen- und Geschlechterforschung in der Erziehungswissenschaft. Kinder und ihr Geschlecht, Opladen: Budrich, 2008, 49-78
[2] vgl. Schildmann, Ulrike: Normalität, Behinderung und Geschlecht, Opladen: Leske & Buddrich, 2001
[3] vgl. Heinemann, Evelyn: Geschlechterspezifische Aspekte von Aggression und Destruktivität, in: Heinemann, Evelyn / Rauchfleisch, Udo / Grüttner Tilo: Gewalttätige Kinder. Psychoanalyse und Pädagogik in Schule, Heim und Therapie, Frankfurt am Main: Fischer, 1992, 82-89
[4] vgl. Beermann, Jens: Behindertes Geschlecht. Über die frühen geschlechtsspezifischen Erfahrungen von Jungen, in: Behindertenpädagogik, Jg. 33, Heft 2, 1994, 114-121
[5] vgl: Warzecha, Birgit: Braucht die Verhaltensgestörtenpädagogik jungenspezifische Angebote? In: Warzecha, Birgit (Hg.): Geschlechterdifferenz in der Sonderpädagogik. Forschung – Praxis – Perspektiven, Münster: LIT, 1997, 233-254
[6] vgl. Warzecha, Birgit: Balanceverlust bei weiblichen und männlichen Heranwachsenden, in: Warzecha, Birgit (Hg.): Geschlechterdifferenz in der Sonderpädagogik – eine erste Annäherung, Bielefeld: Kleine, 1996, 107-150

Lernproblemen und Verhaltensauffälligkeiten männlicher Kinder und Jugendlichen"[7]. In dieser qualitativ-empirischen Untersuchung konkretisiert die Autorin das Risikopotential für die männliche Identitätsentwicklung unter den Bedingungen sozialer Ungleichheit: Aus der Perspektive der Forschungstradition zur sozialen Ungleichheit fällt die Geschlechterdifferenz bei sozialer Marginalisierung eindeutig zum Nachteil der Jungen aus. Dabei kann – in Anlehnung an die Tradition der Intersektionalitätsforschung – nicht von einer in sich stabilen homogenen Jungenpopulation ausgegangen werden, sondern es bedarf eines äußerst differenzierten Zugangs zu dieser männlichen Klientel der schulischen und außerschulischen Erziehungshilfe.

Mit den wenigen hier zitierten Untersuchungen wird deutlich, dass die Kategorie Geschlecht bei Verhaltensstörungen von großer Relevanz ist, jedoch in der schulischen wie außerschulischen Erziehungshilfe keine explizite Forschungstradition zu verzeichnen ist. Im Hinblick auf Mädchen und junge Frauen mit Verhaltensstörungen dominieren zwei Forschungslinien: zum einen über gewaltbereite weibliche Heranwachsende[8] und zum anderen über internalisierte Verhaltensstörungen, wie etwa Magersucht[9] oder Autoaggressivität[10].

Die medial propagierten Geschlechterrollenklischees, bspw. in solchen Formaten wie „Deutschland sucht den Superstar" oder „Germanys next Top-Model" vermitteln Normalitätserwartungen und Normalitätsüberschreitungen in Bezug auf Weiblichkeit oder Männlichkeit. Deren Über- oder Untererfüllung werden in ästhetisch inszenierten Grenzverletzungen visualisiert.

In diesem Kontext sind Verhaltensstörungen von weiblichen und männlichen Heranwachsenden auch immer in Bezug auf den vorherrschenden Geschlechtercode zu verstehen; pädagogisches Handeln in der schulischen und außerschulischen Erziehungshilfe ist demnach nie geschlechtsneutral, sondern eingebunden in die soziokulturell vermittelten Normen über Geschlechtsstereotypien.

Weiterführende Literatur

Zander, Margherita / Hartwig, Luise / Jansen, Irma (Hg.): Geschlecht Nebensache? Zur Aktualität einer Gender-Perspektive in der Sozialen Arbeit, Wiesbaden: VS, 2006

Rendtorff, Barbara / Prengel, Annedore (Hg.): Jahrbuch Frauen- und Geschlechterforschung in der Erziehungswissenschaft. Kinder und ihr Geschlecht, Opladen: Budrich, 2008

---

[7] vgl. Hofmann, Ilka: „Gute" Jungen kommen an die Macht, „böse" in die Sonderschule. Bedingungen der Entstehung und Verstärkung von Lernproblemen und Verhaltensauffälligkeiten, Saarbrücken: Conte, 2006

[8] vgl. Bruhns, Kirsten / Wittmann, Svendy: „Ich meine, mit Gewalt kannst du dir Respekt verschaffen". Mädchen und junge Frauen in gewaltbereiten Jugendgruppen, Opladen: Leske & Budrich, 2002

[9] vgl. Ströter, Bettina: Frau ohne Gewicht, Frankfurt am Main: Helmer Verlag, 2005

[10] Ackermann, Stephanie: Selbstverletzung als Bewältigungshandeln junger Frauen, Frankfurt am Main: Mabuse, 2007 (3)

Sebastian Möller-Dreischer

Mehr Männer = bessere Förderung für Jungen und männliche Jugendliche aus dem Spektrum der Erziehungshilfe? Forschungsbefunde und -desiderate

1. Einleitung

Sowohl im öffentlichen als auch im wissenschaftlichen Diskurs ist im letzten Jahrzehnt eine intensive Beschäftigung mit der Thematik der „Jungen als Bildungsverlierer" zu verzeichnen (vgl. Herz 2010).
Reflexartig wird diesbezüglich häufig auf die Geschlechterverhältnisse auf pädagogischen Berufsfeldern verwiesen, wird die Überrepräsentation der Lehrerinnen als benachteiligender Faktor für Jungen ausgemacht.
Infolge dieser Sichtweise werden Forderungen aufgestellt, die in erster Linie der Formel folgen, mehr männliche Pädagogen bewirkten eine verbesserte Förderung von Jungen und männlichen Jugendlichen. Allerdings sind Vorschläge wie die des Sozialwissenschaftlers Klaus Hurrelmann – „Wir brauchen eine Männerquote, um das Geschlechterverhältnis so schnell wie möglich auszugleichen" (taz 20.12.2005, 2) – in verschiedener Hinsicht zu hinterfragen:

- Woher können die Männer kommen, die über eine Quotenregelung das Geschlechterverhältnis der Pädagogen verändern sollen?
- Wird durch solche Maßnahmen überhaupt eine Gewinn bringende Form von Männlichkeiten in pädagogische Berufe gebracht?

Diese zentralen Fragen sollen unter Einbeziehung einer sozial-konstruktivistischen Perspektive von Geschlecht nachfolgend erörtert werden. Dabei wird zunächst auf die Kategorie Geschlecht aus der Wahrnehmung der heutigen Bildungslandschaft eingegangen, die hauptsächlich auf geschlechterspezifische Aspekte von Schulleistungsstudien rekurriert. Im Anschluss daran erfolgt eine Skizzierung der theoretischen Perspektive auf die interaktiv hergestellte Praxis der Geschlechterkonstruktionen sowie deren Implikationen auf die hier zugrunde liegende Fragestellung vor den Umgang mit männlichen Jugendlichen des Spektrums der schulischen sowie der außerschulischen Erziehungshilfe.
Danach werden exemplarische Studien aus Nachbardisziplinen (allgemeine Pädagogik, Sozialpädagogik) herangezogen, um den Erkenntnisstand aus diesen Gebieten bezüglich einer Jungenförderung durch Männer zu beleuchten.
Anhand der Ergebnisse einer eigenen Untersuchung mit männlichen Studierenden der Sonderpädagogik / Rehabilitationswissenschaften an der TU Dortmund werden schließlich empirische Befunde dargestellt. Diese werden zu den oben bereits skizzierten Fragestellungen mit Blick auf die Ausgangslage der Männlichkeitskonstruktionen der sich in

universitärer Ausbildung befindlichen jungen Männer herangezogen (Möller-Dreischer 2012). Abschließend werden Implikationen für die Rekrutierung junger Männer sowie notwendige förderliche Aspekte ihrer universitären Ausbildung aufgestellt.

2. Die Kategorie Geschlecht in der Bildungslandschaft

Als eine mögliche Ursache der Bildungsmisere der Jungen werden die Geschlechterverhältnisse in pädagogischen Berufen ausgemacht. Angestoßen wurde die – aus historischer Perspektive erneute – Diskussion einer „Feminisierung des Bildungssystems" vor allem durch die geschlechtsspezifisch aufbereiteten Ergebnisse der international vergleichenden Schulleistungsstudien (vgl. exemplarisch Prenzel u.a. 2004). Diese haben u.a. ermittelt, dass in einigen Lernbereichen signifikante Unterschiede zuungunsten der Jungen bestehen.
Eine ebenso unbestreitbare Tatsache sind statistische Daten zu Jungen im deutschen Bildungssystem auf die Preuss-Lausitz (2005) hinweist:
Er belegt, dass Jungen im Vergleich zu Mädchen

- häufiger eine Klasse wiederholen;
- häufiger auf eine Sonderschule überwiesen werden;
- seltener einen qualifizierten Schulabschluss haben
- und in ihrem Verhalten insgesamt öfter als auffällig beschrieben werden (vgl. a.a.O.: 224f).

Dementsprechend besteht die Schülerschaft an Förderschulen zu ca. zwei Dritteln aus Jungen – verstärkt in den Förderschwerpunkten Emotionale und soziale Entwicklung (Jungenanteil in NRW 88%). Umgekehrt beträgt aber der durchschnittliche Männeranteil unter den Lehrkräften an Förderschulen nur etwa ein Viertel, wobei der Anteil an den Förderschulen des Schwerpunkts für Emotionale und soziale Entwicklung in NRW mit 38% geringfügig höher liegt. Generell hat sich der Männeranteil in den letzten beiden Jahrzehnten deutlich verringert und prognostisch ist davon auszugehen, dass sich diese Tendenz fortsetzt (vgl. Tremel 2003; Große-Venhaus 2010, 16).[1]
Preuss-Lausitz (2005) greift im Kontext seiner Argumentation für eine „jungenfreundliche" Schule eine Forderung nach mehr männlichen Auseinandersetzungspartnern in pädagogischen Kontexten auf:
„Jungen brauchen im Kindergarten und in der Grundschule […] mehr und moderne Männer, mit denen sie sich auseinander setzen können, die ihnen real – und nicht medial – verschiedene Wege erfolgreicher und stimmiger Männlichkeiten zeigen" (Preuss-Lausitz 2005, 230).

---

[1] Für den außerschulischen Bereich lässt sich nur schwer eine statistische Aussage treffen. Jedoch zeigen die Geschlechterverhältnisse unter den Studierenden des außerschulischen Studiengangs BA/MA Rehabilitationspädagogik/-wissenschaften, dass lediglich 10 % männliche Studierende sind (eigene Berechnung nach Tab. 2.2.1 und 2.2.2 Studierendenstatistik TU Dortmund Sommer 2011).

Eine solche Forderung – die im Übrigen historisch betrachtet ebenfalls nicht neu ist (vgl. Milhoffer / Wilsoet 1985) – ist aus einer gesamtgesellschaftlichen Perspektive der gemeinsamen Verantwortung von Erziehung und Bildung durch Frauen und Männer zunächst zu begrüßen. Dies gilt umso mehr unter den gegenwärtigen Sozialisationsbedingungen von Jungen:
„Väter kommen oft nur in Sondersituationen mit den Kindern zusammen, es fehlt die Alltagsidentifikation mit den väterlichen Schwächen und Stärken gleichermaßen" (Böhnisch 2004, 139).
Eine Folge dieser „abwesenden" Väter und somit nicht vorhandenen Vorbildfiguren wird in der Suche nach (medialen) Repräsentationen eher traditionalistisch ausgerichteter Männlichkeiten gesehen, die gerade für Jugendliche aus randständigen sozialen Lagen prekär sind.
Genau in dieser Hinsicht liegt nun die Hoffnung auf eine Verbesserung der Situation von Jungen und männlichen Jugendlichen, wenn mehr männliche Bezugspersonen in schulischen wie außerschulischen Settings zur Verfügung stünden.
Mit diesem Ansatz gilt es sich unter folgenden Fragestellungen weiter auseinanderzusetzen:

- Welche empirischen Befunde gibt es bereits zu männlichen Pädagogen und deren Wechselwirkungen in Bezug auf eine Verbesserung der Förderung von Jungen?
- Welche Problematik ist mit dem Begriff „erfolgreicher und stimmiger Männlichkeiten" verbunden?

Dazu ist es sachdienlich, über den Tellerrand der sonderpädagogischen Forschung zu schauen und darzustellen, welche Überlegungen und Maßnahmen in anderen Bereichen (allgemeine Pädagogik, Sozialpädagogik) bereits angestoßen wurden und inwieweit sich ihre Brauchbarkeit im Rahmen von Evaluation erwiesen hat. Eine Erweiterung der Perspektive wird auch deshalb erforderlich, da eine Beschäftigung mit der expliziten Gruppe der männlichen Schüler im Feld der Sonderpädagogik nur in Ausnahmefällen erfolgt ist, obwohl „es sich doch bei der Schule für Erziehungshilfe / Sonderschule für Verhaltensgestörte fast ausschließlich um ein männliches Bildungsbiotop" handelt (Herz 2010, 131).

3. Implikationen der Strukturkategorie Geschlecht

Wenn die Forderung nach mehr männlichen Pädagogen im Zentrum steht, muss zunächst die Frage beantwortet werden, warum eine Fokussierung auf diese Genusgruppe erfolgt. Unter einer Perspektive der sozialen Konstruktion von Geschlecht ist der Argumentation von Meuser und Scholz (2005) folgend

„hegemoniale Männlichkeit als ein generatives Prinzip der Konstruktion von Männlichkeit zu verstehen, das sich gleichermaßen, wenn auch in unterschiedlichen Ausprägungen, sowohl in perfekten Verkörperungen hegemonialer Männlichkeit (so es diese über-

haupt gibt) als auch in den sehr viel häufiger verbreiteten untergeordneten Männlichkeiten auffinden läßt" (a.a.O., 212).
Die jeweiligen sozialen Felder gewinnen mit einer solchen Sichtweise an Bedeutung, da innerhalb dieser ein spezifisches männliches Ideal – das nicht mit hegemonialer Männlichkeit gleichzusetzen ist – konstruiert, welches als ein „regulatorisches Ideal" wirksam wird.
Somit bringt die Strukturkategorie Geschlecht für die vorliegende Fragestellung gleich eine doppelte Perspektive mit ein:

- Auf der einen Seite stehen marginalisierte männliche Schüler und Jugendliche, die nach dem generativen Konstruktionsprinzip der hegemonialen Männlichkeit untergeordnete Männlichkeiten konstruieren (vgl. Bohnsack 2001 zum Habitus der Ehre). Damit mögen sie in ihrem eigenen Feld höchst erfolgreich sein, allerdings bleiben sie gesellschaftlich randständig und werden durch ihre grenzüberschreitenden Verhaltensweisen entsprechend sanktioniert, so dass sie aufgrund dessen beispielsweise einen sonderpädagogischen Förderbedarf attestiert bekommen oder an außerschulischen Maßnahmen der Erziehungshilfe teilnehmen (vgl. Moser / Roll / Seidel 2006, 308f).
- Auf der anderen Seite stehen junge Männer, die in ein vornehmlich weiblich besetztes Berufsfeld eintreten (oder sich in diese Richtung orientieren sollen), die ebenfalls – unter dem Rückgriff auf dieses generative Konstruktionsprinzip – Männlichkeit unter der Prämisse konstruieren müssen, einen geschlechtsuntypischen Beruf gewählt zu haben. Entscheidend ist, dass sich Männer in ihrer Konstruktion von Geschlecht dem Prinzip der hegemonialen Männlichkeit nicht entziehen können (vgl. Meuser 2006, 162), was insbesondere im Hinblick auf die professionell agierenden Männer auf sonderpädagogischen Berufsfeldern von Interesse ist.

Infolgedessen ist der von Preuss-Lausitz (2005) gewählte Begriff der „stimmigen Männlichkeiten" nicht ganz unproblematisch, da sich die Konstruktion von Männlichkeiten unter Rückgriff auf stereotype, hegemoniale Aspekte lässt in dieser Argumentation ebenfalls unter dem Begriff „stimmig" fassen lässt. Dies ist allerdings vermutlich nicht intendiert.
Dennoch sind gerade solche – aus pädagogischer Sicht kontraproduktive – Rückgriffe auf stereotype Darstellungen und Handlungsmuster für junge Männer in sonderpädagogischen Studiengängen nicht ungewöhnlich, wie anhand der Ergebnisse einer eigenen empirischen Studie aufgezeigt wird (vgl. Abschnitt 5).

4. Ausgewählte Untersuchungsergebnisse zu Jungen und Männern in pädagogischen Kontexten

Diesem Abschnitt sei zunächst vorangestellt, dass die Frage von „Jungen als Bildungsverlierern" durchaus kontrovers diskutiert wird. Diametral gegenüber steht die folgende plakative Aussage: „Das Märchen von der Jungenkrise" (Frankfurter Rundschau 06.03.2012, 22f). Zur Illustration der Problematik einer pauschalen Forderung nach mehr Männern zur Überwindung einer vermeintlich wahrgenommenen Jungenkrise als Folge einer Feminisierung des Bildungswesens werden im Folgenden die Ergebnisse von drei verschiedenen exemplarischen Studien aus dem allgemeinpädagogischen sowie dem sozialpädagogischen Bereich herangezogen:

Zur Perspektive der Schulleistungen:
Eine Studie von Neugebauer / Helbig / Landmann (2010) „zeigt unter Verwendung der IGLU-Studie 2001, dass weder Jungen noch Mädchen bei Kompetenzentwicklung oder Noten in Mathematik, Deutsch oder Sachkunde von einem Lehrer gleichen Geschlechts profitieren" (Helbig 2010b, 5). Kurioser Weise weist die Studie sogar eine Verschlechterung der Leseleistung von Schülerinnen und Schülern nach, für den Fall, dass sie über einen längeren Zeitraum von einer männlichen Lehrkraft unterrichtet werden. In jedem Fall gibt die Studie einen Hinweis darauf, dass „der pauschale Ruf nach männlichen Lehrkräften [bezogen auf Leistungsaspekte, S.M.D.] unbeabsichtigte Folgen haben kann" (ebd.).

Zur Perspektive der Auswirkungen von Männern in sozialpädagogischen Kontexten:
Als ein wesentliches Ergebnis der wissenschaftlichen Begleitung eines Projekts zur beruflichen Orientierung von Jungen („Neue Wege für Jungs") stellen Budde / Debus und Krüger (2011) heraus, dass „die Sichtweisen der Professionellen [der begleitenden Sozialpädagogen, S.M.D.] eher von geschlechts-, kultur- und schichtbezogenen Stereotypen geprägt" sind (a.a.O., 125). Sie ziehen daraus den Schluss, dass eine solche auf Stereotypen basierende Pädagogik „bestenfalls wirkungslos" sei (ebd.).

Zur Perspektive der Auswirkungen des Geschlechts von Männern in der Grundschule:
In seiner Untersuchung mit Grundschullehrern unterscheidet Baar (2011) zwischen zwei grundlegend verschiedenen Arten beruflicher Habitus bezogen auf die Konstruktion des Geschlechts, einem nichtreflexiven sowie einem reflexiven.
Anhand der Fallbeispiele seiner Studie zeigt Baar auf, dass bestimmte Orientierungsmuster sich negativ auf die professionelle Ausgestaltung des Berufes auswirken.
„Das eigene Professionsverständnis sowie die alltägliche Handlungspraxis scheinen massiv von Männlichkeitskonstruktionen sowie der Fähigkeit, solche als Konstruktionen zu erkennen, beeinflusst." (a.a.O., 115)
Baar arbeitet heraus,
„dass bestimmte Orientierungsmuster Professionalität geradezu verhindern: Kooperation mit Kolleginnen, die Teilhabe an Schulentwicklungsprozessen oder die Entwicklung eines umfassenden Handlungsrepertoires sind einigen Lehrern unmöglich, da sie zur Wahrung ihrer geschlechtlichen Integrität den Fokus auf die Abgrenzung von ihren Kolleginnen, aber auch von ihrem Beruf insgesamt legen müssen." (ebd.)
Als Zwischenfazit lässt sich an dieser Stelle die Hypothese formulieren, dass der pauschale Ruf nach mehr Männern in der Bildungslandschaft wirkungslos bleibt und u.U. sogar nachteilige Effekte hat, solange weitere Überlegungen zur Initiierung von bei-

spielsweise selbstreflexiven Kompetenzen im Hinblick auf die Konstruktion des eigenen Geschlechts und deren Wechselwirkungen unterbleiben.

5. Männer in sonderpädagogischen Studiengängen – Zugänge und Konstruktionen von Geschlecht

In Anbetracht dieser – bezogen auf die Fragestellung nach der Effizienz von Maßnahmen zur Erhöhung des Anteils von Männern in (sonder-) pädagogischen Berufen – eher ernüchternden Ergebnisse aus allgemein- bzw. sozialpädagogischen Untersuchungen werden im Folgenden die Ergebnisse einer eigenen Studie[2] an der TU Dortmund dargestellt, in der Interviews mit 40 männlichen Studierenden aus dem Bereich Sonderpädagogik / Rehabilitationswissenschaften geführt wurden.
Die durchgeführte Studie stellt für den Bereich der Sonderpädagogik einen neuen Zugang unter Einbezug der Strukturkategorie Geschlecht auf der Ebene der professionell handelnden Akteure dar. Bislang lag lediglich eine einzige quantitativ ausgerichtete Studie zu Studienmotiven von Studierenden der Sonderpädagogik vor (vgl. Fries / Amrhein 2000).

Zugänge junger Männer zu sonderpädagogischen Studiengängen
Im Folgenden werden die Ergebnisse dieser Studie (vgl. Möller-Dreischer 2012) auf die Ausgangsfrage dieses Artikels nach einer Erhöhung des Anteils männlicher (Sonder-) pädagogen bezogen:
Zunächst wird dazu der Frage nachgegangen, ob eine Forderung nach einer Quotierungsregelung für männliche Lehrer generell Erfolg versprechend sein kann.
Ein zentrales Ergebnis der Studie ist die große Bedeutung des Zivildienstes als Beweggrund für die Aufnahme eines sonderpädagogischen / rehabilitationswissenschaftlichen Studiums. Bislang bedeutete der Zivildienst trotz des Zwangscharakters für männliche Studierende der Sonderpädagogik / Rehabilitationswissenschaften eine Form des Moratoriums mit positiven Nebeneffekten, die eine sozialisatorische Wirkung ausübten und bezogen auf die berufliche Orientierung als hilfreich empfunden wurden:
„Das war eine Entscheidung, da hab ich mich sehr, sehr schwer getan […], weil, das ist ein Punkt, da richtet man sein Leben nach aus. Und deswegen würde ich sagen, hat der Zivildienst einen ziemlich hohen Stellenwert, weil er mir einfach bei der Entscheidung geholfen hat und mir gezeigt hat, dass es genau das ist, was ich will." (4, 263:269)
Gerade dieses Ergebnis ist allerdings mit Vorsicht zu betrachten:
Ist die Auswahl der Zivildienststellen der jungen Männer eher als zufällig zu bezeichnen, wie exemplarisch die folgende Interviewpassage belegt.

---

[2] Innerhalb des interdisziplinären Forschungsschwerpunktes „Dynamik der Geschlechterkonstellationen" der Universität Dortmund beantragtes Projekt mit dem Titel: Geschlechterverhältnisse in (akademischen) pädagogischen Berufen und universitären Ausbildungsgängen unter besonderer Berücksichtigung der Sonderpädagogik / Rehabilitationswissenschaft - Eine Empirische Untersuchung zur Erhöhung des Anteils männlicher Pädagogen; Projektleitung: Prof. Dr. Ulrike Schildmann, Lehrstuhl Frauenforschung in Rehabilitation und Pädagogik bei Behinderung; Laufzeit: Dez. 2004 bis August 2006; gefördert durch HWP-Mittel des Ministeriums für Wissenschaft und Forschung NRW.

„Ich musste auf die Schnelle etwas finden, also was mich da erwartet, hab ich mir vorher nie so große Gedanken gemacht, und hab, auch keine großen Erwartungen gehabt, und ich wusste nicht, was auf mich zukommt also war keine sehr überlegte Entscheidung zu dieser Zeit." (25, 257:269)

Ambivalent ist auch das Potenzial der Entwicklungschancen durch die Lebensphase des Zivildienstes einzuschätzen:

„Zum einen hat sich dadurch mein ganzes Leben in diese Richtung verändert, wie es jetzt ist und ohne Zivildienst wäre ich, glaube ich, niemals auf den Gedanken gekommen, so was zu studieren. Zum anderen hat es mir, glaube ich, menschlich auch ganz viel gebracht." (17, 655:665)

Trotzdem kommt dem Zwangscharakter des zivilen Ersatzdienstes eine erhebliche Bedeutung zu. Durch die Aussetzung der allgemeinen Wehrpflicht mit dem 11. Juli 2011 und somit durch den Wegfall des zivilen Ersatzdienstes tritt eine ungewisse Lage bezüglich dieser Rekrutierungsquelle ein. Inwiefern der neu eingerichtete Bundesfreiwilligendienst an diese Stelle tritt, muss sich zeigen. Anzumerken ist aber, dass aktuell eine Finanzierungszusage für etwa 35.000 Stellen für junge Männer und Frauen bundesweit besteht, dem stehen 62.000 Zivildienststellen im Jahresdurchschnitt 2010 gegenüber, 2002 betrug dieser Durchschnitt noch etwa 112.000 Stellen. Somit ist fraglich, wie viele junge Männer in Zukunft für sich die Chance eines solchen Moratoriums ergreifen werden.

Als Zwischenfazit lässt sich an dieser Stelle ziehen, dass unter den gegenwärtig gegebenen Voraussetzungen nicht damit zu rechnen ist, zusätzlich Männer für einen (sonder-)pädagogischen Beruf zu gewinnen, obwohl bereits seit mehreren Jahrzehnten die Überzeugung bei den Beteiligten besteht, dass dies wünschenswert wäre (vgl. Milhoffer / Wilsoet 1985; Schildmann 2006).

Rückgriffe auf geschlechterstereotype Darstellungen in prospektiven beruflichen Vorstellungen

Diese aus den Interviews abgeleitete Kategorie gibt eine Antwort auf die Frage, ob das Postulat nach einer Vielfalt von „erfolgreichen und stimmigen" (Preuss-Lausitz 2005, 230), in jedem Fall aber sich vom Spektrum traditionalistischer Männlichkeiten abhebenden durch ein Erhöhung des Männeranteils eingelöst werden kann.

Zu diesem Aspekt zeigen die Interviews mit den Studierenden, dass der Zivildienst kein Ort ist, der die jungen Männer zu einer reflexiven Auseinandersetzung mit der eigenen Konstruktion von Geschlecht und damit verbundenen Wechselwirkungen in sozialen Interaktionen angeregt hätte. Vielmehr zeigen die Schilderungen der Befragten, dass die dort gesammelte Erfahrung als Argumentationsgrundlage für eine Abgrenzung gegenüber weiblichen Studierenden gemäß den Mustern „doing difference" und „doing male dominance" herangezogen wird, wie das folgende Beispiel illustriert:

„Also das Klassenteam fand ich insgesamt sehr vorbildlich, er war für den Gartenbaubereich zuständig, der Lehrer, der Fachlehrer. Und seine Arbeit fand ich sehr schön, auch seine Einstellung zur Arbeit, die war halt eben (.) sehr locker. Wobei locker nichts mit laissez-faire zu tun hatte, [...] sondern er hatte eben einen sehr schönen Umgang mit den Schülern. Er hatte alle im Griff und konnte trotzdem mal einen Witz machen oder sonst was. Das fand ich sehr (.) schön. Und die Klassenlehrerin hatte einfach (.) ne sehr, (.) ne sehr einfühlsame Ader gegenüber den Schülern. Das fand ich auch sehr (.) sehr schön und interessant." (6: 419:436)

Beschrieben wird hier eine geschlechterstereotype Arbeitsteilung: Dem männlichen Bezugspartner werden einerseits körperliche Aktivitäten (Gartenbau) sowie Verhaltensweisen zugeschrieben, die auf Disziplin und Witz abzielen, während der Klassenlehrerin der Bereich Beziehungsarbeit zugeordnet wird. Zusammengefasst wird diese Sichtweise mit dem begrifflichen Gegensatzpaar „Distanz" vs. „Einfühlsamkeit", wobei der interviewte Student diese Arbeitsteilung als „vorbildlich" bewertet. In Anbetracht dieser Einschätzung lässt sich der Schluss ziehen, dass hier eine berufliche Idealvorstellung konstruiert wird, die zwar im Sinne des generativen Prinzips hegemonialer Männlichkeit als stimmig zu bezeichnen wäre, die aber zumindest sprachlich eine unreflektierte Haltung gegenüber stereotypen Geschlechterinszenierungen widerspiegelt.
Zusätzlich konnte durch die Auswertung der Interviews im Kontext der Thematisierung von Aspekten der Männlichkeit eine den Diskurs tragende Kategorie induktiv gewonnen werden: der Umgang mit Kindern und Jugendlichen mit herausforderndem Verhalten.
„Ich finde, das ist ein Vorurteil, dass man, dass das irgendwie eine unmännliche Angelegenheit ist. Ich finde, das stimmt nicht unbedingt. Also speziell die Aufgabe bei dem Jungen, der die ganze Zeit nur Mist gemacht hat, war genau genommen eigentlich eine HÖCHST männliche Aufgabe, weil da ging es wirklich die ganze Zeit nur darum, den Polizisten spielen." (3, 875:909)
Obwohl nachgewiesen werden konnte, dass die befragten jungen Männer auf ihren bisherigen Tätigkeitsfeldern sowie in den sonderpädagogischen Studiengängen willkommen geheißen wurden und, dass ihre berufliche Entscheidung vorwiegend durch Familie und Freunde begrüßt wurde, findet sich in der Integration des Berufsbildes in die eigene Geschlechtskonstruktion anscheinend eine Verunsicherung. Diese wird durch solche und ähnliche Verweise austariert, allerdings mit der Konsequenz, dass das beschriebene Repertoire an Erklärungen von und Handlungsalternativen gegenüber auffälligem Verhalten sehr eingeschränkt ist. Eine derartige monokausale und stereotypisierende Sichtweise in Verbindung mit Entwürfen einer prospektiven beruflichen Vorstellung steht allerdings den Forderungen nach Männern mit alternativen Männlichkeitsentwürfen jenseits traditionalistischer Formen diametral entgegen.

6. Fazit und Ausblick

Die Ergebnisse der Studie zu Männern auf sonderpädagogischen Berufsfeldern zeigen auf, dass bereits vorberuflich aus der Sicht der Fragestellung problematische Grundhaltungen vorhanden sind. In der Zusammenschau mit Ergebnissen aus den weiteren pädagogischen und sozialpädagogischen Bereichen (Baar 2010; Budde u.a.. 2011) zeigt sich, dass die Gefahr besteht, dass diese Grundhaltungen im beruflichen Alltag weiter bestehen und die eigentliche Intention der Verbesserung der Situation von Jungen und männlichen Jugendlichen durch eine Erhöhung des Anteils von Männern in einem vornehmlich weiblich besetzten Berufsfeld konterkarieren. Auch auf der Ebene der schulischen

Leistungen gibt es keinen Beleg, dass männliche Lehrer einen positiven Effekt hätten (vgl. Helbig 2010a, b).

Da die Ergebnisse zu den auf sonderpädagogischen Berufsfeldern tätig werdenden jungen Männern lediglich eine erste Tendenz darstellen, gilt es dieser zunächst von Seiten der Forschung weiter nachzugehen. Genau diese Form der (wechselseitigen) Konstruktion von Männlichkeiten müsste untersucht werden, sei es im Klassenzimmer zwischen Lehrern und Schülern oder aber in außerschulischen Einrichtungen der Hilfen zur Erziehung.

Zusätzlich signalisieren bereits die dargestellten Grundhaltungen von Studenten einen deutlichen Handlungsbedarf auf der Ebene der Ausbildung. Hier müssen (spätestens) innerhalb der universitären Ausbildung Anstöße gegeben werden, sich mit Aspekten der sozialen Konstruktion von Geschlecht, eigenen Vorstellungen von Geschlechterkonstruktionen sowie deren Wechselwirkungen auseinanderzusetzen, wie dies Preuss-Lausitz (2005) fordert. Damit eine Erziehung von Jungen und Mädchen unter Einbeziehung beider Geschlechter erfolgreich sein kann, müssen sich Pädagoginnen und Pädagogen darüber bewusst werden, „dass ihre spontanen Nebenbemerkungen, ihre Mimik und Gestik bei Kindern oft mehr transportiert als das offizielle Curriculum" (a.a.O., 233). Es wird deutlich, dass es zu einer verbesserten Förderung von Jungen (und Mädchen) weitaus mehr bedarf als die simplifizierte Formel nahe legt, eine Veränderung der Geschlechterverhältnisse trüge zu einer positiven Entwicklung bei.

Ansätze dazu sind biographisch früh und im Sinne einer Selbstklärung der eigenen Grundhaltungen sowie einer Überprüfung der Passung zu professionellen Notwendigkeiten zu setzen. Eine weiter gehende verbindliche Implementierung von Genderkompetenz in Schule und Studium wäre in dieser Hinsicht dringend erforderlich. Auf diesem Weg kann zu einer Verbesserung des professionellen Umgangs mit herausfordernden Verhaltensweisen bei Jungen und männlichen Jugendlichen beigetragen werden. Ein erweitertes theoretisches Hintergrundwissen um geschlechtsspezifische Aspekte der Sozialisation von Jungen sowie der wechselseitigen Konstruktion von Geschlecht kann dann einen Beitrag zu einer veränderten Sichtweise auf Verhalten leisten: als Folge davon kann eine Neubewertung von externalisierenden Verhaltensweisen erfolgen und möglicherweise dazu führen, dass andere Überlegungen zu Präventions- und Interventionsmaßnahmen getroffen werden.

Literatur

Baar, Robert: Gefangen in den eigenen Männlichkeitskonstruktionen: Professionsverständnis und berufliche Handlungspraxis männlicher Grundschullehrer, in: Gender, Jg. 3, Heft 3, 2011, 104-118

Böhnisch, Lothar: Männliche Sozialisation - Eine Einführung, Weinheim: Juventa, 2004

Bohnsack, Ralf: Der Habitus der „Ehre des Mannes". Geschlechtsspezifische Erfahrungsräume bei Jugendlichen türkischer Herkunft, in: Döge, Peter / Meuser, Michael (Hg.): Männlichkeit und soziale Ordnung, Opladen: Leske & Budrich, 2001, 49-71

Budde, Jürgen / Debus, Katharina / Krüger, Stefanie: „Ich denk nicht, dass meine Jungs einen typischen Mädchenberuf ergreifen würden." Intersektionale Perspektiven auf Fremd- und Selbstrepräsentationen von Jungen in der Jungenarbeit, in: Gender, Jg. 3, Heft 3, 2011, 119-127

Connell, Robert W.: Der gemachte Mann. Konstruktion und Krise von Männlichkeiten, Wiesbaden: Verlag für Sozialwissenschaften, 2006

Diefenbach, Heike / Klein, Michael: „Bringing Boys Back In" – Soziale Ungleichheit zwischen den Geschlechtern im Bildungssystem zuungunsten von Jungen am Beispiel der Sekundarschulabschlüsse, in: Zeitschrift für Pädagogik, Jg. 48, Heft 6, 2002, 938-958

die tageszeitung (taz):„Wir brauchen dringend eine Männerquote", 20.12.2005, 2

Frankfurter Rundschau: „Das Märchen von der Jungenkrise", 06.03.2012, 22

Fries, Alfred / Amrhein, Michaela: Studienmotive von StudentInnen der Sonderpädagogik. Ergebnisse einer wissenschaftlichen Untersuchung an der Universität Würzburg, in: Behindertenpädagogik in Bayern, Jg. 43, Heft 1, 2000, 73-83

Große-Venhaus, Gerd: Der Lehrerberuf in Nordrhein-Westfalen wird weiblicher, in: IT NRW (Hg.): Statistische Analysen und Studien NRW, Düsseldorf: IT NRW, Band 65, 2010, 16-18

Helbig, Marcel: Sind Lehrerinnen für den geringeren Schulerfolg von Jungen verantwortlich? In: Kölner Zeitschrift für Soziologie und Sozialpsychologie, Jg. 62, Heft 1, 2010a, 93-111

Helbig, Marcel: Lehrerinnen trifft keine Schuld an der Schulkrise der Jungen, in: WZ-Brief Bildung vom 11. Mai 2010, im Internet unter: (http://bibliothek.wzb.eu/wzbrief-bildung/WZBriefBildung112010_helbig.pdf; letzter Zugriff: 13.03.2012), 2010b

Herz, Birgit: Die Strukturkategorie Geschlecht in der Erziehungshilfe: Forschungsbefunde, Forschungsdesiderate, Forschungsperspektiven, in: Schildmann, Ulrike (Hg.): Umgang mit Verschiedenheit in der Lebensspanne. Behinderung – Geschlecht – kultureller Hintergrund – Alter/Lebensphasen, Bad Heilbrunn: Klinkhardt, 2010, 127-135

Hoffmann, Ilka: Inklusion – auch für „böse" Jungs? In: Zeitschrift für Inklusion Nr. 1/2011, im Internet unter: (http://www.inklusion-online.net/index.php/inklusion/article/view/95/97, letzter Zugriff: 13.03.2012), 2011

IT NRW: Statistische Berichte. Förderschulen in Nordrhein-Westfalen, Düsseldorf: IT NRW, 2008

Meuser, Michael / Scholz, Sylka: Hegemoniale Männlichkeit – Versuch einer Begriffsklärung aus soziologischer Perspektive, in: Dinges, Martin (Hg.): Männer – Macht – Körper. Hegemoniale Männlichkeit vom Mittelalter bis heute, Frankfurt: Campus, 2005, 211-228

Meuser, Michael: Hegemoniale Männlichkeit Überlegungen zur Leitkategorie der Men's Studies, in: Aulenbacher, Brigitte / Bereswill, Mechthild u.a.: FrauenMännerGeschlechterforschung - State of the Art, Münster: Verlag Westfälisches Dampfboot, 2006, 160-174

Milhoffer, Petra / Wilsoet, Walburgis: Mehr Männer in die Grundschule? – Befragung von Schulkindern, Eltern, Lehrerinnen und Lehrern, in: Valtin, Renate / Warm, Ute (Hg.): Frauen machen Schule. Probleme von Mädchen und Lehrerinnen in der Grundschule, Frankfurt am Main: Der Grundschulverband, 1985, 177-184

Möller-Dreischer, Sebastian: Zur Dynamik der Geschlechter in pädagogischen Berufen. Eine exemplarische empirische Untersuchung an männlichen Studenten der Rehabilitationswissenschaften/Sonderpädagogik, Bad Heilbrunn: Klinkhardt, 2012

Moser, Vera / Roll, Matthias / Seidel, Carola: Geschlechterinszenierungen in der Sonderschule, in: Vierteljahresschrift für Heilpädagogik und ihre Nachbargebiete, Jg. 4, Heft 6, 2006, 305-316

Prenzel, Manfred / Baumert, Jürgen u.a. (Hg.): PISA 2003. Der Bildungsstand der Jugendlichen in Deutschland – Ergebnisse des zweiten internationalen Vergleichs, Münster: Waxmann, 2004

Preuss-Lausitz, Ulf: Anforderungen an eine jungenfreundliche Schule – Ein Vorschlag zur Überwindung ihrer Benachteiligung, in: Die Deutsche Schule, Jg. 97, Heft 2, 2005, 222-235

Schildmann, Ulrike: Jungen brauchen Männer. Untersuchung der Geschlechterverhältnisse in (sonder-) pädagogischen Berufen und universitären Ausbildungsgängen mit dem Ziel, den Anteil männlicher (Sonder-)Pädagogen zu erhöhen, in: Christiane Hofmann u.a. (Hg.): Der kritisch-konstruktive Beitrag der Sonderpädagogik zu den Ergebnissen der Pisa-Studie, Bad Heilbrunn: Klinkhardt, 2006, 459-469

Tremel, Inken: Untersuchung zur Geschlechterspezifik der Studierenden der Sonderpädagogik (Lehramt) und Rehabilitationswissenschaften (Diplom); erstellt im Rahmen eines Werkvertrag des Arbeitskreises Gleichstellung der Fakultät Rehabilitationswissenschaften der Universität Dortmund: Unveröffentlichtes Manuskript, 2003

Thomas Schier

„Die Jungen aus dem Blick verloren?" – Ein Beitrag zur Wahrnehmung von und Kooperation bei sexualisierter Gewalt in der Kinder- und Jugendhilfe

1. Sexualisierte Gewalt: Ein aktueller Diskurs

Der aktuelle Diskurs über die bekannt gewordenen Vorfälle sexualisierter Gewalt, nicht zuletzt in der Odenwaldschule, schafft seit einigen Jahren eine öffentliche und auch intensivere wissenschaftliche Auseinandersetzung und Bearbeitung mit einer Thematik, die jahrzehntelang verschwiegen und tabuisiert wurde. Im aktuellen Diskurs sticht bedeutsam heraus, was in dem vorliegenden Beitrag skizziert werden soll: Dass Jungen bisher kaum als Opfer sexualisierter Gewalt wahrgenommen wurden. Das Wort „kaum" begründet sich durch die Tatsache, dass in der pädagogischen und sonderpädagogischen Diskussion bereits in den 90er Jahren unter anderem Schnack / Neutzling (1990), Bange (1992), Brockhaus / Kohlshorn (1993), Julius / Böhme (1994), Wittrock / Niemeyer (1998) sowie Warzecha (2001) auf die Notwendigkeit hinwiesen, auch die Diskussion um Jungen und sexualisierter Gewalt zu intensivieren. Betrachtet man den aktuellen Diskurs, lässt sich schnell vermerken, dass in der präventiven Arbeit und den damit zusammenhängenden institutionellen Strukturen Jungen in ihrer spezifischen Entwicklung im Kontext sexualisierter Gewalt, zu wenig in Betracht gezogen werden. Ich vertrete daher die Position, dass in der präventiven Arbeit zu sexualisierter Gewalt ein Umdenken stattfinden muss, um sich mit gezielten jungenspezifischen Fragestellungen auseinanderzusetzen.

Aktuelle Veröffentlichungen und der einberufene „Runde Tisch, der unabhängigen Beauftragten zur Aufarbeitung des sexuellen Kindesmissbrauchs" des Bundesministeriums setzen zurzeit auf die Aufarbeitung und Erarbeitung konzeptioneller Maßnahmen gegen sexualisierte Gewalt. Die veröffentlichten Expertisen von Zimmermann (2010), Bundschuh (2010) und Kindler (2011) stellen eine sehr gute Aufarbeitung des Forschungsstandes dar, zeigen aber auch Lücken und Forschungsdesiderate im Umgang mit der Thematik auf. Auch die aktuellen Papiere der DGfE (Deutsche Gesellschaft für Erziehungswissenschaft), des DJIs (Deutsches Jugendinstitut) und der Arbeitsgruppen des „Runden Tisches" weisen einheitlich auf die Missstände im Kontext sexualisierter Gewalt hin.

Die Bearbeitung und Offenlegung von institutionellen Strukturen verdeutlichen die Wirkung von Verschweigen, Vertuschung oder aber auch der Unsicherheit und Hilflosigkeit im Umgang mit einem immer noch gesellschaftlichen Tabuthema in der pädagogischen Arbeit. Die bekannten Vorfälle und Erkenntnisse der Forschung zwingen die Kinder-

und Jugendhilfeeinrichtungen auch präventiv tätig zu werden, wenn sie gegen sexualisierte Gewalt an Jungen aktiv werden wollen.

Des Weiteren muss in der Diskussion um institutionelle Kooperationsstrukturen und Inhalte von Prävention vor allem verdeutlicht werden, dass sexualisierte Gewalt und Verhaltensauffälligkeiten häufig nicht isoliert auftreten. Jungen sind häuslicher Gewalt, Vernachlässigung und anderen Formen, wie psychischer und physischer Grenzverletzungen ausgesetzt, die sie unterschiedlich verarbeiten.

Dazu bedarf es auch einer Implementierung dieses Wissens in die Aus- und Weiterbildungsstrukturen, damit Inhalte die Einrichtungen und damit die Jungen erreichen. Dieser Aspekt wurde durch die Tabuisierung und Nichtwahrnehmung bisher kaum diskutiert. Umso mehr muss in der pädagogischen Praxis eindeutig hervorgehoben werden, dass es unterschiedliche alters- und geschlechtsspezifische Folgeerscheinungen nach sexualisierten Gewalterfahrungen (physisch und psychisch) geben kann. Als Folge einer solchen Traumatisierung sind komplexe Verhaltensmuster mit verschiedenen Formen psychischer Belastungen, Störungen und Abwehrmechanismen zu beobachten (vgl. Bange 2007, 64f). Daher müssen alle Formen der externalisierenden und internalisierenden Verhaltensstörungen im Zusammenhang mit Gewalt, Vernachlässigung und sexualisierter Gewalt ebenso berücksichtigt werden. Dies legt demnach noch ein facettenreiches Forschungsfeld offen. Im Folgenden konzentriere ich mich auf jungenspezifische Präventionsbereiche in der Kinder- und Jugendhilfe.

2. Die Relevanz von Definitionen und Sprache in der Wahrnehmung von Jungen als Opfer sexualisierter Gewalt

Zunächst greift dieser Exkurs ein Problemfeld auf, das die Wahrnehmung von sexualisierter Gewalt und der Verortung von Jungen in diesem Feld skizzieren soll. „Veröffentlichungen zum Thema sexualisierter Gewalt sind generell mit der Anforderung konfrontiert, eine angemessene Sprache zu finden für ein Phänomen, das von Tabuisierung, Manipulation und Verwirrung geprägt ist" (Mosser 2009, 16). Mit dieser Aussage zeigt sich in der wissenschaftlichen und praktischen Bearbeitung, dass gerade aufgrund dieser Sprachlosigkeit oder Sprachnutzung wichtige Aspekte in der präventiven Arbeit ignoriert oder übersehen werden. Die bisher wenig beachteten Zugänge werden erst im aktuellen Diskurs durch Fachverbände, wie der deutschen Gesellschaft für Erziehungswissenschaft, aufgegriffen und diskutiert.

Definitionen
Bereits in der Überschrift ist zu erkennen, dass hier der Begriff: „sexualisierte Gewalt" verwendet wird. Wie wichtig eine klare Begrifflichkeit und Definition sein kann, soll im Folgenden anhand weniger Beispiele skizziert werden, da es in der fachspezifischen Literatur durch unterschiedliche Definitionsgrundlagen zu unterschiedlichen Betrachtungs-, Analyse- und Interpretationsweisen kommt. Dabei reicht auch ein Blick in die Bibliographien und die vielfältigen Begrifflichkeiten in den Titeln, um die unterschiedliche Nutzung von Sprache aufzuzeigen. Die Feinheiten der Begrifflichkeiten werden nicht explizit unterschieden oder thematisiert, so dass in vorliegenden Studien Gewalt

und sexualisierte Gewalt zwischen Kindern und Jugendlichen im familiären und außerfamiliären Bereich, Fremde und Bekannte oder Frauen und Männer als TäterInnen, unzureichend berücksichtigt werden. Am Beispiel der aktuellen Studie des Kriminologischen Forschungsinstitutes in Niedersachsen kann ein weiterer Punkt verdeutlicht werden: Es wird kein Bezug zu signifikanten Risikogruppen hergestellt, wie beispielsweise Straßenkinder und Heimbewohner. Diese finden sich aber als Klientel in der Kinder- und Jugendhilfe wieder und wären in Kontext sexualisierter Gewalt gegen Jungen von großem Interesse. Dadurch werden für die Wahrnehmung sexualisierter Gewalt in der Kinder- und Jugendhilfe relevante Aspekte nicht angesprochen, tabuisiert oder bleiben gänzlich unentdeckt. Bange verdeutlicht dies nachhaltig: „In der Tat sind es vor allem emotional und / oder sozial vernachlässigte Jungen, die von Pädosexuellen außerhalb der Familie sexuell missbraucht werden" (Bange 2007, 30; vgl. Brockhaus / Kohlshorn 1993, 65).

Diese Risikogruppen werden in Studien kaum berücksichtigt. Ebenso wird in retrospektiven Befragungen zudem sexualisierte Gewalt zwischen jüngeren Kindern und Jugendlichen ausgelassen. Dieser relevante Bereich der sexualisierten Gewalt an und durch Minderjährige(n), wird zu selten diskutiert und betrifft besonders Jungen (vgl. Romer 2002; Machlitt 2004; Herzig 2004; Rossilhol 2002). Auch hier besteht ein Aufholbedarf, wenn es um die verzerrte Sichtweise in der präventiven Arbeit auf sexualisierte Gewalt und der Wahrnehmung von Jungen geht.

Über die Definitionen hinaus stellen rechtliche Grundlagen einen weiteren wichtigen Faktor dar. Das Zusammenspiel von öffentlicher und freier Jugendhilfe ist durch gesetzliche Grundlagen klar geregelt. So „sieht der §8a Abs. 1 SGB VIII vor, das Gefährdungsrisiko durch das Zusammenwirken mehrerer Fachkräfte abzuschätzen" (Armbrecht 2011, 445). Und obwohl es rechtlich festgelegte Kooperationsverpflichtungen gibt (vgl. Herz 2008, 176; Gerstein / Freese 2006, 166) bleiben diese in der primären Prävention bei sexualisierter Gewalt an Jungen außen vor. Auch in der weiteren Abschätzung von Kindeswohlgefährdung verfügt die Jugendhilfe über „kein standardisiertes Verfahren zur Diagnostik und Evaluation" (Armbrecht 2011, 449). Dabei sollen gerade diese gesetzlichen Neuerungen dafür Sorge tragen, dass Kinder nicht übersehen werden (vgl. Mosser 2010, 149).

Sprache
Neben der notwendigen Diskussion um Definitionen bedarf es zur Wahrnehmung bei sexualisierter Gewalt gegen Jungen ein Wissen im Umgang mit der eigenen Sprache. „Grundlegende, manchmal unüberwindliche Anforderungen ergeben sich aus unserer Hemmschwelle, Sexualität zum Thema zu machen und [...] Unfähigkeit, sexuelle Handlungen angemessen zu benennen und zudem die Gewaltdimension darin mit der Richtigstellung von Opfer und Täterhandlung zu beschreiben" (Böhnisch / Funk 2002, 252). Dieser Tatbestand zeigt, dass Sprache und Sprechen in der Prävention und der Präventionsarbeit und der damit verbundenen Kooperation einen zentralen Stellenwert haben. Eine fehlende einheitliche Grundlage von Definitionen und Begrifflichkeiten erschweren die fachliche Umsetzung und Wahrnehmung von Jungen in der präventiven Arbeit. Sprache und Sexualität, ein Zusammenhang, der unterschiedlicher nicht sein könnte muss in Kombination für die Präventionsarbeit positiv verwendbar gemacht werden.

Es sollte gerade in der pädagogischen Praxis die verwendete Sprache hervorgehoben werden, um zu verdeutlichen, wie über sexualisierte Gewalt gesprochen wird. An dieser Stelle müssen für Präventionsprogramme und den involvierten professionell Tätigen Grundlagen erarbeitet werden, die es auch ermöglichen, sexualisierte Gewalt und deren Folgen für Jungen klar zu benennen. Es muss deutlicht werden, dass es sich um Gewalt handelt, die mit sexuell intendierten Absichten, der Lust und Triebbefriedigung und der Herabsetzung und Diskriminierung des Kindes, durchgeführt wird.

Dunkelfelder: Der verwehrte Blick auf Jungen
In einem Umfeld von Schweigen fällt es in der praktischen Arbeit und der wissenschaftlichen Bearbeitung schwer, Verdachtsfälle über stattfindende Gewalt zu erkennen, insbesondere wenn man sich in einem Dunkelfeld bewegt, das den Blick und die Wahrnehmung auf Jungen als Opfer sexualisierter Gewalt verwehrt. Betrachtet man Studien zur Thematik genauer, dann sind Schwankungen durch eine ungenaue Definition sexualisierter Gewalt feststellbar. Die herangezogenen „engen" und „weiten" oder „juristischen" Definitions- und Bewertungsgrundlagen sind für die unterschiedlichen Werte in den Studien verantwortlich, die entweder ein Feld dramatisieren, aber auch banalisieren und bagatellisieren können (vgl. Kloiber 2002, 10f). Retrospektive Befragungen ergaben, dass zwischen 3-33% der befragten Männer in ihrer Kindheit und Jugend sexualisierte Gewalt erlebt hatten.
„Frauen suchen Hilfe – Männer sterben" dieses Zitat von Angst und Ernst (1990), hat Mosser (2009, 97) erneut aufgegriffen; er verdeutlicht damit einen wichtigen Aspekt in der Kontaktaufnahme zum Hilfesystem. Er geht damit auch auf Präventionsarbeit ein, dass nämlich Männer und somit auch Jungen eine Belastungsverleugnung vorziehen und professioneller Hilfe etwas Negatives zuschreiben. Genderperspektiven und vor allem die gesellschaftliche Organisation von Zuschreibungen für Männlichkeit sind es, die ausschließen, dass Jungen Opfer werden. Lohaus und Trautner weisen darauf hin, dass Präventionsangebote nicht nur die Entwicklungsvoraussetzungen der Kinder ignorieren, sondern vielmehr auch eine „fehlende geschlechtsspezifische Differenzierung der Programminhalte und Adressaten" (Lohaus / Trautner 2005, 629) beinhalten.
Dies gilt zum einen im Bezug auf befürchtete gesellschaftliche Erwartungshaltungen und zum anderen auf einer suggerierten Unmännlichkeit in der Selbstwahrnehmung (vgl. Mosser, 98f). Scham und Schuld des eigenen Versagens, der geglaubten Mitschuld und Stigmatisierung durch die erwähnten Faktoren verhindern die Aufdeckung sexualisierter Gewalt an Jungen und bestimmen dadurch maßgeblich die Dunkelfeldforschung mit (vgl. Kappeler 2011, 91f; Bange 2007, 50f; Damrow 2006, 53f; Mosser 2009, 86f). Dass Jungen in der Dunkelfeldforschung einen sehr großen Anteil darstellen, macht auch die Kriminalstatistik deutlich: „Nachdem 2009 der niedrigste Wert seit 1993 zu verzeichnen war, sind die bekannt gewordenen Fälle des sexuellen Missbrauchs von Kindern (§§ 176, 176a, 176b StGB) 2010 wieder angestiegen (+4,8 Prozent auf 11.867 Fälle). In diesem Deliktsbereich muss nach wie vor von einem hohen Dunkelfeld ausgegangen werden" (Polizeiliche Kriminalstatistik 2010, 9).

3. Haben wir die Jungen aus dem Blick verloren?

Nicht ohne provokante Absicht muss es gerade im aktuellen Diskurs erlaubt sein, diese Frage zu stellen: Grundsätzlich sind in der Diskussion um die Nichtwahrnehmung von Jungen gesellschaftliche, historische, politische und institutionelle Strukturen zu berücksichtigen, die ein hegemoniales Männlichkeitsideal aufrecht erhalten, wie es auch Hoffmann anmerkte: „Trotz des Aufweichens der Geschlechterpolarität wird allerdings oft weiterhin unhinterfragt von den konventionellen Geschlechterkonzepten ausgegangen" (Hoffmann 2006, 71). Selbst innerhalb vieler Präventionsmaterialien werden traditionelle Rollenmuster übernommen. Auch in pädagogischen Feldern spielen Geschlechterrollen, Heteronormativität und hegemoniale Männlichkeit (vgl. Conell 2000) und Normalitätskonstruktionen eine bedeutende Rolle bei der Nichtwahrnehmung von Jungen im Kontext sexualisierter Gewalt. Bei dieser Annahme stellt sich aus meiner Sicht die Frage nach dem Zusammenhang zwischen institutioneller Kooperation und Umgang, Wahrnehmung und Umsetzung präventiver Arbeit mit Jungen – erst recht im Kontext der gesellschaftlichen, politischen und pädagogischen Wahrnehmung. Welche Faktoren beeinflussen die Wahrnehmung von und auf Jungen im Kontext gelingender oder nicht gelingender Kooperation und Vernetzung? Dies führt zu Fragen nach Abwehrmechanismen von Seiten der pädagogischen Präventionsfachkräfte, die die Kooperation ver- oder behindern können.

Diese Faktoren bedürfen einer genaueren Betrachtung, wenn Prävention ein Aufbrechen traditioneller Rollenbilder gelingen soll. Diese gesellschaftlichen Implikationen müssen bedacht werden, da sich gesamtgesellschaftliche Veränderungen nicht sofort manifestieren und wirksam sein können. Neben den inneren Strukturen der im Fokus stehenden Organisationen, stellen Geschlechterhierachien, Männlichkeitsideale, Geschlechterdifferenzen und allen mit ihnen verbundenen gesellschaftlichen und institutionellen Faktoren, die sexualisierte Gewalt begünstigen, die Grundlage für gelingende präventive Arbeit dar (vgl. Braun 2005, 831).

Die Präventionsarbeit ist nicht neu und blickt auf eine jahrzehntelange Entwicklung in den unterschiedlichsten Präventionsfeldern zurück, die sich historisch von kirchlichen Trägern, medizinischen und psychologischen Einrichtungen über die Bundeszentrale gesundheitlicher Aufklärung bis hin zu freien und öffentlichen Trägern der Kinder- und Jugendhilfe herausgebildet haben. Viele Fachberatungsstellen gegen sexualisierte Gewalt entwickelten sich zudem aus der Frauenbewegung heraus, um einen Schutz vor sexualisierter Gewalt gegen Mädchen zu gewährleisten.

Ein erklärtes Ziel das ich an dieser Stelle nochmals hervorheben möchte, scheint dabei unmißverständlich zu sein:

„Präventionsarbeit hat die Aufgabe, Geschlechtsrollenstereotype zu thematisieren, um die je eigenen kindlichen Stärken – unabhängig vom Geschlecht – zu fördern" (Braun 2005, 837).

Meiner Meinung nach fehlt genau dieser Aspekt in der Arbeit mit Jungen. Bezeichnend sind dabei die fehlenden Angebote und Anlaufstellen für Jungen. Wenn man einen Blick auf Handbücher der Kinder- und Jugendhilfe wirft, zeichnet sich ein ähnliches Bild ab: In Schröer / Struck und Wolff, wird im Buchkapitel „V. Handlungsfelder der Kinder-

und Jugendhilfe" kein Unterkapitel zur Jungenarbeit angeboten, wohl aber eines zur Mädchenarbeit (vgl. Weber 2002, 715f). Dieses stellt für mich ein Indiz dar, dass Jungen weniger in einer eigenständigen Jungenarbeit wahrgenommen werden, erst recht nicht in der präventiven Arbeit gegen sexualisierte Gewalt. Auseinandersetzungen in der Literatur finden sich erst seit den letzten Jahren. Einen allgemeinen Überblick der Jungenarbeit in der pädagogischen und sozialen Arbeit geben Böhnisch und Funke (2002) und im speziellen auf Jungenarbeit und der Vorbeugung sexualisierter Gewalt Klein und Schatz (2010).

Hier ist zu erkennen, dass sich Forderungen über eine intensivere Auseinandersetzung zur Thematik wiederholen. Immer noch werden vorherrschende traditionelle männliche Rollenbilder hervorgehoben und die damit verbundene Sicht auf Jungen als Täter thematisiert. Diese Haltung ist in der Wahrnehmung von Jungen besonders zu verzeichnen und soll kurz hier skizziert werden (vgl. Brockhaus / Kolshorn 1993, 61f; Bange 2007, 133f.; Rossilhol 2005).

Traditionelle männliche Rollenbilder und damit verbundene Geschlechtsrollenstereotype werden auch heute noch in pädagogischen Bereichen und erst recht in gesamtgesellschaftlichen und medialen Zusammenhängen benutzt und verbreitet. Dieser Rollenzuschreibung können sich Jungen nicht entziehen und Geschlechterrollen bleiben in der präventiven Arbeit mit Jungen oftmals unhinterfragt. Alternative Rollenbilder werden aber in Materialien zur Prävention und in Fortbildungen zu selten thematisiert. Im Hilfesystem und bei den Kooperationspartnern der Kinder- und Jugendhilfe setzt es wiederum Kenntnisse über den Ablauf eines Aufdeckungsverfahrens sexualisierter Gewalt voraus. Hier werden Jungen aber in ihren spezifischen Entwicklungsfeldern nicht ausreichend wahrgenommen. Jungen müssen in der Präventionsarbeit in allen pädagogischen Bereichen die Möglichkeit eingeräumt werden, sich trotz vorhandener Rollenbilder auch mit Themen wie Angst, Scham und Traumatisierung in der präventiven Arbeit auseinanderzusetzen.

Jungen sind daher einer doppelten psychischen Belastung ausgesetzt und einer schwierigen und herausfordernden Rolle, die in der präventiven Arbeit kaum beachtet wird. Zum einen, als „Opfer" nicht den gängigen durch gesellschaftliche Strukturen und Normalitätskonstruktionen und einem manifestierten Männlichkeitsbild zu entsprechen. Zum anderen, durch Scham des eigenen Versagens und der geglaubten Mitschuld eine Stigmatisierung zu befürchten. Diese Faktoren tragen dazu bei, dass Jungen sexualisierter Gewalt nicht äußern und aktiv aufdecken (vgl. Kappeler 2011, 91f; Bange 2007, 50f; Damrow 2006, 53f; Mosser 2009, 86f; Deutsches Jugendinstitut 2012, 45).

Jungen stehen Erwartungen einer hegemonialen Männlichkeit, einer immer noch negativen Einstellung zu Homosexualität und einer Tabuisierung von sexualisierter Gewalt gegenüber. Jungen lernen, nicht offen über Gefühle zu sprechen. So verhält es sich auch mit Scham besetzten Themen, erst recht im Kontext sexualisierter Gewalt (vgl. Kappeler 2011, 15f). Diese Annahme äußert sich schließlich durch Bagatellisierung, Verharmlosung und Leugnung der Betroffenheit (vgl. Mosser 2009, 103; Bange 2007, 133f). In der Praxis zeigt sich dieses zuletzt durch zu wenige Beratungsstellen und Unterstützungssysteme.

Unabhängig von einer differenzierten (ohne deren Relevanz zu vernachlässigen) Betrachtung von primärer-, sekundärer und tertiärer Präventionsansätzen (vgl. Caplan

1964; Damrow 2006, 58f; Kindler 2003, 9f) muss hervorgehoben werden, dass Jungen in ihrer sozialen und emotionalen Entwicklung in der Präventionsarbeit im Kontext sexualisierter Gewalt meist als Täter und seltener als Opfer thematisiert werden.

4. Umsetzung und Abwehrprozesse von Präventionsangeboten

An dieser Stelle möchte ich auf die praktische Umsetzung von Angeboten in der Kinder- und Jugendhilfe zu sprechen kommen. Warum werden so wenige präventive Angebote und spezielle Angebote für Jungen verwirklicht? Die verwehrten Präventionsangebote und mangelnden AnsprechpartnerInnen im Hilfesystem verhindern Aufdeckungsmöglichkeiten der sexualisierten Gewalterfahrung von Jungen. Es fehlen Konzepte und eine Umsetzung präventiver Arbeit mit einem jungenspezifischen Blick im Kontext sexualisierter Gewalt. Wie eingangs skizziert, stellt auch der aktuelle Abschlussbericht des Deutschen Jungendinstituts e.V. fest, dass „keine der Präventionsformen in der Mehrheit der Einrichtungen praktiziert wird" (Deutsches Jugendinstitut e.V. 2012, 127). Dies muss zwangsläufig nicht bedeuten, dass es an Bewusstsein fehlt, diese Angebote zu implementieren, vielmehr handelt es sich um einen weiteren relevanten Punkt, der im aktuellen Diskurs zu selten intensiv untersucht wird: Abwehr und Vermeidung einer intensiveren Auseinandersetzung mit sexualisierter Gewalt gegen Jungen. Kindler sieht das fehlende Bewusstsein und damit verbundene Ungleichbehandlung zum einen darin, dass Jungen sich weniger Hilfe suchen und in Anspruch nehmen, zum anderen aber auch, dass von pädagogischem Personal und Eltern die Belastungsrisiken und Folgen sexualisierter Gewalt als weniger problematisch für Jungen eingeschätzt werden (vgl. Kindler 2011, 82).

Wenn der Begriff Prävention inflationär benutzt wird, so dass keine Wirksamkeit oder nur aus aktueller gesellschaftlicher Sicht ein Bedarf an einem Projekt in Institutionen besteht, scheint gerade die Analyse der Begrifflichkeiten um Prävention und subjektiver Sichtweisen von Fachkräften als besonders wichtig. Denn ein Mangel an Interesse, Angst oder Unsicherheit im Zugang mit dem Thema sowie ein Mangel an Erfahrungen der Beteiligten im interdisziplinären Austausch miteinander, kann zu einer Nichtwahrnehmung von Jungen führen und einer gelingenden Kooperation und Nachhaltigkeit der Angebote im Wege stehen (vgl. Hafen, 148f).

In den konzeptionellen Umsetzungen des Kinderschutzes sind Programme zur Verhinderung von Kindeswohlgefährdung bereits vorhanden, die für eine rechtzeitige Wahrnehmung von Gefährdung eingesetzt werden. Allerdings setzen diese auch eine zielgerichtete und gelingende Struktur der Kooperation voraus, an der es oftmals scheitert (vgl. Fegert / Schrapper 2004, 24f). Kooperation muss als Qualitätsentwicklung der präventiven Arbeit verstanden werden. Das setzt einen Dialog voraus, der meiner Meinung nach zu selten auf gemeinsamer fachlicher Grundlage stattfindet. „Zur Qualitätsentwicklung sind wir nicht primär motiviert. Routine ist naheliegender. Wir halten in der Regel gern an Abwehr und Widerstand als einem strukturkonservativen Muster fest" (Wolff 2010, 457). Zur institutionellen Routine kommt hinzu, dass einzelne Träger dazu beitragen, dass um Präventionsmaßnahmen und die „richtige" Diagnostik oder Folgeaufträge konkurriert wird (vgl. Damrow 2006, 56) oder Anzeichen und Diagnosen gänzlich ignoriert

werden (vgl. Böhnisch / Funk 2002, 252). Daher schließe ich mich einer überspitzt formulierten Aussage von Birgit Herz an: „Statt Kooperation existiert eine latente Konkurrenz, die die Zusammenarbeit massiv behindern kann" (Herz 2008, 178).
Durch die Vielzahl von Angeboten in der präventiven Arbeit zeigen sich folgende Schwierigkeiten: Das Vorgehen scheint auch von begrenzten Ressourcen der jeweiligen Einrichtung, dem Zeitbudget der Präventionsfachkräfte oder von Förderkriterien mehr abhängig zu sein, als von fachlichen Standards. Diese Diskussion darf keineswegs dazu führen, eine Kultur und Mentalität von „Geiz ist geil" zu fördern. Alles muss billiger werden und zeitgleich die Qualität und Effektivität zunehmen (vgl. Wolff 2010, 452). Diese Entwicklung erhöht den Druck auf die Einrichtungen, rein wirtschaftliche Strategien und Interessen verfolgen zu müssen. Diese Annahme zeigt sich auch in der aktuellen Diskussion, wenn es um die bereits erwähnte Finanzierung von Projekten geht: „In sozialarbeiterisch tätigen Männerprojekten liegt der Fokus eindeutig auf der Arbeit mit männlichen Tätern. Dies ist die Voraussetzung, um an die spärlich fließenden öffentlichen Mittel zu kommen" (Lenz 2005, 128).
Der für die hilfesuchenden Jungen von außen nicht erkennbare Druck zwischen den Institutionen steht einer Präventionsarbeit und erst recht einer qualitativen Weiterentwicklung immer dann im Weg, wenn in städtischen Gebieten mehrere Anbieter um präventive Maßnahmen „werben" und immer schneller der Aktualität angemessene Präventionsprojekte anbieten wollen. In ländlichen Regionen sind oftmals keine adäquaten Ansprechpartner vorhanden und zudem fehlen Männer in Beratungsstellen, die auch einen geschlechtsspezifischen Aspekt in der Präventionsarbeit einbringen.
Somit lässt sich die Aussage von Peter Mosser aus zwei Blickwinkeln betrachten: „sexuell misshandelte Jungen greifen bei der Problembewältigung gewöhnlich nicht auf soziale Unterstützung (in Form professioneller Hilfen) zurück" (Mosser 2009, 103). Auf der einen Seite greifen Jungen nicht auf das Unterstützungssystem zurück, da diese durch die sozialisationsbedingten Faktoren und den Zuschreibungen als Mann, keine Hilfe in Anspruch nehmen müssen. Auf der anderen Seite werden diese Annahmen durch fehlende Präventionsangebote und Anlaufstellen für Jungen bestätigt. Fegert und Kölch (vgl. 2007, 73) schrieben bereits zuvor, dass Kinder, wenn sie Unterstützung in Anspruch nehmen, im Durchschnitt mit mehr als sieben Institutionen Kontakt aufnahmen, um entsprechende Hilfe zu erhalten. Diese Faktoren müssen in der Prävention zum Anlass für die Forderung nach einer besseren Vernetzung und gelingenden Kooperation zwischen den Institutionen genommen werden.
Aus wissenschaftlicher Sicht muss hier angesetzt und erforscht werden, wie Präventionsfachkräfte Jungen in diesem Gefüge von psychosexueller-, psychosozialer Entwicklung, Machtgefügen in familiären, außerfamiliären und institutionellen Kontexten und gesellschaftlichen und politischen Ebenen wahrnehmen. Diese Fragen sind gerechtfertigt, wenn Stöhr schreibt: „Auch Fragen, wie durch Prävention sexueller Missbrauch zu verhindern sei, wie sexueller Missbrauch zu erkennen sei und wie angemessenes Verhalten bei einem Verdacht auszusehen habe, verunsichern häufig sowohl die Träger der freien Jugendhilfe und die Jugendämter als auch die MitarbeiterInnen und Mitarbeiter in den verschiedenen Einrichtungen und Diensten" (Stöhr 2004, 148). Wenn Jungen von sich aus keine Hilfe suchen und in ihren Verhaltensweisen nicht als Opfer erkannt oder wahrgenommen werden, dann ist es für die präventive Arbeit umso bedeutender, Fach-

"Die Jungen aus dem Blick verloren?" 197

kräfte in der Kinder- und Jugendhilfe zu erreichen, auszubilden, fortzubilden und besser zu vernetzen. Diese Vernetzung ist notwendig, um Hemmschwellen für unterstützende Angebote abzubauen.

5. Gelingende Kooperation

Die Diskrepanzen von Qualitätsentwicklung, Routine und Abwehrprozessen bestimmen die Sicht und Wahrnehmung professionell Tätiger. Unterschiede in Grundhaltungen, Rahmenbedingungen, Aufgaben, Zielen und Befugnissen sind Risikofaktoren für das Scheitern einer Kooperation. Es muss ein ganzheitlicher Ansatz erfolgen, der alle beteiligten Personen einbezieht und einem Konkurrenzcharakter entgegenwirkt (vgl. Kindler 2011, 59f). Fegert und Schrapper weisen darauf hin, dass Bedingungen für gelingende Kooperation „nicht nur zwischen Jugendhilfe und Jugendpsychiatrie, immer dann gelingen können, wenn vier Punkte erfüllt werden" (Fegert / Schrapper 2004, 23f.). Diese Punkte können meiner Meinung nach für die gemeinsame Bearbeitung von Präventionsangeboten auf alle pädagogischen Tätigkeitsfelder übertragen werden:

Eine Kooperation kann nur mit gleichwertigen Partnern gelingen:
Das setzt die Wertschätzung und die Anerkennung der zusammenarbeitenden und kooperierenden Institutionen voraus. Die Wertschätzung verhindert eine Abwertung und Geringschätzung des Gegenübers und ist somit von enormer Bedeutung. Dieser Punkt ist auch für die jungenspezifische Arbeit relevant, da der jeweiligen Zielgruppe ein einheitliches und strukturiertes Angebot und Ansprechpartner vorgehalten wird.

Inhalte und Aufgaben müssen für beide Seiten von Nutzen sein:
Auch wenn hier in der aktuellen Entwicklung und Diskussion immer ein Kosten und Nutzen Faktor für eine finanzielle Abhängigkeit mitspielt, sollte der fachliche, gesellschaftliche und präventive Faktor in der pädagogischen Arbeit im Vordergrund stehen. Durch eine Kooperation muss ein Gefüge entstehen, so dass Risikofaktoren und auch die Folgen sexualisierter Gewalt wahrgenommen und besprochen werden.

Zielsetzungen sollten ähnliche und/oder gemeinsame Strukturen verfolgen:
Wenn die Ziele und die Herangehensweisen nicht klar definiert sind, dann können Zielvereinbarungen kaum eingehalten werden. Jungen werden in der Präventionsarbeit übergangen und verunsichert. Diese Zielsetzungen beziehen sich ebenfalls auf alle Mitwirkenden und beteiligten Personen (Eltern, schulische und außerschulische Fachkräfte und Präventionsfachkräfte). Alle Akteure sollten dazu beitragen, Verunsicherung und Tabuisierung der Thematik entgegenzuwirken.

Kooperationsstrukturen sind nicht nur von Einrichtungen, sondern von Personen abhängig:
In den meisten Einrichtungen werden Präventionsprogramme und Kooperationen im Kontext sexualisierter Gewalt durch „Einzelkämpfer" initiiert. Keine Einzelengagements können allerdings auf Dauer aufrechterhalten werden. „Gerade weil die Kooperation

bisher in der Regel situations- und einzelfallorientiert und stark abhängig von personengebundenen Konstellationen erfolgt, ist es empfehlenswert, der Kooperation einen verbesserte strukturelle Basis zu geben" (Merchel 2004, 76).

Zusammenfassend verdeutlichen diese vier Punkte, dass die gemeinsamen, vielfältigen und komplexen Aufgaben, Jungen vor sexualisierter Gewalt zu schützen, durch Kooperation verbessert werden kann. Der Konkurrenzdruck steht einer gelingenden Kooperation und damit verbundenen Transparenz präventiver Arbeit gegenüber anderen Einrichtungen und den Hilfe suchenden Jungen im Weg.

6. Ausblick

Aus persönlicher Sicht gibt es in der pädagogischen und wissenschaftlichen Umsetzung nicht die eine Gesetzmäßigkeit, durch die eine klare Definitionsgrundlage, einmaliges Sprechen über historische, kulturelle und gesellschaftliche gewachsene Männlichkeitsbilder, dazu befähigt, einem offenbar fest verankerten Männlichkeitsideal nicht mehr zu folgen. Allerdings müssen in allen pädagogischen Settings klare Differenzierungen und Positionen bezogen werden: Grenzverletzungen, Übergriffe, Gewalt und strafrechtlich relevante Formen von Gewalt und Sexualität müssen thematisiert werden, ohne die psychische, physische und sexuelle Entwicklung der Betroffenen negativ zu beeinflussen. Die Implementierung von Mindeststandards bedarf einer konsequenten Umsetzung in pädagogischen Einrichtungen. In Folge struktureller Bedingungen sind Beratungsstellen und viel mehr noch die Präventionsfachkräfte „Einzelkämpfer", die, ohne Kooperationsstrukturen, auf sich alleine gestellt mit Jungen präventiv arbeiten sollen.

Die anfänglich erwähnte und aufgezeigte eigene (Nicht-)Wahrnehmung der Opferrolle von Jungen muss auch Konsequenzen für Institutionen haben. Übertragen auf Institutionen bedeutet dies, dass nicht nur Jungen, sondern alle Personen eine Sprachfähigkeit erlernen, die für die Sensibilisierung der Aufdeckungskultur gefördert werden müssen. Überall dort, wo kein Austausch, offener Umgang und somit Berücksichtigung von kindlicher Sexualität und psychosexueller Entwicklung von Kindern und Jugendlichen (hier mit dem Fokus auf Jungen), gegeben ist, schaffen auch Institutionen einen Rahmen für sexualisierte Gewalt. Prävention hat die Aufgabe, Jungen, PädagogInnen und Eltern zu stärken.

Letztlich eröffnet nur ein differenzierter Blick auf Jungen und deren Lebenssituation die Entwicklung einer präventiven Arbeit, Kooperation und Vernetzung, die Möglichkeit, auch eine gemeinsame Sprache zu entwickeln. Eine Sprache, die es erlaubt, dem Unaussprechlichen eine Stimme zu verleihen und Jungen in familiären, außerfamiliären und institutionellen Kontexten zu schützen. Gerade deshalb muss eine Auseinandersetzung mit sexualisierter Gewalt gegen Jungen in Institutionen der Bildung und Erziehung gefördert werden, um Jungen in allen Facetten ihrer sozialen und emotionalen Entwicklung wahrzunehmen. Aus diesem Grund schließe ich diesen Beitrag mit einer Forderung: Die Weiterentwicklung von Angeboten präventiver Arbeit für Jungen gegen sexualisierte Gewalt muss zu einem wesentlichen Auftrag in allen Bereichen der Kinder- und Jugendhilfe sowie der Schule werden.

Literatur

Armbrecht, Sarah: Der Schutzauftrag nach §8a SGB VIII – Handlungskonzepte freier Träger, in: Körner, Wilhelm / Deegener, Günther (Hg.): Erfassung von Kindeswohlgefährdung in Theorie und Praxis, Lengerich, Berlin, Bremen u.a.: Pabst, 2011, 442-467

Bange, Dirk: Die dunkle Seite der Kindheit. Sexueller Missbrauch an Mädchen und Jungen. Ausmaß. Hintergründe. Folgen, Köln: Volksblatt, 1992

Bange, Dirk: Sexueller Missbrauch an Jungen. Die Mauer des Schweigens, Göttingen: Hogrefe, 2007

Böhnisch, Lothar / Winter, Reinhard: Männliche Sozialisation: Bewältigungsprobleme männlicher Geschlechtsidentität im Lebenslauf, Weinheim, München: Juventa, 1997

Böhnisch, Lothar / Funk, Heide: Soziale Arbeit und Geschlecht. Theoretische und praktische Orientierung, Weinheim, München: Juventa, 2002

Braun, Gisela: Prävention gegen sexuellen Missbrauch an Kindern, in Deegener, Günther / Körner, Hartmut (Hg.): Kindesmisshandlung und Vernachlässigung. Ein Handbuch, Göttingen: Hogrefe, 2005, 831-846

Brockhaus, Ulrike / Kolshorn, Maren: Sexuelle Gewalt gegen Mädchen und Jungen. Mythen, Fakten, Theorien, Frankfurt am Main, New York: Campus, 1993

Bundesverein zur Prävention von sexuellem Missbrauch an Mädchen und Jungen e.V.: Empfehlungen für Qualitätskriterien in der Präventionsarbeit im Bereich der sexualisierten Gewalt an Mädchen und Jungen, Kiel: Eigenverlag, 2003

Bundschuh, Claudia: Sexualisierte Gewalt gegen Kinder in Institutionen Nationaler und internationaler Forschungsstand. Expertise im Rahmen des Projekts „Sexuelle Gewalt gegen Mädchen und Jungen in Institutionen", München: Deutsches Jugendinstitut e.V., 2010

Conell, Robert W.: Der gemachte Mann. Konstruktion und Krise von Männlichkeit, Wiesbaden: VS Verlag, 2006

Conen, Marie-Luise: Sexueller Missbrauch durch Mitarbeiterinnen und Mitarbeiter in stationären Einrichtungen für Kinder und Jugendliche, in: AFET – Arbeitsgemeinschaft für Erziehungshilfe (Hg.): Gewalt gegen Kinder und Jugendliche in Institutionen. Umgang mit Fehlverhalten von Fachkräften in Einrichtungen der Erziehungshilfe, Hannover: Carl Küster, Nr. 63, 2004, 160-180

Dammasch, Frank: Die Krise der Jungen. Statistische, sozialpsychologische und psychoanalytische Aspekte, in: Dammasch, Frank (Hg.): Jungen in der Krise. Das Schwache Geschlecht? Frankfurt am Main: Brandes und Apsel, 2008, 9-28

Damrow, K. Miriam: Sexueller Kindesmissbrauch. Eine Studie zu Präventionskonzepten, Resilienz und erfolgreicher Intervention, Weinheim, München: Juventa Verlag, 2006

Fegert, Jörg M. / Schrapper, Christian: Kinder- und Jugendpsychiatrie und Kinder- und Jugendhilfe zwischen Kooperation und Konkurrenz, in: Fegert, Jörg / Schrapper, Christian (Hg.): Handbuch Jugendhilfe – Jugendpsychiatrie. Interdisziplinäre Kooperation, Weinheim, München: Juventa, 2004, 5-25

Fegert, Jörg M. / Kölch, Michael: Empirische Erkenntnisse zur Kooperation zwischen Jugendhilfe und Justiz sowie anderen Institutionen im Kinderschutzverfahren, in: Elz, Jutta (Hg.) Kooperation von Jugendhilfe und Justiz bei Sexualdelikten gegen Kinder, Wiesbaden: Schriftenreihe der Kriminologischen Zentralstelle e.V., Band 53, 2007, 71-87

Gerstein, Hartmut / Greese, Dieter: Die Verantwortung des Jugendamtes bei sexuellen Übergriffen in Einrichtungen, in: Fegert, Jörg M. / Wolff, Mechthild (Hg.): Sexueller Missbrauch durch Professionelle in Institutionen. Prävention und Intervention. Ein Werkbuch, Weinheim, München: Juventa, 2006

Hafen, Martin: Systemische Prävention. Die Grundlagen einer Theorie präventiver Maßnahmen, Heidelberg: Carl-Auer Verlag, 2007

Herz, Birgit: Kooperation zwischen Schule, Kinder- und Jugendhilfe und Kinder- und Jugendpsychiatrie, in: Reiser, Helmut / Dlugosch, Andrea / Willmann, Marc (Hg.): Professionelle Kooperation bei Gefühls- und Verhaltensstörungen. Pädagogische Hilfen an den Grenzen der Erziehung, Hamburg: Verlag Dr. Kovac, 2008, 171-189

Herz, Birgit: Kinder- und Jugendhilfe / Sozialpädagogik, in: Ahrbeck, Bernd / Willmann, Marc (Hg.): Pädagogik bei Verhaltensstörungen. Ein Handbuch, Stuttgart: Kohlhammer, 2010, 27-35

Herzig, Sabine: Defizite im Umgang mit sexuell devianten Minderjährigen, in: Informationszentrum Kindesmisshandlung/Kindesvernachlässigung (IKK) (Hg.): IKK-Nachrichten, Sexualisierte Gewalt durch Minderjährige, München: Deutsches Jugendinstitut e.V., 1-2, 2004, 18-22

Hoffmann, Ilka: ´Gute´ Jungs kommen an die Macht, ´böse´ in die Sonderschule. Bedingungen der Entstehung und Verstärkung von Lernproblemen und Verhaltensauffälligkeiten männlicher Kinder und Jugendlicher, Saarbrücken: Conte Verlag, 2006

Julius, Henri / Böhme, Ulfert: Sexuelle Gewalt gegen Jungen. Eine kritische Analyse des Forschungsstandes, Göttingen: Hogrefe, 1997

Kindler, Heinz: Wirksamkeit von Maßnahmen zur Prävention und Intervention im Fall sexueller Gewalt gegen Kinder, AMYNA e.V. – Institut zur Prävention von sexuellem Missbrauch (Hg.), München: Deutsches Jugendinstitut e.V., 2011

Klein, Christine: Prävention in der Jungenarbeit, in: Klein, Christine / Schatz, Günther (Hg.): Jungenarbeit präventiv! Vorbeugung von sexueller Gewalt an Jungen und von Jungen, München und Basel: Ernst Reinhard, 2010, 15-29

Kloiber, Andreas: Sexueller Missbrauch an Jungen, Heidelberg, Kröning: Asanger Verlag GmbH, 2002

Körner, Wilhelm / Deegener, Günther (Hg.): Erfassung von Kindeswohlgefährdung in Theorie und Praxis, Lengerich, Berlin, Bremen u.a.: Pabst, 2011

Kraft, Hartmut: Tabu, in: Mertens, Wolfgang / Waldvogel, Bruno (Hg.): Handbuch psychoanalytischer Grundbegriffe, Stuttgart: Kohlhammer, 2008, 747-752

Krahé, Barbara und Scheinberg-Olwig, Renate: Sexuelle Aggressionen, Göttingen, Bern, Toronto u.a.: Hogrefe, 2002

Lenz, Joachim: Die Verletzungen von Männern und die Maske der Scham, in: May, Angela / Remus, Norbert / Bundesarbeitsgemeinschaft Prävention & Prophylaxe e.V. (Hg.): Jungen und Männer als Opfer von (sexualisierter) Gewalt, Berlin: Jonglerie, 2005, 108-132

Machlitt, Klaus: Perspektiven der Behandlung sexuell grenzverletzender Jugendlicher – Überlegungen zu einem integrativen Behandlungskonzept, in: Informationszentrum Kindesmisshandlung / Kindesvernachlässigung (IKK) (Hg.): IKK-Nachrichten. Sexualisierte Gewalt durch Minderjährige, München: Deutsches Jugendinstitut e.V., 1-2, 2004, 11-17

Merchel, Joachim: Jugendhilfeplan. Kooperation zwischen Jugendhilfe und Kinder- und Jugendpsychiatrie, in: Fegert, Jörg, M. / Schrapper, Christian (Hg.): Handbuch Jugendhilfe – Jugendpsychiatrie Interdisziplinäre Kooperation, Weinheim: Juventa, 2004, 69-78

Romer, Georg: Kinder als „Täter", in: Bange, Dirk und Körner Wilhelm (Hg.): Handwörterbuch sexueller Missbrauch, Göttingen: Hogrefe, 2002, 270-277

Rossilhol, Jean-Baptiste: Sexuelle Gewalt gegen Jungen. Dunkelfelder, Marburg: Tectum Verlag, 2002

Schnack, Dieter / Neutzling, Rainer: Kleine Helden in Not. Jungen auf der Suche nach Männlichkeit, Reinbek bei Hamburg: Rowohlt, 1990

Stöhr, Anita: Kooperation zwischen Einrichtung- Jugendamt- Landesjugendamt Handlungsanleitung des Landes Brandenburg zum Umgang mit sexuellem Missbrauch von Kindern, Jugendlichen und jungen Volljährigen, in: AFET – Arbeitsgemeinschaft für Erziehungshilfe (Hg.): Gewalt gegen Kinder- und Jugendliche in Institutionen. Umgang mit Fehlverhalten von Fachkräften in Einrichtungen der Erziehungshilfe, Hannover: Carl Kuster, Nr.63, 2004, 147-159

Utz, Richard / Baldus, Marion (Hg.): Sexueller Missbrauch in pädagogischen Kontexten. Faktoren. Intervention. Perspektiven, Wiesbaden: VS Verlag, 2011

Warzecha, Birgit: Misshandlung, sexueller Missbrauch und Vernachlässigung – Annäherung an eine heilpädagogische Praxis mit traumatisierten Kindern und Jugendlichen, Kurseinheit 1, Hagen: Fernuniversität Hagen, 2001

Wittrock, Manfred / Niemeyer, Miriam: Sexueller Missbrauch an Mädchen und Jungen – Fakten – Meinungen – Vermutungen. Konsequenzen für pädagogische Handlungsfelder, in: Schachtsiek, Christine (Hg.): Sexueller Missbrauch – Ein Thema für die Sonderpädagogik, Hagen: Fernuniversität Hagen, 1998, 36-49

Zimmermann, Peter: Sexualisierte Gewalt gegen Kinder in Familien. Expertise im Rahmen des Projekts „Sexuelle Gewalt gegen Mädchen und Jungen in Institutionen", München: Deutsches Jugendinstitut e.V., 2011

Wilhelm de Tera

„Auf Alter kommt man zu sprechen, Geschlecht wird verschweigend mitgedacht" – Analyse von Altersverteilung und Geschlechterverhältnissen bei seelisch behinderten Kindern und Jugendlichen

Was ist seelische Behinderung? Darüber herrscht vermutlich längst nicht so viel (vermeintliche) Klarheit, als wenn von körperlicher oder geistiger Behinderung die Rede sein würde. Sie macht es einem aber auch schwer: Sie ist „kein statischer, festschreibender Zustand, wie eine Körper- oder Sinnesbehinderung. ... Eine geistige Behinderung zu beurteilen ist relativ gut objektivierbar, es gibt standardisierte Messverfahren der Intelligenz. ... Das Problem bei der „seelischen" Behinderung ist u.a., das [sic!] diese weder sichtbar noch objektivierbarer weise messbar ist" (vgl. Erdélyi 2000, 3f). Solche essentialistisch orientierten Definitionsversuche sollen hier nicht Anliegen sein. Das diesen Beitrag leitende Frageinteresse setzt bei sozialrechtlichen und -politischen Kontexten an, in denen grundsätzlich alle bisher genannten Formen von Behinderung stehen: Das deutsche Sozialrecht legt drei Definitionsschwerpunkte von Behinderung fest, wenn es um den Anspruch auf Eingliederungshilfe[1] geht. Ein solcher Anspruch besteht, wenn Menschen als (wesentlich) körperlich, geistig oder seelisch behindert, bzw. als hiervon bedroht anerkannt werden. Dabei ist die Anerkennung des „Vorliegens" einer (drohenden) Behinderung als Ergebnis eines sozialrechtlichen Konstruktionsprozesses von Behinderung zu begreifen. Werden solche Prozesse über die gesamte Lebensspanne in den Blick genommen, so wird deutlich, dass in einzelnen Lebensphasen, wie z.B. der Kindheit, durchaus unterschiedliche Institutionen an diesen Prozessen deutungsmächtig beteiligt sind und Behinderung verschiedene Definitionen erfährt. Empirisch konnten hierbei unterschiedliche, wechselhafte Geschlechterverhältnisse ausgemacht werden, womit also die Kategorien Behinderung, Alter und Geschlecht in dynamischen Konstellationen stehen (vgl. Schildmann 2006; Marks 2011).

Hiervon ausgehend soll in diesem Beitrag der sozialrechtliche Konstruktionsprozess von seelischer Behinderung im Kontext der Kinder- und Jugendhilfe rekonstruiert werden, wobei auch die darin wirksam werdenden sinnerzeugenden Verknüpfungen der Kategorien Behinderung, Alter und Geschlecht exemplarisch Beachtung finden. Kategorien lassen sich als zentrale, gesellschaftlich wirksame Orientierungspunkte der Sinnerzeugung und Kontingenzbewältigung verstehen. Belastbar werden Sinnerzeugung und Kontingenzbewältigung dadurch, dass bei Bezügen auf einzelne Kategorien gleichzeitig

---

[1] Eingliederungshilfe für behinderte Menschen stellt ein breites Spektrum staatlicher Leistungen dar, die gemäß § 53 Abs. 3 SGB XII eine drohende Behinderung verhüten oder eine Behinderung oder deren Folgen beseitigen oder mildern und die behinderten Menschen in die Gesellschaft eingliedern sollen.

Bedeutungszusammenhänge zu anderen Kategorien hergestellt und dabei gemeinsam plausibel gemacht werden. So entstehen dichte Kategorien-Netzwerke (vgl. de Terra 2011, S. 24f.), weshalb es auch insgesamt hier nicht bei der alleinigen Betrachtung der Geschlechterverhältnisse bleibt, wenngleich ihnen besondere Beachtung zukommt. Anschließend an diese Rekonstruktion sollen Altersverteilung und Geschlechterverhältnisse bei der Inanspruchnahme von Eingliederungshilfe für seelisch behinderte jungen Menschen anhand der Kinder- und Jugendhilfestatistik dargestellt und vor dem Hintergrund des sozialrechtlichen Konstruktionsprozesses analysiert werden.

Dieser Beitrag basiert auf der Arbeit im Rahmen des DFG-Projekts „Umgang mit Heterogenität: Verhältnisse zwischen Behinderung und Geschlecht in der gesamten Lebensspanne" (TU Dortmund, Fakultät 13, Lehrgebiet Frauenforschung in Rehabilitation und Pädagogik bei Behinderung). Die nachfolgenden Aussagen beruhen auf sekundäranalytischem Vorgehen. In der weiteren Projektarbeit vorgesehene Experteninterviews stehen noch aus und sollen so gewonnene Erkenntnisse differenzieren und erweitern.

1. Sozialrechtliche Konstruktion: Grundlagen, Definition und TorwächterInnen

Von Ausnahmeregelungen abgesehen, fallen Kinder und Jugendliche, die als körperlich oder geistig behindert gelten und Anspruch auf Eingliederungshilfe haben, unter die Zuständigkeit der Sozialhilfe, während jene mit einer seelischen Behinderung Anspruch auf Eingliederungshilfe durch den Jugendhilfeträger haben. Diese getrennte Zuständigkeit war und ist bis heute Gegenstand von Auseinandersetzungen. Vor Inkrafttreten des SBG VIII (Kinder- und Jugendhilfe) plädierten Stimmen aus der Jugendhilfe für deren ungetrennte Zuständigkeit für alle Kinder und Jugendlichen und damit auch behinderte junge Menschen. Dabei wurde auch auf die zentrale Bedeutung von Entwicklung und dessen Bedingungen im Kindes- und Jugendalter verwiesen. Aufgrund von zahlreichen Widerständen wurde diese Forderung nicht umgesetzt. Statt der sogenannten „großen Lösung" wurde die „kleine Lösung" der getrennten Zuständigkeit mit dem Inkrafttreten des SGB VIII 1990 / 1991 festgeschrieben. Darin stellt heute § 35a den zentralen Orientierungspunkt zur sozialrechtlichen Konstruktion von seelischer Behinderung[2] dar (vgl. Apitzsch / Blumenberg 1997, 266-268; Nothacker 2009, Rz. 6-8).

Gemäß § 35a Abs. 1 haben Kinder und Jugendliche Anspruch auf Eingliederungshilfe, wenn ihre seelische Gesundheit mit hoher Wahrscheinlichkeit länger als sechs Monate von dem für ihr Lebensalter typischen Zustand abweicht und daher ihre Teilhabe am Leben in der Gesellschaft beeinträchtigt ist oder eine solche Beeinträchtigung zu erwarten ist. Als von seelischer Behinderung bedroht gelten jene, bei denen eine Beeinträchtigung ihrer Teilhabe am Leben in der Gesellschaft nach fachlicher Erkenntnis hochwahrscheinlich ist. Behinderung wird hier zunächst nicht als (körperbezogener) Defekt o.ä. definiert, sondern als „Ergebnis" einer Teilhabebeeinträchtigung, die aus einer Abweichung von einem Zustand der seelischen Gesundheit erwachsen ist, wie er für das jewei-

---

[2] In diesem Beitrag soll allein ein sozialrechtlicher Konstruktionsprozess von Behinderung in den Blick geraten (zur Vielfalt und Kritik von Behinderung als Begriff und Konzept vgl. Dederich 2009).

lige Lebensalter erwartet wird. Diese Verbindung wird im § 2 Abs. 1 SGB IX, dessen Behinderungsdefinition im § 35a übernommen worden ist, auch in Bezug auf körperliche Funktion und geistige Fähigkeit gezogen.[3]
Sowohl die Abweichung der seelischen Gesundheit wie auch die (zu erwartende) Teilhabebeeinträchtigung bedarf der Feststellung, um schließlich Eingliederungshilfe zu gewähren (vgl. Nothacker 2009, Rz. 6). Hier wird der Logik begrenzter Ressourcen gefolgt: In der gegenwärtigen gesellschaftlichen wie wirtschaftlichen Ordnung darf Eingliederungshilfe, wie viele andere staatliche Leistungen auch, nur im begrenzten Umfang an eine begrenzte Zahl von EmpfängerInnen geleistet werden. TorwächterInnen übernehmen eine zentrale Regulierungsfunktion. Als TorwächterInnen fungierende Personen sollen u.a. Zugänge zu Organisationen wie einzelnen Jugendämtern, bzw. zu Leistungen, die speziell im Rahmen der jeweiligen Organisation erbracht werden, eröffnen, begrenzen oder verwehren. Zugangseröffnungen wie Verweigerungen erhalten durch die TorwächterInnen Legitimation und Plausibilität gegenüber anderen Beteiligten. Als Mitglieder oder Beauftragte der jeweiligen Organisation sind TorwächterInnen an deren Erwartungshaltungen, Praxen, Strukturen, sowie die jeweiligen institutionellen Rahmenbedingen gebunden, wobei sich ihre Entscheidungsfreiheit durchaus unterschiedlich bemisst (vgl. Struck 2001).[4] In diesem Zusammenhang lassen sich TorwächterInnen als janusköpfig bezeichnen. Der Gott Janus wurde in der römischen Religion u.a. als Gott der Tore angesehen. Seine zwei Gesichter zeugten dabei nicht, wie heute oft sinnbildhaft suggeriert, von zwei gegensätzlichen Seiten des göttlichen Wesens. Vielmehr schaute Janus so gleichzeitig auf die auf das Tor Zustrebenden und auf die Durchschreitenden. So müssen TorwächterInnen bei der Regulierung von Zugängen gleichzeitig auf die Zugangssuchenden blicken mit deren jeweiligen Merkmalen, Ansprüchen und Voraussetzungen, wie auch auf ihre Organisation mit den dortigen entscheidungsleitenden Regularien und Ressourcen. Dabei müssen sie abschätzen, was ein Zugang sowohl für die

---

[3] Verbleibt man bei der sozialrechtlichen Differenzierung, so lassen sich an körperlicher und geistiger Behinderung orientierte spezifische Organisationsstrukturen und Wissensbestände ausmachen (z.B. Förderschulen mit dem Förderschwerpunkt geistige Entwicklung oder die behinderungsorientierten Spezialisierungen innerhalb der Sonderpädagogik). Für seelische Behinderung lässt sich dies kaum sagen, obwohl sie seit 1969 sozialgesetzlich verankert ist (vgl. Apitzsch / Blumenberg 1997, 266). Es bliebe zu klären, warum gerade hier keine Übernahme oder spezifische Definierung etwa durch das Bildungssystem stattfand. So wird seelische Behinderung als durch das Sozialrecht konstruiert verstanden (vgl. Nothacker 2009, Rz. 12; Erdélyi 2000, 7), wobei Apitzsch / Blumenberg unter Berufung auf Fegert (1994) betonen, es handele sich um „ein theoretisches Artefakt, das aus unterschiedlichen Forschungsbereichen und Terminologien konstruiert ist" (ebd. 1997, 270). Zur zentralen Bedeutung der sozialrechtlichen Orientierung und medizinischen Grundierung des deutschen (Schwer-) Behinderungsbegriffes sei nochmals auf Dededrich (2009) und Schildmann (2006) verwiesen.

[4] Struck benutzt vorwiegend die in der Soziologie üblichen Begriffe Gatekeeping als Prozesse der Gestaltung, Ge- und Verwehrung von Statusübergängen, bzw. deren Erhalt und Gatekeeper als „ „Zugangswärter"...die an den Grenzen gesellschaftlicher Teilräume die Anforderungen zum Durchschreiten dieser Raume [sic!] durchsetzungsstark und definitionsmächtig repräsentieren" (ebd. 2001, 37). Wenn hier hingegen der Begriff TorwächterInnen verwandt wird, so ist dies nicht allein der Freude an der deutschen Sprache geschuldet. Mit der konkreten Benennung der Wächter-Funktion soll die unheimliche Potenz zu repressiven Vorenthaltens von Ressourcen, wie auch ambivalent dazu zu einer den Lebensverlauf beengenden „Etikettierung zur Leistungseröffnung" betont werden.

Organisation, wie für den Zugangssuchenden bedeutet, was nicht ohne Vergleich zu bisherigen Praxiserfahrungen erfolgt (allgemein dazu vgl. Struck 2001, 36).
Im Feststellungsverfahren für (drohende) seelische Behinderung hat der Träger der öffentlichen Jugendhilfe gemäß § 35a Abs. 1a hinsichtlich der Abweichung der seelischen Gesundheit die Stellungnahme eines Arztes für Kinder- und Jugendpsychiatrie und -psychotherapie, eines Kinder- und Jugendpsychotherapeuten oder eines Arztes oder eines psychologischen Psychotherapeuten einzuholen, der über besondere Erfahrungen auf dem Gebiet seelischer Störungen bei Kindern und Jugendlichen verfügt. Diese Stellungnahme muss gegenwärtig die ICD-10 zur Grundlage haben. Welche Abweichungen eine Teilhabebeeinträchtigung zur Folge haben können wird im § 3 der Eingliederungshilfeverordnung (EHVO) aufgeführt: körperlich nicht begründbare Psychosen, seelische Störungen als Folge von Krankheiten oder Verletzungen des Gehirns, von Anfallsleiden oder von anderen Krankheiten oder körperlichen Beeinträchtigungen, Suchtkrankheiten, sowie Neurosen und Persönlichkeitsstörungen.[5]
Die Feststellung einer Abweichung der seelischen Gesundheit stellt einen wichtigen Anteil am sozialrechtlichen Konstruktionsprozess von seelischer Behinderung dar. Sie kann aber betontermaßen keine Aussagen über mögliche Teilhabebeeinträchtigungen treffen und eröffnet noch nicht den Anspruch auf Eingliederungshilfe (vgl. Orientierungshilfe 2007, 19)[6]. So kommt hier ÄrztInnen und TherapeutInnen eine eher begrenzte Torwächterfunktion zu, zumal die Stellungnahme nicht zwangsläufig durch institutionell eingebundene AmtsärztInnen erfolgen muss. Wohl aber liefern sie wesentliche Informationen für die MitarbeiterInnen der Träger der öffentlichen Jugendhilfe. Bei diesen liegt dann die Entscheidung, ob eine Teilhabebeeinträchtigung vorliegt und schließlich eine Behinderung festzustellen ist, die den Anspruch auf Eingliederungshilfe legitimiert. Da dies „eine gerichtlich in vollem Umfang überprüfbare Verwaltungsentscheidung" (Orientierungshilfe 2007, 9; vgl. Nothacker 2009, Rz. 72b) darstellt, bedarf es einer erfolgreichen Kontingenzbewältigung im Sinne einer lückenlos legitimen Anwendung der Definitionsgrundlagen. Für die Feststellung einer Teilhabebeeinträchtigung kann nicht die ICD-10 mit ihrem für viele Beteiligte hohen Grad an Legitimität herangezogen werden. Stattdessen wird den entscheidungsmächtigen MitarbeiterInnen die Verwendung von verschiedenen an der ICF orientierten Instrumentarien zur Feststellung und Planung von Hilfebedarf von behinderten Menschen empfohlen. Weiterhin gelten als Bruch im Lebenslauf verstandene Ereignisse als Hinweis auf Teilhabebeeinträchtigung, wie etwa ein Nichterreichen des Schulabschlusses oder berufliche Desintegration (vgl. Orientierungshilfe 2007, 11f und 20).
Der hier skizzierte sozialrechtliche Konstruktionsprozess steht unter verschiedenen Gesichtspunkten in der Kritik, was sich auch als unzureichende Bewältigung von Kontingenz trotz aller Bemühungen um Sinnhaftigkeit lesen lässt. Das Spektrum reicht vom

---

[5] Im Gegensatz zur älteren Fassung wird aktuell im § 35a nicht mehr direkt auf die EHVO verwiesen, jedoch findet sich in § 35a Abs. 3 ein mittelbarer Verweis (näheres dazu vgl. Nothacker 2009, Rz. 16-17 u. 24).

[6] Wenngleich diese Orientierungshilfe für MitarbeiterInnen der Sozialhilfeträger gedacht ist und nicht genuin im Kontext der Kinder- und Jugendhilfe steht, so wird doch ausführlich auf Leistungsvoraussetzungen und Feststellungspraxen bei seelischer Behinderung eingegangen. Weiterhin lässt sich hieran exemplarisch die Perspektive eines Rehabilitationsträgers verdeutlichen.

generellen Vorwurf des erneuten Aufgreifens des Modelles einer Anspruchsberechtigung durch als defizitär bewertetes Verhalten von Kindern und Jugendlichen mit dem § 35a im vorgeblich reformorientierten SGB VIII (vgl. Apitzsch / Blumenberg 1997, 271) über die Betonung von diagnostischen Schwierigkeiten (vgl. Erdélyi 2000) bis hin zur Kritik am Gebrauch der Kategorie Alter im Konstruktionsprozess. Diese Kritik soll in den folgenden Überlegungen zu den Verhältnissen der Kategorie Behinderung zu Alter und Geschlecht im Konstruktionsprozess aufgegriffen werden.

Der Behinderungsbegriff des deutschen Sozialrechtes konstituiert sich durch die Verbindung von Behinderung und Alter, ist doch die Abweichung vom alterstypischen Zustand in einen Kausalzusammenhang zur Teilhabebeeinträchtigung gesetzt. Demnach verändern sich erwartete Normalzustände entlang des Lebensalters. Die Kategorie Alter als Sinnorientierung bietet hier Begründungszusammenhänge für menschliche Entwicklung. Entwicklungserwartungen wie das Erreichen von konkreten emotionalen, kognitiven, sozialen, identitätsbezogenen u.a. Zielen, aber auch Kontinuitätsansprüche wie der Erhalt der Arbeitskraft oder Aufkommen negativer Veränderung etwa in Form von körperlichen Verschleißerscheinungen werden dabei mit mehr oder weniger konkreten Altersgruppen verbunden. Behinderung stellt hier grundsätzlich nicht erfüllte Erwartungen dar (vgl. auch Dederich 2009, 37) – sowohl in Bezug auf sog. körperliche, geistige und seelische Zustände als auch auf damit in Zusammenhang gesetzte Teilhabemöglichkeiten. Dass mit Kindheit und Jugend eine hohe Entwicklungspotenz verbunden wird, zeigt die Kritik an der Praxis, seelische Abweichung gemäß der EHVO im Kindes- und Jugendalter diagnostizieren zu wollen. Es handele sich um Begriffe aus der Erwachsenenpsychiatrie, die sich mit Vorstellungen von Chronizität verbinden, die wiederum für das Kindes- und Jugendalter zumeist unpassend seien (vgl. Fegert 1994, 35; Nothacker 2007, Rz. 16; Erdélyi 2000, 4). Entwicklung wird als vielfältiger und offener, Feststellung seelischer Behinderung als umso schwerer begriffen, je jünger ein Mensch ist (vgl. Nothacker 2009, Rz. 9; Rätz-Heinisch u.a. 2009, 140).

Während die Kategorien Alter und Behinderung explizit verzahnt werden, so hüllen sich die Definitionsgrundlagen wie Gesetzestexte oder die ICD-10 über die Bedeutung der Kategorie Geschlecht weitgehend in Schweigen. Dürfen wir etwa annehmen, seelische Behinderung und ihre Feststellung (besser: Konstruktion) erfolgt ohne jeden Bezug auf Geschlecht? Dürfen wir nun ausgewogene Geschlechterverhältnisse erwarten?

2. Statistik zur Eingliederungshilfe bei seelischer Behinderung: Altersverteilung und Geschlechterverhältnisse

Es wird sich zeigen, dass sich die Geschlechterverhältnisse, wie auch die Altersverteilung gemäß der Statistik zur Eingliederungshilfe für seelisch behinderte junge Menschen vor dem Hintergrund des sozialrechtlichen Konstruktionsprozesses deuten lassen. Jedoch werden manche empirischen Konstellationen erst in Verbindung zu Aspekten dieses Prozesses verständlich, die dem ersten Blick entgehen. Im Folgenden werden Daten aus den Jahren 2007 bis 2009 analysiert. Neuere Daten standen beim Entstehen dieses Beitrages nicht zur Verfügung. Ab 2007 folgte die Statistik der Eingliederungshilfe für seelisch behinderte Kinder und Jugendliche einem neuen Konzept, so dass keine vergleichbaren älteren Daten herangezogen werden konnten. Die Schwankungen innerhalb dieser drei Jahre sind aber zumeist kaum gravierend.

Die Prozentangaben zu den jeweiligen Altersgruppen beziehen sich auf die Gesamtzahl der im Erhebungsjahr begonnenen Eingliederungshilfen, wobei jede Hilfe immer einem jungen Menschen entspricht. Als Gesamtzahl der Inanspruchnahmen wurden ausgewiesen: 13. 829 (2007) / 16.071 (2008) / 18.300 (2009).

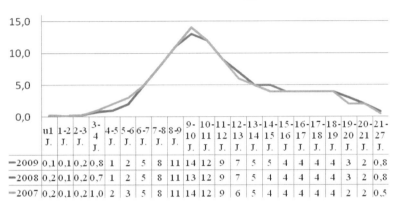

Abb. 1: Anteil der Altersgruppen an allen begonnenen Hilfen nach § 35a SGB VIII im jeweiligen Erhebungsjahr (Angaben in %; die Summe muss durch Runden nicht unbedingt 100% ergeben). Quelle: Kinder- und Jugendhilfestatistik. Erzieherische Hilfe, Eingliederungshilfe für seelisch behinderte junge Menschen, Hilfe für junge Volljährige; eigene Berechnungen

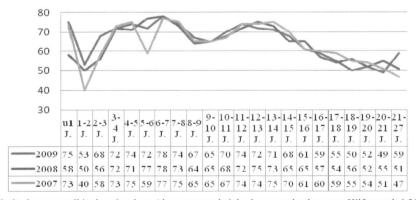

Abb. 2: Jungenanteil in den einzelnen Altersgruppen bei der Inanspruchnahme von Hilfen nach § 35a SGB VIII im jeweiligen Erhebungsjahr (Angaben in %). Quelle: Kinder-und Jugendhilfestatistik. Erzieherische Hilfe, Eingliederungshilfe für seelisch behinderte junge Menschen, Hilfe für junge Volljährige; eigene Berechnungen

Der Anteil der Altersgruppen unter sechs Jahren ist bei den Inanspruchnahmen von Eingliederungshilfe äußerst gering. So liegt er bei denjenigen, die jünger als ein Jahr sind, 2007-2009 zwischen 0,1 und 0,2% (Abb. 1). Trotz Zuwachs in den folgenden Altersgruppen erhöht sich der Anteil erst bei den 6 bis 7-jährigen Kindern auf 5%. Nun aber bilden sich rasch Spitzengruppen aus: Im Alter von 8-9 Jahre werden bereits 11% der Inanspruchnahmen verzeichnet und bei 9-10 Jahren werden dann die meisten Hilfen gewährt. Für ältere Kinder und Jugendliche werden nachfolgend immer weniger begonnene Hilfen angezeigt: In der Altersgruppe 13 bis 14-jährige werden nur noch 5% der Eingliederungshilfen gewährt und auch unter den jungen Volljährigen (Jugendliche zwischen 18-27 Jahren) fällt der Anteil mit zunehmenden Alter.

Während sich noch zeigen wird, dass sich die Altersverteilung zum Teil anhand von (auch strukturell wirksam werdenden) Vorgaben aus den Definitionsgrundlagen erklären lässt, so „überraschen" doch die statistischen Geschlechterverhältnisse, die den zuvor behandelten Konstruktionsprozess nicht mehr geschlechterneutral erscheinen lassen wollen: In fast allen Altersgruppen werden mind. 60% der Hilfen von Jungen in Anspruch genommen! Setzt man auch hier in der frühen Kindheit an, so fallen bis zum Alter von 3-4 Jahren große Schwankungen auf (Abb. 2). Etwa entfielen von den begonnenen Hilfen, die 2008 in der Altersgruppe unter 1 Jahr gewährt wurden, 58% an Jungen, 2009 sind es 75%. Aber auch innerhalb eines Erhebungsjahres schwanken die Geschlechterverhältnisse zwischen den genannten Altersgruppen. In der Gruppe 6-7 Jahre kommen zwischen 2007-2009 beinahe 80% der Hilfen bei Jungen zur Anwendung, darauf geht ihr Anteil zurück auf bis zu 65% bei der „kopfstärksten" Altersgruppe (9-10 Jahre). Bei den nachfolgenden Altersgruppen werden zunächst meist über 70% der Hilfen an Jungen gewährt. Ab 14-15 Jahre verringert er sich. Mit dem Alter 17-18 Jahre, wie auch unter der Gruppe der jungen Volljährigen gleicht sich der Mädchenanteil bei den Inanspruchnahmen dem der Jungen an, wobei es wiederum zu Schwankungen im Jahresvergleich kommt.

Keine geschlechtsspezifischen Unterschiede lassen sich dagegen bei den erfassten Gründen für die Hilfegewährung ausmachen, die in der Statistik ebenfalls ausgewiesen werden. Bei Mädchen wie Jungen, die als seelisch behindert anerkannt sind, wurde als Grund für Hilfegewährung am häufigsten im statistischen Erfassungsbogen Entwicklungsauffälligkeiten / seelische Probleme angekreuzt, nachfolgend Schulische / berufliche Probleme und Auffälligkeiten im sozialen Verhalten (dissoziales Verhalten). Mehrfachnennungen sind dabei möglich. Inwiefern die im Erhebungsbogen wählbaren Gründe tiefergehender Ausdruck der Perspektive der definitionsmächtigen Beteiligten ist oder die jeweilige Nennung einer „Ankreuz-Automatik" folgen (etwa: bei seelischer Behinderung ist als Grund seelische Probleme anzugeben), kann hier nicht rekonstruiert werden. Gleichwohl ist es für die weitere Auseinandersetzung interessant, dass (seelische) Entwicklung, Schule / Beruf und Sozialverhalten die drei Erwartungsbereiche darstellen, wo eine Abweichung im Bezug auf den Konstruktionsprozess von seelischer Behinderung Eingliederungshilfe statistisch gesehen am häufigsten legitimiert!

Inwiefern lassen sich Altersverteilung und Geschlechterverhältnisse bei der Inanspruchnahme von Eingliederungshilfe für seelisch behinderte junge Menschen in Verbindung bringen mit den sinnerzeugenden Verknüpfungen der Kategorie Behinderung mit den Kategorien Alter und Geschlecht im sozialrechtlichen Konstruktionsprozess und seinen spezifischen Aspekten wie etwa Definitionsgrundlagen oder Gewährungspraxen? Dass nur wenige EmpfängerInnen am Beginn der Lebensspanne stehen, kann mit verschiedenartigen Verknüpfungen von Alter und Behinderung in Zusammenhang gebracht werden: Auf struktureller Ebene kann Landesrecht nach § 10 Abs. 4 Satz 3 SGB VIII regeln, dass Leistungen der Frühförderung für Kinder unabhängig von der Art der Behinderung vorrangig von anderen Leistungsträgern gewährt werden. Entsprechende Kinder vor dem Schuleintrittsalter tauchen in den untersuchten Statistiken nicht auf, wenn in ihrem Bundesland Leistungen der Frühförderung vorrangig von Trägern der Sozialhilfe erbracht werden.[7] Es lässt sich zudem vermuten, dass gegen die Feststellung einer seelischen Behinderung in einem geringen Lebensalter zweierlei Erwartungshaltungen stehen: Zum einen werden bei verschiedenen Störungsgruppen, die als Abweichung von der seelischen Gesundheit gelten, wie etwa Schizophrenien als körperlich nicht begründbare Psychose (§ 3 EHVO, ICD-10 F 20-22), Erwartungen in Bezug auf Wirklichkeitszugang und Kommunikationsfähigkeiten aufgebaut, für deren Erfüllung man in der frühen Kindheit kaum Möglichkeiten sieht. So würden entsprechende Diagnosen selten sinnhaft erscheinen. Zum anderen, so betonen zumindest Castendiek / Hoffmann, würde insbesondere in der Praxis der Ausstellung eines Schwerbehindertenausweises von den Verantwortlichen der Unterstützungsbedarf von Kindern in den ersten Lebensjahren als besonders hoch erachtet, worin sich schlussendlich behinderte und nichtbehinderte Kinder nicht unterscheiden würden, was wiederum staatliche Unterstützung für entsprechende Kinder delegitimieren kann (vgl. Castendiek / Hoffmann 2009, 111-129). Mit diesen Erwartungshaltungen könnten auch TorwächterInnen der zuständigen Träger ein Nichtgewähren von Eingliederungshilfe bei seelischer Behinderung sinnhaft machen.

Die Anteilszunahme im Alter 6-7 Jahre und die hohen Anteile in der Altersgruppe der 9 bis 10-jährigen und 10 bis 11-jährigen lassen einen Zusammenhang mit der altersstrukturierten Institution Schule und den dort erzeugten Erwartungen vermuten, insbesondere zum Übergang zwischen Grundschule und weiterführender Schule. Diese Vermutung lässt sich erhärten, wenn man sich vergegenwärtigt, dass Schulische / berufliche Probleme den zweithäufigsten Grund zur Hilfegewährung ausmachen (vgl. Pothmann 2009, 8). Dem lässt sich hinzufügen, dass im Kontext Schule ebenso die Bereiche seelische Entwicklung und Sozialverhalten von hoher Bedeutung und mit zahlreichen, wiederum altersorientierten Erwartungen verbunden sind, so dass auch die beiden anderen Hauptgründe hier nicht ohne Belang sein dürften.

Für den Rückgang der Empfängerzahlen in den nachfolgenden Altersgruppen finden sich kaum Hinweise auf Erklärungsmöglichkeiten in den vorliegenden Definitionsgrundlagen, was die Deutungsangebote durch TorwächterInnen in den Experteninterviews besonders interessant werden lässt.

Während also die Altersverteilung durchaus mit sinnerzeugenden Verknüpfungen zwischen den Kategorien Alter und Behinderung im Konstruktionsprozess von seelischer Behinderung in Verbindung gebracht werden kann, so fällt ähnliches für die statistischen Geschlechterverhältnisse zunächst schwer. In zentralen Definitionsgrundlagen wie dem

---

[7] Pothmann ließ aus diesem Grund in seiner Analyse der Statistik zur Eingliederungshilfe nach § 35a die unter 6-jährigen Kinder ebenso unberücksichtigt wie die jungen Volljährigen, da auch hier abweichende Abgrenzungsregelungen zu Leistungen anderer Träger vorliegen können (vgl. Pothmann 2009, 7).

§ 35a, der EHVO oder der ICD-10 werden keine oder kaum Bezüge zur Kategorie Geschlecht hergestellt. In der hier oft zitierten Orientierungshilfe zu Behinderungsbegriff, Feststellungspraxis und Ermittlung von Leistungsvoraussetzungen in Bezug auf Eingliederungshilfe der Bundesarbeitsgemeinschaft der überörtlichen Sozialhilfeträger lassen sich zahlreiche Verknüpfungen von Behinderung und Alter finden, während die Kategorie Geschlecht nicht explizit aufgegriffen wird – vom Hinweis abgesehen, man denke beim grammatikalischen Geschlecht das weibliche immer mit. ... Zwar ist grundsätzlich darauf hinzuweisen, dass einige Ergebnisse der Statistik mit Vorsicht behandelt werden müssen: Bei Altersgruppen mit nur kleinen Fallzahlen fallen innerhalb eines Jahres und im Jahresvergleich Schwankungen der Geschlechterverhältnisse auf. Auch unterscheidet sich der jeweilige Jungenanteil z.T. deutlich von dem in Altersgruppen mit hohen Zahlen der Inanspruchnahme. Wenn so auch Aussagen über die Entwicklung der Geschlechterverhältnisse Grenzen gesetzt sind, bleibt eine Überrepräsentation von Jungen nicht zu leugnen. Kommt diese Überrepräsentation bei den gewährten Eingliederungshilfen trotz einer „Geschlechterneutralität" der Definitionsgrundlagen zustande? Für medizinische Klassifikationssysteme und speziell für die Anwendung dort aufgestellter Diagnosekriterien zeigt Kämmerer geschlechterbezogene Verzerrungen auf. Sie zeugen vielfach nicht von Geschlechterneutralität, sondern von „Geschlechter*in*sensibilität" (vgl. Kämmerer 2001, 55; Hervorhebung im Original, W.d.T.), d.h. es wird generalisierend von der gleichen Bedeutung von Aspekten der Störungsbilder, bzw. von Diagnosekriterien ausgegangen. Die Bedeutung von Geschlecht als Variable bleibt unbedacht. In einer vielfach geschlechterdichotom und -hierarchisch organisierten Gesellschaft bedeuten Kriterien für psychische Störungen nicht immer das Gleiche für Männer und Frauen, ebenso wenig wie für Jungen und Mädchen – woran sich wiederum auch die altersspezifische Kritik an Diagnosekategorien anschließen lässt (s.o.). Folgt man bspw. der empirisch immer noch als deutungswirksam bestätigten Vorstellung, Frauen seien emotionsbetonter als Männer, so werden Diagnosen von Störungen, die mit „überzogener" Emotionalität verbunden sind, bei Frauen leichter sinnhaft. Man denke hier an das historische Störungsbild Hysterie. Schier paradox daran: Obwohl eine „große Emotionalität" für Mädchen und Frauen erwartet wird, können entsprechende Verhaltensweisen mit Diagnosekategorien zusammenfallen. Von einer auf beide Geschlechter gleich ausfallenden Anwendung kann damit keine Rede mehr sein. Wo immer Verhalten mit geschlechterstereotypen Erwartungen in Verbindung gebracht wird, gewinnt die Deutung des Verhaltens nach Kriterien psychischer Störungsbilder enorm an Sinn, wenn das beobachtete Verhalten die erwarteten Geschlechtergrenzen unter- oder überschreitet und ein Mädchen etwa besonders emotional-expressiv oder überraschend aggressiv wahrgenommen wird (vgl. Kämmerer 2001, 62-64). Wo das Verhalten von Kindern und Jugendlichen nicht mehr der binär-geschlechtlichen Codierung entspricht, entsteht Verunsicherung, für deren Bewältigung als wissenschaftlich fundiert geltende und somit Sicherheit versprechende Störungsbilder verlockend wirken können.

Das geschlechterorientierte Anwenden geschlechterinsensibel aufgestellter psychischer Störungsbilder, bzw. ihrer Kriterien geschieht nicht im luftleeren Raum, die geschlechterorientierte Anwendung verläuft nicht statisch. Vielmehr erscheint in der Lebensspannenperspektive die Verbindung stereotyp erwartetes Geschlechterverhalten und pathologisch gedeutetes Störungspotenzial dynamisch. Unter Bezugnahme auf verschiedene

Studien werden laut Kämmerer vor dem Schuleintritt kaum Unterschiede zwischen Jungen und Mädchen in Bezug auf spezifische Aspekte des Verhaltens oder seelischer Probleme wahrgenommen. Mit dem Schuleintritt werden verstärkt Probleme bei Jungen gesehen, mit der Adoleszenz und in den verschiedenen Abschnitten des Erwachsenenalters hingegen mehr bei Frauen. Die Autorin deutet dies zum einen mit dem für Mädchen erwarteten introvertierten Krisen- und Konfliktverhalten, z.B. mit Ängstlichkeit zu reagieren, was sie in Kindheit und z.T. in der Jugend nicht auffällig werden lässt, danach hieraus aber massive Probleme erwachsen können. Zum anderen finden sich bei psychischen Störungsbildern im Erwachsenenalter kaum männliche, sehr wohl aber weibliche Verhaltensstereotypien wie etwa starke Fremdorientierung (vgl. dies. 2001, 61 u.72).
Überträgt man die von Kämmerer ausgemachten geschlechterbezogenen Verzerrungen auf den Konstruktionsprozess von seelischer Behinderung, so bietet sich ein Erklärungsansatz für die Überrepräsentation von Jungen: Die meisten Inanspruchnahmen erfolgen im schulpflichtigen Alter, insbesondere am Übergang von Primarstufe zur Sekundarstufe I. Die Gründe für die Hilfegewährung sind sowohl direkt schulbezogen mit Abweichungen im Bereich Schule begründet als auch indirekt mit Abweichungen in den Bereichen (seelische) Entwicklung und Sozialverhalten. Hiernach lässt sich vermuten, seelische Störungen erwachsen in den Augen der TorwächterInnen zu einer seelischen Behinderung insbesondere im Zusammenhang mit der Institution Schule und damit verbundenen Teilhabemöglichkeiten, die seelische Störungen gefährden können. Für Mädchen erwartetes introvertiertes Konfliktverhalten lässt sie im schulpflichtigen Alter weniger auffällig werden, da ein entsprechendes Verhalten seltener zu direkten schulischen Problemen führen mag und wohl auch kaum als Abweichung in den Bereich Sozialverhalten gewertet wird. Als seelische Entwicklungsauffälligkeit bleibt es schwerer zu deuten. Da bedarf es schon eher Über- oder Unterschreitungen, um auffällig zu werden. Reagieren Jungen im Konfliktfall „geschlechterkonform" extrovertiert, so wird dies und selbstredend Überschreitungen besonders im Kontext von Schule als störend und in diesem Zusammenhang als Abweichung vom erwarteten Sozialverhalten gewertet und kann als seelisches Problem / Entwicklungsauffälligkeit verortet werden. Wenn sich mit zunehmenden Alter die Geschlechterverhältnisse angleichen, so steht zu vermuten, dass dann Mädchen aufgrund von aus geschlechterkonformem Konfliktverhalten erwachsener Probleme verstärkt Eingliederungshilfe in Anspruch nehmen, bzw. die TorwächterInnen mehr auf die Störungsbilder Bezug nehmen, die verstärkt mit weiblichen Verhaltensstereotypien zusammenfallen. Dazu zählen laut Kämmerer (2001) z.B. Angststörungen.
Die Kategorie Behinderung verzahnt sich hier mit Geschlecht zwar ebenfalls sinnstiftend, jedoch lässt sich dies nicht anhand konkreter Verweise sichtbar machen wie bei der Kategorie Alter. Erst wenn man sich die grundlegenden Geschlechtercodierungen von Verhalten vor Augen führt, wird erkennbar, dass Abweichungen vom Verhalten, die als seelische Störung gelten können, immer auch mit geschlechterbezogenen Erwartungen in Verbindung stehen. Diese Art der Sinnproduktion ist so tief in Prozesse der Konstruktion von Wirklichkeit eingelagert, dass sie einer Reflektion schwer zugänglich ist, wohl aber „unbewusst" immer wieder zur Anwendung kommt. Hinzu kommt, dass Bezüge auf die Kategorie Geschlecht im Konstruktionsprozess von seelischer Behinderung stark an Sichtbarkeit einbüßen. Geschlechterinsensibel aufgestellte Kriterien psychischer Störungen werden bei der Feststellung einer (drohenden) seelischen Behinderung durch und auf

Personen angewendet, die jeweils selbst in geschlechterbezogenen Handlungs- und Kommunikationszusammenhängen stehen und diese ebenso hervorbringen. Weder die Anspruchstellenden selbst, noch die ihre seelische Gesundheit beurteilenden ÄrztInnen oder ihre Teilhabebeeinträchtigungen abschätzenden MitarbeiterInnen der Träger der öffentlichen Jugendhilfe können sich jenseits dieser Zusammenhänge stellen. Doch genau das wird suggeriert, wenn auf Basis von Definitionsgrundlagen entschieden und legitimiert wird, in denen Geschlecht keine Rolle zu spielen scheint und die Entscheidung „geschlechtsunabhängig" gefällt wird.

Für die weitere Forschungsarbeit ist somit von Interesse, welche Deutungsangebote die zu befragenden ExpertInnen für die statistischen Geschlechterverhältnisse bieten.

3. Schlussbemerkung

Auf Alter kommt man stets zu sprechen, Geschlecht wird verschweigend mitgedacht – so ließen sich die vielfältige Verknüpfungen zwischen Behinderung zu Alter und Geschlecht im sozialrechtlichen Konstruktionsprozess von seelischer Behinderung spitz umschreiben. Die Bedeutung von Kategorien-Netzwerken ließ sich andeuten, wird aber erst im größeren Ausmaß klarer, wenn im Sinne der Intersektionalitätsforschung die unterschiedlichen Konstellationen und Verwebungen von Behinderung, Alter und Geschlecht hier und in weiteren Konstruktionsprozessen von Behinderung über die Lebensspanne analysiert, verglichen und differenziert werden. Hierzu werden im Forschungsprojekt weitere institutionelle Kontexte und hieraus entstehende empirische Grundlagen untersucht.

Aus dem sozialrechtlichen Konstruktionsprozess von seelischer Behinderung sind über Kindheit und Jugend dynamische Altersverteilung und Geschlechterverhältnisse erwachsen. Hiernach einen Prototypen des Eingliederungshilfe in Anspruch nehmenden Kindes oder Jungendlichen zu entwerfen, birgt die Gefahr der Unterschlagung dieser Dynamik und des kategorial beschränkten Blickes. Wenngleich bei dieser Hilfeform Jungen und die Altersgruppe der 9 bis 10-jährigen großen Anteil haben, so ließen sich bei der Analyse der Altersverteilung und Geschlechterverhältnisse vor dem Hintergrund des Konstruktionsprozess Verknüpfungen und Verzahnungen der besagten Kategorien vermuten, die den Rahmen von Prototypen sprengen. Ohne der Eingliederungshilfe als staatliche Leistung und dem sozialrechtlichen Konstruktionsprozess per se einen repressiven Charakter vorwerfen zu wollen oder ob einer konstruktivistisch orientierten Forschungsperspektive die Beliebigkeit von Konstrukten zu behaupten: Wenn von einer großen Bedeutung von Geschlechterstereotypien und institutionell geprägten Erwartungshaltungen auszugehen ist, dann bedarf es weiter kritischer Forschung, um hieraus erwachsene Ungleichheitslagen zu erkennen und zu Konsequenzen anzuregen.

Literatur

Apitzsch, Martin / Blumenberg, Franz–Jürgen: "Seelische Behinderung" - ein Problem für die Statistik? Über den statistischen Umgang mit § 35a SGB VIII, in: Rauschenbach, Thomas / Schilling, Matthias (Hg.): Die Kinder- und Jugendhilfe und ihre Statistik. Analysen, Befunde und Perspektiven, Neuwied: Luchterhand, 1997, 265-277

Bundesarbeitsgemeinschaft der überörtlichen Träger der Sozialhilfe: Der Behinderungsbegriff nach SGB IX und SGB XII und dessen Umsetzung in der Sozialhilfe. Orientierungshilfe für die Feststellungen der Träger der Sozialhilfe zur Ermittlung der Leistungsvoraussetzungen nach dem SGB XII i. V. m. der Eingliederungshilfe-Verordnung (EHVO) mit Hinweisen zu Schnittstellen zu anderen Sozialleistungen, im Internet unter: (http://www.bpa.de/upload /public/doc/gesamtdokument_orientierungshilfe_behindertenbegriff.pdf; letzter Zugriff: 10.03.2012), 2007

Castendiek, Jan / Hoffmann, Günther : Das Recht der behinderten Menschen, Baden-Baden: Nomos, 2009, (3)

De Terra, Wilhelm: Homosexualität und Förderschule. Homonegativität vorprogrammiert? In: Journal Netzwerk Frauen- und Geschlechterforschung NRW, Nr. 29, 2011, 24-31

Dederich, Markus: Behinderung als sozial- und kulturwissenschaftliche Kategorie, in: Jantzen, Wolfgang (Hg.): Behinderung und Anerkennung. Enzyklopädisches Handbuch der Behindertenpädagogik, Stuttgart: Kohlhammer, Band 2, 2009, 15-39

Erdélyi, Paul: § 35 a SGB VIII. Eingliederungshilfe für seelisch behinderte Kinder und Jugendliche, im Internet unter: (http://www.pflegekind.de/download/einglied35a.pdf; letzter Zugriff: 10.03.2012), 2000

Fegert, Jörg Michael: Was ist seelische Behinderung? Anspruchsgrundlage und kooperative Umsetzung von Hilfen nach § 35a KJHG, Münster: Votum, 1994

Kämmerer, Annette: Weibliches Geschlecht und psychische Störungen. Epidemiologische, diagnostische und ätiologische Überlegungen, in: Franke, Alexa (Hg.): Klinische Psychologie der Frau. Ein Lehrbuch, Göttingen: Hogrefe: 2001, 51-90

Marks, Dana – Kristin: Konstruktionen von Behinderung in den ersten Lebensjahren. Unter besonderer Berücksichtigung der Strukturkategorie Geschlecht, Bochum: Projekt, 2011

Nothacker, Gerhard: § 35a SGB VIII, in: Fieseler, Gerhard / Schleicher, Hans / Busch, Manfred (Hg.): Kinder- und Jugendhilferecht. Gemeinschaftskommentar zum SGB VIII, Köln: Luchterhand, 2009

Pothmann, Jens: Seelische Behinderung. Eine Jugendhilfemaßnahme wird sichtbar. Ergebnisse einer neuen Erhebung zu ›35a-Maßnahmen‹, in: Kommentierte Daten der Kinder- und Jugendhilfe, Informationsdienst der Dortmunder Arbeitsstelle Kinder- und Jugendhilfestatistik, AKJ Stat, Jg. 12, Heft 9, 2009, 7-9

Rätz-Heinisch, Regina / Schröer, Wolfgang / Wolff, Mechthild: Lehrbuch Kinder- und Jugendhilfe. Grundlagen, Handlungsfelder, Strukturen und Perspektiven, Weinheim, München: Juventa Verlag: 2009

Schildmann, Ulrike: Verhältnisse zwischen Behinderung und Geschlecht in der Lebensspanne. Eine statistische Analyse, in: Vierteljahresschrift für Heilpädagogik, Jg. 75, Heft 1, 2006, 13-24

Statistisches Bundesamt: Kinder-und Jugendhilfestatistik. Erzieherische Hilfe, Eingliederungshilfe für seelisch behinderte junge Menschen, Hilfe für junge Volljährige 2007-2009, Wiesbaden: Statistisches Bundesamt, 2009/2010

Struck, Olaf: Gatekeeping zwischen Individuum, Organisation und Institution. Zur Bedeutung und Analyse von Gatekeeping am Beispiel von Übergängen im Lebensverlauf, in: Leisering, Lutz / Müller, Rainer / Schumann, Karl F. (Hg.): Institutionen und Lebensläufe im Wandel. Institutionelle Regulierungen von Lebensläufen, Weinheim: Juventa, 2001, 29-55

Bundesarbeitsgemeinschaft der überörtlichen Träger der Sozialhilfe: Der Behinderungsbegriff nach SGB IX und SGB XII und dessen Umsetzung in der Sozialhilfe. Orientierungshilfe für die Feststellungen der Träger der Sozialhilfe zur Ermittlung der Leistungsvoraussetzungen nach dem SGB XII i. V. m. der Eingliederungshilfe-Verordnung (EHVO) mit Hinweisen zu Schnittstellen zu anderen Sozialleistungen (http://www.bpa.de/upload/public/doc/ gesamtdokument_orientierungshilfe_behindertenbegriff.pdf. Letzter Zugriff: 10.03.2012), 2007

Castendiek, Jan / Hoffmann, Günther : Das Recht der behinderten Menschen. 3. Auflage, Baden-Baden: Nomos, 2009

De Terra, Wilhelm: Homosexualität und Förderschule. Homonegativität vorprogrammiert? In: Journal Netzwerk Frauen- und Geschlechterforschung NRW, Nr. 29, 2011, 24-31

Dederich, Markus: Behinderung als sozial- und kulturwissenschaftliche Kategorie, in: Jantzen, Wolfgang (Hg.): Behinderung und Anerkennung. Enzyklopädisches Handbuch der Behindertenpädagogik, Bd. 2. Stuttgart: Kohlhammer, 2009, 15-39

Erdélyi, Paul: § 35 a SGB VIII. Eingliederungshilfe für seelisch behinderte Kinder und Jugendliche (http://www.pflegekind.de/download/einglied35a.pdf. Letzter Zugriff: 10.03.2012), 2000

Fegert, Jörg Michael: Was ist seelische Behinderung? Anspruchsgrundlage und kooperative Umsetzung von Hilfen nach § 35a KJHG, Münster: Votum, 1994

Kämmerer, Annette: Weibliches Geschlecht und psychische Störungen. Epidemiologische, diagnostische und ätiologische Überlegungen, in: Franke, Alexa (Hg.): Klinische Psychologie der Frau. Ein Lehrbuch, Göttingen: Hogrefe: 2001, 51-90

Marks, Dana – Kristin: Konstruktionen von Behinderung in den ersten Lebensjahren. Unter besonderer Berücksichtigung der Strukturkategorie Geschlecht, Bochum: Projekt, 2011

Nothacker, Gerhard: § 35a SGB VIII, in: Fieseler, Gerhard / Schleicher, Hans / Busch, Manfred (Hg.): Kinder- und Jugendhilferecht. Gemeinschaftskommentar zum SGB VIII, Köln: Luchterhand, 2009

Pothmann, Jens: Seelische Behinderung. Eine Jugendhilfemaßnahme wird sichtbar. Ergebnisse einer neuen Erhebung zu ›35a-Maßnahmen‹, in: Kommentierte Daten der Kinder- und Jugendhilfe, Informationsdienst der Dortmunder Arbeitsstelle Kinder- und Jugendhilfestatistik, AKJ Stat, Jg. 12, Heft 9, 2009, 7 – 9

Rätz – Heinisch, Regina / Schröer, Wolfgang / Wolff, Mechthild: Lehrbuch Kinder- und Jugendhilfe. Grundlagen, Handlungsfelder, Strukturen und Perspektiven, Weinheim und München: Juventa Verlag: 2009

Schildmann, Ulrike: Verhältnisse zwischen Behinderung und Geschlecht in der Lebensspanne. Eine statistische Analyse, in: Vierteljahresschrift für Heilpädagogik, Jg. 75, Heft 1, 2006, 13-24

Statistisches Bundesamt: Kinder-und Jugendhilfestatistik. Erzieherische Hilfe, Eingliederungshilfe für seelisch behinderte junge Menschen, Hilfe für junge Volljährige 2007 – 2009, Wiesbaden: 2009/2010

Struck, Olaf: Gatekeeping zwischen Individuum, Organisation und Institution. Zur Bedeutung und Analyse von Gatekeeping am Beispiel von Übergängen im Lebensverlauf, in: Leisering, Lutz / Müller, Rainer / Schumann, Karl F. (Hg.): Institutionen und Lebensläufe im Wandel. Institutionelle Regulierungen von Lebensläufen, Weinheim: Juventa, 2001, 29-55

Kooperation zwischen der Kinder- und Jugendhilfe und der Schule

Birgit Herz

Kooperation zwischen der Kinder- und Jugendhilfe und der Schule

Die biographischen Erfahrungen von Kindern und Jugendlichen mit Verhaltensstörungen sind gekennzeichnet durch ein hohes Maß an Unsicherheit und Unzuverlässigkeit, Vernachlässigung, physischer und psychischer Gewalt, seelische und körperliche Verletzungen, materielle Not, besondere Belastungssituationen, wie plötzlicher Verlust eines Elternteils. Erziehung und Bildung in der schulischen und außerschulischen Erziehungshilfe sind ein enorm wichtiger Referenzrahmen bei der Unterstützung dieser Heranwachsenden außerhalb des familiären Bezugssystems.

Ein „additiv-delegatives" Kooperationsverhältnis"[1] reicht hier nicht aus, um den elementaren Grundbedürfnissen dieser Zielgruppe gerecht zu werden. Kinder und Jugendliche (und deren Eltern / primäre Bezugspersonen), insbesondere mit spezifischem Förderbedarf in der kognitiven, emotionalen und sozialen Entwicklung, brauchen kompetente und engagierte Erwachsene mit unterschiedlichen professionsspezifischen Qualifikationen, die glaubwürdig, kontinuierlich und verlässlich Erziehungs- und Bildungswege in gegenseitiger Abstimmung und konsensualen Dialog über die unterschiedlichen Zuständigkeitsbereiche hinweg begleiten und unterstützen.[2]

Gerade bei Verhaltensstörungen kommt eine rein formale Kooperationspraxis – die nur nach Zuständigkeiten organisiert ist – schnell an die Grenzen der Handlungsfähigkeit. Hier bedarf es vielmehr vor dem Hintergrund der Kenntnis der Arbeitsgrundlagen der beteiligten Professionen einer Kooperationskultur im Verständnis eines kontinuierlichen Prozesses. Eine professionelle Zusammenarbeit ist ferner angewiesen auf strukturelle, fachliche und politische Rahmenbedingungen. Dazu zählen vor allem:

Strukturelle Rahmenbedingungen

- vertragliche Verankerung der Kooperation in Kooperationsverträgen
- Einbeziehung der Leitungsebenen in Kooperationsvereinbarungen und -prozesse
- konkrete Verfahrenabsprachen
- ausreichend große Zeitfenster für gemeinsame Konzept-, Strategie- und Leitbildentwicklung
- gemeinsame Stellenausschreibungen und -besetzungen

---

[1] vgl. Maykus, Stephan: Hilfen zur Erziehung im schul- und bildungsbezogenen Kontext, in: Forum Erziehungshilfe, Jg. 13, Heft 2, 2007, 69

[2] vgl. Herz, Birgit: Kooperation zwischen der Schule, Kinder- und Jugendhilfe und Kinder- und Jugendpsychiatrie, in: Reiser, Helmut / Dlugosch, Andrea / Willmann, Marc (Hg.): Professionelle Kooperation bei Gefühls- und Verhaltensstörungen, Hamburg: Dr. Kovac, 2008, 171-190

- gemeinsame Öffentlichkeitsarbeit
- überschaubare regionale Kooperationseinheiten.

Fachliche Rahmenbedingungen

- wechselseitiger Know-how-Transfer und gemeinsame Fort- und Weiterbildung
- fallspezifische Tandembildung
- kooperatives Fallmanagement
- gemeinsame Evaluation und Supervision zur Qualitätssicherung
- Entwicklung einer sozialräumlichen Landkarte
- gemeinsame Elternarbeit
- hohe Kommunikations- und Beratungskompetenz
- Akzeptanz und Anerkennung von Differenz.

Politische Rahmenbedingungen

- Anerkennung des Handlungsbedarfs und der pädagogischen Ziele
- Gewährleistung der strukturellen und fachlichen Rahmenbedingungen
- längerfristige Planungssicherheit durch stabile Finanzierung
- Transparenz der Finanzierung
- Bereithalten und Unterstützung zielgruppenspezifischer Arbeitsbedingungen
- Beteiligung beider Systeme an der Schulentwicklungs- und Kinder- und Jugendhilfeplanung.

Vor allem sozialraumbezogene Formen der Kooperation in regionalen Kooperationsbeziehungen erweitern die Potentiale der jeweils getrennten Bildungs- und Erziehungssysteme.
Derzeit zählen allerdings nicht die jeweils professionsspezifischen Differenzen zwischen der Schule und der Kinder- und Jugendhilfe zu den zentralen Hürden und Hindernissen einer gelingenden Kooperation, sondern die finanziellen und administrativen Restriktionen in beiden Systemen.
Die Sozialpädagogik ist gleichermaßen mit einer Finanzierungs- und einer Verwaltungslogik verschränkt. Sie ist Teil eines breiten Dienstleistungsmarktes, auf dem die freien Träger als Wettbewerber mit der Wirtschaftlichkeit ihrer Leistungen um die Gunst der budgetierten Sozialdienste konkurrieren. Die Schulen wiederum sind mit Ressourcenverknappung einerseits und hohen Exzellenzerwartungen andererseits konfrontiert.
Verhaltensstörungen bei Kindern und Jugendlichen nehmen heute bereits im Elementar- und Primarbereich stark zu und komplexere Störungsbilder erzwingen geradezu, hier Lösungen für Probleme zu finden, die die Möglichkeiten und Zuständigkeiten traditioneller Hilfeeinrichtungen überschreiten. Die theoretische wie handlungspraktische Auseinandersetzung über Kooperation zwischen Schule und Kinder- und Jugendhilfe ist folglich ein Kernthema der Pädagogik bei Verhaltensstörungen.[3]

---

[3] vgl. Reiser, Helmut / Dlugosch, Andrea / Willmann, Marc (Hg.): Professionelle Kooperation bei Gefühls- und Verhaltensstörungen, Hamburg: Dr. Kovac, 2008

Weiterführende Literatur

Böllert, Karin (Hg.): Von der Delegation zur Kooperation. Bildung in Familie, Schule, Kinder- und Jugendhilfe, Wiesbaden: VS Verlag, 2008

Reiser, Helmut / Dlugosch, Andrea / Willmann, Marc (Hg.): Professionelle Kooperation bei Gefühls- und Verhaltensstörungen, Hamburg: Dr. Kovac, 2008

Birgit Herz

Von der Reflexion einer „Maßnahmekarriere" zu förderlichen Settingvariablen: Der Fallbericht: Jan M.

1. Einleitung

Von 1998 bis 2008 habe ich ein Forschungsprojekt geleitet, dessen zentrale Fragestellung die Entwicklung niedrigschwelliger Lehrangebote für Jugendliche in Straßenmilieu der Metropole Hamburg war (vgl. Warzecha 2000; 2001; 2004; 2006; 2007). Zugleich handelte es sich um ein praktisches wie theoretisches Professionalisierungsfeld für künftige Sonderschullehrer im Förderschwerpunkt Beeinträchtigungen der emotionalen und sozialen Entwicklung. Die Zielgruppe waren Jugendliche in Multiproblemkonstellationen mit Erfahrungen familiärer Gewalt und häufigen Beziehungsabbrüchen durch „Maßnahmekarrieren" in schulischen und außerschulischen Institutionen, Drogenmissbrauch und drop-out Bigraphien (vgl. Warzecha 2002).

Ich will aus dem reichhaltigen Datenmaterial für diesen Beitrag einen Fallbericht vorstellen, der das Phänomen der strukturellen Verantwortungslosigkeit von schulischen und außerschulischen Unterstützungs- und Helfersystemen dokumentiert: Hier wurde die Komplexität von traumatisierenden Sozialisationserfahrungen von früher Kindheit an ausgeblendet. Der Fallbericht ist ferner Ausgangspunkt für eine theoretische Vertiefung über pädagogische Angebote, die die biopsychophysischen Notlagen früh traumatisierter Kinder und Jugendlichen in den Mittelpunkt entwicklungsförderlicher Settingvariablen rückt. Damit grenzt sich dieser Beitrag vom Mainstream evidenzbasierter Trainingsprogramme ebenso ab wie vom bio-medizinischen Paradigma in der Sonderpädagogik. Hierzu ist es notwendig – ausgehend von einer exemplarischen Fallgeschichte – genauer zu analysieren, welche wirkmächtigen Mechanismen dem Scheitern institutioneller Maßnahmen zu Grunde liegen. Der biographische Blick auf frühe Traumatisierungen mit Bezug zu neueren Erkenntnissen der Neuropsychoanalyse eröffnet ein vertiefendes Sinnverstehen der Psychodynamiken von schweren „Ver"-störungen und verdeutlicht die hohe Relevanz der Bindungstheorie und bindungstheoretisch abgeleiteter Settingvariablen für eine Pädagogik bei Verhaltensstörungen.

Die Auswahl der Fallgeschichte resultierte aus der Methodenfrage, welche theoretisch begründeten Voraussetzungen für eine gelingende schulische und außerschulische Förderung und Unterstützung von als verhaltensgestört etikettierten Kindern und Jugendlichen mit Traumaerfahrungen gesichert sein müssen.

2. Methodischer Zugang

Der methodische Zugang zum Datenmaterial fand über zwei narrative Interviews statt mit den beiden Betreuern in der Einrichtung, die Jan (Name anonymisiert) zuletzt im Rahmen eines stationären Angebotes der Jugendhilfe über zweieinhalb Jahre bei seiner Lebensbewältigung unterstützt haben (cp Schütz 1978; 1987; cp Jacob 2010). Jan lebte in einer eigenen Jugendwohnung mit kontinuierlicher Betreuung durch eine Sozialpädagogin und einen Sozialpädagogen – beide verfügten über eine psychotherapeutische Zusatzqualifikation. Mit diesem Feldzugang wurde die komplexe Biographie vor dem Hintergrundwissen dieser beiden Betreuer rekonstruiert.

Insofern bildet der nachfolgende Fallbericht nicht einen einfachen Zusammenhang zwischen objektiver Realität und subjektiver Erzählung ab, sondern ist bereits in selektiver Weise kognitiv strukturierte und bewertete Realität (vgl. Fatke 2010). Die retrospektive Analyse der lebensgeschichtlichen Ereignisse im Auswertungsprozess der beiden narrativen Interviews konstruiert die Gegenwart im Rückblick auf unterschiedliche Zeitdimensionen der biographischen Entwicklung. Am Interpretationsprozess der Auswertungsergebnisse waren Kolleginnen und Kollegen aus drei vergleichbaren Einrichtungen der Jugendhilfe beteiligt. In keinem der Auswertungsschritte von Jans Fallrekonstuktion wurde das Thema „Zwillingsgeburt" tangiert, so dass es hier für die weitere Darstellung und theoretische Reflexion vernachlässigt wird. Hierin liegt eine Beschränkung dieser Studie, da sie weder über Datenmaterial zum Entwicklungsverlauf der Zwillingsschwester verfügt noch auf die Thematik „Zwillingsgeburt" eingeht.

Das narrative Interview als ein Verfahren der erziehungswissenschaftlichen Biographieforschung erlaubt eine Annäherung an komplexe Entwicklungsverläufe ohne den Anspruch auf Generalisierung zu erheben. Diese Ausgangsposition erlaubt, die Spuren der biographischen Wirklichkeit des heute erwachsenen Jan M. zu rekonstruieren. Der Fallbericht ist eine narrativ-essayistisch abgefasste Darstellung von realen Episoden, die einen hermeneutischen Zugang zu theoretischen und systematisierenden Überlegungen eröffnen (vgl. Datler / Winninger 2010).

„Case study research is a form of qualitative research, focused on interpreting a particular phenomenon. Thus, case study methodology studies the particulars and complexities of a case ... with a central focus of interpretation" (Bouck 2008, 495). Der biographische Einzelfall präsentiert hier einen Ausschnitt von Wirklichkeit. Damit unterscheidet sich dieser Beitrag von der konstruierten Fallgeschichte, wie sie bspw. Steve Rayner 1999 publizierte. Seine Geschichte über Billy war eine fiktive Fallgeschichte (vgl. Rayner 1999, 16f), die viele Aspekte des folgenden realen Fallberichts vorweg nimmt. Ich bin mir bewusst, dass „the transcription of a story will invitably reflect many omissions and layers of meaning" (Warr 2004, 581). Gleichwohl gestattet das hier skizzierte Datenmaterial eine qualitative Annäherung an Kernelemente einer Pädagogik bei Verhaltensstörungen.

3. Ein Real-Fall: Jan (A Real Case: Jan)

Jan M. wurde 1987 mit seiner Zwillingsschwester in der 35. Schwangerschaftswoche geboren und verbrachte mit 1620g seine ersten Lebenstage in einem Brutkasten. Jans Mutter hatte vor der Schwangerschaft einen Gehirntumor, der entfernt und anschließend medikamentös behandelt wurde, was sich bis in die Schwangerschaft hineinzog, verbunden mit Alkohol- und Nikotinmissbrauch. Die Eltern zogen nach der Geburt der Zwillinge zu der Tante der beiden Kinder. Die Tante, die selber keine eigenen Kinder gebären konnte, hatte sich sehnlichst ein Mädchen als Kind gewünscht.
Bei ihr blieb das Zwillingspaar nach dem Sorgerechtentzug der Eltern im Alter von 2 Monaten, da das Krankenhaus den Verdacht auf Kindesmisshandlung wegen eines ausgekugelten Beines äußerte. Das Jugendamt übernahm das Sorgerecht.
Damit änderten sich die gewalttätigen Lebensumstände Jans nicht. So wurde er von ihr ans Bett gefesselt, geknebelt und geschlagen. Schlaflosigkeit, Schreianfälle, Einkoten, öffentliches Urinieren wurden beim Jugendamt aktenkundig; mit vier Jahren begann er von zu Hause fort zu laufen.
Im Alter von fünf Jahren kam Jan in einen Kindergarten für verhaltensauffällige und behinderte Kinder. Er zeigt starke Verhaltensauffälligkeiten, wie Einkoten, Aggressivität, Schreien und Hyperaktivität. Ab dem sechsten Lebensjahr erzählte er der Polizei und anderen Mitmenschen von sexualisierten Misshandlungen, Schlägen und Einsperren im häuslichen Umfeld. Das Sorgerecht wird nach einer Klage der Tante zugesprochen.
Er ging mit 6 Jahren für ein Jahr in die Vorschule und wurde danach auf eine integrative Regelschule umgeschult. Jan lief in kurzen Abständen immer wieder von der Schule weg, so dass diese Beschulung nach einem halben Jahr beendet wurde. Seit dieser Zeit fiel er wegen häufiger Diebstähle auf.
Nach einem Jahr ohne Beschulung – mit 8 Jahren – begutachtete ein pädiatrisches Zentrum Jan für eineinhalb Monate; eine regionale Beratungs- und Unterstützungsstelle (REBUS) betreute ihn dort. In Hamburg wurden alle Sonderschulen für Erziehungshilfe 2000 aufgelöst und stattdessen ein ambulantes schulisches Unterstützungssystem implementiert. Anschließend besuchte er eine Förderschule mit ein bis zwei Stunden Unterricht. Auch hier schwänzte er häufig. In dieser Zeit, ab dem 9. Lebensjahr, hielt er sich bereits häufig am Hauptbahnhof auf mit regelmäßigen Kontakten zur Päderastenszene.
Die Förderschule verweigerte die weitere Beschulung, so dass er noch einmal von REBUS für zwei Stunden am Tag betreut wurde; es fand sich keine Schule bereit, ihn zu beschulen. Jan war inzwischen elf Jahre alt. Nun „unterrichtete" ihn seine Tante zu Hause, was Jan verweigerte. Im Alter von zwölf Jahren zog Jan auf eigenen Wunsch in ein Heim. Nach kurzer Zeit musste er diese Einrichtung wegen massiv aggressivem Verhalten verlassen und wechselte, nach kurzem Aufenthalt in einem weiteren Heim, in eine pädagogische Lebensgemeinschaft, in der er eine dreistündige Beschulung in einer Eins-zu-Eins-Situation erhielt. Während dieser Zeit wurde er von seiner Familie besucht, und dabei oft geschlagen; es entwickelten sich Konflikte zwischen der Familie und der Einrichtung.
2000 zog Jan zurück zu seiner Tante, mit der Perspektive, nach zwei Monaten in ein anderes Heim zu wechseln. Die Tante fühlte sich mit dieser Situation überfordert; ihrer

Bitte um Aufnahme in die Kinder- und Jugendpsychiatrie oder die stationäre Einrichtung der (Geistig-) Behindertenhilfe wurde von beiden Institutionen abgelehnt, womit Jan vorerst bei der Tante blieb. Er ging in dieser Zeit oft auf Trebe und blieb mehrere Tage der Wohnung fern.

Mit 13 Jahren wurde er für ein paar Tage in einem Kinderheim untergebracht, aus dem er immer wieder weglief. In der folgenden Zeit nahm Jan an mehreren speziellen erlebnispädagogischen Maßnahmen der Kinder- und Jugendhilfe auf Fuerteventura, in Schweden und in Polen teil, die er aufgrund seiner massiven Verhaltensstörungen und erheblicher Aggressivität wieder verlassen musste. Er hielt sich in der Hamburger Hauptbahnhof-Szene auf und wurde regelmäßig von der Polizei in die jeweiligen Einrichtungen zurück gebracht. Mit 15 Jahren nahm ihn ein Heim nahe Stralsund auf.

Jan musste auch diese Einrichtung wegen seiner Gewalttätigkeit verlassen und nahm an einer weiteren pädagogischen Maßnahme in Rumänien teil, die jedoch auch abgebrochen werden musste. Nach einem erneuten Heimaufenthalt in Stralsund wurde er für kurze Zeit in die Psychiatrie eingewiesen.

Bevor ihn die Stadtteilbezogene Milieunahe Erziehungshilfen (SME: hier findet eine sozialpädagogische Intensivbetreuung in einer kleinen eigenen Jugendwohnung statt – im subkulturellen Milieu der Jugendlichen; die Finanzierung erfolgt über das Jugendamt) in Hamburg aufnahm, lebte der 16jährige Jan ohne festen Wohnsitz in Hamburg – mit engen Kontakten zur Päderastenszene.

Das studentische Team des Lehr- und Forschungsprojektes „HirnToasters" (HT) lernte ihn zu dieser Zeit kennen. Jan war nicht mehr schulpflichtig; keine Schule in Hamburg war bereit, diesen Jugendlichen zu beschulen. Für Jan war der HT eine Möglichkeit, sich schulisch weiterzubilden. Jan verbrachte insgesamt kontinuierlich zweieinhalb Jahre im HT. Er fiel durch Einkoten und schlechte Hygiene auf, was besonders nach Kontakten zu Päderasten vorkam. Die Studierenden erlebten ihn als „mehrfach traumatisiert", als einen, der „seelische und physische Misshandlungen, sowie sexuellen Missbrauch" erleben musste und durch seine ständigen Wohnortwechsel entwurzelt und heimatlos war.

Jan zeigte sich im HT und den anderen Einrichtungen regelwidrig und hielt sich nach wie vor in der Päderastenszene auf. Das niedrigschwellige Betreuungssetting bei SME wurde nach zweieinhalb Jahren beendet, da Jan, nun bereits über 18 Jahre alt, für seinen Stammfreier Kontakte zu zwei 12- und 13jährigen Jungen organisiert hatte und – darauf angesprochen – in einem Wutausbruch seinen Betreuer mit einem Messer attackierte. Das Jugendamt brach daraufhin alle Hilfemaßnahmen ab; Jan erhielt mit 18,5 Jahren einen gesetzlichen Vormund und war faktisch obdachlos.

4. Die unbewusste Entwicklungslogik des Scheiterns

Jans Biographie erscheint als eine Abfolge von traumatisierenden Erfahrungen mit einer Vielzahl von Beziehungsabbrüchen, Vernachlässigung, Misshandlung, sowie missglückte Interventionen. Was Steve Rayner über Billys Lebenslauf schreibt, gilt auch für Jan: He „ … subsequently travelled along a predictable ‚career route' through the rest of his schooltime, comprising a mix or a ‚merry-go-round' of educational and care provision …" (Rayner 1999, 32). Jans Konfliktgeschichte verweist auf außerordentliche und frühe

Entwicklungsbelastungen; dennoch ist es erstaunlich, dass seine Verhaltensauffälligkeiten von den Professionellen nicht als Ausdruck extremer emotionaler Not gesehen und ernst genommen wurden. Es erfolgte weder schulisch noch außerschulisch eine multimodale und interdisziplinär professionelle Hilfe und Unterstützung.
Hilfebringende Fachkräfte sind in diesem Fall Transformateure einer schon vorgeburtlich belasteten Biographie; ihr Handeln zeichnet sich dadurch aus, die Diskontinuitäten und Ambivalenzen des Familiensystems zu wiederholen. Durch die Versäumnisse der Hilfesysteme übernehmen deren Subsysteme Teilaufgaben, legitimiert durch die vorherrschenden institutionellen Verwaltungslogiken in einem streng hierarchisch geregelten Ablauf von Dienst-, Entscheidungs- und Informationswegen. Deutsche Institutionen denken und verhalten sich in „Zuständigkeitsbereichen", nicht in Netzwerken. Von Freyberg und Wolff sprechen von „parzellierter Intervention" (vgl. von Freyberg / Wolff 2006, 170). „Reagiert wird auf Antrag und meist fehlt im Hilfeprozess jegliche Kontinuität. Es reiht sich nicht selten Maßnahme an Maßnahme" (von Freyberg / Wolff 2006, 170).
Die Kinder- und Jugendhilfe sowie Regel- und Sonderschulen haben in ihrer eigenen Systemlogik einen erheblichen Anteil daran, dass „Fälle" schwierig werden und eskalieren. „Strikte Arbeitsteilung, wechselseitige Instrumentalisierung, gegenseitige Schuldzuweisung oder gemeinsame Entsorgung der Störer und ihrer Eltern sind ... die Erscheinungsformen der Arbeitsbeziehungen zwischen Schule und Jugendhilfe" (von Freyberg / Wolff 2006, 171). Die institutionelle Fallbearbeitung ist eindimensional auf das auffällige und störende Verhalten eines Kindes oder Jugendlichen fixiert.
Die Hilfesysteme produzieren durch ihre institutionellen Ab- und Ausgrenzungsprozessen die „hard to manage children". Diese Prozesse entsprechen oft komplementär der Psychodynamik ihrer Klientel: Spiralen des Scheiterns, der Marginalisierung und der Segregation. Die unbewusste Koalition der Professionellen mit den erwachsenen Familienmitgliedern verhindert den notwendigen und die Not wendenden Blick auf Bedarfe und Bedürfnisse dieses Jungen.
In den Maßnahmeketten, die solche Kinder und Jugendlichen fesseln, spiegeln sich die Ambivalenzen und Diskontinuitäten ihrer Familien – der Wechsel von Neubeginn und Abbruch, von Hoffnung und Enttäuschung, von Zuwendung und Gleichgültigkeit, von Übergriffen und Begrenzungen, von Liebe und Hass. Unberechenbarkeit und Unzuverlässigkeit sind die einzigen Konstanten – und das exakte Gegenteil dessen, was Kinder wie Jan wirklich bräuchten. Die Psychodynamiken der unbewussten Koalition der Erwachsenen verdoppeln gleichsam die familiären Gewalterfahrungen und verstärken die Macht-Ohnmachtspiralen. So werden die ersten sexuellen Übergriffe in der Päderastenszene zwar aktenkundig vermerkt, aber die symbolische Dimension – dass es sich um ein Notsignal dieses Jungen handelt – übersehen, ausgeblendet und ignoriert.
Der fehlende Blick von Institutionen für diese Form der physischen und psychischen Ausbeutung erklärt sich auch aus der Unaussprechbarkeit des ihnen Angetanen. Pädosexuelle Gewalt unterliegt einem System der doppelten Geheimhaltung und Tabuisierung. Die erste Geheimhaltung wird aufgezwungen innerhalb des Missbrauchssystems, die zweite besteht in der gesellschaftlichen Tabuisierung sexueller Gewalt (vgl. Mosser 2009, 20). Jans Schamgrenzen wurden von frühester Kindheit an permanent verletzt; für ihn macht das Milieu der Päderasten subjektiv Sinn: Hier erlebt er Anerkennung, Auf-

merksamkeit, Zuwendung – um den Preis der Prostitution. Die massiven Grenzverletzungen durch Traumata sind gleichsam die Wegbereiter für neue Reviktimisierungen. Schamgefühle schützen vor der Beschädigung der persönlichen Integrität. Die Unerträglichkeit von Schamgefühlen entlädt sich in heftigen Wutausbrüchen und Jähzornsanfällen. Solche Verhaltensbeschreibungen sind in Jans Biographie von Seiten aller Institutionen anzutreffen. Regelmäßig dienen sie zur Begründung von Maßnahmeabbrüchen. Diese unbewussten wechselseitigen Anteile des Übertragungs- und Gegenübertragungsgeschehen zwischen Institutionen, MitarbeiterInnen und Klientel verhindern, dass die ganz „Schwierigen" in und von der Institution „gehalten" werden.
Die unbewusste Abwehr all jener unerträglichen Gefühle, die solche Selbstinszenierungen auslösen können, dient der subjektiven Entlastung vor der eigenen Verstrickung in die von der Klientel in Szene gesetzten Regel- und Normverstöße.
Die emotionale Immunisierung sonder- und sozialpädagogischer Professioneller in ihren fachlich getrennten Ressorts führt auch dazu, dass die Aufrechterhaltung einer vermeintlichen Stabilität der Institution Priorität hat vor den vitalen und berechtigten Überlebensstrategien misshandelter und missbrauchter Kinder. Diese bleiben gefangen in einer Spirale von Angst, Hilflosigkeit, Größenphantasien und Entwertungserfahrungen. Dadurch werden alte Muster der traumatisierenden Lebensbedingungen der Klientel wiederholt und verstärkt. Mögliche Folge ist eine exzessive Steigerung der Aggressivität – gleichsam Präventivschläge aus der seelischen Not heraus, um endlich einen Erwachsenen als Gegenüber zu finden, der die Inszenierungen versteht.
Das extreme Austesten von Grenzen ist im Verständnis psychoanalytischer Pädagogik die Übertragungsbereitschaft auf der Suche nach emotionalem Halt. Die beängstigenden und oft extremen Aktionen traumatisierter Kinder und Jugendlicher sind immer zugleich auch nonverbaler Ausdruck ihres existentiellen Beziehungsbedürfnisses, dessen Potential für korrigierende Interventionen durch die Gegenübertragung der BetreuerInnen selten konstruktiv genutzt wird, sondern zu Maßnahmeabbrüchen führt (vgl. Herz 2007a).
In der deutschsprachigen Literatur werden diese psychodynamischen Prozesse insbesondere von einigen VertreterInnen der Sozialpädagogik kritisch reflektiert (vgl. Hußmann 2012), wobei hier das Augenmerk aber eher der drastischen Ressourcenkürzungen in der Kinder- und Jugendhilfe gilt (vgl. von Wolffersdorf 2010). Die ständig ansteigenden hohen Fallzahlen bei gleichzeitigem Stellenabbau seien verantwortlich für Eskalationsspiralen. Aus dieser, sicherlich zutreffenden, rationalen Argumentation, werden die unbewussten Prozesse ausgeklammert.
In der schulischen und außerschulischen Erziehungshilfe konkurriert die medizinisch-psychiatrische Position mit der pädagogisch-therapeutischen Position um die Deutungshoheit über erfolgreiche Interventionen (vgl. Visser / Jenan 2009). An der Zielgruppe der traumatisierten Kinder und Jugendlichen gehen diese sonder- und sozialpädagogischen Debatten vorbei, weil das zentrale Lebensthema dieser Kinder und Jugendlichen – manifeste und latente Gewalterfahrungen – sich eben nicht als Oberflächenphänomen „behandeln" oder „therapieren" lässt (vgl. Göppel 2002; Leuzinger-Bohleber / Haubl / Brumlik 2006). Die Psychoanalytische Pädagogik bietet eine Referenztheorie zur bewussten Reflexion institutioneller und personeller Abwehr.

5. Institutionen – Klassifikationen – Eskalationen

Jans Biographie verzeichnet acht Heimwechsel in drei Jahren, vier erlebnispädagogische Maßnahmen in zwei Jahren und das faktische Ruhen der Schulpflicht mit Wissen der Schulbehörde. Als paradigmatischer „Fall" offenbart eine solche Biographie das Dilemma solcher schwer traumatisierter Kinder und Jugendlichen: Sie werden in unzähligen Delegationsschritten mehrfach viktimisiert, re-traumatisiert, in ihrer ganzen Entwicklung desintegriert und demotiviert. Institutionelles Missmanagement ist dabei ein bedeutsamer Faktor. Lucille Eber und Sandra Keenan stellen fest: „Overall, these individual systems working in isolation of each other have repeatedly failed to address the complex needs presented by youth with EBD and their families" (Eber / Keenan 2007, 503). Dieser Arbeitsstil reproduziert mit seiner Eigendynamik neue emotionale Katastrophenerfahrungen.

Trotz der bereits im Säuglingsalter einsetzenden kumulativen Traumatisierungen hatte Jan Überlebensstrategien und Bewältigungsmechanismen entwickelt, die seinem unbewussten inneren Bild über seine Lebenswirklichkeit entsprachen. Mit seinem auffälligen Verhalten – schreien, weglaufen, einkoten, aggressiv sein – stellte er Fragen an sein Umfeld, ohne darauf eine angemessene Antwort zu erhalten. „Children who are experiencing complex trauma live in the moment. It is too difficult to remember the past and too threatening to look to the future" (O'Neill / Guenette / Kitchenham 2010, 194). Die Mehrzahl traumatisierter Kinder und Jugendliche agiert die erlittenen Grenzüberschreitungen nonverbal aus und externalisieren ihre traumatisierenden Erfahrungen: Wenn die Grenzen zerstört sind, die das Kind oder der Jugendliche normalerweise in der Begegnung mit und in Anerkennung durch andere findet, dann zeigt sich das auch in den vielfältigen Grenzverletzungen gegenüber anderen oder sich selbst.

Schulisches Lernen hatte in Jans Biographie zu keinem Zeitpunkt eine Chance. Eine Schule, in der sein existentielles Lebensthema, die erfahrene Gewalt, nicht vorkommt und die keinerlei Angebote bereithält, seine Probleme wahrzunehmen und zu lösen, hatte für Jan niemals eine praktische Bedeutung. Und eine Sonderschule, die einen Schüler mit massiven Verhaltensstörungen ausschult, steht symbolisch für die unbewältigten Herausforderungen dieser Klientel an diese Institutionen (vgl. Willmann 2007). Mit Verweis auf die Bindungstheorie stellt Carolyn Bartick-Ericson fest: „In childhood, secure readiness to learn has been defined as a dynamic balance between establishing safe, secure relationships with adults and feeling free enough to venture out to explore the world in a manner that is likely to promote maturation or cognitive competence" (Bartick-Ericson 2006, 51).

Nadia Desbiens und Marie-Hélène Gagné haben 2007 in ihrer Studie über „Profiles in the development of behavior disorders among youth with family maltreatment histories" in Quebec drei verhaltensbezogene Reaktionsmuster bei misshandelten Kindern und Jugendlichen herausgefunden; sie differenzieren zwischen den „Undesirable", „Explosive" und „Delinquent" (vgl. Desbiens / Gagné 2007, 224f).

Die Gruppe der „Undesirable" charakterisieren die Autorinnen mit den Worten: „The first is the scapegoat-child who, given undesirable traits usually present at birth (premature birth, malformation, illness, mental deficiency, difficult temperament, extreme behavior, unwanted child etc.) quickly becomes the target of emotional neglect, hostility and explicit rejection on the part of the parents" (Desbiens / Gagné 2007, 225). Die Gruppe der „Explosive" „is marked by parental violence and abuse" (Desbiens / Gagné 2007, 227). Diese Kinder „tend to respond to this situation by exhibiting disruptive conduct and deep disorganization in terms of behavior and emotions" (Desbiens / Gagné 2007, 228). Völlig dysfunktionale Familiensysteme sind verantwortlich für die Ausbildung delinquenter reaktiver Verhaltensstörungen. Dieser dritte Reaktionstypus „ … distinguishes himself from the two other profiles because of the adaption of behavior at risk, such as the use of alcohol and drugs, or sexually precocious behaviors and the association to peers deviating" (Desbiens / Gagné 2007, 230).

Diese Klassifikationen sind idealtypische Profile spezifischer Ausprägungen von Verhaltensstörungen bei misshandelten Kindern. Bezogen auf das Fallbeispiel Jan bieten sie allerdings hilfreiche Kriterien, die Komplexität seiner Biographie, die „Logik" seiner Bewältigungsstrategien und die Reaktionsweisen der Hilfesysteme genauer zu analysieren. In Jans Biographie vermischen sich Desbiens und Gagnés Idealtypen. Jan ist zugleich „undiserable", „explosive" und „delinquent". Die folgende Graphik verdeutlicht die dynamische Eskalationsspirale zwischen innerer und äußerer Realität:

Die unbewusste Entwicklungslogik des Scheiterns

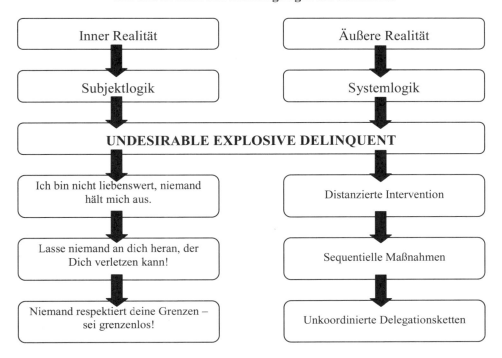

Sein Leben als erwachsener Obdachloser, der aus der Opferrolle des sexuell missbrauchten Jungen langsam, aber stetig in die Täterrolle des sexuell missbrauchenden jungen Mannes wechselte, dokumentiert letztendlich den Prozess der scheiternden Helfersyste-

me über die gesamte Lebensspanne des Säuglings-, Kindes- und Jugendalters hinweg. Jans Leben zeigt aber auch: „Es scheitern immer die schwierigen Jugendlichen und ihre Eltern, nie die Professionellen und ihre Institutionen" (von Freyberg / Wolff 2006, 174).
Bis hierher diente der Fallbericht zur Analyse und Reflexion der inneren Entwicklungslogik des pädagogischen Scheiterns verschiedener Helfersysteme. Zur Entwicklung einer Theorie im Feld der Verhaltensgestörtenpädagogik soll das Material nun herangezogen werden, um Forschungshypothesen zu entwickeln. Auf welcher theoretischen Grundlage können bindungs- und entwicklungsförderliche pädagogische Milieus für traumatisierte Kinder und Jugendliche gestaltet werden? Dabei geht es um bindungstheoretisch und neuropsychoanalytisch abgeleitete Settingvariablen für die Zielgruppe der als schwer verhaltensgestört etikettierten Kinder und Jugendlichen.

6. Neuropsychoanatytische Annäherungen

Wir können heute mit Hilfe der Neurowissenschaften viel präziser verstehen, wie ein Individuum langfristig beeinträchtigt wird, wenn Stressfaktoren in den ersten Lebensjahren über längere Zeiträume dominieren. Bei Jan ist bereits die Risikoschwangerschaft und die Frühgeburtlichkeit ein pränatal einsetzendes Stresskontinuum.
Die Dialektik zwischen dem reifenden Organismus und der sich verändernden Umwelt ist eingebettet in die Mutter-Säugling-Beziehung. Das erste Lebensjahr kann als zweite physiologische Schwangerschaft bezeichnet werden. Gefühle als bioregulatorische Reaktionen dienen dem Überleben (vgl. Damasio 2004, 50). Die Selbstorganisation des heranreifenden Gehirns ergibt sich im Kontext von Beziehungen zu einem anderen Selbst (Gehirn). Affektive Kommunikation und psychobiologische Transaktionen bilden einen zentralen Aspekt der sozialen Konstruktion des menschlichen Gehirns. Affektregulierende Bindungserfahrungen strukturieren die Reifung der Regulationssysteme des rechten Gehirns (vgl. Schore 2009).
Diese Strukturierungsprozesse betreffen auch das limbische System, d. h. jene Hirnareale, die nicht auf die Verarbeitung von Emotionen, sondern auf die Organisation des Lernens und der Fähigkeit spezialisiert sind, sich rasch an wandelnde Umwelten anzupassen. Folglich sind auch Lernorganisation und Anpassungsfähigkeit abhängig von frühen affektiven Interaktionsbeziehungen (vgl. Schore 2005, 35f; Trevarthen 2009).
Im Kontext der Bindungstheorie ist der neurowissenschaftliche Zugang also durchaus hilfreich: Für eine gelingende Entwicklung in dieser frühen sensiblen Phase ist nämlich eine „passgenaue" Synchronisation, die der Affektregulierung dient, unerlässlich: „Im Rahmen von affektsynchronisierten Episoden beteiligen sich die Mütter an intuitiven, nicht-bewussten mimischen, vokalen, gestischen, präverbalen Kommunikationsformen (vgl. Schore 2005, 43). Dabei dient die psychobiologische Einstimmung der Mutter auf sich verändernde Affektzustände des Säuglings der Affektregulierung (vgl. Saarni 2006). Die aktive Beteiligung der Mutter an der Fehlabstimmung bzw. deren Behebung ist demnach konstitutiv dafür, ob der Säugling lernt, von negativen Affektzuständen, wie übererregter Protest oder mit Untererregung verbundener Verzweiflung, wieder in den Zustand des positiven Affekts zu wechseln. Massive, lang anhaltende Fehlabstimmungen führen zu unkontrollierbaren Stressreaktionen. Das macht die enorme Bedeutung der

emotionsregulierenden Bezugsperson für den energetischen Zustand des Säuglings verständlich (vgl. Schore 2005, 44).
Bei längeren Phasen der Fehlabstimmung entstehen gleichsam toxische Prozesse bis hin zum Zelltod. Die Grammatik der neuronalen Schaltkreise verändert sich. Derartige massive Belastungen führen zu unkontrollierbaren Stressreaktionen, die eine Überproduktion der steroiden Hormone in der Nebennierenrinde bewirken, welche Neuronen zerstören und damit die Gedächtnisfunktion massiv manipulieren bzw. schädigen können (vgl. Solms / Turnbull 2004, 182).
Solche „Notfall- oder Alarmreaktionen" finden sich insbesondere bei den unsicher-desorganisiert gebundenen Kindern mit Mißhandlungserfahrungen. Traumatische Erfahrungen während der ersten beiden Lebensjahre lösen zwei neuronale Reaktionen aus, die sich als zentrale psychische Zustände manifestieren: Hypererregung (Angst / Panik) und Dissozation (Abspalten der Körperwahrnehmung) (vgl. Zaphiriou Woods 2005, 285f). Intensive angstinduzierte Stresskaskaden sind auch Auslöser für Schulversagen bis hin zur Pseudodemenz. Die folgende Graphik fasst diese Wechselwirkungsprozesse zwischen innerer und äußerer Realität zusammen:

Neurowissenschaftliche Annäherung an Verhaltensstörungen

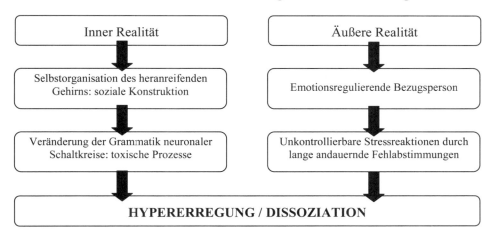

Jan hat die sexuellen Grenzverletzungen in der Päderastenszene als körperliche Misshandlung abspalten können, weil der Mangel an emotionsregulierenden Bezugspersonen und die von früh an erlebte psychophysische Gewalt jene scheinbare Empfindungs- und Gefühllosigkeit erzeugten, die ihn für die sexuelle Ausbeutung durch Päderasten gleichsam prädisponierten. Das beständige Einkoten – auch im Jugendalter – steht für die Intensität der durch Angst und Panik geschürten Hypererregung.
Die Kenntnis der vielschichtigen neuropsychoanalytischen, bio- und psychoneurologischen Prozesse (bspw. bei unkontrollierbaren Stressreaktionen) erlaubt eine neue Sicht auf Kinder und Jugendliche mit sonderpädagogischem Förderbedarf im Verhalten. Als Konsequenz dieser neurowissenschaftlichen Forschungsergebnisse fordern bspw. Linda O'Neill, Francis Guenette und Andrew Kitchenham für traumatisierte Schüler: „These

students require, first and foremost, a trusty relationship and one in which attachment to a caring person is a paramount. ... with the establishment of safety being the first stage of all trauma work" (O'Neill / Guenette / Kitchenham 2010, 193f). LehrerInnen und PädagogInnen sollten verstehen können, "that traumatised children have a very difficult time with modulating their levels of arousal and might exhibit unregulated flight, fight or freeze reactions" (O'Neill / Guenette / Kitchenham 2010, 194). Statt unbewusster Abwehr geht es um eine tiefenhermeneutische Verstehensleistung als grundlegende Basis pädagogischen Handelns.

7. Überlegungen über förderliche Settingvariablen in der pädagogischen Praxis mit traumatisierten Kindern und Jugendlichen

Die Wirkungszusammenhänge einzelner Hirnregionen beinhalten komplexe Verarbeitungsprozesse, die situativ und nachhaltig Wahrnehmung, Verhalten und Lernen konstituieren. Die neuronalen Schaltkreise und die somatischen Marker verorten sich immer wieder neu, regulieren und modifizieren sich entsprechend der jeweiligen Lebensumstände, Bindungs- und Beziehungserfahrungen, Entwicklungs- und Sozialisationsbedingungen (vgl. LeDoux / Phelps 2004).
Der hier im Mittelpunkt stehende Bindungstyp der unsicher-desorganisierten Bindung muss nicht irreversibel über den gesamten Lebenslauf konstant bleiben. Peter Fonagy konnte nachweisen, dass sich die Bindungsklassifizierung vom Säuglingsalter über die Kindheit bis zur Adoleszenz durchaus ändern kann. Entscheidend für entwicklungs- und bindungskorrigierende Veränderungen ist die Qualität des Ersatzmilieus (vgl. Fonagy 2005, 157f).
John Bowlby selbst hat immer wieder die Veränderbarkeit von Bindungsmustern betont (vgl. Schieche 2001, 311) – was heute durch die Neurowissenschaften empirisch belegt ist. Hier sehe ich eine große Chance: dass nämlich der Pädagoge – schulisch wie außerschulisch – bindungskorrigierende Arbeitsbündnisse entwickeln und umsetzen kann, die dem Kind in einer verlässlichen und stabilen Beziehung neue Bindungserlebnisse ermöglichen und positive Emotionen etablieren helfen (vgl. Isen 2004). „The establishment of such a relationship with a significant adult might prove central to supportin the resilience of severely neglected or abandoned youth and may constitute a turning point in their lives" (Desbiens / Gagné 2007, 233). In der Forschungsliteratur ist die Bedeutung des eigenen inneren Bindungsverhaltenssystems allerdings noch wenig untersuch.
Die potentiellen Korrelationen zwischen der Erwachsenenbindungsfigur – also meinem eigenen internen Arbeitsmodell, der kindlichen, bzw. jugendlichen Bindungsfigur, und den spezifisch bindungsförderlichen Settings – betreffen ein noch relativ junges Forschungsgebiet. So ist derzeit bspw. noch nicht hinreichend empirisch überprüft, ob bei Heranwachsenden mit einer unsicher-desorganisierten Bindung ein Mehrpersonensetting nicht angemessener sein könnte als die aus der Schule und der Kinder- und Jugendhilfe bekannten Einzelfallmaßnahmen (vgl. Herz 2006). Vor diesem Hintergrund war das eingangs erwähnte Forschungsprojekt auch eine langjährige explorative Studie über die Möglichkeiten und Grenzen eines Mehrpersonensettings.

Jan besuchte zwei Jahre kontinuierlich und freiwillig das Lernprojekt der Studierenden. Emotionales und soziales Lernen, schulische Lerninhalte und -formen waren hier an zwei Tagen in der Woche möglich. Seit der ersten Klasse war seine Nichtbeschulbarkeit dokumentiert. Alle bisherigen Erfahrungen mit Vertretern der Institution Schule waren von deren vernichtenden Werturteilen bestimmt, nämlich, unfähig zum Lernen und stark verhaltensgestört zu sein. Jan hatte diese Zuschreibungen in sein Selbstbild integriert und glaubte von sich selber, er sei zu „dumm" zum Lernen. Kontinuität, Verlässlichkeit, Empathie und Akzeptanz als Voraussetzung für emotionales, soziales und kognitives Lernen waren Leerstellen in Jans institutionellen Betreuungs- und Fördersettings. Auf der Subjektebene konnte er kein adäquates Explorationsverhalten entwickeln – eine zentrale Vorraussetzung für aktives Lernen.

Intensive sonder- und sozialpädagogische Einzelfallförderung findet in der Regel in einer Eins-zu-Eins Betreuung statt. Für Kinder und Jugendliche mit schweren Beziehungs- und Bindungsstörungen kann ein solches Setting retraumatisierend wirken, wenn z.B. Pädagoge/Lehrer in Prozessen von Übertragung und Gegenübertragung sein eigenes Bindungsverhaltenssystem nicht ausreichend reflektiert.

So entstehen Psychodynamiken, die, weil nicht der bewussten Reflexion zugänglich, oftmals mitverantwortlich sind für Maßnahmekarrieren. Insbesondere unsicher-desorganisiert gebundene Heranwachsende – und das ist die Mehrzahl der Kinder und Jugendlichen in der schulischen und außerschulischen Erziehungshilfe (vgl. Julius 2001; 2008) – verweigern sich vehement den sie überfordernden Beziehungsangeboten der Professionellen. In solchen Interaktionskonstellationen dominieren dann Abwehr- und Distanzierungsstrategien, die das Kind oder der Jugendlichen zu seinem emotionalen Schutz mobilisiert.

Um die notwendige Holding- und Containingfunktion für diese Zielgruppe bereit zu halten, muss ein solches Setting die pädagogischen Professionellen ihrer konkreten Praxis stärken und unterstützen, etwa durch externe Supervision und kollegiale Fallberatung. Die inneren Bilder und Lebensskripte traumatisierter Kinder und Jugendlichen werden den Professionellen gegenüber immer wieder in Szene gesetzt.

Diese Zielgruppe braucht einen intermediären Raum, einen Möglichkeitsraum, in denen Verletzungen und physische und psychische Grenzüberschreitungen wahrgenommen, anerkannt und symbolisiert werden konnten. Dieser pädagogische Bezug lässt sich vor allem dann herstellen und erhalten, wenn sich in der Beziehungsgestaltung eine emotionale Sicherheit entwickeln kann, in dem Lernen überhaupt erst wieder möglich wird. „If students are not feeling emotionally secure, it may be difficult to focus on the learning tasks at hand. Feelings of anxiety may overshadow the curiosity necessary to learn" (Bartick-Ericson 2006, 53).

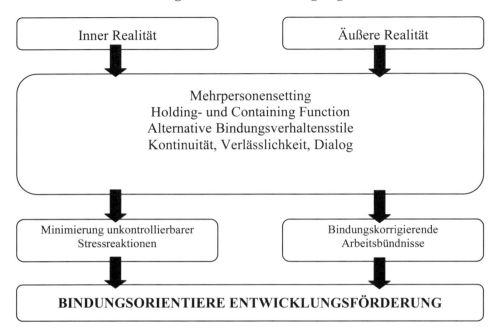

Es 'lohnt', solche Settings für traumatisierte Kinder und Jugendliche zu entwickeln.

8. Ausblick

Anhand eines Fallberichts wurde das institutionelle Missmanagement schulischer und außerschulischer Unterstützungs- und Hilfesysteme mit ihren Eskalationsspiralen analysiert und die Defizite in der interdisziplinären Kooperation erläutert. Mit Bezug auf die neueren Erkenntnisse der Neurowissenschaften und der Bindungstheorie im Kontext von Traumatisierungen wurden die Anforderungen an die pädagogische Professionalität in der Förderung von Kindern und Jugendlichen mit lang anhaltenden unkontrollierbaren Stresserfahrungen konkretisiert.

Die Verknüpfung der hier vorgestellten Theorien mit der rekonstruierten Fallgeschichte von Jan lenkt den Blick auf die Komplexität der Praxis schulischer und außerschulischer Erziehungshilfe. Die oft heftigen Psychodynamiken, die durch die Selbstinszenierungen dieser Kinder und Jugendlichen ausgelöst werden, werden mit der Etikettierung der Störungssymptome abgewehrt. Aber gerade für diese Zielgruppe der „Explosives", „Undesirables" und „Delinquents" brauchen wir „a highly individualised, multimodal and transtheoretical approach due to the multiplicity of biopsychosocial issues" (O'Neill / Guenette / Kitchenham 2010, 194).

Mehrdeutigkeit und Komplexität von Krisen-, Konflikt- und Problemkonstellationen kennzeichnen sonder- und sozialpädagogisches Handeln. Die unbewusste, kollektive Abwehr von Kindern und Jugendlichen in schwierigen Lebenslagen, die zu den Schwie-

rigen geworden sind, beinhaltet ein Mehrfach-Risiko aus Maßnahmekarrieren, Sekundärtraumatisierungen und institutioneller Verantwortungslosigkeit. Marcus Hußmanns Forschungsbericht listet bis zu 42 Betreuungswechsel (bis zur Volljährigkeit) im Rahmen teilstationärer und stationärer Unterbringung durch die Kinder- und Jugendhilfe auf (vgl. Hußmann 2012).
Dies bedeutet für traumatisierte Kinder und Jugendliche eine Odyssee durch das Netz der Schulen, Sonderschulen, der Kinder- und Jugendhilfe und der Kinder- und Jugendpsychiatrie. Sie sind zwar Zielgruppe verschiedener Leistungsträger, erfahren jedoch gleichzeitig die Grenzen der Unterstützungs- und Fördersysteme. Lucille Eber und Sandra Keenan sprechen von einer „history of fragmentation": „Differences in eligibility criteria, definitions, policies and intervention approaches often create dissonance and confusion for children, families, teachers, and other service providers ..." (Eber / Keenan 2007, 503). Die strukturellen Kooperationshürden und -hindernisse betreffen eine Klientel mit seelischen Katastrophenerfahrungen. Professionelles Fallverstehen und qualifizierte Fallbearbeitung brauchen ein gruppenorientiertes Verfahren, d.h. ein Mehrpersonensetting des Fallverstehens, das eine methodisch-verbindliche Perspektivenerweiterung gewährleistet, institutionell getragen und kontrolliert sowie in kollegialen Arbeitszusammenhängen gepflegt und fortentwickelt wird. Dies ist unverzichtbar, um in Prozessen der Übertragung und Gegenübertragung in ge- und verstörten Familienskripten die Psycho- und Soziodynamik nicht unreflektiert zu wiederholen (vgl. Herz 2007b).
Die Konfrontation mit der Realität und ihren Regeln und Gesetzen muss in einer haltenden Beziehung stattfinden. Für die Qualität des institutionellen Ersatzmilieus entscheidend ist die Fähigkeit der Systeme, unkontrollierbare Stressreaktionen zu minimieren und neue Lebensräume zu entwickeln, in denen die neuropsychologischen Prozesse der durch Traumatisierungen unsicher gebundener Kinder und Jugendlichen neu stimuliert und modifiziert werden können.
Bindungstheoretisch abgeleitete Interventionsformen erlauben ein emotionales Ersatzmilieu, das Entwicklungs- und Verhaltensveränderungen positiv beeinflussen kann. Im fiktiven Fallbeispiel über "Billy" betont Steve Rayner: „The need to place the individual first and foremost at the heart oft he process of planning and delivering provision is perhaps self-evident" (Rayner 1999, 29). Der hier vorgestellte Real-Fall Jan zeigt, dass die konkrete Alltagsroutine schulischer und außerschulischer Institutionen noch weit von solcher Selbstverständlichkeit entfernt ist. Das Individuum bleibt jenseits des Horizontes der professionellen Systeme (vgl. Hußmann 2012).

Literatur

Bartick-Ericson, Carolyn: Attachment security and the school experience for emotionally disturbed adolescents in special education, in: Emotional and Behavioural Difficulties, Vol. 11, No. 1, March 2006, 49-60

Bouck, Emily C.: Exploring the Enactment of Functional Curriculum in Self-Contained Cross-Categorical Programs: A Case Study, in: The Qualitative Report, Vol.13, No. 3, 2008, 495-530

Bowlby, John: Das Glück und die Trauer. Herstellung und Lösung affektiver Bindungen, Stuttgart: Klett-Cotta, 1979

Datler, Wilfried / Wininger, Michael: Psychoanalytisches Fallverstehen als sonderpädagogische Kompetenz, in: Ahrbeck, Bernd / Willmann, Mark (Hg.): Pädagogik bei Verhaltensstörungen. Ein Handbuch, Göttingen: Kohlhammer, 2010, 226-237

Damasio, Antonio R.: Emotions and Feelings: A neurobiological Perspective, in: Manstead, Antony S. R. / Fridja, Nico H. / Fischer, Agneta, H. (Eds.): Feelings and Emotions. The Amsterdam Symposium, Cambridge: University Press, 2004, 49-59

Desbiens, Nadia / Gagné, Marie-Hélène: Profiles in the development of behavior disorders among youth with family maltreatment histories, in: Emotional and Behavioral Difficulties, Vol. 12, No. 3, September 2007, 215-240

Diepold, Barbar: Schwere Traumatisierungen in den ersten Lebensjahren – Folgen für die Persönlichkeitsentwicklung und Möglichkeiten psychoanalytischer Behandlung, in: Endres, Manfred / Biermann, Gerd (Hg.): Traumatisierung in Kindheit und Jugend, München, Basel: Reinhardt, 2002, 131-141

Dunn, Judy: The Development of Individual Differences in Understanding Emotion and Mind: Antecedents and Sequela, in: Manstead, Antony S. R. / Frijda, Nico / Fischer, Agneta (Eds): Feelings and Emotions. The Amsterdam Symposium, Cambridge: University Press, 2004, 303-321

Eber, Lucille / Keenan, Sandra: Collaborations with other agencies: Wraparound and Systems of Care for Children and Youth with Emotional and Behavioral Disorders, in: Rutherford, Jr., Robert B. / Quinn, Mary Magee / Sarup, Mathur R. (Eds.): Handbook of Research in Emotional and Behavioral Disorders, New York, London: Guilford, 2007, 502-516

Fatke, Reinhar: Fallstudien in der Erziehungswissenschaft, in: Friebertshäuser, Barbara / Langer, Antje / Prengel, Annedore (Hg.): Handbuch Qualitativer Forschungsmethoden in der Erziehungswissenschaft,Weinheim, Münster: Juventa, 2010, 159-172

von Freyberg, Thomas / Wolff, Angelika: Trauma, Angst und Destruktivität in Konfliktgeschichten nicht beschulbarer Jugendlicher, in: Leuzinger-Bohleber, Marianne / Haubl, Rolf / Brumlik, Mischa (Hg.): Bindung, Trauma und soziale Gewalt. Psychoanalyse, Sozial- und Neurowissenschaften im Dialog, Göttingen: Vandenhoeck & Ruprecht, 2006, 164-185

Fonagy, Peter / Gergely, György / Jurist, Elliot L. / Target, Mary: Affektregulierung, Mentalisierung und die Entwicklung des Selbst, Stuttgart: Klett Cotta, 2004

Fonagy, Peter: Der Interpersonale Interpretationsmechanismus (IIM), in: Green, Viviane (Hg.): Emotionale Entwicklung in Psychoanalyse, Bindungstheorie und Neurowissenschaften, Frankfurt am Main: Brandes & Apsel, 2005, 141-164

Fröhlich-Gildhoff, Klaus: Externalisierende Störungen, in: Ahrbeck, Bernd / Willmann, Marc (Hg.): Pädagogik bei Verhaltensstörungen, Stuttgart: Kohlhammer, 2010, 129-137

Göppel, Rolf: Wenn ich hasse, habe ich keine Angst mehr …", Donauwörth: Auer, 2002

Herz, Birgit: Der Einstieg in den Ausstieg: Zur Relevanz des Mehrpersonensettings in außerschulischen Bildungsangeboten mit Heranwachsenden im subkulturellen Milieu der Straß, in: Herz, Birgit (Hg.): Lernen für Grenzgänger, Münster u.a.: Waxmann, 2006, 29-50

Herz, Birgit: Traumatisierung und Stress: Sozial-emotionale Entwicklung und Lernen unter erschwerten Bedingungen, in: Herz, Birgit (Hg.): Lernbrücken für Jugendliche in Straßenszenen, Münster u.a.: Waxmann, 2007a, 114-131

Herz, Birgit: Qualifying Teachers: Standards Required in Teacher Training for Pupils with Emotional and Behavioural Difficulties (EBD), in: Herz, Birgit / Kuorelahti, Matti (Eds.): Cross-Categorical Special Education Needs in Finland and Germany, Münster, New York, München, Berlin: Waxmann, 2007b, 85-102

Herz, Birgit / Dörr, Margret (Hg.): Unkulturen in Bildung und Erziehung, Wiesbaden: Verlag für Sozialwissenschaften, 2010

Herz, Birgit:„Inclusive Education" – Desiderata in der deutschen Fachdiskussion, in: Schwohl, Joachim / Sturm, Tanja (Hg.): Inklusion als Herausforderung schulischer Entwicklung, Hamburg: Transcript, 2010a, 29-42

Herz, Birgit: Punitive Trends in Germany: New solutions for deviant behaviour or old wine in new bottles? Paper presented at the SEBDA conference 15. – 17. September, Oxford, 2010b

Hußmann, Marcus: Besondere Problemfälle Sozialer Arbeit in der Reflexion der Hilfeadressaten aus jugendlichen Straßenszenen in Hamburg, Münster: Waxmann, 2011

Isen, Alice: Some Perspectives on Positive Feelings and Emotions: Positive Affect Facilitates Thinking and Problem Solving, in: Manstead, Antony, S. R. / Frijda, Nico / Fischer, Agneta (Eds.): Feelings and Emotions. The Amsterdam Symposium, Cambridge: University Press, 2004, 263-281

Jakob, Gisela: Biographische Forschung mit dem narrativen Interview, in: Friebertshäuser, Barbara / Antje Langer / Prengel, Annedore (Hg.): Handbuch Qualitative Forschungsmethoden in der Erziehungswissenschaft, Weinheim, München: Juventa, 2010, 219-233

Jacobwitz, Deborah / Hazen, Nancy / Thalhuber, Kimberly: Die Anfänge von Bindungs-Desorganisation in der Kleinkindzeit: Verbindungen zu traumatischen Erfahrungen der Mutter und gegenwärtiger seelisch-geistiger Gesundheit, in: Suess, Gerhard, J. / Scheuer-Englisch, Hermann / Pfeifer, Walter-Karl P. (Hg.): Bindungstheorie und Familiendynamik, Gießen: Psychosozial, 2001, 125-156

Julius, Henri: Bindungsorganisation von Kindern, die an Erziehungshilfeschulen unterrichtet werden, in: Sonderpädagogik, Vol. 24, No. 2, 2001, 74-93

Julius, Henri: Bindungsabgeleitete Intervention, in: Gasteiger-Klicpera, Barbara / Julius, Henri / Klicpera, Christian (Hg.): Sonderpädagogik der sozialen und emotionalen Entwicklung, Göttingen: Hogrefe, 2008, 570-584

Lappe, Lutz / Bauer, Katharina / Brüning, Catherina: Fallbeispiel eines Grenzfalles sonderpädagogischer Arbeit oder Lehrstück für den sonderpädagogischen Professionalisierungsprozess? In: Herz, Birgit (Hg.): Lernbrücken für Jugendliche in Straßenszenen, Münster: Waxmann, 2007, 47-67

LeDoux, Joseph / Phelps, Elisabeth: Emotional Network in the Brain, in: Lewis, Michael / Haviland-Jones, Jeanette (Eds.): Handbook of Emotions, New York, London: Laurence Erlbaum Associate, 2004, 157-173

Leuzinger-Bohleber, Marianne: Frühe Kindheit als Schicksal? Stuttgart: Kohlhammer, 2009

Leuzinger-Bohleber, Marianne / Haubl, Rolf / Brumlik, Mischa (Hg.): Bindung, Trauma und soziale Gewalt, Göttingen: Vandenhoeck & Ruprecht, 2006

Mosser, Peter: Wege aus dem Dunkelfeld. Aufdeckung und Hilfesuche bei sexuellem Missbrauch an Jungen, Wiesbaden: Verlag für Sozialwissenschaften, 2009

O'Neill, Linda / Guenette, Francis / Kitchenham, Andrew: Trauma and Attachment Disruption 'Am I safe here and do you like me?' Understanding complex trauma and attachment disruption in the classroom, in: British Journal of Special Education, Vol. 37, No. 4, 2010, 190-197

Opp, Günther: Schulen zur Erziehungshilfe – Chancen und Grenzen, in: Reiser, Helmut / Dlugosch, Andrea / Willmann, Marc (Hg.): Professionelle Kooperation bei Gefühls- und Verhaltensstörungen, Hamburg: Verlag Dr. Kovac, 2008, 67-88

Rayner, Steve: A Case History of Provision for Pupils with Emotional and Behavioral Difficulties, in: Visser, John / Rayner, Steve (Eds.): Emotional and Behavioral Difficulties. A Reader, Lichfield: Q Ed, 1999, 16-41

Saarni, Carolyn: Emotion Regulation and Personality Development in Childhood, in: Mroczek, Daniel K. / Little, Todd D. (Eds): Handbook of Personality Development, Mahwah, New Jersey, London: Laurence Erlbaum Associates, 2006, 245-283

Schieche, Michael: Störungen der Bindungs-Explorationsbalance und Möglichkeiten der Intervention, in: Suess, Gerhard J. / Scheuer-Englisch, Hermann / Pfeiffer, Walter-Karl P. (Hg.): Bindungstheorie und Familiendynamik, Gießen: Psychosozial, 2001, 279-314

Schore, Allan N.: Disregulation of the right Brain: A Fundamental Mechanism of Traumatic Attachment and the Psychogenesis of Posttraumatic Stress Disorders. Or. publ. in: Australien and New Zealand Journal of Psychiatry, 2002 (9-30), reprinted at: www.trauma-pages.com/a/schore-2002.php, 26. 2. 2007

Schore, Allan N.: Das menschliche Unbewusste: die Entwicklung des rechten Gehirns und seine Bedeutung für das frühe Gefühlsleben, in: Green, Viviane (Hg.): Emotionale Entwicklung in Psychoanalyse, Bindungstheorie und Neurowissenschaften, Frankfurt am Main: Brandes & Apsel, 2005, 35-68

Schütz, Fritz: Die Technik des narrativen Interviews in Interaktionsfeldstudien – dargestellt an einem Projekt zur Erforschung von kommunalen Machtstrukturen, Bielefeld: Kleine, 1978

Schütz, Fritz: Das narrative Interview in Interaktionsfeldstudien: erzähltheoretische Grundlagen, Hagen: Studienbrief der Fernuniversität Hagen, 1987

Solms, Mark / Turnball, Oliver: Das Gehirn und die innere Welt, Düsseldorf: Patmos, 2004

Streek-Fischer, Annette: Kinder und Jugendliche mit komplexen Traumatisierungen in analytischer Behandlung, in: Endres, Manfred / Biermann, Gerd (Hg.): Traumatisierung in Kindheit und Jugend, München, Basel: Reinhardt, 2002, 116-130

Visser, John / Jehan, Zenib: ADHD: a scientific fact or a factual opinion? A critique of the veracity of Attention Deficit Hyperactivity Disorder, in: Emotional and behavioural Difficulties, Vol. 14, No. 2, 2009, 127-140

Warr, Deborah J.: Stories in the Flesh and Voices in the Head: Reflections on the Context and Impact of Research with Disadvantaged Populations, in: Qualitative Health Research, Vol. 14, No. 4, 2004, 578-587

Warzecha, Birgit: Teaching and learning at the limit: institutional and social processes of disintegration with school age young people in Hamburg, in: Support for Learning, Vol. 17, No. 2, 2002, 64-69

Willmann, Marc: The forgotten schools. Current status of special schools for pupils with social, emotional and behavioral difficulties in Germany: a complete national survey, in: Emotional and Behavioural Difficulties, Vol. 12, No. 4, 2007, 299-318

Willmann, Marc: Schulische Erziehungshilfe, in: Ahrbeck, Bernd / Willmann, Mark (Hg.): Pädagogik bei Verhaltensstörungen. Ein Handbuch, Göttingen: Kohlhammer, 2010, 67-76

Winkler, Michael: Sozialer Wandel und veränderte Kindheit, in: Ahrbeck, Bernd / Willmann, Marc (Hg.): Pädagogik bei Verhaltensstörungen, Stuttgart: Kohlhammer, 2010, 312-335

Zaphiriou Woods, Mary: Entwicklungspsychologische Überlegungen in der Erwachsenenanalyse, in: Green, Viviane (Hg.): Emotionale Entwicklung in Psychoanalyse, Bindungstheorie und Neurowissenschaften, Frankfurt am Main: Brandes & Apsel, 2005, 285-310

Marcus Hußmann

Zwischen Hilfeunterlassung und gemeinsamer Aufgabenbewältigung – helfendes Handeln aus der Perspektive von Jugendlichen in „besonderen Problemlagen"

1. Einleitung

Wie erleben und bewerten besonders hilfeerfahrene Jugendliche ihren eigenen sozialarbeiterischen Fallprozess? Diese Frage stand im Zentrum der Studie: „'Besondere Problemfälle' Sozialer Arbeit in der Reflexion von Hilfeadressaten aus jugendlichen Straßenszenen in Hamburg" (Hußmann 2011), aus der im Folgenden einige Ergebnisse vorgestellt werden. Die Daten stammen aus acht Interviews mit Jugendlichen und jungen Erwachsenen, die sich zwischen 2004 und 2008 im Hamburger Drogen- und Prostitutionsmilieu aufhielten.
Die Interviewpartnerinnen und -partner repräsentieren eine bestimmte Adressatengruppe, welche Fachkräfte der Sozialen Arbeit und der schulischen Erziehungshilfe regelhaft vor schwierige Herausforderungen stellt. Diese jungen Menschen sind in der Regel besonders häufig betroffen von häuslicher Gewalt, Vernachlässigung, Missachtung und Deprivation. Durch die Zugehörigkeit zu unterschiedlichen subkulturellen Szenen entstehen zudem Risikokonstellationen, die als (kindeswohl-) gefährdend eingestuft werden können.
Im Rahmen der o.g. Studie gaben die Befragten Einblicke in ihre Fallprozesse und berichteten vor allem über Interventionen der Kinder- und Jugendhilfe, welche bei ihnen zu unterschiedlichen Zeiten zumeist als Reaktionen auf gefährdende Ereignisse eingesetzt wurden. Dazu zählen z.B. Schutz- und Zwangsmaßnahmen, ambulante und stationäre Erziehungshilfen, sozial-therapeutische Maßnahmen sowie die aufsuchende Jugendarbeit.
Im ersten Teil dieses Beitrages werden zunächst einige Befunde aus dem Forschungsstand zum Thema „Jugendliche in Bahnhofs- und Straßenszenen" aufgeführt. Im zweiten Abschnitt sind Untersuchungsergebnisse der Studie „Besondere Problemfälle Sozialer Arbeit" dargestellt, die im dritten Kapitel diskutiert werden.

2. Jugendliche in Bahnhofs- und Straßenszenen

Aufgrund umfangreicher Forschungsaktivitäten zum Thema „Jugendliche in Bahnhofs- und Straßenszenen" liegen heute zahlreiche Untersuchungsergebnisse aus verschiedenen Fachdisziplinen vor (ausführlich: Hußmann 2007; 2011). In einer ersten Annäherung an den Forschungsstand fallen heterogene und ungenaue Begriffsbestimmungen zur Beschreibung des Phänomens auf. Zudem wurden mehrfach widersprüchliche Angaben über die Anzahl Jugendlicher in Straßen- und Bahnhofsszenen publiziert, so dass diese Gruppe weder begrifflich präzise fassbar noch quantifizierbar zu sein scheint. Wer gemeint ist, ist zumeist dennoch klar: Es geht um Jugendliche, die sich dominanzkulturellen Anforderungen verweigern, durch ein vergleichbar höheres Risikoverhalten, als das ihrer Altersgenossen, auffallen, seit etwa 30 Jahren regelmäßig medial vermarktet werden, damit zeitweise im Licht des öffentlichen Interesses stehen und dabei massiv und nachhaltig von Ausgrenzung bedroht sind.

Die unterschiedlichen Begriffsbestimmungen markieren auch die inhaltlichen Schwerpunkte einer langen Forschungstradition, mit denen sich Forscherinnen und Forscher dem Phänomen näherten. In den 1980er Jahren dominierten hauptsächlich Bezeichnungen, die auf das Ereignis des Ausreißens aufmerksam machten, z.B. „Trebegänger" (u.a. Hosemann / Hosemann 1984). Wenige Jahre später wurden die Jugendlichen aufgrund ihrer Aufenthaltsorte und in Assoziation an sog. Drittweltstaaten als „Bahnhofskinder" oder „Straßenkinder" bezeichnet (u.a. Seidel 1994). Neuere Studien schreiben von „besonders Schwierigen" (Ader / Schrapper 2001), oder „wohnungslosen Minderjährigen" (Bodenmüller / Piepel 2003). Die größten Jugendhilfestudien zu dieser Personengruppe stammen vom Deutschen Jugendinstitut (DJI) und vom Institut für Soziale Arbeit (ISA), welche die Begriffe „Straßenkarrieren" und „Jugendliche in besonderen Problemlagen" einbrachten (vgl. Permien / Zink 1998; Hansbauer 2000). Diese beiden Bezeichnungen wurden von vielen nachfolgenden wissenschaftlichen Arbeiten zur Benennung der Untersuchungsgruppe übernommen. Eine Karriere wird als eine Abfolge mit bestimmten Weichenstellungen verstanden. Dazu zählen z.B. schädigende familiale Einflüsse und ein Aufwachsen in Armutsverhältnissen; Aspekte, die als „push-Faktoren" zur Straßenszene gelten können (vgl. Permien / Zink 1998). Anders ausgedrückt sind dies die „besonderen Problemlagen", durch die die betroffenen Heranwachsenden zu Straßen- und Bahnhofsszenen gedrängt werden. Die Merkmale der Straßen- und Bahnhofsszenen, die aufgrund einer gewissen Attraktivität ihrer subkulturellen Milieus neugierige Jugendliche anlocken können, werden als „pull-Faktoren" (vgl. ebd.) bezeichnet.

Hinreichend empirisch nachgewiesen ist, dass die Zugehörigkeit zu diesen subkulturellen Milieus „institutionelle und soziale Desintegrationsprozesse" (Warzecha 2000) bedingt, welche wiederum neue „besondere Problemlagen" bewirken. Sie sind nach einer gewissen Zeit der Szenezugehörigkeit nur noch schwer zu überwinden.

Ab den 1990er Jahren belegen zahlreiche empirische Studien, dass die Schule und auch die Kinder- und Jugendhilfe einen erheblichen Anteil daran haben, dass „Straßenkarrieren" entstehen (ausführlich: Hußmann 2007; 2011). Aneinanderreihungen von Hilfemaßnahmen, spezifische Verweisungspraktiken, Segregationsprozesse der helfenden Institutionen, fehlende Kooperationen zwischen den Hilfesystemen oder das gemeinsame Austreiben von „schwierigen Klienten" aus Einrichtungen und Schulen sind mitverantwortlich, dass Fallprozesse sich zuspitzen oder eskalieren. Die einst „besonderen Problemlagen" der Jugendlichen transformieren sich innerhalb der Hilfesysteme somit zu „besonderen Problemfällen" (Hußmann 2011).

Vor dem Hintergrund dieser Ergebnisse und einer noch unzureichenden Berücksichtigung der Adressatenperspektive auf sozialarbeiterische Fallprozesse in vielen der vorliegenden Untersuchungen wurden der Studie zwei zentrale Fragen zugrundegelegt:

- Wie erleben die betroffenen Heranwachsenden ihre Situation?
- Wie bewerten sie die Handlungen von Professionellen der Kinder- und Jugendhilfe?

Vor allem zur zweiten Frage werden im nächsten Kapitel die wichtigsten Ergebnisse der Untersuchung skizziert.

3. Soziale Arbeit in der Reflexion von Hilfeadressaten aus jugendlichen Straßen- und Bahnhofsszenen

Die Datenbasis der Untersuchungsergebnisse besteht aus acht „Episodischen Interviews" (Flick 1996) mit Jugendlichen und jungen Erwachsenen aus dem Drogen- und Prostitutionsmilieu der Hamburger Stadtteile St. Georg und St. Pauli. In den Interviews wurde sowohl nach konkreten Episoden (situatives Wissen) als auch nach subjektiven Definitionen (semantisches Wissen) bezüglich der eigenen Fallprozesse gefragt. Die Interviews wurden in der Hamburger Anlaufstelle für Jugendliche am Hauptbahnhof, dem KIDS geführt. KIDS steht für die Abkürzung „Kinder In Der Szene". Diese niederschwellige Einrichtung bietet Minderjährigen u.a. Überlebenshilfen, Beratung, Straßensozialarbeit, Freizeitgestaltung, einen Bezugsbetreuer, Frühstück und Abendessen sowie einen offenen Bereich an.

Ausgewertet wurden die Interviews in Anlehnung an das psychoanalytisch-tiefenhermeneutische Verfahren nach Leithäuser (2001) sowie in Anlehnung an das Thematische Codieren nach Flick (1996). Darüber hinaus wurden biografische Abläufe rekonstruiert.

Die Hälfte der Befragten wies zum Zeitpunkt des Interviews einen Lebensstil auf, der im Zusammenhang mit einer Kinderschutzdiagnostik als Kindeswohlgefährdung eingestuft werden würde. Die anderen waren bereits über 18 Jahre alt und vielen aufgrund ihres Alters nicht mehr in diese Kategorie.

Die Studie bestätigte zunächst ein bereits bekanntes Ergebnis und wies wiederholt nach, dass es sich bei dieser Fallgruppe um früh und nachhaltig verletzte, institutionell desintegrierte und aufgrund ihrer sozioökonomischen Herkunft und der Zugehörigkeit zu subkulturellen Milieus stark benachteiligte Heranwachsende handelt. Die Biografien der Befragten weisen z.B. Misshandlungen und sexuelle Gewalt durch Familienangehörige, Todesdrohungen und Tötungsdelikte innerhalb der Familie, lebensbedrohliche Missachtungen von physischen und emotionalen Grundbedürfnissen, familiale Isolation und (Reiz-) Armut sowie Entfremdung und Einsamkeit auf. Die Interviewpartnerinnen und -partner gaben außerdem an, dass sie im Verlauf ihrer Adoleszenz exzessiv Drogen konsumierten, aggressiv gegen andere oder sich selbst handelten, Suizid-Versuche unternahmen, gegen Regeln in Jugendhilfeeinrichtungen opponierten, aus Jugendhilfeeinrichtungen flüchteten oder von dort ausgewiesen wurden, die Schule schwänzten oder nicht mehr beschult wurden, auf der Straße lebten, kriminalisierte Handlungen ausführten und entsprechende Instanzenkontakte zur Polizei und Justiz hatten.

Alle berichteten über Erfahrungen mit unterschiedlichen Einrichtungen der Kinder- und Jugendhilfe sowie mit sozialtherapeutischen und psychiatrischen Institutionen. Bis auf eine Ausnahme weisen alle Hilfeverläufe Aneinanderreihungen von Hilfemaßnahmen aus dem Achten Sozialgesetzbuch (SGB VIII), sog. Maßnahmeketten auf.

Von denjenigen, die den Eintritt von Sozialer Arbeit im Kindesalter erlebten, wird die Kinder- und Jugendhilfe als eine Befreiung, z.B. von familialer Gewalt oder desolaten häuslichen Situationen geschildert. Bei den anderen, bei denen die Kinder- und Jugendhilfe erst im Jugendalter eintrat, meist als Reaktion auf ein erhöhtes jugendliches Risiko-Verhalten, folgten lebensweltersetzende und Sozialität-zerstörende Maßnahmen. In einem Ausnahmefall begann der Fallprozess in der Anlaufstelle KIDS am Hauptbahnhof und es folgte eine lebensweltverhaltende Unterstützung vor Ort. Dieser Fallprozess unterscheidet sich maßgeblich von allen anderen, da sich diese junge Frau in allen wichtigen Entscheidungen in der Regel hinreichend beteiligt fühlte.

Nach Ansicht der meisten der Befragten waren vor allem Bezugspädagogen, die sie kontinuierlich und verlässlich begleiteten, relevant und entwicklungsfördernd. Diese Fachkräfte konnten über ihre Beziehungsarbeit die jungen Menschen in den Hilfeeinrichtungen halten und ihre zumeist herausfordernden Verhaltensweisen aushalten. Sie wurden von den Befragten mit Eigenschaften belegt, welche für primäre Bezugspersonen mit sicheren Bindungsmuster (Ainsworth 1964) zutreffen. Überdies wurden sie vielfach als mütterlich oder väterlich sowie als passend beschrieben. Solche Bindungs- und Passungsverhältnisse entstanden vor allem dann, wenn professionelle Mehrpersonensettings (Herz 2006) vorhanden waren und die Jugendlichen sich aus einer Anzahl von unterschiedlichen Fachkräften eine für sie passende Ansprechperson wählen konnten. Mehrpersonensettings, aus denen beständige pädagogische Beziehungen aufgebaut wurden, entstanden aber zuweilen auch durch Kooperationen zwischen unterschiedlichen Einrichtungen rund um den Betreuten.

Die geschilderten Beziehungs- und Passungsverhältnisse entwickelten sich ausschließlich über partizipative pädagogische Handlungsdimensionen, welche Zugänge ermöglichten und einen Machtausgleich auf unterschiedlichen Ebenen veranlassten. Dazu zählten auch aufeinander bezogene, dialogische und anerkennende Sichtweisen zwischen Bezugsbetreuern und Jugendlichen. In solchen Beziehungskontexten konnten die Befragten verhärtete Konflikte klären und es wurden Re-Integrationen in das Hilfesystem ermöglicht, z.B. in eine betreute Wohngruppe. Über dialogisch-partizipative Arbeitsweisen der Fachkräfte und ihren garantierten Halt- und Beziehungsangeboten wurden aus der Sicht einiger Interviewpartnerinnen und -partner „Rettungen" aus dem Drogenmilieu initiiert: „Wenn sie damals nicht gewesen wäre, dann weiß ich nicht, ob ich heute hier sitzen würde" ist dafür ein typisches Zitat einer ehemaligen Heroinkonsumentin. Beziehungsarbeit im Rahmen von dialogisch-partizipativen Arbeitsweisen zählen aus Sicht der Befragten zu den wichtigsten professionellen Komponenten eines helfenden Handelns.

Als weitere Komponenten für gelingendes Handeln in besonderen Problemlagen wurden sowohl personale als auch institutionelle Handlungskompetenzen vorgestellt. Wie schon Regina Rätz-Heinisch (2005) in ihrer Studie: „Gelingende Jugendhilfe bei aussichtslosen

Fällen" herausarbeiten konnte, existierte in gelingenden Hilfeprozessen ein enger Zusammenhang zwischen einem experimentellen methodischen Handeln sowie dessen rahmenden institutionellen Strukturen. So ist in den Aussagen zu erkennen, dass das häufig positiv erwähnte anwaltschaftliche Handeln von Fachkräften im Kontext einer methodisch kreativen aber strukturell klaren Umsetzung von Kontrollaufgaben stattfand. Im Weiteren wurden das kompetente Fach- und Verweisungswissen von Pädagoginnen und Pädagogen, eine attraktive Freizeitgestaltung, eine garantierte Schutzfunktion der Einrichtung oder eine zuverlässige Unterstützungsfunktion erwähnt.

Solche, von den Befragten positiv bewerteten Handlungsdimensionen lassen erkennen, dass in aussichtslos scheinenden und schwierig verlaufenden Fallprozessen erfolgreiches Handeln möglich ist. Aus der Sicht der Interviewpartnerinnen und -partner wird deutlich, dass die jungen Menschen über den Weg personaler, partizipativer und dialogischer Grundstrukturen eines helfenden Handelns traumatische Erfahrungen der Kindheit zum Teil aufarbeiten konnten und sich emotional, kognitiv und sozial weiterentwickelten. Zudem wurden ihnen Perspektiven und Zugänge eröffnet.

Die Studie konnte herausarbeiten, dass gelingende Handlungsdimensionen jedoch zu den sekundären Erfahrungen mit der Kinder- und Jugendhilfe zählten. Als Primärerfahrungen wurden Negativerlebnisse in Betreuungssettings hervorgehoben, die in mehrerer Hinsicht auf eine Jugendhilfe der Hilfeunterlassung hindeuten.

Die zahlreichen Negativschilderungen offenbaren das Fehlen von partizipativen, dialogischen und wechselseitigen Handlungsdimensionen und von professioneller Unterstützung. Soziale Arbeit war aus Sicht der Befragten mehr, als Kontrolle: sie schädigte durch sozialdisziplinarische Kontroll- und Zwangskontexte, welche von den betroffenen jungen Menschen als Strafreaktion auf ihr zumeist von der Norm abweichendes Verhalten erlebt wurden. Zu solchen Kontexten zählten sie vor allem Einweisungen in wohnortferne Unterbringungen und in Heime mit geschlossenen Strukturen. An abgelegenen oder geschlossenen pädagogischen Orten fühlten sie sich einer zumeist behavioristisch und disziplinierend agierenden Pädagogik ausgeliefert. Sie beschrieben die Handlungen der Fachkräfte als gewalttätig, entwürdigend und isolierend, z.B. durch das Anschreien mehrerer Fachkräfte während eines konfrontativen Trainings, harte körperliche Arbeit, Kontaktverbote zu Freunden und der Familie und die räumliche Isolation als eine Strafmaßnahme im Heim. In wohnortfernen sowie geschlossenen Unterbringungen bzw. Unterbringungen mit ähnlichem Charakter erlebten manche der Interviewpartnerinnen und -partner psychische Krisen, zwei schilderten Suizidversuche.

Die auswärtigen und geschlossenen Unterbringungen reihten sich ein in diverse andere Hilfemaßnahmen. Sie markieren institutionelle Steuerungen von Zuständigkeiten und Verweisungspraxen, deren wichtigstes Merkmal die Abwesenheit von Mitsprache und Entscheidungsmacht der Heranwachsenden war. Gleiches gilt für diagnostische Äußerungen von Fachkräften, die in den Interviewaussagen als abwertende und monologisch getroffene Situationsdefinitionen sowie als defizitäre Klassifizierungen erkennbar werden und auf diskreditierende Interaktionsmuster der Pädagoginnen und Pädagogen hindeuten.

Von den Befragten wurden zahlreiche Episoden dargestellt, die Krisen-, Ausgrenzungs- und Spaltungserlebnisse durch das Einwirken der Kinder- und Jugendhilfe aufzeigen. Aus den Berichten wird deutlich, dass die Notlagen, in denen sich die Kinder- und Jugendlichen sahen, von den Professionellen entweder nicht als solche wahrgenommen oder in Folge von unangebrachten professionellen Handlungen durch sie mit verursacht wurden. Im semantischen Wissen der interviewten jungen Menschen blieben Nicht-Hilfe, Selbstbezogenheit von Fachkräften, Nichtbeteiligung und schließlich die Hilfeunterlassung als primäre Funktion der Kinder- und Jugendhilfe haften.

Auf die Frage nach der Bedeutung der Straßen- und Bahnhofsszene wurde ersichtlich, dass die Peers, in denen sie sich aufhielten, als Kulturen einer Pädagogik des Sozialen wirkten. Die jungen Menschen gaben an, dass Straßen- und Bahnhofsszenen Orte für wichtige Bildungsprozesse sind und waren und sie dort Sozialität erleben konnten.

4. Diskussion: Jugendhilfe zwischen Hilfeunterlassung und gemeinsamer Aufgabenbewältigung

Die Ergebnisse der Studie „Besondere Problemfälle Sozialer Arbeit in der Reflexion von Hilfeadressaten aus jugendlichen Straßenszenen in Hamburg" (Hußmann 2011) wurden durch unterschiedliche wissenschaftliche Zugänge vertiefend analysiert und diskutiert. In diesem letzten Kapitel werden einige Ergebnisse dieser Diskussion aufgeführt.

Reflektiert man die Untersuchungsergebnisse zunächst aus einer relationalen Perspektive (u.a. Gildemeister 1995; Falck 1997), so verdichten sich die Episoden und Situationsdefinitionen zu bestimmten Mustern, die in der Studie als „Relationsmuster" bezeichnet werden. In solchen Mustern werden u.a. Fachwissen und Handlungskompetenzen, der (gesellschaftliche) Auftrag der professionelles Handeln tragenden Organisationen, deren Ressourcen, deren Handlungspotenzial sowie deren organisatorisch-rechtliche Rahmen mit lebensweltlichen Komponenten relationiert (vgl. Gildemeister 1995, 33).

In dem Bild eines Kontinuums befinden sich auf der einen Seite, dem Negativpol, schließende Relationsmuster, in denen Fachkräfte der Kinder- und Jugendhilfe primär auf sich selbst bzw. auf das Hilfesystem bezogen agieren. Bei Aneinanderreihung von mehreren Erziehungshilfemaßnahmen befanden sich die jungen Menschen zudem in Relationsmustern einer seriellen Selbstbezogenheit. Durch den aufeinanderfolgenden Wechsel von sehr heterogenen Unterbringungsformen (z.B. Pflegefamilie – Psychiatrie – Geschlossene Unterbringung – auswärtige Unterbringung – Inobhutnahmestelle – Wohngruppe usw.) durchliefen die Heranwachsenden heterogene Kontexte mit ganz unterschiedlichen Regeln und Normen. Sie erlebten die Serie zunächst als Höherdosierung von mehr Betreuungsintensität, mehr Regeln und mehr Disziplin und nach erfolgloser Behandlung als eine Abkehr des pädagogischen Engagements bis hin zur Verweigerung von Anschlussmaßnahmen. Eine notwendige und hinreichende Beteiligung der jungen Adressaten wurde im Relationsmuster der seriellen Selbstbezogenheit verhindert. Die mit der Serie einhergehenden Betreuungsabbrüche zu Professionellen wurden von den Betroffenen emotiv verarbeitet und sie litten unter dem Verlust der Beziehungen. Die Flucht aus den Einrichtungen blieb zumeist die einzige Möglichkeit, das Relationsmuster der seriellen Selbstbezogenheit zu unterbrechen. Zum Subjekt und Mitgestalter ihres Hilfeprozesses wurden sie damit jedoch nicht.

Die Hilfsangebote innerhalb von aneinandergereihten Maßnahmen wirkten für die Betroffenen zumeist schließend und sie wiesen keine Hilfe in Form einer tatsächlichen

Unterstützung oder eines erkennbaren Gebrauchswertes auf. Aus zahlreichen geschilderten Episoden einer seriellen Selbstbezogenheit sedimentierte sich ein semantisches Wissen, dass die Kinder- und Jugendhilfe es unterlässt, zu helfen.
In den Relationsmustern der seriellen Selbstbezogenheit und der fortschreitenden Schließung traten die Heranwachsenden zudem stetig in immer neue Arbeitszusammenhänge mit Pädagogen ein, aus denen jedoch nur sehr selten Arbeitsbündnisse entstanden. Vielmehr wurden die Professionellen zu Agenten über Statuspassagen (vgl. Nagel / Dietz 2005, 1828) – klientele Statuspassagen, die im Relationsmuster einer fortschreitenden Schließung als Passagen einer fortschreitenden Ausgrenzung wirksam wurden. Professionelle wurden zu Agenten im Außen und zu Agenten des Außen. Das „Innen" erschien für die Befragten als eine für sie unerreichbare Soziale Arbeit der Hilfe.
Die Pädagogik der Agenten über das Außen bestand aus Praktiken der Sozialdisziplinierung. Die Berichte über solche Praktiken offenbaren pädagogische Versuche der personalen und zielgeleiteten Beeinflussung zum Zweck der Zerstörung von biografisch erworbenen Handlungsmustern sowie der Zerstörung von gewachsenen oder gewählten Sozialitäten der Teenager. In einigen Fallprozessen sind zudem Parallelen zu traumatischen Erlebnissen der Kindheit als professionell erzeugte Re-Inszenierungen zu erkennen. Die Jugendlichen erlebten sie als Strafe für ihre Verhaltensweisen und diese Strafe bestand aus der Überführung in eine neue klientele Statuspassage. Sie erlebten somit eine fortschreitende Schließung und Ausgrenzung innerhalb des Jugendhilfesystems. Der Zugang zu relevanten Mitgliedschaften, ihren Freunden in der Szene und zu noch verbliebenen Verwandten wurde abgebunden. Die Befragten wurden aus ihren angestammten oder selbst gewählten sozialen Mitgliedschaften räumlich entfernt und unachtsam in neue soziale Mitgliedschaften gebracht, derer sie sich nicht zugehörig sahen. Hervorzuheben ist, dass das Abbinden von Zugängen zu Sozialitäten, z.B. durch wohnortfernes Unterbringen in allen untersuchten Fällen schlussendlich erfolglos blieb. Alle interviewten jungen Menschen suchten ihre Mitgliedschaften nach der zeitlichen Überwindung einer jeweiligen Jugendhilfemaßnahme regelhaft wieder auf; sie alle gingen zurück zur Straßenszene oder zu ihren Herkunftsmilieus.
Diese Aspekte markieren den einen Pol der schließenden, seriell organisierten und selbstbezogenen Relationsmuster, in denen Professionelle wiederkehrend im Rahmen von unangebrachten Hilfelogiken handelten.
Am anderen Pol des Kontinuums befindet sich ein Relationsmuster, das in der Studie in Anlehnung an Mannschatz (2003) als das Relationsmuster der „gemeinsamen Aufgabenbewältigung" bezeichnet wird. Es beschreibt die „Vereinbarung aller Beteiligten auf eine gemeinsame Aufgabe und ihre Einbindung in die darauf gerichtete Aktivität" (Mannschatz 2003, 116). Die grundlegende Handlungsdimension dieses Relationsmusters ist partizipativ. Die betroffenen jungen Menschen erlebten eine relevante und positiv beurteilte „Mitgliedschaft" (vgl. Falck 1998) in der Zusammenarbeit mit den Fachkräften im Hilfeprozess. Eine solche „positive Mitgliedschaft" (vgl. ebd.) war in allen untersuchten Fallprozessen die Basis für Neurealisierungen von Lebensentwürfen und neuer Zugänge.
Die biografischen Fallverläufe der Interviewpartnerinnen und -partner wiesen schnelle und unvorhersehbare Wechsel auf, in denen jeweils Situationspotentiale für Veränderungen enthalten waren. Im Relationsmuster der gemeinsamen Aufgabenbewältigung wur-

den auch in defizitär erlebten Situationen gemeinsam mit Professionellen Situationspotentiale als Ressourcen ausgelotet (vgl. Julien 1999). Vor dem Hintergrund einer konstitutiven Ungewissheit kam das methodische Handeln der Fachkräfte zwar vielfach experimentell zum Einsatz. Es griff jedoch regelhaft Situationspotentiale auf, eröffnete Perspektiven und gestaltete pädagogische Anfänge (vgl. Hörster / Müller 1997) in der Gegenwart. Die Institution stellte den Hintergrund eines sicheren und haltgebenden Rahmens und bot Möglichkeiten für neue Mitgliedschaften als ein spezifisches entwicklungsförderndes Setting. Die Ergebnisorientierung bezog sich ebenfalls auf die Gegenwart, aus der wiederum neue Situationspotentiale für die Zukunft ausgelotet werden konnten.

Die Untersuchungsergebnisse verdeutlichen, wie oben beschrieben, dass auch in aussichtslos scheinen Fallprozessen öffnende Handlungen möglich sind und sie verweisen damit auf eine interessante Schlussfolgerung:

Je mehr Partizipation in Hilfesettings gewährleistet wird, je mehr unterschiedliche Bezugspersonen zu Verfügung stehen, je höher die Settings entwicklungspädagogisch und Sozialität-realisierend ausgerichtet sind, je größer die Fähigkeiten der Professionellen und der Institutionen sind, den Kontakt zu ihren Betreuten halten und aushalten zu können, je mehr sie sich methodisch vielfältig und experimentell auf schnell wechselnde Lebenssituationen beziehen können, je mehr die biografisch gewachsenen Handlungsmuster der Heranwachsenden mit in das professionelle Handeln und für den Jugendlichen sinnvoll einbezogen werden, je höher die pädagogischen Kompetenzen eines partizipativen und dialogischen Fallverstehens sind, je mehr gemeinsame Handlungsmuster entwickelt werden können, je näher die sekundäre Sozialisation sozialräumlich ausgerichtet ist – desto größer ist die Wahrscheinlichkeit, dass die Probleme in „besonders problematischen Jugendhilfefällen" geregelt werden können.

Literatur

Ader, Sabine / Schrapper, Christian: Wie aus Kindern in Schwierigkeiten „schwierige Fälle" werden – über Fallverstehen, Falldynamik und Fallstricke in der Jugendhilfe, in: Institut für Soziale Arbeit (ISA) (Hg.): ISA-Jahrbuch zur Sozialen Arbeit, Münster: Waxmann, 2001, 11-127

Ainsworth, Mary D.: Patterns of attachment behavior shown by the infant in interaction with his mother, in: Merrill-Palmer Quaterly, Vol. 10, No. 1, 1964, 51-58

Bodenmüller, Martina / Piepel, Georg: Streetwork und Überlebenshilfen. Entwicklungsprozesse von Jugendlichen aus Straßenszenen, Weinheim, Berlin, Basel: Beltz Verlag, 2003

Falck, Hans S.: Membership. Eine Theorie der Sozialen Arbeit, Stuttgart: Kohlhammer, 1997

Flick, Uwe: Psychologie des technisierten Alltags. Soziale Konstruktion und Repräsentation technischen Wandels in verschiedenen kulturellen Kontexten, Opladen: Budrich, 1996

Gildemeister, Regine: Kunstlehren des Fallverstehens als Grundlage der Professionalisierung sozialer Arbeit, in: Langhanky, Michael: Verständigungsprozesse Sozialer Arbeit. Beiträge zur Theorie- und Methodendiskussion, Hamburg: Agentur des Rauhen Hauses, 1995, 26-37

Hansbauer, Peter / ISA (Hg.): Entwicklung und Chancen junger Menschen in sozialen Brennpunkten. „Straßenkarrieren" im Schnittpunkt von Jugendhilfe, Schule und Polizei. Analysen und Modelle. Institut für Soziale Arbeit / Bundesministerium für Familie, Senioren, Frauen und Jugend, Münster: Waxmann, 2000

Herz, Birgit: Der Einstieg in den Ausstieg: Zur Relevanz des Mehrpersonensettings in außerschulischen Bildungsangeboten mit Heranwachsenden im subkulturellen Milieu der Straße – Kernprobleme von Bildungs- und Erziehungsprozessen, in: Herz, Birgit (Hg.): Lernen für Grenzgänger. Bildung für Jugendliche in der Straßenszene, Münster, New York, München, Berlin: Waxmann, 2006, 29-49

Hörster, Reinhard / Müller, Burkhard: Zur Struktur sozialpädagogischer Kompetenz. Oder: Wo bleibt das Pädagogische der Sozialpädagogik? In: Combe, Arno / Helsper, Werner (Hg.): Pädagogische Professionalität. Untersuchungen zum Typus pädagogischen Handelns, Frankfurt am Main: Suhrkamp, 1996, 614-648, (2)

Hosemann, Dagmar / Hosemann, Wilfried: Trebegänger und Verwahrloste in sozialpädagogischer Betreuung außerhalb von Familie und Heim, Berlin: Hofgarten Verlag, 1984

Hußmann, Marcus: „Jugendliche in der Szene" – Eine Annäherung an Untersuchungsergebnisse aus rund 30 Jahren Forschung und der Versuch einer sozialräumlichen Sichtweise, in: Herz, Birgit (Hg.): Lern-„Brücken" für Jugendliche in Straßenszenen, Münster, New York, München, Berlin: Waxmann, 2007, 21-46

Hußmann, Marcus: „Besondere Problemfälle" Sozialer Arbeit in der Reflexion von Hilfeadressaten aus jugendlichen Straßenszenen in Hamburg. Eine qualitative Studie unter besonderer Berücksichtigung der Membership-Theorie nach Hans Falck, Münster: Monsenstein und Vannerdat, 2011

Jullien, Francois: Über die Wirksamkeit, Berlin: Merve, 1999

Leithäuser, Thomas: Psychoanalyse und tiefenhermeneutische Sozialforschung, in: Claussen, Detlev / Negt, Oskar / Werz, Michael (Hg.): Hannoversche Schriften 4. Philosophie und Empirie, Frankfurt am Main: Verlag Neue Kritik, 2001, 118-145

Mannschatz, Eberhard: Gemeinsame Aufgabenbewältigung als Medium sozialpädagogischer Tätigkeit. Denkanstöße für die Wiedergewinnung des Pädagogischen aus der Markarenko-Rezeption, Berlin: Trafo Verlag, 2003

Nagel, Ulrike / Dietz, Gunther-U.: Statuspassagen, in: Otto, Hans-U. / Thiersch, Hans (Hg.): Handbuch Sozialarbeit, Sozialpädagogik, München: Juventa, 2005, 1828-1833, (3)

Permien, Hanna / Zink, Gabriela: Endstation Straße? Straßenkarrieren aus der Sicht von Jugendlichen, München: DJI Verlag, 1998

Rätz-Heinisch, Regina: Gelingende Jugendhilfe bei „aussichtslosen Fällen"! Würzburg: Ergon Verlag, 2005

Seidel, Markus H.: Straßenkinder in Deutschland. Schicksale, die es nicht geben dürfte, Frankfurt am Main, Berlin: Ullstein Taschenbuchverlag, 1994

Warzecha, Birgit (Hg.): Institutionelle und soziale Desintegrationsprozesse bei schulpflichtigen Heranwachsenden. Eine Herausforderung an Netzwerke und Kooperation, Münster, Hamburg, London: Lit, 2000

Heimerziehung

Birgit Herz

Heimerziehung

In der Heimerziehung, als stationäre Maßnahme der Kinder- und Jugendhilfe, gab es in den letzten Jahrzehnten vielschichtige Veränderungen. Vor allem haben sich die Betreuungsformen für Minderjährige außerhalb ihrer Geburtsfamilien stark ausdifferenziert. Dabei zählen Partizipation, Milieunähe, Dezentralisierung, Regionalisierung und Integration zu den derzeitigen Maximen moderner Heimerziehung.[1]
Heimerziehung ist ein konzeptioneller Begriff (Blandow 2012), der eine große Zahl unterschiedlicher pädagogischer Einrichtungen und Angebotsformen umfasst: Familiengruppen, Heimgruppen im Schichtdienst mit in der Regel 8-10 Kindern, Kinderhäuser, geschlechtshomogene und -heterogene Gruppen; „diesen werden gemäß § 34 des Kinder- und Jugendhilfegesetzes gleichrangig ergänzt um sonstige betreute Wohnformen, die sowohl unterschiedliche Betreuungsdichten (eine gewisse Anzahl an Betreuungsstunden etwa in Jugendwohngemeinschaften und im Falle des Einzelwohnens), als auch verschiedene Betreuungsangebote an sich beinhalten können (z.B. Außenwohngruppen, sozialpädagogisch begleitete Verselbständigungswohngemeinschaften, flexibel betreutes Wohnen während eine Berufsausbildung etc.)".[2]
In der Bundesrepublik Deutschland leben etwa 60 000 Minderjährige in Heimen oder sonstigen betreuten Wohnformen und etwa 50 000 wachsen in Pflegefamilien auf.[3] Diese Gruppe der fremd untergebrachten Kinder und Jugendlichen verfügt vor allem über vielfältige biographische Brüche, Funktionalisierung von Beziehungen, Aussonderungserfahrungen, Zukunftshoffnungen und Zukunftsängsten, ambivalente Elternbilder.[4] Am stärksten ist die Altersgruppe der 16-17jährigen Jugendlichen in der Heimerziehung anzutreffen.
Jürgen Blandow schreibt, dass es die Heimerziehung vielfach mit Jugendlichen zu tun hat, „die fit darin sind, sich durchs Leben zu schlagen, aber die Techniken für's Alltägliche nicht gelernt haben".[5] Hier bietet die Fremdplatzierung neue Chancen und unbekannte Risiken zugleich, da mit dem Heimeintritt in aller Regel der Verlust einer vertrauten alltäglichen Umwelt verbunden ist. So kann der Eintritt durchaus als belastend

---

[1] vgl. Blandow, Jürgen: Was ist Heimerziehung heute?, in: Feuser, Georg / Herz, Birgit / Jantzen, Wolfgang (Hg.): Emotionen und Persönlichkeit, Stuttgart: Kohlhammer, 2012, im Druck

[2] Ellinger, Stephan: Rechtliche Regelungen in der Jugendhilfe, in: Gasteiger, Klicpera, Barbara / Julius, Henri / Klicpera, Christian (Hg.): Sonderpädagogik der sozialen und emotionalen Entwicklung, Göttingen u.a.: Hogrefe, 2008, 979

[3] vgl. Müller, Margarethe: Partizipation in der Heimerziehung, Dissertation Bergische Universität Wuppertal, 2009, S. 11 (http://elpub.bib.uni-wuppertal.de/sevlets/DokumentSevlet?id=1495)

[4] vgl. Wolf, Klaus: Heimerziehung aus Kindersicht als Evaluationsstrategie, in: Sozialpädagogisches Institut im SOS-Kinderdorf e.V. (Hg.): Heimerziehung aus Kindersicht, München: Eigenverlag, 2000, 6-39

[5] Blandow, a.a.O., 4

erfahren werden.[6] Aber die Heimerziehung kann auch „zugleich zu einem biographischen Wendepunkt werden, der neue Entwicklungschancen und Optionen ermöglicht".[7]
Diese Ambivalenzen betreffen eine Klientel, das in der Regel bereits über vielfältige Erfahrungen mit ambulanten Hilfen zur Erziehung verfügt. Bis es zum familiengerichtlich angeordneten Entzug des elterlichen Aufenthaltsbestimmungsrechts (§ 1666 BGB) kommt, ist die biographische Entwicklung des betreffenden Kindes oder Jugendlichen – aktenkundig – bereits massiv beeinträchtigt aufgrund eingeschränkter Erziehungskompetenzen der primären Bezugspersonen. Derart „erfahrene" Heranwachsende stellen hohe Anforderungen an die Professionalität des Fachpersonals.
Aber gerade in diesem Arbeitsfeld der außerschulischen Erziehungshilfe ist eine hohe Personalfluktuation zu verzeichnen; es besteht eine hohe Unzufriedenheit der MitarbeiterInnen über ihre Arbeitsbedingungen. Gleichzeitig fehlen für diese Aufgaben gut qualifizierte KollegInnen.[8] So kommt es, dass auch die Heimerziehung an ihrem Erziehungsauftrag scheitern und zu sog. Maßnahmekarrieren beitragen kann.[9]
Diese Jugendlichen erhalten dann oft das Etikett „Systemsprenger", ein mittlerweile inflationärer Begriff, der Probleme und Schwierigkeiten, die in einer Institution entstehen, individualisiert und Institution und MitarbeiterInnen von der pädagogischen Verantwortung entlastet. Gerade in der stationären Kinder- und Jugendhilfe bedarf es einer kritischen Reflexion der operativen und personalen Strukturen in den jeweiligen Systemen, um einen alternativen entwicklungsfördernden neuen Lebensraum bereit zu stellen.

Weiterführende Literatur

Esser, Klaus: Zwischen Albtraum und Dankbarkeit, Freiburg: Lambertus Verlag, 2011
Crain, Fitzgerald: „Ich geh ins Heim und komme als Einstein heraus". Zur Wirksamkeit der Heimerziehung, Wiesbaden: VS, 2012

---

[6] vgl. Crain, Fitzgerald: „Ich geh ins Heim und komme als Einstein heraus". Zur Wirksamkeit der Heimerziehung, Wiesbaden: VS, 2012, 262
[7] Wolf, Klaus: Machtstrukturen in der Heimerziehung, in: neue praxis, Jg. 40, Heft 6, 2010, 556
[8] vgl. Müller, a.a.O., S. 214.
[9] vgl. Mueller, Kay: Wenn Heimerziehung scheitert oder schwierige Jugendliche nicht mehr können, Freiburg: Centaurus Verlag & Media KG, 2010

Fitzgerald Crain
Vorwärts zurück zur „totalen Institution"?

1. Ein Fallbeispiel

Marcel ist ein Heimkind mit einer Heimkarriere. Als er geboren wurde, war seine allein stehende Mutter heroinabhängig. Wenige Monate nach der Geburt wurde er auf Veranlassung der Behörde der Mutter weggenommen und in einem Säuglingsheim untergebracht. Er war etwas mehr als ein Jahr alt, als er von einer Pflegefamilie aufgenommen wurde. Es waren engagierte Pflegeeltern, die von Marcels emotional distanzierter Art, seiner Unruhe, Unersättlichkeit und Gier jedoch oft überfordert waren. Die Erziehungsschwierigkeiten nahmen mit dem Schuleintritt zu. Die Unterbringung in einer therapeutischen Station brachte eine gewisse Entspannung zu Hause. Nach seiner Rückkehr aus dem Therapieheim eskalierten die Konflikte erneut. Marcel kränkte und beleidigte seine Pflegemutter, setzte sie unablässig mit Forderungen unter Druck und wies zugleich jeden Versuch einer Annäherung zurück. Der Pflegevater, mit dem er besser auskam, hatte, wie er sagte, keine Lust, sich seine Familie kaputt machen zu lassen. Schwierigkeiten gab es auch in der Schule. In einem Bericht hiess es, Marcel plage andere Kinder auf „hinterhältige und fiese Art" und störe den Unterricht. Weder die anderen Jugendlichen noch die Lehrkräfte kamen emotional an ihn heran; er wurde immer mehr zum ungeliebten Aussenseiter. Seine Leistungen waren trotz guter Intelligenz schwach.

Marcel trat mit 14 Jahren in ein Schulheim für sozial auffällige männliche Jugendliche ein. Wie verhielt er sich nach dem Heimeintritt? Er passte sich von Beginn an problemlos an die Heimregeln an. Auf menschliche Begegnungen liess er sich jedoch nicht ein; es war ihm lange ganz gleich, wer von den Sozialpädagoginnen und Sozialpädagogen anwesend war. Er zeigte weder Freude noch Trauer oder Wut. Auffallend war seine Faszination für alles, was mit Töten, Tod und Gewalt zu tun hatte. Oft sass er ruhig da, beobachtete, erkannte die Schwächen anderer, stichelte, kränkte und provozierte, während er sich selbst nicht provozieren liess. Allmählich öffnete er sich. Eineinhalb Jahre nach seinem Eintritt geriet er während des Sommerlagers in eine heftige Auseinandersetzung mit seinem Gruppenleiter. Er war ausser sich vor Wut.

Als Marcel mit 16 Jahren zur Lehrlingsgruppe wechselte, tapezierte er sämtliche Wände seines Zimmers mit Bildern von Panzerschlachten und anderen Kampfszenen. Vor allem die Sozialpädagoginnen fühlten sich herausgefordert. Man suchte das Gespräch. Marcel blieb unnachgiebig. Sollte man diese massenhafte Darstellung männlicher Gewalt untersagen?

2. Heimerziehung: Eine moderne Maßnahme der Jugendhilfe?

Heimerziehung ist umstritten. Vereinzelt wurde in den deutschsprachigen Ländern bereits in den Jahren vor 1968 heftige Kritik an den Erziehungsheimen formuliert. Mit der

„Heimkampagne" in den späten 60er und frühen 70er Jahren wurden die Missstände öffentlich. Heime wurden als Orte der Repression, des Missbrauchs und der Zerstörung von Lebenschancen junger Menschen gebrandmarkt. Goffmans Begriff der „totalen Institution" (2006) schien auf die Heimerziehung zuzutreffen: Kinder und Jugendliche hatten sich einem allgegenwärtigen System von Regeln und Vorschriften zu unterwerfen. Sie waren der Willkür von Erwachsenen ausgeliefert.

Die öffentliche Diskussion hatte Veränderungen in der Praxis der stationären Unterbringung zur Folge. Die erzieherische Arbeit wurde professioneller. Erziehungsheime wurden offener, sie wurden demokratischer geführt. Das moderne Heim entfernte sich von Goffmans „totaler Institution". Auf psychoanalytischen Erkenntnissen basierende Heimprojekte stützten die Einsicht, dass Bindung, Anerkennung und Wertschätzung des Kindes für seine Entwicklung bedeutsam sind (vgl. Crain 2005; 2012). Die Humanistische Psychologie beeinflusste in den 70er und 80er Jahren des 20. Jahrhunderts Pädagogik und Sozialpädagogik. Auch in lerntheoretischen Konzepten dominierte die positive Verstärkung prosozialen Verhaltens. Die Bedeutung der Strafe als Form der Unterdrückung nicht-sozialen Verhaltens trat – im Modell der operanten Konditionierung – in den Hintergrund.

Wie aber steht es mit dem Bild der Heimerziehung in der Öffentlichkeit? 1981 formulierte ein schweizerischer Jugendhilfeverband: „Es gibt für ein Kind nichts Schrecklicheres als die Einweisung in ein Heim."[1] Dreißig Jahre später ist in einem Artikel der Wochenzeitung „Die Zeit"[2] vom „unausweichlichen Hineingleiten in die vergiftete Wirklichkeit der Heimerziehung" und von „leer laufenden Mechanismen der verwalteten Fürsorge" die Rede. Die Heimerziehung hat sich verändert. Negative Bilder vom „Erziehungsheim" finden sich in der öffentlichen Wahrnehmung auch heute.

3. Eine Studie zur Wirksamkeit der Heimerziehung

Wie aber steht es mit der empirischen „Wirklichkeit" der Heimerziehung? Wie wird das Heim von den „Insassen" wahrgenommen? Wie steht es mit der längerfristigen Wirkung? Verbessert oder verschlechtert die Heimerziehung die Lebenschancen von Kindern und Jugendlichen? In einer qualitativen Studie[3] ging eine Forschungsgruppe der Frage nach, was moderne Heimerziehung erreichen kann. Heimbiographien und spätere Entwicklung von jungen Menschen, die in einem Schulheim für männliche verhaltensauffällige Jugendliche zwischen 12 und 20 Jahren untergebracht waren, wurden untersucht. 78 Heimbiographien wurden anhand der schriftlichen Unterlagen (Berichte von einweisenden Behörden, psychiatrischer Dienste, Besprechungsprotokolle etc.) analysiert, wobei sieben Jahrgänge vollständig erfasst wurden. Mit 35 dieser 78 Ehemaligen wurde ein problemzentriertes Interview geführt.

---

[1] Tagungsergebnis der Jugendgruppenvereinigung des Schweizerischen Invalidenverbands, 1981.
[2] „Die Zeit" vom 13. Januar 2011.
[3] Die Studie, die unter dem Titel „Ich geh ins Heim und komme als Einstein heraus": Zur Wirksamkeit der Heimerziehung" (Crain, 2012) erschienen ist, stand unter der Leitung des Autors. Der Forschungsgruppe gehörten Barbara Sprecher, Nunzio Ballato, Manuel Crain und Sabine Derrer an.

Welches waren die Untersuchungsergebnisse? In 40 Fällen – etwas mehr als die Hälfte – ließen die schriftlichen Unterlagen darauf schließen, dass die Jugendlichen während des Heimaufenthalts an Selbstvertrauen und Autonomie gewonnen hatten und dass sie anderen Menschen gegenüber offener geworden waren. Die meisten beendeten ihre obligatorische Schulzeit vom Schulheim aus; einige traten vorher aus, um die Schule von zuhause abzuschließen, deutliche Leistungs- und Lernfortschritte bis zum Zeitpunkt des Austritts waren erkennbar. Der Austritt wurde vorbereitet und gemäß den getroffenen Abmachungen durchgeführt.

Wie sah die Entwicklung bei den übrigen Jugendlichen aus? Bei einigen wenigen stellte die Forschungsgruppe Entwicklungsschritte fest; der Austritt war jedoch vorzeitig und manchmal krisenhaft. Etwa ein Fünftel trat regulär aus und in der Regel beendeten diese Jugendlichen die Schule. Auf einer psychosozialen Ebene ließ sich jedoch keine Veränderung erkennen. Bei einem weiteren Fünftel schließlich war keine Veränderung im Verhalten und in der Einstellung festzustellen. Diese Jugendlichen schlossen die Schule nicht ab. Der Austritt war vorzeitig und nicht regulär.

Auch wenn – vom Heim, von den Jugendlichen, von den Angehörigen – mehrheitlich gute Arbeit geleistet worden war, wie stand es mit der Entwicklung nach dem Austritt? 35 Ehemalige – in der Regel zwischen 25 und 32 Jahre alt – wurden interviewt. Der weitaus größte Teil der Befragten war sozial und beruflich gut integriert. Sie beurteilten den Heimaufenthalt in der Rückschau als wichtigen Schritt in ihrer Entwicklung. Das Heim hatte ihnen Sicherheit gegeben; das Heim war zugleich ein Ort der Auseinandersetzung und der Herausforderung gewesen. Sehr positiv beschrieben sie die Schule. Erlebten sie das Schulheim als „totale Institution"? „Konsequenzen" seien das meist gehörte Wort gewesen, meinte einer. Fast alle aber beschrieben die Offenheit der Institution; sie erinnerten sich an gute Momente während der Freizeit, an den Gruppenwochenenden, im Sommerlager. Soziale Kontakte zwischen den Jugendlichen waren wichtig – viele Freundschaften bestehen bis heute. Wichtig für sie waren ausgewählte Erwachsene: der Heimleiter, die Lehrkräfte, ausgewählte Sozialpädagoginnen und -pädagogen. Viele waren – in der öffentlichen Schule beispielsweise, die sie vom Heim aus besuchten – ab und zu mit abwertenden Bemerkungen konfrontiert gewesen, kaum einer aber fühlte sich durch den Heimaufenthalt belastet und stigmatisiert. Als wesentlicher Faktor einer wirksamen Heimerziehung kristallisierte sich die Fähigkeit und Bereitschaft der Jugendlichen heraus, die fremdbestimmte Heimunterbringung in eine weitgehend auch selbst bestimmte Möglichkeit umzudeuten.

Die Ergebnisse der Untersuchung lassen den Schluss zu, dass das Schulheim in vielen Fällen sinnvoll und notwendig gewesen war. Das Heim bildete insbesondere einen Schutz vor familiären Verhältnissen, die in Folge des Drogenkonsums der Eltern, von Prostitution, Alkoholismus, Vernachlässigung und Gewalt unhaltbar waren. Sehr oft waren auch mehrjährige Heimaufenthalte sinnvoll; manchmal erwies sich eine rechtliche Absicherung der Massnahme als notwendig. Bei anderen Jugendlichen war die aktuelle Lebenssituation allzu verfahren; Schulverweigerung, schwere Konflikte zu Hause, Polizeikontakte waren an der Tagesordnung. Der Heimaufenthalt ermöglichte eine wichtige Zäsur. Oft wurde die familiäre Situation entlastet und die Schule konnte regulär abgeschlossen werden.

4. Fragen

Es lassen sich durchaus Gründe anführen, die dafür sprechen, dass eine moderne Heimerziehung sinnvoll sein kann – sofern nicht Anpassung und Normierung das Erziehungsziel sind, sondern Autonomie und die Fähigkeit der Jugendlichen, ihr eigenes Leben zu gestalten; sofern sich die Institution als Ort der demokratischen Bildung und nicht als blosse Agentur der gesellschaftlichen Normalisierung versteht. Trotzdem stellt sich die Frage nach der Daseinsberechtigung der Heimerziehung in der Öffentlichkeit immer wieder – und sie stellt sich heute in besonderer Weise. Schule soll eine „Schule für alle" sein. Gefordert wird eine integrative oder gar inklusive Bildung[4] (vgl. Lanfranchi / Steppacher 2012). Sollten moderne demokratische Gesellschaften deshalb nicht auf jede Form separativer Erziehung und Bildung – und insbesondere auf die separativste von allen, die Heimerziehung – verzichten?

Wenn die stationäre Unterbringung von verhaltensauffälligen und sozial gefährdeten Kindern und Jugendlichen trotz integrativen Bildungskonzepten eine Zukunft hat, in welche Richtung wird sie sich entwickeln? Verstehen sich Heime weiterhin als Orte einer demokratischen Erziehung? Viel spricht dafür, dass Elemente einer konfrontativen Pädagogik Eingang in die heutige Heimerziehung finden (vgl. Dörr / Herz 2010). Es ist gut möglich, dass unter dem Zeit- und Kostendruck sozialtechnologische Tendenzen zunehmen werden.

5. Ein idealtypisches Beispiel für ein sozialtechnologisches Konzept

Was kennzeichnet ein sozialtechnologisches Erziehungskonzept? In einer Institution werden beispielsweise neu Stufenpläne eingeführt. Es werden umfassende Standards des Verhaltens definiert, die für die Jugendlichen verbindlich sind. Diese Standards gelten ohne Einschränkung für alle; sie sind nicht verhandelbar und damit der individuellen Willkür entzogen. Die Standards beziehen sich auf lerntheoretisch begründete Modelle; sie gelten deshalb als wissenschaftlich fundiert und objektiv. Jugendliche und Erwachsene wissen um die Standards, sie kennen den genau definierten Katalog der Strafen und Vergünstigungen; damit sind Klarheit und Transparenz gegeben. Mit dem Stufenplan soll die Selbstverantwortung des Jugendlichen angesprochen werden, das Ziel ist das „self-management" – die Selbstwirksamkeit – des Jugendlichen. Das Konzept wirkt auf den ersten Blick überzeugend. Betrachtet man es jedoch aus kritischer Distanz und psychodynamischer Perspektive, erweist es sich als problematisch.

Objektivität wird von Subjekten „hergestellt"
Standards sind keineswegs objektiv. Es sind menschliche Subjekte mit ihrer persönlichen und kulturellen Biographie, ihrer beruflichen Sozialisation und ihrem wissenschaftlichen Hintergrund, die definieren, welches Verhalten als erstrebenswert gilt und welches unerwünscht ist. Es gibt keine pädagogische Theorie, kein sozialpädagogisches

---

[4] Unter Integration versteht man die Eingliederung von Menschen, die bisher oder während einer gewissen Zeit ausgesondert waren. Inklusiv ist eine Schule, in der alle Kinder und Jugendlichen, so unterschiedlich sie sein mögen, gemeinsam unterrichtet werden.

Handlungskonzept, das als objektiv richtig gelten kann. Ist Marcels Wutausbruch Ausdruck einer unangemessenen Aggression? Ein Zeichen mangelhafter Affektsteuerung? Ein Versuch, sein unsicheres Selbst zu stabilisieren? Ein Zeichen der Schuld, der Scham, der Angst vor dem Gruppenleiter, die er mit einem Gegenangriff abzuwehren versucht? Wie interpretiert man Marcels Zimmergestaltung nach dem Übertritt auf die Lehrlingsgruppe? Als Manifestation seines „Gewaltpotenzials"? Als Provokation? Als Ausdruck seiner inneren Welt und als Zeichen der unbewussten Hoffnung, diese innere Welt in einen Dialog mit „bedeutsamen Anderen" – Erwachsenen, anderen Jugendlichen – zu bringen? Jede Hypothese ist abhängig von der zugrunde liegenden Theorie.

Das beobachtbare Verhalten steht im Vordergrund
Verhaltensstandards bestimmen, welchen Verhaltensweisen des Jugendlichen eine positive bzw. negative Bewertung zukommt. Andere Verhaltensbereiche bleiben unberücksichtigt. Unbeachtet bleibt vor allem der Bereich der inneren Realität eines Jugendlichen, denn beobachtbar ist nur das selektiv wahrgenommene Verhalten. Die psychodynamische Pädagogik hebt jedoch die Notwendigkeit hervor, menschliches Verhalten verstehen zu wollen. Wer sozialtechnologisch argumentiert, wird darauf hinweisen, dass innere Motive nicht sicher festzustellen sind und dass man dazu neigt, dem Jugendlichen gewisse Motive zu unterstellen. Diese Gefahr besteht. Das ändert nichts daran, dass menschliches Verhalten von Absichten bestimmt und von Gedanken, Gefühlen und Stimmungen begleitet wird. Von der psychologischen Forschung weiß man, wie sich im Verlauf der kindlichen Entwicklung eine innere Welt von Bildern, Begriffen und Überzeugungen aufbaut und wie Kinder lernen, sich in die Welt anderer Menschen hinein zu versetzen. Dieser Aufbau einer inneren Welt geschieht grundsätzlich in einem – durchaus störbaren – zwischenmenschlichen Prozess, in dem das Kind im optimalen Fall erkennt, dass es als ein Wesen mit Absichten, Gefühlen und eigenständigen Gedanken wahrgenommen wird (vgl. Fonagy u.a. 2004).
Nicht nur kleine Kinder wollen in ihrer inneren Welt erkannt werden. Das Gleiche gilt für einen Jugendlichen wie Marcel, für den es entscheidend ist, dass er in seiner für ihn bedrohlichen inneren Welt wahrgenommen und anerkannt wird. Entscheidend ist deshalb die Fähigkeit der Sozialpädagogin oder des Lehrers, Marcels Verhalten als Ausdruck von Motiven und Absichten zu sehen, unabhängig davon, ob er oder sie Motive und Absichten jeweils richtig deutet. Entscheidend ist der Versuch zu verstehen. Das Verstehen hat einen hypothetischen Charakter. Die Annahmen, von denen die Mitarbeitenden des Heims ausgehen, müssen im gemeinsamen reflektierenden Gespräch immer wieder überprüft werden.

„Kooperationsgeschäft" und „negative Identität"
Vielleicht – auf den ersten Blick – funktioniert das sozialtechnologische Konzept. Die Frage lautet, ob dies ausreichend ist. „Kooperationsgeschäft" nannten Redl und Wineman (1976; 1979) den von ihnen beobachteten Vorgang, wobei sich erziehungsschwierige Kinder äußerlich an Regeln und Vorschriften anpassen, ohne dass sie sich innerlich mit ihnen auseinandersetzen. Sie geben zu verstehen, dass sie sich an die Regeln der Institution halten, sofern man sie emotional in Ruhe lässt. Gerade Jugendliche mit einer von Beziehungsverlust und Bindungsproblemen belasteten Biographie haben – meist

unbewusst – Angst davor, sich auf eine Beziehung einzulassen. Orientiert man sich an Stufenplänen und Verhaltensstandards, so kann die Tendenz, sich nur äußerlich im Sinn eines „Kooperationsgeschäftes" anzupassen, gefördert werden. Das Ergebnis der Erziehung scheint vordergründig erfolgreich. In ihrer Grundhaltung sich selbst, anderen und der Gesellschaft gegenüber haben sich die Jugendlichen jedoch kaum verändert.

Andere schwierige Jugendliche wehren sich gegen Regeln und Vorschriften. Es gelingt ihnen nicht, eine jeweils höhere Stufe zu erreichen, obwohl dies mit Vergünstigungen wie vermehrtem Ausgang verbunden wäre. Der Psychoanalytiker Erik H. Erikson (2002) hat Entwicklungsprozesse beschrieben, die zu einer „negativen Identität" führen. Jugendliche können sich unbewusst für den Weg des Scheiterns entscheiden. Lieber orientieren sie sich an der ihnen vertrauten Identität des Versagers – des Delinquenten, des Schulversagers, des „Verhaltensgestörten" –, als dass sie mit positiven Zielen konfrontiert werden, die ihnen unerreichbar und wenig vertraut scheinen.

Aus gestörten Verhältnissen werden individuelle Verhaltensstörungen
Verhaltensstörungen sind sowohl aus systemischer als auch aus psychodynamischer Sicht grundsätzlich Störungen zwischenmenschlicher Verhältnisse. Zu untersuchen sind deshalb menschliche Interaktionen im Kontext der Wohngruppe, der Schulklasse, der Institution Heim und der Gesellschaft. Verhaltensstandards negieren die Komplexität zwischenmenschlichen Geschehens. Das individuelle Verhalten des Jugendlichen steht im Zentrum, nicht die Interaktion – an der auch Erziehende und Unterrichtende maßgeblich beteiligt sind –, nicht die Regeln oder die Kultur einer Institution.

Die Subjektivität, die sich hinter dem Objektiven verbirgt
Der Jugendliche ist in einem sozialtechnologischen Sinn das beobachtete Objekt, das von der Lehrerin oder vom Sozialpädagogen wahrgenommen und bewertet wird. Die Erwachsenen verkörpern dabei vorgegebene objektiv gesetzte Normen. Können sich in dieser scheinbar sachbezogenen Haltung nicht Motive verbergen, die höchst subjektiv und unter Umständen in hohem Maß problematisch sind – gerade weil sie nicht als subjektive Faktoren wahrgenommen werden? Wie leicht ist es, einem Jugendlichen ein Time-Out zu verordnen, das ihn dazu bringen soll, sein Verhalten selbstkritisch zu hinterfragen. Hinter dem Time-Out können aber ganz andere Motive stehen: das Bedürfnis, den Jugendlichen für ein paar Wochen aus den Augen zu haben; der Wunsch, sich von Spannungen und Konflikten zu befreien, indem der schwierigste Jugendliche einer Gruppe oder Klasse entfernt wird; Vergeltung dafür, dass ein Jugendlicher den Erwachsenen ihre Ohnmacht vor Augen geführt hat. Ein Time-Out wird unter Umständen sachlich und vom Verhalten des Jugendlichen her begründet, ohne dass persönliche Motive auf Seiten der Mitarbeitenden reflektiert werden. Dadurch kann sich eine eigentliche Time-Out-Unkultur entwickeln.

Auch die aus den USA kommenden Konzepte konfrontativer Pädagogik gehen von der Annahme aus, dass das Verhalten der Erziehenden sachlich begründet ist. Fürsorgliche Elemente kommen in der konfrontativen Pädagogik – im Anti-Aggressivitäts-Training zum Beispiel – durchaus zum Zug; allerdings erst, nachdem der Jugendliche beschämt, erniedrigt und bloßgestellt worden ist. Wie beim sozialtechnologischen Ansatz hebt man die Sachbezogenheit hervor (vgl. Weidner 2010). Das könnte eine Illusion sein. Im Beschämen und Demütigen des Jugendlichen – während der Provokationsphase auf dem „heissen Stuhl" – kann sich durchaus eine Lust an der Macht und an der Erniedrigung anderer manifestieren (Plewig 2010).

6. Wissenschaftliche Erkenntnisse bleiben unberücksichtigt

Entwicklungspsychopathologie, psychoanalytische bzw. psychodynamische Forschung, Bindungstheorie und Hirnforschung haben ein umfassendes Wissen darüber zusammengetragen, wie sich Menschen unter welchen Bedingungen entwickeln und wie Menschen therapiert oder erzogen werden müssen, deren Verhaltensprobleme auf schwere biographische Belastungen zurückzuführen sind. Man weiss, dass sich Menschen grundsätzlich in Beziehungen entwickeln. Die Bedeutung einer sicheren Bindungsgrundlage, von Anerkennung und Fürsorglichkeit für die Entwicklung eines Menschen ist vielfach belegt. Menschen besitzen eine innere Welt, die ihnen nur teilweise bewusst ist; sie sind darauf angewiesen, mit ihren Absichten, Gedanken und Gefühlen wahrgenommen zu werden. Das Bewusstsein von sich selbst, die Fähigkeit, Gefühle nicht nur wahrzunehmen, sondern auch zu regulieren, entwickelt sich in mitmenschlichen Verhältnissen. Man weiss heute, wie groß die Ressourcen kleiner Kinder sind (ihre Neugierde, ihr Lernvermögen) – und wie sehr es auf die Umwelt ankommt, ob und wie sich diese Ressourcen entfalten (vgl. Crain 2005; 2012).
Sowohl sozialtechnologische als auch konfrontative Methoden in Erziehung und Unterricht werden erziehungsschwierigen Kindern und Jugendlichen nicht gerecht, da sie diese Erkenntnisse nicht oder kaum berücksichtigen. Sie werden auch den Bedürfnissen der Erziehenden und Unterrichtenden nicht gerecht, die sich in einer scheinbar sachbezogenen Auseinandersetzung ihrerseits nicht wahrgenommen und anerkannt fühlen. Sozialtechnologische oder konfrontativ erzogene Jugendliche passen sich „bestenfalls" an. Manchmal wehren sie sich und werden immer widerständiger. Die Psychoanalytikerin Jessica Benjamin (1993) hat darauf hingewiesen, dass Erziehung jedoch ein Prozess gegenseitiger Anerkennung sein muss. Fehlt der lebendige – und durchaus schwierige, herausfordernde und konfliktträchtige – Austausch, laufen Erwachsene Gefahr auszubrennen, depressiv, zynisch oder zunehmend autoritär zu werden. Ein technokratischer Ansatz trägt den Keim des Repressiven in sich.

7. Gesellschaftspolitische Überlegungen

Warum finden sozialtechnologische und konfrontative Konzepte vermehrt Eingang in Bildung und Erziehung? Seit den 90er Jahren setzt sich auch in Europa das neo- oder marktliberale Konzept eines Menschen durch, der auf den wirtschaftlichen Nutzen hin befragt wird, den jemand zu erbringen hat. Schule und Universität haben diesen Vorstellungen gemäß nicht eine allgemeine Bildung zu vermitteln, die den Menschen befähigen soll, sein eigenes Leben zu gestalten und zu reflektieren. Das Ziel ist vielmehr die Tauglichkeit für den Arbeitsmarkt. Bildung wird zur Ware (Krautz 2009; vgl. auch Herz 2010). Das Heim wird – in dieser Betrachtungsweise – zur Reparaturwerksatt, die gewährleisten soll, dass verhaltensauffällige Jugendliche nach möglichst kurzer Zeit wieder nach Hause und in die Regelschule zurückkehren können. Die Heimerziehung – in einer Zeit knapper werdender öffentlicher Finanzen – steht unter großem Druck, dieser Erwartung entsprechen zu können. In einem engen Zeitkorsett hat man jedoch keine Zeit, Beziehungen aufzubauen und sorgsam wieder aufzulösen.

Im marktliberalen Konzept von Gesellschaft stehen die einzelnen Menschen in Konkurrenz zueinander. In einer globalen Welt stehen Menschen weltweit in Konkurrenz zueinander. Staatlich garantierte soziale Absicherungen werden mit dem Ziel eines „schlanken Staates" tendenziell abgebaut. Dies muss Angst hervorrufen: Angst vor dem sozialen Abstieg, vor Verarmung und Statusverlust, Angst davor, dass die eigenen Kinder den Ansprüchen der Zukunft nicht gewachsen sein könnten. Diese Angst ist mitverantwortlich für das zunehmende Gewicht, das Förderdiagnostik und Förderplanung bereits im Kleinkindalter erhalten. Angst ist mitverantwortlich für die implizite Defizitorientierung moderner Pädagogik, die zur explizit vertretenen Ressourcenorientierung in Widerspruch steht.

Angst steckt auch in sozialtechnologischen und konfrontativen Konzepten totaler Kontrolle. Wie eine ideale Gesellschaft durch totale Kontrolle und Erziehungsplanung geschaffen werden kann, beschrieb einer der bedeutendsten Psychologen, Skinner (1976) – in den USA und damit in einem demokratischen Land aufgewachsen – bereits in den 40er Jahren des 20. Jahrhunderts. Seine lerntheoretischen Überlegungen sind auch heute einflussreich. Das totalitäre Moment wird meist nicht erkannt (vgl. Vinnai 1993). Wenn ein Heim vermehrt Tendenzen einer „totalen Institution" entwickelt, hat dies mit dem Bedürfnis zu tun, schwierige Erziehungssituationen „in den Griff" zu bekommen. Je mehr sich ein Jugendlicher dem beobachtenden Kontrollblick des Sozialpädagogen entzieht, umso unmöglicher und auch ungerechter wird das Sanktionieren seines Verhaltens. Objektivität und Transparenz setzen voraus, dass das Verhalten eines Jugendlichen innerhalb der Wohngruppe, der Schulklasse und der Gesamtinstitution so vollständig wie möglich erfasst und bewertet werden kann.

8. Schlussbemerkungen zu Marcel

Heimerziehung kann sich den gesellschaftlichen Entwicklungen nicht vollständig entziehen. Aber nicht nur wissenschaftliche Erkenntnisse, sondern auch die demokratische, in der Aufklärung wurzelnde Tradition legitimieren das Bestreben, das Heim als einen Ort der demokratischen und damit auch partizipativen Erziehung zu denken und weiter zu entwickeln (vgl. Crain 2012; Arnold u.a. 2008). Wer mit verhaltensauffälligen Kindern und Jugendlichen zu tun hat, muss wissen, dass Erziehung auch durch noch so vollständige Kontrolle nicht „in den Griff" zu bekommen ist – Kinder und Jugendliche mit einer belasteten Biografie sind in besonderem Masse widerständig und sperrig. Mitarbeitende in einem Heim müssen sich Rechenschaft ablegen, auf welche Zielsetzung hin Entwicklung bei einem Jugendlichen geschehen soll und mit welchen Methoden diese Ziele erreicht werden. Objektiv richtige Lösungen gibt es nicht. Erziehung ist eine alltägliche Form der Auseinandersetzung zwischen Subjekten. Die Mitarbeitenden sind ein wesentlicher Teil eines komplexen Geschehens. Die Frage nach ihrem eigenen emotionalen Anteil, nach der Kultur der Institution und nach ihrem gesellschaftlichen Auftrag muss innerhalb der Institution immer wieder gestellt und diskutiert werden, ohne dass alle Widersprüche und Paradoxien aufgelöst werden können.

Im Schulheim, in dem Marcel untergebracht war, konnte man durchaus sozialtechnologische Tendenzen ausmachen. Das Bestreben, den erzieherischen Alltag durch Regeln, Normen und „Strukturen" „in den Griff" zu bekommen, war ein verstehbarer Versuch, der drohenden Angst vor Kontrollverlust, Ohnmacht und Chaos zu begegnen. Das Heim verstand sich jedoch nicht als Reparaturwerkstatt in einem sozialtechnologischen Sinn. Im Zentrum stand der Aspekt der Beziehung. Man war sich bewusst, dass Beziehungen sorgsam gestaltet und dass sie ebenso sorgsam aufgelöst werden müssen. Man war sich bewusst, dass ein Beziehungsaufbau Zeit und Geduld voraussetzt. In Marcels Fall brauchte es lange, bis er sich zu öffnen begann – sein Wutausbruch während des Sommerlagers kann als Zeichen einer Öffnung gedeutet werden. Marcels weitere Entwicklung brauchte Zeit; er verbrachte sechs Jahre im Heim, schloss die Schule ab und beendete eine anspruchsvolle Lehre. Gemeinsame Besprechungen aller beteiligten Mitarbeiterinnen und Mitarbeiter bildeten einen Ort der Reflexion jener Gefühle und Einstellungen, welche innerhalb der Psychoanalyse unter dem Begriff der „Gegenübertragung" diskutiert werden.

Man begriff Marcel nicht als eine Person, die man mit sozialtechnologischen oder konfrontativen Mitteln zurichten und an eine geforderte Normalität anpassen wollte, sondern als eine Person mit einem komplexen und belasteten Innenleben, das von Angst, Ohnmacht, Empfindungen eines drohenden Chaos, von Gewalt- und Kontrollphantasien sowie von Hoffnungen und unbewussten Wünschen nach Bindung und Anerkennung ausgefüllt war. Diese innere Welt von Marcel wenigstens ansatzweise zu verstehen war wichtig. Es war bedeutsam, dass sein Wutausbruch während des Sommerlagers nicht einfach als unangemessener Ausdruck von Aggression, sondern als Hinweis verstanden wurde, dass er sich mit seiner Umwelt emotional auseinanderzusetzen begann. Es war entscheidend, dass es den Erwachsenen auf der Wohngruppe gelang, über Marcels Interesse an historischen Kriegen an seine innere Welt, die voller Gewaltphantasien war, heranzukommen. Seine Tötungs- und Machtphantasien traten dadurch in einen Dialog mit anderen; sie verloren etwas von ihrer auch für Marcel unheimlichen Qualität. Die zu Beginn unvereinbare innere und äußere Realität kamen einander näher. Die Welt wurde für Marcel lebendiger, farbiger und gestaltbarer, ohne dass er damit zu einem völlig neuen Menschen geworden wäre.

Literatur

Arnold, Claudia / Huwiler, Kurt / Raulf, Barbara / Tanner, Hannes / Wicki, Tanja: Pflegefamilien- und Heimplatzierungen: Eine empirische Studie über den Hilfeprozess und die Partizipation von Eltern und Kindern, Zürich, Chur: Verlag Rüegger, 2008

Benjamin, Jessica: Phantasie und Geschlecht: Psychoanalytische Studien über Idealisierung, Anerkennung und Differenz, Basel, Frankfurt am Main: Stroemfeld / Nexus, 1993

Crain, Fitzgerald: Fürsorglichkeit und Konfrontation: Psychoanalytisches Lehrbuch zur Arbeit mit sozial auffälligen Kindern und Jugendlichen, Gießen: Psychosozial Verlag, 2005

Crain, Fitzgerald: "Ich geh ins Heim und komme als Einstein heraus": Zur Wirksamkeit der Heimerziehung, Wiesbaden: VS Verlag für Sozialwissenschaften, 2012

Dörr, Margret / Herz, Birgit: "Unkulturen" in Bildung und Erziehung, Wiesbaden: VS Verlag für Sozialwissenschaften, 2010

Erikson, Erik H.: Identität und Lebenszyklus: Drei Aufsätze, Frankfurt am Main: Suhrkamp, 2002, (20)
Fonagy, Peter / Gergely, György / Jurist, Elliot T. / Target, Mary: Affektregulierung, Mentalisierung und die Entwicklung des Selbst, Stuttgart: Klett-Cotta, 2004
Goffman, Erving: Asyle: Über die soziale Situation psychiatrischer Patienten und anderer Insassen, Stuttgart: Suhrkamp, 2006, (15)
Herz, Birgit: Neoliberaler Zeitgeist in der Pädagogik: Zur aktuellen Disziplinarkultur, in: Dörr, Margret / Herz, Birgit: "Unkulturen" in Bildung und Erziehung, Wiesbaden: VS Verlag für Sozialwissenschaften, 2010, 171-189
Krautz, Jochen: Ware Bildung: Schule und Universität unter dem Diktat der Ökonomie, München: Diederichs, 2009, (2)
Plewig, Hans – Joachim: 'Konfrontative Pädagogik', in: Dörr, Margret / Herz, Birgit, "Unkulturen" in Bildung und Erziehung, Wiesbaden: VS Verlag für Sozialwissenschaften, 2010, 151-168
Redl, Fritz / Wineman, David: Steuerung des aggressiven Verhaltens beim Kind, München: Piper, 1976
Redl, Fritz./ Wineman, David: Kinder, die hassen, München: Piper, 1979
Skinner, Burrhus F.: Futurum Zwei: "Walden Two": Die Vision einer aggressionsfreien Gesellschaft, Reinbek bei Hamburg: Rowohlt, 1976
Vinnai, Gerhard: Die Austreibung der Kritik aus der Wissenschaft: Psychologie im Universitätsbetrieb, Frankfurt am Main, New York: Campus Verlag, 1993
Weidner, Jens: Konfrontative Pädagogik: Erfreuliche Forschungsergebnisse und selbstkritische Neuorientierungen beim Anti-Aggressivitäts- und Coolness-Training (AAT/CT ®), in: Dörr, Margret / Herz, Birgit, "Unkulturen" in Bildung und Erziehung, Wiesbaden: VS Verlag für Sozialwissenschaften, 2010, 71-85

Jugendstrafvollzug

Birgit Herz

Jugendstrafvollzug

Misserfolgskarrieren in der Schule und / oder in der beruflichen / arbeitsweltbezogenen Integration, biographische Belastungen durch beeinträchtigende Sozialisationserfahrungen und niedriger ökonomischer Status zählen zu den zentralen Problembereichen von Jugendlichen im Jugendstrafvollzug.[1] Es bestehen relativ homogene Sozialisationsmerkmale der Inhaftierten: Es handelt sich um ca. 25% um Sonderschüler, ca. 40-50% haben keinen Schulabschluss, ca. 80-90% sind ohne Ausbildung und ca. 40% verfügen über eine Heimerfahrung.[2] „Kennzeichnend ist ein überhöhter Anteil an Förderschüler „E" und „L" und Schüler ohne Schulabschluss, Ausbildungsabbrecher, Hilfsarbeiter oder Arbeitslosen".[3]
In den 27 Jugendstrafanstalten der Bundesrepublik Deutschland konzentriert sich das sichtbare Ergebnis institutioneller und sozialer Desintegrationsprozesse. Entsprechend überwiegen bei den Straftaten Eigentums- und Vermögensdelikte mit 33,5%, Raub und Erpressungen mit 25,7% im Vergleich zu Gewaltdelikten mit 22,9%.[4] „Insgesamt ist die Deliktstruktur bei jungen Menschen wesentlich durch Bagatellhaftigkeit gekennzeichnet und weist eher geringe Professionalität und kriminelle Energien auf".[5] Das Mindestmaß einer Jugendstrafe beträgt 6 Monate, das Höchstmaß 6 Jahre und in Ausnahmefällen 10 Jahre.
Inhaftierte Jugendliche befinden sich in einer ganz besonderen Lebenssituation. Der Freiheitsentzug konfrontiert mit der Verarbeitung des gesellschaftlichen Ausschlusses, der Zuspitzung der materiellen und kulturellen Armut und der Verdichtung von Autonomiekrisen. Dabei stimmen die Eingliederungschancen, d.h. die Perspektive auf eine Legalbewährung nach der Haftentlassung, eher pessimistisch. Beim Vergleich zwischen geschlossenen und ambulanten Maßnahmen führt die Inhaftierung zu dauerhaft höheren

---

[1] vgl. Herz, Birgit: Lernort Jugendstrafvollzug, in: Albrecht, Friedrich / Jödecke, Manfred / Störmer, Norbert (Hg.): Bildung, Lernen und Entwicklung, Bad Heilbrunn, 2006, 207-220

[2] vgl. Arnold, Eva: Glenn Mills Schools – Kritische Auseinandersetzung mit einem amerikanischen Modell bezüglich des Umgangs mit Jugenddelinquenz, unv. Diplomarbeit, Universität Hamburg, 2005

[3] Walkenhorst, Philipp: Jugendstrafvollzug, in: Gasteiger,Klipera, Barbara / Julius, Henri / Klicpera, Christian (Hg.): Sonderpädagogik der sozialen und emotionalen Entwicklung, Göttingen u.a.: Hogrefe, 2008a, 808; vgl. Walkenhorst, Philipp: Rehabilitationspädagogische Perspektiven des Jugendstrafvollzugs, in: Reiser, Helmut / Dlugosch, Andrea / Willmann, Marc (Hg.): Professionelle Kooperation bei Gefühls- und Verhaltensstörungen, Hamburg: Dr. Kovac, 2008b, 192

[4] vgl. Walkenhorst, Philipp, 2008b, 198

[5] Walkenhorst, Philipp / Bils, Anne: Kriminalität junger Menschen: Grundlagen – Entwicklungen – jugendstrafrechtliche Behandlung und förderschulische Interventionsperspektiven, in: Zeitschrift für Heilpädagogik, Jg. 62, Heft 7, 2011, 246

Rückfallquoten.[6] Die Rahmenbedingungen der Vollzugsgestaltung, und hier vor allem die Personal- und Betreuungsqualität, stellen nach Maelicke „eine personelle und finanzielle Unmöglichkeit" dar, da sie den real vorhandenen Förderbedarfe dieser jungen Menschen nicht gerecht werden können.[7]
Auch die zwangsläufige Anpassung an die hoch dynamischen und gewalttätigen Subkulturen der Inhaftierten, d.h. die Unterordnung unter die informellen Regeln und Rituale der Insassen, erschwert den erzieherischen Erfolg einer freiheitsentziehenden Maßnahme und konterkariert den Erziehungsgedanken in Paragraph 91 des Jugendgerichtsgesetz. Dieser Erziehungsgedanke – im weitesten Sinn der Erziehung zu einer eigenverantwortlichen und gemeinschaftsfähigen Persönlichkeit verpflichtet – lässt sich noch am ehesten in den Schulen der Jugendstrafanstalt realisieren. Nach Hiller bedarf es hier einer „(Über-)Lebenskunst als Gegenstand von Bildungsarbeit",[8] um emotional, organisatorisch und alltagspraktisch auf ein selbständiges Leben nach der Haftentlassung vorzubereiten. Denn aus der hohen Regelungsdichte und vorherrschenden getakteten Zeitstrukturen ergibt sich nicht zwangsläufig ein für den inhaftierten jungen Menschen sinnvolles Gerüst für die Lebensbewältigung nach der Haftentlassung.

Weiterführende Literatur

Goedeler, Jochen / Walkenhorst, Philipp (Hg.): Jugendstrafvollzug in Deutschland. Neue Gesetze, neue Strukturen, neue Praxis, Mönchengladbach: Forum Verlag Godesberg, 2007

Bornhöfer, Daniel: Jugendstrafvollzug in Deutschland und Frankreich, Sinzheim: nomos, 2010

---

[6] vgl. Streng, Franz: Die Wirksamkeit strafrechtlicher Sanktionen – Zur Tragfähigkeit der Austauschbarkeitsthese, in: Lösel, Friedrich / Bender, Doris / Jehle, Jörg-Martin (Hg.): Kriminologie und wissensbasierte Kriminalpolitik. Entwicklungs- und Evaluationsforschung, Mönchengladbach: Forum Verlag Godesberg, 2007, 65-92

[7] vgl. Maelicke, Bernd: Wie Wasser von Klippe zu Klippe geworfen – Der organisierte Beziehungsabbruch als Systemfehler der Resozialisierung, in: Forum Strafvollzug. Zeitschrift für Strafvollzug und Straffälligenhilfe, Jg. 58, FS 6, 26-31

[8] vgl. Hiller, Gotthilf: „(Über-)Lebenskunst als Gegenstand von Bildungsarbeit im Jugendstrafvollzug, in: Goedeler, Jochen / Walkenhorst, Philipp (Hg.): Jugendstrafvollzug in Deutschland. Neue Gesetze, neue Strukturen, neue Praxis, Mönchengladbach: Forum Verlag Godesberg, 2007, 313-330

Jan Hoyer – Andrea Lohrengel

Slam-Texte junger Inhaftierter als Datenmaterial – Das Beispiel „Pasta Knasta"

Ein Poetry Slam-Ereignis der besonderen Art fand im September 2011 in der Jugendanstalt Hameln statt. Insgesamt 11 Inhaftierte standen dort beim ersten Poetry Slam in einer deutschen Jugendstrafanstalt auf der Bühne und performten vor mehr als 100 Zuschauern[1] ihre selbst geschriebenen Texte.
Das Genre Slam Poetry macht es möglich, den Inhaftierten in ihren Texten ein hohes Maß an Freiheit des Ausdrucks zu gewähren und ihren eigenen unverfälschten Stimmen eine Bühne zur Inszenierung zu bieten. Mit Blick auf die inhaltliche Dichte und die Authentizität der einzelnen Slam-Beiträge drängt sich die Frage auf, inwiefern diese Texte für Forschung zugänglich und nutzbar gemacht werden können. Dieser Frage soll in diesem Artikel nachgegangen werden.
Im Rahmen dieses Artikels werden ausgewählte Ergebnisse einer entsprechenden Untersuchung dargestellt, die eben diese narrativen Eigenproduktionen der Inhaftierten in den Mittelpunkt stellen und sie als empirisches Datenmaterial nutzt. Getragen wird dieses Vorhaben durch die Hoffnung und die Annahme, dass das Forschungsvorhaben ein gewisses Potential beinhaltet und einen Beitrag zur gegenwärtigen Diskussion um den Themenkomplex Jugendstrafvollzug leisten kann.
In den Slam-Texten kommen die Gefangenen selbst zu Wort. Die Auswertung dieser literarischen Selbstauskünfte ermöglicht die Generierung lebensweltlich bedeutsamer Aspekte und Aussagen zur aktuellen Lebenssituation der jungen Häftlinge. Das subjektive Erleben der Haft steht dementsprechend bewusst im Mittelpunkt der Untersuchung. Die subkulturellen Inhalte der Slam-Texte verlangen nach einer theoretischen Verortung und methodischer Konzeptualisierung.
In diesem Beitrag erfolgt eingangs eine Beschreibung des Projektkontextes. Anschließend soll durch Ausführungen zum Thema Poetry Slam eine Skizzierung des Rahmens unternommen werden, innerhalb dessen die literarische Produktion der Slam-Texte einzuordnen ist. Weiterhin soll diskutiert werden, inwieweit Texte eines Poetry Slam als Datenmaterial verstanden werden können. Folglich schließt sich eine theoretische Diskussion bzw. Stellungnahme an, die die Nutzung narrativer Eigenproduktionen als empirisches Datenmaterial nicht nur rechtfertigt, sondern die besonderen Möglichkeiten aufzeigen soll. Um das Forschungsanliegen zu vertiefen und die „theoretische Sensibilität" (Glaser / Strauss 1967, 46f) zu erläutern, folgt eine Skizzierung relevanter theoretischer Konzepte und Diskussionsbeiträge zum Thema des Erlebens der Haftsituation. In der abschließenden Darstellung eines ausgesuchten Ergebnisses können hierauf theoretische

---

[1] Das Slam-Publikum setzt sich sowohl aus Inhaftierten, ihrer Eltern und Personal der Jugendanstalt wie auch aus Schülern, Politikern, Medienvertretern und Wissenschaftlern zusammen.

Rückbezüge vorgenommen werden. Im Rahmen des vorliegenden Beitrags wird somit exemplarisch das Forschungsvorgehen dargestellt.

1. Beschreibung des Projektes: Poetry Slam – inszenierte Jugendpoesie der Gegenwart in der Jugendanstalt Hameln

Seit nunmehr über zehn Jahren lässt sich im deutschsprachigen Raum ein stetig wachsendes Interesse am Poetry Slam beobachten (vgl. Willrich 2010, 11). Das wohl überzeugendste Beispiel für die Popularität dieser Art von Literaturveranstaltung stellt die deutschsprachige Poetry-Slam-Meisterschaft in Hamburg „Slam 2011" dar, die mit über 300 Teilnehmern und insgesamt 14.500 Besuchern neue Rekorde schreibt (vgl. Slam 2011).
Bei einem Poetry Slam handelt es sich um eine moderne „Dichterschlacht" (Willrich 2010, 13), bei der die Poeten ihre eigenen Texte vortragen. Die Poetry Slammer eifern dabei um die beste Performance, indem sie versuchen die Zuhörer mitzureißen. Dieser Wettstreit erfolgt nach Regeln: Die vorgetragenen Texte müssen selbst geschrieben sein, dem sogenannten Slammer sind bei seiner Bühnenperformance keine weiteren Requisiten oder Hilfsmittel erlaubt, es dürfen nur einzelne Textauszüge gesungen werden und die Slammer haben sich an eine Zeitvorgabe zu halten, die in der Regel bei fünf bis sieben Minuten liegt. Mithilfe eines Punktesystems oder der Bewertung des Applauses bewertet das Publikum die einzelnen Beiträge und wählt so den Favoriten des Tages bzw. des Abends (vgl. Anders / Abraham 2008, 6f; Willrich 2010, 13f). Beim Poetry Slam geht es in erster Linie jedoch nicht um den Sieg, sondern vielmehr darum, das Publikum für lebendig vorgetragene und in Szene gesetzte Literatur zu begeistern. So galt die Bewertung der Poeten früher eher der Parodie ernster Literaturwettbewerbe (vgl. Alexander 2009). In der Regel sind Poetry Slams eine offene Form von Wettstreit, bei der grundsätzlich jeder als Poet, Veranstalter, Moderator oder Publikum aktiv dieses Veranstaltungsformat mitgestalten kann. Poetry Slam zeichnet sich durch seinen Live-Charakter, die Interaktion zwischen Moderatoren, Poeten und Publikum und den zumeist ungezwungenen Rahmen des Veranstaltungsortes aus (vgl. Anders 2010, 12). Die vorgetragenen Texte kennen stilistisch, qualitativ und inhaltlich kaum Grenzen. So ist von Kurzgeschichten und Kurzprosa über (literarische) Comedy bis hin zu Lyrik und Rap alles möglich (vgl. Anders / Abraham 2008, 7; Willrich 2010, 10). Die Texte weisen „eine Nähe zur Lebenspraxis (von Jugendlichen) und zur (Jugend-) Kultur auf, so dass Leerstellen selbstverständlicher gefüllt und Hypothesen leichter aufgebaut werden [können]" (zit. Anders 2007, 4). Zudem finden jugendkulturelle und populäre Begrifflichkeiten und Themen in den Slam-Texten Verwendung. Poetry Slams sind, vermutlich auch wegen der Aktualität der Texte und der unterschiedlichen Performances der Slam-Poeten für Erwachsene wie Jugendliche gleichermaßen interessant. Ein Großteil der Poeten ist jedoch im Alter von 22 - 35 Jahren, wobei sich mittlerweile eine immer größere U 20-Slam-Szene formiert (vgl. Anders 2010, 79).
Die Beliebtheit des Phänomens Poetry Slam hält auch in die pädagogische Praxis Einzug. Seit einigen Jahren trifft man vermehrt auf Bestrebungen, dieses Jugendliteraturformat an die Schulen zu bringen und im Deutschunterricht zu etablieren (vgl. Anders/

Abraham 2008, 9). Vor allem in den USA finden sich pädagogische-didaktische Ansätze, die in erster Linie für Angehörige ethnischer und ausgegrenzter Minderheiten entwickelt wurden (vgl. Anders 2010, 16). Vor diesem Hintergrund erscheint die Realisierung eines Poetry Slams in der Jugendanstalt Hameln nicht nur möglich, sondern auch sinnvoll. Die jungen Inhaftierten können dieses Literaturformat als Medium zur Formulierung ihrer Probleme und als Plattform zur wenig reglementierten Meinungsäußerung nutzen.

Es ist anzunehmen, dass Poetry Slam von den Inhaftierten nicht hauptsächlich als ästhetisches und kulturelles Ereignis wahrgenommen wird. Vielmehr stellt er ein Medium für individuelles Ausdrucksinteresse bereit. Der Poetry Slam kann somit den Inhaftierten als eine Art Sprachrohr dienen, welches lediglich durch zwei Zensuren beschnitten ist: keine rassistischen und sexistischen Äußerungen. Die Gefangenen schreiben in ihren Slam-Texten über Aspekte, denen sie selbst Relevanz zuschreiben. Speziell beim Poetry Slam spielt die optimale Passung von inhaltlicher wie formaler Textgestaltung und der eigenen Person, also die Authentizität, eine wichtige Rolle. Die Nähe zur Lebenswelt dient der Interaktion mit dem Publikum und der Glaubwürdigkeit der eigenen Performance. Das Bestehen auf der Bühne und die Präsentation eigener Produkte kann ein positives Erfolgserlebnis für jeden Gefangenen darstellen. Vermutlich erfährt er Anerkennung und ein unmittelbares Feedback durch die Reaktion der Zuschauer.

Während des dreitägigen Poetry Slam Workshops entstand ein Korpus von insgesamt elf individuellen und unterschiedlichen Texten. Da die Texte nicht einfach unverbunden nebeneinander stehen, enthalten sie ein repräsentatives Potential. Trotz der Vielfalt der Texte sind ihnen die starke Prägung durch die Gefängnisrealität, die Authentizität eigener Erfahrungen sowie ihr Entstehungskontext gemein. Zudem sind die Texte in Hinblick auf ein gemeinsames Ziel geschrieben, nämlich der Teilnahme am ersten Poetry Slam in der JA Hameln, der im direkten Anschluss an den Workshop stattfand. Differenzierte Textanalysen ließen sicher auch Aussagen über die Machart und der Qualität dieser Slam-Texte treffen. Mit Blick auf das bereits dargestellte Forschungsinteresse erscheint die inhaltliche Analyse und Interpretation der Textaussagen jedoch vorrangig. Es geht also nicht um das Anlegen eines literarästhetischen Maßstabs, sondern darum, die textliche Authentizität als Kommunikationsmedium der besonderen Lebenswelt zu begreifen.

2. Narrative Eigenproduktionen als empirisches Datenmaterial

In der vorliegenden Untersuchung wird den produzierten Texten des beschriebenen Poetry Slams der Status empirischen Datenmaterials zugesprochen. Das Material ist in unüblicher Weise generiert, denn es wird nicht über das Interview, die Gruppendiskussion oder die teilnehmende Beobachtung erhoben. Werden eigenproduzierte Narrative, die nicht primär aus einer Erhebungssituation hervorgegangen sind, als Datenmaterial verwendet, ist dieses im nichtreaktiven Verfahren generiert. In diesen Verfahren entstehen Datensätze, die keine Reaktionen auf erhebende Stimuli sind, sondern die der Forscher vorfindet (vgl. Marotzki 2006, 119). Zwar gehen die verwendeten Datensätze auf Stimuli zurück, diese sind aber nicht als erhebende Stimuli einzuordnen. Nach Marotzki werden nichtreaktive Verfahren eingesetzt, „wo kein direkter Zugang durch Befragung und Beobachtung möglich ist" (ebd.). Einschlägige Untersuchungen (vgl. z.B. Stelly / Thomas 2007; Bereswill 2008; Huck 2011) zeigen, dass die reaktiven Erhebungsverfahren sehr gut geeignet sind, um im beschriebenen Feld zu forschen. Die nichtreaktiven Verfahren werden üblicherweise eher als Datentriangulation innerhalb einer Untersuchung eingesetzt (vgl. Marotzki 2006, 129). Die Beschaffenheit und der Entstehungskontext der genutzten Datensätze stellen somit eine Besonderheit im Feld qualitativer Sozialforschung dar. Da die nichtreaktiven Verfahren nicht mit dem direkten Kontakt von Forscher und Proband arbeiten, werden die gewonnenen Daten sogar als „besonders valide" (Hussy / Schreier / Echterhoff 2010, 233) verstanden.

Niesyto verwendet in der Diskussion um medienpädagogische Forschung den Begriff der „Eigenproduktion" (Niesyto / Holzwarth 2007, 329). Er weist primär auf die Sinnhaftigkeit der Nutzung produzierter visueller Medien als empirisches Material hin. Niesyto führt Argumente auf, die für die Begründung des vorliegenden Erhebungsverfahrens ebenfalls bedeutsam sind. Er betont ferner die Bedeutung „eigener, selbst erstellter Medienprodukte" (Niesyto 2006, 224) als Datenquelle. Während bei Niesyto der Schwerpunkt vor allem auf der Verwendung von Medienprodukten liegt und der Begriff der Eigenproduktion entsprechend besetzt ist, wird in der vorliegenden Untersuchung der Schwerpunkt auf den Vorgang der eigenen Produktion empirischen Materials gelegt. In diesem Fall werden keine visuellen Medien verwendetet, sondern narrative. Eigenproduktionen haben gegenüber dem Führen von Interviews, der Durchführung von Gruppendiskussionen und der teilnehmenden Beobachtung „nur eine geringe Bedeutung" (Holzwart / Niesyto 2008, 4). Dies gilt nicht nur für die eigenproduzierten visuellen Medien, sondern auch für eigenproduzierte literarische oder narrative Produkte.

Kraimer versteht Narrationen als Medium, „in dem lebens- und kulturgeschichtliche Erfahrungen zur Sprache kommen" (Kraimer 2010, 845). In der vorliegenden Untersuchung stellen die narrativen Eigenproduktionen ebensolche Medien dar, in denen gerade spezielle lebensgeschichtliche Erfahrungen artikuliert und transportiert werden. So können die genutzten literarischen Produkte als ein Ausdruck von Lebenswelt im Sinne von Schütz / Luckmann (1988) verstanden werden und können somit den Zugang zu Deutungsmustern ermöglichen, die sich in einem primär abgeschlossenen Kontext entwickeln, weiterentwickeln und wirksam werden. Nach Kelle begreifen Menschen „in Akten der Auslegung (…) ihre Lebenswelt" (Kelle 2010, 104). Sie geht weiterhin davon aus, dass das „sozialwissenschaftliche Verstehen" (ebd.) eine Auslegung zweiter Ordnung darstellt. Im Koppelbereich des Aktes der Auslegung seitens der Beforschten und dem sozialwissenschaftlichen Verstehen seitens der Forscher ist das vorliegende Datenmaterial in Form von narrativen Eigenproduktionen platziert. Die vorgefundenen Eigenproduktionen eröffnen einen zusätzlichen Blick auf das subjektive Erleben einer Haftsituation.

3. Jugendliches Erleben der Haftsituation

Entsprechend der genretypischen lebensweltlichen Prägung und der Authentizität von Poetry Slam-Texten ist davon auszugehen, dass die untersuchten Texte unterschiedliche

Aspekte spezieller theoretischer Konzepte aufweisen. „Slam-Poeten jüngeren Jahrgangs nutzen das Format für lebensweltlich bezogenen Momentaufnahmen zu heiklen, diskussionswürdigen und persönlichen Themen [...]" (zit. Anders / Abraham 2008, 8). Die selbstproduzierten Texte der Gefangenen sind sehr stark situationsorientiert und können nicht ausgewertet werden, ohne im Vorfeld Kenntnisse über das Erleben der Haftsituation zu generieren und eine theoretische Sensibilisierung zu erreichen. Die kurze Darstellung relevanter theoretischer Bezüge ist folglich auch in diesem Beitrag notwendig.

Im vollzuglichen Kontext haben sich die Begriffe Gefangenen-, Gefängnis- oder Inhaftiertensubkultur etabliert. Schwendter fasst den Begriff der Subkultur, der aus der Soziologie der 30er und 40er Jahre stammt wie folgt: „[Eine Subkultur ist] ein Teil einer konkreten Gesellschaft, der sich in seinen Institutionen, Bräuchen, Werkzeugen, Normen, Wertordnungssystemen, Präferenzen, Bedürfnissen usw. in einem wesentlichen Ausmaß den herrschenden Institutionen etc. der jeweiligen Gesamtgesellschaft unterscheidet" (Schwendter 1973, 11). In Anlehnung an Schwendters Definition stehen die Inhaftierten für die Teilpopulation einer Gesamtgesellschaft, welche aktuell von der Institution Jugendanstalt als Klientel definiert wird. Der Lernprozess im Rahmen der Anpassung der Inhaftierten an die Inhaftiertensubkultur und die Einordnung in die Verwaltungsstruktur während der Haftzeit werden als Prisionisierung bezeichnet (vgl. Schwendter 1973, 11). Die aktuelle Haftsituation der jungen Gefangenen bringt mit der Einweisung in eine geschlossene Institution eine Verunsicherung gegenüber der eigenen bisher ausgebildeten Identität mit sich. Die Inhaftierung löst Gefühle wie Unsicherheit, Einsamkeit und Angst aus und bedeutet Veränderungen ihrer umweltbezogenen Handlungsbedingungen. Hinzu kommt die weitgehende Deprivation in der Haftsituation. „Der Verlust an Autonomie bewirkt bei den Inhaftierten Deprivationen und führt zu der Suche nach einem neuen Selbstwertgefühl" (Bruns 1989, 43).

Bereswill weist darauf hin, dass die Haftsituation neben dem Verlust an Autonomie auch durch den Verlust an Zugehörigkeit gekennzeichnet ist. Sie gibt an, dass der Übergang in die Haftsituation mehr sei als ein „räumlicher Übergang" (Bereswill 2007, 169). Gerade die individuellen Entwicklungsaufgaben junger Menschen beinhalten die Lösung des Spannungsverhältnisses von Autonomie und Zugehörigkeit (vgl. Reiser 2006, 74). Das Bedürfnis nach einer Lösung wird auch im Kontext der eingeschränkten Möglichkeiten bestehen bleiben und eine Befriedigung angestrebt.

Der gesellschaftliche Doppelauftrag[2] der Institution zeigt sich ebenfalls auf der Handlungsebene der Bediensteten. Folglich werden Beziehungsangebote Bediensteter durch die Inhaftierten auch als ambivalent wahrgenommen. Die subjektiven Wahrnehmungen dieser Beziehungsangebote durch Inhaftierte erläutert Kloesing (2007, 344). Anhand zweier Beispiele zeigt sie auf, dass aufgrund individueller biografischer Vorerfahrungen und innerer Arbeitsmodelle seitens der Inhaftierten, die Beziehungen zu Bediensteten unterschiedlich wahrgenommen werden und folglich zu unterschiedlicher Auseinandersetzung im Spannungsfeld von Autonomie und Zugehörigkeit führt. Klar wird allerdings, dass Bedienstete das adoleszente Bedürfnis nach dieser Auseinandersetzung nicht ausreichend bedienen können und möglicherweise auch nicht sollten. Die Folge ist ein Lern- und Anpassungsprozess, der eine Beeinflussung der Orientierung durch die

---

[2] Die daraus resultierenden Ambivalenzen werden bei Walkenhorst (2007, 357) aufgeführt.

gleichaltrige Gefangenengruppe sehr wahrscheinlich macht. Geht man von subkulturellen Strukturen aus, erscheint die Aneignung entsprechender Verhaltensweisen und Kommunikationsmuster als einzige Möglichkeit aus der passiven Hinnahme der Haftsituation und der Unterordnung in die Verwaltungseinheit. Die Ausbildung einer Inhaftiertensubkultur wird somit als kollektiver Lösungsversuch angesehen, die extreme Situation der Haft, die ‚pains of imprisonment' (Sykes 1958; 1974, 285), zu bewältigen. Silkenbeumer verweist auf die „identitätsstiftende Bedeutung subkultureller Zugehörigkeit" (2011, 620), der in der Phase der Adoleszenz und in der Abgeschlossenheit der „totalen Institution" (Goffman 1973) besondere Berücksichtigung zukommen muss. Die Teilnahme an Inhaftiertensubkultur ist folglich nicht nur subjektiv sinnvoll und identitätsstiftend, sondern wird auch durch die soziale Struktur und ihrer zugrundeliegenden Dynamik oftmals in rigider Form eingefordert. Nach Lamnek übernimmt die Subkultur die Funktion einer Statuszuweisung, der Rechtfertigung der Feindseligkeit gegenüber den strafenden Instanzen und der Verhinderung von Schuldgefühlen (vgl. 1999, 157). Dem Prozess der Positionsbestimmung „in einer gewaltbetonten Rangordnung" (Bereswill 2011, 548) ist gerade im Lebensabschnitt der Adoleszenz kaum zu widerstehen. Weiterhin benennen Inhaftierten Ängste im Zusammenhang mit der potentiellen Besetzung einer Opferposition (vgl. Bereswill 2007, 174). Aus dieser Angst heraus zeigen Inhaftierte „dominante Symbolisierungen wehrhafter Männlichkeit" (a.a.O, 175). Diese Symbolisierungen zeigen sich auf unterschiedlichen Ebenen der Kommunikation, unter Zuhilfenahme unterschiedlicher Medien und können somit eine emergente Form der Inhaftiertensubkultur im Prozess sozialer Selbstorganisation realisieren. Das Erleben von fehlender Sicherheit in Bezug auf die körperliche Unversehrtheit und des daraus resultierenden Platzierungsdrucks in der Hierarchie ist somit einerseits als Ursache zur Bildung von Inhaftiertensubkultur, andererseits auch als Folge dieser zu verstehen.
Zusammenfassend bleibt festzustellen, dass inhaftierte Jugendliche sich im Spannungsfeld von Autonomie und Zugehörigkeit im Umgang mit Bediensteten und Mitgefangenen positionieren müssen. Diese fortlaufende Positionierung findet im andauernden Prozess psychischer Strukturausbildung statt und wird sich folglich strukturell niederschlagen. Weiterhin zeigen sich die Besonderheiten der Haftsituation, die bisherigen biografischen Erfahrungen, der Umgang mit Männlichkeit, Sexualität und Schuld als emergentes Kommunikationsmuster auf vielen Ebenen und in Form unterschiedlicher Symbolisierungen.

4. Exemplarische Darstellung der Ergebnisse

Bei der Sichtung des Datenmaterials ist generell festzustellen, dass die eigenproduzierten Slam-Texte der Gefangenen sehr verdichtete Sinngehalte aufweisen. Als Erklärungsansatz lassen sich hierfür zum einen die genretypischen Gestaltungsmarkmale von Poetry Slam-Texten heranziehen (vgl. hierzu beispielsweise Anders / Abraham 2008). Zum anderen steht hinter den Texten das bewusste Schreiben für eine Performance, welches neben der Antizipation der Publikumsreaktion auch eine besondere inhaltliche Anforderung beinhaltet. „[Die] Inhalte sollten spontan interessieren und unterhalten [...]: kurz und knackig, witzig, provozierend, überraschend, effektvoll, augenzwinkernd, selbstironisch, mit Tiefgang, ohne Pathos, karikierend oder satirisch [sein]" (Gans 2008, 24). Dabei steht an erster Stelle der (Selbst-)Anspruch der Poeten bzw. der Inhaftierten, „authentisch zu sein und ein ‚echtes' Anliegen zu transportieren" (ebd., 25). Die entsprechende subjektive Prägung der Texte durch die Gefangenen ermöglicht authentische Einblicke in die Gefühls- und Gedankenwelt der jungen Inhaftierten, welche die forschende Blickrichtung traditioneller Erhebungsmethoden erweitern kann.

Aufgrund der nicht reaktiven Generierung des Datenmaterials erfordert die Auswertung der Poetry Slam-Texte ein hohes Maß an Abstraktions- und Interpretationsleistung. Da sich das Verfahren des Zirkulären Dekonstruierens (Jaeggi u.a. 1998) auf die bewusste Nutzung des konstruktiven und kreativen Moments qualitativen Arbeitens gründet, wird es diesen speziellen Anforderungen primär gerecht und findet so im Auswertungsprozess seine Anwendung. Entsprechend des speziellen Forschungsinteresses erfolgt jedoch eine Erweiterung der Methode, sodass ausgewählte Sequenzen im Rückgriff auf Methoden der Grounded Theory (Strauss / Corbin 1996) ausgewertet werden.

Mit der Intention einer transparenten Darstellung des hohen Potentials der narrativen Eigenproduktionen als empirisches Datenmaterial wird die exemplarische Auswertung einer ausgewählten Textsequenz dargestellt. Die folgenden Ausführungen fassen die Ergebnisse einer Feinanalyse, die in Form des axialen Kodierens (vgl. Böhm 1994, 130) vorgenommen wurde, zusammen. Hierbei sollen die Kausalbedingungen aufgeschlüsselt werden, die zu einem Phänomen führen (vgl. Leuger 2009, 198). Die Auswahl des entsprechenden Textabschnittes folgt dabei der Originalstruktur des Textes und trägt zudem der Fokussierung auf Aspekte des subjektiven Erlebens der aktuellen Haftsituation Rechnung.

„Gedanke:
Die Schalterbeamten werden attackiert: Zähne faulen, Mäuler reißen,
in kurzen Höschen frieren Fußkranke und gebeugte Geister. Alle warten auf Erlösung.
Jetzt ist Heulen und Zähneklappern angesagt.
Denn Jesus sitzt mit seinen Aposteln im Revier, und lässt nur wenige durch
zum jüngsten Gericht.
Zwischendurch werden Perforierte Müllsäcke ausgegeben,
damit kein mit Wasser gefüllter Sack die Muskeln stillt"
(Auszug aus dem Text „Pasta Knasta")

Der Text „Pasta Knasta" wurde aufgrund seiner auffälligen sprachlichen Gestaltung hierfür ausgewählt, da er einen ästhetischen Anspruch des Poeten an gebundene Sprache erkennen lässt. Besonders die spürbare Authentizität, die Genauigkeit der provokanten Wortwahl und die Schlüssigkeit genutzter Sprachbilder und Symbole zeichnen diesen Text aus. „Pasta Knasta" repräsentiert dabei als Motto (vgl. Jaeggi u.a. 1998, 7) den Text und vermittelt eine erste charakteristische Zusammenfassung. Der Poet selbst wählt hingegen den Arbeitstitel „Knastalltag", welcher einen eindeutigen Hinweis auf die inhaltliche Fokussierung entsprechend des Forschungsinteresses gibt. In „Pasta Knasta" werden verschiedene Phänomene des „Knastalltags" benannt. So lässt sich beispielsweise „gebeugte Geister" in Anlehnung an Strauss als „in vivo code" (Strauss 1987, 33) fassen. Um dieses Phänomen hier differenziert abbilden zu können, erscheint die systematische Darstellung des Phänomens in Orientierung an dem „Kodierungsparadigma" (Strauss 1998; vgl. auch Böhm 1994, 131f) sinnvoll. Im dargestellten Beispiel ist der in

vivo code „gebeugte Geister" dem ausgewählten Textabschnitt zugeordnet und repräsentiert das dort vorzufindende theoretische Konzept.
In der zugrundeliegenden Textstelle beschreibt der Poet eine Szenerie des „Knastalltags". Er nutzt dabei verschiedene, parallel ablaufende Handlungsstränge, deren gegenseitige Kausalität er deutlich als verbindendes Element aufzeigt. Die Tatsache, dass sich das Phänomen der „gebeugten Geister" in jedem dieser Stränge wiederfinden lässt, hebt die besondere Gewichtung bzw. Bedeutung dieses in vivo codes hervor. Trotz dieser Sonderstellung trifft der Poet keine konkreten Erläuterungen zu diesem Phänomen. So bleibt zunächst offen, wem oder was sich die Geister im Alltag des Gefängnisses beugen. Anders verhält es sich jedoch mit dem Motiv des Beugens. Als ursächlich lässt sich hierfür eindeutig der beschriebene Wunsch „Alle warten auf Erlösung" anfügen, wobei der Ausspruch „Alle" auf die Generalisierung dieses Wunsches hinweist. „Erlösung" steht dabei im direkten Zusammenhang mit dem „jüngsten Gericht", zu dem, im Gegensatz zur biblischen Auslegung, nicht jeder vorgelassen wird. „Denn Jesus sitzt mit seinen Aposteln im Revier und lässt nur wenige durch zum jüngsten Gericht". Diese Schilderung verdeutlicht die hierarchische Macht der Institution, der die Gefangenen „wartend" bzw. passiv gegenüberstehen. Die Einbeziehung des Schlusssatzes „Ob sie uns lieben oder hassen, irgendwann müssen sie uns entlassen" (Z. 59) beschränkt das Urteil des „jüngsten Gerichts" auf die aktuelle Haftsituation. „Erlösung" symbolisiert also positive Aspekte des gegenwärtigen „Knastalltags", deren Gewährung dem Wohlwollen einer mächtigen bewertenden Instanz unterliegen. An dieser Stelle zeigt sich die Macht der Organisation, die sich auf das Verhalten der jungen Inhaftierten auswirkt. Das Beispiel der Ausgabe „perforierter Müllsäcke" geht in ebendiese Richtung. Als Begründung für die Perforierung der Müllsäcke gibt der Poet an: „Damit kein mit Wasser gefüllter Sack die Muskeln stillt". Bedeutender als das eigentliche Ausgeben der Müllsäcke erscheint im angefügten Beispiel ihre Perforierung, die gezielt die Ausübung von Krafttraining unterbindet. Die Beschreibung dieser fast schon skurrilen Szene, kennzeichnet das subjektive Erleben des Verlustes von Autonomie in Gefangenschaft. Die Inhaftierten sind in ihrer „persönlichen Ökonomie des Handelns" (Goffman 1972, 45f) durch die totale Ausrichtung der Gefängnisorganisation und ihren rigiden Strukturen stark eingeschränkt. Entgegen ihres persönlichen Interesses sehen sie sich gezwungen, sich vorherrschenden Regeln zu unterwerfen. Hier soll der subkulturellen Entfremdung von Gegenständen entgegengewirkt werden. Zudem zeigt die Einteilung von Gebrauchsgegenständen einen Aspekt von Deprivation auf (vgl. Harbordt 1972, 11f). Speziell im homosozialstrukturierten Raum der Inhaftiertengemeinschaft präsentiert der Muskelaufbau eine bedeutende Körperstrategie zur Geschlechterdifferenz, die dem männlichen Habitus Ausdruck verleiht (vgl. Heuser 2005, 311f). Die besondere Gewichtung von Härte und Stärke spiegelt sich in den subkulturellen Status- bzw. Rollenhierarchien und ihrer Orientierung an „überzogenen Idealen von Hypermaskulinität" (Bereswill 2007, 178) wieder. Als Beispiel sei hier auf die von Stenger beschriebene „Gruppe der Starken" (Stenger 1984, 247f) verwiesen. Die „perforierten Müllsäcke" symbolisieren folglich das Spannungsverhältnis zwischen Inhaftiertensubkultur und der Institution, indem sich der Inhaftierte positionieren muss.
Es zeigen sich zwei Kernprobleme. Zum einen muss der Inhaftierte der Institution Akzeptanz des Verlustes von Autonomie signalisieren um auf längerfristige Sicht Autono-

mie in Form von Haftlockerung zu erfahren. Zum anderen entspricht die Annahme der Inhaftiertensubkultur dem Bedürfnis von Zugehörigkeit bzw. Interdependenz. Hieraus ergeben sich im „Knastalltag" konträre Handlungsaufgaben. Diese zeigen sich auch im Angriff auf das Personal („die Schalterbeamten werden attackiert") und im konformen Verhalten und Gesten der Unterwerfung wie „Heulen und Zähneklappern". Diese gegenteiligen Handlungsstrategien beinhalten jeweils eine gewisse subjektive Funktionalität und ermöglichen Zugang zu subkulturellen oder institutionellen Privilegien. Speziell junge Inhaftierte befinden sich in einem entwicklungsspezifischen Rollenkonflikt. Das Phänomen „gebeugte Geister" verweist auf ein zweckmäßiges Verhalten der Inhaftierten und auf die Inszenierung eines Doppellebens als logische Konsequenz aus den aufgezeigten Handlungsalternativen.

5. Ausblick

In diesem Beitrag werden die Möglichkeiten des Projekts klar unter der forschenden Perspektive fokussiert und dargestellt. Die Reduktion unter diesem Fokus soll aber nicht dazu führen, dass die pädagogische Intension, der Aspekt der Förderung Jugendlicher und die Möglichkeiten der Resozialisierung im Rahmen des beschriebenen Projektes ungenannt bleiben sollen. Da an dieser Stelle dieses aber nicht in der erforderlichen Ausführlichkeit erfolgen kann, wird lediglich darauf hingewiesen, „dass Kunst in einem gewissen Sinn auch als Durchbrechung der totalen Institution angesehen werden kann" (Bammann 2007, 209).

Das Schreiben und die Präsentation der Slam-Texte stellt das Subjekt in den Mittelpunkt, bietet Freiheiten zur Inszenierung und lässt somit das Erlebnis eigener Autonomie zu. Die Akzeptanz der Beiträge durch unterschiedliche Adressatenkreise wird seitens der Inhaftierten als Würdigung und Wertschätzung erlebt. Diese signalisiert Interdependenz.

Literatur

Alexander, Constantin: Dichter dran am Kommerz. Massenerfolg Poetry Slam, in: Spiegel Online, 08.04.2009, Online verfügbar unter: http://www.spiegel.de/kultur/literatur/0,1518,602670,00.html (letzter Zugriff: 02.11.2011), 2009

Anders, Petra: Poetry Slam. Live-Poeten in Dichterschlachten. Ein Arbeitsbuch, Mülheim an der Ruhr: Verlag an der Ruhr, 2007

Anders, Petra: Poetry Slam im Deutschunterricht. Aus einer für Jugendliche bedeutsamen kulturellen Praxis Inszenierungsmuster gewinnen, um das Schreiben, Sprechen und Zuhören zu fördern, Baltmannsweiler: Schneider Verlag Hohengehren, 2010

Anders, Petra / Abraham, Ulf: Poetry Slam und Poetry Clip. Formen inszenierter Poesie der Gegenwart, in: Praxis Deutsch, Jg. 35, Heft 208, 2008, 6-20

Bereswill, Mechtil: „Von der Welt abgeschlossen" Die einschneidende Erfahrung einer Inhaftierung im Jugendstrafvollzug, in: Goerdeler, Jochen / Walkenhorst, Philipp: Jugendstrafvollzug in Deutschland. Neue Gesetze, neue Strukturen, neue Praxis? Mönchengladbach: Forum-Verlag Godesberg, 2007, 164-183

Bereswill, Mechthild / Koesling, Almut / Neuber, Anke: Umwege in Arbeit. Die Bedeutung von Tätigkeit in den Biographien junger Männer mit Hafterfahrung, Baden-Baden: Nomos Verlagsgesellschaft, 2008

Bereswill, Mechthild: Strafhaft als biographischer Einschnitt. Befunde zum Jugendstrafvollzug aus Perspektive seiner Insassen, in: Dollinger, Bernd: Handbuch Jugendkriminalität. Kriminologie und Sozialpädagogik im Dialog. 2. Auflage, Wiesbaden: VS-Verlag, 2011

Bruns, Werner: Theorie und Praxis des Wohngruppenvollzugs. Zur Situation der Unterbringung junger Strafgefangener in der Jugendanstalt Hameln, Pfaffenweiler: Centaurus-Verlagsgesellschaft, 1989

Eder, Corinna: Adoleszente Inhaftierte im Wohngruppenvollzug, in: Bereswill, Mechthild (Hg.): Entwicklung unter Kontrolle? Biographische Entwürfe und alltägliche Handlungsmuster junger Inhaftierter, Baden-Baden: Nomos Verlagsgesellschaft, 2003, 91-111

Gans, Michael / Jost, Roland / Kammerer, Ingo: Mediale Sichtweisen auf Literatur, Baltmannsweiler: Schneider-Verlag Hohengehren, 2008

Goffman, Erving: Asyle: über die soziale Situation psychiatrischer Patienten und anderer Insassen, Frankfurt a. M.: Suhrkamp, 1972

Harbordt, Steffen: Die Subkultur des Gefängnisses. Eine soziologische Studie zur Resozialisierung. 2. Auflage, Stuttgart: Enke, 1972

Huck, Lorenz: Kriminelle Karrieren und Präventionsmöglichkeiten aus Sicht der betroffenen Subjekte, in: Boeger, Anette: Jugendliche Intensivtäter. Interdisziplinäre Perspektiven, Wiesbaden: VS-Verlag, 2011

Hussy, Walter / Schreier, Margrit / Echterhoff, Gerald: Forschungsmethoden in Psychologie und Sozialwissenschaften für Bachelor, Berlin: Springer, 2010

Jaeggi, Eva / Fass, Angelika/ Mruck, Katja: Denkverbote gibt es nicht! Vorschlag zur interpretativen Auswertung kommunikativ gewonnener Daten. (2. überarb. Fassung). Forschungsbericht aus der Abteilung Psychologie im Institut Sozialwissenschaften der Technischen Universität Berlin, Nr. 98-2, Online verfügbar unter: http://psydok.sulb.uni-saarland.de/volltexte/2004/291/pdf/ber199802.pdf (letzter Zugriff: 07.11.2011), 1998

Koesling, Almut (2007): „... weil die mir auch gewisse Sachen im Leben beigebracht haben" – Beziehungsorientierung junger Männer in Haft, in: Goerdeler, Jochen / Walkenhorst, Philipp: Jugendstrafvollzug in Deutschland. Neue Gesetze, neue Strukturen, neue Praxis? Mönchengladbach: Forum-Verlag Godesberg, 2007, 331-349

Kelle, Helga: Die Komplexität der Wirklichkeit als Problem qualitativer Forschung, in: Friebertshäuser, Barbara / Langer, Anje / Prengel, Annelore: Handbuch Qualitative Forschungsmethoden in der Erziehungswissenschaft, Weinheim: Juventa Verlag, 2010, 101-118

Kraimer, Klaus: Narratives als Erkenntnisquelle, in: Friebertshäuser, Barbara / Langer, Anje / Prengel, Annelore: Handbuch Qualitative Forschungsmethoden in der Erziehungswissenschaft, Weinheim: Juventa Verlag, 2010, 845-856

Lamnek, Siegfried: Theorien abweichenden Verhaltens. 7. Auflage, München: Wilhelm Fink Verlag, 1999

Lueger, Manfred: Grounded Theory, in: Buber, Renate / Holzmüller, Hartmut: Qualitative Marktforschung. Konzepte – Methoden – Analysen. 2. Auflage, Wiesbaden: Gabler, 2009

Marotzki, Winfried: Forschungsmethoden und –methodologie der erziehungswissenschaftlichen Biographieforschung, in: Krüger, Heinz-Hermann / Marotzki, Winfried: Handbuch erziehungswissenschaftliche Biographieforschung, Wiesbaden: VS-Verlag, 2006

Niesyto, Horst / Holzwarth, Peter: Kultureller Selbstausdruck und Identitätsbildung im Kontext videopädagogischer Praxisforschung mit Kindern und Jugendlichen aus Migrationskontexten, in: Bonfadelli, Heinz / Moser, Heinz (Hg.): Medien und Migration. Europa als multikultureller Raum? Wiesbaden: VS Verlag, 2007

Niesyto, Horst: Eigenproduktionen mit Medien als Gegenstand medienpädagogischer Praxisforschung, in Werner, Sesink / Michael, Kerres / Heinz Moser (Hg.): Jahrbuch Medienpädagogik. Medienpädagogik – Standortbestimmung einer erziehungswissenschaftlichen Disziplin, Wiesbaden: VS Verlag für Sozialwissenschaften, 2006, 222-245

Reiser, Helmut: Psychoanalytisch-systemische Pädagogik. Erziehung auf der Grundlage der themenzentrierten Interaktion, Stuttgart: Kohlhammer, 2006

Schwendter, Rolf: Theorie der Subkultur. Neuausgabe, Frankfurt am Main: Syndikat, 1973

Silkenbeumer, Mirja: Resilienz aufspüren. Biografiearbeit mit delinquenten Jugendlichen, in: Zander, Margherita (Hg.): Handbuch Resilienzförderung, Wiesbaden: VS Verlag, 2011, 611-636

Slam 2011: Slam 2011 kürt seine Champions in der O2 World, Online verfügbar unter: http://www.slam2011.de/ detail/article/slam-2011-kuert-seine-champions-in-der-o2-world/ (letzter Zugriff: 07.12.2011), 2011

Stelly, Wolfgang / Thomas, Jürgen: Das Ende der kriminellen Karrieren bei jugendlichen Mehrfachtätern, in: Lösel, Friedrich / Bender, Doris / Jehle, Jörg-Martin (Hg.): Kriminologie und wissensbasierte Kriminalpolitik. Entwicklung- und Evaluationsforschung, Mönchengladbach: Forum Verlag Godesberg, 2007

Stenger, Horst: Berufliche Sozialisation in der Biographie straffälliger Jugendlicher, Göttingen: Verlag Otto Schwartz & Co, 1984

Sykes, Gresham M.: The Society of Captives. A Study of a Maximum Security Prison, Princeton and New Jersey: Princeton Paperback, 1958/1974

Walkenhorst, Philipp: Jugendstafvollzug und Nachhaltigkeit, in Goerdeler, Jochen / Walkenhorst, Philipp: Jugendstrafvollzug in Deutschland. Neue Gesetze, neue Strukturen, neue Praxis? Mönchengladbach: Forum-Verlag Godesberg, 2007, 353-395

Willrich, Alexander: Poetry Slam für Deutschland. Die Sprache. Die Slam-Kultur. Die mediale Präsentation. Die Chance für den Unterricht, Paderborn: Lektora, 2010

Ailine Horn

Diagnostisches Fallverstehen im Jugendstrafvollzug

1. Einleitung

Der vorliegende Artikel entwickelt die Forderung nach einer sozialpädagogischen Profilierung der Diagnostik im Kontext des Jugendstrafvollzuges. Ausgangspunkt dieser Forderung bildet folgende Feststellung, die im Rahmen einer Untersuchung in einer Jugendanstalt in Deutschland erhoben wurde: Sozialpädagogische Diagnosen sowie daraus folgende Zielvorstellungen sind gegenüber den Diagnosen der testdiagnostisch geschulten Psychologen im diagnostischen Konzept der Anstalt nachrangig bzw. finden in den Erziehungs- und Förderplänen nur eine sehr geringe Beachtung. Es bedarf einer sozialpädagogisch-diagnostischen Profilentwicklung, die gutachterlichen Anforderungen sowie dem Bedürfnis der jungen Gefangenen nach einer professionellen Sozialpädagogik gerecht wird. Jene geforderte Profilentwicklung würde in Verbindung mit dem bestehenden kategorialen sowie phänomenologischen Ansatz der Diagnostik ein Integrationsparadigma darstellen, welches sich in der Konfrontation mit Mustern des Fehlverhaltens sowie des Normbruches an einem Krankheitsmodell orientiert und dabei den lebensweltlichen Kontext, das biographische Kontinuum und die Prozesse der Subjektentwicklung in einer interaktiven Verschränkung von Risikofaktoren und protektiven Ressourcen mit einfordert (vgl. Schreiber 2006a, 96).

Schreiber (2006b) führte eine Fragebogenerhebung an verschiedenen Institutionen zur sozialpädagogischen Professionalität unter der Fragestellung einer eigenen, sozialpädagogischen Diagnostik durch: Die in dem Kontext des Jugendstrafvollzuges eingelagerten pädagogischen Berufsvollzüge stützen sich bei der Diagnostik auf Ergebnisse standardisierter Diagnostik, welche in psychiatrischen, medizinischen sowie psychologischen Gutachten festgehalten sind. Damit fungiert die psychologische Diagnostik als Leitkonzept für alle an der Vollzugsplanung beteiligten Professionen. „Mit geliehener Autorität aber ist der Anspruch, urteilsfähig im Hinblick auf Möglichkeiten und Grenzen des eigenen professionellen Handelns zu sein, kaum glaubwürdig einzulösen" (Schrapper 2003, 336). Dennoch stehen die pädagogischen Professionen vor der Herausforderung auf dieser Datengrundlage, „ein stimmiges, klientenspezifisches Konzept für ihr jeweiliges prozessuales Ziel zu entwickeln" (Schreiber 2006b, 63). Diese Herausforderung kann zu keinem Gelingen führen, wenn die Gutachten weder in die Systematik sozialpädagogischen Handelns im Alltag der Institution einbezogen sind noch sie zum Anlass einer störungsspezifischen pädagogischen Intervention herangezogen werden. „Entscheidend ist in der Diskussion um eine pädagogische Diagnostik daraus keinen Abklatsch psychologischer Diagnosen zu machen, sondern zu begreifen, dass es nur Sinn macht von (sozial-)pädagogischer Diagnostik zu sprechen, wenn dabei etwas genuin Pädagogisches durchblickt und verstanden wird" (Schrapper 2003, 337). Schreiber (2006b) kommt in seinen Ausführungen zu dem Schluss, „dass die psycho-soziale Belastung ihrer auffälligen Klientel von einer KJHG immanenten wissenschaftlichen Sozialpädagogik deshalb nicht diagnostisch wahrgenommen wird, weil auf eine fallrekonstruktive Defizitbestimmung verzichtet wird" (Schreiber 2006b, 65). Das Desiderat diagnostischen Fallverstehens konstituiert sich durch die Feststellung, dass sich das diagnostische Modell der Jugendanstalt nicht eignet, die Symptombilder und Ausdrucksgestalten der jungen Gefangenen in ihren jeweiligen Selbstpräsentationen in einer beschreibenden und klassifizierenden Statusdiagnostik tragfähig zu erfassen (vgl. Uhlendorff / Cinkl 2003, 343). Heiner & Schrapper (2010) formulieren die Bedingung, dass lediglich solche Angebote zur Entwicklung zum Um- und Neulernen sozial respektierter und individuell akzeptierter Überlebensstrategien anregen, welche an die individuellen Sinnkonstruktionen junger Menschen anknüpfen. „Erst wenn man versteht, wie eine spezifische Handlungsstruktur entstanden ist, die zu einer spezifischen schwierigen Lebenslage geführt hat, ist man in der Lage, dieser gezielt (und nicht zufällig) entgegenzuwirken und neue Handlungsspielräume zu eröffnen" (Goblirsch 2011, 113).

Der vorliegend gewählte diagnostische Zugang basiert nicht auf einer vorangestellten Pathologieannahme, sondern die auftretenden Muster und Strukturen werden unter dem Aspekt positiver Leistung und Ressource des jungen Gefangenen sowie seines Milieus betrachtet, „und dies nicht, weil sie zuvor falsch und defizitär waren, sondern weil das, was Menschen sich bisher aneignen konnten, nicht mehr funktional ist" (Heiner / Schrapper 2010, 208f). Ebenso wird auch diejenige Klientel mitgedacht, die kaum über Ressourcen verfügt, der erfolgreiche Bewältigungsmuster fehlt und die soziale Kompetenzen sowie Performanzen erst entwickeln muss (vgl. Schreiber 2006b, 66). Die Lebensumstände dieser belasteten Klientel sind nach Schreiber (2006b) durch prekäre Lebenslagen, dramatisch verengte Spielräume, anomische Alltäglichkeiten sowie durch eine an die Strukturgesetzlichkeit ihrer anomischen Lebenspraxis notwendig adaptierte Selbstentwicklung begleitet. Diese Bezugsrahmen müssen verstanden werden und auf ihren Sinngehalt überprüft werden.

Weiter wird davon ausgegangen, dass die Rekonstruktion solcher generativen Strukturen des Erlebens und Handelns unterhalb der expliziten Selbstbeschreibung liegt, jedoch über eine textliche Ausdruckform erschlossen werden kann (vgl. Fischer / Goblirsch 2004, 130). Für diese Rekonstruktionen sind fallverstehende Zugänge geeignet, zumal die Eigenlogik von Entwicklungsverläufen und lebensgeschichtlich erworbene Orientierungs-, Deutungs- sowie Handlungsmuster entschlüsselt und darauf aufbauend Interventionen geplant werden können. Grundlage für die Wahl der biographischen Herangehensweise bildet die Erkenntnis, dass die Rekonstruktion der biographischen Vergangenheit zur Entdeckung möglicher Entwicklungsspielräume der eigenen biographischen Zukunft führen kann (Silkenbeumer 2011, 622f). Diese Entdeckungen von Entwicklungsoptionen fungieren als Ausgangspunkt für die vom Bundesverfassungsgericht geforderte Formulierung einer interventiven Entwicklungsbegleitung.

Es wird ein zirkuläres Modell der Diagnostik zu Grunde gelegt, welches eine wechselseitige Begründung und Ausrichtung von Wissen und Handeln in allen Phasen eines Entscheidungsprozesses vorsieht, zumal Wissen und Handeln als Momente des Handlungsprozesses aufeinander angewiesen sind. Jene zirkuläre Relation von Wissen und Handeln trägt ein unauflösbares sowie paradoxes Spannungsverhältnis zwischen beiden

Momenten, Wissen und Handeln, in sich. Diese wechselseitige Bedingtheit wird in dem vorgeschlagenen Modell der Diagnostik anerkannt, zumal festgestellt werden muss, „dass Professionen, die diese Paradoxien kognitiv oder handlungspraktisch auflösen ..., ihre Unterstützungsfunktion für Klienten einbüßen. Sie verlieren sich entweder in den kurzfristigen Interessen des Klienten, die womöglich schon zur Problemkonstitution beigetragen haben, überlassen die Praxisentscheidung problemferner ökonomischer oder politischer Steuerung, oder machen den Klienten zum bloßen Datenlieferanten" (Fischer 2010, 100).

Dieses spannungsreiche, teils paradoxe Oszillieren zwischen praktischen und theoretischen Ebenen professionellen Handelns (vgl. Fischer / Goblirsch 2004, 127) stellt in der vorliegenden Auseinandersetzung eine Herausforderung dar, zumal die Fragestellung nach einer diagnostischen Interventionsplanung mit der Methode der biographisch-narrativen Fallrekonstruktion angegangen wird. Dieses Spannungsfeld von wissenschaftlicher Biographieanalyse und praktischer Vollzugsplanung wird die vorliegende Untersuchung nicht auflösen können, sondern ausbuchstabieren.

2. Fallverstehen durch biographisch-narrative Diagnostik

Biographien mit ihren lebensgeschichtlichen Prozessstrukturen, ihren Bildungsprozessen und der biographischen Identitäten bilden den Ausgangspunkt für die systematische Analyse von kollektiven Verlaufskurven und -strukturen in den Lebensgeschichten durch biographisch-narrative Konzepte (vgl. Wensierski 2010, 175f). Dabei wird von der Annahme ausgegangen, dass die psychosoziale Problemlage der Klienten „eng mit deren lebensweltlichen Bezügen, ihren biographischen Erfahrungen, den handlungsleitenden Sinnhorizonten und widersprüchlichen Verstrickungen der Protagonisten verwoben" (Hanses 2000, 360) ist. Folglich reicht es für die Diagnostik psychosozialer Problemlagen nicht aus, kritische Lebensereignisse sowie Bewältigungsparameter zu bestimmen, weil „nicht das Ereignis selbst das Entscheidende [ist], sondern die Biographie, auf die es trifft" (Alheit 1995, 281). Das Konstrukt der Biographie eröffnet „Perspektiven für den konkreten Fall mit seinem Eigensinn bei gleichzeitiger (notwendiger) Öffnung für die Kontextualisierung in den sozialen Raum" (Hanses 2000, 364).

Biographien liegen immer als erzählte biographische Selbstentwürfe oder Lebensgeschichten vor, welche gesellschaftliche und individuelle Regeln des sozialen Handelns in sich vereinen (vgl. Goblirsch 2011, 113). Biographie konstituiert sich damit nicht nur als soziale Konstruktion, sondern auch als narrative Konstruktion, in welcher „die eigene Vergangenheit vor dem Hintergrund der aktuellen Interaktion und diskursiven Rahmung neu gedeutet, modifiziert und präsentiert wird" (Hanses 2010, 114). Insofern bieten Biographien die Möglichkeit der Rekonstruktion, wie biographische Strukturierung ausgebildet und Handlungsmuster erzeugt worden sind, zumal Biographien „dem Lebenslauf ein Thema, in interaktionistischer Begrifflichkeit einen »subjektiven Sinn«" (Böttger 1995, 16) geben. Folglich sind die Erzählenden in dem Prozess der narrativen Selbstdarstellungen dazu angehalten, „ihre Erzählungen immer wieder in eine »sinnvolle« Gestalt zu bringen, aber auch immer wieder in die Details des Erinnerungsstromes zu gehen. ... Damit führt Erzählen zum Berührtsein der Biographen, indem die Erfahrungen wieder ein Stück erlebt und neu evaluiert werden müssen" (Hanses 2000, 364). Diese Grundbedingungen der biographischen Selbstbeschreibung eröffnen nach Rosenthal (1995) dem Erzählenden eine heilsame Funktion in dem Prozess des Erzählens. Nach Hanses (2000) werden über die Narration Formen der Handlung und ihre Initiierungen sowie Einbettungen in soziale Kontexte erfahrbar. Silkenbeumer (2011) ergänzt in Hinblick auf jene Muster der Identitätsbildung und Verarbeitungsformen konflikthafter Erfahrungen die im Prozess des lebensgeschichtlichen Erzählens entstehenden Ausdrucksgestalten und umschreibt sie als figürliche Schöpfungen. Nölke (1999) betont die Erkenntnis systematischer Regularität, Dynamik und Ordnung durch die sequentielle Struktur der biographischen Darstellung. Nach Schütze (1995) werden Prozesse des Erleidens, deren Ereignisverkettungen sowie Lösungen deutlich und Weizsäcker (1976) benennt das »ungelebte Leben« als aufschlussreiche Kategorie biographischer Selbstpräsentation. In der Zusammenführung der verschiedenen diagnostischen Dimensionen werden über die narrative Selbstdarstellung Kategorien wie Handlung, Erleiden, Erfahrung, Erleben, Eigentheorie, Selbstevaluation und soziale Rahmung für die professionelle Praxis der Diagnostik zugänglich. Damit ermöglicht eine Biographieorientierung in der Diagnostik „Einsichten in die Komplexitäten der Problemlagen, die Entwicklungs- und Veränderungsprozesse, die Vergesellschaftsformen und die Potentiale wie Ressourcen der Adressaten" (Hanses 2000, 365). Die Grundannahme dabei ist, „dass sich Ressourcen und Kompetenzen gerade dort aufspüren lassen, wo, alltagsweltlich betrachtet, Verhaltensauffälligkeiten und Schwierigkeiten offenkundig sind" (Goblirsch 2011, 115). Diese diagnostische Perspektive findet ihre sinnvolle Übertragung auf den Bereich delinquenztheoretischer Fragestellungen, denn: „Auch Gewalthandlungen und biographische Orientierungen in Richtung Gewalttätigkeit können erst vor dem Hintergrund dieser Interpretationsfolie in ihrer Genese und in ihrer Funktion für das Subjekt gedeutet werden" (Böttger 1995, 16). Fallverstehen über biographisch-narrative Diagnostik eröffnet die Perspektive, den pädagogischen Auftrag in Abgrenzung zu der richterlichen Funktion zu betonen, indem – entgegen der Verurteilung des unmoralischen und zerstörerischen Handelns der delinquenten Jugendlichen – das gewalttätige Handeln als konstitutive Leistung des Gegenübers sowie als Option, sich in der sozialen Welt zu behaupten, begriffen wird (vgl. Hanses 2000, 375), ohne dabei das Handeln zu rechtfertigen. Gerade die Skizzierung der Handlungsmöglichkeiten des Biographen in seiner Lebenspraxis und deren Nutzung oder Nicht-Nutzung lassen den Diagnostiker erkennen, welche Ressourcen und alternativen Handlungs- und Erfahrungsmöglichkeiten der Jugendliche besitzt (vgl. Fischer / Goblirsch 2004, 130). In der Anerkennung des subjektiven Eigensinnes als hintergründige Form der »(Über-)Lebenskunst« besitzt das Konzept der biographisch-narrativen Diagnostik „eine große Potentialität für die Analyse gesellschaftlicher und sozialer Prozesse sowie subjektiver Bezugnahmen und Brechungen" (Hanses 2010, 120).

Darüber hinaus fungieren biographische Selbstthematisierungen nicht lediglich der Übermittlung von Informationen an den Diagnostiker, sondern die zentrale Relevanz liegt in der Rekonstruktion des eigenen Lebens im Prozess der Narration. In dem kreativen und selbsterzeugenden Erzählprozess wird eigene biographische Wirklichkeit produziert, welche narrative Identität und soziale Selbstverortung hervorbringt. Folglich stellt biographisches Erzählen nicht nur eine Form der Selbstthematisierung, sondern

„Mittel der Selbsterzeugung" (ebd.) dar. Den Mehrwert der Narration im Kontext professioneller Hilfesysteme beschreibt Lucius-Hoene (1998) durch die Chance, den Zugriffen von Expertensystemen eigene Geschichten – und damit eigene Erfahrungs- und Handlungsräume – entgegen setzen zu können. Den jungen Gefangenen wird damit die „Fähigkeit zur Revolution des Selbstanfanges gegen das Angefangensein" (Stark 1996, 57) zugesprochen.

3. Methode

Die von den Soziologen Glaser und Strauss entwickelte Grounded Theory als qualitative Forschungsmethode bzw. Methodologie verfolgt die Stärkung des Interpretativen Paradigmas und die Ausweitung von qualitativ hypothesengenerierenden Forschungsperspektiven sowie Forschungsdesigns (vgl. Strauss / Corbin 1996, 3f). Die Grounded Theory weist aufgrund ihrer soziologischen Herkunft eine starke „Handlungs- und Prozessorientierung" (Strauss / Corbin 1996, 23) auf. Demzufolge zielt das primäre Erkenntnisinteresse auf die „Exploration von Handlungsbedingungen und -abläufen in Interaktionen und Institutionen" (Tiefel 2005, 65). Das epistemologische Schema von Strauss / Corbin (1996) zur Analyse empirischen Datenmaterials stellt den handelnden sowie interagierenden Menschen in den Fokus der Auswertung. Im Prozess der Interpretation wird versucht, die Bedingungen zu klären, welche auf die Handlungen und Interaktionen des Subjektes einwirken; ebenso werden die Konsequenzen, die aus den Handlungen und Interaktionen hervorgehen, analysiert (vgl. ebd.). Die Grounded Theory stellt damit „eine handlungs- und interaktionsorientierte Methode der Theorieentwicklung" (a.a.O., 83) dar.

Die Kriminalitätsforschung geht ebenfalls von einem dialektischen Entwicklungsprozess aus, in dem das Individuum in aktiver Auseinandersetzung die Gegebenheiten und Bedeutungsgehalte der sozialen Umwelt erlernt. Zugänge zu biographischen Selbstdeutungen Jugendlicher eröffnen, dass bei Delinquenz Interaktionsprozesse in Form vielschichtiger sowie konfliktreicher Interaktionen zwischen dem Jugendlichen und verschiedener Sozialisationsinstanzen vorliegen. Bereswill (1999) schlägt auf dieser Grundlage folgende Perspektive im biographischen Forschungsprozess um Delinquenz vor:

„Der sozialisierenden Wirkung sozialer Benachteiligungen und psychosozialer Belastungsszenarien auf die Spur kommen zu wollen bedeutet, sich mit multikausalen und heteronomen Phänomenen auseinanderzusetzen. [...] Für einen qualitativen Zugang zu den sozialen Erfahrungen der Jugendlichen bedeutet dies, nach den Verarbeitungs- und Bewältigungsstrategien zu fragen, die Jugendliche im Kontext sozialer Problemlagen entwickeln" (Bereswill 1999, 4).

Die in Abweichungen und Grenzverletzungen zum Ausdruck kommenden Verarbeitungs- und Bewältigungsstrategien müssen im Forschungsprozess als „eigensinnige Deutungen und Potentiale ..., in denen sich Gestaltungswünsche sowie der Gestaltungswillen von Jugendlichen ... artikulieren" (a.a.O., 6), erörtert werden. Delinquentes Handeln muss demnach, in Anlehnung an Göppel (2002), vor dem biographischen Hintergrund sowie der subjektiven Weltdeutung des jungen Gefangenen als Anpassungsleistungen mit einer dem Individuum immanenten Sinnhaftigkeit und Zielbezogenheit ver-

standen werden. Damit ist die Notwendigkeit aufgezeigt, das handlungs- und interaktionsbezogene Kodierparadigma nach Strauss / Corbin (1996) um eine Sinn- sowie Strukturperspektive zu erweitern und die Handlungsperspektive in ihrer inhaltlichen Verortung zu erweitern, „um die Strategien der Selbst- und Weltbild-stabilisierung und -modifizierung im Biographieverlauf nachzeichnen zu können" (Tiefel 2005, 74).
In Abgrenzung zu dem von Strauss / Corbin (1996) verfolgten soziologischen Erkenntnisinteresse liegt bei biographischen Rekonstruktionen von Delinquenz der Fokus auf den subjektiven Sinngebungen der sozialen Bedingtheiten. Schulze (1999) beschreibt den Kern dieses Interesses als einen dialektischen Prozess zwischen der objektiven Struktur des Lebenslaufes und der subjektiven Struktur der Biographie. Der Lebenslauf wird als „biographischer Erfahrungszusammenhang" (Schulze 1999, 37) verstanden, der sich in verschiedenen Wirklichkeitsdimensionen, dem soziokulturellen Raum, Erziehungseinrichtungen, der Lebenswelt, vollzieht. In Hinblick auf Delinquenz bedeutsame problematische sowie distinkte Entwicklungstrajektorien, wie die familiäre Entwicklung, Bildung und Beruf, sowie deren Änderungen und Transitionen durch bestimmte Lebensereignisse, wie Schulversagen, Arbeitslosigkeit, Scheidung, werden zur Rekonstruktion der Lebenslaufstruktur eruiert (vgl. Kröber u.a. 2009, 153).
Die Biographie stellt die Interpretation jenes Lebenslaufes dar und ist von subjektiven Selektionen sowie Wertungen des Lebenslaufes gekennzeichnet. Diese individuellen Verkürzungen der Wirklichkeitsdimension „geben dem Lebenslauf ein Thema, in interaktionistischer Begrifflichkeit einen »subjektiven Sinn«" (Böttger 1995, 16). Die Biographie zeichnet kausale Wirkbeziehungen zwischen einzelnen Ereignissen auf, wodurch der Lebenslauf einen Sinnzusammenhang und einen Bezug zur Identität des Individuums erhält (vgl. ebd.). „Aus dieser biographischen und subjektorientierten Perspektive werden die Ambivalenzen von Gewalthandeln und die tieferliegende Bedeutung von Gewalt sichtbar" (Neuber 2007, 271).
Aus der subjektiven Sinngebung der erlebten Lebenslaufstruktur resultieren für das Individuum tragfähige Handlungsentwürfe. „Durch seine Handlungen erlernt der Mensch die Bedeutungen der ihn umgebenden Kultur, und in der Folge wirkt sich dieses neu erworbene Wissen auf die Planung und Durchführung seiner weiteren Handlungen in dieser Gesellschaft aus" (Böttger 1995, 17). Als Resultat dieses biographisierenden Prozesses zwischen Struktur und Emergenz steht die verinnerlichte und gelernte Handlung dem Individuum als (gewalttätiges) Verhaltensmuster zur Verfügung.
Zusammenfassend kann gesagt werden, dass biographisches Handeln und biographische Sinnkonstruktionen als subjektive Leistungen auf „gesellschaftliche Strukturen, auf Orientierungsmuster, institutionalisierte Prozeduren, geronnene interaktive Formen und Regeln (angewiesen sind), die als Gerüststrukturen »hinter dem Rücken« je konkreter biographischer Prozesse wirksam sind" (Alheit / Dausien 1999, 441).
Das „aus soziologischen Forschungsarbeiten hervorgegangen(e) und auf psychologische Untersuchungsfragen nicht unmittelbar übertragbar(e)" (Jaeggi u.a. 1998, 4) Kodierparadigma der Grounded Theory nach Strauss / Corbin (1996) wird im Folgenden für die interpretative Auswertungspraxis bei biographischer Diagnostik konkretisiert: Die biographische Analyseebene der Sinnperspektive bezieht sich grundlegend auf die Rekonstruktion des Selbstbildes des Jugendlichen. Es wird der Frage nachgegangen, wie sich der Jugendliche im Interview präsentiert, was er über die eigene Person erzählt und wie

er sich darstellt. Zudem werden in der Analyse normative sowie lokale Orientierungen und unerwähnte Narrationsphasen in die Betrachtung einbezogen. Durch die Analyse der Strukturperspektive wird sich der Rekonstruktion des Weltbildes angenähert. Wichtige und relevante Rahmenbedingungen werden für den Aktionsraum und die Möglichkeiten des Jugendlichen analysiert. Zudem stehen für den Jugendlichen orientierungsgebende Annahmen, Vorstellungen und Positionen im Fokus des Erkenntnisinteresses. Ebenso werden soziale, institutionelle sowie gesellschaftliche Zusammenhänge, die für den Jugendlichen wichtig sind, betrachtet. Die Analyseperspektive der Handlung beschreibt konsistente oder wiederkehrende Muster von Aktivitäten und Interaktionen. Anhand des Materials wird eruiert, wie Handlungsoptionen vom Jugendlichen wahrgenommen werden und wie der Umgang mit jenen beschrieben werden kann. Zudem erfolgt eine Einschätzung, wie die Handlungsstrategien des Jugendlichen in ihrer Aktivität und Zielgerichtetheit umschrieben werden können (vgl. Tiefel 2005, 75).

4. Exemplarische Auswertung eines Interviews »Sonntags in der Zelle«

Im Folgenden werden Erkenntnisse einer Interviewauswertung skizziert, die in Anwendung an die modifizierten Kodierperspektiven entstanden sind. Eine übersichtliche Zusammenfassung der entwickelten Kodes gibt das Kodierparadigma in Abbildung 1.
Gewalthandlungen innerhalb des Gefängnisses bleiben in den Erzählungen des narrativen Interviews unerwähnt. Gegenteilig kristallisiert sich ein zunehmendes Isolationsmuster zugunsten des Durchbrechens alter Gewohnheiten und der Formulierung eigener Ziele als zentrales Phänomen heraus, welches durch das Bild ››Sonntags in der Zelle‹‹ umschrieben werden kann: „Ja, ich hab, ich bin halt jeden Tag aufgestanden, von allein. Dann bin ich hierhin gegangen zur Schule. Und hab das durchgezogen, ne. Ja, allein hab ich das geschafft, ne. Auch allein in der Zelle drüben." Dieses in der Zeit der Inhaftierung entstandene Handlungsmuster des Rückzugs wird an den Stellen in der Erzählung unterbrochen, wenn Herr S. Situationen schildert, in denen er vermeintlichen Freunden praktische Unterstützung gewährt: „Wenn du hier drin bist, da musst du, auch draußen, da musst de zusammenhalten. Ich mein unter Kollegen ist das muss man das so machen." Das Selbstbild Herrn S. ist durch ein schwaches Selbstbewusstsein geprägt. Diese Schwäche versucht er durch eine starke Orientierung an seine Freunde zu kompensieren und erhofft sich Anerkennung durch die Teilnahme an illegalen Machenschaften. Diese Kompensationsstrategie findet sich sowohl in den Erzählungen zu seiner Jugendphase als auch in der Phase der Haftstrafe.
In diesem Zusammenhang ist auffällig, dass Herr S. in seinen Erzählungen die Hierarchie unter den Gefangenen extrem polarisierend beschreibt. Damit schließt er aus, dass Inhaftierte sowohl die Täter- als auch die Opferrolle annehmen können; die gleichzeitige Präsenz von Stärke und Bedroht-Werden nimmt er nicht wahr: „Entweder du hast du bist eben angekommen oder du bist halt Opfer hier drinne, ne. So ist das." Das schwach ausgeprägte Selbst Herrn S. offenbart sich gleich zu Beginn seiner Erzählungen und wird auffällig häufig in seinen Schilderungen zum Thema gemacht. Wie lässt sich diese starke Fokussierung auf die extreme Täter-Opfer-Einteilung biographisch erklären?

Auf die Frage: „Wenn sie in Gedanken die Zeit zurückdrehen in die Zeit, in der sie klein waren, was fällt ihnen da ein?" erzählt Herr S. von einer harmonischen Kindheit in einer Großfamilie mit fünf Geschwistern. Er entwirft diese Zeit auf Grundlage eines starken familiären Beziehungsnetzes, welches sehr traditionell ausgerichtet ist, und weist seinem Vater eine zentrale Vorbild- und Orientierungsfunktion zu: „Das war alles geregelt, das war da hat mein Vater für gesorgt. Die Männer tun nix, das machen alles die Frauen, ja müssen die. Das war schon immer so, also bei uns. Ja, is so." Herr S. verbindet mit seiner Kindheit ein geregeltes Leben, welches ihm Struktur und Halt gab. Diese Struktur bricht in den Erzählungen von Herrn S. zusammen, als er sieben Jahre alt war und die Eltern sich trennten. Dieser Punkt seiner Erzählungen erhält im biographischen Rückblick eine zentrale Stellung und das Muster der Trennung sowie des Abbruchs treten von diesem Zeitpunkt an regelmäßig in der Biographie von Herrn S. auf: Der Vater verlässt die Familie, es erfolgen mehrere Wohnortswechsel, Herr S. wird zurückgeschult, es finden mehrere Schulwechsel statt, Herr S. bricht stationäre Maßnahmen der Jugendhilfe ab, seine Mutter trennt sich emotional von ihm. Den Beginn dieser radikalen Brüche verortet Herr S. bei der Trennung des Vaters von der Familie.

In der biographischen Erzählung Herrn S. wird eine Strukturparallele zwischen den familiären Trennungsereignissen und seiner gewalttätigen Handlungsorientierung deutlich. Herr S. schildert in seinen Erzählungen stark polarisierte Familienbilder: Die harmonische sowie strukturierte Familie in seiner Kindheit und die getrennte Familie als Auslöser für weitere radikale Brüche innerhalb seiner Biographie. In dieser starken Polarisierung findet sich die Täter-Opfer-Einteilung Herrn S. wieder. Er konstruiert in den Erzählungen seinen Vater zum Täter, der eine emotional abgestumpfte Mutter sowie einen orientierungslosen Sohn, Herrn S., hinterlassen hat. Er nimmt seine Rolle als Opferrolle wahr. Dieser Sinnzusammenhang spiegelt sich in seinen Handlungsorientierungen wieder, indem Herr S. durch wiederholende Abbrüche von Jugendhilfe- sowie Bildungsmaßnahmen dieses Muster in seiner Rolle immer wieder erlebt.

In der Wahrnehmung von Herrn S. haben sich beide Elternteile von ihm abgewendet. Sein Vater trennt sich räumlich von ihm; seine Mutter bricht die emotionale Beziehung zu ihm ab. Zudem ist die Richtung der Kausalität auffallend, die Herr S. in der obigen Passage schildert. Er erzählt zu Beginn vom Verlust der Eltern und leitet kausal zu seinem Drogenkonsum über. Durch die Äußerung: „ach weißt de, das hat dann das läuft da halt so, ne" wird sichtbar, dass Herr S. den Einstieg in den Drogenkonsum als Geschehnis mit einer passiven Beteiligung wahrnimmt. Darüber hinaus assoziiert Herr S. mit dem Drogenkonsum in der Peergroup eine Möglichkeit, die subjektiv wahrgenommene Opferrolle, kompensieren zu können: „dann gehts weiter und dann kommste höher und weiter und so halt." Bei den Peers erlebt Herr S. Anerkennung durch sein Handeln sowie neue Rollenorientierungen – Strukturelemente, die er in seiner Kindheit sehr positiv herausgestellt hat, welche ihm in der familiären Struktur(losigkeit) während seiner Jugendphase fehlten. Das subjektive Gefühl von Halt und Eingebunden-Sein in der Peergroup beschreibt Herr S. als Einstieg in seine Delinquenz, wodurch er sich in der bestärkenden Rolle des Täters fühlt. Kontrastiv zu der subjektiven Wahrnehmung der sozialen Unterstützung durch die Peergroup vollzieht Herr S. in der immer noch bestehenden Rolle als Opfer die erste Straftat für die Gruppe. An dieser Stelle wird deutlich, dass entsprechend der Täter-Opfer-Ambivalenz die ihn umgebenden Strukturen in starkem

Kontrast zu seinem eigenen Selbstbild stehen. Diese Ambivalenz hat über die erste Haftstrafe hinweg bis zu der erneuten Reinhaftierung Bestand.
Eine Änderung in seinem subjektiv aufgebauten Sinnzusammenhang zwischen Täter, Stärke und Delinquenz äußert sich in dem eingangs erwähnten Isolationsmuster Herrn S.. Auf die Frage: „Hat es sich gelohnt diese Risiken einzugehen?" schildert Herr S. seinen Erfolg, während der zweiten Haftstrafe Lesen und Schreiben gelernt zu haben: „Ja, ich hab, ich bin halt jeden Tag aufgestanden, von allein. Dann bin ich hierhin gegangen zur Schule. Und hab das durchgezogen, ne. Ja, allein hab ich das geschafft, ne. Auch allein in der Zelle drüben." Herr S. beschreibt, wie er sonntags in der Zelle begonnen hat, Lesen und Schreiben zu lernen. Dieser Prozess wurde durch einen inneren Konflikt angeregt, dass er sein schwach ausgeprägtes Selbstbewusstsein vor dem Hintergrund seines Analphabetismus' reflektierte. Herr S. reinszeniert durch das Setting des Sonntages, des festen Tagesablaufes sowie des Lernens für die Schule die traditionellen Strukturen seiner Kindheit, welche ihm Halt und Kontrolle gegeben haben. Er verzeichnet Erfolg, den er auf die eigene Person zurückführt: „Ja, allein hab ich das geschafft, ne. Auch allein in der Zelle drüben." Zusätzlich isoliert er sich durch den Rückzug in seine Zelle von den Strukturen seiner Peergroup. Einen Teil der äußeren Struktur des damaligen Familienlebens in das Gefängnis zu übersetzen, ermöglicht Herrn S., dem reizvollen Gefühl innerhalb der Peergroup eine eigene Struktur entgegenzusetzen. Er knüpft an die Erfahrungen elterlicher unterstützender Kontrolle aus seiner Kindheit an.
Bei Herrn S. wird die tieferliegende Bedeutung von Gewalt durch die Kompensation der Opferrolle deutlich; der Rückgriff auf delinquente Handlungsweisen verleihen ihm das Gefühl der Anerkennung und des Eingebunden-Seins in die Strukturen der Peergroup. Zudem verweist das delinquente Verhalten vor dem Hintergrund seiner biographischen Trennungserfahrungen auf eine weitere Bedeutung: In Situationen des Abbruches (Schulwechsel, stationäre Maßnahmen, Wohnortwechsel u.v.m.) erlebt Herr S. sich als hilflos und verletzbar – Gefühle, welche mit der Opferrolle assoziiert sind und die Trennungserfahrungen aus seiner Kindheit aufleben lassen. Damit lässt sich das gegen die Opferrolle kompensatorische delinquente Verhalten Herrn S. „als Ausdruck einer schmerzhaften biographischen Erfahrung deuten" (Neuber 2007, 271). Die biographische Betrachtungsweise auf Delinquenz eröffnet eine prozessuale Perspektive auf Gewalthandeln, welche bei Herrn S. von frühen idealisierten Kindheitserfahrungen bis hin zu Inhaftierung, Entlassung und Reinhaftierung reicht. Der einschneidende Punkt in seiner Biographie ist der Beginn eines Veränderungsprozesses, bei dem Herr S. einen inneren Konflikt in sich austrägt. Die Möglichkeit zur Isolation nutzt Herr S., um die klare Tageslaufstruktur der Institution sowie die traditionelle und unterstützende Familienstruktur in seine innere Struktur zu übersetzen und für sich nutzbar zu machen, indem er Erfolgserlebnisse erzielt, die ihm helfen, seine Rolle innerhalb der Täter-Opfer-Ambivalenz neu zu definieren. „Damit kann ein Lernprozess ... als langsamer, unbemerkter Wandlungsprozess und nicht als bewusste Umstrukturierung erfolgen, in den Daten aufgespürt werden" (Tiefel 2005, 80).

Diagnostisches Fallverstehen im Jugendstrafvollzug   285

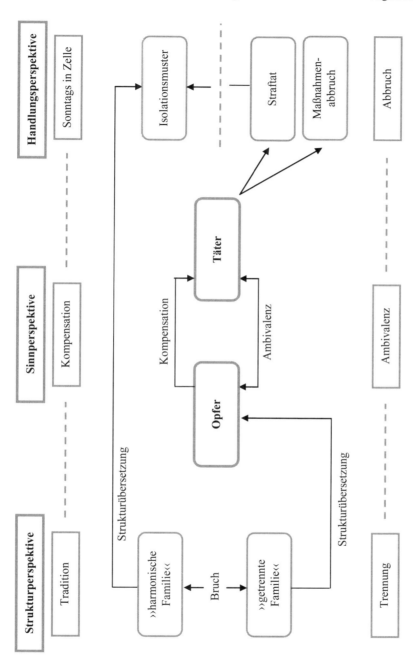

Abb. 1: Kodierparadigma Herrn S.

Im Folgenden wird eine Synopse der Ergebnisse der standardisierten Diagnostik und des fallverstehenden Zuganges gezogen. Leitende Fragestellung des Vergleiches ist der qualitative Zugewinn der durch das diagnostische Fallverstehen gewonnenen Erkenntnisse für die Entwicklungs- und Förderplanung (EFP) in dem Setting Jugendstrafvollzug: In der Dokumentation des vollzuglichen Verhaltens Herrn S. wird gleich zu Beginn eine negative Erwartungshaltung in Hinblick auf Verhaltensüberschreitungen eingenommen. Obwohl festgestellt wird, dass es bislang zu keinerlei negativen Verhaltensauffälligkeiten gekommen sei, wird der Blick auf positives Verhalten sowie potenziell bestehende Ressourcen verschränkt. Bei der begründeten Formulierung der Notwendigkeit einer engen Anbindung sowie Unterstützung im vollzuglichen Alltag zum Schutz des Inhaftierten selbst, werden die Ansätze des Durchbrechens alter Gewohnheiten aus eigenem Antrieb übersehen. Zudem vertieft die biographische Analyse die im EFP als Feststellung formierte Gegebenheit von intersubjektiven Androhungen, in welche Herr S. verwickelt sei: Sie hinterfragt das Handlungsmuster der mit Stärke und Selbstbewusstsein assoziierten Tat der Androhung. Unter dieser Fragestellung kristallisiert sich das Bedürfnis Herrn S. heraus, sein schwach ausgeprägtes Selbst durch eben solche starken sowie autoritären Handlungen kompensieren zu wollen. Die Dokumentation der Sozialisation Herrn S. im EFP übergeht die für ihn aus subjektiver Perspektive positiv betrachtete Familie durch die Einnahme einer objektiven Theoriebrille, welche die vorzufindende Familienkonstellation als negativ umschreibt. In Kontrast zu der Darstellung eines Alkohol sowie Drogen konsumierenden Vaters, welcher zu Gewaltanwendung innerhalb der Familie neigt, schreibt Herr S. seinem Vater eine für ihn wichtige Orientierungsfunktion in Hinblick auf tradierte Zeitstrukturen (Bedeutung des Sonntages) zu. Die kurze Erwähnung der elterlichen Trennung nimmt in der Biographie Herrn S. eine zentrale Stellung ein: Es wird ein Muster des Abbruches erlebt, welches im weiteren Verlauf seiner Biographie wiederkehrend von Bedeutung ist. Zudem wird durch die biographische Analyse deutlich, dass die im EFP beschriebene Überforderung der Mutter in einem emotionalen Abkopplungsprozess von ihren Kindern in Folge der Trennung von ihrem Ehemann begründet ist. In Hinblick auf die Delinquenzentwicklung werden im EFP drei Gründe für das gewalttätige Verhalten Herrn S. ausgemacht: Schlechte soziale Verhältnisse, die einfache Struktur Herrn S. sowie die erfolglose Teilnahme an Jugendhilfemaßnahmen. Diese faktischen Darstellungen in der Dokumentation des EFP werden durch die biographische Analyse in der Hinsicht ergänzt, dass das delinquente Handeln Herrn S. als Kompensationsversuch herausgestellt wird, seine subjektiv wahrgenommene Opferrolle zu kompensieren. Um die dennoch bestehende Opferrolle aufgrund des Ausgenommen-Werdens für kriminelle Übergriffe durch die vermeintlichen Freunde in die Überlegungen mit einfließen zu lassen, verlässt die biographische Analyse die rein subjektive Betrachtungsweise und reflektiert das subjektiv erlebte Handeln an überindividuellen Strukturen. Unbeachtet bleiben in der Dokumentation des EFP beobachtbare Ressourcen des Gefangenen. Hervorgehoben sei an dieser Stelle der Nutzen der in der Dokumentation der Sozialisation unerwähnt gebliebenen Struktur- sowie haltgebenden Muster aus der frühen Kindheit Herrn S. für die Erreichung seines Zieles, Lesen und Schreiben zu lernen.

5. Ausblick: Dimensionen diagnostischen Fallverstehens

Die durch das Bundesverfassungsgericht geforderte fallspezifische Förderung in Form einer Entwicklungsbegleitung erfährt durch eine ergänzende Biographiekonzeption der Diagnostik und Planung eine notwendige Grundlage zur Umsetzung dieser Forderung. Der junge Gefangene tritt aus dem Schatten eines die Sicherheit der Allgemeinheit gefährdenden Falles, dessen Flucht- und Missbrauchsgefahr abklärt werden muss. Nach Griese / Griesehop (2007) leistet diagnostisches Fallverstehen durch eine Biographieorientierung die Erfassung der Fallambiguität, sodass auf dieser Grundlage der junge Gefangene als »sozialisierte Subjektivität« in einem Spannungsverhältnis zwischen sozialer Strukturiertheit und produktivem Eigensinn, zwischen Verstrickungen sowie Befähigungen wahrgenommen werden kann, um „eine auf Einfachheit reduzierte, funktionelle Fallperspektive zu vermeiden" (Hanses 2010, 121). Diagnostisches Fallverstehen eröffnet damit die Perspektive, die vielfältigen Abwehrmuster delinquenter Jugendlicher als Sicherung sowie Bewahrung der eigenen Identität und produktive Bewältigungsleistungen anzuerkennen. Auf dieser Erkenntnis aufbauend besitzt biographische Diagnostik sowie die sich daran anschließende Entwicklungsbegleitung von delinquenten Jugendlichen die wichtige Funktion, „die Integration lebensgeschichtlicher Erfahrungen von Diskontinuität und Krisen in das eigene Selbstbild zu unterstützen, um dadurch Orientierung für die Entwicklung neuer Lebensperspektiven zu erwerben" (Silkenbeumer 2011, 627). Dabei können durch den Fokus auf die Mühen der Vergangenheit bei der Bewältigung belastender Ereignisse Bewältigungsressourcen sichtbar gemacht, auf die aktuelle Übertragbarkeit überprüft und Gegenskripte entwickelt werden.

Eine weitere Dimension diagnostischen Fallverstehens entkräftet die Vorstellung professioneller Handlungsorientierung, dass aus dem gewonnen Expertenwissen des Diagnostikers sowie der Problemanalyse direktiv Interventionen ableitbar erscheinen. „Diese konzeptionelle und oftmals implizite Vorstellung geht von einer Interventionsidee aus, in der die Nutzer lediglich zum Adressaten von Hilfe funktionalisiert werden" (Hanses 2010, 121). Hilfeplanung ohne den notwendigen Aneignungsprozess biographischer Erfahrungen und Sinnhorizonte der Klienten kann demnach nur scheitern kann. Damit eröffnet „eine Biographierezeption nutzerorientierter Dienstleistungsorientierung" (Hanses 2010, 121) die Perspektive für »sinnvolle« Unterstützungsprozesse sowie ein grundlegendes Umdenken bei institutionalisierten Professionen, wobei es einer Neubestimmung des Verhältnisses von Institution, Professionellem und Klienten bedarf. In diesem Kontext beschreibt Uhlendorff (1999) das Phänomen, dass sich in dem Prozess der Aktenführung, Dokumentation sowie Auswertung der Fallakten ein detailliertes Wissen über die Erziehungsphänomene und Lebensschwierigkeiten der Heranwachsenden für die Institution ergeben. Damit verhelfen Diagnosen einer Institution zu ihrem Selbstverständnis. „Die Eigentümlichkeit von pädagogischen Diagnosen liegt m.E. darin begründet, daß sie den [Diagnostiker] aus dem Verhaftetsein des Alltags herausheben und zu einem Selbstverständnis, einem pädagogischen Auftrag gegenüber einem konkreten Fall verhelfen" (Uhlendorff 1999, 129). Folglich fungieren Diagnosen als Form der Selbstvergewisserung des Diagnostikers in der Praxis sowie der Selbstvergewisserung des institutionellen Auftrages, zumal Diagnosen als Wirklichkeitskonstruktionen vollzugli-

che Handlungen begründen sowie planbar werden lassen. Diagnostisches Fallverstehen stellt die bestehenden Institutionslogiken, ihre Aufgabenbereiche sowie etablierten Methoden in Frage, wenn der Weg in Richtung einer biographieorientierten, wissenschaftlich fundierten Diagnosepraxis angetreten wird (vgl. Griese / Griesehop 2007, 228). Ob sich zudem die pädagogischen Diagnosen in der Praxis bewähren, hängt ebenso davon ab, ob die Einrichtung sich auch zu einer institutionellen Selbstreflexion verpflichtet, die weiter greift als die so genannte Qualitätssicherung (vgl. Uhlendorff / Cinkl 2003, 346).
Die Betrachtung organisationaler Prozesse in Hinblick auf eine biographietheoretische Perspektive diagnostischen Fallverstehens eröffnet die dritte Dimension innovativer Veränderungspotenziale: „Organisationen werden oftmals als sozial verdichtete, mit spezifischen Rationalitäten ausgestattete Aggregate betrachtet, die mit ihren formalen Ablaufstrukturen gerade als ein Gegenmodel zu einem auf ein Subjekt verweisendes Biographiekonzept gedacht werden" (Hanses 2010, 121). Der organisationstheoretische Ansatz nach Hiller (2005) zeigt jedoch auf, dass institutionelle Prozesse nicht durch formale Ablaufstrukturen sowie Rationalitäten erklärbar erscheinen, sondern durch Organisationskulturen determiniert sind. In einer Fallstudie zur Bedeutung von Aneignungsprozessen in organisatorischen Modernisierungsstrategien skizziert Hartz (2004) den Prozess der Konzeptualisierung von Organisationsmitgliedern zu sozialen Akteuren, deren Handeln nicht nur den Zwängen sozialer Praxis unterliegen, sondern aus ihren biographischen Sinnkonstruktionen abzuleiten ist. Alheit / Hanses (2004) schlussfolgern, dass diagnostisches Fallverstehen durch das Konzept der Biographie kein Gegenmodell von Organisation darstellt, sondern als Organisationsressource wahrgenommen werden muss.
Eine biographische Analytik und Rekonstruktion ermöglicht die Strukturerfassung von Organisationen sowie „der in ihnen lebenden Individuen einschließlich institutioneller und personaler Pathologien" (Fischer / Goblirsch 2004, 128). An dieser Stelle sei insbesondere die Modifizierung institutioneller Abläufe durch die spezifischen Interaktionsmuster der jungen Gefangenen hervorgehoben, zumal zentrale Strukturmuster sowie Analogien zu familialen Konflikttypen in dem Setting Jugendstrafvollzug reinszeniert werden. Diese emotionale Konfliktdynamik erschließt sich erst sinnhaft vor dem Hintergrund einer biographischen Rekonstruktion (vgl. Nölke 1997, 190). Damit erweist sich das Konzept der Biographie als ein metatheoretisches sowie reflexives Analyseinstrument für Organisationen, um Prozesse der Machtkonstituierung beobachten und wahrnehmen zu können. „Biographie erweist sich hier als eine ... bedeutsame heuristische Perspektive, um die Wirkungen neuer sozialpolitischer Ausrichtungen auf die Adressaten ... zu erfassen und gleichzeitig auch die subjektiven Brechungen machtvoller Zugriffe beschreibbar machen zu können" (Hanses 2010, 121).

Literatur

Alheit, P. & Dausien, B. (1999): Biographieforschung in der Erwachsenenbildung. In: Krüger, H.-H. & Marotzki, W. (Hg.): Handbuch erziehungswissenschaftliche Biographieforschung. Wiesbaden: Verlag für Sozialwissenschaften, 431-456

Alheit, P. & Hanses, A. (2004): Institution und Biographie. Zur Selbstreflexivität personenbezogener Dienstleistungen. In: Hanses, A. (Hg.): Biografie und Soziale Arbeit. Institutionelle und biographische Konstruktionen von Wirklichkeit. Baltmannsweiler: Schneider-Verlag Hohengehren, 8-28

Alheit, Peter: »Biographizität« als Lernpotential. Konzeptionelle Überlegungen zum biographischen Ansatz in der Erwachsenenbildung, in: Krüger, Heinz-Hermann / Marotzki, Winfried (Hg.): Erziehungswissenschaftliche Biographieforschung, Opladen: Leske und Budrich, 1995, 276-307

Bereswill, Mechthild: Gefängnis und Jugendbiographie. Qualitative Zugänge zu Jugend, Männlichkeitsentwürfen und Delinquenz. KFN-Forschungsbericht Nr. 78, JuSt-Bericht Nr.4, Hannover: Kriminologisches Forschungsinstitut Niedersachsen, 1999

Böttger, Andreas: Biographien gewalttätiger Jugendlicher. Konzeption eines Forschungsprojekts. KFN-Forschungsbericht Nr. 40, Hannover: Kriminologisches Forschungsinstitut Niedersachsen, 1995

Fischer, Wolfram / Goblirsch, Martina: Narrativ-biographische Diagnostik in der Jugendhilfe. Fallrekonstruktion im Spannungsfeld von wissenschaftlicher Analyse und professioneller Handlungspraxis, in: Heiner, Maja: Diagnostik und Diagnosen in der Sozialen Arbeit. Ein Handbuch, Berlin: Eigenverlag des Deutschen Vereins für öffentliche und private Fürsorge, 2004, 127-140

Fischer, Wolfram: Fallrekonstruktion und Handlungskompetenz im Kontext der Professionalisierung der Sozialen Arbeit, in: Hammerschmidt, Peter / Sagebiel, Juliane (Hg.): Professionalisierung im Widerstreit. Zur Professionalisierungsdiskussion in der Sozialen Arbeit. Versuch einer Bilanz, München: Schriftenreihe Soziale Arbeit der Fakultät für angewandte Sozialwissenschaften der Hochschule München, 2010, 95-114

Goblirsch, Martina: Narrativ-biografische Diagnostik und professionelles Handeln in der Jugendhilfe, in: Familiendynamik, Jg. 36, Heft 2, 2011, 112-121

Göppel, Rolf: Wenn ich hasse, habe ich keine Angst mehr. Psychoanalytisch-pädagogische Beiträge zum Verständnis problematischer Entwicklungsverläufe und schwieriger Erziehungssituationen, Donauwörth: Auer Verlag, 2002

Griese, Birgit / Griesehop, Hedwig R.: Biographische Fallarbeit. Theorie, Methode und Praxisrelevanz, Wiesbaden: Verlag für Sozialwissenschaften, 2007

Hanses, Andreas: Biographische Diagnostik in der Sozialen Arbeit. Über die Notwendigkeit und Möglichkeit eines hermeneutischen Fallverstehens im institutionellen Kontext, in: neue praxis, Jg. 30, Heft 4, 2000, 357-379

Hanses, Andreas: Biografie, in: Bock, Karin / Miethe, Ingrid (Hg.): Handbuch Qualitative Methoden in der Sozialen Arbeit, Opladen: Verlag Barbara Budrich, 2010, 113-123

Hartz, Stefanie: Biographizität und Professionalität. Eine Fallstudie zur Bedeutung von Aneignungsprozessen in organisatorischen Modernisierungsstrategien, Wiesbaden: Verlag für Sozialwissenschaften, 2004

Heiner, Maja / Schrapper, Christian: Diagnostisches Fallverstehen in der Sozialen Arbeit, in: Schrapper, Christian (Hg.): Sozialpädagogische Diagnostik und Fallverstehen in der Jugendhilfe. Anforderungen, Konzepte, Perspektiven, Weinheim: Juventa, 2010, 201-221

Hiller, Petra: Organisationswissen. Eine wissenssoziologische Neubeschreibung der Organisation, Wiesbaden: Verlag für Sozialwissenschaften, 2005

Jaeggi, Eva / Faas, Angelika / Mruck, Katja: Denkverbote gibt es nicht. Vorschlag zur interpretativen Auswertung kommunikativ gewonnener Daten, Forschungsbericht aus der Abteilung Psychologie im Institut für Sozialwissenschaften der Technischen Universität Berlin, Nr. 98-2, 1998

Kröber, Hans-Ludwig / Dölling, Dieter / Leygraf, Norbert / Sass, Henning: Handbuch der Forensischen Psychiatrie. Kriminologie und Forensische Psychiatrie, Berlin: Steinkopff Verlag, 2009

Lucius-Hoene, Gabriele: Erzählen von Krankheit und Behinderung, in: Psychotherapie, Psychosomatik, medizinische Psychologie, Jg. 48, Heft 2, 108-113

Neuber, Anke: Anti-Gewalttrainings im Jugendstrafvollzug und biographische Zugänge zu Gewalt. Schlussfolgerungen aus einer subjektorientierten Forschungsperspektive, in: Goerdeler, Jochen / Walkenhorst, Philipp (Hg.): Jugendstrafvollzug in Deutschland. neue Gesetze, neue Strukturen, neue Praxis, Mönchengladbach: Forum Verlag Godesberg, 2007, 254-276

Nölke, Eberhard: Der biographische Blick auf Marginalisierung. Hermeneutische Rekonstruktionen gescheiterter Sozialisationsverläufe von Jugendlichen und ihre sozialpädagogische Bedeutung, in: Jakob, Gisela / Wensierski, von, Hans-Jürgen (Hg.): Rekonstruktive Sozialpädagogik. Konzepte und Methoden sozialpädagogischen Verstehens in Forschung und Praxis, Weinheim: Juventa, 1997, 177-191

Nölke, Eberhard: Biographieanalyse als hermeneutisches Rekonstruktionsverfahren und ihre Bedeutung für die Kinder- und Jugendhilfe, in: Peters, Friedhelm (Hg.): Diagnosen – Gutachten – hermeneutisches Fallverstehen. Rekonstruktive Verfahren zur Qualifizierung individueller Hilfeplanung, Frankfurt a.M.: Internationale Gesellschaft für erzieherische Hilfen-Eigenverlag, 1999, 166-196

Rosenthal, Gabriele: Erlebte und erzählte Lebensgeschichte. Gestalt und Struktur biographischer Selbstbeschreibungen, Frankfurt a.M.: Campus-Verlag, 1995

Schrapper, Christian: Sozialpädagogische Diagnostik. Anforderungen, Konzepte, Bausteine, in: Zeitschrift für Jugendkriminalrecht und Jugendhilfe, Jg. 14, Heft 4, 2003, 336-342

Schreiber, Werner: Ansätze sozialpädagogischer Diagnose und Intervention in der Arbeit mit psychosozial geschädigter Klientel, in: Jansen, Irmgard / Peters, Oliver / Schreiber, Werner (Hg.): Devianzpädagogische Analysen. Integrative sozialpädagogische Arbeit mit einer psycho-sozial belasteten Klientel, Norderstedt: Books on Demand, 2006a, 109-126

Schreiber, Werner: Eine Standortbestimmung sozialpädagogischer Diagnostik in der Arbeit mit psychosozial belasteten Kindern und Jugendlichen, in: Jansen, Irmgard / Peters, Oliver / Schreiber, Werner (Hg.): Devianzpädagogische Analysen. Integrative sozialpädagogische Arbeit mit einer psycho-sozial belasteten Klientel, Norderstedt: Books on Demand, 2006b, 61-72

Schreiber, Werner: Zur Problematik einer verstehenden Diagnostik in der Sozialpädagogik, in: Jansen, Irmgard / Peters, Oliver / Schreiber, Werner (Hg.): Devianzpädagogische Analysen. Integrative sozialpädagogische Arbeit mit einer psycho-sozial belasteten Klientel, Norderstedt: Books on Demand, 2006c, 91-108

Schulze, Theodor: Biographieforschung in der Erziehungswissenschaft. Gegenstandbereich und Bedeutung, in: Krüger, Heinz-Hermann / Marotzki, Winfried (Hg.): Handbuch erziehungswissenschaftliche Biographieforschung, Wiesbaden: Verlag für Sozialwissenschaften, 1999, 35-57

Schütze, Fritz: Verlaufskurven des Erleidens als Forschungsgegenstand der interpretativen Soziologie, in: Krüger, Heinz-Hermann / Marotzki, Winfried (Hg.): Erziehungswissenschaftliche Biographieforschung, Opladen: Leske und Budrich, 1995, 116-157

Silkenbeumer, Mirja: Resilienz aufspüren. Biographiearbeit mit delinquenten Jugendlichen, in: Zander, Margherita (Hg.): Handbuch Resilienzförderung, Wiesbaden: Verlag für Sozialwissenschaften, 2011, 611-636

Stark, Wolfgang: Empowerment. Neue Handlungskompetenzen in der psychosozialen Praxis, Freiburg: Lambertus, 1996

Strauss, Anselm / Corbin, Juliet: Grounded Theory. Grundlagen Qualitativer Sozialforschung, Weinheim: Beltz Psychologie Verlags Union, 1996

Tiefel, Sandra: Kodierung nach der Grounded Theory, in: Zeitschrift für qualitative Bildungs-, Beratungs- und Sozialforschung, Jg. 6, Heft 1, 2005, 65-84

Uhlendorff, Uwe / Cinkl, Stephan: Sozialpädagogik, Professionalität und Diagnostik, in: Zeitschrift für Jugendkriminalrecht und Jugendhilfe, Jg. 14, Heft 4, 2003, 343-350

Uhlendorff, Uwe: Sozialpädagogisch-hermeneutische Diagnose in der Jugendhilfe, in: Peters, Friedhelm (Hg.): Diagnosen – Gutachten – hermeneutisches Fallverstehen. Rekonstruktive Verfahren zur Qualifizierung individueller Hilfeplanung, Frankfurt a.M.: Internationale Gesellschaft für erzieherische Hilfen-Eigenverlag, 1999, 126-142

Weizsäcker, von, Viktor: Pathosophie, Göttingen: Vandenhoeck & Ruprecht, 1976

Wensierski, von, Hans-Jürgen: Rekonstruktive Sozialpädagogik, in: Bock, Karin / Miethe, Ingrid (Hg.): Handbuch Qualitative Methoden in der Sozialen Arbeit, Opladen: Verlag Barbara Budrich, 2010, 174-182

Forschungszugänge in der schulischen und außerschulischen Erziehungshilfe

Birgit Herz

Forschungszugänge in der schulischen und außerschulischen Erziehungshilfe

Die empirische Forschung in der schulischen und außerschulischen Erziehungshilfe erweist sich als ebenso heterogen wie die Zielgruppen und die Förder- und Unterstützungssysteme. Die verschiedenen wissenschaftstheoretischen Zugänge und Positionen im Spannungsfeld von Behaviorismus, Systemtheorie oder Psychoanalytischer Pädagogik bewirken auch unterschiedliche forschungsmethodologische Ansätze. Gleichwohl gilt als zentrale Gütenachweis für alle diese Richtungen die intersubjektive Überprüfbarkeit der Forschungsergebnisse.

Die Frage der intersubjektiven Überprüfbarkeit entscheidet sich daran, „ob der Forscher transparent machen kann, um welche Instrumente (der Datenerhebung, B.H.) es sich in seinem Forschungsprozess handelt".[1] Die Datenerhebung ist ein zentrales Element im Forschungsdesign und zugleich ein wichtiges Qualitätskriterium, insofern die Fragestellung, die Angemessenheit der Methodenauswahl und die Transparenz über Ziele und Methoden zu den Voraussetzungen intersubjektiv nachvollziehbarer Forschung und Theoriebildung zählen.

Quantitative und qualitative Forschung sind in der schulischen und außerschulischen Erziehungshilfe gleichermaßen prominent vertreten. Die quantitative Forschung in der Tradition der Naturwissenschaften – mit den klassischen Methoden des Experiments, der Beobachtung und des Messens – bilden bspw. die Grundlage für pädagogische Trainingsprogramme.[2] Diese Forschungsrichtung „zeichnet sich dadurch aus, dass sie theoriegeleitet mit in Zahlen darstellbaren Inhalten arbeitet und Komplexität reduziert, um generalisierende – also für viele Fälle gültigen Aussagen zu treffen".[3]

---

[1] Stephenson, Thomas: Heil- und Sonderpädagogik als besondere Erfahrungswissenschaft? In: Datler, Wilfrid / Gerber, Gisela / Kappus, Helga / Steinhardt, Kornelia / Strachota, Andrea / Studener, Regina (Hg.): Zur Analyse heilpädagogischer Beziehungsprozesse, Luzern: Ed. SZH/SPC, 1998, 103 (102-106)

[2] vgl. Laucht, Gerhard / Naumann, Kerstin: Aufmerksamkeitsdefizit-/Hyperaktivitätsstörungen, in: Gasteiger, Klicpera, Barbara / Julius, Henri / Klicpera, Christian (Hg.): Sonderpädagogik der sozialen und emotionalen Entwicklung, Göttingen u.a.: Hogrefe, 2008, 207-218 Linderkamp, Friedrich: Konditionierung und Verhaltensmodifikation, in: Gasteiger, Klicpera, Barbara / Julius, Henri / Klicpera, Christian (Hg.): Sonderpädagogik der sozialen und emotionalen Entwicklung, Göttingen u.a.: Hogrefe, 2008, 471-485; Hillenbrand, Clemens / Pütz, Kathrin: KlasseKinderSpiel. Spielerisch Verhaltensregeln lernen, Hamburg: edition Körber, 2008

[3] Uhlendorff, Harald / Prengel, Annedore: Forschungsperspektiven quantitativer Methoden im Verhältnis zu qualitativen Methoden, in: Friebertshäuser, Barbara / Langer, Antje / Prengel, Annedore (Hg): Handbuch Qualitative Forschungsmethoden in der Erziehungswissenschaft, Weinheim, München: Juventa, 2010, 137 (137-148)

Die qualitative Forschung in der Tradition der Geistes- und Sozialwissenschaften zielt primär auf einen hermeneutischen, d.h. verstehenden Zugang zum Forschungsfeld. Gegenstand qualitativer Forschung ist gerade die Komplexität des Untersuchungsgegenstandes bspw. als Analyse der heterogenen Dimensionen einer sozial konstruierten Wirklichkeit von Verhaltensstörungen.[4]

Als Forschungsgenres sind hier auch bspw. Praxisforschung[5], Evaluationsforschung[6], Biographie- und Professionalisierungsforschung[7], oder Handlungsforschung[8] zu nennen, die auch in der Sozialpädagogik prominent vertreten sind.[9] In der außerschulischen Erziehungshilfe sind die adressatInnenbezogene Forschung, und damit der sinnverstehende Zugang zu fremden Lebenswelten, ein wichtiger Forschungsschwerpunkt.

Mit den qualitativen Forschungsmethoden, bspw. Tagebuchaufzeichnungen, Feldnotizen, Ton- und Videoaufzeichnungen, unterschiedliche Interviewformate u.v.m. gewinnt aber auch die Position und Rolle des Forschers und der Forschergruppe an Bedeutung im Hinblick auf die intersubjektive Überprüfung der Forschungsergebnisse. Der Erfahrungshorizont, die subjektiven Theorien des Forschers und die Spezifität des Feldzuganges erfordern eine systematische Reflexion des Forscherhandelns. Aber auch die Auswahl der Methoden bedarf einer beständigen Überprüfung im Hinblick auf ihre Angemessenheit für die Zielgruppe.[10]

Besonders ein Forschungsansatz in der schulischen und außerschulischen Erziehungshilfe kann auf eine lange Tradition zurückblicken. Die Veröffentlichung von Ertle und Möckel über „Fälle und Unfälle der Erziehung" aus dem Jahr 1981 steht exemplarisch für eine Vielzahl an Fallanalysen, -berichten und -studien.[11] Diese sind zumeist eingebunden in eine Praxisforschung über zielgruppen- oder institutionsspezifischer Arbeitsfelder der schulischen und außerschulischen Erziehungshilfe.[12]

Die „Frankfurter Präventionsstudie zur psychischen und psychosozialen Integration von verhaltensauffälligen Kindern (insbesondere von ADHS) im Kindergarten" zeigt exem-

---

[4] vgl. von Freyberg, Thomas /Wolff, Angelika (Hg.): Störer und Gestörte, Band 1: Konfliktgeschichten nicht beschulbarer Jugendlicher, Frankfurt am Main: Brandes & Apsel, 2005; Ahrbeck, Bernd (Hg.): Hyperaktivität, Stuttgart: Kohlhammer, 2007

[5] vgl. Herz, Birgit: Lernbrücken für Jugendliche in Straßenszenen, Münster, u.a.: Waxmann, 2007

[6] vgl. Herz, Birgit: „Du kannst nicht immer gewinnen, Münster, u.a.: Waxmann, 2006

[7] vgl. Dlugosch, Andrea: Professionelle Entwicklung und Biographie, Bad Heilbrunn: Klinkhardt, 2003

[8] vgl. Hinte, Wolfgang / Treeß, Helga: Sozialraumorientierung in der Jugendhilfe. Theoretische Grundlagen, Handlungsprinzipien und Praxisbeispiele einer kooperativ-integrativen Pädagogik. Weinheim: Juventa, 2007

[9] vgl. Schefold, Werner: Sozialpädagogische Forschung – Stand und Perspektiven, in: Thole, Werner (Hg.): Grundriss Sozialer Arbeit. Ein einführendes Handbuch, Wiesbaden: VS, 2010 (3), 1123-1144

[10] vgl. Puhr, Kirstin: Forschungsmethodische Zugänge zu Lebensgeschichten in sonderpädagogischen Kontexten, in: Biewer, Gottfried / Mikael, Luciak / Schwinge, Mirella (Hg.): Begegnung und Differenz: Menschen – Länder – Kulturen, Bad Heilbrunn: Klinkhardt, 2008, 529-539

[11] Ertle, Christian / Möckel, Andreas (Hg.): Fälle und Unfälle der Erziehung, Stuttgart: Klett-Cotta, 1981

[12] vgl. Ertle, Christian / Hoanzel, Martina (Hg.): Entdeckende Schulpraxis mit Problemkindern, Bad Heilbrunn: Klinkhardt, 2002; Datler, Wilfrid / Müller, Burkhard / Finger-Trescher, Urte (Hg.): Sie sind wie Novellen zu lesen ... Zur Bedeutung von Falldarstellungen in der Psychoanalytischen Pädagogik, Gießen: Psychosozial Verlag, 2004; Schnoor, Heike (Hg.): Leben mit Behinderung. Eine Einführung in die Rehabilitationspädagogik anhand von Fallbeispielen, Stuttgart: Kohlhammer, 2007

plarisch auf, wie sich qualitative und quantitative Forschungsmethoden produktiv ergänzen können.[13]
Die Lebenslagen von Kindern und Jugendlichen mit Erziehungshilfebedarf, ihren Eltern, sowie die unterschiedlichen schulischen und außerschulischen Unterstützungssysteme erfordern eine vielfältige und differenzierte Forschungskultur.

Weiterführende Literatur

Friebertshäuser, Barbara / Langer, Antje / Prengel, Annedore (Hg.): Handbuch Qualitative Forschungsmethoden in der Erziehungswissenschaft, Weinheim, München: Juventa, 2010 (3)

Visser, John / Daniels, Harry / Cole, Ted (Eds.): Transforming Troubled Lives: Strategies and Interventions for Children with Social, Emotional and Behavioural Difficulties. International Perspectives on Inclusive Education, London: Emerald Group Publishing, 2012

---

[13] Leutzinger-Bohleber, Marianne, u.a.: Die Frankfurter Präventionsstudie zur psychischen und psychosozialen Integration von verhaltensauffälligen Kindern (insbesondere von ADHS) im Kindergarten, in: Leutzinger-Bohleber, Marianne / Brandl, Yvonne / Hüther, Gerald (Hg.): ADHS – Frühprävention statt Medikalisierung, Göttingen: Vandenhoeck & Ruprecht, 2006(2), 222-269

Andrea Dlugosch

Biographische Forschung – ein Beitrag zur Professionalisierung in der (schulischen) Erziehungshilfe?

1. Professionalisierung – zwischen Ungewissheit und Kompetenzzuwachs?

Die Sonderpädagogik widmet sich, wie andere, auch pädagogische, (Teil-)Disziplinen bereits vor ihr, seit der Jahrtausendwende verstärkt der Frage der Professionalisierung. Professionalisierung als Prozessbegriff kann sich auf zwei Ebenen beziehen, auf die kollektive und auf die individuelle Ebene. Auf der kollektiven Ebene meint Professionalisierung nach Terhart (2005, 87f), aus einer berufssoziologischen Perspektive betrachtet, den Aufstieg eines Berufes zu einer (freien) Profession. Dieser gewonnene Status einer Berufsgruppe ist aufgrund einer spezifischen für das Gesellschaftssystem relevanten und (zumeist) existenziellen Problembearbeitung an besondere Voraussetzungen gebunden und mit besonderen Privilegien verknüpft. So ist z.B. der bei der Ärzteschaft errungene gesellschaftliche Status der Bearbeitung von Krankheitsphänomenen geschuldet, für die eine besondere Form und hohe Standards einer (wissenschaftlichen) Ausbildung unabdingbar sind. Zugleich wurden im Zuge des Professionalisierungsprozesses z.B. Formen der Eigenkontrolle gewährt. Dieses Ablaufmuster des Aufstiegs einer Berufsgruppe, mit dem weitere Kriterien verknüpft werden können, wird in diesem Beitrag nicht detaillierter verfolgt. Es zeigte sich ab den 1980er Jahren im weiteren Verlauf der erziehungswissenschaftlichen Debatte, dass ein Perspektivwechsel als gewinnbringender eingeschätzt wurde, der sich fortan, anstelle von standespolitisch motivierten Fragestellungen, mit der „Logik professionellen Handelns" (Dewe 2005, 257) beschäftigte (vgl. hierzu ausführlicher Dlugosch 2003; 2005; 2009; Dlugosch / Reiser 2009). Aktuell können Tendenzen der Professionalisierung exemplarisch im Bereich der Frühpädagogik beobachtet werden, die ebenfalls, aber nicht ausschließlich, mit einer Akademisierung einhergehen (vgl. vbw 2012). In diesem Kontext wird der Begriff der Professionalisierung eher pragmatisch im Sinne einer „stärker wissenschaftlich abgesicherten Form von Beruflichkeit und im Sinne der Suche nach einer Steigerung der Effektivität und Qualitätsverbesserung der pädagogischen Arbeit (verstanden, A.D.) ... und umfasst nicht nur bloße Akademisierung der Ausbildung an sich" (ebd., 16f).

1.1 Professionelle Entwicklung, Handlungsstruktur und Dilemmata
Auf der individuellen Ebene bezeichnet der Begriff der Professionalisierung nach Terhart (2005) „die Herausbildung der professionellen Kompetenz" (ebd., 88). Um die kollektive und individuelle Ebene voneinander prägnanter abzugrenzen, um einer vor-

schnellen Einengung auf den Kompetenzbegriff vorzubeugen und um die Langfristigkeit dieses Prozesses zu betonen, bevorzuge ich an dieser Stelle den von Hoyle genutzten Begriff der „professionellen Entwicklung" (Hoyle 1991, 135), der die gesamte Berufsbiographie umfasst. Hoyle beschreibt hiermit den Prozess, „durch den ein Praktiker die für effektive professionelle Praxis notwendigen Kenntnisse und Fähigkeiten erwirbt oder verbessert" (ebd., 135; vgl. Dlugosch 2003). Aber welche Kenntnisse und Fähigkeiten oder auch welche Wissensbereiche sind für eine effektive professionelle (sonder-) pädagogische Praxis notwendig? Inwieweit ist das Anforderungsprofil in der schulischen Erziehungshilfe mit einem allgemeinen Anforderungsprofil schulischen Handelns vergleichbar, welche Spezifika kristallisieren sich heraus?

Diese Fragen können im Groben zunächst aus zwei unterschiedlichen Blickwinkeln beantwortet werden, die in gewisser Hinsicht auch die Antipoden in der erziehungswissenschaftlichen Debatte darstellen. Im Anschluss an die eben bereits erwähnte Logik professionellen Handelns widmet sich ein wissenschaftlicher Flügel den beruflichen Anfordernissen aufgrund der inhärenten Handlungsstruktur. Unterschiedlich nuanciert, kommen infolgedessen strukturtheoretische, interaktionistische und auch systemtheoretische Positionen in Übereinkunft zu einem Strukturkern professionellen Handelns (Helsper / Krüger / Rabe-Kleberg 2000). Dieser zeichnet sich, bedingt durch die face-to-face-Situation pädagogischen Handelns und im Unterschied zu anwendungsorientierten Berufen, u.a. dadurch aus, dass er widersprüchliche Anforderungen aufweist, wonach professionelles Handeln als ein eher fragiles Prozessgeschehen aufgefasst wird. Dilemmata, Antinomien und Widersprüche und damit verbunden Ungewissheiten und Risiken charakterisieren das Geschehen. Das Anforderungsspektrum umfasst sowohl die gesellschaftlichen Auftragslage(n) als auch den je individuellen Einzelfall, woraus sich eine paradoxe Figur für das professionelle Handeln ergibt. Dieses Konglomerat verlangt vom professionell Handelnden ein situationsadäquates und -sensibles Wissen und Können, das Changieren zwischen Begründungsverpflichtung, allgemeinen Wissensbeständen und der potenziellen Neuigkeit des Einzelfalls. Gegebenenfalls kann dieser nicht mehr über Routinen erfasst, sondern muss als singuläre Ereignisstruktur rekonstruiert werden (Fallverstehen). „Professionelles Handeln ist nach diesem Verständnis ... weder als wissenschaftlich steuerbares noch als bürokratisch lenkbares bzw. expertokratisch aus allgemeinen Regelsätzen ableitbares Geschehen zu fassen" (ebd., 8). Um mit dieser Anforderungsstruktur adäquat umgehen zu können, wird insbesondere der Relationierung unterschiedlicher Perspektiven mit ihren inhärenten Wissensstrukturen (Theorie / Forschung und Praxis), einer gesteigerten Reflexivität und hermeneutischen Komponenten zur Rekonstruktion des Einzelfalls ein hoher Stellenwert eingeräumt sowie, aus strukturtheoretischer Perspektive nach Oevermann (1996; 2002), der Fähigkeit, ein pädagogisches Arbeitsbündnis herzustellen.

1.2 Merkmale guten Unterrichts, Lehrerkompetenzen und Überzeugungen

In pointierter Entgegnung formiert sich der zweite Flügel der Professionalisierungsdebatte im Zuge der internationalen Schulleistungsvergleichsstudien in Richtung Kompetenz- und Standardorientierung, mit einer hoher Affinität zu empirisch-psychologischen Erklärungsmodellen und mit dem Ruf nach Evidenzbasierung. Es soll beschrieben werden, was in Bezug auf unterschiedliche Wissensdomänen gewusst und gekonnt wird und werden soll, weshalb auch die Expertiseforschung zum Erkenntnisfortschritt herangezogen wird (vgl. Baumert / Kunter 2006, 483f). „Nicht das Scheitern, sondern der Erfolg des Lehrerhandelns ist der Normalfall" (ebd., 473). Als erfolgversprechender werden deshalb Modelle insbesondere über ‚guten Unterricht' angesehen, von denen das Angebots-Nutzungsmodell des Unterrichts von Helmke (2006) wohl am häufigsten rezipiert wird (wenn auch inzwischen kritische Stimmen verstärkt die Frage nach dem Pädagogischen stellen). In diesem Modell bedingt das Zusammenspiel unterschiedlicher Faktoren die „Nutzung" des Angebots „Unterricht". Für Helmke lässt sich die Frage nach gutem Unterricht aus den drei Blickwinkeln „Lehrperson / Lehrerkompetenzen", „Qualität der Unterrichtsprozesse" und „unterrichtliche Effekte" („Output") näher untersuchen (ebd., 43). „Die auf die Lehrperson gerichtete Sichtweise betrifft vor allem Aspekte der Lehrerprofessionalität. Gefragt wird, welche Kompetenzen, Orientierungen, Einstellungen und Erwartungen von Lehrpersonen für den Unterrichtserfolg maßgeblich sind und wie ihr Wissen organisiert ist" (ebd., 43). Mit dem Hinweis, dass detaillierte, bereichsspezifische Unterscheidungen (z.B. bzgl. des Unterrichtsfachs oder des Entwicklungsstands) unabdingbar sind, formuliert Helmke die folgenden zehn (unterrichts-)fachübergreifende Merkmale qualitätsvollen Unterrichts, die auch im Rahmen der Frage nach sonderpädagogischer Professionalisierung herangezogen werden (vgl. Moser / Schäfer / Redlich 2011, 145): effiziente Klassenführung und Zeitnutzung, lernförderliches Unterrichtsklima, vielfältige Motivierung, Strukturiertheit und Klarheit, Wirkungs- und Kompetenzorientierung, Schülerorientierung / Unterstützung, Förderung aktiven selbstständigen Lernens, angemessene Variation von Methoden und Sozialformen, Konsolidierung / Sicherung / intelligentes Üben und Passung. Das letzte Qualitätsmerkmal der Passung stellt für Helmke das „Schlüsselmerkmal" in der Auflistung dar, das die Grundlage für Individualisierung und Differenzierung bedeutet und im Sinne eines Metaprinzips mit der zentralen Anforderung dieses Jahrzehntes, dem Umgang mit Heterogenität, korrespondiere (Helmke 2006, 45). Im Rahmen von Beiträgen der Pädagogischen Psychologie rückt in den letzten Jahren verstärkt die Frage nach den Einstellungen, persönlichen Werthaltungen (value commitments) und Überzeugungen (beliefs) von Lehrpersonen in das Zentrum des Interesses (vgl. Kunter / Pohlmann 2009). Werthaltungen und Überzeugungen werden dabei Effekte auf das professionelle Handeln attestiert, die richtungsweisend sind, wenn es z.B. um Unterrichtsinhalte oder auch Erwartungen an unterschiedliche Gruppierungen von Schülerinnen und Schülern geht (vgl. Dlugosch 2010b; 2011). Auch für die sonderpädagogische Professionalisierungsfrage wird dieser Zweig weiter verfolgt, um ein sonderpädagogisches Kompetenzprofil (im Kontext des Inklusionsanspruchs) ausweisen zu können (vgl. Moser / Schäfer / Redlich 2011).

1.3 Routinebildung und Handeln als Krisenfall – zwei Seiten einer Medaille?

Niemand, auch nicht ein Vertreter einer strukturtheoretischen Position, wird bestreiten, dass pädagogisches Handeln durchaus, u.a. aufgrund von Routinebildung, in hohem Maße aus absichtsvollen, geplanten und dann auch umgesetzten Handlungsreihen oder -ersatzstücken besteht. Das gelingt, solange z.B. die Spezifität eines Einzelfalls das pädagogische Arrangement nicht (ver-)stört. Prinzipiell jedoch ist der Prozess (strukturell) ergebnisoffen und nicht determinierbar, auch wenn vieles so abläuft, wie es vorgesehen war. Die strukturtheoretische Perspektive sensibilisiert insbesondere für die Offenheit von Situationen, für die prinzipiell die eine oder andere, eine dritte und auch vierte Handlungsoption möglich ist. Der Krisenfall des Handelns steht deshalb im Zentrum. Es interessiert das, was geschieht, wenn herkömmliche Routinen, Techniken und Praktiken versagen oder auch verallgemeinerte Wissensbestände durch ihren unweigerlich begrenzten Erklärungshorizont nicht mehr ausreichen. Wenn der pädagogische Prozess anders verläuft als geplant, oder auch anders als es die Aufgabe verlangt, und wenn Einzelfälle nicht mehr unter sonst bewährte Erklärungsmodelle subsumiert werden können, dann wird eine Professionalität benötigt, die diesem Anforderungsspektrum gewachsen ist. Es ist daher nicht verwunderlich, dass einzelne Vertreterinnen und Vertreter z.B. der Sozial- oder der Sonderpädagogik, wenn auch in unterschiedlichem Maße, an diese Perspektive anknüpfen, die neben der Wissens- und Normenvermittlung auch die Frage der Identitätsstabilisierung für ihre Klientel stellt, mit der die benannten Pädagogiken qua Amt verflochten sind. Und es überrascht ebenso wenig, dass es daher vornehmlich im Bereich der (schulischen) Erziehungshilfe plausibel erscheint, den Krisenfall als Ausgangspunkt für weitere Überlegungen zu nehmen. Denn anders als in anderen Settings liegt hierbei die Aufgabe oftmals gerade darin, eine mögliche Lernsituation als solche erst herzustellen. Widerstände, emotional aufgeladene Situationen oder schlicht auch die Abwesenheit vom Unterrichtsort als Merkmale alltäglicher Situationen seien hier nur beispielhaft genannt. Für Opp ist „die Komplexität von Unterricht für Kinder und Jugendliche mit Gefühls- und Verhaltensstörungen massiv gesteigert ... Die Erziehung und Unterrichtung dieser Schüler ist gerade dadurch charakterisierbar, dass mit extremen Reaktionen auf Normalsituationen und durch den weitgehenden Zusammenbruch normativer oder konventioneller Rahmenbedingungen gerechnet werden muss, die eigentlich die unabdingbare Voraussetzung geordneten Unterrichts darstellen" (Opp 2007, 187).

1.4 Zur beruflichen Anforderungsstruktur in der schulischen Erziehungshilfe

Um in der (schulischen) Erziehungshilfe „gekonnte Beruflichkeit" (Nittel 2002, 256) auszuüben, ist es sicherlich von Vorteil, das Augenmerk auch auf die genannten allgemeinen Merkmale guten Unterrichts zu richten. Die Ausrichtung auf schulische Inhalte scheint jedoch nicht unmittelbar im Zentrum der beruflichen Anfordernisse zu stehen (vgl. Dlugosch 2008). Oftmals überwiegen in diesem Feld andere Fragen, z.B. ob oder wie eine intendierte Lernsituation überhaupt hergestellt werden kann, inwieweit im Ansatz eine Motivation für eine Exploration bei den Schülerinnen und Schülern angebahnt werden kann oder inwiefern lebensgeschichtliche Ereignisse die Entwicklungswege von Kindern und Jugendlichen so infiltriert haben, dass das Vertrauen in sich selbst und andere Personen vollkommen zerstört ist. Nicht selten werden Pädagoginnen und Pädagogen als Stellvertreter für den oder die Anderen massiv in Beziehungskonstellationen verwickelt, die emotional hoch aufgeladen sind und sich daher am Rande des Rollenprofils Lehrer/in abspielen. In zahlreichen Fällen können diese Verwicklungen nicht aufgelöst werden, weil sie in ihrer Massivität eine Bedrohung für die körperliche und seelische Integrität der Beteiligten darstellen. Scheinbar gelingt es Kindern und Jugendlichen, „dass kompetente und erfahrene und nicht selten engagierte professionelle Helfer sich hilflos in Konflikte mit ihnen verwickeln lassen, dabei häufig ihre Professionalität einbüßen und schließlich keine andere ‚Lösung' mehr sehen, als diese Kinder und Jugendlichen weiterzureichen oder auszustoßen" (von Freyberg / Wolff 2005, 11). „Strukturelle Verantwortungslosigkeit" (ebd., 20) führt in vielen Konstellationen zu einem Abbruch der Arbeit, zu einem Abschieben zur nächsten vermeintlich zuständigen Instanz (Welche bleibt dann noch?) und zu einer Reproduktion eben der Erlebensmuster, die durch Erfahrungen z.B. des Nicht-Gewollt-Seins, des Nicht-Dazugehörens oder aber z.B. massiver Ohnmacht geprägt sind. Inwieweit können nun Ansätze der biographischen Forschung dazu verhelfen, in diesen Settings Professionalität (wieder) zu gewinnen?

2. Biographische Forschung als Ansatzpunkt für eine Professionalisierung?

Auf den ersten Blick scheinen die Zeichen für einen Beitrag biographischer Forschung (vgl. Jakob 2010) zur Professionalisierung in der Erziehungshilfe wohl eher schlecht zu stehen. Schließlich unterscheiden sich Forschungssettings grundlegend vom pädagogischen Feld, das durch einen Handlungszwang gekennzeichnet ist, weshalb in diesem Kontext von Abkürzungsleistungen bzw. -strategien die Rede ist, die die Kluft von Theorie und Praxis überbrücken (sollen) (vgl. Dlugosch 2003, 55). Biographische Forschungsansätze fordern durch spezifische Erhebungs- und Auswertungsmethoden (z.B. narrative Interviews) um ein Vielfaches mehr an Zeitbudget als das, was vergleichbar im Rahmen der pädagogischen Praxis zur Verfügung zu stehen scheint. Bedenkt man jedoch, in wie vielen Fällen schulischer und auch außerschulischer Erziehungshilfe Maßnahmen konzipiert, verworfen, modifiziert, Hilfegespräche anberaumt, abgebrochen, erneut angesetzt, Verwaltungswege eingeschlagen, Institutionswechsel anvisiert und die Zusammenarbeit mit anderen Hilfesystemen gesucht wird, relativiert sich dieser Einwand nicht nur aus pädagogischer, sondern auch aus ressourcenorientierter Sicht.

2.1 Biographie als vermittelnde Kategorie (Marotzki 1996)

Biographie wird im Rahmen biographischer Forschungsansätze, entgegen einer alltagsweltlichen Fassung, „nicht als individuell-psychologische Kategorie, sondern als soziales Konstrukt verstanden, das Muster der individuellen Strukturierung und Verarbeitung von Erlebnissen in sozialen Kontexten hervorbringt, aber dabei immer auf gesellschaftliche Regeln, Diskurse und soziale Bedingungen verweist, die ihrerseits u.a. mit Hilfe biographischer Einzelfallanalysen strukturell beschrieben und re-konstruiert werden können. Individuelles und Gesellschaftliches wird in der Biographieforschung gleichermaßen in den Blick genommen" (Dausien u.a. 2005, 7f; vgl. Dlugosch 2003, 161f). „Biographien werden dabei nicht als ‚fertige Produkte' verstanden, die nur erzählt werden müssen, sondern als kommunikative Konstruktionen, die trotz ihrer Gegenwartbezogenheit einer bestimmten, nicht zufälligen Struktur unterliegen" (Goblirsch 2010, 43; vgl. Dlugosch 2010a, 278). Biographische Forschung ermöglicht es, diesen Gedanken ausführend, „die Sinnkonstruktionen und Handlungen aus der Perspektive der Subjekte zu rekonstruieren" (Jakob 2010, 219). Für pädagogische Zusammenhänge ist es demnach prinzipiell möglich, Lebensgeschichten der beteiligten Professionellen und der Adressatinnen und Adressaten zu untersuchen. Beides liefert Erkenntnisse für professionelles Handeln. Zum einen verhilft die Analyse von Berufsbiographien zu einem Einblick in Bewältigungsformen sozialer Praxis und damit zu einem Wissen über „Strukturen professionellen Handelns in pädagogischen Arbeitsfeldern, wie in der Schule, Einrichtungen der Kinder- und Jugendarbeit und der erzieherischen Hilfen" (ebd., 221). Somit können Spezifika des beruflichen Handelns in der schulischen Erziehungshilfe gewonnen und als Basis für weitere Professionalisierungsbestrebungen dienen. Eine rekonstruktive Analyse von Lebensgeschichten der Adressatinnen und Adressaten pädagogischer Praxis legt zum anderen ihre subjektiven Deutungen und Wirklichkeitskonstruktionen offen, die mit den jeweiligen Bildungsbewegungen verknüpft sind. Es kann somit eine Annäherung an die Lebenswelten und lebensgeschichtliche Strukturen erfolgen, die das So-geworden-Sein bedingen und damit Ansatzpunkte für weitere pädagogische Interventionen liefern können. Allerdings „geht es dabei keineswegs um eine bloße Wiedergabe subjektiver Sichtweisen der jeweiligen Untersuchungspersonen, sondern die Analyse zielt darauf, Sinnmuster und Prozessstrukturen zu rekonstruieren, die in den autobiographischen Darstellungen enthalten, dem Erzähler oder der Erzählerin i.d.R. selbst jedoch nicht als theoretisches Wissen über die eigene Person und die Motive des eigenen Handelns verfügbar sind" (Jakob 2010, 222).

2.2 Ausgewählte Charakteristika biographischer Forschung

2.2.1 Datenerhebung: Kontraktieren und Narrationen anregen

Oftmals wird im Rahmen biographischer Forschung als Datenerhebungsmethode auf das (autobiographisch-) narrative Interview (Schütze 1983) zurückgegriffen. „Als prozessanalytisches Verfahren vermittelt das narrative Interview einen Einblick in die Geschichte sozialer und biographischer Prozesse wie Lebensgeschichten, Statuspassagen, Identitätstransformationen, kollektive und individuelle Wandlungsprozesse und geht damit über eine punktuelle Erfassung eines Ereignisses hinaus" (vgl. Jakob 2010, 221). Die im Anschluss an eine Aushandlungsphase zu Beginn durch eine offene Erzählaufforderung eingeleitete Haupterzählung eröffnet den Möglichkeitsraum für den Biographen bzw. die Biographin, im Erzählfluss die eigene Geschichte zu präsentieren. Ausgegangen wird hierbei von einer Korrespondenz zwischen der eigenen Erzählung und dem Ereignisablauf (so wie er sich für den Biographen / die Biographin darstellt). Erst am Ende, d.h. nach dem selbstbestimmten Schlusspunkt, werden von der interviewenden Person Nachfragen zu den präsentierten Themen und auch zu Nicht-Genanntem formuliert. Es überwiegt eine den Erzählfluss unterstützende Haltung, für die unterschiedliche Gesprächstechniken förderlich sind (vgl. Goblirsch 2010, 78). Das Evozieren von Stegreiferzählungen ist wegen deren Nähe zum persönlichen Erleben von Vorteil. Die erzählende Person stellt aufgrund der „Zugzwänge(n) des Erzählens" (Kallmeyer / Schütze 1977 zit. n. ebd., 224), und der Interviewsituation, so die Annahme der genannten Autoren, eine zusammenhängende Geschichte dar, die für den Adressaten schlüssig erscheinen soll.

2.2.2 Datenauswertung: Sequenzierung und Fallrekonstruktion

Im Zentrum der Auswertung steht die Frage nach der Fallstruktur. Diese wird, idealerweise in einer Interpretationsgruppe, dadurch zu ermitteln versucht, dass keine Zergliederung, z.B. nach inhaltlichen Gesichtspunkten (Clusterung) des transkribierten Materials stattfindet, sondern dass die Präsentation der Lebensgeschichte in ihrer Eigenlogik erhalten bleibt. Nach Schütze können durch die Abfolge unterschiedlicher Auswertungsschritte (formale Textanalyse, strukturelle inhaltliche Beschreibung, analytische Abstraktion) Prozessstrukturen des Lebensverlaufs rekonstruiert werden (Schütze 1983, 286). Diese dienen als heuristische Kategorien und sind durch ein unterschiedliches Maß an Eigenaktivität bzw. Außenorientierung gekennzeichnet. Schütze unterscheidet: „'institutionelle Ablaufmuster', die auf gesellschaftlich institutionalisierten Mustern des Lebenslaufs beruhen, und denen die Individuen quasi unhinterfragt folgen (z.B. Ausbildungs- und Berufskarrieren); ‚biographische Handlungsschemata', die Abläufe und Strukturen repräsentieren, in denen der/die Erzähler/-in intentional handelt und eigene Entwürfe realisiert. Im Unterschied dazu sind ‚Verlaufskurven' von einem Verlust an Handlungsorientierung und Erfahrungen des Erleidens gekennzeichnet. Verlaufskurvenförmige Prozesse können durch biographische Ereignisse wie eine bedrohliche Erkrankung ebenso wie durch kollektiv-historische Abläufe und institutionelle Prozessierungen ausgelöst werden. Als vierte Kategorie strukturieren ‚biographische Wandlungsprozesse' die Lebensgeschichte, in deren Folge sich die Identität des Individuums verändert und neue Handlungsmöglichkeiten eröffnet werden" (Jakob 2010, 227).

Gemäß des „Prinzips der pragmatischen Brechung" (Schütze 1994, 206 zit. n. ebd., 228) wird nach Schütze in einem anschließenden Auswertungsschritt (Wissensstrukturanalyse) untersucht, in welchen Relationen Ereignisse und Erlebnisse zu eigenen Begründungsmustern stehen. Erst diese Kontrastierungen ermöglichen es, die Eigenlogik der erzählten Geschichte herauszuarbeiten. Für eine Theoriegenerierung werden nach besonderen Prinzipien der Fallauswahl weitere Fälle rekonstruiert.

2.3 Professionalisierung am Beispiel biographisch-narrativer Diagnostik
In ihrer Untersuchung zu „Biographien verhaltensschwieriger Jugendlicher und ihrer Mütter" und in ihrem diagnostischen Ansatz greift Martina Goblirsch (2010) das biographisch-narrative Interview auf, das im weiteren Fortgang (u.a.) mit der strukturalhermeneutischen Fallrekonstruktion nach Fischer und Fischer-Rosenthal (2007, 460f) ausgewertet wird (vgl. Goblirsch 2010, 83f). Die biographisch-narrativen Interviews dienen hierbei (auch) als diagnostisches Repertoire, um Musterbildungen bei Jugendlichen im Lichte der (hier) mütterlichen Lebensgeschichten erkennen zu können, die, wie die Fallrekonstruktionen von Goblirsch eindrucksvoll verdeutlichen, z.B. aus Kompromissbildungen zwischen mütterlichen Erwartungen und eigenen Autonomiebestrebungen resultieren oder die zeigen, wie z.B. der Sohn zum „Repräsentant des ungelebten Lebens seiner Mutter" typisiert werden kann (ebd., 342). Die Bedeutung generationaler Einflussfaktoren kann und sollte u.a. daher auch für Lern- und Bildungsprozesse eine stärkere Beachtung finden. Mit Hilfe der Fallrekonstruktionen kann in Folge dessen nachvollzogen werden, warum bisherige Maßnahmen der Jugendhilfe aufgrund ihrer inhärenten Struktur bei bestimmten Jugendlichen gerade nicht zu einem Erfolg führ(t)en oder wie u.U. auch „(…) eine jugendpsychiatrische Diagnostik an ihre Grenzen (stößt). Sozialwissenschaftliche Verfahren, die biographische Prozesse untersuchen, sind hier weitaus mehr geeignet, die Genese der Problementwicklung zu rekonstruieren und entsprechende Beurteilungen und Empfehlungen zu formulieren" (ebd., 334). Die Ergebnisse der Fallrekonstruktionen wurden sukzessiv in einer Institution der Jugendhilfe kommuniziert und dienten als Reflexionsfolien für weitere Interventionen. Im Sinne einer zirkulären

Figur geht es hierbei darum, die Ergebnisse der Fallrekonstruktionen zur Verfügung zu stellen, die dann durch eine Relationierungsleistung unterschiedlicher Wissensbereiche und gemäß der institutionellen Eigenlogik für das weitere professionelle Handeln nutzbar gemacht werden können. „Die narrativ-biographische Diagnostik versteht sich als ein zirkulärer Prozess struktural-hermeneutischer Wissensgenerierung und praktischer Intervention" (ebd., 338). Die Unterscheidung von Textsorten (Argumentationen, Beschreibungen, Narrationen) und die mit ihnen jeweils verbundene Funktion für den Sprecher / die Sprecherin nimmt eine besondere Bedeutung ein (vgl. Goblirsch 2010, 95f). Z.B. können Beschreibungen „auf Lebensthemen hindeuten, die nicht weiter ausgeführt werden können oder sollen (z.B. aufgrund des Settings oder der emotionalen Bedeutsamkeit des jeweiligen Themas)" (ebd., 100). Demgegenüber sind Narrationen für Goblirsch im Kontext ihrer Studie besonders interessant, „da mit ihrer Hilfe die emotionale Beteiligung der Sprecher, deren Einschätzungen über Lebenssituationen, -phasen und -zusammenhänge, über Personen und soziale Beziehungen, aber auch ihre Handlungsmaximen, Werte, Einstellungen und Erwartungen gut sichtbar werden ... Sprecher (bedienen) sich in Interaktionen mannigfaltiger Genres (...), die unter-schiedliche semantische und pragmatische Bedeutung haben. Welche konkrete Funktion die eine oder andere Darstellungsform hat, muss dennoch immer aus dem konkreten Fallmaterial erschlossen werden" (ebd., 107).

Die Lesartenproduktion von möglichen Ereignisketten im Rahmen eines sequenziellen Vorgehens und die Ermittlung des tatsächlich präsentierten Verlaufs lässt im Einzelfall sichtbar werden, welche Handlungsentscheidungen der Biograph / die Biographin unter weiteren potenziellen Möglichkeiten traf. „Fallübergreifende Generalisierungen" (ebd., 349) erweitern das hypothesengenerierende Repertoire zu möglichen Bedingungen gescheiterter oder zum Scheitern verurteilter Bildungsbewegungen aufgrund spezifischer familiärer Konstellationen. Sie sensibilisieren für Zusammenhänge, die sich durch eine Generationen übergreifende Perspektive ergeben, wie die Bedeutung einer erschwerten Autonomieentwicklung und Ambivalenzen der Mütter oder moralische Polarisierungen von Mutter und Vater (vgl. ebd., 349f). Insbesondere der Zustand, sich selbst (nun endlich und ggf. in Konfliktlagen) als aktiv Handelnden zu erleben, verlagert den Fokus auf die Bedeutung der Verhaltensweisen der Jugendlichen. Mit dieser Perspektive könnte den institutionellen Fortschreibungen der individuellen Konfliktmuster als Beitrag einer pädagogischen Professionalisierung entgegen gewirkt werden:

„Bei allen ... Fällen, die im Zusammenhang der vorliegenden Studie und bei denen die Erziehungshilfekarrieren durch häufige Einrichtungswechsel gekennzeichnet sind, zeigt sich, dass Einrichtungen der Jugendhilfe und häufig auch die Kinder- und Jugendpsychiatrie zur Zuspitzung der Problemlagen der Jugendlichen beitrugen. Oft resultierten die Verhaltensauffälligkeiten unter anderem aus Familiensituationen, in denen die Jugendlichen seit ihrer Kindheit wenig Beziehungssicherheit und Kontinuität erlebten und immer wieder mit Beziehungsabbrüchen konfrontiert wurden. Später, mit zunehmender Selbstständigkeit reproduzierten sie dieses erfahrene und erprobte Verhalten selbst in sozialen Interaktionen auch außerhalb der Familie, wie z.B. in der Schule oder in Einrichtungen der Jugendhilfe. Diese Strukturen zeigen sich auch in den Aushandlungsprozessen in den Interviews. So kann also davon ausgegangen werden, dass die latenten Strukturen in ähnlicher Weise verschiedene Lebensbereiche betreffen und sowohl auf der biographischen Makro-Ebene bei Entscheidungen in Bezug auf die gelebte Lebensgeschichte, als auch im Mikro-Bereich bei der Gestaltung einzelner Interaktionen wirksam sind" (ebd., 355f).

Biographische Forschung erhöht somit das Erkenntnispotenzial für das Fallverstehen in der Erziehungshilfe und steigert die Aussicht auf eine Passung der Interventionen. Hierdurch erwirbt oder verbessert „ein Praktiker die für effektive professionelle Praxis notwendigen Kenntnisse und Fähigkeiten" (Hoyle 1991, 13).

Literatur

Baumert, Jürgen / Kunter, Mareike: Stichwort: Professionelle Kompetenz von Lehrkräften, in: Zeitschrift für Erziehungswissenschaft, Jg. 9, Heft 4, 2006, 469−520

Dausien, Bettina u.a.: Biographie im Diskurs. Einleitung, in: Völter, Bettina / Dausien, Bettina / Lutz, Helma / Rosenthal, Gabriele (Hg.): Biographieforschung im Diskurs, Wiesbaden: VS Verlag, 7−20

Dewe, Bernd: Perspektiven gelingender Professionalität, in: Neue Praxis, Jg. 35, Heft 3, 2005, 257−266

Dlugosch, Andrea: Professionelle Entwicklung und Biografie. Impulse für universitäre Bildungsprozesse im Kontext schulischer Erziehungshilfe, Bad Heilbrunn, Obb: Klinkhardt, 2003

Dlugosch, Andrea: Professionelle Entwicklung in sonderpädagogischen Kontexten, in: Horster, Detlef / Hoyningen-Süess, Ursula / Liesen, Christian (Hg.): Sonderpädagogische Professionalität. Beiträge zur Entwicklung der Sonderpädagogik als Disziplin und Profession, Wiesbaden: Verlag für Sozialwissenschaften, 2005, 27−51

Dlugosch, Andrea: Professionalität, in: Dederich, Markus / Jantzen, Wolfgang (Hg.): Enzyklopädisches Handbuch der Behindertenpädagogik, Band 2: Behinderung und Anerkennung, Stuttgart: Kohlhammer, 2009, 252−256

Dlugosch, Andrea: Biographie, in: Horster, Detlef / Jantzen, Wolfgang (Hg.): Enzyklopädisches Handbuch der Behindertenpädagogik: Wissenschaftstheorie, Stuttgart: Kohlhammer, Band 1, 2010a, 275−279

Dlugosch, Andrea: Haltung ist nicht alles, aber ohne Haltung ist alles nichts? − Annäherungen an das Konzept einer ‚Inklusiven Haltung' im Kontext Schule, in: Gemeinsame Leben, Jg. 18, Heft 4, 2010b, 195-202

Dlugosch, Andrea: Thematische Kompetenz - professionelle Erweiterungen für den Unterricht in der schulischen Erziehungshilfe, in: Reiser, Helmut / Dlugosch, Andrea / Willmann, Marc (Hg.): Professionelle Kooperation bei Gefühls- und Verhaltensstörungen. Pädagogische Hilfen an den Grenzen der Erziehung, Hamburg: Dr. Kovac, 2008, 237−258

Dlugosch, Andrea: Der „Fall" der Inklusion: Divergenzen und Konvergenzen in Professionalitätsvorstellungen, in: Lütje-Klose u.a. (Hg.): Inklusion in Bildungsinstitutionen. Eine Herausforderung an die Sonder- und Heilpädagogik, Bad Heilbrunn, Obb: Klinkhardt, 2011, 135−142

Dlugosch, Andrea / Reiser, Helmut: Sonderpädagogische Profession und Professionstheorie, in: Opp, Günther / Theunissen, Georg (Hg.): Handbuch der schulischen Sonderpädagogik, Bad Heilbrunn, Obb: Klinkhardt, 2009, 92−98

Fischer-Rosenthal, Wolfram / Fischer, Gabriele: Analyse narrativ-biografischer Interviews, in: Flick, Uwe u.a. (Hg.): Qualitative Forschung. Ein Handbuch, Reinbek: Rowohlt, 2007, 456−468, (5)

Freyberg, von Thomas / Wolff, Angelika: Störer und Gestörte. Konfliktgeschichten nicht beschulbarer Jugendlicher, Frankfurt am Main: Brandes & Apsel, Band 1, 2005

Giebeler, Cornelia / Miethe, Ingrid / Fischer, Wolfram / Riemann, Martina / Riemann, Gerhard (Hg.): Intervention und Rekonstruktion. Interdisziplinäre Beiträge zur rekonstruktiven Sozialarbeitsforschung, Leverkusen: Budrich, 2007

Goblirsch, Martina: Biographien verhaltensschwieriger Jugendlicher und ihrer Mütter. Mehrgenerationale Fallrekonstruktionen und narrativ-biographische Diagnostik in Forschung und Praxis, Wiesbaden: VS Verlag für Sozialwissenschaften, 2010

Gruschka, Andreas: Verstehen lehren. Ein Plädoyer für guten Unterricht, Stuttgart: Reclam, 2011

Hanses, Andreas: Biografie und Soziale Arbeit. Institutionelle und biografische Konstruktionen von Wirklichkeit, Baltmannsweiler: Schneider Verlag Hohengehren, 2004

Helmke, Andreas: Was wissen wir über guten Unterricht? Über die Notwendigkeit einer Rückbesinnung auf den Unterricht als dem "Kerngeschäft" der Schule (II. Folge), in: Pädagogik, Jg. 58, Heft 2, 2006, 42–45

Helsper, Werner: Eine Antwort auf Jürgen Baumerts und Mareike Kunters Kritik am strukturtheoretischen Professionsansatz, in: Zeitschrift für Erziehungswissenschaft, Jg. 10, Heft 4, 2007, 567-579

Helsper, Werner / Krüger, Heinz-Hermann / Rabe-Kleberg, Ursula: Professionstheorie, Professions- und Biographieforschung. Einführung in den Themenschwerpunkt, in: Zeitschrift für qualitative Bildungs-, Beratungs- und Sozialforschung, Jg. 3, Heft 1, 2000, 5–20

Hoyle, Eric: Professionalisierung von Lehrern: ein Paradox, in: Terhart, Ewald (Hg.): Unterrichten als Beruf. Neuere amerikanische und englische Arbeiten zur Berufskultur und Berufsbiographien von Lehrern und Lehrerinnen, Köln: Keller-Schneider, 1991, 135–144

Jakob, Gisela: Biografische Forschung mit dem narrativen Interview, in: Friebertshäuser, Barbara / Langer, Antje / Prengel, Annedore (Hg.): Handbuch Qualitative Forschungsmethoden in der Erziehungswissenschaft, Weinheim: Juventa, 2010, 219–233, (3)

Kraul, Margret / Winfried Marotzki / Cornelia Schweppe (Hg.): Biographie und Profession, Bad Heilbrunn: Klinkhardt, 2002

Krüger, Heinz-Herrmann / Marotzki, Winfried (Hg.): Handbuch Erziehungswissenschaftliche Biographieforschung, Opladen: Leske & Budrich, 1999

Kunter, Mareike / Pohlmann, Britta: Lehrer, in: Möller, Jens / Wild, Elke (Hg.): Einführung in die Pädagogische Psychologie, Berlin: Springer, 2009, 261–282

Marotzki, Winfried: Neue Konturen Allgemeiner Pädagogik: Biographie als vermittelnde Kategorie, in: Borrelli, Michele / Ruhloff, Jörg (Hg.): Deutsche Gegenwartspädagogik, Hohengehren: Schneider, Band 2, 1996, 67–84

Marotzki, Winfried: Forschungsmethoden und -methodologie in der Erziehungswissenschaftlichen Biographieforschung, in: Krüger, Heinz-Hermann / Marotzki, Winfried (Hg.): Handbuch Erziehungswissenschaftliche Biographieforschung, 1999, 109-133

Moser, Vera / Schäfer, Lea / Redlich, Hubertus: Kompetenzen und Beliefs von Förderschullehrkräften in inklusiven Settings, in: Lütje-Klose, Birgit u.a. (Hg.): Inklusion in Bildungsinstitutionen. Eine Herausforderung an die Sonder- und Heilpädagogik, Bad Heilbrunn, Obb: Klinkhardt, 2011, 143-149

Nittel, Dieter: Professionalität ohne Profession? In: Kraul, Margret u.a. (Hg.): Biographie und Profession, Bad Heilbrunn: Klinkhardt, 2001, 253–286

Oevermann, Ulrich: Theoretische Skizze einer revidierten Theorie professionellen Handelns, in: Combe, Arno / Helsper, Werner. (Hg.): Pädagogische Professionalität. Untersuchungen zum Typus professionellen Handelns, Frankfurt am Main: Suhrkamp, 1996, 70-182

Oevermann, Ulrich: Professionalisierungsbedürftigkeit und Professionalisiertheit pädagogischen Handelns, in: Kraul, Margret u.a.: Biographie und Profession, 2002, 19-63

Opp, Günther: Machtlos oder hilflos? Provokante Gedanken zur Professionalität von Lehrerinnen und Lehrern im Arbeitsfeld schulischer Erziehungshilfe, in: Mutzeck, Wolfgang / Popp, Kerstin (Hg.): Professionalisierung von Sonderpädagogen. Standards, Kompetenzen und Methoden, Weinheim: Beltz, 2007, 180-191

Schütze, Fritz: Biographieforschung und narratives Interview, in: Neue Praxis, Jg. 13, Heft 3, 1983, 283–293

Terhart, Ewald: Pädagogische Qualität, Professionalisierung und Lehrerarbeit, in: Vierteljahrsschrift für wissenschaftliche Pädagogik, Jg. 81, Heft 1, 2005, 79–97

vbw - Vereinigung der Bayerischen Wirtschaft e.V. (Hg.): Professionalisierung in der Frühpädagogik. Qualifikationsniveau und -bedingungen des Personals in Kindertagesstätten. Gutachten von Hans-Peter Blossfeld u.a., Münster: Waxmann, 2012

Völter, Bettina / Dausien, Bettina / Lutz, Helma / Rosenthal, Gabriele (Hg.): Biographieforschung im Diskurs, Wiesbaden: VS Verlag, 2005

Jan Hoyer

Idealisierte Denkmodelle in der Organisationsentwicklung von Beratungs- und Unterstützungssystemen

In der Diskussion zur Organisationsentwicklung lassen sich derzeit interessante Ansätze und Konzepte finden, die kreativ neue Zugänge in diesem Handlungsfeld suchen. So beschreibt Gabriel die Nutzung von Geschichten, um die Sinnstiftung in Organisationen zu erkennen oder zu spezifizieren (vgl. Gabriel 2009, 26f). Biehl-Missal erläutert, welche Veränderungen sich ergeben, wenn ein Unternehmen sich über die Metapher einer Jazzband beschreibt (vgl. Biehl-Missal 2011, 75). Broßmann und Mödinger weisen auf den Einsatz von Comics hin, um für den Umgang mit Wissen zu sensibilisieren und eigene Lernwege zu entwerfen (vgl. Broßmann / Mödinger 2011, 176f). Dederich zeigt für unser Handlungsfeld auf, welche Diskussionen sich aus der Selbstbeschreibung der Pädagogik als Kunst oder als Technik ergeben können (vgl. Dederich 2012, 103).
In diesem Beitrag wird ein weiterer Zugang vorgestellt. Zu diesem Zweck wird eine Arbeitsdefinition für das idealisierte Denkmodell entwickelt. Anhand dieser Arbeitsdefinition wird kurz die Bedeutung der Metaphernanalyse im Kontext von Wissensmanagement skizziert. Abschließend wird anhand eines Beispiels aufgezeigt, welche Bedeutung die Auswertung einer konzeptuellen Metapher im Prozess der Organisationsentwicklung haben kann.

1. Entwicklung des Metaphernbegriffs

Der Begriff Metapher wird primär im Sinne der Substitutionstheorie verwendet, die in letzter Konsequenz auf Aristoteles zurückgeht. Black nutzt zur Beschreibung der Substitutionstheorie die Begriffe „wörtlicher Ausdruck" und „metaphorischer Ausdruck" (Black 1996, 61) und beschreibt die Substitutionstheorie damit, dass bei der Verwendung einer Metapher ein wörtlicher Ausdruck durch einen metaphorischen Ausdruck ersetzt wird. Im Kontext dieses Ansatzes wird eine Metapher als ein Ersatz – ein Substitut für die klare Rede verstanden. Sie dient der ästhetischen Ausschmückung und liegt im Zuständigkeitsbereich der Rhetorik und der Poetik. In der Substitutionstheorie gilt die Metapher vor allem der Verschleierung von klaren Sachverhalten zu Gunsten der Ästhetik. Pielenz charakterisiert die substitutionstheoretische Auffassung folgendermaßen:

- „Metaphern sind eine Abweichung von der normalen Sprache.
- Sie sind als solche nicht ursprünglich.
- Sie bestehen im Vermeiden eines eigentlichen Wortes.
- Sie behindern die rationale Erkenntnis" (Pielenz 1993, 63).

Im 20. Jahrhundert etabliert sich zunehmend die Auffassung, dass die Metapher kein rein rhetorisches oder ästhetisches Element ist, mit dem der wörtliche Ausdruck ersetzt wird. Richards verwendet die Begriffe „Tenor" und „Vehikel" (vgl. Richards 1996), wobei das Vehikel den Tenor transportiert. Im Zuge dieses Prozesses wird nach Black nicht die Ähnlichkeit zweier Bereiche genutzt, damit ein Vehikel einen Tenor transportieren kann, sondern um eine Ähnlichkeit herzustellen. Die Herstellung einer Ähnlichkeit unter Zuhilfenahme eines bestimmten Vehikels verleiht auch dem Tenor einen spezifischen Sinn und eine Bedeutung. Folglich ist der Vorgang der Metaphorisierung auch ein Vorgang, der den Sinngehalt, also den Tenor, selbst verändert.

„Auf die einfachste Formulierung gebracht, bringen wir beim Gebrauch einer Metapher zwei unterschiedliche Vorstellungen in einen gegenseitigen aktiven Zusammenhang, unterstützt von einem einzelnen Wort oder einer einzelnen Wendung, deren Bedeutung das Resultat der Interaktion beider ist" (Richards 1996, 34).

Für Richards ist dies auch ein wichtiger Aspekt der etymologischen Entwicklung. Folglich finden über den Interaktionsprozess von Tenor und Vehikel auch Entwicklungsprozesse von Begriffen statt. Black bereitet hier die Einführung des Aspektes der Kognition in die Diskussion um die Metapher vor. Er erklärt, dass durch die Verwendung der Metapher im Zusammenwirken von Tenor und Vehikel eine inhaltliche Neuformulierung des Tenors vorgenommen wird. Wissensbestände verändern sich durch ihre Metaphorisierung.

2. Die Stellung der Metapher in der Kognitiven Linguistik nach Lakoff und Johnson

Nach Buchholz hat die Einführung des Begriffs der Kognition entscheidend dazu beigetragen, die Metapher aus der Rolle zu erlösen, „bloß Verzierung und Ornament einer eigentlich wahrhaftigen Rede zu sein" (Buchholz / Lamott / Mörtl 2008, 128). In konsequentester Weise fokussieren Lakoff und Johnson diesen Aspekt in ihrer Metapherntheorie der kognitiven Linguistik.

„Unser alltägliches Konzeptsystem, nach dem wir sowohl denken als auch handeln, ist im Kern und grundsätzlich metaphorisch" (Lakoff / Johnson 1998, 11).

Diese sehr konsequente Aussage stellt die Kernaussage bei Lakoff und Johnson dar. Deutlich wird hier, dass die Metapher in ihrer Funktion, neben dem sprachlichen Bereich, die Bereiche Handeln und Denken konzeptualisiert. Dies stellt eine bedeutsame Unterscheidung zum Metaphernverständnis der Substitutionstheorie dar, denn bei Lakoff wird neben der Metapher als kognitives Produkt auch die Funktion dargestellt, dass eine Metapher auch Kognition tangiert oder hervorbringt. Wenn man dieser Aussage kompromisslos folgt, würde der Betrachtung von metaphorischen Konzeptsystemen höchste Relevanz in unserer Fachrichtung eingeräumt werden müssen. Aus diesem Grund möchte ich jetzt die grundlegenden Konzepte der Kognitiven Linguistik von Lakoff und Johnson darstellen. Hierzu ist der Begriff des idealisierten Denkmodells nicht nur erforderlich, sondern zentral. Zwar macht das Auffinden von genutzten Metaphern im empirischen Material den besonderen Reiz einer Metaphernanalyse aus, entscheidend im Forschungsprozess sind jedoch die Deutungsmuster, die latenten Sinngehalte oder eben die

Denkmodelle, welche durch die Verwendung von Metaphern zum Ausdruck gebracht werden.

3. Das idealisierte Denkmodell

Nach Lakoff entstehen kognitive Deutungsmuster in präverbalen Entwicklungsstadien. Die Entstehung von Denkmodellen ist somit auf averbale Wahrnehmungsstrukturen zurückzuführen und ist demzufolge primär nicht semantisch strukturiert. Er geht davon aus, dass folglich die Basis für den Aufbau von Denkmodellen „embodied" (Lakoff 1987, 13) also körpergebunden ist. So sprechen Lakoff und Johnson auch vom kinästhetischen Schema. Über itereative Anwendung dieser kognitiven Grundmodelle und der synchron verlaufenden Sprachentwicklung organisieren sich diese zu abstrakten (auch semantisch strukturierten) Denkmodellen.

In der kognitiven Linguistik wird dieser Entwicklungsprozess von einem Grundmodell zu einem abstrakten Denkmodell mit Bezugnahme auf weitere theoretische Konzepte beschrieben. Lakoff benutzt Fillmores Frame-Begriff und den Begriff „Gestalt" im Sinne der Gestaltpsychologie (vgl. Lakoff 1987, 68).

„Each ICM is a complex structured whole, a gestalt" (Lakoff 1987, 68).

Mit dem Begriff "structured whole" ist einerseits der Verweis auf eine Gesamtheit gegeben und andererseits wird der Strukturbegriff eingeführt. Unter Hinzunahme des Frame-Begriffs ergibt sich daraus, dass dieser strukturierte Gesamtzusammenhang über einzelne Begriffe evoziert werden kann.

So kann „Zeit" als bezeichnetes Phänomen über das System der Wochentage kognitiv und sprachlich strukturiert oder kodiert werden. Zeit als natürliches Phänomen ist primär nicht in Abschnitte oder Einheiten eingeteilt. Bei der Einteilung von Zeit in Abschnitte und der Benennung dieser handelt es sich hingegen um einen kognitiven beziehungsweise kommunikativen Vorgang, denn die Einteilung von Zeit in Wochentage ist nicht naturgegeben. Die Einteilung und auch die Benennung der Abschnitte sind erforderlich, um Handlungssicherheit und Planbarkeit im Umgang mit diesem natürlichen Phänomen zu erreichen. Die allwöchentlich wiederkehrende Verwendung der Wochentage zur Bezeichnung von Zeitabschnitten stellt folglich eine kognitive strukturierte Gesamtheit dar. Diese strukturierte Gesamtheit wird hier als Denkmodell bezeichnet. Das aufgeführte Beispiel zeigt, dass ein Denkmodell verwendet wird, um komplexe Phänomene sprachlich und kognitiv zu strukturieren. In der kognitiven Linguistik setzt sich Denkmodell aus einzelnen Begriffen und deren Relationen zusammen. Ziem bezeichnet den Sachverhalt, der hier als Denkmodell bezeichnet wird, anhand dieses Beispiels als „übergeordnete Wissensdomäne" (Ziem 2008, 41). Die sprachliche Verwendung eines Begriffs (z.B. Mittwoch) verweist auf die kognitive Verwendung eines Denkmodells. Ein Begriff kann somit ein gesamtes Denkmodell evozieren und dem Beobachter aufzeigen, welches kognitive Denkmodell indiziert wird. Indiziert wird nach Bucholz „das Selbstverständnis des Sprechers; das Verständnis, das er von anderen Teilnehmern und deren Rollen hat; seine Definition der Situation und, sehr wichtig, welche anderen Deutungsmöglichkeiten nicht gelten sollen" (Buchholz 2010, 306).

Auch die Verwendung von Verben kann auf die Strukturierung durch ein idealisiertes Denkmodell hinweisen. Bucholz / Lamott / Mörtl verdeutlichen dies anschaulich anhand der Verwendung des Verbs „verkaufen" (Bucholz / Lamott / Mörtl 2008, 133) im Kontext von Therapiegesprächen. Die Autoren sprechen vom Indizieren der „Perspektive des Sprechers" (ebd.). Der Gebrauch von Begriffen kann somit auf ein kognitives Modell hinweisen, unter dessen Zuhilfenahme Komplexität reduziert wird. Folglich ist die Suche nach diesen Begriffen im Kontext qualitativer Sozialforschung sehr aufschlussreich.

Der Begriff „idealisiert" wird bei Lakoff nicht in seiner wertenden Funktion verwendet, sondern signalisiert die Unterscheidung von Modell über die Umwelt und der Komplexität der Umwelt. Diese Unterscheidung ist identisch mit Simons Unterscheidung von der „Logik von Zeichensystemen" und der „bezeichneten Phänomene oder Gegenstände" (Simon 2007, 113). Denkmodelle werden bei Lakoff als idealisiert bezeichnet, weil sie Wirklichkeit nicht in ihrer Komplexität erfassen können. Komplexität wird reduziert, um wahrnehmbar und planbar zu sein. Zusammenfassend ergibt sich folgende Arbeitsdefinition:

Ein idealisiertes Denkmodell ist eine strukturierte Gesamtheit kognitiver Einheiten. Diese übergeordnete Wissensdomäne wird durch einzelne Begriffe evoziert. Die Gesamtheit dient als Modell zur Reduzierung von Komplexität und zur Herstellung von Handlungsfähigkeit.

Nach Lakoff und Johnson gibt es diverse Formen von ICMs. Nennenswert erscheinen mir unter Berücksichtigung der Diagnostik unserer Fachrichtung vor allem das idealisierte Denkszenario und das idealisierte Klassifikationsmodell. Das idealisierte Denkszenario besteht in seiner strukturierten Gesamtheit Liebert zufolge aus „Beteiligtenrollen mit spezifischen Eigenschaften und Zielen und einem Interaktionsschema, das schematische Dialogsequenzen enthalten kann" (Liebert 2003, 53). Idealisierte Denkszenarien haben wie Deutungsmuster einerseits die Tendenz aktuelle Wahrnehmungsinhalte kognitiv einzupassen und andererseits Interaktionsabläufe vorzustrukturieren. Folglich könnte die Analyse von ICMs seitens der Klienten einen Beitrag in einer verstehenden oder biographisch ausgerichteten Diagnostik leisten.

Das idealisierte Klassifikationsmodell beschreibt eine hierarchische Gliederung oder Struktur von Subsumierungen und der Bildung von Oberbegriffen. Dies ermöglicht nicht nur in der Diskussion um internationale Klassifikationssysteme interessante Gedankenspiele, sondern kann auch in Phasen der Reflexion diagnostischer Tätigkeit zur eigenen Professionalität beitragen.

4. Mapping

Werden von einem Sprecher Begriffe eines ICM genutzt, um einen bestimmtes Phänomen zu beschreiben, verwendet der Sprecher nach Lakoff und Johnson eine Metapher. Das genutzte ICM stellt somit Begrifflichkeiten zur Verfügung, um ein Phänomen zu beschreiben und Handlungssicherheit im Umgang mit dem Phänomen zu erlangen. Das genutzte ICM wird als Quellbereich (Sourcedomain) bezeichnet. Der Sachverhalt, der unter Zuhilfenahme von Begrifflichkeiten des Quellbereichs beschrieben wird, wird als Zielbereich (Targetdomain) bezeichnet. Dieser Vorgang wird von den Autoren als

„mapping" bezeichnet (Lakoff / Turner 1989, 59). Konerding beschreibt dies in Anlehnung an Lakoff als eine „Abbildung" (Konerding 1993, 59) von propositionalen Modellen durch bildschematische Modelle. Hierbei wäre das propositionale Modell der Zielbereich und das bildschematische Modell der Quellbereich. Die Metapher entsteht folglich erst im Moment der Abbildung oder des Mappings. Der Vorgang des „mapping" wird in der deutschsprachigen Literatur überwiegend mit dem Begriff der „Projektion" bezeichnet (vgl. Skirl 2009, 72).

5. Ein Beispiel

„Die Invasion der unsichtbaren Killer begann gegen Ende der sechziger Jahre. Damals wechselten die ersten Kommandos westwärts über den Atlantik und nahmen Quartier in den Metropolen des amerikanischen Kontinents" (Spiegel, Nr. 52, 1992, 200, gefunden bei Liebert 2003, 55).

Quellbereich		Zielbereich
Invasion, Killer, Kommandos, nahmen Quartier	Mapping	Verbreitung, tödlich, Einheiten, sind vorhanden
Krieg/Feldzug		HIV-Verbreitung
Konzeptuelle Metapher: Virusepidemie ist Krieg		

In diesem Beispiel wird deutlich, wie ein ICM für die Beschreibung eines Phänomens genutzt wird. Möglicherweise wird diese Metapher auch aufgrund sozialer Konsensbildungsprozesse verwendet. Es kann aber auch ein subjektives Mapping entdeckt werden, welches auf die individuelle Verwendung eines ICMs hinweist. Diese Unterscheidung lässt sich sinnvoll mit den Begriffen von Schwarz-Friesel bezeichnen. Sie benennt sie als „konventionalisierte" und „innovative" (Schwarz-Friesel 2007, 202) Metaphern. Im Forschungsprozess ist es wichtig zu unterscheiden, ob eine vorgefundene Metapher den Status der Konventionalisierung auf gesellschaftlicher Ebene, auf der Ebene der Konventionalisierung innerhalb des Forschungsfeldes oder auf der Ebene der Innovation hat. Schmitt erachtet zur Identifikation dieser Ebenen die Sammlung von „kulturellen Hintergrundmetaphern der Zielbereiche" (Schmitt 2010, 682) als erforderlichen Schritt, bevor die Analyse des empirischen Materials erfolgen kann.

Nach Lakoff und Johnson lassen sich aufgrund sozialer Konsensbildung diverse ICMs identifizieren, die komplexere Sachverhalte strukturieren. Ein Beispiel für konventionalisierte körpergebundene ICMs ist: „gut ist oben; schlecht ist unten" (Lakoff / Johnson 1998, 25). Hierbei wird ein komplexer Sachverhalt über die räumliche Orientierung eines Quellbereichs konzeptualisiert. Neben der räumlichen Orientierung zeigen die Autoren weitere konzeptuelle Metaphern auf (Beispiele: Komplexe wirtschaftliche Phänomene wie Inflation werden sprachlich als Entität konzeptualisiert und erlauben somit die sprachliche Konstruktion von Kausalzusammenhängen. Weiterhin zeigen sie, dass die Verwendung der Substanz / Gefäß-Metapher sehr verbreitet ist, um Phänomenen sprachlich eine Quantifizierung zuzuschreiben).

6. Highlighting und Hiding

Metaphern heben durch ihre Anwendung bestimmte Aspekte eines Zielbereichs hervor. Diese Funktion bezeichnen Lakoff und Johnson als „Highlighting" (Lakoff / Johnson 1980, 10). Genauso berücksichtigt die Verwendung einer Metapher bestimmte Aspekte eines Zielbereichs nicht. Diese Funktion benennen die Autoren als „Hiding" (ebd.). Die Angebote zur Übersetzung dieses begrifflichen Gegensatzpaares bedienen sich ebenfalls metaphorischer Konzepte, wenn sie von „beleuchten und verbergen" (Lakoff / Johnson 2003, 18) oder der „Filterfunktion" (Black 1983, 70) oder vom „toten Winkel" (Brünner 1987, 107) sprechen.
So hebt die konzeptuelle Metapher „Virusepidemie ist Krieg" beispielsweise klar die Bedrohung hervor. Es gibt weitere Aspekte, die nicht explizit benannt werden, aber evoziert werden. So erfordert die Invasion, Quartiernahme und die Gliederung von Einheiten in Kommandos eine komplexe Kommandostruktur. Weiterhin verweist die Kriegsmetaphorik auf einen inhaltlichen Konflikt, der in Form einer bewaffneten Auseinandersetzung ausgetragen wird. Die Ausbreitung eines Virus erfolgt allerdings weder auf Anweisung einer rationalen administrativen Ebene noch liegt ihr ein inhaltlicher Konflikt zugrunde. Verborgen bleiben hingegen andere Aspekte wie die Vermeidung von Ansteckung. An dieser Stelle wird das Potential der Metaphernanalyse zur Hypothesenbildung in Forschungsprozessen deutlich. Um allerdings gesicherte Erkenntnisse zu generieren, ist es wichtig die Zusammenhänge verschiedener Aussagen zu ermitteln und somit die „Emergenz" (Schwarz 2008, 70) einzelner evozierender Aussagen zu erkennen. Hierzu ist eine methodische Mehaphernanalyse erforderlich, die hier aber nur kurz dargestellt werden kann. Schmitt (vgl. 2010, 682f) beschreibt ein stringentes Vorgehen, um implizite Inhalte von Daten mit der systematischen Metaphernanalyse zu ermitteln. Hierbei werden eingangs Zielbereiche bestimmt, die sich aus der Forschungsfrage ergeben. Im nächsten Schritt werden Hintergrundmetaphern, also „kulturell tief verankerte Orientierungssysteme" (Meggle / Mundt 1997, 73), der Zielbereiche gesammelt und eigene Metaphern des Forschenden reflektiert. Erst dann soll die Erhebung des Datenmaterials erfolgen. Der folgende Auswertungsschritt erfolgt über eine Erfassung und Auflistung der metaphorischen Bestandteile des untersuchten Textes und des Abgleichs mit Hintergrundmetaphern. Es schließt eine Interpretation im Sinne einer Heuristik und die Analyse der ermittelten metaphorischen Konzepte unter dem Gesichtspunkt von hiding und highlighting. Schmitt weist ebenfalls auf eine Auswertungsmethoden-Triangulation hin, die in der Organisationsentwicklung in Form von Konstruktinterviews (vgl. König / Volmer 2008, 242f) oder Experteninterviews (Meuser / Nagel 2002, 71f) vorgenommen werden kann. Die Metaphernanalyse hat inzwischen ihren Platz in der Methodik der qualitativen Sozialforschung eingenommen. Im folgenden Abschnitt sollen Überlegungen angestellt werden, welche Möglichkeiten sich durch die Verwendung dieser Methode im Feld der Evaluation und Entwicklung von Organisationen eröffnen können und inwieweit sich die Methode zur Anregung organisationaler Lernprozesse eignet.

7. Organisationales Wissen und die Metapher

Schmitt (2009) verweist auf Moser und erklärt „Metaphern lassen sich als implizites Wissen im Sinne von Polanyi diskutieren" (Schmitt 2009, 101). Diese Diskussion soll im folgenden Abschnitt ansatzweise erfolgen. Hierzu werden jedoch ICMs als Wissen oder als Wissensbestände verstanden. In Organisationen, also auch in professionellen pädagogischen Handlungsfeldern, stellen ICMs ebenfalls die kognitive Basis verwendeter Handlungsmuster dar oder bauen sich anhand von Aktivitäten auf. Folglich stellen sie einen Bestandteil der handlungsleitenden Theorie dar. Unter handlungsleitender Theorie (theorie-in-use) verstehen Argyris und Schön „die Aktionstheorie, die in der Durchführung dieses Aktivitätsmusters stillschweigend vorhanden ist" (Argyris / Schön 2006, 29). Die stillschweigende Aktionstheorie hat somit den Status von tacit knowing (vgl. Polanyi 1984). Gerade die Explikation impliziten Wissens wird als eine zentrale Aufgabe beim Wissensmanagement verstanden (vgl. König / Volmer 2006, 37). Nonaka und Takeuchi verwenden in diesem Zusammenhang die Begriffe „Internalisierung" und „Externalisierung" (Nonaka / Takeuchi, 1997, 84). Die Internalisierung beschreibt die Verinnerlichung von explizitem organisationalen Wissen durch die Mitarbeiter. Im Prozess der Externalisierung wird hingegen implizites Handlungswissen expliziert also kommunizierbar. In diesem wechselseitigen Prozess, der spiralförmig beschrieben wird, generiert sich organisationales Wissen. Diese Spiralvorstellung ermöglicht auch eine praxisorientierte Konzeptentwicklung pädagogischer Arbeit und eine Bottom-up-Bewegung von Wissen der operativen auf die administrative Ebene. Weiterhin beinhaltet dieser wechselseitige Prozess eine Explikation und eine Konzeptentwicklung, die die Internalisierung organisationaler Wissensbestände seitens der Handelnden überhaupt erst erlaubt. Beschreibt man diesen Prozess mit systemtheoretischen Begriffen, ist organisationales Wissen eine emergente Form, die durch das Medium der Kommunikation, welches Nonakas und Takeuchis Konzept der Internalisierung und Externalisierung beinhaltet, hervorgebracht wird.

ICMs sind implizite Wissensbestände, die sich über die Verwendung von Metaphern artikulieren lassen. Der Zielbereich ist als implizites Wissen zu verstehen, welches sich über die Analyse des Quellbereichs erschließen lässt. Die Analyse von Metaphern hat dieser Denkweise zufolge ein Potential zur Explikation impliziter Wissensbestände in Organisationen. Anhand des folgenden Beispiels soll gezeigt werden, welche Möglichkeiten eine strukturierte Metaphernanalyse bietet, um implizite Wissensbestände von Mitarbeitern eines Beratungs- und Unterstützungssystems zu explizieren und dadurch eine gemeinsame Zielperspektive im Team zu entwickeln.

8. Beispiele aus qualitativen Interviews

Die folgenden Beispiele für metaphorische Konzepte lassen sich in unterschiedlichen Interviews vorfinden, die im Rahmen von Evaluationen von Beratungs- und Unterstützungssystemen in Niedersachsen erhoben worden sind. Im ersten Beispiel beschreiben die Mitarbeiter Kinder und Jugendliche, die im Kontext Schule auffällig werden:

„Jugendliche, die das Label tragen" (1)
„Tragen die Erlebnisse in sich" (2)
„schwerstbehinderte" (3)
„nicht so leicht durch die Schule gehen" (4)
„tragen ihr Päckchen" (5)
„können es auch nicht loswerden oder abladen" (6)
„es schwer haben" (7)
„familiär belastet" (8)
„tragen es mit sich herum" (9)

In den ausgewählten Zitaten zeigt sich das metaphorische Konzept „Störungen sind das Tragen einer Last"[1]. Aus den aufgeführten Beispielen geht nur begrenzt hervor, welche Ursachen der Belastung zugrunde liegen. Implizit werden allerdings Etikettierungsprozesse (1), mögliche traumatische Erlebnisse (2), (5), (9) oder familiäre Prozesse benannt. Alle Nennungen haben gemeinsam, dass die Unterscheidung von auffälligen gegenüber unauffälligen Kindern über das Tragen einer zusätzlichen Last vorgenommen wird.
Im zweiten Beispiel geben die Mitarbeiter des Beratungs- und Unterstützungssystems an, dass „das Kind durchs Netz fällt" oder die „ganze Klassensituation belastet" ist. Weiterhin nennen die Mitarbeiter, dass Regelschullehrkräfte sich an sie wenden, wenn die „Tragfähigkeit [in der Klasse] nicht mehr da ist" oder das Kind in der Lerngruppe „nicht mehr tragbar" sei. Auf der Ebene des Quellbereichs lässt sich entsprechend eine übergeordnete Wissensdomäne beschreiben:
Die Klasse trägt ein Kind und das Kind wird von der Klasse getragen. Trägt das Kind eine zu schwere Last, kann auch die Klasse das Kind nicht mehr tragen.
Unter Zuhilfenahme dieser Wissensdomäne lässt sich ein erhebliches Maß an Komplexität reduzieren und eine Zielformulierung entwickeln, die sich auf die Steigerung der Tragfähigkeit des Klassensystems ausrichtet.
Das hier generierte Wissen ist dem Träger, der Leitung und den Mitarbeitern im Zuge der Organisationsentwicklung zur Verfügung gestellt worden. Aus der Diskussion dieser Metapher ist in diesem Fall direkt eine Leitbildformulierung hervor gegangen. In diesem Leitbild der Organisation ist die Formulierung einer „gemeinsamen Vision" (Senge 2011, 19) enthalten. Folgendes Ziel ist formuliert:
„Wir erhöhen durch unsere Beratung die Tragfähigkeit der Umgebungssysteme für Kinder in Belastungssituationen."
Die Erhöhung der Tragfähigkeit der Umgebungssysteme von Kindern in Belastungssituationen ist ein sinnvolles Anliegen und eine geeignete Zielformulierung eines Beratungs- und Unterstützungssystems. Die Zielformulierung geht aus dem Highlighting der erhobenen konzeptuellen Metapher hervor, dient einer Spezifizierung des institutionellen Auftrags in einem funktional ausdifferenzierten Arbeitsfeld und kann Klarheit im Hilfesystem schaffen. Eine Fokussierung auf die Umgebungssysteme in der Selbstbeschreibung des organisationalen Auftrages sollte jedoch einhergehen mit der Bewusstheit, dass

---

[1] In diesem metaphorischen Prototyp zeigt sich eine Parallele zum Konzept „Schizo-phrenie ist das Tragen einer schweren Last" (Ziegler 2008, 147f). Eine vergleichbare Metapher ermittelt auch Schmitt (2009, 148f) im Feld der Familienhilfe.

das Kind primär nicht von der Last befreit wird. Bei der Präsentation der Evaluationsergebnisse wurde die konzeptuelle Metapher im Kollegium des Beratungs- und Unterstützungssystems diskutiert und an dieser Stelle darauf hingewiesen, dass die Erhöhung einer Tragfähigkeit der Umgebungssysteme auch Möglichkeiten zur Verringerung individueller Belastungen des Kindes bereitstellen kann.

9. Ausblick

Abschließend möchte ich Bezug nehmen auf eine Metapher, unter dessen Zuhilfenahme Willke die Stellung impliziten Wissens beschreibt. „Diese vorhandene Wissensbasis ist gewissermaßen ein roher Diamant, der durch Wissensmanagement geschliffen werden muss, damit er leuchtet" (Willke 2007, 72). Unter Nutzung des hier evozierten Frames gehe ich davon aus, dass pädagogische Handlungsfelder diesbezüglich als unerschöpfliche Minen verstanden werden können, die keine geringen Mengen an Rohstoffen bereitstellen. Dass diese nur begrenzt dem schleifenden Handwerk zugeführt werden, hat auch zur Folge, dass pädagogisches Handlungswissen eine zu geringe Leuchtkraft besitzt, um in der Öffentlichkeit als wirklich wertvoll erkannt zu werden.

Wir müssen davon ausgehen, dass in pädagogischen Handlungsfeldern vielschichtige implizite Wissensbestände vorliegen. Diese beziehen sich nicht nur auf eigene Zielvorstellungen und individuelle Handlungstheorien, sondern auch auf Kenntnisse bezüglich individueller und familiärer Belastungssituationen, konzeptueller und bildungspolitischer Bedingungen sowie gesellschaftlicher Problemkonstellationen. Denn der erklärte Wille die Tragfähigkeit unmittelbarer Umgebungssysteme der Kinder zu erhöhen, beinhaltet auch das Wissen darüber, dass dieses Vorhaben durch organisatorische, bildungspolitische und gesamtgesellschaftliche Bedingungen und Dynamiken limitiert werden kann.

Literatur

Argyris, Chris / Schön, Donald A.: Die lernende Organisation. Grundlagen, Methode, Praxis, Stuttgart: Klett-Cotta, 2006

Biehl-Missal, Brigitte: Wirtschaftsästhetik: Wie Unternehmen die Kunst als Inspiration und Werkzeug nutzen, Wiesbaden: Gabler Verlag, 2011

Black, Max: Die Metapher, in: Haverkamp, Anselm (Hg.): Theorie der Metapher, Darmstadt: Wissenschaftliche Buchgesellschaft, 1996, 56-79

Buchholz, Michael B.: Konversation, Erzählung, Metapher – Der Beitrag qualitativer Forschung zu einer relationalen Psychoanalyse, in: Altmeyer, Martin / Thöma, Helmut (Hg.): Die vernetzte Seele. Die Intersubjektive Wende in der Psychoanalyse, Stuttgart: Klett-Kotta, 2010, (2)

Buchholz, Michael B. / Lamott, Franziska / Mörtl, Kathrin: Tat-Sachen. Narrative von Sexualstraftätern, Gießen: Psychosozial-Verlag, 2008, (2)

Broßmann, Michael / Mödinger, Wilfried: Praxisguide Wissensmanagement: qualifizieren in Gegenwart und Zukunft. Planung, Umsetzung und Controlling in Unternehmen, Berlin: Springer, 2011

Brünner, Giesela: Metaphern für Sprache und Kommunikation in Alltag und Wissenschaft, in: Diskussion Deutsch, Jg. 18, Heft 94, 1987, 100-119

König, Eckard / Volmer, Gerda: Systemisches Wissensmanagement: How to do it? In: König, Eckard / Meinsen, Stefan: Wissensmanagement in sozialen Systemen, Weinheim, Basel: Belz-Verlag, 2006

König, Eckard / Volmer, Gerda: Handbuch systemische Organisationsberatung, Weinheim: Beltz, 2008

Konerding, Klaus-Peter: Frames und lexikalisches Bedeutungswissen. Untersuchungen zur linguistischen Grundlegung einer Frametheorie und zu ihrer Anwendung in der Lexikographie, Tübingen: Niemeyer, 1993

Lakoff, George: Women, fire, and dangerous things. What categories reveal about the mind. 11. pr., paperback ed, Chicago: University of Chicago Press, 2008

Lakoff, George / Johnson, Mark: Leben in Metaphern. Konstruktion und Gebrauch von Sprachbildern, Heidelberg: Carl-Auer-Systeme Verlag, 2003, (3)

Meggle, Georg / Mundt, Andreas: Analyomen, 2 : proceedings of the 2nd conference "Perspectives in analytical philosophy", Berlin: W. de Gruyter, 1997

Nonaka, Ikujiro/Takeuchi, Hirotaka: Die Organisation des Wissens. Wie japanische Unternehmen eine brachliegende Ressource nutzbar machen, Frankfurt, New York: Campus-Verlag, 1997

Pielenz, Michael: Argumentation und Metapher, Tübingen: Narr-Verlag, 1993

Polanyi, Michael: The great transformation, Frankfurt: Suhrkamp, 1984

Richards, Ivor A.: Die Metapher, in: Haverkamp, Anselm (Hg.): Theorie der Metapher, Darmstadt: Wissenschaftliche Buchgesellschaft, 1996, 31-52

Simon, Fritz B.: Einführung in Systemtheorie und Konstruktivismus, Heidelberg: Carl-Auer Verlag, 2007

Schmitt, Rudolf: Zentrale metaphorische Deutungsmuster des psychosozialen Helfens, in: Mühlum, Albert / Rieger, Günter (Hg): Soziale Arbeit in Wissenschaft und Praxis, Frankfurt am Main: Jacobs Verlag, 2009

Schmitt, Rudolf: Metaphernanalyse, in: Mey, Gunter / Mruck, Katja: Handbuch Qualitative Forschung in der Psychologie, Wiesbaden: VS-Verlag für Sozialwissenschaften, 2010

Schwarz-Friesel, Monika: Sprache und Emotion, Tübingen: Francke, 2007

Schwarz, Monika: Einführung in die kognitive Linguistik, Tübingen: Francke, 2003, (3)

Senge, Peter M.: Die fünfte Disziplin. Kunst und Praxis der lernenden Organisation, Stuttgart: Schäffer-Poeschel, 2011

Willke, Helmut: Einführung in das systemische Wissensmanagement, Heidelberg: Carl-Auer Verlag, 2007

Ziegler, Anette: Metaphern im Schizophrenie-Diskurs Betroffener und Angehöriger, im Internet unter: (http://psydok.sulb.uni-saarland.de/volltexte/2008/1186/pdf/Gesamtdatei_Diplomarbeit.pdf, letzter Zugriff 12.03.2012), 2008

Ausblick

Helmut Reiser

Inklusion und Verhaltensstörungen – Ideologien, Visionen, Perspektiven[1]

1. Inklusion in einem selektierenden Schulsystem

In den letzten Jahren ist die Bundesrepublik Deutschland wegen der selektiven Wirkung des deutschen Schulsystems erheblich unter Druck geraten. In den ersten Jahren der Diskussion der unerfreulichen PISA-Ergebnisse war das Augenmerk stark eingeschränkt auf die vermuteten Minderleistungen deutscher Schüler und Schulen, doch mit den Nachfolgeuntersuchungen ließ sich der eigentliche Skandal nicht mehr verheimlichen. Er besteht nicht in einer zu geringen schulischen Leistungshöhe im mittleren und höheren Bereich, sondern in der starken Abhängigkeit des schulischen Erfolgs von der sozialen Herkunft, konkret in der Verfestigung einer Gruppe von bis zu 20% von Schülern mit ungenügenden Leistungen, die aus Familien mit Migrationshintergrund und aus sozial schwachen Familien stammen.

Aufsehen erregte die Attacke des Mexikaners Munoz als Sonderberichterstatter der Vereinten Nationen zum Recht auf Bildung, der Deutschland im Jahre 2007 in scharfer Form eine Menschenrechtsverletzung wegen seines sozial diskriminierenden Schulsystems vorwarf. Der Druck von außen verschärfte sich, als mit der Unterzeichnung der Konvention der Vereinten Nationen über die Rechte der Behinderten die Bundesrepublik die rechtliche Verpflichtung übernahm, Behinderten den Zugang zum allgemeinen Schulsystem zu ermöglichen. Die Bundesrepublik Deutschland nimmt mit der ungenügenden Förderung von Schülern mit schwächeren Leistungen in allgemeinen Schulen und der Merkwürdigkeit von Sonderschulen für diese Kinder eine negativ herausragende Position ein, die von Fachvertretern seit langem angeprangert worden war (Werning / Reiser 2008). Sie lässt sich auch durch Umbenennungen, von denen reichlich Gebrauch gemacht wurde, nicht mehr halten.

Diese Diskussion traf auf eine von bildungspolitischen Kämpfen erschöpfte Parteienlandschaft in Deutschland. Die Bildungspolitiker und Schulverwaltungen waren der Kämpfe zwischen einer wie auch immer bezeichneten comprehensive school und dem deutschen Gymnasium müde; mit diesem Thema kann man Wahlen nicht gewinnen, nur noch verlieren. Deshalb wurde die unsinnige Parole ausgegeben, es ginge nicht mehr um Schulorganisation und Schulformen, nur noch um den guten Unterricht, so als sei die Qualität des Unterrichts unabhängig von der Organisation einer Schule, der Rekrutierung ihrer Schülerschaft und ihrer sozialen Verfassung.

---

[1] Vortrag bei der Fachtagung des Zentrums für Erziehungshilfe Frankfurt am Main am 27.03.2012

Einen tiefen Einblick in das, was mit der Elternschaft in Deutschland möglich ist und was unmöglich erscheint, gab das Scheitern des Versuchs in Hamburg, die Grundschule auf 6 Schuljahre zu verlängern. Die Initiative, die diesen Versuch per Volksabstimmung verhinderte, gab die Parole aus: Wir wollen lernen.
Damit wird behauptet, dass in der sechsjährigen Grundschule nicht oder weniger gelernt würde, als nach dem Übertritt der Kinder im 5. Schuljahr in ein Gymnasium. Abgesehen von der Fragwürdigkeit des „WIR" in „wir wollen lernen" wird klar, dass hier die Elternschaft der künftigen Gymnasialschüler spricht, die den Volksentscheid in Hamburg gewonnen hat. Zugleich wird durch die Verkürzung der Gymnasialzeit bei kaum vermindertem Lernstoff auf Erhöhung des Leistungsdrucks und auf Beschleunigung gesetzt. Dies lässt sich nur dadurch durchführen, dass die Auslesefunktion des Gymnasiums schärfer greift. Vertreter des Philologenverbands sprechen davon, dass es nicht angehe, dass 50% der Schülerschaft das Gymnasium besuchen könnten, da nicht so viele Kinder hinreichend begabt seien. In konservativ geführten Bundesländern, zum Beispiel in Niedersachsen, wird dagegen den Eltern, die ihren Kindern eine schonendere Schulbildung bei Beibehaltung aller Chancen auf einen Abiturabschluss ermöglichen wollen, die Einrichtung von Gesamtschulen verweigert.
In dieser Lage zeichnet sich ein Kompromiss zwischen den Volksparteien ab, der von sogenannten Bildungsforschern als ein historischer bezeichnet wird. Das weiterführende Schulsystem ab Klasse 5 soll in der Bundesrepublik zweigeteilt werden, einerseits in das Gymnasium mit bis zu 50% der Schülerschaft und andererseits in eine neue Schulform, in der Hauptschule und Realschule zusammen gefasst sind, und die in jedem Bundesland anders konzipiert und benannt wird z.B. als Oberschule oder als Stadtteilschule. In diese Schulform sollen nun auch Kinder einbezogen werden, für die derzeit Sonderschulen vorgehalten werden.
Was uns erwartet ist eine Aufsplitterung der Schülerschaft in

1. eine aus wohlhabenden Elternhäusern kommende Privatschülerschaft,
2. eine Gruppe von leistungswilligen und leistungsfähigen Beschleunigten, die um die 50% umfassen und von Kindern aus der Mittelschicht gestellt wird,
3. eine Gruppe von relativ zur ersten Gruppe Verlangsamten, die nicht viel mehr als 30% umfassen wird,
4. und nach wie vor die Gruppe der Deklassierten, die auf bis zu 20% der Bevölkerung anzuschwellen droht.

Die Kernidee dieser Klasseneinteilung ist die Identität von sozialer Gruppierung und Leistungsfähigkeit. 40 Jahre Integrationspädagogik in der Bundesrepublik haben gezeigt, dass Inklusion voraussetzt, dass das Leistungsvermögen nicht zur Einteilung der sozialen Gruppierung benutzt wird. Als ich vor 36 Jahren erstmalig in der BRD die sonderpädagogische Unterstützung zur Reduktion von Lern- und Verhaltensstörungen in der Bundesrepublik hier in Frankfurt am Main einführte, stellte sich rasch heraus, dass die damals geltende rechtliche Beschränkung auf lernzielgleiche Integration die Förderung verunmöglichte (Reiser u.a. 1984).
Als Konsequenz wurde eine Didaktik für heterogene Lerngruppen, die das gleichschrittige Lernen überwand, entwickelt und im neuen Hessischen Schulrecht die lernzieldiffe-

rente Integration ermöglicht. Dieses Konzept funktionierte und funktioniert in Grundschulen, jedoch selten im weiterführenden Schulsystem, denn die Identität von Leistungsgruppierung und sozialer Gruppierung wird durch die aktuellen Entwicklungen im Schulsystem festgeschrieben.

In den Jahren 1994 und 1995 führte ich im Auftrag des Hessischen Kultusministers in hessischen Grundschulen Untersuchungen zur Problemwahrnehmung von Leistungsversagen durch. Die verblüffenden Ergebnisse wurden in den Jahren 1995 und 1996 vom Hessischen Kultusministerium in großer Auflage verbreitet und zur Diskussion gestellt (Reiser / Dlugosch / Loeken 1995; 1998). Sie zeigten, dass die Einstellungen, ob und wie leistungsschwächere Schüler in Grundschulen gefördert werden können, davon abhängen, wie sehr die Lehrkräfte die Dreigliedrigkeit des Schulsystems unterstützen oder ablehnen, also von ihrer mentalen politischen Voreinstellung.

Während es in den Grundschulen bei entsprechenden politischen Vorgaben auch flächendeckend möglich ist, die soziale Gruppierung durch lernzieldifferenten Unterricht leistungsheterogen zu erhalten, führt die aktuelle Entwicklung des weiterführenden Schulsystems zu einem unauflöslichem Widerspruch zur Inklusion. Wie können nun Bildungspolitik und Schulverwaltung die international geforderte Inklusion behinderter Kinder verwirklichen und gleichzeitig dem als Kompromiss ausgegebenem Trend der Trennung der Schulen nach Schulleistungen folgen?

Die Methode der Wahl ist die Umdefinition des Begriffsinhalts von Inklusion; so behauptet z.B. die Regierung in Niedersachsen, die niedersächsischen Schulen seien inklusiv. Hessische Regierungsentwürfe schrumpfen den Begriff Inklusion zu einem handlichen Synonym für den Terminus gemeinsamer Unterricht ein.

Die Bildungspolitiken und Schulverwaltungen in den Bundesländern, die Integration stets verweigert hatten, haben es mit einer verblüffenden Geschwindigkeit verstanden, den internationalen Trend zur Inklusion aufzugreifen und für sich rhetorisch zu verwerten (siehe Herz 2011). Indem alles Mögliche und Unmögliche als Inklusion ausgegeben wird, und indem alle möglichen Bildungsausgaben unter dem Stichwort Inklusion zusammen gerechnet und so Millionenbeträge für Inklusion errechnet werden, kann die Behauptung, das deutsche Schulsystem sei inklusiv, dazu benutzt werden, die Kritik an der sozialen Selektivität des deutschen Schulsystems zurückzuweisen. Die der Inklusion zugeschriebenen menschenfreundlichen Absichten und Wirkungen werden so zur Absicherung der schulischen Segregation missbraucht. Der Begriff Inklusion, dessen ethische Implikationen in einer naiven pädagogischen Sicht für bare Münze genommen wurden, hat sich schneller verschlissen als der Begriff Integration. Wie uns die Medienarbeit der großen Unternehmen lehrt, ist es allemal kostengünstiger, statt andere Verhältnisse zu schaffen und dann mit ihnen zu werben, sich gleich auf die Werbung zu konzentrieren und die Verhältnisse so zu belassen wie sie sind. Begünstigt wurde diese rhetorische Wende durch die begeisterte aber ahistorische und unbedachte Botschaft pädagogischer Leitfiguren, Inklusion sei etwas ganz Anderes und Neues als Integration. Ahistorisch, weil die Ergebnisse der Integrationsforschung schon längst bei der Idee; der Inklusion entsprich, angelangt waren (Prengel 1993), und unbedacht, weil die kritischen Ergebnisse von 40 Jahren der Erforschung der schulischen Integration so mit einem Strich vom Tisch gewischt werden konnten. Bei dieser Euphorie spielte die Verwechslung von Wunsch und Wirklichkeit eine Rolle (Reiser 2007 a).

Die bildungspolitische Entwicklung, die wir beklagen, entspricht nämlich einer gesellschaftlichen Nachfrage. Die bildungsorientierte Mittelschicht ist in Bezug auf die Weitergabe ihrer gesellschaftlichen Position und ihres Lebensstandards an ihre Kinder in eine prekäre Lage geraten. Ihr Lebensstandard beruht nicht auf Kapitalvermögen, allenfalls ist selbstgenutztes Wohneigentum vorhanden, sondern auf ihrem Ausbildungsstand. Während jedoch bis vor wenigen Jahrzehnten vor allem Akademikerfamilien durch ihren als selbstverständlich empfundenen Bildungsvorsprung und durch die gesicherte Struktur ihrer gesellschaftlich angesehenen Berufe zum Beispiel als Lehrer, Juristen, Ärzte, Kaufleute, Bankbeamte, Pastoren, Verwaltungsbeamte in der Regel sicher sein konnten, dass ihre Kinder – bis auf Ausnahmen – ähnliche Positionen in der Gesellschaft erreichen konnten, ist dies heute alles andere als sicher.

Die Professionen selbst verloren die Unabhängigkeit standesrechtlich geregelter Zuständigkeiten. Die Entscheidungsbefugnisse über ihre Arbeitsbereiche liegen zunehmend nicht mehr bei Standesvertretern, sondern bei Managern. Ärzte z.B. werden abhängig von den Managern im Gesundheitssystem oder selbst zu Managern. Viele Beamtenkategorien wurden abgeschafft, man denke nur an Post und Bahn, Wohltätigkeitsorganisationen werden zu Profitunternehmen, in den Banken Tätige werden zu Finanzproduktverkäufern, die technische Entwicklung wird von Großunternehmen gesteuert, alteingesessenen Kaufleute stehen vor der Entscheidung, zu expandieren oder ihr Geschäft aufzugeben. Lehrer, früher zumindest Bildungsträger, wenn nicht Autoritätsfiguren, werden immer mehr zu Dienstleistern für die Eltern, manchmal sogar für die Kinder.

Die einzige Möglichkeit für die bildungsabhängige Mittelschicht, einen Zipfel ihrer alten Macht und Sicherheit für ihre Kinder zu erhalten, ist die zähe Verteidigung ihres familiären Bildungsvorsprungs. Auch Lehrer haben Kinder.

So ist die Funktion des Bildungswesens in Deutschland eine ganz andere als in Schwellenländern – wie z.B. Mexiko, in denen die schulische Bildung dem individuellen Aufstieg und dieser der wirtschaftlichen Entwicklung des Landes dient. In der Bundesrepublik Deutschland ist das Schulwesen ein Ort von vorgezogenen Verteilungskämpfen und eine Bastion der Verteidigung der gebildeten Schichten.

Die postmoderne Arbeitswelt für die hochqualifiziert Beschäftigten ist gekennzeichnet durch Arbeitsverdichtung, Beschleunigung der Arbeitsabläufe, exponentiale Erhöhung der dabei umgewälzten Finanzmittel, Verschleiß an Arbeitskräften – im oberen Bereich der Einkommen durch das Prinzip hire and fire: Burn-out ist die Modekrankheit in diesem Bereich geworden. Die Anforderungen an Mobilität, Flexibilität, Weltgewandtheit inclusive Fremdsprachen und an die Bereitschaft und die Fähigkeit zu konkurrieren sind in den letzten Jahren steil angestiegen.

Mittelschichteltern müssen dafür sorgen, dass ihre Kinder diese Fähigkeiten erwerben, die nicht mehr nur als sekundäre Tugenden neben den kognitiven Fähigkeiten betrachtet werden können, sondern als primäre, vielleicht als die für den beruflichen Erfolg entscheidenden. Deshalb ist es nur folgerichtig, wenn sie Schulen bevorzugen, die eine sozialisatorische Prägung gewährleisten, die den Kindern anderer Schichten fremd ist. Die Annahme der leistungsorientierten Eltern ist, dass eine Schule mit einem hohen Anforderungscharakter an Arbeitsverhalten und Leistung dies besser garantiert, wenn nicht passende Kinder von ihr fern gehalten oder entfernt werden und in der passenden sozial homogenisierten Schülerschaft dann auch höhere kulturelle Leistungen z.B. im musischen Bereich erzielt werden. Das heißt: Das gute Gymnasium ist in dieser Verengung der Perspektive auch deshalb gut, weil das Nicht-Gute, die Minderleistung und die Unkultur aus ihm ausgeschlossen werden, und unter den Guten die Konkurrenz um den Platz des Besten ausgetragen wird. Wenn man die herausragende Wirkung der Peer-Gruppe bedenkt, ist dieser Gedanke nicht von der Hand zu weisen.

Dass der Konkurrenzgedanke heute auf allen Ebenen des Bildungssystems dominiert und als selbstverständliche normale Lebenssicht gilt, ist eine Folge einer gewaltigen gesellschaftlichen Umwälzung, die sich weithin unerkannt vollzogen hat. In dem lesenswerten Buch des Politologen Colin Crouch mit dem Titel: „Das befremdliche Überleben des Neoliberalismus" (Crouch 2011, siehe auch Herz 2010) wird detailliert nachgezeichnet wie die Idee des Marktes, der durch die Konkurrenz sich selbst und soziale Verhältnisse optimal reguliert, politisch und mental verankert wurde und in fast alle Lebensbereiche der Gesellschaft vorgedrungen ist und sich dort festgesetzt hat. Das Problem besteht nicht nur darin, dass „der Markt" die Regulation aus eigener Kraft nicht leistet – geregelt werden müssen Märkte immer auch extern durch ihre Rahmenbedingungen – sondern dass in vielen Fällen kein Markt existiert sondern nur das Phantom eines Marktes. Wir erleben es in der Jugendhilfe, in der Behindertenhilfe, im Gesundheitswesen wie Märkte, die gar nicht existieren, ersonnen werden, angeblich, um in der Konkurrenz die besten und billigsten Anbieter herausfinden zu können. Im Bereich der weiterführenden Schulen wird die Marktkomponente, die mit dem Konkurrenzargument einhergeht, immer stärker. Konkurrenzfähigkeit der Volkswirtschaft wird zum primären Ziel der Schulen erklärt und Leistungssteigerung durch Konkurrenz unter den Schülern wird zum Erziehungsmittel und Erziehungsziel. Die englische Schulentwicklung verbindet Bewertungen von Schulen aus der Marktperspektive mit harten politischen Eingriffen. Die Faszination der wundersamen gewinnbringenden Verwandlung aller Dienstleistungen in Waren konnten wir bei den Stadtkämmerern beobachten, die städtische Abwasserkanäle an internationale Firmen verkauft haben um sie dann von ihnen zurück zu leasen; ein Beispiel dafür, wie ein kollektives Fantasma, hier das Fantasma eines Marktes für Abwasserkanäle, den gesunden Menschenverstand außer Kraft setzen kann. Der Markt ist da, wo er mithilfe externer Regulation wirtschaftlich funktioniert, das Fundament unserer Ökonomie und unserer persönlichen freiheitlichen Lebensführung. Der Markt in den Bereichen der Daseinssicherung und der gesellschaftlichen Integration ist ein kollektives Fantasma.

Die Idee des allmächtigen Marktes setzt auf eine Gerechtigkeit, die aus der Konkurrenz entsteht. Diese Gerechtigkeit ist eine vergleichende Gerechtigkeit, die auf gleiche Behandlung und Bewertung pocht. Sie verwirft die Idee der ausgleichenden Gerechtigkeit, die den vom Schicksal weniger Begünstigten einen Ausgleich gewähren will. Belastbare Untersuchungen zeigen jedoch, dass bereits auf der Ebene der vergleichenden Gerechtigkeit Kinder der Mittelschicht bei der Notengebung und bei den Empfehlungen für weiterführende Schulen bevorzugt werden, weil viele Lehrkräfte unbewusst die Elternhäuser bei ihren Prognosen mit bewerten.

Die Idee der ausgleichenden Gerechtigkeit ist im Schulwesen auch angelegt, stürzt dieses aber in Schwierigkeiten. Ein Ansatzpunkt ist der Nachteilsausgleich, der für einige Beeinträchtigungen gewährt wird, für andere aber nicht. Ein anderer ist die Gewährung von Förderunterricht, der jedoch wegen des erhöhten Aufwandes einer Legitimation bedarf, die traditionell durch die Zuschreibung einer Behinderung gegeben ist. Beide Wege, Momente der ausgleichenden Gerechtigkeit in die Schule einzuführen, werfen die Schwierigkeit auf, dass sie unscharfe und nachteilige Zugangsberechtigungen habe.

Der Grund dieser verwirrenden Lage liegt in der grundsätzlich paradoxen Funktion der Schule. Einerseits hat sie die Funktionen der individuellen Entwicklungshilfe, der Herstellung einer gemeinsamen kulturellen Grundlage und des Ausgleichs von Beeinträchtigungen. Andererseits hat sie jedoch auch die Funktion der Herausbildung von Leistungsunterschieden, der Legitimation unterschiedlicher beruflicher Chancen und der Herstellung von ökonomisch erforderlicher Arbeitskraft. Die Paradoxie dieser widersprüchlichen Funktionsbündel ist nicht zu hintergehen (Ilien 2007).

In der aktuellen politischen Situation liegt der Schwerpunkt einseitig ganz auf den selektiven Funktionen. Deshalb ist auch nicht anzunehmen, dass der sogenannte historische Kompromiss der Zweiteilung der weiterführenden Schulen historisch langen Bestand haben wird. Es wird sich langfristig nicht durchsetzen lassen, dass 50% der Kinder unerträglich beschleunigt werden, mit Schäden für ihre Entwicklung, und dass die anderen 50% abgehängt werden. In der Wochenzeitschrift ZEIT berichtete ein Hamburger Gymnasialleiter von Schülern mit Depressionen, Bulimie, Magersucht, Versagensängsten. „Der Leistungsdruck, der sich durch das Aussortieren nach Klasse 6 noch einmal verschärft, macht sich deutlich bemerkbar" (ZEIT 66, 06.01.2012). Ein Indikator dafür, dass die historische Lösung nicht lange halten wird, ist der der Protest gegen das Turbo-Gymnasium und die zu frühe Trennung der Kinder im 10. Lebensjahr aus einer wirtschaftlichen Ecke, die geistig und seelisch gesunde Facharbeiter aber nicht unbedingt Abiturienten benötigt: Aus den Handwerkskammern.

2. Inklusion und Sonderpädagogik

Die Idee der Inklusion setzt voll auf die individuelle Entwicklungsförderung, auf die Herstellung einer gemeinsamen Kultur und auf ausgleichende Gerechtigkeit.
Jedes Kind soll in der Schule seines Wohnorts willkommen sein, ohne Vorleistungen angenommen werden und die Förderung erhalten, die es benötigt.
Ich schlage Ihnen ein Gedankenexperiment vor: Stellen wir uns vor, alle Schulen würden nach diesen Grundsätzen arbeiten. Wäre dann die grundlegende Paradoxie des Schulwesens überwunden? Wären dann die Probleme beseitigt, für die man heute die Sonderpädagogik zu Hilfe ruft?
Die Bewertungsfunktion der Schule, das heißt die Bewertung und Einsortierung der Fähigkeiten zum Einstieg in die Berufsausbildung oder das Studium, lässt sich verschieben und mildern, aber nicht vermeiden. Jeder individualisierte Unterricht verstärkt Leistungsdifferenzen, denn für die Lernprozesse, die an frühere Lernprozesse andocken müssen und auf früheren Prägungen aufbauen, gilt die Regel: Wer hat, dem wird gegeben. Kinder aus bildungsorientierten Elternhäusern werden stets im Vorteil sein.
Die Probleme, deren Lösung heute von der Sonderpädagogik erwartet wird, würden bleiben: Es bliebe z.B. ein spezieller Bedarf der technischen und didaktischen Ausrüstung für Sinnes- und Körperbehinderungen und für entsprechende Beratung der Lehrkräfte. Es bliebe ein Bedarf an Sprachtherapie. Es blieben Kinder, die langfristig die

Schulleistungen des Curriculums nicht erreichen können und Kinder mit geistigen Behinderungen; deren Unterrichtung spezielles Wissen erfordert, und es blieben Kinder mit Verhaltensstörungen. Das heißt: In einer inklusiven Schule bestünde Bedarf an Personal für spezielle Probleme. Führen wir das Gedankenexperiment weiter und stellen uns vor, dieses Personal wäre vorhanden. Dann könnten wir feststellen, dass die Kompetenzen und die Einsatzbereiche dieses Personals für spezielle Fragen vollkommen verschieden sein würden. Der Spezialist für Sprach- und Sprechtherapie müsste nicht Bescheid wissen über das, was der Spezialist für Körperbehinderungen einbringt, der Spezialist für Verhaltensstörungen würde etwas anderes machen als der Spezialist für Sehbehinderte usf.. Die Spezialisten wären auch an ganz verschiedenen Orten angesiedelt: Diejenigen, die am häufigsten benötigt würden und die am engsten täglich mit den Lehrern zusammenarbeiten würden, würden zum Kollegium der Schule gehören, andere, die in einem Spezialdienst angesiedelt sind, könnte man im Bedarfsfall heranziehen. Auch ihre dienstliche Stellung könnte ganz verschieden sein. Ein Koordinator für den speziellen Förderbedarf wäre Teil der pädagogischen Leitung der Schule, eine ständige Unterstützung im Klassenzimmer könnte vielleicht ein Studium mit dem Bachelor abgeschlossen haben, ein Berater könnte einen Mastergrad in Beratung haben. Kein Mensch käme auf die Idee, dass diese Spezialaufgaben alle ein Fall für die Sonderpädagogik wären, denn die Sonderpädagogik als ein einheitliches abgegrenztes Wissenschaftsgebiet und als Tätigkeitsbereich wäre obsolet geworden, überflüssig. Die Sonderpädagogik verdankt ihre Existenz und ihr Selbstverständnis einzig und allein der Tatsache der schulischen Selektion. Wenn diese entfallen würde, würde auch die Sonderpädagogik entfallen. Die Service-Leistung, die die Sonderpädagogik dem Schulsystem erbringt, besteht darin, dass sie die Zuständigkeit für die aus dem System herausfallenden Kinder übernimmt (Reiser1998). Der Deal ist folgender: Die Sonderpädagogik übernimmt circa 3-5% der Kinder, dafür kann sich die allgemeine Schule als nicht zuständig für Kinder mit Schulversagen verstehen und schuldlos an 10-20% der Kinder versagen.
Natürlich kann die Sonderpädagogik auch vorweisen, dass die von ihr übernommenen Kinder bei ihr zumeist besser behandelt werden – aber für die Hauptgruppe der in der Schule als behindert geltenden Kinder, den jetzt anders genannten Lernbehinderten, ist dies sehr umstritten. Für die besondere Förderung haben diese Kinder ein hohe Prämie zu bezahlen: Die Abkopplung vom normalen Curriculum und die Zuschreibung einer Behinderung. Die organisatorische Paradoxie des Schulwesens spitzt sich in der Sonderpädagogik aufs Schärfste zu: einerseits werden die von ihr betreuten Kinder meist – nicht immer – empathisch und fachlich kompetent gefördert, andererseits werden der Sonderpädagogik zwei gewaltige Selektionsfunktionen zugeschoben: Die erste ist das Erfordernis einer Behinderungszuschreibung, um in den Genuss der Förderung zu kommen, das zweite ist die Übernahme der Zuständigkeit für Lern- und Erziehungsprobleme, die vom Normalfall abzuweichen scheinen (Reiser 1993; 1995). Eine inklusive Schule könnte ohne Sonderpädagogik, nicht aber ohne spezielle Hilfen, auskommen, wenn 1. die Verantwortung für die Erziehung und Förderung der Kinder bei der Schule bleiben würde und 2. wenn die spezialisierten Leistungen ohne Kategorisierung des Förderbedarfs abgerufen werden könnten. Voraussetzung wäre, dass so viel spezielles Personal wie möglich im Kollegium der Schule angesiedelt ist und nur diejenigen Spezialisten in

spezialisierten Förderzentren erreichbar sind, für die es einen fachlichen Grund für eine externe Ansiedlung gibt.
Vier Umstände sprechen für eine externe Positionierung von dezentralen Förderzentren, die für bestimmte Problemlagen spezialisiert sind:

1. Wenn die Tätigkeit der Spezialisten Distanz zur Einzelschule erfordert. Dies ist dann gegeben, wenn es um Konflikte zwischen Elternhaus und Schule geht.
2. Wenn durch ein Förderzentrum schulübergreifende interdisziplinäre Kooperation ermöglicht wird, z.B. zwischen Schule und Jugendhilfe oder zwischen Schule und Kinderpsychiatrie.
3. Wenn die Zusammenarbeit für ein bestimmtes Problem innerhalb der Schule verbessert werden soll.
4. Wenn die Nachfrage so gering ist, dass sie nicht in jeder Schule vorgehalten werden kann.

Die Umstände 1 bis 3 treffen in der Regel auf gravierende Verhaltensprobleme in der Schule zu, die über die „üblichen" Verhaltensprobleme (wie die Grenze zwischen üblich und gravierend auch immer bestimmt wird) hinausgehen.
Damit ist die Richtung erkennbar, die zur Inklusion führt, und die Richtung, die zur Fortsetzung der exkludierenden, – und sich als exklusiv verstehenden – Sonderpädagogik führt. Die Stärkung der Kompetenzen der Einzelschule trägt den Wegweiser zur Inklusion, die Zusammenführung verschiedener Spezialisten in Förderzentren, ohne dass ein fachlicher Grund eine externe Position erfordert, trägt den Wegweiser: Zurück in das selektierende Schulsystem.
Die Gründe, warum heute dennoch Förderzentren organisiert werden sollen, auch wo sie völlig sinnwidrig sind, wie für den Bereich der Lernbeeinträchtigungen, sind das zähe Selbsterhaltungsstreben der Sonderpädagogik, eine untergründige Ablehnung der Verantwortungsübernahme durch die allgemeinen Schulen und vor allem Spargründe. Mit der Personalausstattung, wie sie derzeit nach ministeriellen Entwürfen offensichtlich vorgesehen ist, lässt sich kein inklusives Schulsystem etablieren.

3. Pädagogik bei Verhaltensstörungen und Inklusion

Leider vertreten eine Reihe von Befürwortern und Wortführern der Inklusion unrealistische Positionen. Sie meinen, Verhaltensstörungen würden in einer inklusiven Schule nicht mehr in einem solchen Umfang und Ausmaß vorkommen, dass spezielle Dienste nötig würden. Ich benutze bewusst den Terminus Verhaltensstörungen, denn die netten Verniedlichungen, die den Begriff Störung vermeiden, überdecken die Realität von Sozialisationsbedingungen, die Entwicklungsstörungen zur Folge haben, die schon sehr früh angelegt sind und in der Schule verstärkt oder modifiziert werden können. Mehr nicht. Gravierende Lernbeeinträchtigungen und gravierende Verhaltensstörungen sind trotz unterschiedlicher Symptomatik (Werning / Reiser 2002) auf frühe Störungen zurückzuführen, die das Zusammenspiel der Motivationssysteme Bindung / Wunsch nach Zugehörigkeit einerseits und Selbstbehauptung / Wunsch nach Autonomie andererseits betroffen haben. Eine gute Entwicklung wird möglich, wenn beides zusammentrifft und gemeinsam wächst: das Gefühl der Zugehörigkeit und das Gefühl der Autonomie. Gelingt dies nicht, kann die Symptomatik je nach den aktuellen Umweltbedingungen in die Ich-Einschränkung mit kognitiven Ausfallerscheinungen, sprich Lernbehinderung, münden (am Beispiel der Mathematik: siehe Reiser 1990) oder in die narzisstische Aggressivität, sprich Verhaltensstörungen oder in psychosomatische Erscheinungen. Wie sich zum Beispiel eine depressive Verarbeitung verbindet mit zwanghaften Zügen, wie die Abwehr gegen weitere Verletzungen organisiert wird und wie sich die antisoziale Tendenz verfestigt hat, das sind die Fragen der fachlichen Diagnostik der Störungen. Wir versuchen die soziale Umwelt des Schülers so zu arrangieren, dass die Balance zwischen Bindungswunsch und Autonomiestreben wieder etwas besser gelingen kann.

Zu den Verniedlichungen dieser Problematik und ihrer Kosten gehört auch mancher Slogan der Inklusionsvertreter: Der aus den USA kommende Slogan: „No child left behind!" suggerierte, dass man jedes Kind in das mainstream-Curriculum zurückbringen könnte – ein solch unrealistisches Unterfangen, dass es sogar im Land der unbegrenzten Möglichkeiten verwundert. Eine euphorische Sichtweise wird mit dem Slogan transportiert: Celebrate Diversity. Dieser Slogan erstaunt mich auch für Kinder mit schwerwiegenden Behinderungen, die auch Leid bedeuten, das hier manisch verleugnet wird. Für Kinder mit Verhaltensstörungen, die durch aggressives Verhalten auffallen, kann ich mir keinen Reim mehr auf diese Botschaft machen. Vor kurzem las ich einen Tagungsaufruf für inklusive Pädagogik: Die Vielfalt zum Blühen bringen. Wenn ein Kind auf dem Boden liegt und zwei Kinder mit Füßen auf es eintreten während das dritte Kind das Geschehen mit dem Handy aufnimmt, spricht man besser nicht mehr von Diversity oder blühender Vielfalt. Diese Metaphern erweisen sich für diesen Fall als blühender Unsinn. Wir versuchen in der Erziehung dieser Kinder stets eine haltende Umwelt herzustellen, die zugleich einen Weg in die Autonomie offen lässt – ein diffiziler, da paradoxer Versuch.

Die Paradoxie des experimentellen Arrangements ist der Grundparadoxie des Erziehungsgeschäfts geschuldet, die man seit Kant auf die „die Freiheit im Zwange" zurückführt (Ilien 2007), und die sich hier nach fehlgeschlagener Erziehung als prekär erweist. Dies ist ein Experiment mit einer sorgfältig gestalteten Nähe-Distanz-Relation und einem sorgfältig reflektierten entpersonalisierten Handlungsangebot, denn die Beziehungsebene alleine ohne die Zugkraft einer Sache reicht nicht aus bei Kindern, die gelernt haben, Beziehungen zu misstrauen.

Der erste Versuch einer positiven Wendung muss im Sozialraum der Klasse und der Schule selbst sein. Wir wissen, dass die wichtigste Komponente bei der Herstellung einer haltenden Umwelt die Person des Lehrers ist, die auch am heftigsten in Frage gestellt wird. Bei den heute vielfach empfohlenen stupiden verhaltensmodifikatorischen Programmen wird diese Komponente total unterschätzt (beispielsweise von Mahlau / Diehl / Voß / Hartke 2011). Eine erste, höchst effiziente und einfach zu organisierende Maßnahme wäre, wenn jede Lehrkraft bei Schwierigkeiten, die sie subjektiv mit einem oder mehreren Schüler hat, eine von ihr völlig frei gewählte Supervision aufsuchen könnte, vertraulich und ohne Dienstweg und spontan. Diese Supervision müsste schulextern angeboten werden. Supervisoren gäbe es genügend, aber kaum eine Verwaltung die so etwas bezahlen würde. Würde man den Gesundheitsstand der Lehrerschaft in die

Rechnung einbeziehen, dann wäre dies jedoch sicherlich eine sehr kostengünstige Maßnahme.

Schulintern müsste zugleich bei der Überlegung angesetzt werden, wie die Lehrer mit dem Schüler umgehen können und was man mit ihm tun kann. Hier ist der interne Fachmann / die interne Fachfrau für Verhaltensstörungen gefragt, die zum Kollegium gehören muss. Sie sucht die praktischen Möglichkeiten und arbeitet auch dazu mit dem Kind. Sie arbeitet nicht mit dem Kind, um es zu heilen oder zu reparieren, sondern um die Arrangements der schulischen Umwelt herauszufinden, in der eine größere Wahrscheinlichkeit besteht, dass das Kind sich selbst regulieren kann, gegebenenfalls mit zusätzlichen schulischen Angeboten in Gruppen oder Einzelgesprächen (zur schulintegrierten Erziehungshilfe siehe Reiser 2007b). Den Versuch der Veränderung der relevanten schulischen Umwelt müssen alle Lehrkräfte gemeinsam machen. Es nützt überhaupt nichts, wenn ein Sonderpädagoge geschickt wird, der mit dem Kind einige Stunden in der Woche arbeiten soll um es wieder zu reparieren. Dieser Verschleiß an Arbeitskraft sollte endlich beendet werden. Wenn direkt bei dem Kind angesetzt werden soll, dann sollten es Psychotherapeuten sein, die Beratungsstunden anbieten. Darauf sprechen besonders Kinder mit depressiven, ängstlichen, autoaggressiven Störungen an. In einem Hamburger Gymnasium soll sich der Einsatz einer Psychotherapeutin sehr gut ausgewirkt haben (ZEIT 66, 06.01.2012); aus England liegen gleichfalls positive Berichte über die Mitarbeit von Therapeuten vor (Spalding / Kastirke 2002).

Gelingt es nicht, eine haltende und zugleich autonomiegewährende Umwelt in der Schule herzustellen, dann ist zumeist eine außerschulische irritierende Umwelt beteiligt. Hier setzt der Versuch an, den dann z.B das Zentrum für Erziehungshilfe (Reiser 2007c) unternimmt, um in der Familie und dem sozialen Nahraum des Kindes oder Jugendlichen ein Arrangement herzustellen, in dem die Chance wächst, dass das Kind sich zugleich zugehörig wie auch als selbständige Person ernst genommen fühlt. Dieser Eingriff muss von einer externen Position aus erfolgen, weil die Berater hier auch als Vermittler zwischen Schule und Elternhaus auftreten. Im Falle des Zentrums für Erziehungshilfe in Frankfurt liegt die Stärke der Intervention auch in der Kooperation mit der Jugendhilfe. An anderer Stelle, im Förderzentrum der Lotte-Lemke-Schule in Braunschweig, hat sich die systemische Beratung, die auf die Familie zielt, als sehr erfolgreich erwiesen (Urban 2007). Wenn es auch durch die externe Beratung (siehe Willmann 2008) nicht möglich ist, ein Arrangement der Umgebungsfaktoren so herzustellen, dass das Kind seine soziale und emotionale Entwicklung weiterführen kann, ist eine spezialisierte Einrichtung, die in einer Kombination von Jugendhilfe und Schule in der Form der Ganztagsschule arbeitet, erforderlich. Wie ein Erziehungshilfezentrum arbeitet und wie der neue Typus einer flexiblen Kombination von Jugendhilfe und Schule arbeitet, muss ich hier nicht weiter ausführen, da in der Tagung über solche Modelle berichtet werden wird. Die Behauptung, die Pädagogik bei Verhaltensstörungen käme durch die schulische Inklusion ohne solche Einrichtungen aus, ist im Grunde weder empirisch noch theoretisch diskutabel und kann als Ausfluss eines in der Pädagogik grassierenden Fundamentalismus verstanden werden (vgl. die realistische Sicht von Stein 2011).

4. Zusammenfassung

In einigen Bundesländern werden derzeit Modelle der sonderpädagogischen Versorgung entworfen, die inklusiv genannt werden, aber den Begriffsinhalt von Inklusion in sein Gegenteil verkehren. Die Inklusionsrhetorik ist geeignet, die selektive Wirkung des deutschen Schulsystems, die mit der Zweiteilung der weiterführenden Schulen einen neuen Gipfel erreicht, gegen den internationalen Druck zu immunisieren. Hintergrund der Zementierung des selektiven Schulsystems ist die Übertragung neoliberaler Vorstellungen des konkurrenzgesteuerten Marktes auf die Pädagogik.

Die pädagogische Arbeit bei Verhaltensstörungen in Schulen findet in einer paradoxalen Situation statt. Paradox ist die Schulorganisation zwischen Entwicklungsauftrag und Selektionswirkung. Paradox ist die Erziehung zwischen Freiheit und Zwang. Es wird niemals eine völlig befriedigende Lösung aller Probleme geben, auch wenn manche Slogans dies vortäuschen. Inklusion ist ein erstrebenswertes Ziel, aber sie ist nicht die einzige Lösung der Probleme bei Verhaltensstörungen. Es gibt pädagogische Arbeit, die dringend intern in der Schule geleistet werden muss, und es gibt die externe Arbeit der Beratung und Kooperation, die von einem Fachzentrum ausgehen muss. Die Zusammenführung verschiedener sonderpädagogischer Fachrichtungen in externen Förderzentren dient niemandem außer der Fortsetzung der obsolet gewordenen Sonderpädagogik mit anderen Mitteln und führt letztlich nicht zur Stärkung, sondern zur Schwächung der Erziehungskraft der Schulen. Es droht eine Situation, die ich schon 1989 als sonderpädagogische Verseuchung der allgemeinen Schulen (Reiser 1989) bezeichnet habe. Neben der integrierten schulischen Erziehungshilfe und neben der fachlichen Beratung und Unterstützung sind auch separierte spezialisierte Ganztages-Einrichtungen der Jugendhilfe und der Schule, die flexibel und problemorientiert Lösungen für den Einzelfall entwickeln und auch Heimerziehung erforderlich.

„Sonderpädagogik aus einer Hand", wie vom Hessischen Kultusministerium angestrebt, ist kein Ziel, das zur Inklusion führt und ist fachlich nicht begründbar. Die Stadt Frankfurt hat (noch ?) ein exzellentes System, das drei Formen der Arbeit mit Verhaltensproblemen in Schulen anbietet: Die interne durch die in Grundschulen angesiedelten Sonderpädagogen, die externe durch ein kooperatives Fachzentrum und die separierte durch Spezialschulen, die in der Zusammenarbeit mit der Jugendhilfe noch weiter entwickelt werden müssen. Dieses System sollte personell bedarfsgerecht ausgestattet und in einem permanenten Innovationsprozess evaluiert und weiter gepflegt werden. Für einen Systemwechsel liegt keine Notwendigkeit vor. Don't change a running system.

Literatur

Crouch, Colin: Das befremdliche Überleben des Neoliberalismus, Berlin: Suhrkamp Verlag: 2011
Herz, Birgit: „Inclusive Education"- Desiderata in der deutschen Fachdiskussion, in: Sturm Tanja / Schwohl, Joachim: Inklusion als Herausforderung schulischer Entwicklung, Hamburg: Transkript, 2011, 20-45
Herz, Birgit: Neoliberaler Zeitgeist in der Pädagogik: Zur aktuellen Disziplinarkultur, in: Dörr, Margret / Herz, Birgit (Hg.): „Unkulturen" in Bildung und Erziehung, Wiesbaden: VS Verlag, 2010, 171-189
Ilien, Albert: Lehrerprofession.Grundprobleme pädagogischen Handelns, Wiesbaden: VS Verlag, 2007, (2)
Mahlau, Kathrin / Diehl, Kirsten / Voß, Stefan / Hartke, Bodo: Das Rügener Inklusionsmodell (RIM) – Konzeption einer inklusiven Grundschule, in: Zeitschrift für Heilpädagogik, Jg. 11, Heft 62, 2011, 464-472

Prengel, Annedore: Pädagogik der Vielfalt, Opladen: VS Verlag für Sozialwissenschaften, 1993
Reiser, Helmut: Probleme der Kooperation zwischen allgemeinen Pädagogen und Sonderpädagogen, in: Der Senator für Schulwesen Berlin (Hg.): Sonderpädagogik heute – Bewährtes und Neues, Berlin: Eigenverlag, 1989, 146-164
Reiser, Helmut: Psychogene Leistungsstörungen im Bereich Mathematik, in: Behindertenpädagogik Jg. 29, Heft 3, 1990, 312- 321
Reiser, Helmut: Positionspapier zur Fortsetzung der schulischen Integration von Kindern mit sonderpädagogischem Förderbedarf in Hessen, in: Behindertenpädagogik, Jg. 32, Heft 3, 1993, 279-283
Reiser, Helmut: Die Weiterentwicklung der sonderpädagogischen Förderung in der Bundesrepublik Deutschland – Möglichkeiten und Grenzen, in: Behindertenpädagogik, Jg. 34, Heft 1, 1995, 11-24
Reiser, Helmut: Sonderpädagogik als Serviceleistung? Perspektiven der sonderpädagogischen Berufsrolle, in: Zeitschrift für Heilpädagogik, Jg. 49, Heft 2, 1998, 46-54
Reiser, Helmut: Inklusion – Vision oder Illusion? In: Katzenbach, Dieter (Hg.): Vielfalt braucht Struktur, Frankfurt am Main: Goethe-Universität, 2007a, 99-105
Reiser, Helmut: Integrierte schulische Erziehungshilfe, in: Reiser, Helmut / Willmann, Marc / Urban, Michael: Sonderpädagogische Unterstützungssysteme bei Verhaltensproblemen in der Schule, Bad Heilbrunn: Klinkhardt, 2007b
Reiser, Helmut: Sonderpädagogische Förder- / Beratungszentren: Das Zentrum für Erziehungshilfe (Berthold-Simonsohn-Schule) in Frankfurt am Main, in: Reiser, Helmut / Willmann Marc / Urban Michael (Hg.): Sonderpädagogische Unterstützungssysteme bei Verhaltensproblemen in der Schule, Bad Heilbrunn: Klinkhardt, 2007c, 175-198
Reiser, Helmut / Gutberlet, Michael u.a.: Sonderschullehrer in Grundschulen, Weinheim, Basel: Beltz, 1984
Reiser, Helmut / Dlugosch, Andrea / Loeken, Hiltrud: Bedingungen der Problemwahrnehmung von Leistungsversagen in der Grundschule. Forschungsbericht. Hessisches Institut für Lehrerfortbildung, Frankfurt am Main: Johann Wolfgang Goethe Universität,1995
Reiser Helmut / Dlugosch Andrea / Loeken, Hiltrud: Aktuelle Grenzen der Integrationsfähigkeit von Grundschulen, in: Hildeschmidt Anne / Schnell Irmtraud (Hg.): Integrationspädagogik. Auf dem Weg zu einer Schule für alle, Weinheim, München: Juventa, 1998, 145-160
Spalding, Bob / Kastirke Nicole: Umgang mit „auffälligem Verhalten"- das Konzept des „Quiet Place" an englischen Grundschulen, in: Zeitschrift für Heilpädagogik, Jg. 53, Heft 9, 2002, 378-382
Urban, Michael: Beratungs- und Unterstützungssysteme für den Förderschwerpunkt Emotionale und Soziale Entwicklung, in: Reiser Helmut / Willmann Marc / Urban Michael: Sonderpädagogische Unterstützungssystem bei Verhaltensproblemen in der Schule, Bad Heilbrunn: Klinkhardt, 2007, 343-358
Willmann, Marc: Sonderpädagogische Beratung und Kooperation als Konsultation, Hamburg: Verlag Dr. Kovak, 2008
Stein, Roland: Pädagogik bei Verhaltensstörungen – zwischen Inklusion und Intensivangeboten, in: Zeitschrift für Heilpädagogik, Jg. 62, Heft 11, 2011, 324 – 336
Werning, Rolf / Reiser, Helmut: Störungsbegriff und Klassifikation von Lernbeeinträchtigungen und Verhaltensstörungen aus konstruktivistischer Sicht, in: Schröder Ulrich / Wittrock Manfred (Hg.): Lernbeeinträchtigungen und Verhaltensstörungen – Konvergenzen in Theorie und Praxis, Stuttgart: Kohlhammer, 2002, 53-64
Werning. Rolf / Reiser Helmut: Sonderpädagogische Förderung, in: Cortina Kai S. u.a.: Das Bildungswesen in der Bundesrepublik Deutschland, Reinbek bei Hamburg: Rowohlt, 2008, 505-539

Autorinnen und Autoren

Prof. Dr. Birgit Herz
Professorin für Pädagogik bei Verhaltensstörungen an der Leibniz Universität Hannover im Institut für Sonderpädagogik
Arbeitsschwerpunkte:
Social, emotional and behavioural difficulties; Institutionelle und soziale Desintegrationsprozesse bei Heranwachsenden; Unterricht, Erziehung und Bildung bei Verhaltensstörungen; Kooperation zwischen schulischer und außerschulischer Erziehungshilfe; Alternative, niedrigschwellige Bildungsangebote bei Schulverweigerung und drop-out; Geschlechtersensible Pädagogik; Traumatisierung im Kindes- und Jugendalter

Prof. Dr. (em) Fitzgerald Crain
ehemaliger Professor an der Pädagogischen Hochschule Nordwestschweiz und Dozent an der Universität Basel
Arbeitsschwerpunkte:
Psychoanalytische Sonder- und Sozialpädagogik, Praxisberatung und Supervision in Kinder- und Schulheimen; Autor zahlreicher Lehrbücher, u. a. „Fürsorglichkeit und Konfrontation. Psychoanalytisches Lehrbuch zur Arbeit mit sozial auffälligen Kindern und Jugendlichen", Gießen, 2005

Wilhelm de Tera
Wissenschaftlicher Mitarbeiter Lehrgebiet Frauenforschung in Rehabilitation und Pädagogik bei Behinderung, Fak. 13, TU Dortmund
Arbeitsschwerpunkte:
Verhältnisse zwischen Behinderung, Geschlecht und Alter in Kindheit und Jugend, Intersektionalitätsforschung, Pädagogik der (sexuellen) Vielfalt

Dr. Andrea Dlugosch
Vertretungsprofessorin für Pädagogik bei erschwertem Lernen und auffälligem Verhalten am Institut für Sonderpädagogik der Universität Koblenz - Landau.
Arbeitsschwerpunkte:
Pädagogische Professionalisierungs- und Konzeptforschung, Theorien der Identitäts- und Selbstentwicklung, Diagnose und Förderung in der schulischen Erziehungshilfe.

Aline Horn
M.Ed. Sonderpädagogik
Arbeitsschwerpunkte:
Moralische Entwicklung von Kindern und Jugendlichen (Demokratiepädagogik); Jugenddelinquenz und Jugendstrafvollzug; diagnostisches Fallverstehen (biographische Diagnostik)

Jan Hoyer
Lehrkraft für besondere Aufgaben am Institut für Sonderpädagogik an der Leibniz Universität Hannover
Arbeitsschwerpunkte:
Beratung im Kontext schulischer Erziehungshilfe, Entwicklung und Evaluation pädagogischer Organisationen, Systemtheorien sowie Jugendkriminalität und Jugendstrafvollzug.

Prof. Dr. Marcus Hußmann
Professor an der Evangelischen Hochschule Dresden
Arbeitsschwerpunkte:
Kinder- und Jugendhilfe; Jugendhilfeplanung; sozialpädagogische Diagnostik und Fallverstehen; Sozialraumorientierung; Theorien, Didaktik und Methoden Sozialer Arbeit

Rüdiger Kreht
Förderschullehrer, Berater am Förderzentrum Lotte Lemke in Braunschweig
Arbeitsschwerpunkte:
Systemische Beratung, präventive und integrative Förderung im Kontext schulischer Erziehungshilfe inkl. Schülern mit Diagnose Asperger-Autismus an allen öffentlichen Schulen, Konzeptionelle Entwicklung und Koordination des Beratungs- und Unterstützungssystems ESE in Wolfsburg, Weiterbildung am FöZ zu Themen des „Systemischen Arbeitens in pädagogischen Kontexten" sowie Supervision.

Marian Laubner
M.Ed. Sonderpädagogik
Arbeitsschwerpunkte:
Sonderpädagogische Professionalität und Aufgaben von Sonderpädagogen in inklusiven Settings; Inklusion aus der Perspektive von LehrerInnen und SchülerInnen; inklusive Didaktik

Andrea Lohrengel
ehrenamtliche Mitarbeiterin in der Jugendanstalt Hameln

Christiane Mettlau
Sonderpädagogin für Verhaltensgestörte und Sprachbehinderte; Projektleiterin des Diesterweg-Stipendiums Hamburg; Mitglied des Vorstandes im vds-Landesverband Hamburg und Bundesreferentin für den Förderschwerpunkt „Emotionale und Soziale Entwicklung"
Arbeitsschwerpunkte:
Kinderarmut und Bildung; Kinder- und Jugendarbeit; Ausgrenzung in der Jugendhilfe; Bildungswesen; inklusive Schulen

Matthias Meyer
Wissenschaftlicher Mitarbeiter am Institut für Sonderpädagogik an der Leibniz Universität Hannover
Arbeitsschwerpunkte:
Ethisch-philosophische und soziologische Aspekte im Kontext von schulischer und außerschulischer Erziehungshilfe; Internationalisierung im Förderschwerpunkt Emotionale und Soziale Entwicklung; Internationale Debatte über Inklusion und SEBD

Dr. Sebastian Möller-Dreischner
Sonderpädagoge im Gemeinsamen Unterricht und Lehrbeauftragter an der TU Dortmund
Arbeitsschwerpunkte:
Konstruktionen von Männlichkeit; Umgang mit Heterogentät; Diagnostik und individuelle Förderung; Gemeinsames Lernen

Meik Neumann
FöL, Leiter des AWO-Förderzentrums Lotte Lemke in Braunschweig
Arbeitsschwerpunkte:
Leitung, Koordination und konzeptionelle Entwicklung der Arbeitsbereiche Förderschule und Beratung, Systemische Beratung im Kontext schulischer Erziehungshilfe an öffentlichen Schulen, Multifamilienarbeit im (förder)schulischen Bereichen, Weiterbildung für Schulen im Bereich des „Umgangs mit schwierigen Schülern", Qualitätsmanagement

Axel Ramberg
Förderschullehrer und arbeitet in der Kinder- und Jugendpsychiatrie derzeit als Lehrkraft für besondere Aufgaben an der Leibniz Universität Hannover im Institut für Sonderpädagogik in der Abteilung allgemeine und integrative Behindertenpädagogik.
Arbeitsschwerpunkte:
psychischen Störungen im Kindes- und Jugendalter sowie im Säuglings- und Kleinkindalter; Beratung und Theaterpädagogik. Mentalisierungsfähigkeit von Förderschullehrkräften für die Affektregulation von Kindern mit Verhaltensstörungen.

Prof.(em) Dr. Helmut Reiser
Supervisor (DGSv, DGGG); Lehrbeauftragter bei Ruth-Cohn-Institute-International und am Institut für Sonderpädagogik Leibniz-Universität Hannover
Arbeitsschwerpunkte:
Pädagogik bei Verhaltensstörungen, Beratung, Supervision, Themenzentrierte Interaktion

Thomas Schier
Wissenschaftlicher Mitarbeiter an der Leibniz Universität Hannover
Arbeitsschwerpunkte:
Kinder- und Jugendhilfe; Kindeswohlgefährdung; Professionalisierung pädagogischer Fachkräfte im Kontext von Sexualität und sexualisierter Gewalt; Geschlechterdifferenz und Geschlechtsidentität; Psychosexuelle Entwicklung von Kindern und Jugendlichen

Dr. Mirja Silkenbeumer
Dr. phil. Mirja Silkenbeumer (Dipl. Päd.) Wissenschaftliche Mitarbeiterin im Institut für Erziehungswissenschaft an der Leibniz Universität Hannover
Arbeitsschwerpunkte:
Prävention, Intervention und Kasuistik/Fallverstehen im Bereich „Pädagogik bei Verhaltensstörungen", Rekonstruktive Bildungs- und Biografieforschung, Devianz und Geschlecht

Dr. Elisabeth von Stechow
Vertretungsprofessorin an der Universität Gießen
Arbeitsschwerpunkte:
Schulische und außerschulische Erziehungshilfen